근대 영화비평의 역사

조선영화란 하오 何

백 이 김 유 엮
문 화 상 승 고
임 진 민 진 쏨

창비

'비평'의 렌즈로 읽는 조선영화

영화는 19세기 말 유럽과 미국에서 '탄생'했지만, 복제가 가능한 그 특성 때문에 곧 전 세계에 전파되었다. 제작과 상영을 위한 설비와 기술만 있으면 그것을 만들어 여러 사람에게 보여주는 일도 용이해서, 영화는 비非서구의 궁벽한 곳에서도 빠르게 대중문화의 하나로 자리 잡을 수 있었다. 물론 신기한 발명품의 단계를 지나 '상품'이 될 수 있다는 것이 명확해지자 자본주의가 발달한 곳(특히 미국)의 영화가 전 세계의 우세종이 되었지만, 조선과 같은 비서구 식민지에서 영화는 전 지구적 변화를 시간의 간극 없이 경험하게 하는 유력한 수단이었다. 급변하는 세계정세를 극동의 관객들이 짧게는 몇개월, 길어도 1-2년 안에 시각적으로 경험하도록 했던 동시대성 coevalness은, 언어적 번역을 거쳐야 하는 문학이나 연극 등 다른 매체가 제공할 수 없는 시간감각이었다. 더욱이 상영되는 지역별로 상이한 제도적 환경(극장, 검열, 변사, 사운드 등)은 영화가 생산된 현지와는 다른 변형된 관람성

spectatorship을 만들어내기도 했다. 조선에서 만들어진 영화 역시 새로운 시간과 공간을 창조해내며 이 테크놀로지를 토착화한 것이었다. 이런 의미에서, 영화는 근대화에 따른 감각의 변화를 가장 효과적으로 매개할 뿐만 아니라 그에 대한 성찰을 가능케 하는 문화였다.

이 책은 이 '20세기의 총아'인 영화에 대해 식민지 조선에서 제출된 평론들을 체계적으로 소개하는 최초의 작업이다. 조선영화에 대한 자료들은 기존에도 소개된 바 있고[1] 신문에 실린 기사들은 한국영상자료원을 통해 2008년부터 순차적으로 출간되고 있지만,[2] 영화담론의 흐름과 쟁점을 일목요연하게 보여줄 수 있는 책은 없었다. 이 책은 지금까지 확인된 최초의 본격 영화평이라 할 수 있는 최찬식의 「활동사진을 감상하는 취미」(1917)부터 식민지 말기 국책영화 〈조선해협〉(박기채 감독, 1943)을 다룬 글까지, 활동사진 수입기부터 일본제국의 '아시아 영화' 구상까지를 망라하면서 초기영화, 변사, 사회주의 영화운동, 토키, 영상언어, 문학과 영화의 관계, 기업화론, 전쟁과 국책의 문제, 영화사 서술, 그리고 조선영화의 대표작 〈아리랑〉(나운규 감독, 1926)과 〈나그네〉(이규환 감독, 1937)를 둘러싼 논의 등을 정리하고 있다. 물론 본격적인 평문 위주로 선별했기에 흥미로운 기사나 좌담회 등 누락된 것이 많은데, 해제와 더불어 별면의 '스크랩'을 통해 그 아쉬움을 채우려 노력했다. 이 책을 통해 독자들은 역사 및 제도적 환경과 더불

---

1   정재형 엮음『한국 초창기의 영화이론』(집문당 1997); 양승국 엮음『한국근대 연극영화 비평자료집』1-20(연극과인간 2006); 김종욱 엮음『한국영화총서』상·하(국학자료원 2007); 단국대학교 부설 동양학 연구소 엮음『일상생활과 근대 영상매체: 영화』1·2(민속원 2007). 그리고 정식으로 출간되지는 않았으나 타이핑본 형태로 오랜 기간 연구자들 사이에 회람되었던, 서울영상집단이 엮은 사회주의 영화운동론 자료집을 언급해야 하겠다. 제목도 없는 이 자료집을 '한국영화운동사 자료'라는 제목을 달아 제본하여 읽었던 오랜 경험이, 우리의 책 출간을 현실화하는 동기 중 하나가 되었음을 밝힌다.

2   한국영화사연구소 엮음『신문기사로 본 조선영화』시리즈(한국영상자료원 2008-14).

어 이론과 운동 속에서 생산된, '담론'으로서 조선영화의 모습을 그려보게 되리라 기대한다.[3]

물론 비非문자적 예술이 그렇듯, 문자로 기록된 논의란 그 예술의 전모를 파악하는 데 지극히 제한적인 역할만을 할 수 있을 뿐이다. 더욱이 식민지화와 그 역사가 겹쳐졌던 조선영화의 경우, 문자로는 기록·출간되지 않았던(못했던) 내용이 실은 문자적 표면의 부재 원인으로 작용하고 있었던 것이 사실이다. 따라서 이 책에 소개된 글들을 통해서는 제한적으로만 규명될 그 내용을 잠시 언급하려고 한다.

첫째, 외국 영화의 문제다. 독자들은 의외라고 생각할 수 있겠지만, 여기에 수록된 글들은 전체 영화평의 대략 1/20도 안 되는 분량이다. 지면의 제약상 가장 논쟁적인 것을 가려 뽑았기 때문이기도 하지만, 무엇보다 '조선영화'에 대한 평문으로 한정했기 때문이다. 해방 전까지 조선에서 제작된 영화는 조선에 수입·개봉된 영화에 비할 때 대략 5퍼센트 미만의 점유율을 차지하고 있었고, 기사로만 따진다면 외국(구미) 영화에 대한 것이 압도적으로 많았다. 또 1990년대까지 한국영화사가 그랬듯, 문자를 독점한 지식인들은 외국(구미) 영화를 선호했기 때문이기도 하다. 1920년대 중반부터는 거의 매일 신문에 영화 관련 기사가 실리는데, 화려한 사진과 더불어 화제에 오른 작품은 대부분 외국(구미) 영화였다. 식민지 정부가 외국 영화의 수입과 상영을 통제하기 시작하는 1930년대 중반부터 2차대전이 끝날 때까지도, 유럽과 미국 영화는 예술적 규준이자 이상향으로서 영향력을 잃지 않았다. 따라서 '조선영화'라는 것을 단지 조선에서 제작된 영화와 그에 대한 담론만이 아니라 조선에서 향유된 영화문화('시네마') 전반을 가리킨다고 할 때, 이 책은 양과 영향력 면에서 압도적이었던 외국 영화의 문제를 담아내지 못하고 있는 셈이다. (이 점은 기존의 조선영화사 서술에서도 마찬가지이기는 하다.) 이 책의 편저자들은 이 외국 영화의 문제에 대해 또다른 프로젝트를 진행 중인데, 조만간 그 성과 역시 공유할 수 있기를 기대한다.[4] 이 책에서는 조선영화 담론의 전개에서 중요한 역할을 했던 외국 영화론 몇편만 소개해놓았다.

유럽·미국 영화와 더불어 고려해야 할 것은 일본영화인데, 식민지 시대 조선에서 상영된 영화 전체를 놓고 보았을 때 이수입된 필름의 양이 가장 많았던 것은 일본영화였다. 재조在朝 일본인 극장과 조선인 극장의 구분이 명확했고 상영되는 영화의 프로그램도 상이했던 무성영화 시기까지 일본영화는 일본인 극장에서 압도적으로 많이 상영되었으며, 그 구분이 사라지고 식민지 정부가 일본영화의 상영을 지원하면서는 조선인들도 일본영화를 적지 않게 관람했던 것으로 보인다. 과거의 조선영화 연구에서는 이 부분 역시 간과되었는데, 최근에는 조선 영화산업에 초기부터 관여했던 일본인이라든가 일본영화의 관람성에 대한 연구가 시작되고 있다.[5] 조선인이 쓴 영화평에서는 일본영화에 대한 논의가 두드러지지 않지만, 이 책에서는 일단 최초의 상업적 극영화를 만들었던 하야까와 코슈우早川孤舟라든가 사회주의 영화운동에서 중요한 참조가 되었던 〈무엇이 그 여자를 그렇게 만들었는가何が彼女をさうさせたか〉[6](스즈끼 시게요시鈴木重吉 감독, 1930)에 관한 논

---

3   그러나 우리가 식민지 시대에 출간된 '모든' 조선영화 평론을 남김없이 검토했다고 단언할 수는 없다는 점 또한 언급해야겠다. 다른 분야도 마찬가지지만, 영화 및 유관 분야의 잡지 가운데 유실된 것이 많고 또 신문기사도 확인할 수 없는 것이 적지 않기 때문이다. 이런 상황에서, 2013년 출간된 『아단문고 미공개 자료총서 2013』는 『영화시대』 등 유용한 영화잡지와 여러편의 시나리오를 확인할 수 있게 해준 자료이다.

4   식민지 시대 미국영화의 문제에 대해 참조할 수 있는 책으로는 연구모임 시네마바벨 『조선영화와 할리우드』(소명출판 2014)가 있다.

5   도움이 되는 자료로는 한국영상자료원이 펴낸 『일본어 잡지로 본 조선영화』 1-6(2011-15), 김태현 외 여러 분들이 펴낸 『일본어잡지로 보는 식민지 영화』 1-3(문 2012)가 있다.

6   이 영화의 조선어 제목을 논자마다 다르게 표기하고 있는데, 이 책에서는 〈무엇이 그 여자를 그렇게 만들었는가〉로 통일한다.

의, 그리고 영화가 식민지 통치의 유력한 수단으로 인식됨에 따라 제출되었던 몇몇 논의들을 소개한다.

둘째, 관객의 문제다. 서두에서도 잠깐 언급했듯, 조선에서 영화는 전 지구적 근대화 과정을 감각적으로 성찰하는 유효한 매체로 수용되기 시작했다. 그러나 조선인에 의한 영화제작이 시작(1919년 연쇄극 〈의리적 구토〉)되기 전 20년 남짓한 "감상만의 시대"[7]에 관객들이 어떻게 영화를 받아들였는지에 대해서는 지극히 적은 자료만 남아 있을 뿐이다. 그리고 제작이 시작된 이후에도, 지식인들이 문자로 기록한 내용을 제외하면 일반 관객들의 반응을 유추할 근거가 거의 없다. 이렇게 관객이라는 존재가 공식적인 통계(관객 수와 흥행수입 등) 속에서만 존재하는 사정은 전 세계 어디에서나 마찬가지로, 남아 있는 문서자료들을 통해 관객의 흔적을 더듬어볼 수 있을 뿐이다. 더욱이 남아 있는 프린트도 극히 적은[8] 조선영화의 경우, 여러 구술자료와 다른 매체(소설, 시나리오, 음반 등)의 기록도 참조해야 한다.

셋째, 검열의 문제다. 1970년대까지도 영화인들이 가장 중요한 쟁점으로 꼽은 것이 '검열'이었을 정도로, 식민지배와 미군정, 분단과 군부독재라는 역사적 환경은 국가의 힘을 통해 조선영화와 한국영화의 구조를 결정해왔다. 영화의 제작뿐만 아니라 산업과 제도와 관람성에 큰 영향을 미친 이 검열의 문제는, 그러나 공개적인 지면을 통해서는 그 실체와 위력이 드러나지 않는다. 이 책에 실린 평문들에서 독자가 시각적으로 확인할 수 있는 것은 지면 검열의 흔적("×" "略" 혹은 "삭제")이겠지만, 검열의 문제는 이렇게 지워진 특정 단어와 문장만으로 이해될 수 없다. 그것은 제작자와 감독이 어떤 영화를 만들 것인가를 구상하는 단계에 작용하고 관객이 어떤 영화를 어떻게 관람할 수 있는가를 규정하는, 심층적인 구조의 차원에서 움직이는 힘이었기 때문이다. 조선영화의 경우, 해방 후 영화인들의 증언과 야사野史를 통해 때로는 루머의 형태로, 때로는 신화의 형태로 식민지 정부의 검열과 그에 대한 영화인들의 대응을 복원하려는 시도가 있기도 했다. 그러나 이런 시도가 '일제의 억압과 예술인들의 저항'이라는 민족주의적 프레임만을 생산한 반면, 최근의 연구[9]는 검열이 궁극적으로 지향했던 것, 즉 영화산업의 통제를 통해 식민지 관람성을 어떻게 재구성하려 했는가에 초점을 맞추고 있다. 이럴 때 검열은 기존의 통념처럼 조선인 영화제작자들을 일방적으로 억압하는 제도였다기보다는, 조선이라는 시장-식민지에서 어떤 영화를 어떻게 유통시킬 것인가를 둘러싸고 흥행산업과 식민지 정치권력이 다양하고 유동적인 길항을 보여주는 제도였다는 점이 부각된다.

이 책에 실린 평론들만이 아니라 식민지 시대에 조선의 영화인이 출간한 그 어떤 글에서도 이 검열의 문제를 정면으로 다룬 적은 없지만,[10] 모든 글의 집필과 출간에 이 검열의 문제가 보이지 않는 힘으로 작용하고 있었다고 보아야 한다. 그리고 독자들이 세밀히 살핀다면, 여러곳에서 조선영화 논자들이 검열을 언급하거나 의식하며 조선영화의 문제를 모색하고 있었음을 발견할 수 있을 것이다. 즉 조선영화 담론 자체가 영화에 대한 검열 및 글쓰기에 대한 검열 모두를 의식하는 상태에서 생산된 셈이다.

이 책을 처음 구상한 것은 2013년 초였다. 영화담론의 흐름을 시간 순서대로 짚어보고자 할 때 지침이 될 만한 연구서가 거의 없고, 가독력이 떨어

---

7   임화 「조선영화론」, 『춘추』 제2권 10호(1941.11).

8   한국영상자료원이 중국과 러시아 등지에서 조선영화 프린트를 '발굴'하기 시작한 것은 2004년부터였고, 지금까지 10여편이 공개되었다. 현존하는 가장 오래된 극영화 작품은 1934년도에 제작된 무성영화 〈청춘의 십자로〉(안종화 감독)다.

9   대표적으로는 한국영상자료원 엮음 『식민지 시대의 영화검열: 1910-1934』(한국영상자료원 2009).

10   이 책에는 조선총독부 관료였던 시미즈 시게오(淸水重夫)가 쓴 「조선에서의 영화 국책에 대하여(朝鮮に於ける映畵國策に就いて)」(『警察研究』 제6권 5호, 1935)를 참고로 실었다.

지는 신문과 잡지 자료들은 수업에서 다루기에 적절하지 않았다. 하지만 누군가 그런 작업을 해주기를 손 놓고 기다리기보다는, 조선영화를 지금 연구하면서 의견이 투합된 사람들끼리 그냥 작업을 시작하기로 했다. 우리는 제일 먼저 조선영화 평론 리스트를 만들기로 했다. 신문과 잡지를 뒤지며 작성해나간 리스트의 규모는 예상보다 커졌고, 직접 타이핑을 해나가면서 확인한 내용은 오랫동안 세상에 드러나지 않았던 영화담론의 속살이 얼마나 풍부한지를 증명해주었다.

책의 제목을 일찌감치 『조선영화란 하何오』로 정하고,[11] 타이핑한 평론들을 공유하면서, 정기적으로 각자 잡은 주제의 해설을 써서 토론하고 정비하는 작업을 2014년 말까지 했다. 어느정도 구성이 잡혔다고 생각되었을 때, 출판사를 찾기 시작했다. 다행히 연세대학교 김항 선생님의 호의와 주선으로 창비와 만날 수 있었고, 염종선 이사님 및 박대우 팀장님과의 몇차례 대화를 통해 책의 콘셉트를 구체화할 수 있었다. 그 과정에서 애초에 기획했던 책의 범위는 많이 축소되어, 우리가 만든 리스트의 모든 글을 출간하기보다는 중요 평론만을 선별하는 것으로 결정되었다. 이 제안은 창비에서 했던 것이지만, 우리도 나열식의 자료집보다는 조선영화 담론의 흐름을 한눈에 일별할 수 있는 선집 형태가 지금 상황에서는 더 필요하다는 데 동의했다. 앞으로도 조선영화론이 이러저런 형태로 세상에 소개되는 데는 이런 형태의 책이 좀더 효과적인 기폭제가 될 수 있으리라 기대해본다.

책이 나오기까지 많은 분들의 도움을 받았다. 연구자로서 우리는 그간 수많은 선배들이 출간한 자료집들을 읽으며 공부해왔지만, 그 작업이 얼마나 힘든 것이었을까를 구체적으로 실감하게 된 것은 이 책을 만들면서였다. 단언컨대 그분들을 사로잡았던 건 개인의 학문적 영달을 위한 욕망이 아니라 그 자료들을 읽을 수많은 사람들, 그리고 후학들의 손으로 일궈질 풍성한 논의의 장場에 대한 소망이었을 것이다. 먼저 선배들의 열정에 고개

숙인다. 아울러 방대한 자료를 찾고 독해하며 타이핑하고 주석을 달고 때로는 번역을 하는 그 모든 과정에 도움을 준 김명주, 박무영, 김재영, 김지언, 이상욱, 타지마 테쯔오, 카게모또 츠요시, 전송희, 정종화, 한상언 님들께 감사드린다. 이분들이 없었다면 우리는 오랫동안 안개 속을 헤맸을지도 모르겠다. 또 이 책이 젊은 세대에게 어떻게 읽힐지 확인해준 구자준과 이한빛, 수업시간에 이 글들을 읽고 토론해준 학부생, 대학원생 들에게도 고마움을 전한다. 덧붙여 출간 준비 소식을 듣고 지지와 격려와 기대를 보내준 국내외 동료들에게 이 책이 도움이 된다면 더없이 기쁘겠다.

진행을 맡은 김유경, 권현준 두분은 세련되고 꼼꼼한 편집으로 이 두터운 책을 보기 좋게 만들어주었다. 이분들과의 작업 덕분에 '편집'이라는 것이 출판사와 필자들이 지혜를 모아 함께 책을 세상에 내놓는, 흥분되는 '과정'이라는 것을 새삼 깨닫게 되었다.

2016년 5월
편저자들을 대표하여 백문임 씀

---

11   눈 밝은 독자들은 눈치챘겠지만, 이 제목은 이광수가 서양의 Literatur(혹은 Literature)의 번역어로서 근대의 "문학" 개념을 논한 글 「문학이란 하(何)오」(『매일신보』, 1916.11.10-23)에서 따온 것이다.

일러두기

1. 우리말과 외래어 표기는 현대어에 맞게 고쳤다. 가독성을 높이기 위해 문장과 표현을 문맥에 맞게 고치기도 했다. 단, 특별한 의도나 의미가 있는 경우는 원문을 살렸다.
 — 국가·민족명은 원문을 유지하되 현대음을 병기했다.
 — 일본 인명은 한자어로 읽고 필요에 따라 일본식 발음을 병기했다. 기타 인지명은 가급적 원문을 살리고 현대음과 원어를 병기했다.
2. 원문에 엮은이가 추가한 내용은 작게 방주로 적었다.
3. 영화에 대한 간단한 정보는 〈영화 제목〉(원제, 감독, 연도)으로 표기했다. 영화 제목은 가급적 원문을 살리고 현대음 혹은 원제를 병기했다. 단, 동일한 영화 제목이 글마다 다르게 표기된 경우 적절한 수준으로 통일했다. 예) 〈뽀총킨〉→〈전함 뽀쫌킨〉, 〈모〉→〈어머니〉
4. 영화 제목은 〈〉, 시나리오·영화소설 제목은 『』, 신문기사 제목은 「」로 표기했다.
5. 오식의 경우 원문을 수정하고 주석에서 오식임을 밝혔다.
6. 탈락된 부분은 ○, 해독이 어려운 부분은 ▨로 표기했다. 원문의 인쇄 혹은 보존 상태가 좋지 않아 식별이 불가능한 경우는 '판독 불가'로 표시했다.
7. ×, (중략), (略), (봄) 등의 삭제표시는 원문 그대로이다.
8. 연속간행물에 연재된 글은 각 연재분 말미에 회차와 일자를 표시했다.

표지 사진 〈창공(일명 '돌쇠')〉(이규환 감독, 1941)

〈임자 없는 나룻배〉〈나그네〉〈새출발〉 등을 연출한 이규환의 감독작. 촬영은 〈춘풍〉〈군용열차〉〈한강〉 등의 양세웅이 맡았다. 1939년 11월 말에 〈돌쇠〉라는 제목으로 크랭크인했으나, 개봉 시에는 〈창공〉으로 제목이 변경되었다(경성 개봉, 1941.08.21). 주로 연극계에서 활동해온 이화삼이 주인공 '돌쇠'로 분했으며, 독은기, 전택이, 문예봉 등이 출연했다. 현재 필름은 유실된 상태이다.

1

활동사진의 시대와
조선영화의 출발

조선영화의 역사가 시작된 것은 언제인가? 임화가 「조선영화론」(『춘추』, 1941.11)에서 지적했듯 조선에 수입된 다른 근대문화(음악·미술·연극)와 달리 영화는 감상만 하는 오랜 역사를 거친 후에야 비로소 제작의 역사를 시작할 수 있었다. 조선에 처음 영화가 들어온 것으로 추정되는 19세기 말─20세기 초부터 연쇄극이 처음으로 제작된 1919년까지, 영화는 오로지 감상의 대상이었다. 그 이유에 대해 임화는 당시의 영화가 존경할 문화나 예술이기보다는 진기한 발명에 지나지 않았고, 또한 모방을 통해 이식할 수 있는 여러 조건이 아직 조선에 결여되었기 때문이라고 설명한다. 그의 말처럼 조선에서는 영화가 도래한 이후 한참이 지나서야 그 제작의 시대가 시작되었지만, 이 지체된 제작의 역사만이 조선영화사에 포함되는 것은 물론 아니다. 감상만의 시대는 물론, 인접 예술을 경유하여 영화 만들기를 모색하던 과도기의 시간 또한 당연히 조선영화사에 포함된다.

그러나 초기 조선의 영화적 풍경을 확인할 수 있는 방법은 그렇게 많지 않다. 당시 문헌자료나 회고를 통해 어렴풋이 짐작할 수 있을 뿐이다. 이 시기의 윤곽을 드러내고 조망하는 효과적인 방법 중 하나는 그 풍경에 서구

영화사의 궤적을 대입하는 일일 것이다. 물론 서구 영화와 조선영화 사이
에는 일정한 시차가 존재하고 토착화의 과정 역시 개입하므로 서구 영화의
시간이 조선영화를 온전하게 설명해줄 지표는 될 수 없다. 그럼에도 조선
의 극장은 놀라울 정도로 서구 영화와 긴밀히 연결되어 있었다는 점을 고
려할 때, 서구 영화가 제공하는 설명력은 결코 간과할 수 없는 효용을 지닌
것 또한 사실이다. 서구 영화사에서 극영화가 주류영화로 부상하기 이전,
초기영화early cinema는 살아 움직이는 이미지와 경이 그 자체만으로 관객들
을 스크린 앞으로 불러들였다. 이 시기 영화는 관객에게 직접 말을 거는 제
시적presentational 속성이 두드러진 매체로, 근대적 시각의 경이(기차·자동차·
비행선)를 볼거리attraction로 제시하기도 했다. 근대 초기 조선에서도 해외
명승지에 대한 실사나 근대적 탈것이 등장하는 추격·활극, 또는 기차 충돌
이나 대홍수 장면을 담은 재난 스펙터클 영화가 관객들에게 주로 소비되고
있었다.

조선영화가 제작되기 이전, 수입된 외국 영화들이 관객들에게 어떤 속성
을 바탕으로 수용되었는지는 이 장에 소개한 최찬식(해동초인)의 글을 통해

짐작할 수 있다. 최찬식은 활동사진(영화)이 보여주는 시각적 경이, 즉 자동차·비행기의 움직이는 이미지나 유럽·미국의 풍경 등을 주요한 속성으로 설명하고 있다. 그러나 한편으로는 사람들을 감화하고 지식을 제공하는 수단으로서 활동사진의 가치 역시 강조한다. 이를 위해 그는 활동사진의 각본이 권선징악이나 효제충신 같은 윤리적 덕목을 갖추어야 한다고 주장한다. 단순한 오락거리로 치부되던 '활동사진'에 지식이나 윤리적 가치와 같은 새로운 관람의 목적을 추가한 것이다. 특히 최찬식은 각본뿐만 아니라 배우의 연기, 변사의 설명 등 영화의 다양한 요소를 글에서 다루는데, 이러한 논의는 활동사진이 진기한 발명이나 흥밋거리를 넘어 새로운 예술로 인식되기 시작했음을 말해주고 있다. 이때 그가 주로 예로 드는 영화는 미국 연속영화[1]의 대표작인 〈명금〉(The Broken Coin, 프랜시스 포드 감독, 1915)으로, 이 영화에서 키티 그레이 역을 맡은 그레이스 커나드Grace Cunard를 대표적인 활동배우로 소개하고 있다. 이 글이 발표된 1917년에 미국의 연속영화는 조선의 극장가에 이미 집중적으로 소개되고 있었고, 그중에서도 가장 인기 있는 작품이 바로 〈명금〉이었다.

그렇다면 조선영화의 제작시대는 언제, 어떻게 시작된 것일까? 조선영화의 제작은 연쇄극 중간에 삽입된 필름 형태에서 그 기원을 찾을 수 있다. 연쇄극은 연극과 영화가 결합된 공연형식으로, 김도산이 이끌던 신파극단 신극좌가 〈의리적 구토義理的仇討〉를 1919년 10월 27일에 처음으로 단성사에서 선보였다. 이후 임성구가 이끄는 혁신단도 〈학생절의學生節義〉(1920)를 무대에 올리면서 연쇄극의 시대가 열렸다. 김도산과 임성구가 이끄는 신파극단이 연쇄극을 공연하게 된 데에는 단성사의 운영자였던 박승필의 영향이 컸다. 스크린 속에서 조선인을 보고 싶어 하는 관객들의 욕망과 언어의 벽으로 일본인 극장에서 상연되는 연쇄극을 관람할 수 없는 불만 모두를 간파한 그는, 키네오라마Kineorama 장치를 구비해 단성사의 전속극단

역할을 하던 신극좌와 혁신단으로 하여금 연쇄극을 제작하게 했다.[2]

　연쇄극은 실연實演을 통해서 관객들에게 서사를 전달하고, 무대에서는 재연하기 어려운 장면을 스크린을 통해서 관객에게 제시하는 형식을 취했다. 초기 연쇄극의 광고들은 조선의 명승지에서 촬영되었다는 사실을 강조했지만, 이후에는 점차 '실연이 적고 사진이 서양식'이라는 사실을 내세우기 시작했다. 이때 '서양식 사진'이란 "기차와 자동차의 경주와, 강물에 떨어지는 쾌활과, 기타 서양인의 집 3층 위에서 격투하다가 악한을 그 위에서 아래로 떨어뜨리는 장대한 대활극" 같은 것으로, 당시 극장에서 유행하던 서양의 활극 영화에 영향을 받은 장면이었다.

　그리고 1923년 윤백남이 조선총독부 체신국의 지원으로 만든 저축장려 영화 〈월하의 맹서〉가 개봉했다. 연쇄극과 달리 필름으로만 구성된 이 영화는, 최초의 장편 상업영화인 〈춘향전〉(1923)과 함께 조선 극영화의 출발을 알리는 작품이다. 동아문화협회를 세운 하야까와 코슈우早川孤舟가 제작·연출한 〈춘향전〉은 당시 '순수 영화극'으로 선전되었을 뿐만 아니라 변사였던 김조성과 기생 한명옥이 출연해 큰 화제를 불러 모았다. 또한 이 영화는 하야까와 코슈우 자신이 언급하듯 오랜 시간 섬세한 고증에 시간과 많

1　1910년대 미국에서 큰 인기를 끌었던 연속영화는 19세기 후반 노동계층의 오락물이었던 무대 멜로드라마, 10센트 싸구려 소설 등에서 비롯하여 교양이 낮은 노동자 혹은 중하층, 이민자 계층을 위해 제작되었다. 연속영화는 좀더 이른 시기에 등장한 것으로 알려졌지만, 순수한 연속영화는 1912년 에디슨의 *What happened to Mary*로 알려져 있다. 연속영화는 동일한 주인공을 내세워 3-4개월간 1-2권(릴)짜리 에피소드가 매주 혹은 격주로 상영되었는데, 각각의 에피소드는 보통 클리프행어(cliffhanger, 주인공이 위급한 상황에 처하는 등 아슬아슬한 장면에서 끝을 맺음으로써 다음 회를 기대하게 만드는 플롯장치)로 연결되는 구조를 가졌다. 조선에서도 유사한 방식으로 상영되었으나, 〈명금〉처럼 여러차례 재상영되었던 인기 연속영화의 경우 며칠 동안 전 에피소드를 몰아서 상영하기도 했다. 제프리 노웰 스미스 지음, 이순호 외 옮김 『세계영화대사전』(미메시스 2015); 백문임 「감상의 시대, 조선의 미국 연속영화」, 『조선영화와 할리우드』(소명출판 2014) 참조.

2　한상언 「활동사진기 조선영화산업 연구」(한양대학교 박사학위논문 2010).

1910년대 대표적인 조선인 활동사진 상설관, 우미관(優美館)

은 자본을 들였으며, "원본에 기록된 각처"를 돌며 남원에서 모든 촬영을 진행하고 출연진 또한 남원 현지인을 캐스팅했다는 점을 강조해 흥행에서도 성공을 거두었다. 이러한 〈춘향전〉의 흥행은 이후 고전소설이나 신소설처럼 이미 잘 알려진 이야기를 영화화하는 흐름으로 이어졌다.

여기서 주목할 점은 조선영화의 출발이 상당 부분 일본인들의 참여를 통해 이루어졌다는 사실이다. 〈춘향전〉을 제작한 동아문화협회 외에도, 부산을 기반으로 역시 일본인들이 주축이 된 조선키네마주식회사에서 〈해海의 비곡秘曲〉(1924) 〈총희寵姬의 연戀〉(1925) 〈암광闇光〉(1925) 등이 제작되었다. 또한 1926년 4월 요도 토라조오淀虎藏가 설립한 조선키네마프로덕션에서는 〈아리랑〉(1926)과 〈풍운아〉(1926) 같은 영화들이 제작되었다. 물론 예외적으로 단성사 경영주 박승필이 김영환에게 각본·연출을 맡겨 순 조선인 스태프만으로 〈장화홍련전〉(1924)을 제작하기도 했지만, 초기 조선의 영화 산업에서 일본인과 일본자본의 역할은 상당한 비중을 차지했다. 고전소설을 원작으로 한 초기 조선영화에 일본인들이 참여했다는 사실은, 이들 조선영화가 상당히 복잡한 결을 지닐 수밖에 없음을 말해준다. 이는 단순히 제작 주체가 누구인가를 넘어서는 문제로, 그들의 개입은 초기 조선영화의 재현 방식에도 많은 영향을 미쳤을 것으로 생각된다.

하지만 필름의 부재로, 이러한 영향은 당시의 영화비평을 통해서만 짐작할 수 있다. 이구영을 비롯한 몇몇 논자들은 당시 개봉된 조선영화에 대한 전문적인 영화비평을 지면에 발표하고 있었다. 특히 영화평론가로서 1920년대 초반에 가장 활발히 활동하던 이구영의 「조선영화의 인상」은 이 시기 제작·개봉된 조선영화의 양식을 짐작하게 해줄 좋은 자료다. 이구영은 당시 영화에 대해 '클로즈업, 미디엄 클로즈업'이 들어갈 장면이 '원사遠寫'(롱 숏)로 처리되었음을 비판하거나 영화의 편집('연락') 문제 등을 지적할 정도로 세부적이고 전문적인 영화비평을 시도하고 있다. 그는 특히 조선영화의 모방 방식에 대해 신랄하게 비판했는데, 한 예로 〈비련悲戀의 곡曲〉에서 모방한 미국식 활극 장면이 완성도가 떨어진다고 하는가 하면, 최후의 음독 씬 같은 장면은 신파연극 같다고 혹평한다. 마치 구미 영화를 모델로 영화의 개혁을 시도했던 일본의 순영화극 운동의 논리처럼, 이구영은 미국영화를 영화적 가치와 연결된 주요한 속성으로 간주하는 반면, 신파연극 같은 장면은 영화에서 배제되어야 할 속성이라고 비판하고 있다.

임화 역시 「위기에 임臨한 조선영화계」에서 제작의 시대에 돌입한 조선영화계를 분석하며 여러 문제를 제기했다. 그는 먼저 조선영화계의 가장 큰 문제로 연극 전통이 없다는 점을 든다. "문명국은 문명국인 만큼, 미개국은 미개국인 만큼 다 각각 그 국민성의 반영인 연극을 소유"하고 있지만, 조선에는 그러한 문화가 없다는 것이다. 이와 함께 임화는 제작자들이 연구는 하지 않고 흥행가치만 중시해서 나타난 시대극 중심의 제작 경향에 대해서도 비판했다. 조선영화 제작이 시대극에 편중되는 이유는, 시대극은 옛부터 일반에게 널리 알려져 흥행이 쉬운 데 반해, 현대극은 영화화된 〈장한몽〉의 경우를 제외하고는 상대적으로 잘 알려진 대본이 없기 때문이다. 또한 시대극은 그 특성상 세세한 고증 없이도 제작이 가능하기 때문에 현대극보다 촬영이 용이한 장점을 지니고 있다. 물론 일본·구미 영화와 비교할 때 조선의 제작 조건(스튜디오 없이 로케이션 촬영만 하는 상황 등)은 모든 면에서 열악하지만, 조선영화계의 장래를 위해서 시대극 중심의 제작은 결코 좋은 현상이 아니라고 지적한다.

이구영과 임화의 비판이 흥미로운 점은, 초기 조선영화의 대다수가 일본인들의 참여를 통해 제작되었음에도 불구하고, 내셔널 시네마로서 조선영화의 경계를 확고히 하고 있다는 점이다. 가령 이구영은 하야까와 코슈우의 〈비련의 곡〉과 관련하여 '피려는 조선영화계에 저속취미를 전파'한다고 비난하는가 하면, "처녀지의 우리 영화계"라는 표현을 쓰며 하야까와 코슈우가 과연 조선영화계를 위하는 사람인지를 묻고 있다. 임화 역시 〈춘향전〉을 괴작이라고 평가절하 하는 동시에, 일본·구미 영화와 제작 여건을 비교하며 조선영화의 장래를 걱정하고 있다. 이러한 논의들은 조선영화의 시대가 비로소 시작되었음을 명확히 말해주는 한편, 서구 영화나 일본영화에 비해 지체된 제작의 역사가 당면했던 여러 문제들을 구체적으로 보여준다는 점에서 중요하다. (김상민)

———— 함께 읽으면 좋은 글

1. 「보기에 놀라운 신최(新最)의 활동사진 이렇게 박인다」, 『매일신보』(1916.07.15-20).
2. 「〈장화홍련전〉: 단성사의 시사회를 보고」, 『매일신보』(1924.08.31/09.02).
3. 윤갑용 「영화소평: 〈운영전(雲英傳)〉을 보고」, 『동아일보』(1925.01.26).
4. 김을한·이능선 「영화평: 〈농중조(籠中鳥)〉 조선키네마 작품」, 『동아일보』(1926.06.27).
5. 파영(波映) 「민중오락 활동사진 이야기」, 『별건곤』 제2호(1926.12).
6. 「동트는 조선영화계」, 『매일신보』(1927.10.20).
7. 「조선영화계 현상」, 『동아일보』(1927.11.16-17).
8. 심훈 「조선영화총관: 최초 수입 당시부터 최근에 제작된 작품까지 총결산」, 『조선일보』(1929.01.01/04).

1 활동사진을 감상하는 취미[1]

해동초인(海東樵人, 최찬식)

『반도시론』 1호 / 1917.04

활동사진 관람자의 취미

경성의 유명한 활동사진관인 우미관優美館의 사진을 관람할 때, 매번 전부 가득 차서 경탄했다. 그 가득 찬 인원 중에는 백발이 성성한 노인도 있고, 얼굴이 아름다운 부녀도 있으며, 의복을 뽐내는 부호의 자제도 있고, 돈을 낭비하는 부랑인물도 있으며, 기타 관리, 학생, 기생, 직공 혹은 노동자 등 별별 인물이 모였으니, 이들 다수 인원은 어떤 취미로 활동사진을 보려고 저렇게 모였는가. 그들이 저렇게 매일 밤 모이는 이유는 사람마다 각자 달라서 잠깐의 심심풀이로 오는 자도 있고, 친구가 가자고 해서 오는 자도 있으며, 남녀 연애 장소로 약속한 자도 있고, 사진 취미가 있어 오려고 한 자도 있다. 하여간 활동사진관에 올 때는 사진을 보고자 하는 목적이 있는 것이다. 저들은 어떤 취미로 사진을 관람하는가. 혹시 회화와 동일한 사진의 화면 안에서 사람이 말하고, 말은 달리며 자동차·비행기가 실물과 같이 활동하는 게 신기해서 여기에 취미를 붙인 것인가? 또한 외국의 산천풍물과 인정풍속을 보는 것에 취미를 붙인 것인가? 사람이 말하고, 자동차·비행기 등이 활동하는 것들 중에도 가히 학술상 참고에 이바지할 만한 것이 없지 않으며, 외국의 산천풍물과 인정습속 등을 보는 사이에도 가히 상식을 개발할 만한 것이 없지는 않다. 단지 사람이 말하고, 자동차·비행기의 활동과, 유럽·미국의 산천풍물과 인정습속 등 우리가 못 보던 것을 보는 데에만 취미를 붙인다고 한다면, 이것은 결코 무의미한 관람이라 할 것이다. 대개 활동사진으로 말하면 사람의 감정을 감화하게 하는 데 이렇게 유력한 것이 또 없을 것이며, 지식을 함양함에도 이렇게 다양하게 공이 많은 것이 흔치 않을 것이니, 이 활동사진의 참된 의미를 알고 관람한다면 그 취미도 소설을 읽는 것 이상에 이를 것이며, 그밖에 사람의 감정을 감화시키고 지식을 함양하는 효력도 종교·학교에 맞먹을 수 있다. 이것이 과언이 아닌지는 잘 모르겠으나 어떤 이유로 이런가 하면, 먼저 활동사진 각본의 내용을 해부하여 등장인물의 선악을 구별하고, 다음으로 활동배우의 기능을 관찰하며, 또 그 다음에 사진을 설명하는 변사의 구변을 평판하는 중에 무한한 취미를 붙이지 않으면 안 된다고 하겠지만, 매일 밤 가득 차는 인원 중에 이런 취미로 관람하는 자가 몇명이 있는지는 모르겠다.

활동사진 각본의 해부

사진각본 작자의 뇌는 항상 인정감화, 풍속개량, 지식개발 등을 주된 뜻으로 세우고 복선화음福善禍淫[2]으로 처음부터 끝까지 만들어, 효제충신孝悌忠信[3]의 덕의 마땅한 마음을 발양하며 음사간악淫邪姦惡의 패악한 행동을 방지하도록 함에 있다. 그 누가 도덕을 존숭하지 않고 법률을 두려워하지 않는 자가 있으랴마는, 사람들 중에는 물욕이 허령虛靈[4]한 마음을 방해하여 세상에 죄를 짓게 되는 일이 늘 일어난다. 조금이라도 도덕상 죄과를 범하지 않은 자가 그 누가 있겠냐마는, 따라서 이들의 폐해를 교정하는 데는 종교가

---

1   이 글은 이 책에 실린 가장 초기의 영화평론으로 원문은 국한문 혼용체로 서술되어 있다. 가독성을 위해 현대어로 풀어서 수록하고, 이어서 원문도 함께 싣는다.

2   하늘은 착한 사람에게는 복을 주고 악한 사람에게는 재앙을 내린다는 뜻.『서경(書經)』의「탕고(湯誥)」"天道福善禍淫 降災于夏 以彰厥罪"에서 유래한 문구다.

3   어버이에 대한 효도, 공경하는 마음, 충성된 마음, 신의를 가리키는 말로, 유학에서 가장 기본이 되는 실천 덕목이다.

4   주희가『대학장구(大學章句)』에서 명덕(明德)에 대해 '허령불매(虛靈不昧)'하다고 설명한 데서 유래한 문구. 명덕은 물리적으로 보이지는 않지만(虛靈), 인간 모두에게 품부되어 존재하는 것으로 보았다. 허령한 명덕이 없는 것처럼 느껴지는 것은 인간의 기품에 구애되고, 욕심에 의해 그것이 가려지기 때문이다.

가 그 책임을 지고 가정과 학교에서 그 의무를 담당했으며, 기타 소설가·연극가 등이 옆에서 돕기를 힘쓰거니와, 활동사진도 역시 그 하나로 참여할 만하다. 활동사진은 소설가의 저작과 연극가의 연출을 합성한, 하나의 이상적인 수신修身 교과서라 말할 수 있다. 따라서 각본 작자는 복선화음의 큰 뜻으로 재작裁作하지 않으면 그 본지를 잃는 것이 되니, 예컨대 반역자가 부귀영화를 향유한다든지, 충효자가 비참한 처지에 빠진다 하면 이는 이치에 맞지 않는 저작이요, 선한 자는 죽은 후에 영예라도 남고, 악한 자는 오래지 않아 하늘의 재앙이라도 입으며, 정직한 자는 풀지 못한 원한을 씻을 일이 있고, 죄를 범한 자는 죄상의 형적이 폭로될 날이 있다는 취지로 짓지 않으면 도리에 어긋난다 하겠다. 따라서 아동교육, 부녀훈도, 악한의 회개에 유익함은 물론이요, 조금 지식이 있는 사람도 여러 방면에서 학술과 지혜를 참고할 만한 곳이 적지 않으니, 관람자는 선악의 구별, 학술의 참고, 지식의 개발, 견문을 넓힌다는 점에서 필히 연구하고 자세히 살피지 않으면 안 된다. 그리하지 않으면 실로 무의미한 관람이니, 무슨 취미가 있다 하겠는가.

활동배우의 활동상태

활동사진배우의 활동은 보통 극장배우의 활동보다 수백배 지난한 점이 있으니, 보통 극장배우는 좁은 장내에서 소규모적 활동을 연기할 뿐이므로 희로애락의 표정과 섬세·장엄 등의 자태만 익숙히 하면 가히 명배우라 할 수 있으나, 활동사진배우의 일은 그렇지 않다. 출연하는 장소는 위험한 지역이 항상 많고 천연의 강과 바다가 적지 않으며, 활동하는 기술은 자동차도 몰고, 비행기도 타고, 배도 젓고, 달리는 말도 몰게 되니, 수많은 기예에 모두 능한 이후에 할 수 있다. 그 활동 중 위험을 무릅쓰는 것으로 말할지라도 비행기로부터 질주하는 기차에 낙하하는 일, 절벽을 오르내리는 일, 도로가 구불구불 굴곡진 경사지에서 자동차를 전속력으로 몰아 달리는 일 등 생명이 일순간에 달린 일들이 비일비재다. 내가 본 것만 해도, 질주하는 기관차에서 뛰어내리고 그 위로 기차가 통과하는 일, 천척 높이의 하천 절벽 위를 가로지른 한줄의 밧줄 위로, 고무바퀴를 제거한 자동차를 몰아가는 일 등 보는 사람의 모골이 송연한 것들이 많다.

이들의 모험적 기술도 매우 어렵지만, 희로애락의 표정으로 말한다 해도, 일거수일투족과 웃고 우는 사이에 조금이라도 사실 같은 경지에 이르지 않으면 안 된다. 예컨대 비극을 연기할 때는 초목소슬草木蕭瑟하고 성월무색星月無色할 정도의 연기5를 못 하면 가치가 없으며, 요부妖婦의 행동을 연기할 때는 한번 웃음에 나라를 위태롭게 하고 한번 찡그림에 사람을 죽일 만한 진경眞境6을 이끌어내지 않으면 재미가 없다. 하지만 인류의 정서는 심리적 작용에서 나오는 것이므로, 결코 마음대로 행하기는 어려운 것이다. 옛날에 용사勇士에 대해 그 안색의 변함으로 인해 혈용血勇, 골용骨勇, 근용筋勇 등의 평판이 있었으니,7 이렇게 지극히 어려운 근육작용을 자유자재로 한 뒤에 가히 명배우라 할 수 있다. 서양 생리학자의 말에 의하면 안면에만 근육에 의해 표현하는 정서, 즉 희로애락 4대 계통과 관련된 정서 표현의 종류만 180여종이라 하니, 전체 표정작용은 그 수를 다 헤아릴 수 없

5　초목이 소스라치고 별과 달의 빛이 무색해질 정도의 뛰어난 연기를 뜻함.

6　'일빈일소(一顰一笑)'는 한번 찡그림과 한번 웃음을 뜻하는 말로, 사소한 표정의 변화를 말한다. 미묘한 표정 변화로 나라를 망하게 하거나 사람을 죽일 수 있는 요부(妖婦)의 사실적인 모습을 뜻한다.

7　『연단자(燕丹子)』라는 중국 소설에 전하는 고사에서 따온 것이다. 중국 전국시대 말, 연나라 태자 단(丹)은 진시황을 암살할 자객을 찾고 있었다. 그의 모사(謀士)인 전광(田光)이 형가(荊軻)가 적격자임을 설명하면서 다음과 같이 말했다. "하부(夏扶)는 혈용(血勇)한 사람으로 노하면 얼굴이 붉어지고, 송의(宋意)는 맥용(脉勇)한 사람으로 노하면 얼굴이 파래지며, 무양(武陽)은 골용(骨勇)한 사람으로 노하면 얼굴이 하얗게 됩니다. 제가 아는 형가가 신용(神勇)한 사람으로 노해도 안색이 변하지 않습니다." 즉 용감한 종류에 따라 얼굴색이 달라진다는 내용으로, 이를 인위적으로 연기하기는 어렵다는 것을 설명하기 위해 인용한 고사이다.

When Ford is detained or ill, Miss Cunard goes right ahead and directs in his place. They are said to be the hardest working and the fastest directors in Universal City.

Ford, "but when we get together on a story we do manage to make things hum." And five years of successful partnership seems to bear out his statement.

Miss Cunard inherits her name from a French father and her independence of spirit from an American mother. She was born in Paris, something like twenty-five years before

It has been in serial pictures that Ford and Miss Cunard have made their biggest hits.

dodging Zep bombs became the favorite out-door sport in that city, but most of her early life was spent in Columbus, Ohio. Her stage career began at the age of thirteen in "Dora Thorne," and she played the title role at that.

Her next appearance was in "Princess of Patches" in New York and elsewhere, followed by a considerable period in stock. Oh, yes, she also toured with Eddie Foy before "going into the pictures."

Mr. Ford is a native of Portland, Maine, and is in his early thirties. After looking over the field he discovered that there was little chance to begin a stage career in that vicinity so he came west—to New York. He landed his first job in a company then starring Amelia Bingham. Then followed a string of stock engagements and a vaudeville tour. His first photoplay work was with the once well known Nestor Company.

『포토플레이 매거진』(*Photoplay Magazine*)에 실린 〈명금〉(*The Broken Coin*)의
감독이자 배우인 프랜시스 포드(Francis Ford)와 주인공 그레이스 커나드(Grace Curnad)에 대한 소개

〈명금〉의 제작자와 스타들

다. 어떤 명배우라도 이들 표정을 정확하게 자유 동작하기는 불가능하되, 상등上等의 배우는 하나의 작은 동작이라도 공연히 움직이거나 쉽게 그치는 일이 없어서, 선인·악인·귀부인·요부 등의 행동이 각각 다르다. 그런데 가득 찬 관람객은 이들 배우 활동에 대한 취미를 아는 자가 몇이나 되는지, 때때로 박수 소리는 귀에 들리되, 이 박수 소리 중에 이런 취미가 포함되어 있는지는 과연 알 수 없는 바다.

하지만 배우의 연기 이야기를 마무리하면서, 세계의 명배우 한명을 소개하고자 한다. 지난 달 우미관에서 영사하던 〈명금名金〉*The Broken Coin*, 1915 이라는 사진에 출연한 여배우, 미국 유니버설 회사에 근무하는 '키티 그레이'Kitty Gray[8]라면 그 이름을 모르는 사람이 적을 듯하다. 그녀의 매월 봉급은 만 오천불, 즉 일본 화폐로 3만 엔에 이르는 금액이라니, 그 사람의 기예는 이로써 알 만할 것이 아닌가?

활동사진변사의 설명

　활동사진변사는 소장蘇張[9]의 구변으로 듣는 사람의 귀를 유쾌하게 함이 그 본래 직업인 것은 물론이거니와, 또한 희로애락의 음조를 자유자재로 하여 사진의 활동과 변사의 음조가 동일하게 조합되지 않으면 실격이다. 예컨대 비극을 연기할 때 장엄한 언사를 내거나 연정을 표현할 때 화난 소리를 내면 이는 얼음과 숯처럼 어긋나는 것이오,[10] 혹 약간의 차이만 보인다 해도 이미 그 본뜻을 잃는 것이 된다. 매우 좋은 각본에 매우 좋은 배우가 힘을 다해 활동해서 한편의 사진을 만들어도 이를 영사할 때 그 설명이 불완전하면, 관람자의 취미는 소진해버린다. 그러므로 변사의 책임도 역시 중대하니, 변사는 앞에서 말한 것처럼 그 음조를 알맞게 조화하여 관람자의 정서를 일으키게 함이 상책이다. 예컨대 연애하는 사람과 이별할 때와 같은 슬픈 때는 수심 가득한 참담한 음조로 연약한 부녀를 울게 하며, 무도한 악한이 인의仁義의 사람을 모살함과 같은 통탄할 때는 엄숙한 음성으로 남아男兒의 용기를 분발케 하여 그 세밀한 곳, 언급하기 힘든 곳까지 이르도록, 사람의 감정을 감발시키는 기맥氣脉을 울리게 하는 것이 요지라 할 수 있다. 따라서 간흉의 회개, 의리의 모방 등 인정을 감화케 하는 데는 변사의 직무가 각본 작자의 임무보다 중대하다 할 것이다. 관람자가 변사의 설명을 들을 때도, 한마디도 대충 들어 지나치지 않고 극히 주의를 기울이고 극히 해석할 일이다. 주마간산走馬看山으로 "모 귀족의 아들은 부자의 딸 모와 약혼했다" "모 악한은 부호의 재산을 빼앗고자 오늘 아침 기차를 타고 모처로 떠난다" 운운하는 말뜻의 대지大旨만 들을 것이 아니라, 짧은 말 사이에도 여러가지 방면으로 무궁한 취미를 붙여야 한다.

　하지만 조선에 가히 변사라 칭할 만한 자 몇이나 되겠는가? 변사는 이상과 같이 이치에 맞는 언론과 미묘한 이야기로 듣는 이의 정서를 감흥케 함은 물론, 말을 시작하고 끝내는 것도 사진 활동의 상태와 동일한 보조와 조화를 얻어서, 몇년 전 조선에 왔던 유성有聲 활동사진과 같은 후에야 가히 변사의 이름을 들을 수 있을 것이다. 조선에는 변사의 설명을 취미로 들을 만한 관람자도 몇이나 있는지 알 수 없는 동시에, 자격이 있는 변사도 그 누구인지 역시 알 수 없다고 하겠다. 하지만 조선 변사계로 말하면, 상당한 자격의 유무를 묻는다면 가히 응답하기 어렵겠지만, 활동무대에 활동하는 몇몇 사람의 변사 중 관람자로 하여금 능히 울게 하고, 능히 웃게 하고, 능히 분노하게 하고, 능히 쾌창快暢하게 하여, 사람의 정서를 울려 흥감케 하는 구변을 가진 자는, 오직 우미관 무대 앞에서 한치 혀를 움직이는 최종대崔鐘大[11] 군 한 사람이라 하겠다.

活動寫眞觀覽者의趣味

京城에有名흔活動寫眞館優美館의寫眞을觀覽홀時, 每히全部滿員됨은驚嘆ᄒ얏노라其滿場됨人員中에ᄂ白髮이星々흔老人도有ᄒ고玉顔이美妙흔婦女도有ᄒ며衣服을奭侈흔富豪子弟도有ᄒ고金錢을濫費ᄒᄂ浮浪人物도有ᄒ며其他官吏, 學生, 妓生, 職工至於勞動者等의別々人物이來集ᄒ얏스니此等의多數人員은如何흔趣味로써活動寫眞을觀코자如彼히來集ᄒ얏ᄂ뇨彼等이如彼히每夜來集ᄒᄂ內容은人々이各自不同ᄒ야或一時的消暢으로來혼者도有ᄒ고或友人의牽引으로來혼者도有ᄒ며或戀愛의男女가約會혼者도有ᄒ고或寫眞의趣味를取ᄒ야策혼者도有ᄒ려

---

8   키티 그레이는 〈명금〉의 주인공 이름이고, 배우의 이름은 그레이스 커나드(Grace Cunard, 1893-1967)이다.

9   중국 전국시대에 합종연횡(合從連橫)설로 유세하던 소진(蘇秦)과 장의(張儀)를 뜻한다. 언변이 뛰어남을 말한다.

10   원문은 "차(此)ᄂ 빙탄(氷炭)의 상위(相違)라 할지오"이다. '빙탄(氷炭)의 상위(相違)'는 얼음과 숯이 서로 성질이 상극이라 조화되지 못함을 의미한다.

11   원문에는 "작종대(雀鐘大)"라 되어 있으나 오식이다.

니와如何間活動寫眞館에來ᄒᆞᆫ同時에ᄂᆞᆫ寫眞을觀코자ᄒᆞᄂᆞᆫ目的에在ᄒᆞᆫ지라彼等은如何ᄒᆞᆫ趣味로써寫眞을觀覽ᄒᆞ나뇨抑或繪畫와同一ᄒᆞᆫ寫眞의影中에셔人은語ᄒᆞ고馬ᄂᆞᆫ走ᄒᆞ며自動車飛行機ᄂᆞᆫ實物과如히活動홈이神異ᄒᆞ야此에趣味를附ᄒᆞᄂᆞ뇨又或外國의山川風物과人情習俗을見홈에趣味를附ᄒᆞᄂᆞ뇨人語馬走ᄒᆞ고自動車飛行機等이活動ᄒᆞᄂᆞᆫ等這中에도可히學術上參考에供홀만者이無홈은不是오外國의山川風物과人情習俗等을見ᄒᆞᄂᆞᆫ這間에도可히常識을開發홀만ᄒᆞᆫ者이無홈은亦不是로딕但히人語馬走ᄒᆞ고自動車飛行機의活動과歐羅巴阿米利加의山川風物과人情習俗等吾人眼目에不得見ᄒᆞ던바를觀홈에만趣味를附ᄒᆞᆫ다홀지면此ᄂᆞᆫ決코無意味ᄒᆞᆫ觀覽이라謂홀지라大蓋活動寫眞으로言ᄒᆞ면人情을感化홈에도如斯히有力ᄒᆞᆫ者-更無홀지오知識을涵養홈에도如斯히多功ᄒᆞᆫ者-稀有홀지니此活動寫眞의眞意味를知ᄒᆞ고觀覽홀지면其趣味도小說을讀ᄒᆞᄂᆞᆫ以上에及홀지오기타人情感化, 知識涵養의效力도宗敎, 學校에不下ᄒᆞ다可謂홀리니此ᄂᆞᆫ過言이不是인지ᄂᆞᆫ不覺ᄒᆞ깃스나何由로如斯ᄒᆞ뇨ᄒᆞ면先히活動寫眞脚本의內容을解剖ᄒᆞ야登場人物의善惡을區別ᄒᆞ며次에活動俳優의技能을觀察ᄒᆞ며又其次에寫眞을說明ᄒᆞᄂᆞᆫ辯士의口辯을評判ᄒᆞᄂᆞᆫ這中에無限ᄒᆞᆫ趣味를附치아니ᄒᆞ면不可ᄒᆞ다ᄒᆞ노니每夜滿場되ᄂᆞᆫ人員中에此等趣味로써觀覽ᄒᆞᄂᆞᆫ者-幾個人이나有ᄒᆞᆫ지不知ᄒᆞᄂᆞᆫ바이로다

活動寫眞脚本의解剖

寫眞脚本作者의腦ᄂᆞᆫ恆常人情感化, 風俗改良, 知識開發等으로主旨를立ᄒᆞ고福善禍淫으로始終을裁作ᄒᆞ야孝悌忠信의德義心을發揚ᄒᆞ며淫邪姦惡의悖行動을防止ᄒᆞ도록홈에在ᄒᆞᆫ지라誰가道德을尊崇ᄒᆞ고法律을畏避치아니ᄒᆞᄂᆞᆫ者-有ᄒᆞ리오만은世人은物慾이虛靈ᄒᆞᆫ心志를妨害ᄒᆞ야天人에罪를犯홈이常事라彼我勿論ᄒᆞ고一毫라도道德上罪過를犯치아니ᄒᆞᆫ者-

其誰리오故로彼等弊害를矯正홈에는宗教家가其責任을負ᄒ고家庭과學校에셔其義務를擔ᄒ얏스며其他小說家演劇家等이傍助에盡力ᄒ거니와活動寫眞도亦是其一에參홀만ᄒ니活動寫眞은小說家의著作과演劇家의出演을合成혼一部理想的修身教科書라可稱홀지라然則脚本作者는福善禍淫의大義로裁作치아니ᄒ면其本旨를失홈이니例컨딕叛逆者-富貴의榮華를享有ᄒ다던지忠孝者-悲慘혼地頭에陷落ᄒ다홀지면此는非理의著作이오善者는死後에榮譽라도餘ᄒ고惡者는未久에天殃이라도被혼다ᄒ며正直혼者는曖昧혼怨恨을雪할日이有ᄒ고犯過者는罪狀의形跡이露홀日이有ᄒ다ᄒ는大旨로作지아니ᄒ면違格이라홀지라故로兒童教育, 婦女訓導, 惡漢悔改에有益홈은勿論이오稍히知識이有혼者에對ᄒ야도種々方面에就ᄒ야學術과智慧를參考홀만혼處가不少혼즉觀覽者는善惡의區別, 學術의參考, 知識의開發, 聞見의博得諸般의點으로必히硏究ᄒ며必히詳察치아니ᄒ면不可ᄒ니不然則實로無意味혼觀覽이라何等의趣味가有ᄒ다ᄒ리오

活動俳優의活動狀態

活動寫眞俳優의活動은普通劇場俳優의活動보다幾百倍至難혼點이有ᄒ니普通劇場俳優는狹隘혼場內에셔小規模的活動을演홀쑨인故로喜怒哀樂의表情과巧美莊嚴等의姿態만善熟히홀지면可히名優라ᄒ되活動寫眞俳優의職務는不然ᄒ야其出演ᄒ는場所는危險혼地域이常多ᄒ고天然의河海가不少ᄒ며其活動ᄒ는技術은自動車도驅ᄒ고飛行機도乘ᄒ며短艇도漕ᄒ고走馬도馳ᄒ야千百技藝가無所不能然後에可ᄒ며其活動中危險을冒홈으로言홀지라도飛行機로부터疾走ᄒ는汽車上에落下ᄒ는事, 의絶壁을攀上攀下ᄒ는事, 道路가逶迤屈曲혼傾斜地에셔自動車를全速力으로驅馳ᄒ는事等, 生命이一縷間에在혼行動이非一非再라余의目睹에依홀지라도疾走ᄒ는機關車로부터落下ᄒ쟈車는其上으로通過ᄒ는事, 千

尺河川의上에셔横擊ᄒᆞᆫ一線의繩上으로쇼무輪을拔去ᄒᆞᆫ自動車를驅去ᄒᆞ
ᄂᆞᆫ事等이見者의毛骨이悚然ᄒᆞᆫ者-多ᄒᆞᆫ지라此等의冒險的技術도至難ᄒᆞ
거니와喜怒哀樂의表情으로言ᄒᆞᆯ지라도一擧手一擧足과一笑一泣의間에
秋毫라도眞似의妙境에入치아니ᄒᆞ면不可ᄒᆞ니例컨ᄃᆡ悲劇을演ᄒᆞᆯ時ᄂᆞᆫ草
木蕭瑟ᄒᆞ고星月이無色ᄒᆞᆫ近景을演치못ᄒᆞ면無價値ᄒᆞ며妖婦行動을演할
時에ᄂᆞᆫ一笑에國을傾ᄒᆞ고一嚬에人을殺ᄒᆞᆯ만ᄒᆞᆫ眞境을摘치아니ᄒᆞ면無滋
味ᄒᆞᆫ지라然이나人類의情緖ᄂᆞᆫ心理的作用에셔出ᄒᆞᄂᆞᆫ者인故로決코故意
로行키ᄂᆞᆫ至難ᄒᆞᆫ바이니古者勇士로其顔色의變ᄒᆞᆷ을因ᄒᆞ야血勇,骨勇,筋
勇等의評判이有ᄒᆞᆫ즉如此히至難ᄒᆞᆫ筋肉作用을自由自在ᄒᆞᆫ然後에可謂名
優라ᄒᆞᆯ지라泰西生理學者의言을據ᄒᆞᆫ즉顔面에만筋肉에依ᄒᆞ야表現ᄒᆞᄂᆞᆫ
情緖, 卽喜怒哀樂四大系統下에系ᄒᆞᆫ情緖表現의種類ᄂᆞᆫ百八十餘種이라
ᄒᆞ니全體에대ᄒᆞᆫ表情作用은其數를難記ᄒᆞᆯ지라何如ᄒᆞᆫ名優라도此等의表
情을盡善盡美히自由動作ᄒᆞᆫ다ᄒᆞ기ᄂᆞᆫ不能ᄒᆞ되上等의俳優ᄂᆞᆫ一指一髮이
라도空然히動ᄒᆞ고居然히止ᄒᆞᄂᆞᆫ事-絶無ᄒᆞ야善人, 惡人, 貴婦人, 妖婦등
의行動이各自不同ᄒᆞᆫ즉滿場觀覽者ᄂᆞᆫ此等俳優活動에對ᄒᆞᆫ趣味를知ᄒᆞᄂᆞᆫ
者-幾箇이나되ᄂᆞᆫ지時々로拍手의聲은耳를括ᄒᆞ되其拍手聲中에此等趣
味가抱合ᄒᆞ얏ᄂᆞᆫ지ᄂᆞᆫ果是不知ᄒᆞᆯ바이라ᄒᆞ노라然이나俳優의活動을陳述
ᄒᆞᄂᆞᆫ言尾에世界名優一人을紹介코자ᄒᆞ노니月前優美館에셔映寫ᄒᆞ던〈名
金〉이라寫眞中出演의女優, 米國유니바셔루會社에勤ᄒᆞᄂᆞᆫ'기지구레'라면
其名을不知ᄒᆞᄂᆞᆫ者-少ᄒᆞᆯ뜻ᄒᆞ거니와彼의每月俸給은一萬五千弗卽日貸
三萬圓에多大ᄒᆞᆫ金額이라니其人은藝術은從此可知ᄒᆞᆯ바이아니뇨

活動寫眞辯士의說明

活動寫眞辯士ᄂᆞᆫ蘇張의善辯으로써聽者의耳朶를愉快케ᄒᆞᆷ이其本職됨
은勿論이어니와此亦喜怒哀樂의音調를自由ᄒᆞ야寫眞의活動과辯士의音調

가同一히調合치아니ᄒ면失格이니例컨딕悲劇을演ᄒᆯ時, 莊嚴ᄒᆫ言辭를發
ᄒ거나戀情을表ᄒᆯ時, 怒號의音聲을出ᄒ지라면此ᄂ氷炭의相違라ᄒᆯ지오
或見一毫의差異가生ᄒᆯ지라도其本旨ᄂᆫ己失ᄒᆫ바이니如何히良好ᄒᆫ脚本,
如何히良好ᄒᆫ俳優가盡力活動ᄒ야一片의寫眞을成ᄒᆯ지라도此를映寫ᄒᆯ
時其說明이不完全ᄒᆯ지면觀覽者의趣味ᄂᆫ消盡홈에至ᄒᆯ지라然則辯士의責
任도亦是重大ᄒ니辯士ᄂᆫ前者에言홈과如히其音調를善히調和ᄒ야觀覽者
의情緖를興感케홈이得策이니例컨딕戀愛의人을惜別홈과如ᄒᆫ愁慘의時ᄂᆫ
愁雲이慘淡ᄒᆫ音調로써軟弱ᄒᆫ婦女를泣케ᄒᆞ며無道惡漢이仁義의人을謀殺
홈과如ᄒᆫ痛嘆의時ᄂᆫ嚴肅ᄒᆫ音聲으로써男兒의勇氣를奮發케ᄒ야其細々密
々ᄒᆫ處, 言及키難ᄒᆫ地頭ᄒᆞ신지至ᄒ도록人情感發의氣脉을鼓動케홈이要
旨라ᄒᆯ지라故로姦凶의悔改, 義理의模倣等人情을感化케홈은辯士의職務
가脚本作者의實任보다重大ᄒ다ᄒᆯ지니觀覽者가辯士의說明을聽ᄒᆯ時도一
句一語를泛然히聽過ᄒᆯ者-아니오極히注意ᄒ며極히解釋ᄒᆯ바인走馬看山
으로 "某貴族의子ᄂᆫ金滿家令孃某와約婚ᄒ얏다" "某惡漢은豪富의財産을
奪코자今朝汽車를乘ᄒ고某地로發程ᄒ다"云々ᄒᄂᆫ語意의大旨만聽ᄒᆯ것
이아니라句言短話의間에도種々方面으로無窮ᄒᆫ趣味를附ᄒᆯ것이라然이나
朝鮮에可히辯士라稱ᄒᆯ만ᄒᆫ者 - 其誰이뇨辯士ᄂᆫ以上과如히有理ᄒᆫ言論과
美妙ᄒᆫ說話로써聽者의情緖를興感케홈은勿論, 至於發音, 停語의始終신
지도寫眞活動의狀態와同一ᄒᆫ步操와調和를取ᄒ야年前에來鮮ᄒ얏던有聲
活動寫眞과如ᄒᆫ然後에야可히辯士의名을聽ᄒᆯ지니朝鮮에ᄂᆫ辯士의說明을
趣味로써聽ᄒᆯ만ᄒᆫ觀覽者도幾箇人이나有ᄒᆫ지未詳ᄒᆫ同時에資格이有ᄒᆫ辯
士도其誰인지亦是不知ᄒᆯ바이라ᄒ노라然ᄒ나朝鮮辯士界로言ᄒ면相當ᄒᆫ
資格의有無를問ᄒᆯ진딕可히應答키難ᄒ다ᄒ깃스되活動舞臺에立脚ᄒᄂᆫ幾
個人의辯士中觀覽者로ᄒ야곰能히泣케ᄒ고能히笑케ᄒ고能히憤怒케ᄒ고
能히快暢케ᄒ야人의情緖를鼓動興感케ᄒᄂᆫ口辯을持有ᄒᆫ者ᄂᆫ惟獨優美館

舞臺前에셔寸舌을搖ᄒᄂᆫ雀鐘大君一人이라ᄒ노라

2 조선영화의 인상 이구영

『매일신보』 / 1925.01.01

우리의 영화계도 차차로 새 길의 건설의 첫 발자국을 떼어놓게 된 갑자년甲子年, 1924은 우리네의 기뻐할 잊지 못할 해였다. 수많은 외국 명작품이 조선영화계를 채색하게 된 해도 갑자년이 제일이었다 할 만큼 황금시대였고, 더욱이 純조선영화로 제작·발전된 4편의 영화가 적다 할망정 참된 의미하에 우리는 몹시도 기쁘다. 나는 이 귀중한 우리의 작품을 보고 잊히지 않는 인상을 받게 되었고, 마음 놓기 어려운 그네의 보조步調가 보는 나로 하여금 금할 수 없는[12] 무거운 책임감이 떠오르게 되었다. 나는 마음이 덜 컥덜컥 내려앉기도 하고, 슬프기도 하며 때려주고 싶으리만큼 분한 느낌도 떠오른다. 나는 오직 아기의 걸음발 떼어놓는 그 걸음을 보는 느낌으로, 사랑하는 아기의 종아리를 때려주고 싶다. 살찌어라 튼튼하여라. 나는 너를 사랑하기 때문에 너의 흠절도 들춰내고 싶은 것이다.

〈춘향전〉(동아문화협회 작품)

12년도[13]에 제작된 작품이니, 본 영화가 좋으니 언짢으니 해도, 조선영화계에 있어 첫 작품이었다. 『춘향전』은 우리 조선 고유한 고대 연애소설이니, 누구나 모를 사람 없이 다 아는 이 소설을 영화화시키려 애쓰던 조천 早川[14] 씨 고심담에 의하면, 비상한 노력과 주의를 불拂했고, 멀리 남원까지 가서 실지實地 촬영을 했을 뿐만 아니라, 조선 고유한 풍속습관을 어디까지 존중하고자 무한 주의를 다했다 한다. 이러니저러니 말할 것 없이, 중다버지[15] 이도령이 광한루에 보따리 짐 지고 섰던 광경이 눈앞에 암암하다. 인형 같은 춘향이의 화면이 눈앞에 방황한다. 좌우간 본 영화는 실패였다. 인기를 이끈 것이 영화보다도 『춘향전』이라는 위대한 소설의 힘이었던 것이다. 먼저 나는 이런 흥미를 가지고 기대했었다. 우리에게는 극사劇史가 없기 때문에, 그런 문장文章소설을, 더욱이 연애소설인 『춘향전』을, 우리의 고유한 극의 동작표정이 없는 심적 정서로 얽힌 그 소설을 과연 영화극으로서 생명을 살릴 수 있을까? 기분극氣分劇으로서야만 될 『춘향전』인데 어떤 각본하에 영화화시킬 것인가?

그러나 영화화한 〈춘향전〉은 실패였다. 기분氣分 표현 같은 것은 영점이요[16] 연락連絡[17]도 아무것도 없고 다만 스토리를 흉내 냈음에 불과했다. 타이틀도 말이 아니요, 화면이 선명했다고 촬영이 훌륭하다는 것은 너무도 박약한 주장이 될 것이다. 우리에게는 기분극이 제일 어려운 줄로 안다. 이는 어느 나라든지 그러하거니와 더욱이 우리에게는 무모한 모험일 것이다. 연애극은 조선사람에게 제일 하기 어려운 극이 될 것이요, 그러나 영화극으로서는 어느정도까지 표현방법과 각색 여하에 의해, 완전치는 못하나마 성공할 가능성은 충분히 있는 것이다.

---

12   원문은 "흘슈없느"이나 맥락상 '금할 수 없는'이라 생각된다.
13   타이쇼오(大正) 12년(1923)을 의미함.
14   하야까와 마스따로오(早川增太郎, 1879-?). 하야까와 코슈우(早川孤舟)라는 예명으로 잘 알려진 인물. 러일전쟁 직후인 1905년 함흥 주둔군으로 조선에 들어온 후, 1906년 한국정부 재정고문부에서 1909년까지 활동했다. 이후 용달업에 종사하다 1913년부터 황금관을 경영했고, 하야까와 연예부를 세워 운영했다. 1917년에는 희락관을 인수·경영했고, 1923년 부업공진회의 관람객들에게 상영하기 위해 〈춘향전〉을 만들었다. 한상언 「1910년대 경성의 일본영화인 연구」, 『영화연구』 40호(한국영화학회 2009).
15   길게 자라서 더펄더펄한 아이의 머리. 또는 그 아이.
16   원문에는 "기분표현같은 영점(零點)것은이요"로 되어 있으나 오식으로 보인다.
17   숏이나 씬의 연결 및 배열을 의미.

〈장화홍련전〉(단성촬영부 작품)

『장화홍련전』은 조선 고대 가정비극소설 중의 하나이니, 원작인『장화홍련전』의 스토리로 말하면 매우 단순하고 간단한 것이라 각색자에 대한 지난함을 생각하는 한편으로는, 단순한 스토리라 다소 치밀한 주의만 있다면 가장 각색하기 쉬운 작품인 것을 느꼈다. 영화화한 〈장화홍련전〉이 성공이었느냐면 왜 성공이랄 수는 없어도, 우리 첫 작품[18]으로는 얼마간의 성공이라 할 수 있다. 왜 그러냐 하면 카메라맨의 노력은 전편에 창일漲溢했었고 더블 익스포저[19] 영화기교는 열졸劣拙했다 할지라도 클로즈업, 순간瞬間[20] 촬영 같은 것은 종합예술인 영화극의 본령을 잊지 않고 최선을 다하려 했음에는 당연한 노력일 것이요, 그러나 감독자가 있었는가 할 만큼 연기상[21] 불不통일한 점에는 놀라지 않을 수 없었고 의상에 대한 부주의는 말하기도 어렵다. 의상은 여름 것에 침구는 겨울 것이란 말할 수도 없고, 좌우간 전편에 넘치는 센티멘털의 정조 기분은 본 영화의 특색이라 할 수 있을 것이다. 그러나 조색調色[22]의 졸렬했음은 무경험이라는 막幕 속에 숨겨주어야 할 것이며, 고대소설을 아무런 규칙이나 연구도 없이 되는 대로 현대극화시켰음에 관객은 맹목적 환호를 하게 되었다고 느끼지 않을 수 없다. 현대 인정풍속에까지 이끌어다 붙였던 까닭이다. 최후로 카메라맨의 노력을 감사한다.

〈해(海)의 비곡(秘曲)〉(조선키네마 작품)

조선키네마 회사 제1회 시작품試作品이었기 망정이지, 만일 본 영화를 특작품이라고 하여 영화계에 내세우려 했다고 하면, 우리 영화계를 무시해도 분수가 있지 그것을 소위 영화극이라는 미명美名을 붙였다니 하고 분개했을지도 모를 것이다. 그러나 다행한 것은 시작품이었던 것이다. 일본인 왕필렬王必烈[23] 씨가 시나리오의 원작자니 먼저 테마를 평할 필요도 없거니와, 〈해의 비곡〉은 내용과 상반相伴한 좋은 제명題名이었고 내용은 통속물에 불과했고, 어찌 생각하면 일본의 〈선두소패船頭小唄〉[24]나 〈농조籠鳥〉[25] 같은 저속취미로 값싼 센티멘털리즘을 가지고 현대 청년남녀들의 유행성에 영합케 하려는 취의趣意에서 지은 줄로 느꼈다. 〈붉은 새〉란 도무지 무슨 새냐? 들도 보도 못한 〈농조〉가 흥행계에서 일부 천박한 청년남녀들의 추악망측한 치정기분을 조장시켜 흥행업자들의 돈지갑을 퉁퉁하게 만들어주기 때문에, 그것을 본떠다 놓으면 대입만원大入滿員의 흥행가치 있는 명화되기에 쉬울 줄로 알았는가?

감독은 없었다 해도 과언이 아니요, 왜냐하면[26] 시나리오 쓴 작자보다도 각색자가 무능력했고 각색자가 무경험자인 그것보다도 더욱이 감독자는 어렸다. 출연배우의 액션이나 표정은 감독의 힘이 조금도 미치지 못했고, 오히려 배우가 감독을 휘두를 지경이었다. 카메라맨은 역시 다소의 촬영경험은 있었다 할지라도 수완은 없었다. 당당히 클로즈업(대사大寫)[27]이나 미디엄 클로즈업을 사용해야만 사진 기분을 표현시킬 때도 그대로 원사遠寫[28]를 한 장면도 있었다. 물론 이는 첫째, 각색자의 잘못이요, 총어總御하는

---

18   이 글의 필자인 이구영이 〈장화홍련전〉의 각본을 맡았다.

19   이중노출(double exposure).

20   순간(瞬間)은 플래시(flash)의 번역어로, 서광제와 이효석은 각각 "잠시 잠깐 보이는 장면" "한 장면이 오랫동안 지속되지 못하고 일순간에 꺼져버림"이라고 그 의미를 설명하고 있다. 서광제 『『화륜』 연작(連作)을 앞두고 독자 제씨에게』, 『중외일보』(1930.07.04); 이효석 「시나리오에 관한 중요한 술어 (1)」, 『동아일보』(1931.02.24).

21   원문은 "기연상(技演上)".

22   물감을 섞어 원하는 색을 내는 일.

23   일본 영화인 타까사 칸쬬오(高佐貴長)의 예명.

24   〈船頭小唄〉(1923). 쇼오찌꾸키네마 제작, 이께다 요시노부(池田義信) 감독의 영화로 당시 일본에서 인기 있던 유행가를 영화화한 작품.

25   〈籠の鳥〉(1924). 테이꼬꾸키네마 제작, 마쯔모또 에이이찌(松本英一) 감독의 영화로 조선에서도 개봉하여 큰 인기를 끌었다. 역시 유행가를 영화화한 작품.

26   원문은 "왜라니".

27   원문은 "대회(大會)"이나 오식으로 보인다.

감독자의 책임일 것이다. 그만한 각본이나마 각색자가 좀더 친절히 치밀한 주의를 했었다 하면, 한 것 만 것 정조기분을 표현시키기에는 가장 적당한 각본인 줄 안다. 그러나 정조나 리듬도 없고, 아니 연락도 없고, 되는대로 연속자막을 집어넣어 놓은 것은 깜짝 놀랄 바이며, 자막 문장의 서투른 문구는 좀더 쉽게 간■했더라면 좋았을 듯했다. 그리고 스펙타이틀이 적었다.

그 사진을 보고 나니 조금도 인상이 남지 않고 어떻게 사진 연락이 되었는지 켜를 차릴 수가 없다. 금방 연애창가를 하다가 장면이 변하니까 어느 틈에 연애가 되었는지도 모르리만큼 인상이 모호한 가운데서 벌써 이별의 씬이 비치고, 또 잠깐 있다가 죽는 줄도 모르게 죽었다는 달음박질을 시켜 놓은 것을 종합해보면, 대체로 이번 작품은 실패다. 끝으로 이월화李月華보다도 채전菜田 양의 표정이 나았고 월화 양은 영화극 배우로는 부적不適함을 느꼈다. 그의 얼굴이 아름답다고 사람들은 잘한다 하나 근육표정은 기대키 어려운 얼굴이니, 물론 연구하고 연습을 쌓으면 못 될 것은 없겠으나, 그는 다시 무대에 복귀해주었으면 좋겠음을 느꼈다. 최후로 동사同社의 제2회 작품 〈총희寵姬의 연戀(운영전)〉도 불일간不日間 공개된다 함을 들을 뿐이니 많은 기대를 가지고 〈운영전〉을 맞으려 한다.

〈비련(悲戀)의 곡(曲)〉(동아문화협회 작품)

조천고주早川孤舟, 하야까와 코슈우 씨 각색·감독하에 완성된 본 영화는, 〈춘향전〉보다는 잘되었다. 스토리로 말하면 보통 유행되는 천박한 퇴폐 기분을 고조하려는 스토리였고, 〈농조〉나 〈해의 비곡〉 나부랭이를 흉내 내, 넣지 않아도 좋은 노래를 고의로 갖다 넣은 것은 큰 잘못이었을 뿐만 아니라, 피려는 조선영화계에서 비난 많은 저속취미를 전파시킴은 도저히 참기 어려운 일이다. 인기를 끌기 위해, 돈 벌기 위해 그런 시나리오를 선택했음은 너무도 애석한 일일 뿐만 아니라 슬픈 일이다. 적어도 예술적 안목으로 본

영화를 기대하던 일반의 희망은 수포에 돌아갔고, 과연 조천 씨가 조선영화계를 위하는 사람이냐? 처녀지의 우리 영화계를 그르치며 피려는 싹에다 찬 서리를 내리려는 사람이 아니냐? 하는 느낌이 심두心頭에 가득했었다. 세평世評에 왈, 우리의 고유한 미풍을 모욕하고 우리의 풍속습관까지 무시했느니 어쩌니저쩌니 하는 것은 별달리 나는 반대치 않는다. 그렇다고 감정론 같은 세평을 믿으려고도 않는다.

우선 테마가 '비련의 곡'이니까 비극일 것은 물론이나마, 비활극悲活劇이라는 것은 도무지 그 사진 내용상으로 보면 활극될 것이 못 된다. 인천 해안에서 격투하는 씬이 있다고 활극이라는 것은 웃을 수밖에 없고, 소위 활극이라니까 미국식으로 구제救濟하기 위해 추적해야만 되겠다고 전고미견前古未見의 돛을 달고 부리나케 쫓아가는 것 같은 것은, 애써 막대한 돈을 들여 박은 사진을, 장난삼아 한 것 같은 불성실한 우스운 사진으로 만들어버렸다. 〈비련의 곡〉이 〈해의 비곡〉보다 낫다는 평판을 들었다. 물론 스펙타이틀과 부副자막 같은 것은 매우 성공했다 할 수 있다. 머리부터 끝까지 연락이 잘되었음에는 동강동강 난 〈해의 비곡〉보다 낫다 할 수 있겠으나, 최후의 음독의 씬 같은 것은 신파연극 같은 감이 없지 않았다. 그 씬이야말로 오히려 고상미高尙味가 도는 〈해의 비곡〉의 죽음의 장면이 월등 잘되었다고 할 수 있다. 명승실사名勝實寫 같은 것은 남들이 말하는 만철滿鐵[29]을 선전하기 위한 것으로 견과見過할 만큼[30] 정녕 친절했음은, 이것도 또한 고의로 그렇게 한 것이 아니요, 영화제작의 경험 유무 문제로 돌려보냄이 옳은 줄 안다. 비상한 노력 아래 제작했다 할지라도 스타트를 그르쳤고, 즉 사진 기분을 좀더 고상한 데 놓고 거기서 출발했다면 같은 본 영화의 스토리를

28   롱 숏(long shot).
29   남만주철도(南滿洲鐵道)의 줄임말.
30   보고 지나칠 만큼.

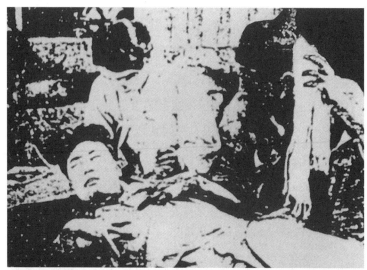

〈해의 비곡〉(1924)의 장면들
조선키네마주식회사의 실질적 책임자 타까사 칸쪼오(高佐貫長)가 감독을,
이경손이 조감독을 맡아 제작한 영화다.

가지고도 훌륭한 것을 만들었을 줄로 안다. 어찌되었든 인기를 끌기 위해서 그리했다면 더욱이 큰 오류에 빠진 실책이라 아니할 수 없다. 각색자나 감독자가 같은 사람이라 각색자로서의 그는 먼저 회상의 씬을 좀더 고려했다면, 즉 과거 추억 같은 씬은 현재[31]와 과거를 여실히 표현하기 위해 교착적으로 현재의 장면을 몇번 넣어두고 자막과 한가지 페이드인, 페이드아웃으로써 픽션[32]의 씬에 옮겨 갔더라면, 공교功巧로나 인상파적印象派的 기분을 얻을 수 있었을 줄 안다. 왜냐하면[33] 과거의 추상追想으로는 너무도 길기 때문이고 산만했기 때문이다. 자막 중에 "에"와 "의"의 분별을 못 하는 문장은 놀랄 수밖에 없었다. 정서는 어떤가? 하고 묻는다면 저열한 치정[34] 기분이 농후했다. 제작자의 일고一考를 비는 바는, 아무리 통속작품이라 할지라도 진실한[35] 맛과 고상미를 잊지 말아야 할 것이다.

망언다사 (12월 14일 밤)

3   위기에 임(臨)한 조선영화계   성아(星兒, 임화)

『매일신보』 / 1926.06.13, 20

극劇을 갖지 않은 국민(그것은 실제로 있을 수 없는 것이나)을 예상할 때 곧 문화를 갖지 않은 종족, 오락을 모르는[36] 국민이라고 말할 수가 있다. 문명국

---

31 원문에는 "셩재(在)".
32 원문은 "퓌쫀".
33 원문은 "왜라니".
34 원문에는 "정치(情痴)".
35 원문에는 "진실실한".
36 원문에는 "모드고".

은 문명국인 만큼, 미개국은 또 미개국인 만큼 다 각각 그 국민성의 반영인 연극을 소유하고 있는 것이다. 그러나 우리 조선인은 그렇다고 할 만한 무엇도 하나 못 가졌단 말이다. 오직 선조는 우리 민중에게 극이란 것을 잔역 殘役으로 알고 반드시 하류계급이 하는 것이라는, 전통적으로 극이란 것을 잔역시殘役視하는 관념 외에는 아무런 형식에서나 내용에서나 남겨준 게 없다. 그리하여 우리는 현재와 같은 지위에 떨어지고 말았다. 더구나 어느 외국인은 조선은 문학이 없고 극을 안 가진 국민이냐고까지 말한 일이 있다. 얼마나 부끄러운 일이냐. 그러나 상고시대엔 우리의 조상은 찬연한 문화를 가졌었고 극과 같은 종류의 무엇을 가졌던 형적形跡이 있다. (묵은 기록 등에서 보면 삼국시대에 전승기념 같은 것이 궁중에서 거행될 땐 전쟁하던 모양을 극히 예술적 기교를 가해가지고, 또 장군將軍 개個의 로맨스 같은 것을 삽입하여 궁중 광장에서 행했다는 형적이 있다. 물론 일반민중 전체를 목적으로 하는 것은 아니지만 그것이 극의 형식을 ■힛고[37] 또한 극의 원시적 요소를 함유한 것만은 사실이다.) 이런 것은 물론 너무나 오랜 일이므로 명확하다고는 할 수 없으나 요만한 것도 계통적으로 발전을 했다면 상당한 효과가 났을 것이나,[38] 그만한 것도 우리의 선조는 전해주지를 않고 갔다. 선조의 행적은 너무나 쓸쓸했다. 그리하여 우리는 현재와 같은 경우에 이르렀다. 여기에 위에 한 말은, 본래 논의가 극 아니고[39] 영화였으나 영화와 극은 떠날 수가 없는 관계를 가진 까닭으로 잠깐 말해둔 것이다.

그리고 근일에 어디서든지 성행하는 영화, 즉 활동사진으로 말하면, 발명 연대도 퍽 가깝고 하나 그의 특장인, 종래 연극같이 배우가 일일이 돌아다니지 않으면 볼 수가 없는 연기를 아무 데서라도 가만히 앉아서 볼 수가 있는 것, 즉 장소의 초월, 또한 후세에까지 전할 수가 없는 연극(순간적 생명을 가진 연출자의 예술)을 어느 시대 사람이나 다 볼 수 있게 하는 시간의 초월, 한번에 여러본本씩 제작해 일반민중의 요구에 응하게 하는 것 등, 여러가지

의미로 민중오락적 성질에 있어서 연극보다 훨씬 보급성이 풍부하므로 그 발달·보급의 급속한 것은 실로 경악驚愕할 만한 사실이다.

요컨대 누구고 현대인으로서 영화를 모른다면 그보다 더 큰 무지는 없을 것이다. 즉 이만큼 활동사진은 무서울 정도로 널리 보급된 것이다. 그리고 민중오락으로서, 민중예술로서, 사회교화기관이라는 데서, 또는 나아가至於 선전광고, 모든 학술연구 기관으로서 현재 활동사진만큼 광범중대한 사명을 갖고 따라서 다대한 효과를 내는 것은 없고 또다시 없을 것이다. 말하자면 활동사진은 현대인의 생활요소로부터 절대로 제거할 수 없게 된 오락으로서, 예술로서, 또 기타 여러가지 의미에서 영화는 우리의 생활에 일종의 양식糧이 되어 있다는 것이다.

여기에 우리 조선인의 눈에 영화가 나타나기는 10년이 넘은 일일 것이다. 그러나 이 외국 영화도 지금과는 아주 그야말로 천양지판天壤之判이 있었을 것이다. 그러나 현재에 와서는 활동사진이 고급예술품으로 일반민중에게 다대한 인상과 감명을 주는 것이 되고 말았다.

지금 여기에서 말하고자 하는 것은 위에 말한 외국 작作에 대한 것이 아니라 조선인의 손에서 제작되는 조선물朝鮮物의 과거와 또는 장래에 대한 것이다. 최초로 조선에서 조선의 인정풍물을 넣어놓은(실사물實寫物은 제외하고), 흥행 목적으로 박은 사진은 4,5년 전 조선영화의 최초기라고 할 만한 연쇄극連鎖劇의 전성시대에 삽입 목적으로 한 필름 제작이 그 효시일 것이다. 그때 연쇄극에 사용된 필름은 지금에다 대면 극히 유치한 것이나, 어쨌든 서양물만 보던 관객은 처음 조선영화(순純영화극은 아니나)를 대했으므로, 당시에는 흥행성적이 늘 좋았던 모양이다. 그러다가 연쇄극이 차차 일반관객

37   '갖췄고'로 생각된다.
38   원문은 "연슬 것이나".
39   원문에는 "창(創)안이고"이나 오식으로 보인다.

의 애호를 벗어나버리자 그만 흐지부지 자취를 감추고, 수년 동안 조선영화의 제작이라고는 중단이 되었다. 1회 06.13

이렇게 한 2년이 지난 뒤 일본인 조천고주早川孤舟, 하야까와 코슈우가 조선극장을 시작하고 동아문화협회라는 명목 아래, 영화제작에 호기심을 갖고 있는 해설자와 기생을 사용해가지고 뒤죽박죽 만들어낸 것이 반만년 문화의 정화精華라고 떠들던 〈춘향전〉의 출생이다. 이것의 양부良否는 말할 것 없이 여하튼 순純조선영화극의 초생初生이다. 그러나 이것은 말할 수 없는 큰 결함과 모순이 중첩한 괴작怪作이 되고 말았다. 이후 비로소 이 〈춘향전〉의 영향을 받아가지고 지금에 이르기까지 여러개의 작품이 여러 조선영화에 취미를 둔 사람들의 손에서 산출되고, 문학청년의 일부에선 순영화극 제작에 대한 취미와 열■熱■40을 갖게 되었다.

지금 여기에 발표된 몇개의 작품에서 얻은 일반적 감상을 말하면, 먼저 무엇보다도 이 발생기에 있는 과도기에 처한 빈약하고 미미한 영화계지만 이 시기가 장래의 조선영화계를 쌓아놓을 기초임을 생각할 때, 지금 조선에서 영화 한개를 제작하는 게 여간 중대한 일이라는 것을 다시 말할 필요도 없을 것이다. 즉 말하자면 일종의 호기심으로나 영리 목적으로 무단無斷히 제작에 착수한다는 것을 용서한다는 말이다. 어디까지든지 연구적으로 신중한 태도로 (만일 시대극이면 엄밀하고 정확한 조사·감독하에서) 제작을 생각한 뒤에 흥행가치나 효과 등을 생각할 것이다. 그리고 현대 조선민중은 스크린에 무엇을 요구하는가를 생각해야 할 것이다. 만일 그렇지 못한 태도로 일종의 호기심과 영리적 심정으로, 조선영화라면 관객을 흡수하기가 쉽다는 뜻으로 경홀輕忽히 제작을 한다면 물론 하등의 가치효과라도 없을 것은 물론이요, 더욱 중대한 것은 장래 건전한, 양호한 조선영화를 산출할 기초를 착란錯亂시키는, 조선영화의 위험 시대를 연출할 것이 분명하다.

지금까지 발표된 제諸 작품을 볼 때 그 반수 이상이 시대극이고 또 비교적 시대극이 더 많은 인기를 끌었던 것이 사실이다. 이 현상은 과연 무엇을 의미할까. 제일 먼저 생각나는 것은 그들 제작자가 제일 먼저 착상한 데가 흥행가치라는 것이 분명하다. 그것은 〈춘향전〉이나 고래古來부터 일반에게 널리 알린 작품을 영화화한 것, 즉 통속물은 박으면 흥행성적이 양호하다고 생각한 까닭이다. 둘째는, 현대극은 시대극만큼 널리 알린 대본이 드문게 원인인 것이다. 이런 점에서 비교적 널리 알린 『장한몽』이 전일前日 영화화된 것일 것이다. 그 다음에는 시대극은 현대극보다 관중을 기만하기가 용이한 것이다. 그러면 현대극보다[41] 촬영하기가 쉽게 되는 까닭이다. 이리하여 그들은 같은 노력을 들이고 같은 비용을 쓴다면 현대극보다 흥행가치가 높은 시대극을 많이 제작한 것이다. (물론 그렇지 않은 제작자도 있었을 것이다.) 그러나 이것은 조선영화의 장래를 염려하는 인사는 누구나 묵인할 수 없는, 용서할 수 없는 죄악일 것이다. 더구나 시대극은 현대극과 달라 의상, 가옥[42], 배경, 인정, 풍속, 그 시기에 따라 표정에까지 시대를 따라 특이한 것임을 돌아보지 않고, 심원한 고려도 정확한 조사도 없이, 흥행효과와 경비 감약減約만을 위해 민중을 속이는 행동을 하는 것은 용서할 수 없는 것이다.

　　그리고 우리 조선영화의 지위로 말해도, 말할 수 없이 비참한 경우에 처한 것이다. 다시 말하면 내용이나 모든 것에 빈약한 조선영화를 가지고는 날로 왕성해가는 일본이나 구미 영화와 경쟁은커녕 한자리에 서지도 못할 형편이란 말이다. 오히려 이런 것은 당연한 일일 것이다. 단소短少한 역사와 미능未能한 기술자와 연출자를 써가지고 만든 것이므로.

40　'열정'으로 생각된다.
41　원문은 "시대극보다"이나 문맥상 '현대극보다'가 맞는 것으로 생각된다.
42　원문은 "자옥(字屋)"이나 오식으로 보인다.

이런 여러가지 방면으로 보아 현재 조선영화 제작자처럼 불행한 사람은 다시없을 것이다. 배신拜神적으로 받는 곤란 이외에 경비 조달의 곤란으로 말미암아 일정한 스튜디오를 점유하지 못하게 치명적 고통이다. 말할 것도 없이 전부가 로케이션으로 제작한다는 것이다. 사실로 이런 일은 무리할 것이다. 그러나 어쩔 수가 없이 지금 조선의 제작자는 곧 이 방법을 취하고 있다. 그리고 촬영기사의 기술 부족, 로케이션으로 모두를 촬영하므로 사진의 생명인 명암明暗을 완전히 할 수 없는 것, 또 영화극에 이해를 가진 작가의 전무全無 등으로 조선같이 영화제작이 곤란한 나라는 세계에 또 없을 것이다. 이런 여러점은 관객인 우리도 동정을 표하고 경의를 표하는 바다.

그러나 초기에 있는 조선영화계를 위해야만 하는[43] 면전面前엔 이만한 각오는 필요할 줄 믿는다. 그리고 즉 장래에 올 조선영화에 건전한 양호良好를 학學하는 거룩한 정신으로 (1년에 하나도 좋고 둘이라도 좋다) 막아준다면 조선영화의 장래는 가히 염려할 여지가 없을 것이다. 끝으로 이 우론자愚論者는 현재 제작자, 즉 장래 조선영화의 양부良否를 쥐고 있는 제현諸賢[44]이 이런 작품을 내주었으면 좋겠다는 말을 한 데 지나지 않는다. - 끝. 26.5. 2회 06.20

---

43   원문은 "위(爲)하야안하는".
44   점잖은 여러분.

서양식을 가미한 혁신단(革新團) 활동극

『매일신보』 / 1920.04.28

처음으로 진화된 서양식 활동사진

신파 연쇄 활동사진을 김도산金陶山[1] 일행이 처음으로 박아 만도의 인기를 널리 얻었지만 거기서 더 좀 진화되어 박았으면, 또는 실연이 적고 사진이 많았으면 하는 생각이 일반 관객의 바라던 바라. 그런데 이번 혁신단 임성구林聖九[2] 군이 단성사 사주 박승필朴承弼 씨의 대대적 후원을 얻어 연쇄극을 박은 것을 26일 밤부터 단성사 무대 위에 올려 관람케 하였는데, 사진을 보건대 이왕 연쇄 활동사진보다 일층 진화 발달되어 대부분 서양 사진의 가미를 넣어 대모험 활극으로 될 수 있는 대로는 잘 박은 것이 드러난바, 실연이 적고 사진의 서양풍이 많아서 만원이 된 일반관객은 더욱 열광하여 박수갈채가 끊일 새 없어서 임성구 군의 대성공이라 하겠는데, 기차와 자동차의 경주와, 강물에 떨어지는 쾌활과, 기타 서양인의 집 3층 위에서 격투하다가 악한을 그 위에서 아래로 떨어뜨리는 장대한 대활극이 있어서 참으로 재미진진한 서양 사진과 조금도 다를 것이 없더라.

이제 하루 남은[3] 본사 주최 독자 위안회

『매일신보』 / 1920.07.02 / 일부

오는 3일 정오 12시, 단성사로 오시오.
아무쪼록 일찍 가셔야 구경하실 수가 있습니다.

독자 여러분도 이미 다 아시는 바지만, 본사에서는 가끔가끔 독자 여러분의 매일 시끄러우신 머리를 씻어드리고자 한때 즐기실 것을 주최하고자 항상 생각합니다. 그런 중에도 아무쪼록 돈이 많이 들지 않는 것을 골라서 주최하는 터올시다. 그래서 이번에도, 일전에도 대강 말씀한 바와 같이 돈 들지 않고 재미있는 연극을 구경하셔서 일시의 위안을 드리고자 하여 단성사 주임 박승필 씨와 신극좌新劇座 김도산 일행의 두터운 뜻으로 신극좌에서 고심하여 새로 촬영한 연쇄극을 거저 여러분에게 제공하기로 아주 결정되었습니다. 일전에도

김도산

잠깐 말씀했습니다만 그 일행이 새로 박은 연쇄극은 모두 세가지인데, 그중에서도 제일 재미있고 사진이 선명하기도 한 것으로 골라서 〈춘화春花〉라는 것을 정했습니다. 이 〈춘화〉라는 것으로 말하면 역자役者들의 입은 옷은 조선옷이지만 모든 것이 서양 활동사진과 같이 되었습니다. 그리고 그것은 형사가 자꾸 변장을 해가지고 악한을 체포하는 것인데, 자동차·기차의 추격 등도 있고 물속에 들어가서 싸우는 것도 있고, 전기 응용으로 열리고 닫히는 지하실도 있습니다. 그뿐 아니라 실연할 때는 배경도 모두 경성 안에서 배경을 제일 잘 그린다는 사람에게 부탁하여, 금전의 다소는 거리끼지 않고 만든 것이며, 연쇄극을 박는 데 돈 드는 것은 조금도 아끼지 않은 것이며, 또한 실연보다 사진이 많습니다. 척 수로 말하면 삼천여척이나 되는 것이올시다. 어찌했든지 구경하는 사람마다 우리 조선에도 이와 같이 훌륭한 연쇄극이 될 수가 있었던가 하여 경탄하기를 마지않을 것이올시다. 말로 어떻다고 해서는 아실 수가 없을 뿐만 아니라 그의 참값을 아실 수가 없을 것이니, 열 일을 제치시고라도 와서 구경하십시오.

영화극으로 화(化)한 〈춘향전〉

『매일신보』 / 1923.08.24

이왕세자李王世子 전하 태람에 공하고 제국극장에 봉절영사를 한다

조선에 연극이 생긴 후로 『춘향전』을 순수한 연극각본으로 각색하여 무대에 올리려고 무한히 노력한 사람도 한둘이 아니었으나 오늘까지 그 목적을 달치 못했는데, 이제 이것이 조천早川, 하야까와 씨의 힘으로 예술적 가치 있는 순수한 영화극으로 완성되어 조선 고대의 문예적 작품이 세계에 소개되게 된 것은 우리가 스스로 치하할 만한 일이요, 조선에 처음으로 완전한 활동사진 필름 하나가 생기게 되었다는 의미로 조천 씨의 절대한 노력에 대해 경의를 표함이 족할 것이다.

조천 씨는 이 〈춘향전〉 촬영에 대해 가장 자신 있는 어조로,

"나도 흥행계에 15년간을 종사했지만 이번같이 전력을 다 써보기는 처음이다. 첫째, 〈춘향전〉의 원본이 극히 간략하므로 그 자세한 내용을 조사하기 위해 적지 않은 금전과 많은 세월을 허비했고, 둘째는, 출연자 선택에 대해 무한한 고심을 했는데 다행히 김조성金肇盛 군같이 적당한 배우를 얻게 되었고, 또 춘향이가 기생의 딸이라는 관계상 춘향으로 분장할 배우는 반드시 조선 기생 중 적당한 자를 선택하기 위해 무한히 애를 썼는데 개성開成 박우현朴宇鉉 씨의 조력으로 한명옥韓明玉 같은 기생을 얻게 되었고, 기타 필름과 기계는 재래 조선에 없던 최상품을 사용하고 기사까지도 일본 사람으로는 그 위에는 없다 하는 일류를 고빙했으므로 재래의 연쇄극 사진에 비해 천양의 차가 있겠고, 출연배우도 기예의 능란함보다 자연이라는 데 크게 주의하여 필름 중 배우의 색조를 띤 곳은 낱낱이 베어버렸는데, 제일 고심한 것은 사진의 배경 속에 전신주나 벽돌집이나 일본제의 가옥이나 인력거 등속과, 통행하는 사람 중에도 머리를 깎은 자나 양복 입은 자는 물론이요, 구두나 경제화를 신은 자까지도 하나도 들어가지 않게 한 것이라. 그러함으로 베어내버린 필름이 일천사오백척에 달했다."

이상 조천 씨의 담화에 의할지라도 이 〈춘향전〉의 활동사진이 어떤 고심의 작품임을 가히 추측할 것이다. 이 사진 제작이 끝나면 동경에 계신 이왕세자 전하의 태람에 공한 후에 동경 제국극장에서 봉절영사封切映寫를 시험하고 뒤를 계속하여 경성에 나올 예정이라 하니 늦어도 내월 중순에는 경성의 극장에 나타나서 만선滿鮮영화계에 이채를 드리울 것이다.

어사가 춘향의 집을 찾아가 춘향 모를 만나는 장면(『매일신보』, 1923.08.24)

〈장화홍련전〉 단성사의 시사회를 보고

『매일신보』 / 1924.08.31

전편을 통해 조금도 무리한 점이 없고 우수한 수완에는 누구든지 감탄불이해

조선 고대소설의 네가지 비극 중 하나로 가장 이름이 높은 『장화홍련전』이 단성사 촬영부의 심상치 않은 고심역작苦心力作에 의해 순수한 조선영화극으로 불원간 단성사 '씨쓰'에 나타나게 되었다 함은 기보旣報한 바거니와, 단성사 촬영부에서는 이것을 일반에게 공개하기 전에 먼저 일부 애활가의 표리 없는 비판을 듣기 위해 조선영화계에 깊은 관계를 가지고 있는 유지 몇 사람과 시내 각 신문기자 오십여명을 초대하고 재작再昨5 29일 오후 4시부터 동사 안에서 시사회를 개최했다. 사진은 전후 8권의 장편으로, 영사하기에 약 2시간이나 걸렸으나 처음부터 끝까지 보는 자의 긴장한 마음을 해이하게 하지 않고 모두 입을 모아 감탄하는 말을 발하게 했다. 사진 중 약간의 흠절이 없는 바는 아니요, 등장한 인물의 활동에 간간이 불만을 느끼는 점이 없는 바는 아니었지만, 비록 영화의 스케일이 웅대하지는 못하 할지라도 사진 전편을 통해 조금도 무리한 점이 없을 뿐 아니라, 간간히 자연의 실사를 점철하여 교묘한 조합으로, 보는 자로 하여금 비극이라는 그 관념을 한층 강하게 한 데 작자의 고심이 나타나고, 서투른 촬영술로는 까딱하면 자연을 잃기 쉬운 트릭 식을 많이 사용했으나 그것이 하나도 구석이 보이지 않고 원작자의 공상을 여실히 표현한 데 촬영자의 우수한 수완이 내보였다. 이것을 서양의 유명한 작품에 비교하면 물론 다소간 손색이 있다 할지라도 조선에서 이만큼 완전한 영화 필름이 생길 줄은 그날 모인 제씨 중 누구나 뜻하지 못한 바인 듯했다.

이 촬영에 감독자 박정현朴晶鉉 군은 내지 일활日活, 닛까쓰 회사의 직속기사直屬技師로 조선에는 다만 하나밖에 없는 수완을 가졌고, 촬영자 이필우李弼雨 군은 그의 제자로 다년간 내지에 들어가서 실제로 활동 촬영술을 연구하여 내지 촬영계에서도 성예聲譽6가 있던 터인즉, 그들이 촬영한 사진이라 어느정도까지는 볼만한 점이 있을 것을 예기했으나, 그래도 이같이 우수한 필름을 작성할 줄은 실로 뜻하지 못했다.

－일 기자.

이별이 가까워 오던 날 밤의 장화홍련
(『매일신보』, 1924.08.31)

---

1   김도산(金陶山, 1891-1922). 본명은 김영근. 이인직(李人稙) 밑에서 연극 활동을 시작했고, 1911년 임성구의 혁신단과 유일단을 거쳐 신극좌를 조직했다. 신극좌 운영이 부진할 무렵, 단성사 박승필의 도움으로 최초의 연쇄극 〈의리적 구토(義理的仇討)〉를 제작, 1919년 10월 27일 단성사에서 상영했다.

2   임성구(林聖九, 1887-1921). 가난한 집안에서 태어나 근대적 교육을 받지 못한 그는, 일본 인 극장이었던 수좌(壽座)에서 일본 신파극을 관람하며 연극을 공부했다. 이후 최초의 신 파극단인 혁신단(革新團)을 조직하고, 〈육혈포강도〉 등의 레퍼토리를 공연하여 흥행에 성 공했다. 〈쌍옥루〉 〈봉선화〉 〈장한몽〉 등 많은 대표작을 남겼고, 1920년에는 박승필의 제안 으로 연쇄극을 제작하기도 했지만, 1921년에 요절했다.

3   원문은 "근(僅)히 1일이 여재(餘在)한".

4   '배우' '광대', 즉 연기자를 일컫는 말.

5   그저께.

6   세상에 떨치는 이름과 칭송받는 명예. 혹은 매우 칭찬함.

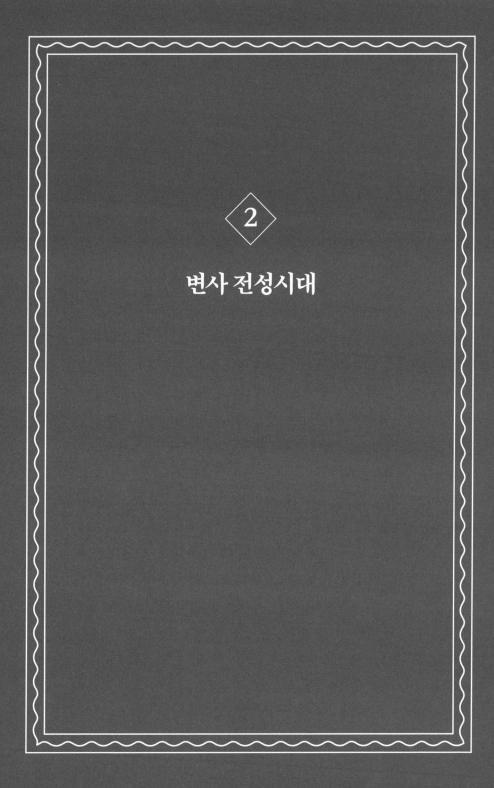

2

변사 전성시대

무성영화시대에 영화는 '상영'되는 것이라기보다 '상연'되는 것이었다. 영화는 촬영된 필름이 현상되고 편집되는 그때가 아니라 영사기사와 악사, 그리고 변사의 공조가 이루어지는 상영 현장에서 완성되었다. 그것은 오늘날 멀티플렉스에서는 상상하기 어려운 일회성과 현전現前성을 구현한 일종의 이벤트에 가까웠다. 이 이벤트에서 변사는 극장 안의 관객들이 영화 상영에 집합적으로 참여하도록 유도하고, 관객 개개인을 공동체의 일원으로 변화시키는 역할을 했다.

한국영화사에서 변사의 영화해설이 하나의 상영 관습으로 자리 잡은 데에는 일본 영화산업의 영향이 크다고 알려져 있다. 1908년경 일본 요꼬따橫田상회의 순회영사를 계기로 한반도에 소개된 일본식 변사 시스템은 최초의 영화상설관인 경성고등연예관(1910)이 설립되면서 무성영화의 상영 관습으로 정착되었다.[1] 우정식, 서상호, 김덕경 등 초기의 조선인 변사들이 활동을 시작했던 이 시기는, 서구에서는 영화해설자의 시대가 막을 내리던 때와 겹쳐진다. 1912년 무렵 영화는 편집과 프레이밍, 미장센 등의 시각언어를 통해 내러티브의 자율성을 획득하기 시작했고, 간자막intertitle이 영화

의 장면과 상호 작용하면서 한층 복잡한 내러티브를 전개할 수 있었다. 역설적이게도, 이러한 서구 영화계의 변화가 비서구 지역의 영화 상영에서 영화해설을 제도화하고 오랫동안 존속시키는 데 결정적인 작용을 했다. 미국과 유럽에서 제작되는 내러티브 영화에서 간자막의 기능이 확대되자, 그것을 번역하고 해설해주는 매개자로서 변사의 자리가 더욱 확고해진 것이다.

변사의 영화해설은 크게 전설前說, 중설中說, 후설後說로 나뉜다. 전설은 변사가 무대에 나와서 앞으로 상영될 영화에 대하여 소개하는 것이다. 중설은 화면을 보면서 영화를 해설하다가 등장인물의 대사를 연기하기도 하는 것을 가리킨다. 중설을 하는 중에 육성이나 소도구를 이용해 음향효과를 내는 것도 변사의 몫이었다. 후설은 영화 상영을 마무리하는 것으로, 다음에 상영할 영화의 예고도 여기에 포함된다. 이러한 연행의 분류가 처음부터 유효했던 것은 아니다. 내러티브 영화가 장편화하고, 변사의 연행이 풍부하고 다양해지면서, 영화해설도 세분화되어갔다고 할 수 있다.

1   한상언 「1910년대 조선의 변사 시스템 도입과 그 특징에 관한 연구」, 『영화연구』제44호(2010).

초기의 영화상설관은 조선인 관객과 일본인 관객을 모두 상대했고, 단편과 실사가 프로그램에서 상당한 비중을 차지하고 있었다. 그런 이유로 일본인 변사와 조선인 변사가 함께 해설하는 전설이 영화해설의 주를 이루었다. (일본어를 잘하는 조선인 변사가 일본어와 조선어로 번갈아 해설했다는 회고도 있다.) 이후 상설관 프로그램에서 내러티브 영화의 비중이 높아지고 연속영화가 인기를 끌기 시작하면서, 변사가 화면에 대해 해설하고 인물들의 대사를 연기하는 중설의 비중이 커졌다. 영화해설의 중심이 중설로 옮겨간 것에 비례해 변사가 영화의 흥행에서 차지하는 비중도 커졌다. 변사의 해설 언어에 따른 관개의 민족별 구성도 뚜렷해져서 도시의 영화상설관들은 '조선인 상설관'과 '일본인 상설관'으로 각각 특화되었고, 연행 방식도 차별화되었다.

일본인 상설관의 경우, 초창기에 일본의 신파영화나 구극영화를 상영할 때에는 여러명의 변사가 마치 성우聲優처럼 배역을 나누어 연기하는 관행(声色弁士, 코와이로 벤시)이 있었다. 그러나 조선인 상설관에서는 이러한 관행이 두드러지지 않았다. 이것은 아마도 일본인 상설관이 일본에서 제작된 필름을 공급받아 자체적으로 소속 변사들에 의해 연쇄극을 공연해온 관행과도 관계되는 듯하다. 조선인 상설관의 경우 1919년에야 단성사가 신파극단 혁신단을 통해 〈의리적 구토〉를 제작·상연할 수 있었다.

식민지 조선에서 극장을 둘러싼 여러 문화적 상황과 결부해 변사의 존재가 갖는 영화사적 의미는 각별하다. 무성영화시대의 영화상설관은 민족어의 구획에 따라 종족적ethnic 공간의 성격을 함유하는 '동족(어) 공간'이었다. 이러한 공간적 특성은 1920년대 들어 우미관, 단성사, 조선극장 등으로 조선인 상설관이 늘어나고, 상설관들의 경쟁 속에서 일본인 상설관과의 차이가 한층 뚜렷해지면서 더욱 문제성을 띠게 된다. 제작 인프라가 극히 취약했던 당시, 영화산업의 중심은 상영에 있었고 조선인이 제작한 조선영화는 일부에 지나지 않았기 때문에, 조선인 상설관의 조선인 변사는 조선인의 영화 공간을 지탱하는 중심축이었다. 일본영화에 대한 반감과 서양 영화에 대한 선호가 뚜렷했던 조선인 상설관에서, 변사는 무성영화에 삽입된 서양어 간자막을 이해하기 쉽게 풀어주는 번역자로서, 외부 세계의 낯설지만 매혹적인 광경을 낯설지 않게 풀어내는 문화 번역을 수행했다. 변사의 연행은 영화라는 새로운 근대 매체 환경 속에서 변형되고 재배치된 구연문화의 하나로서, 근대의 극장 공간에서 새로운 공통 경험의 장을 만들어냈다고 할 수 있을 것이다.

한편, 종족적 동질성과 단일한 언어 공동체의 상상에 기반해 구성되는 상영 공간에서, 조선인 변사의 조선어 해설은 극장이라는 공간이 민족을 상상하게 하는 경험의 장이 되도록 했다. 상영 중 막간 휴식을 틈타 선동적인 연설로 경찰에 구인된 변사도 있었고, 영화해설 중 변사의 다소 불온한 언사로 말미암아 상영이 중지된 사건도 많았다. 변사의 '혀'를 단속하고자 극장 뒤편에 자리 잡고 앉은 임석경관이 변사가 검열에 통과된 대본대로 해설하는지를 감시하는 것은, 무성영화시대의 극장을 재현할 때 빠지지 않고 등장하는 광경이다. 그러나 이런 감시에도, 이 시기 극장의 정치적 잠재성이 돌발한 사건들은 끊이지 않았다. 이는 조선인 상설관이 가지고 있는 '동족(어) 공간'으로서의 성격과, 당시의 상영 공간에서 무성영화가 내포한 현전성에 의해 빚어진 사건들이었다.

이 장에서는 이른바 활동사진변사의 전성시대에 발표된 세편의 글을 소개한다.

오랫동안 단성사 주임변사로 활약했던 김영환은 영화해설에 관해 여러 편의 글을 남겼다. 「영화해설에 관한 천견」은 "해설은 일종의 창작"이라는 김영환 자신의 일관된 입장을 대표한다. 그가 말하는 "창작"이란 무에서 유를 창조해낸다는 의미가 아니다. "작자와 감독의 사상, 감정으로써 이중 창작이 된 작품"을 관객에게 매개하는 변사가 그 영화의 "정신과 예술적 가치를 훼손시키지 않"기 위해, 화면과 중심사상, 인물의 심리 등에 대한 심층적인 이해를 바탕으로 관객의 정서적 감응을 이끌어내는, "설명적 창의創意"를 지녀야 한다는 것이다. 김영환은 영화해설의 자율성을 강조하되, 그것이 엔터테이너로서 변사의 존재를 두드러지게 하는 연행으로 흘러가는 것은 경계했다. 변사에게는 영화해설에 색을 입히는 미사여구와 청중의 심리를 흔드는 음성이 필요하다. 그러나 "쓸데없이 박수만 얻으려는 욕심"이 과하면 영화해설의 본령을 잃게 된다는 것이다.

시실, 변사의 영화해설이 인기를 끌고, 누가 해설하느냐에 따라 흥행이 좌우될 정도로 흥행산업에서 변사의 영향력이 커지면서, 변사 연행의 과잉성에 대한 지적도 두드러졌다. 소설가이자 영화감독이었던 심훈은 '해설자의 탈선'으로 원작이 곡해되는 상황뿐 아니라, "변사들의 무식한 말과 쌍소리" "미문낭독美文朗讀식이나 신파배우 본을 떠서 억지로 우는 성색聲色"에 대해서도 지적했다. 동시에 그는 변사들이 문학적인 감상안과 과학적인 해설을 연마해야 함을 역설했다. 변사 연행에 대한 엘리트 관객의 비판적인 시선을 읽어낼 수 있는 자료라고 할 수 있겠다.

김윤우는 식민지 조선에서 변사의 존재 의미가 일차적으로는 외국 영화의 자막을 해설하는 "영화 통역"에 있다고 말한다. 나아가 변사들이 통역의 영역을 넘어 자기의 기예技藝를 발휘하고 있으며, 조선영화를 해설할 때에는 시나리오의 결함이나 촬영의 미숙을 보완하는 역할까지 맡고 있다고 지적한다. 조선의 영화산업은 제작과 상영 양 측면에서 변사에 대한 의존성이 높았음을 짐작할 수 있는 대목이다. 김윤우는 변사가 직업적 전문성을 자각하고 영화예술에 대한 연구와 자기 수양에 힘써야 한다고 강조하면서, 한 사람이 한편의 영화 전체를 해설하는 '1영화1인주의'를 제안한다. 그의 글에서 미루어보건대, 조선인 상설관에서는 (여러명이 배역을 나누어 연기하는 코와이로 벤시와 같은 방식의 해설이 아니라) 종종 3,4명의 변사가 교대로 한편의 영화를 해설하는 경우가 있었던 것으로 보인다. 그는 이러한 기계적인 해설 방식이 회화적·연극적·서정적으로 구성되는 화면 분위기와 해설을 조화시키지 못한다고 여기고, 영화를 예술품으로 취급하는 데에는 한 사람이 전체를 통어하는 해설이 더 적절하다고 주장하고 있다.

흥미롭게도, 심훈과 김윤우의 글은 미국에서 토키의 시대가 선언되고, 일본에서도 사운드 도입이 다양하게 모색되던 무렵에 발표되었다. 무성영화의 자막도 머지않아 사라지게 되리라는 소문들 속에서, 영화를 해설하는 변사의 목소리는 시끄러운 사족이 되고, 시대착오적인 유물이 되리라고 예감할 수 있었을 것이다. 그러나 이들은 외국어 자막의 번역자로서 변사 위치는 변함없이 굳건하리라 확신했기에, "날로 완성의 시기로 들어"가는 영화의, 그 "예술경"에 부합하는 성숙한 해설의 경지를 변사들에게 요구했다.

몇년 후 식민지 조선의 극장은 사운드의 시대로 진입한다. 토키로의 이행에 비교적 긴 시간이 소요되었던 조선에서 변사는 꽤 오랜 기간 상영의 일부로서 자리를 지켰다. 그러나 1930년대 후반 극장의 상영 시스템이 발성영화로 거의 전환되고 관객들의 지식수준이 높아지면서, 변사는 영화의 관람에 불필요한 존재로 인식되기 시작했다. '스크랩'에 실은 채만식의 글은, 외국 영화를 변사의 영화해설이 아닌 일본어 수퍼임포즈드 자막[2]으로 보게 되는 토키시대의 극장 풍경을 보여준다. 불과 몇년 전까지도 근대문화의 첨단에 서 있었던 변사들은 "영화의 아버지" 격인 활동사진시대의 유물이 되었다. 무성영화시대에 대한 회고적 성격인 「영화가 백면상」과 「속영화가 백면상」의 일부 역시 '스크랩'에 옮겨둔다. 그날 극장을 찾은 관객

---

2   수퍼임포즈드 자막(superimposed title) 방식은 상영 언어로 번역된 자막이 화면 가장자리에 삽입되도록 이중인화하여, 영화의 대사가 진행되는 동안 화면 한쪽에 겹쳐 나오는 자막을 관객이 읽을 수 있도록 하는 것이다.

유흥태 「은막암영 속에 희비를 좌우하던 당대 인기변사 서상호 일대기」(『조광』 제4권 10호, 1938.10)

의 특징과 분위기를 파악해 영화를 더욱 맛깔나게 해설하던 변사가 사라진 극장에서는 상영의 개별성이나 일회성, 그리고 영화를 언제나 살아 있게 만드는 현재성 등도 함께 사라져버렸다. 더 이상 영화의 상영은 가변적이고 예측 불가능한 것이 아니었다. 발성영화는 같은 제목의 영화라면 언제 어디서나 같은 텍스트를 제공했고, 이전의 극장에서 변사가 구축해왔던 관객과의 상호적이고 역동적인 현장성은 극장의 바깥으로 밀려나버렸다. 그래도 대부분의 변사들은 경성의 변두리나 지방을 돌며 연행을 계속했고, 이들의 활동은 한국전쟁 후까지도 지속되었다. (이화진)

─── **함께 읽으면 좋은 글**

1. 팔극생(八克生) 「활동변사에게: 예술적 참가치를 충분히 발휘하라」, 『매일신보』(1919.08.22).

2. 「극장만담」, 『별건곤』 제6호(1927.04).

3. 벽파생(壁波生) 「영화해설자의 편어(片語)」, 『중외일보』(1927.07.24).

4. 김영환 「영화해설의 소고」, 『대중영화』 제4호(1930.07).

5. 이승우 「영화해설과 관객의 심리」, 『영화시대』 제1권 1호(1931.03).

6. 김영환 「영화생활」, 『영화시대』 제1권 3호(1931.05).

7. 「활동사진변사 좌담회」, 『조광』 제4권 4호(1938.04).

8. 유흥태 「은막암영 속에 희비를 좌우하던 당대 인기변사 서상호 일대기」, 『조광』 제4권 10호(1938.10).

1 영화해설에 대한 나의 천견(淺見)[1]　김영환

『매일신보』 / 1925.01.18

나는 먼저 영화해설은 창작이라는 의사意思를 가지고 있습니다. 물론 해설은 창작적이라야 하겠습니다. 이같이 말하면 작자의 주견主見은 불고不顧하고, 다만 자기표현으로만 망주妄走[2]한다는 것 같습니다마는 결코 그런 것이 아니외다. 우선 우리가 매일같이 대하는 저 외국 영화를 살펴봅시다. 먼저 작자와 감독으로 이중二重 창작이 되었던 것이, 우리에게 와서는 해설이 가입加入한 연후에야 효과를 얻게 되므로, 삼중三重 창작이 되는 것이외다. 이에 해설자는 작자와 감독의 사상, 감정으로써 이중 창작이 된 작품 그것의 정신과 예술적 가치를 훼손시키지 않고, 능히 관중의 앞에서 취급할 만한 창의創意가 없어서는 안 되겠다는 말이외다. 여기서 해설자는 어느 작품이든지 능히 그 생명을 죽이고 살릴 수가 있는 권리를 소유한 것을 알게 되는 동시에, 또한 무거운 책임을 느끼게 됩니다. 말하자면, 해설자는 작자와 관상자觀賞者의 중간에 있어가지고, 흡사 외국 문학의 번역자인 처지의 관찰로부터, 해설은 일종의 창작이라는 것을 알게 됩니다.

해설은 어떻게 해야 할까? 영화 해설에는 타이틀title만 읽어준다는 것도 매우 정다운 말씀이지요마는, 타이틀은 영화에 대하여는 보조적 부분에 지나지 못하는 것입니다. 그러니 타이틀만으로는 도저히 완전한 효과를 얻을 수가 없습니다.

한 작품에는 한 주의主義의 윤곽이 있고 1화一畵에는 1의一義가 있습니다. 이에 해설자는 제일 먼저 이 윤곽을 발견해야 하겠습니다. 그리하여 1화1화에 대한 중심사상을 포착해야 하겠습니다. 가령 그 작품의 윤곽이라 하면, 거기에는 물론 무수한 곡선曲線과 세선細線이 있을 것이외다. 1화1화, 이것이 곧 무수한 선의 분자分子들입니다. 한 작품의 그만한 윤곽을 완전히

드러내려면, 물론 이 무수한 선의 분자들을 차
례로 잘 합해야 되겠습니다. 만일 1선1선一線一
線을 합하여 나아가다가 거기에 몇개 선만 잃어
버린다든지 또는 선후先後가 오착誤着이 되고
보면, 모처럼 만들어놓은 어여쁜 여신女神의 윤
곽도 결국 한 팔이 없다거나 또는 두 다리가 꼬
부라진 불구의 것이 되고 말 것입니다. 이와 같

변사 김영환

이 영화에 대한 해설도 그러합니다. 1화1화에
잠재[3]한 중심사상이란, 얼핏 포착하기가 어렵더라도 화면의 오저오저奧低
奧低[4]로 깊이 들어가 눈에도 안 보이는 놈을 붙들어 내오면, 그것이 틀림없
는 중심사상이외다. 그리하여 처음부터 끝까지의 1화1의一畵一義를 차례로
합한 연후에야 완전한 수확을 볼 수 있습니다.

이상에도 말한 바와 같이 해설자는 반드시 1화1화를 모두 중요시해야 합
니다. 대수롭지도 않은 화면이지만 거기에 작자의 주안主眼이 들어 있는 데
가 있습니다. 이런 점에서 해설자는 눈이 밝아야 합니다. 어느 선생이 한 말
과 같이 "강폭强暴한 광부가 선량한 광산 감독자를 구타하는 장면이 있다
할 것 같으면, 그것은 의협적 선행을 강하게 표현시키기 위한 극적 구성인
가, 그렇지 않으면 불선不善의 가증함을 강하게 인상주고자 함인가를 깊이
생각하라." 이런 말과 같이 해설자는 이런 점에서는 깊이 사려한 후에, 어느
쪽이든지 그 주안을 집어내야 합니다.

1   ① 얕은 견문이나 견해, ② 자기의 의견을 겸손하게 이르는 말.
2   정신을 잃고 미친 듯이 달린다.
3   "潛" 이후 한 글자를 판독하기 어려우나, 문맥상 '잠재(潛在)'로 짐작된다.
4   깊은 속 또는 깊은 바닥.

미사여구美辭麗句5 —— 해설자에게 한해서는 어디까지든지 필요한 것이외다. 그러나 이것의 한갓 염려되는 것은 작품의 껍질만 핥아버려, 말하자면 얼렁뚱땅으로 오랑캐 무악재 넘기듯 해버리는 버르장이가 있다. 그러나 미사여구란 골격骨格에 색채色彩이니까, 어느 한도까지는 버리지 못할 것이외다.

음성 —— 이것은 청중의 심리를 흔들 만한 힘이 있는 것이라, 화면의 변동과 경우를 따라 희로애락의 음조를 갖추어가면 객客에게 어떤 기분과 자극을 줄 수가 있습니다. 그러나 쓸데없이 박수만 얻으려는 욕심으로 (그렇지도 않은 장면에서) 고성高聲을 질러 오히려 정경情景의 어떤 기분을 죽이는 일이 있다. 이것은 해설자에게 가장 얌전하지 못한 버릇이라 하겠습니다.

해설자는 극의 줄기와 화면의 정경을 파손시키지 않을 만한 범위 내에서 객客이 받는 교화적 감명이라는 것을 착념着念해가지고 자유로운 해설을 가하는 것이 좋을 줄 압니다. 백열白熱같이 뜨겁게 하고 얼음과 같이 싸늘하게 하라. '비로드'6보다 더 보드랍게 하고 톱니보다 더 껄끄럽게 하라. 먼저 관중을 울리려고 하지 말고 내가 먼저 울어야 할 것입니다. 그리하여 해설자는 설명적 창의를 갖고 연구적 태도를 잡아야 하겠습니다. (1924.12.26)

2 관중의 한 사람으로: 심훈
해설자 제군에게

『조선일보』 / 1928.11.18

근년에 와서 미국에서는 발성영화가 날로 발달되어서, 어느 제작소에서든지 막대한 투자로 각사가 경쟁을 해가며 토키를 제작하고 있다고 한다. 그러면 자막이 없어질 것은 필연이요, 스크린에서 배우의 극백劇白7이 직접

들리고 보면 처음부터 동양에만 특수하게[8] 있었던 영화의 해설이라는 것은 필요치 않게 될 것이요, 따라서 일본 전국에만 7,8천명이나 되는 활변活辯[9]들은 밥줄이 끊어지고 말 것이라, 지금부터 걱정하는 사람이 있다. 그러나 외국말로 된 세리후[10]를 일본말이나 조선말로 고치기 전에는, 해설자가 소용없게 되려면 아직도 묘연杳然한 장래의 일일 것이다. 그러므로 자막을 알아보지 못하는 관객 앞에서 소개나 해설을 하는 사람의 지위가 상당히 주요시主要視될 뿐 아니라 해설자들의 책임이 또한 무거운 것이다.

여러가지로 종합이 되어 나오는 영화가 상영될 때는 해설, 반주, 필름이 삼위일체가 되어서 거듭 종합적 효과를 나타낸다. 그러므로 세가지 중에 어느 것 하나가 두드러지게 잘되어도 조화가 되지 못하려니와, 그 가운데서 가장 중요한 해설이 탈선을 하거나 원작자의 정신을 곡해한다 할 것 같으면, 작품 전체를 여지없이 잡쳐버리고 마는 것이다. 뿐만 아니라 아내와 자녀를 동반해서 구경을 가고 싶어도, 변사들의 무식한 말과 쌍소리를 들으면 얼굴이 뜨거워져서 못 가겠다는 말을 요즘에도 가끔 듣는다. 과연 이것이 심한 말일까? 근년에 와서는 모관某館 전성시대[11]처럼 ▨▨한 말이나 잡탕스러운 소리는 하지 않는다 하더라도, 일본말로 된 대본을 (10년 동안이나 변사 노릇을 하면서, 그 나라 말도 그저 못 읽는 사람도 있지만⋯⋯) 대강만 어름어름 보고 원문인 자막을 읽지 못하기 때문에, 가끔이 아니라 작품마다 생

---

5   원문 한자는 "美詞麗句".
6   우단(veludo). 섬유의 한 종류.
7   대사.
8   원문은 "동양에 특수함에".
9   활동사진변사.
10 대사(せりふ, 台詞·科白·白).
11 원문 한자는 "全體時代"이나 문맥상 '전성시대'. '우미관 전성시대'를 가리키는 것으로 보인다.

^生 딴전을 부려놓을 때가 많다. 그러므로 좀 무리한 주문일지 모르나, 관중의 대부분이 학생이요, 학생들은 적어도 초등 정도 이상의 영어 지식은 가졌기 때문에, 해설자도 간단한 회화 자막쯤은 알아볼 만큼 공부를 해야 할 것이 아닌가? 제명題名이나 배우의 이름을 얼토당토않게 부르는 것은 고사하고, "모델"Model을 "모텔", "데이비드"David를 "다빗또"라고 읽는 것 같은 것은 일일이 들어 말할 겨를도 없거니와, 심한 데 이르러서는 "획득獲得"을 "호득"이라고 읽기를 예사로 하고, "풍미風靡"를 "풍마", "희생犧牲"을 "희성", "쇄도殺到"를 "살도"라고 읽는 따위는 너무나 상식을 지나는 일이다. 그뿐 아니라 유식하다고 자처하는 사람들 중에, 쓸데없는 문자를 늘어놓고 미문낭독美文朗讀 식이나 신파배우 본을 떠서 억지로 우는 성색聲色을 써가며 저 홀로 흥분하는 것으로 여사餘事¹²를 삼는 사람도 있고, 남의 작품을 사뭇 자기 일— 개인의 취미에 맞는 내용으로 만들어 보이는 대담한 사람도 있다. 요컨대 영화해설이란, 원작자의 정신을 받아서 자막을 사이에 충실히 번역하고, 컷과 컷에 흐르는 리듬의 맥락을 교묘히 붙잡아가지고 전체적으로 템포에 어그러지지 않을 정도 안에서 극적 효과를 도와주면 임무를 다하는 것이다.

  영화는 날로 완성의 시기로 들어간다. 그런데 조선의 해설자는 10년 전과 후가 꼭 같이 아무 향상이 없는 것은 너무나 섭섭한 일이다. 한 사람의 해설자로 나설 양이면 남창적男唱的 인기에만 구니拘泥¹³할 것이 아니라, 문학적으로 영화를 감상할 눈이 생겨야 할 것은 물론이거니와, 과학적으로 공부를 해야 할 것이다. 그러므로 해설계에도 새로운 사람이 나와야 할 것이다.

3 영화해설에 대한 편감(片感)[14] 김윤우

『동아일보』 / 1929.11.07—08

영화해설, 그것이 근본적으로 필요할 것인가. 우리는 고려해볼 충분한 여지가 있다. 스크린 앞에 서서 전개되는 화면을 따라 무엇이라 말하는 해설자의 가장 위대한 의무, 그것을 일반 관중은 사족蛇足으로 생각해볼 수는 없는 일인가.

물론 진정眞正된 근본적 견지에서는 전연 없어야 할 그 물건이다. 왜 그런고 하니 자막에 대한 사족인 까닭이다. 갱언更言[15]을 요한다면, 자막이 그 영화에 대한 내용을 일반 관중으로 하여금 다 알게 하는 의무를 가졌음이다. 그렇다면 그런데도 불고不顧하고 조선에 있는 각 극장에서 해설자를 두는 것은, 물론 조선에 상영되는 영화가 대부분이 외국 영화이기 때문에 자막이 외국어로 되어 외국어를 통通치 못하는 관중에게 자막의 뜻을 알리는 필요라 하겠다. 말하자면 '영화 통역'에 지나지 못한다는 말이다. 그러나 현재 조선의 해설자의 의의는 훨씬 그 경역境域[16]을 넘어가지고 있어서, 어느 점으로 보아 말한다면 관중이 영화를 보러 가는 것이 아니고 해설을 들으러 가는 만큼 되어 있다. 그것은 영화해설자가 통역의 의의를 벗어나 자기의 기예技藝를 다하여 관중의 환심을 한 몸에 모으고자 한 노력이 주효한 까닭이다. 이런 기교가 조선영화에 필요하다 한다면, 그것은 지금까지 제작해놓은 조선영화의 대부분을 들추어보건대 촬영자의 기술로는 표현시킬

---

12   그다지 중요하지 않은 일.

13   일정한 일에 얽매임.

14   단편적인 느낌.

15   다시 말함.

16   경계(境界)가 되는 구역이나 경계 안의 지역, 혹은 뚜렷이 다른 것과 구별되는 어떤 범위.

수 없는 것이나, 그렇지 않으면 시나리오의 다소 결함되는 점은 최후로 영화해설자를 향하여 '잘 믿습니다' 하는 관대하신 도량을 보인 곳이 적지 않은 연유라 하겠다. 그러나 이 말은 불완전한 영화를 들추어내는 우치愚痴에 지나지 못하는 일이다. 여하간 영화가 적어도 극의 형식을 취한 것이라 하면 해설이란 전연 불필요할 것이다. 그러나 조선에서는 특수한 이유로 영화해설을 필요로 한다면, 여기엔 생각할 몇가지 점이 있을 것이라고 생각지 않을 수 없다.

본래 영화가 채플린Charlie Chaplin이 말한 바와 같이 '위대한 침묵' 속에서 그 예술성을 맛볼 것이거든, 전개되는 화면을 따라 각자의 긴장되고 도취되어 마음껏 상상의 그늘에서 숙고에 취하는 것을 파죽破竹의 세勢로 연멸煙滅시키는 이단자가 누구인가. 각자의 도취되는 예술경藝術境에 틈입하는 자가 누구인가. 그것은 말할 것도 없이 영화해설자 그들이 설교하는 테너, 베이스이다. (이 점에 있어 토키는 별문제다. 알기 쉽게 발성영화 왕王 알 졸슨Al Jolson[17] 씨가 말한바 "토키는 결코 무언극의 예술을 어그러트리는 것이 아니다. 무대극의 예를 보더라도 그 어느 한 부분에서는 무언극을 연출한다. 마찬가지의 일을 토키에 있어서도 말할 수 있다" 하는 것으로 알 일이다.) 상 11.07

그런데도 불구하고 이런 종류의 테너, 베이스가 필요한 조선에서는 영화해설을 예술품으로 취급할 수밖에 없나니, 그럼에는 일부一部와 전부全部의 관계가 아니고는 안 된다. 즉 일부라고 하는 것은 영화극의 내용과 외형적 연구가 필요하다고 생각한다. 내용적 연구라면 극의 조직을 생각하는 것으로, 그것을 안다면 한 영화를 해설함에 3,4인의 해설자를 요하는 것은 어떻게 보더라도 부자연한 일이라고 생각 않을 수 없다. 그렇지 않아도 무성영화에서는 침묵을 요하는 것이거늘, 영화 내용 연락連絡에 있어서나 성량의 돌변으로 관중의 승화되는 감정을 방해한다는 것은 가可치 않을 줄 생각한

무성영화에 대한 애착을 가졌던 찰리 채플린

다. 속速히 말하자면 한 사람이 한 영화 전부의 해설을 담당해야 할 것이라 말함이다.

그 다음에는 해설자가 수양修養할 필요가 있지는 않을까. 각 해설자의 해설할 당시의 태도를 보면, 화면을 보아가면서 직각적直覺的으로 나오는 말을 거침없이 하는 것을 한 자랑거리로 알고 또 일반 관객은 그것을 잘한다고 생각할는지 모르나, 만약 그렇다면 그것은 큰 오해요, 자기네의 직업을 저열화低劣化시키는 일이라고 볼 수밖에 없다.

적어도 예술영화를 해설함에 있어서는 직각력을 발휘하여 천재天才연하는 것이 그리 감탄할 바가 못 되나니, 직각력 발휘의 궤도를 벗어나서 신중히 연구할 필요를 알아야 할 것이다. 즉 위에 말한 바와 같이 영화의 내용적 및 외형적 연구가 필요할 것이니, 어떠한 영화든지 시사試寫를 숙시熟視[18]하여 영화의 예술성을 모독하지 않는 범위에서 솔직한 통역으로 화면을 따라 기분을 고조시킬 만한 자기 독특의 해설대본을 만들지 않으면 안 될 것이다. 소위 영화제공소에서 해설자에게 주는 대본만을 신뢰하지 말라는 말이다. 아무튼 자막만을 통역하는 것을 위주로 가급적 델리케이트delicate한 악곡을 영화 반주로 화면의 적막寂寞을 위로함이 좋을 줄 안다.

저 명감독 그리피스D.W. Griffith는 "영사기사는 최후로 영화의 가치를 준

---

17   알 졸슨(Al Jolson, 1886-1950). 미국의 가수 겸 영화배우. 세계 최초의 토키영화 〈재즈 싱어〉(*The Jazz Singer*, 1927)에서 주연을 맡았다.

18   눈여겨 자세히 들여다봄.

다. 자기는 영사기사에 대하여 두려움을 안고 있다"고 말한 일이 있다. 그러나 우리는 해설자가 영화의 내용가치를 결정하는 사람이라고 생각할 수 있다.

그러고 외형적으로 말하자면 영화를 제작할 때에 회화적繪畵的 디렉터, 연극적 디렉터, 리릭lyric 디렉터의 3색三色으로 나누어 있다. 그러므로 어느 비상히[19] 미려한 영화라도 보고 난 후엔, 어쩐 일인지 어느 구석인가 만족을 느낄 수 없는 곳이 있는 듯한 감이 생기는 것이 있다. 그것은 요컨대 아름다운 화면이 연속해서 비칠 뿐이요, 내용이 영零인 까닭이다. 또 움직이는 것이 많은 영화는 해설을 하려 해도 할 수 없으나, 리릭은 회화적, 극적劇的의 양자가 조화되어 배치되어 있다. 카메라 쪽에서 롱 숏 할 때는 그 기분을 표현하기 위해 크게 고심하는 바요, 해설도 어려울 것이나, 기분 본위인 이 점인 고로 "서울을 떠난 어떠한 촌락에 한 농부가 있으니" 하는 것 같은 해설은 예술적 가치가 영零이라느니보다 마이너스[20]가 될 것이다. 미디엄 숏으로 겨우 인간이 나타나 출연 역자役者가 처음으로 자기의 액팅을 보이는 그것은 세소細小한 곳이 아니고 벌써 조금 나아간 클로즈업[21]이 되어, 처음으로 명료히 현출現出되어 조각미彫刻美를 발휘하려고 해서 배우가 활약하는 것인 고로, 이 영화는 3단으로 나누어 설명을 생각할 필요가 있을 것이요, 그러하면 화면의 기분과 해설은 충분히 융화가 되어 일부와 전부가 발휘될 것이요, 일부와 전부와의 관계는 적어도 극의 조직을 알 필요가 있다. 즉 연극의 초중종初中終이 있다. 그러므로 이것을 해설하는 데 해설자 3인이 교대한다면, 그 해설자들이 극의 성질을 잘 요해了解하여 공동 작업을 일으켜서 훌륭히 해설할 수가 있다고 할까. 될 수 있다면 3인이라도 좋겠거니와, 그와 같은 일은 신神이 아니고 사람인 이상 불가능하다고 단언하련다. 보건대, 최초의 해설자가 〈동도東道〉[22]에서 안나가 농부의 집에서 기식寄食하게 되었다는 것을 소개로 의무를 마쳤다면 좋겠거니와, 야심을 일으켜 쓸데없는 인간애를 설교해서 자기의 능변을 보여 갈채를 얻으려고, 극의 근본과는 하등 관계도 없는 곳에서 자기광고를 하려고 개인주의를 발휘하지 않는다고 누가 단정할 수 있을까. 그러므로 이와 같은 부자연한 일을 일으키지 않으려면 한 사람이 한 영화를 시종始終하는 해설, 즉 1영화 1인주의를 고집하고 싶다.

그리고 해설을 다시 말하거니와 예술품 취급으로 할지니, 영화의 내용·외형의 양 방면 연구를 거듭하여, 무용한 언사言辭보다 고상한 음악반주로, 저열한 언사는 일절 금물로 좀더 고상한 용어를 바라는 것이요, 사계斯界의 담당자들이 1인주의를 생각해주기를 바라는 바이다. 하 11.08

19 대단히.
20 원문은 "부수(負數)", 즉 음수(陰數). 0보다 작은 수.
21 원문에는 "글로스어"이나, 문맥상 클로즈업(close-up)의 오기로 보인다.
22 *Way Down East*(D.W. 그리피스Griffith 감독, 1920). 영화의 줄거리는 다음과 같다. 가난한 시골 처녀 안나 무어는 레녹스라는 호색한의 유혹에 넘어가 위장 결혼을 하고, 아이를 갖지만 버림받는다. 설상가상으로 아이마저 죽어버린 후, 안나는 청교도 집안인 바틀렛가(家)의 하녀로 일하게 된다. 바틀렛의 아들 데이비드는 안나에게 한눈에 반하는데, 과거의 상처로부터 자유롭지 못한 안나는 그의 구애를 거절한다. 그러던 어느 날, 안나의 과거에 대한 소문을 들은 바틀렛은 분노에 휩싸여 그녀를 쫓아낸다. 비바람이 몰아치는 한겨울 밤, 강 위에 떠다니는 얼음 위에서 정신을 잃고 쓰러진 안나가 폭포 아래로 떨어지기 직전 데이비드가 그녀를 구해낸다. 영화는 두 사람이 마을의 다른 젊은 연인들과 함께 행복한 결혼식을 올리는 것으로 막을 내린다. 〈동도〉의 조선 상영에서는 바틀렛가에서 쫓겨나기 직전 안나가 레녹스의 악행을 폭로하는 장면이 특히 인기가 있었다고 알려져 있다. 변사 김영환이 취입한 〈동도〉의 영화 해설 음반이 남아 있어, 당시의 분위기를 짐작하는 데 도움이 된다.

영화가 백면상(映畵街白面相)

하소夏蘇[1] / 『조광』 제3권 12호 / 1937.12 / 일부

영화와 변사

영화에는 일찍이 영화의 아버지가 있었다. 왈曰 활동사진이라는 거다. 어느새
활동사진과 영화가 부자父子로 나뉘었는지는 몰라도 하여튼 얼마 전까지도,
아니 지금이라도 활동사진과 영화는 구별되어 있다. 즉 활동사진에는 변사라는
아저씨가 붙어 있다. 변사 아저씨와 활동사진이 협력하여 출연하는 것을 좋아하는
회고주의자 아저씨들이 지금도 모관某館 모관某館에 가면 수두룩하다.

전일前日 얀 키에푸라[2]의 노래를 들으려고 시외 모관某館에 갔더니 키에푸라가
한참 가극 〈토스카〉를 노래하고 있는데, 갑자기 그 중도에서 발성發聲이 적어지며
변사 아저씨가 "맑은 시냇물 소리와도 같은 그의 노래는 사랑하는 사람의……"
하고 나오기 시작하므로, 변사의 뱃심에 어처구니가 없어서 얼이 도망갔다.
그랬더니 다음 장면에 음악이 나오면서 주역 두 사람이 사랑을 속삭이는 러브씬에
이르러 영화는 바이올린의 선율로 반주되고 들리는 것은 영사실의 기계 도는
소리…… 라고 하는 판에 벽력 같은 소리와 함께

"변사 죽었니. 해설해라!"

하는 고함이 관중 속에서 일어났다. 나는 이런 속에서 구경하는 것이 어쩐지
소름이 끼쳐서 나와버린 일이 있다.

그러나 토키라는 원수스러운 물건이 발명되기 전에는 변사 아저씨는 당당한
예술가였다. '사진이 움직인다'는 것이 세인世人을 놀라게 하던 그때, 벙어리
활동사진에 말을 시킨 것은 변사의 공로였다.

"이때에 나타나 보이는 청년은 후레데릿구Frederick 백작, 비조飛鳥와 같이
기차에 몸을 날려 악한의 뒤를 추격!"[3]

하고 일대 기염을 토하면, 관중은 사진보다도 변사에 취하고 손뼉을 쳤다.

「영화가 백면상」, 『조광』(1937.12)
발성영화 상영이 정착된 1930년대 후반,
변사는 낡고 후진적인 문화의 표상으로
회고되곤 했다.

만도滿都[4]의 인기를 실로 한 몸에 집중시켜 전성시대에는 사진보다도 변사가
인기의 초점이 되어, 어떤 변사가 어디로 갔다 하면 그리로 관중이 쏠리던 적이
있었다. 하여튼 이 변사는 미언려구美言麗句를 창조하여

"때는 일천팔백육십구년, 불란서의 천지는 암담한 전운戰雲에 싸여 전장의 쇠북
소리는 미리벨촌村의 적막을 깨뜨렸다."

하는, 좀 서투른 통속 소설가는 흉내도 못 낼 표현을 하여 하나의 당당한 예술가로
진출했던 것이다. ("어쩌면 그렇게도 몰라주나요. 네에 알아달라우요!"가 위대한
예술가의 소작所作 일진댄, 변사는 여기에다 대면 훨씬 윗길 가는 예술가였다.)
　변사 얘기가 나왔으니 말이지, 한번은 이런 뱃심 좋은 변사가 있었다. 워낙
변사가 전성이었던 시절에는 관중도 지금 관중과 달라 좀 횡포한 편이어서, 사진이
흐리거나 잘못되면 "이층이다. 똥통이다" 하고 떠들고, 변사가 서투르면 "변사
집어내라" 소리가 장내를 흔들었다. 한번은 모관某館에서 사진이 워낙 헐은지라
스크린에 비춰도 잘 보이지 않으니까 관중 속에서 하나가

"야아, 사진 떤다!"

고 고함을 치니까 변사 군 대왈對曰,

"동지冬至가 지났으니 사진도 떱니다."

하였다. 이만하면 어지간한 뱃심이라 안 할 수가 없다.

　또 한번은 고속도촬영slow motion으로 된 장면이 나와서 동작이 심히 느린 것을
성미가 불같은 자 고함을 치며,

　"좀 빨리 놀려라!"

하니까 변사 군의 대답이 걸작이다.

　"놀리기를 천천히 놀리는 게 아니라 박을 때 천천히 박은 때문입니다."

　어느 때는 이런 변사들이 설명하는 옛날 무성영화를 한번 봤으면 하는 생각도
든다. 변사는 지금은 일류 상설관에서는 없어졌지만 작년까지도 단성사에서
토키를 변사와 함께하였다. 변사를 들으려면 라디오 청취자는 그 방송 순서 중
'영화이야기'라는 것을 들으면 알 수 있다. 그것이 변사辯士의 변사變事5한 것이다.

속(續) 영화가 백면상

하소夏蘇 / 『조광』 제4권 3호 / 1938.03 / 일부

명암 이중주

　전략 최근 발표된 통계에 의하면, 미국 본토에서 1주간의 영화관객 수는
자그마치 8천만인이라는 숫자를 올렸다는데, 조선 인구가 갓난어린애부터 숨이
절덕 넘어가는 노인이 빼놓지 않고 서너번 구경간 셈이다. 이것의 입장료를 평균
25선仙, cent씩 친다 하더라도, 아아, 2천만불弗이다. 2천만불만 가지면 대학이
몇개요, 결핵요양원이 몇개라고 그곳의 우국지사6들이 이것을 문제 삼고 있는
모양인데, 3만돈噸, ton짜리 구축함 한개 값도 못 되지 않느냐고 일소一笑7해버린
철저한 영화 팬이 있다. 남의 일은 어쨌든 간에 미국이 저의 나라에서 벌고

이 땅에까지 손을 뻗어 잔돈을 긁어가니, 영화 수입 금지도 할 만하다. 그러나 생각하고 보면 수입 금지를 한 것은 관청임에 틀림없으나 그 원인은 국산 영화 제작자들이 도무지 틀린 까닭으로, 웬만큼만 하다면야 '메이드 인 재팬'의 마크를 달고 당당히 출범을 해서 영화 친선의 사절使節을 교환할 것인데, 보면 하품이 나는 사진을 박아내니까 외국 영화를 사들이게 되고, 외국 영화를 사들이니까 잔돈이 큰돈이 되어 수출되고, 그러니까 금지령이 내린 것이다.

요전에 영화광이라 할 만한 친구를 만났더니 그가 말하기를 "어어, 좀 주머니에 잔돈이 남게 되었군" 한다. 무슨 말인가 했더니 외국 영화 금지령 때문에 사진 구경을 덜 가게 되었으니까 잔돈이 남는다는 뜻이다. 그러니까 외국 영화, 즉[8] 외적外敵이 없어졌다고 좋아라 날뛰는 국산 영화 제작자들은 오히려 통탄할 일이다. 벌써 그 영향을 받아서 모모 상설관은 일류라고 자처하더니 재상영 외국 영화와 국산 영화의 꾸밈으로 변사를 첨부하여 삼류로 떨어져버렸다. 관객이 한군데로 쏠리는 것도 그만큼 한군데의 객客이 줄어들었다고 할 수 있으니, 내가 한번 삼류로 전향한 모 상설관을 찾아갔을 때는 사람이 없어 그런지 으슬으슬 춥다. 엉덩이가 아파오고 배우의 활동, 발성, 번역, 자막(나는 영어에 능통치 못하다)에다 변사의 육성까지 껴서, 보는 동안 골치까지 아팠다.

매번 변사 말을 꺼내서 대단히 죄송스럽지만, 나는 물론 변사의 덕으로 활동사진에 취미를 붙인 사람의 하나이므로 변사를 숭배하는 사람의 하나요, 또 설사 변사의 친절을 사양하려면 가지 않으면 그만이니까 더 말하지 않겠으나, 한 마디 변사 말끝에 기억나는 것은 변사시험 이야기다.

(지금 현역 변사는 물론 변사시험에 합격되어 면허장을 가진 분이므로, 이것은 현역 변사에는 무관계한 일이다.) 모지某紙에서 창작을 현상모집한 데 투고된 작품(?) 중에는, '희곡戲曲'이라 명칭을 걸고 들어온 것이 "에헤야 데에야 상사뒤야" 하는 '어깨춤' 타령을 적어 보내서, 선자選者로 하여금 분반噴飯[9]케 한 일이 있었다. 이것은 '희곡'이라니까 '노는 데 부르는 곡조'로 잘못 안 선량한 시인의 자의字義[10] 인식착오의 하나다. 그런데 변사시험 중 필기시험에도 더러 이런 답안이 있으니, '스크린'(이것은 설명할 필요도 없으나)을 왈曰 '감기약'이라 적은 것이 있다. 아스피린이니 가제피린이니 흔히 감기약이 그럴싸하니까 '스크린'도 '감기약'이라 한 것이라 짐작된다. 이밖에 '적화사상赤化思想'을 '연애'라 하고, '수상首相'을

'지명地名'이라 한 등 속속의 걸작이 나왔다. 대체 '적화사상'이니 '수상'이니 하는 것이 변사와 무슨 관계가 있는지 알 수 없으나, 짐작컨대 상식 문제로 대인 것인데, 물론 이런 답안을 쓴 사람은 완전히 낙제했을 것이다.

그런데 합격한 변사 중 일부분의 변사 씨에게 주문이 있는데, 그야 영화란 우리 따위의 번역문이나 볼 줄 아는 사람뿐이 아니라, 그것을 못 보는 다른 대중들에게도 나타날 의무가 있는 만큼 친절히 해설해주는 것은 감사한 일이나, 제발 지나치게 철저해주지 말라는 청이다. 전일 모관某館에 갔더니 그레타 가르보Greta Garbo의 영화를 하는 것이었다. 그런데 장면 장면 상세한 해설이 붙는 것은 말할 것이 없거니와, 장면 중 가르보가 "앙드레에! 앙드레에!" 하고 부르니까 변사도 "앙드레에! 앙드레에!" 하고 따라 부른다. 또 노크 소리가 나자 가르보가 "캄인!" 하니까 변사도 "캄인!" 한다. 이런 것까지 해설(?)해주는 것은 친절의 도가 지났다. 그것도 가르보의 그 소리를 그대로 흉내 낸다면 그것만으로 재미가 있겠지만, 어디 우락부락한 소리로 가르보의 뒤를 따라 흉내 내니까 볼 재미가 없어진다. 장면의 청년은 물론 가르보의 부르는 소리에 돌아서고 혹은 들어온 것이지만, 나는 그 변사가 "앙드레에!" 하는 소리에 장면 중의 청년이 돌아서고, 변사의 "캄인!" 소리에 비로소 장면 중의 청년이 들어온 것같이 느껴졌다. 그래서 만일 변사가 "앙드레에!"나 "캄인!"을 쫓아 안 했던들 그 장면이 어찌 되었을까 하고 종일 그 일 때문에 하마터면 신경쇠약이 걸릴 뻔했다. 바라건대 아주 철저하려면 유리창 깨지는 소리며, 총소리며, 노랫소리까지 따라서 흉내를 내거나, 그렇지 않거든 아예 번역문이나 해설할 일이다. "御無沙汰"[11]를 '어무사타'로, "流石"[12]을 '유석'이라고 하는 것쯤은 오히려 상관없다.

토키의 비극

채만식 / 『동아일보』 / 1939.05.12

영화는 그가 '말'을 획득하여 토키가 된 걸로써, 무성영화와는 질적으로 다른
하나의 새로운 예술에로 비약을 한 것이라고 한다. 사실일지요, 그렇다면 토키의
토키다운 바를 완전히 이해·감상하자면, 당자當者는 장님이 아닌 동시에 그
'말'을 알아듣는 '귀'가 있어야 할 것이다. 그런데 영어를 알아듣지 못하는 사람이,
영어로 녹음이 된 구미歐美영화를 보고서, (그러니 영문 모를 음향이 섞인 무성영화를
보았다고 해야 할 것) 곧잘 그의 예술을 이해 감상한 양 기뻐한다.

　그것이 한두 사람이라면 희극으로 돌리고 말겠는데, 조선사람 영화 관람자 중
십분지구十分之九가 그러하니 이는 차라리 비극이라고 해야 옳겠다. 하물며13
그들 일부 사람이 지상紙上, 지상誌上에 붓을 들어 〈무도회의 수첩〉14 기타 소위
명화라는 것을 의젓이 논하고, 평하고, 권하고 함이리요!

1　조풍연(趙豊衍, 1914-91). 언론인, 수필가, 아동문학가.
2　얀 키에푸라(Jan Kiepura, 1902-66). 폴란드 출신 테너이자 배우. 독일, 헝가리, 프랑스, 영국
　　등지에서 국제적인 명성을 쌓았고 독일 우파(UFA)와 미국 할리우드에서 많은 영화에 출연
　　했다.
3　연속영화 〈명금〉(The Broken Coin, 1915)의 한 장면을 해설하는 내용으로 생각된다.
4　온 도시.
5　예사롭지 않고 이상한 일.
6　원문에는 "우국지(憂國之)"이나 탈자로 보인다.
7　대수롭지 않게 여기고 웃어넘김.
8　원문은 "기(旣)"이나 오식으로 보인다.
9　입에 물었던 밥을 내뿜다, 즉 웃음이 터진다는 의미.
10　글자의 뜻.
11　일본어로 "고부사따(ごぶさた)"라고 읽는다. 무소식이라는 뜻으로, 오랜만에 만났을 때 하
　　는 격조 있는 일본어 인사.
12　일본어로 "사스가(さすが)"라고 읽는다. '과연'이라는 의미.
13　원문에는 "우황(尤況)".
14　Un carnet de bal(쥘리앵 뒤비비에 Julien Duvivier 감독, 1937).

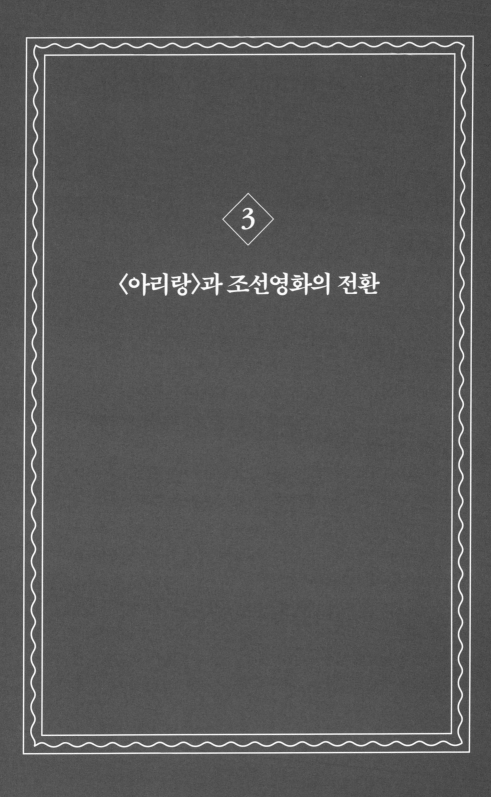

3

〈아리랑〉과 조선영화의 전환

　　1926년은 조선영화사에서 중요한 해다. 1923년 이후 본격적으로 극영화
가 제작되기 시작했지만, 조선을 배경으로 조선인 배우가 활동하는 영화에
대한 호기심이 어느정도 충족되자, 조선영화는 곧바로 침체되기 시작했다.
당시의 조선영화는 고전소설을 원작으로 하거나 일본의 유명 영화를 번안
하는 수준에 그치고 있었고 완성도 또한 외국 영화에 비교할 때 형편없다
는 비판을 받고 있었다.

　　조선영화사에서 가장 중요한 영화로 흔히 거론되어온 〈아리랑〉은 이러
한 분위기 속에서 등장했다. 나운규, 신일선, 남궁운 주연으로 조선키네마
프로덕션에서 제2회 작품으로 제작한 이 영화는 1926년 10월 1일 단성사
에서 처음 개봉해 전례 없는 흥행성적을 거뒀을 뿐만 아니라, 식민지 기간
내내 조선영화의 한 전기를 마련한 작품으로도 높이 평가되었다. 〈아리랑〉
에 대한 이러한 가치평가는 1930년대 후반에 집필된 일련의 영화사 논의
에서 뚜렷하게 확인할 수 있다. 먼저 오영진은 「조선영화의 시상時相」이라
는 글에서 조선영화를 역사적으로 개관하기 위한 방법으로 나운규를 중심
에 놓는다. 그 이유로 나운규의 "전全 영화생활"이 곧 "조선영화의 주요 성

격"이라고 설명하는데, 오영진에게 나운규는 곧 조선영화의 역사 그 자체였던 셈이다. 임화 역시 "조선영화가 소박하나마 참으로 영화다운 게 되고, 또 조선영화다운 작품 만들기"[2]가 시작된 것은 나운규의 〈아리랑〉부터였다고 설명하며, 〈아리랑〉을 "조선영화가 최초로 타자의존에서 독립해본 성과"[3]라고 평가했다. 이밖에도 나운규 사후에 발표된 서광제[4], 김태진[5], 안동수[6]의 글이나 1938년 개최된 조선일보사 영화제에서 〈아리랑〉이 무성영화 부문 1위에 선정되었다는 사실은, 나운규와 〈아리랑〉이 조선영화사에서 어떠한 위치를 차지했는지를 보여주는 근거다.

해방 이후에도 나운규와 〈아리랑〉은 남북한에서 중요하게 다루어졌다. 1954년에는 시대적 배경을 바꾼 〈아리랑〉(이강천 감독)이 제작되었고,

---

1   오영진 「조선영화의 시상(時相): 조선영화론초(抄)」, 『조광』 제5권 2호(1939.02).
2   임화 「조선영화발달소사」, 『삼천리』 제13권 6호(1941.06).
3   임화 「조선영화론」, 『춘추』 제2권 10호(1941.11).
4   서광제 「고 나운규 씨의 생애와 예술」, 『조광』 제3권 10호(1937.10).
5   김태진 「영화계의 풍운아 고 나운규를 논함」, 『동아일보』(1939.08.08~11).
6   안동수 「영화수감(映畵隨感)」, 『영화 연극』 제1호(1939.11).

나운규

1957년에는 나운규 사후 20주기를 기념해 김소동이 〈아리랑〉을 다시 만들기도 했다. 특히 해방 이후 남한과 북한에서 출간된 영화사 관련 서적들은 나운규 신화화와 〈아리랑〉의 정전화에 많은 영향을 미쳤다. 남한에서 출간된 안종화의 『한국영화측면비사』(1962)나 이영일의 『한국영화전사』(1969) 등은 나운규와 〈아리랑〉의 민족적·예술적 성격을 집중적으로 강조했고, 북한에서 1962년에 발간된 강호의 『라운규와 그의 예술』 역시 〈아리랑〉을 비롯한 나운규 영화를 민족적·계급투쟁적 성격이 강한 작품으로 서술하고 있다.

〈아리랑〉은 이처럼 식민지 기간은 물론 해방 이후에도 여전히 중요한 작품으로 주목을 받았지만, 문제는 오늘날 〈아리랑〉의 필름이 남아 있지 않다는 사실이다. 실체를 확인할 길 없는 이 영화의 미묘한 행방은, 해방 이후 줄곧 남한과 북한에서 민족·항일적 성격을 가진 신화적인 작품으로 정전화되어온 일련의 상황과 맞물려 많은 논쟁을 야기했다. 그 예로, 〈아리랑〉의 감독이 나운규가 아니라 『키네마준보오』 광고에 감독으로 표기된 츠모리 슈우이찌津守秀一일 수 있다는 주장과 함께 이 영화의 특징으로 흔히 거론되는 항일 민족영화로서의 성격에 대해서도 다른 견해가 제기되었다.7 하지만 〈아리랑〉이 식민지 기간 동안 조선(무성)영화에서 가장 중요한 위치를 차지했다는 것은 당대 문헌을 통해 사실로 확인되는 만큼, 좀더 넓은 맥락에서 〈아리랑〉이 가진 영화사적 의미를 생각해볼 필요가 있다. 실제로 몇몇 연구들8은 〈아리랑〉이 기존의 조선영화와는 다르게 성공할 수 있었던 원인을 활극 같은 장르적 특징에서 찾고 있다.

---

7   조희문 「영화 〈아리랑〉의 재평가」, 『영화연구』 13(1997.12).
8   이정하 「나운규의 〈아리랑〉(1926)의 재구성」, 『영화연구』 26(2005.08); 김영찬 「나운규 〈아리랑〉의 영화적 근대성」, 『한국문학이론과 비평』 30(2006.03); 이순진 「조선 무성영화의 활극성과 공연성에 대한 연구」(중앙대학교 박사학위논문 2008).

이와 관련하여 여기에 소개할 글은 〈아리랑〉이 개봉되었던 시점에 발표된 포빙抱氷(고한승)과 최승일의 글이다. 이 두편의 글은 〈아리랑〉이 포착하고 있는 동시대 농촌의 현실에 공통적으로 주목하고 있다. 조선을 배경으로 한 기존의 영화들이 있었음에도, 두 글이 새삼스럽게 조선의 농촌 장면을 〈아리랑〉의 특징으로 언급하고 있다는 사실은 이 영화가 시각적 영역에서 다른 조선영화와 차별화되었음을 추론할 수 있는 중요한 근거가 된다. 비슷한 근거로 김을한 역시 "장면은 거의 다 선명하였으며, 특히 사막의 장면은 전 조선영화를 통하여 가장 우수한 장면"[9]이라고 평한 바 있다.

〈아리랑〉은 고전소설이나 일본 신파물의 번역이 대부분이었던 이전 조선영화들과 달리, 처음부터 조선의 농촌을 배경으로 동시대의 갈등을 서사화했다. 이는 〈아리랑〉을 임화의 말처럼 "인접예술"에 의존하지 않고 영화 자체로 독립한 성과를 가진 최초의 작품으로 볼 수 있는 근거이기도 하다. 그리고 이러한 독립의 성과가 어디서 기인했는지는, 제작 당시를 회고한 나운규의 글[10]을 통해 짐작할 수 있다. 이 글에서 나운규는 〈아리랑〉의 기획과 제작이 철저하게 당시 유행하던 미국 장편활극영화(〈폭풍의 고아〉[11] 〈로빈 후드〉[12])를 모델로 이루어졌음을 밝히고 있다. "조선영화는 따분하다, 졸음이 온다, 하품이 난다, 돈 내고 볼 재미가 없다"라는 말에 자극을 받은 그는 쓰림과 유머가 있으며, 템포가 빠르고 스피드가 있는 〈아리랑〉을 만들려고 했다는 것이다.

실제로 〈아리랑〉이 제작되었던 1926년 조선의 극장가에서, 조선인 관객들을 매료시켰던 영화는 할리우드 영화였다. 물론 필름을 확인할 수 없는 상황에서 〈아리랑〉 숏의 길이나 편집 방식을 통해 미국영화의 영향을 단정 지을 수는 없다. 그러나 여기서 주목해야 할 것은 〈아리랑〉의 선행 모델이 종래의 조선영화와는 다르다는 사실이다. 〈아리랑〉은 다른 조선영화들처럼 대중들에게 잘 알려진 고전소설이나 신소설에 굳이 의존하지 않았다.

이 사실이 중요한 이유는, 전통적 서사에 대한 의존은 곧 일정 부분 서술체계의 의존을 의미하기 때문이다. 몇몇 회고에 따르면 〈아리랑〉 이전의 조선영화는 변사가 자신의 설명에 필요한 몇몇 장면을 고전소설에서 골라서 찍거나, "판소리에서 비롯된 십전소설로부터 적당한 이야기를 발췌"[13]하는 방식으로 제작되었다.

이를 참고할 때, 〈아리랑〉 이전의 조선영화들은 비록 극영화를 표방하고는 있었지만, 서양 영화와 비교할 때 영화적 서술체계는 상당히 빈약했던 것으로 보인다. 그러나 나운규는 〈아리랑〉을 제작하기 위해 잘 알려진 서사에 의존하는 대신 이미 제도적 재현양식을 구성하며 시각적 언어의 세계를 축조하고 있던 할리우드 영화를 조선영화의 제작의 모델로 삼았다. 물론 이 영화가 얼마나 할리우드에 근사近似한 시각적 서사를 창안했는지는 확인할 수 없다. 그러나 템포와 스피드는 물론 관객들의 '외국물 대작만 보던 눈'을 의식한 나운규의 시도는, 시각적 장면에 대한 고한승과 최승일의 평을 볼 때 일정한 성과를 거둔 것으로 짐작된다. 또한 조선영화가 탄생한 이후 "당연히 가져야 할 것으로서 미처 가지지 못했던 것"을 〈아리랑〉이 주었고, "형성과 기술에 있어서도 재래의 조선영화의 수준을 돌파"했다고 한 임화의 평가[14] 역시 이를 뒷받침한다.

물론 〈아리랑〉의 영화적 성공에서 당시 상영 환경의 영향 역시 빼놓을 수 없다. 〈아리랑〉 상영과 관련하여 회고되는 대표적인 장면은, 오기호를 살해한 이후 영진이 순사의 포승줄에 끌려가는 부분인데, 이 장면에서 변

---

9   김을한 「〈아리랑〉 조선키네마 작: 영화평」, 『동아일보』(1926.10.07).

10   나운규 「조선영화 감독 고심담: 〈아리랑〉을 만들 때」, 『조선영화』 제1호(1936.11).

11   *Orphans of the Storm*(D.W. 그리피스Griffith 감독, 1921).

12   *Robin Hood*(앨런 드완Allan Dwan 감독, 1922).

13   이영일 『한국영화전사』(개정판, 소도 2004), 73면.

14   임화 「조선영화발달소사」, 『삼천리』 제13권 6호(1941.06).

〈아리랑〉의 한 장면(『동아일보』, 1926.09.19)

사들은 극장의 상영 상황에 따라 대사를 다르게 읊었다고 전해진다. 마지막 변사의 신파조 해설은 주제가인 '아리랑'과 함께 관객들의 눈물샘을 자극한 기제로 주로 분석되는데, 이는 이 영화에 대한 반일·민족주의적 신화의 근거로 중요하게 인용되어왔다. 그러나 필름 검열에서는 단 한번도 문제 된 일이 없는 이 영화가 여러차례 상영 중지되었다면, 이는 이 영화의 '불온성'은 필름이 아닌 상영 환경에서 발생했던 것이라고 봐야 할 것이다.[15] 이와 관련해 '스크랩'에 실린 『별건곤』의 짤막한 글은 〈아리랑〉의 주제가가 당시 대중들에게 얼마나 많은 인기를 누리고 있었는지를 보여준다.[16] (김상민)

───── 함께 읽으면 좋은 글

1. 김을한 「〈아리랑〉 조선키네마 작: 영화평」, 『동아일보』(1926.10.07).
2. 문일 『영화소설 아리랑』(박문서관 1929.11).
3. 서광제 「고 나운규 씨의 생애와 예술」, 『조광』 제3권 10호(1937.10).
4. 오영진 「조선영화의 시상(時相): 조선영화론초(抄)」, 『조광』 제5권 2호(1939.02).
5. 김태진 「영화계의 풍운아 고 나운규를 논함」, 『동아일보』(1939.08.08-11).
6. 안동수 「영화수감(映畵隨感)」, 『영화 연극』 제1호(1939.11).

15   이화진 「식민지 조선의 극장과 '소리'의 문화 정치」(연세대학교 박사학위논문 2011), 37면.
16   〈아리랑〉과 할리우드 영화와의 관계에 대한 자세한 논의는 김상민 「아리랑과 할리우드」
      (『사이』 제14호, 2013.05)를 참조.

1 신(新)영화 〈아리랑〉[1]을 보고   포빙(抱氷, 고한승)

『매일신보』 / 1926.10.10

조선키네마의 초특작이요, 소위 1만 5천원의 촬영비를 들여 제작했다는 신영화 〈아리랑〉이 10월 초순 단성사에서 봉절 상영된 것을 보았다. 조선영화란 그야말로 가뭄에 콩 나기로 나오는 것이니까, 어떤 것을 보든지 귀貴엽다고 하는 것은 나뿐 아니라 누구나 다 같이 느끼는 바다. 첫째, 시영始映의 굴소리가 울리고 전등이 꺼지며 '아리랑'이라는 커다란 자막이 나올 때 관중은 일제히 갈채를 한다. 이것은 서양 영화의 대작이 나올 때 갈채하는 것과는 얼마쯤 다른 맛이 있다. 예술에 국경이 없다 할지라도, 우리 동포의 손으로 되고 우리 환경에 가까운 영화인 만큼 환희가 큰 것이다. 그보다도 밤낮 꼬불꼬불한 영자英字만 비치던 막 위에 나타난 언문 글자가 몹시 그립던 것이다. 이와 같은 귀여운 마음으로 항상 조선영화를 대하고, 이제 또 〈아리랑〉을 보니 보고 남은 느낌이 없지 아니하여 몇마디 써볼까 하는 것이다.

대체로 보아 이 한편은 별로 흠잡을 곳이 없는 가작佳作이라 할 수 있다. 더욱이 촬영기술이라든지 감독술이 특별한 독창적 성공은 없다 할지라도, 재래의 몇몇 작품 중에 가장 서투른 곳이 보이지 않는다. 서투른 곳이 없다기보다 서투른 곳을 보이지 않도록 교묘하게 가렸다. 극의 내용에 들어서는 쇠퇴해가는 조선 농촌을 배경 삼은 만큼 우리에게 느낌을 주는 바가 많으니, 특히 '논과 밭을 다 팔아서 아들 공부시킨다는 것과 그렇게까지 공부시킨 아들이 의외에 광인狂人이 되었다는 것'은 농촌의 중산계급이 절실히 맛보는 경지라 하겠고, '아리랑고개' 밑에서 땀과 피를 흘리며 논 김매는 촌민村民과 그곳의 다 쓰러져가는 초가집에 '청년회' 간판이 붙어 흙내나는 농촌 청년이 모인 것이 무엇보다 좋았다. 더욱 그 사이를 아무 물질·명예의 욕구 없이 순진한 청춘을 위해 분주奔走하는 박 선생이라는 이 시골

왼쪽은 최영희 역의 신홍련(申紅蓮) 오른쪽은 대학생 윤현구 역의 남궁운(南宮雲)
(『매일신보』, 1926.10.01)

선각자를 스토리 속에 둔 것이 매우 고마웠다.

　여기까지는 좋다. 아무 무리한 곳도 없고 아무 탈도 없었다. 그러나 대학
생 윤현구尹鉉求가 이 시골을 방문하는 곳부터는, 전에 그같이 소박하고 순
진하던 농촌이 아주 어지러워졌다. 큰 유린을 당하는 느낌이 있었다. 윤현
구가 황마차幌馬車2일망정 마차를 타지 않고 걸어왔던들, 그리고 농토의 정
령精靈! 그것과 같은 처녀 최영희崔永姬와 좀더 조선식의 러브씬이 있었던
들──이 영화는 이것 이상의 성공을 보였을 것이다. 대학생이 사현금四絃

1　앞길이 구만리 같던 청년 영진은 남모를 불쌍한 일로 실성을 하여 동리 사람들의 놀림감이
　되었다. 그런 영진의 눈에 원수로 보이는 것은 아버지의 많지 않은 빚으로 누이 동생 영희를
　자기 것으로 만들고자 하는 동리 부호 천상민의 집 청지기 기호였다. 한편 영진과 한 동리
　태생으로 친한 동무였던 윤현구는 여름방학을 맞아 마차를 타고 아리랑고개를 넘어 그 동
　리에 들어왔다. 그러나 친구가 미쳤음을 보고는 찾아오지 않게 되었다. 그러던 중 영희와 현
　구는 서로 만날 때마다 고운 느낌을 갖게 되었다. 그러나 그 기쁨도 잠시 기호의 마수는 영
　희의 신변을 위협했다. 마침내 현구는 기호와 더불어 피를 흘리는 큰 싸움을 하게 되고, 이
　때 뜻밖에 영진이 기호를 칼로 찌른다. 영진은 그의 피를 보고 원래 정신을 회복하지만 경
　관에게 결박되어 아리랑고개를 넘어가고, 영희와 현구는 눈물겨운 중에도 기쁨을 같이하게
　되었다. 「지상(紙上)영화: 현대극 〈아리랑〉」, 『동아일보』(1926.09.19)에서 요약.
2　비바람·먼지·햇볕 따위를 막기 위하여 포장을 둘러친 마차.

琴, 바이올린으로 옛 친구인 광인이 부르는 '아리랑' 노래를 맞추는 것도 좀 서툴렀거니와, 영희에게 〈카츄사〉의 이별을 이야기하는 곳도 너무 농촌과는 거리가 멀었다. 이것은 순전히 도회의 바람든 경박소년輕薄少年의 환심을 사고자 하는 데 지나지 못한 것이요, 결코 '아리랑'고개를 배경으로 한 농촌시農村詩의 영화라면 들어갈 장면이 아닌 것 같다. 그 다음 가을의 풍년을 노래하는 놀이는 이 영화를 살리는 가장 큰 장면이니 더욱 윤현구가 양복바지에 고깔 쓰고 농민과 같이 뛰며 노는 곳과 그중 한 사람이 노래를 선창하는 곳이 매우 좋았고, 광인의 몽유夢遊3와 살인하게 되는 동기 같은 것은 작자가 몹시 고심한 듯했으나 대체로 눌러볼 수 있는 것이었다.

내용은 그러하거니와, 출연배우를 잠깐 보면 누구나 제일 먼저 광인 최영진崔永鎭으로 분장한 나운규 군의 노력을 들 것이다. 이 한편의 주인공이요, 또 상투常套를 벗어난 광인인 만큼 그 역은 난역難役이었다. 이 같은 난역을 그다지 힘없이4 치러나간 것은 감독의 수완도 많이 힘입었을 것이나, 무엇보다 나 군의 진실한 노력에 있을 것이다. 일동일정一動一靜의 조금도 유희기분이 없고 가장 진건眞虔히 나간 곳에 군의 장래가 많이 촉망된다. 더욱 풍년놀이를 멀리 옥상屋上에 보는 곳과 그곳에서 뛰어나가는 곳이 몹시 좋았다. 욕심대로 하면 눈동자를 좀더 광인같이 놀렸으면 하는 것과, 광인에서 본정신으로 돌아설 때 '좀더' 무엇이 없을까 하는 희망도 없지 않았으나 전편을 통해 무난했다.

다음, 전편의 유일한 여배우인 신홍련申紅蓮5의 영희 역은 아직 처녀 출연인 관계상 다른 여우女優에서 보는 것 같은 보기 싫은 티型가 박히지 않은 것이 좋았다. 기술에 미숙한 점은 있을지라도 되지 않은 연출의 전형이 보이지 않은 것이라도 취하고 싶다. 더욱 분발하기를 바란다. 다만 감독의 부주의로 농촌 처녀로는 생각하지 못할, 저고리 속으로 내의內衣가 비치는 것이 눈에 띄었다. 그리고 이것도 사소한 것이지만 앞머리를 구태여 지진 것

같은 것도 좀 눈에 띄는 것이었다.

　남궁운南宮雲 군의 윤현구 역은 너무 평범했다. 표정과 거동이 좀더 입체적이었으면 한다. 다만 풍년놀이에 춤추는 곳은 조금 좋았지만 다른 곳은 대체로 열熱이 적었다. 그 외의 역은 그리 중대하지 않으니까 별로 쓸 것도 없고, 〈아리랑〉 전편을 통해 이의 성공이 농촌을 배경으로 한 순박한 애사哀史에 있거니와 그 실패 점도 역시 농촌과 그곳에 들어온 도회 풍조의 조화가 못 된 곳에 있다. 한 장면, 한 장면씩 떼어놓고 보면 좋으나, 한개의 영화로 볼 때 연락聯絡이 못 된 곳이 이 영화의 결함이다. 그러므로 이 영화는 다른 내외국 명화를 부분 부분 떼어다 놓은 것 같은 느낌이 있는 것이 이 까닭이다. 그러나 이만한 수완과 이만한 정묘한 기술과 이만큼 성의 있는 배우가 모였으니 이들의 장래가 몹시 촉망된다. (10월 6일)

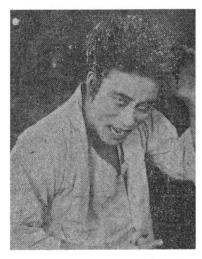

광인을 연기하는 나운규
(『매일신보』, 1926.10.10)

3　①꿈속에서 놂, ②꿈같은 기분으로 놂.
4　'험(흠)없이'의 오식인 듯하다.
5　신일선(申一仙).

라디오·스포츠·키네마   승일(최승일)

『별건곤』/ 1926.12 / 일부

키네마

사실상 영화는 소설을 정복했다. 왜 그런고 하니 그것은 대체적으로 소설은 지식적·사색적이고, 영화는 시선 그것만으로도 능히 머리로 생각하는 사색 이상의 작용의 능력을 가진 까닭이다. 또한 경제상으로도 하룻밤에 3,40전만 내던지면 몇개의 소설-연출-직접 사건의 움직임을 보는 까닭이며, 또한 소위 바쁜 이 세상에서 짧은 시간을 가지고서 사건의 전적全的 동작을 볼 수가 있는 것이었다.

조선에서 우리의 힘으로(돈은 말고) 되는 영화가 있어온 지 햇수로는 3년도 못 되는데 벌써 기십종幾十種은 넘었으리라. 스튜디오도 없이 만들어내는 영화가 벌써 10개를 넘은 지 오래다. 날 흐린 날은 박지도 못하고 하늘만 쳐다보고 있다가, 해나 번쩍 나면 5전짜리 레푸[6]가 번쩍거린다. 5전짜리 레푸가 사람의 몸뚱어리에 가로 벗기일 때 "자 — 훌륭한 예술이오" "박읍시다" 하는 소리가 산모퉁이 집 속·길가에서 일어난다. 이리하여 돈 천원이나 잡아먹은 조선의 영화가 단성사·조선극장에서 봉절이 된다. 사람은 물밀듯이 들어온다.

그리하여 연극이 없는 불쌍한[7] 이 우리 사회에서, 누구나 연극을 구경하는 셈으로 몰려들어 고개를 치켜들고 앉아 있다. 백의白衣가 영화면映畵面에서 펄펄 날린다. 이 얼마나, 가슴이 저리고도 회포 깊은 정경이냐? 민틋한, 아주 기운을 잃은 듯한 산모퉁이가 나오면서 여기저기, 어린 솔이 자라나는 것이 보인다. 그러나 한심한 일이다. 우리는 그 배경 속에서 무엇을 보았느냐? 2,3의 고대소설을 각색해낸 것 외에는 〈장한몽〉[8] 〈농중조〉[9]를 봤을 따름이었다.

그나마 감독이라는 이가 옷 한벌을 못 얻어 입어 여름옷을 가을철에 입고 있으면서, 배우들은 점심 한끼 똑똑히 못 얻어먹어서 눈이 쾽 들어가는 것을 당하면서 박아낸 것이다. 참으로 생각하면 필름에서 주림에 울던 —— 피-눈물-탄식이 줄줄 흐른다. 그러나 그나마 자기들의 마음대로 똑똑한 것 하나 박아보지 못하고, 그 알뜰한 돈 천원이나 내놓는 대자본가의 비위를 맞추느라고, 남이 다 구워먹고 남은 찌꺼기를 건져다가 또다시 구워내어, 〈장한몽〉〈농중조〉나 얻어 보는 꼴이라니 참으로 한심하기 짝이 없다.

또 보는 이들의 형편은 어떻고? 조선의 팬들의 주머니가 넉넉하기는 꿈에도 없을 일이다. 한참 적에는 그나마 상설관 서너개가 문이 닫을 지경이라, 하는 수 없이 일금 10전 하니까 전에 못 보던 팬들이 우아— 하고 몰려든다. 내가 어렸을 적에 돈 10전을 내고 구경해본 적이 있지만, 요즈막 와서 상설관에서 10전 받는다는 것은 아마도 이 지구 위에 조선밖에는 없으리라. 그러나 어쨌든 잘한 일이다. 다른 것, 모든 예술보다도 가장 민중과 가까운 의미를 가진 영화조차 일반민중에게서 자꾸 멀어간다는 것이 좀 섭섭한 일이니까, 10전 받을 때 몰려들어 온 새로운 팬! 그들이 정말, 영화의 팬인

6   맥락상 '촬영용 채광 반사판'(reflector)으로 추측된다.

7   원문은 "불로상한"이나 오식인 듯하다.

8   번안소설 『장한몽』은 일본 메이지시대의 대표 작가였던 오자끼 코오요오의 『금색야차』를 조중환이 조선의 현실에 맞게 번안해 1913년 『매일신보』에 연재한 작품이다. 기자와 연극의 번안 각색을 해오던 조중환은 이경손과 함께 계림영화협회를 설립하고, 그 첫 작품으로 〈장한몽〉(이경손 감독)을 제작, 1926년 3월 단성사에서 개봉해 큰 흥행을 거두었다. 김정숙, 주삼손이 주연을 맡았으나 중간에 주삼손이 실종되어 그 대역으로 심훈이 출연하기도 했다.

9   후에 〈아리랑〉을 만든 조선키네마프로덕션의 제1회 작품. 1926년 6월 단성사에서 개봉한 이규설 감독의 이 영화는 마쯔모또 에이이찌(松本英一) 감독의 일본영화 〈籠の鳥〉(1924)를 번안한 작품으로 자유연애를 다룬 것으로 알려져 있다. 이규설, 복혜숙, 나운규가 출연했다. 그러나 김을한은 이 영화에 대해 "〈장한몽〉 이상의 모방영화"이며 "번안이 아니라 거의 직역"일 뿐만 아니라 "필름을 절약하느라고 그랬는지 장면과 장면 사이에 너무나 간격이 커서 이해"하기 어렵다고 혹평하고 있다. 『매일신보』(1926.06.27).

것을 짐작해야만 될 것이다.

론 채니[10] 씨의 일주일 봉급만(1만 5천원) 가지면, 적어도 우리 땅에서 그것 가지고 영화 다섯은 만들 만한, 이런 하늘과 땅의 차이, 어찌하여 요 모양일까?

그러나 여기에 한개의 획시대적 산물이 있으니, 그것은 〈아리랑〉, 〈아리랑〉이 그것이다. 공연히 학교에 다니다가 미쳤다는 주인공은 지금의 현실 속에 부대끼는 우리는 그가 왜 미쳤는가를 다시금 중언부설重言復說도 하기 싫다. 다 찌그러져가는 초가집, 가가假家[11] 판장板墻[12]인 듯한 바깥 기둥에는 '청년회'라는 간판이 붙어 있다. 긴 두루마기 자락을, 써늘한 바람에 나부끼면서 일하러 다니는 농촌의 인쩰리겐찌아인 박 선생. 서울 가서 공부하다가 귀향한 대학생이 양복에다 고깔을 쓰고 농민들과 같이, "풍년이 왔다네. 풍년이 왔다네"를 부르고 춤추는 씬. 이것이 조선에서 조선의 모든 것을 배경으로 하고 우러난 영화다. 청년회의 깃발이 날리면서 회원들의 행렬이 보인다. 얼마나 그리운 이 장면이냐? 화려하고 정묘한 장면이 없는 대신에, 침울하고 비통한 오뇌懊惱[13]의 못 견딤이 이 장면에 나타난다. 기교로 말해도 영화의 역사를 수십년이나 가진 일본영화의 그것보다 못지않다. 나는 일본의 소위 신新영화라는 것을 남 못지않게 보았지만, 이른바 일본이면 일본의 참된 냄새나는 영화를 일찍이 본 적이 없다. 다만 광선이 없고 세트가 없기 때문에 거기에는 우리가 양보할 수밖에 없다.

나는 단 2년 동안의 조선의 영화계에서 이런 수확이 있는 것을 못내 기뻐한다. 여하간 이 〈아리랑〉이라는 영화는 과거의 조선의 영화를 모조리 불살라버리고, 이 돈 없고는 살 수 없고 한숨 많은 이 땅 위에서 슬피 대공大空을 울려 그 무엇을 광호狂呼하는 한개의 거상拒像이다. 어쨌든 더욱 조선에서 모든 것을 빨리 실어다가 우리들에게 보여줄 것은 다만 영화밖에는 없다. 오전짜리 레푸야 길이 활동하기를 바란다.

조선의 문화도 차차 영화 속으로 들어가게 된다. 너나할 것 없이 영화, 영화, 한다. 한개다, 한개. 〈아리랑〉 한개다. 또 이후에는 우리에게 무엇을 보여주려느냐? 조선의 영화계여.

현대의 문명은 아무리 해도 라디오·스포츠·키네마이다. 언제나 이들의 문명文明도 우리와 거리가 가까워지려는고? (끝)

3　　조선영화 감독 고심담: 　　　　나운규
　　　〈아리랑〉을 만들 때

『조선영화』 제1호 / 1936.11

〈아리랑〉 촬영

벌써 10년 전 옛 이야기다. 아득히 돌이켜보는 10년 전. 과거의 모든 것을 잊어버렸으련만, 그래도 이것이 내 처녀작인 만큼 아직도 잊어지지 않는 가지가지 괴롭던 일이 생각난다.

〈아리랑〉을 발표하기 전까지 조선에서 제작된 영화는 거의 다 고대극, 전설물과 문예작품을 영화화한 것이었다. 초기에 이 작품들이 흥행은 어디서든지 성공했다. 조선사람이 조선옷을 입고 활동사진에 나온다는 것만으로도 입장료를 비싸게 받고 만원滿員시킬 수 있었다. 그러나 그 생명은 길지 못했다. 내가 〈아리랑〉을 제작하기 전 1,2년은 조선영화 제작사업은 부

10　　론 채니(Lon Chaney, 1883-1930). 미국 무성영화배우. 〈노트르담의 곱추〉(1923) 〈오페라의
　　　유령〉(1925) 〈괴인 서커스단의 비밀〉(*The Unknown*, 1927) 등에 출연했다.
11　　임시로 지은 집.
12　　널빤지로 친 울타리.
13　　뉘우쳐 한탄하고 번뇌함.

〈아리랑〉 촬영장 사진 　　　〈로빈 후드〉 촬영장 사진
거대한 메가폰을 보면 촬영의 규모를 짐작하기 어려울 정도다.

서운 난관에 걸린 때다. 관객은 조선사람이 나온다는 것만으로는 만족하지 않았다. 조선영화는 따분하다, 졸음이 온다, 하품이 난다, 돈 내고 볼 재미가 없다. 이런 소리가 나기 시작해서 나중에는 흥행은 되지 않고 하여 당사자들은 어쩔 줄을 모르는 때였다.

그 당시에 조선에 오는 양화洋畵를 보면 수數로는 서부활극이 전성시대요 또 대작 연발連發시대다. 그리피스D.W. Griffith의 〈폭풍의 고아〉*Orphans of the Storm*, 1921를 보던 관중은 참다못해 발을 굴렀고, 더글러스Douglas Fairbanks의 〈로빈 후드〉*Robin Hood*, 1922는 조선 관객의 손바닥을 아프게 했다. 이런 때 졸리고, 하품 나는 조선영화를 보러 올 사람의 수는 점점 줄어갈 수밖에 없었다.

영화의 한 연구생으로(지금도 그렇지만) 이리 밀리고 저리 밀려 쫓겨 다니던 나는, 어떻게 하면 조선영화가 다시 살아날 수 있을까 하고 밤을 새워가며 애를 썼으나, 관객과 나날이 멀어져가는 원인조차 발견하지 못하는 대로 탄식만 하다가, 선배 이경손李慶孫 선생에게 "화나는데 서양 사람 흉내를 내서 한 작품 만들어봅시다" 하고 말했더니, "서양 사람과 동양 사람은 체격이 틀려서 안 되오." 이제는 살아날 수가 없을 것 같았다.

그때 누가 나더러 한 작품 만들어달라는 주문이 왔다. 그때까지 출연만 해왔고 출연 이외에는 아무 자신도 없는 나에게 이런 주문을 하는 것도 우스운 일이요, 아무 자신도 없는 내가 이런 일을 맡은 것도 지금 생각하면 기막힐 일이나, 존경하는 이경손 선생을 내놓고는 영화 한개를 책임져 제작할 사람이 없으리라고 이렇게만 꼭 믿던 때니, 할 수 없이 내가 각색을 하고 메가폰을 쥐고 연출한다는 괴怪장면을 연출할 수밖에 없었다. 그러면서도 그것이 스스로 부끄러워서 이름만은 출연 이외에는 내지 않고 전부 다른 사람의 이름을 빌려서 외형만은 면목을 지킨 셈이다.

그러나 이 작품 시작할 때 깊이 느낀 것은 졸리고 하품 나지 않는 작품을 만들리라, 그러자면 쓰림이 있어야 되고 유머가 있어야 된다, 외국물 대작만 보던 눈에 빈약한 감을 없이 하려면 사람을 많이 출연시켜야 된다, 그래서 이 작품에 조선서 처음으로 800인이라는 많은 사람을 출연시켰다. 이 800인(1,000명 예정14이었으나 현장에 온 사람)을 움직이는데 고생이란 말할 수 없다.

1. 일비日費 1인 1원이니 절대로 하루에 끝내야 될 일.

2. 집합이 오전 10시에, 의상이 맞지 않는 사람을 고르고, 여러가지 준비를 하면 반일半日간의 일밖에 안 되는 것.

3. 모인 사람이 동서남북에서 함부로 온 사람(거의 전부가 자유노동자)이니, 학생이나 군인과 달라서 통일되지 않을 것.

4. 천기天氣가 불순하면 하루에 천원 손해 보는 것.

5. 카메라가 하나니까 50컷을 50번 움직여야 될 것.

---

14   원문에는 "모정(矛定)"으로 되어 있으나 오식으로 보인다.

이 모든 것으로 어떻게 하면 무사히 끝낼까 하는 걱정으로 밤을 새우고 이튿날 아침에 이런 진행 방법을 생각해냈다.

800명을 16대隊(1대에 50명씩)로 나누어 1대에 한 사람씩 대장을 내는데, 그 대장은 사원 전부가 되기로 해서 집안 심부름꾼까지가 전부 농사꾼 옷을 입고 그 속에 낄 것.

각 대장은 각 대에서 그중 나은 사람(주로 학생, 극장인) 몇 사람씩 골라서 50명을 다시 5분 해서 5분대로 만들 것.

현장 중앙에 큰 노대露臺를 만들어 지휘는 그 대 위에서 기旗와 메가폰으로 할 것.

춤을 춰야 할 장면이 있는데, 서로 부끄러워하면 춤추기가 어려울 터이니 취하게 하기 위해 시내에서 막걸리를 많이 준비시키고 큰 솥으로 국湯 세 솥을 끓일 것.

이렇게 해가지고 일을 시작했으나, 원체 수가 많고 교련敎鍊 없는 사람들이라 뜻대로 될 리가 없다. 춤을 춰달라고 먹인 술이 너무 지나치게 취해서 코를 골고 자는 사람. 평생 먹었던 불평이 한잔 먹은 김에 폭발되어서 저희끼리 여기저기서 싸움이 시작되고, 그것을 말리던 각 대장들의 옷이 찢긴다. 매를 맞는 사람. 끓여놓은 술국으로 배를 불리느라고 국솥 옆에 붙어 서서 떨어지지 않는 사람. 화가 난 이명우李明雨 군이 국솥에다 모래를 퍼 넣고 말았다. 노대 위에서 목이 터지게 소리를 지르나 취중건곤醉中乾坤에 영화감독쯤의 존재는 문제도 아니다.

해는 벌써 기울어졌고, 일은 절반도 진행 못 되고 목은 꼭 쉬어서 소리도 못 지를 지경이고, 자동차로 돈 천원을 1원 지폐로 바꿔들고 나온 전주錢主는 옆에서 발을 동동 구른다. 화가 나서 몇 사람 때려도 보고 하는 중에 극장에서 나간 몇 사람이 중간에서 춤을 추기 시작하니 제 흥에 겨워서 춤추는 사람이 하나둘 늘어가서 점점 장면이 어우러져 들어간다. 이렇게 이 하루 일을 겨우 끝내고 돌아오는 자동차에서 그대로 쓰러져버렸다. 조선에서 영화를 제작하는 사람이 누구나 이만한 고생이야 아니했으랴. 천갑절 만갑절[15] 되는 마음에 고통은 하소연할 곳조차 없다.

이렇게 처음 된 〈아리랑〉은 의외로 환영을 받았다. 졸음 오는 사진이 아니었고, 우스운 작품이었다. 느리고 어름어름하는 사진이 아니었고, 템포가 빠르고 스피드가 있었다. 외국 영화 흉내를 낸 이 작품이 그 당시 조선 관객에게 맞았던 것이다. 물론 그 외에 원인도 있었다. 다만 이상에 말한 원인이 절대로 크다. 시대는 변했고 관객도 달라졌다. 외국 영화도 달라졌다.

조선영화는 다시 제2의 난관을 맞이했다. 일부의 관객층이 변했으면서도 여전히 변해오는 작품에 흥미를 가지지 못하는 관객의 존재가 또한 엄연히 있음을 어찌하랴. 이 두 관객층 사이에 끼어서 우리는 어떻게 해나가야 될까. 이 사실을 모르는 우리가 아니건만 영화가 상품이 아니면 안 되는 이상, 이 제2의 난관은 제1의 난관보다 어려운 관문인 줄 안다.

영화가 문화사업의 하나라면 민중을 끌고 나가야 된다. 그러나 백리 밖에서 아무리 기를 흔들어야, 그 기가 민중의 눈에 보일 리가 없다. 언제나 우리는 민중보다 1보만 앞서서 기를 흔들어야 되리라고 생각한다.

말이 곁길로 들어간 것을 다사多謝[16].

15   원문은 "萬만절"이나 오식으로 보인다.
16   깊게 사죄함.

신(新)유행! 괴(怪)유행!

『별건곤』제16·17호 / 1928.12.08 / 일부

귀 아픈 아리랑 타령

몇해 전까지는 서울 시골 할 것 없이 머리에 피가 마르지도 않은 아이들까지도 "대동강변 부벽루 산보하는 — 이수일과 심순애 양인兩人이로다……" 하는 장한몽가인가 무슨 노래가 유행하여 가정이나 학교에 재미없는 영향을 주더니 요새는 '아리랑 타령'이 어찌나 유행되는지 밥 짓는 어멈도 아리랑, 공부하는 남녀학생도 아리랑, 젖냄새 나는 어린아이도 아리랑을 부른다. 심지어 어떤 여학교에서는 창가시험을 보는데 학생이 집에서 혼자 아리랑 타령을 하던 것이 버릇이 되어 다른 창가를 한다는 것이 아리랑 타령을 하여 선생에게 꾸지람을 듣고, 또 어떤 집 가정에서는 자기 시아버지가 한강을 가는데 인력거를 타고 간다니까 며느리가 하는 말이 "단 10리 못 가서 발병이 나실까 봐 인력거를 타서요" 하니까 시어머니는 또 '버텃고개白峴'가 여간 어려우냐고 한다는 말이 "아리랑고개가 좀 어려우냐"고 하여 시어머니와 며느리가 모두 아리랑으로만 놀다가 망신을 톡톡히 당하였다 한다. 그것이 사실인지 아닌지는 알 수 없으나 하여간 서울에 그 노래가 퍽 유행하는 것은 사실이다. 나운규 군의 〈아리랑〉 영화가 여러 사람의 환영을 받으니 만큼 그 영향이 일반 가정이나 학교에 미치는 것이 또한 적지 않다. 이것으로 보면 영화업자도 그 내용을 선택할 필요가 있는 것은 물론이거니와 가정이나 학교에서도 그것을 보는 데 극히 주의할 일이다.

사회주의 영화비평의
등장과 최초의 논쟁

조선 사회주의 영화운동 개요

연도	조직과 제작	관련 사건	기타
1927	조선영화예술협회 결성		
1928	〈유랑〉(조선영화예술협회)		
1929	신흥영화예술가동맹 결성 〈혼가〉(서울키노) 〈암로〉(남향키네마)	찬영회 사건	
1930	카프 영화부 설치 신흥영화예술가동맹 해체 시나리오작가협회 결성 및 해체		*조선에서 외화 토키 상영 시작 *〈무엇이 그 여자를 그렇게 만들었 는가(何が彼女をそうさせたか)〉 (스즈끼 시게요시 감독, 1930) 일본·조선 개봉
1931	〈화륜〉(서울키노Ⅱ) 〈지하촌〉(청복키노)	카프 1차 검거	*〈아세아의 람(嵐)〉(Potomok Chingis-Khana, V. 뿌돕낀 감독, 1928) 조선 개봉 *만주사변
1933	영화소설『도화선』 연재 (스틸 촬영; 동방키노)	영화부대 사건 (1,2차)	독일국가영화법 제정
1934	조선영화제작연구소	신건설사 사건	조선에서 활동사진영화취체검열 규칙 시행
1935		카프 해체	

영화담론의 형성[1]

〈아리랑〉의 성공 이후 영화제작의 "홍수시대요, 황금시대"[2]를 맞이했던 1927년이 지나가면서, 조선영화에 대한 일정한 담론이 형성된다. 〈먼동이 틀 때〉(심훈 감독) 〈뿔 빠진 황소〉(김태진 감독) 〈잘 있거라〉(나운규 감독) 〈낙화유수〉(김영환 감독) 등 여느 때보다 개봉작이 풍성했고, 윤기정, 최승일, 안석영, 심훈 등 지식인들도 조선영화에 대한 평문을 앞다투어 발표했다. 영화의 본질과 기능을 둘러싸고 처음으로 일련의 논쟁이 벌어지면서 조선영화의 정체성 모색이 시작되는데, 여기에 중요한 계기가 되었던 것은 사회주의적 관점의 대두였다.

1930년 일본 프롤레타리아 영화잡지에 기고한 글에서 임화林和는, 몰락해가는 농촌생활을 다룬 〈아리랑〉과 3·1운동을 다룬 〈먼동이 틀 때〉로 대표되는 "값싼 로맨틱한 민족적 애수와 감격적 경향"의 역사적 의의를 인정

---

1   4-6장 해제에서 다루는 사회주의 영화담론에 대해서는 백문임 「조선 사회주의 영화담론의 전개」(『대중서사연구』 제22권 1호, 2016) 참조.
2   심훈 「조선영화계의 현재와 장래」, 『조선일보』(1928.01.01-06).

하면서도, 조선영화의 '본류'는 프롤레타리아 영화운동의 대두라고 말한다.

피억압 민족의 비非진보적 우울의 흐름으로 일관된 조선영화의 경향은 이미 그 역사성을 차차 잃어버리기 시작했다. 그것은 너무나도 급격하게 높아진 민족주의적 운동과 소작쟁의, 스트라이크 등의 흐름과 문학의 영역에서 프롤레타리아 운동의 고조에 의해 생겨난 것이었다. 1928년부터의 문학상의 경향은, 조선프롤레타리아 예술동맹을 중심으로 하는 프로파의 세력 증대와 그 문단적 번영이, 영화에 대해서도 그 비非프롤레타리아적, 소부르주아적, 보수적 관념을 공격함으로써 시작된 것이 그것이었다. 그것으로 인해 처음으로 조선민족은 영화도 프롤레타리아트와 농민들의 것이 아니면 안 된다고 하는 것이 강조되었다. 그 이후에는 조선영화의 내부에서는 명확히 두가지로 분열해가는 경향을 받아들이는 양상이 되어갔다. 그것은 이론적 방면에서 프롤레타리아 영화운동의 고조와 작품평에 있어서 무자비한 공격이 생겨난 직접적 원인으로, 각 영화제작단체에도, 또한 작품 속에도 반영되었다.[3]

카프KAPF를 중심으로 이루어졌던 프롤레타리아 문예운동은 초기 무산계급 문예의 경향, 즉 "빈궁문학, 비조직적 반항 문예, 개인행동적 ××문예 등"을 극복하고 계급 투쟁의 "목적의식성"을 중시하는 방향으로 넘어가는 단계였다. 카프맹원이자 조선영화예술협회 회원이었던 윤기정이 조선영화에 대해 짧막하게 언급한 「최근 문예 잡감」(1927)은 이렇게 "목적의식성"이 강조되던 맥락에서 "계급영화"를 요구한 최초의 영화평이다. 사회주의의 유행과 영화의 대중화에 힘입어 영화가 중산계층이 아닌 농민·노동자 등 프롤레타리아 계급을 대상으로 해야 한다는 단편적인 발언들이 그전에도 종종 있었지만, 1910년대 중반부터 조선의 극장을 지배해온 미국영화와 당시 조선영화가 "우리 생활"과 어떤 관련이 있는가, 조선의 "대중"이 요구

토지조사사업
일본의 토지조사사업으로
조선 농민들은 영세 소작인,
화전민, 자유노동자로
전락하거나 북간도로 이주했다.
1926년까지 북간도로 이주한
농민은 약 29만명이다.

하는 영화인가를 질문하는 것은 윤기정의 글이 처음이다. 그는 1927년 당시 최고의 제작비로 만들어진 심훈의 화제작 〈먼동이 틀 때〉를 계급적 관점에서 벗어난 영화라 비판하고, 바로 전해 〈아리랑〉으로 센세이션을 일으킨 나운규의 차기작 〈잘 있거라〉는 값싼 눈물, 인정, 치정으로 얼룩진 영화라 비판한다. 이 글은 영화를 단순히 소개하고 해설하는 것이 아니라 이데올로기 비판의 도마 위에 올려놓음으로써, 조선의 영화비평에 새로운 방향을 제시한다.

최초의 영화논쟁

이런 새로운 관점의 영화비평은 기존 부르주아 영화의 "비非프롤레타리아적, 소부르주아적, 보수적" 성격을 가혹하게 비판하는 것으로 시작되었다. 윤기정 및 그에게 공명하는 최승일, 안석영 등 사회주의적 관점의 영화비평이 대두하자 여기에 가장 먼저 예민하게 반응한 것은 심훈이었다. 그는 일본에서 영화를 공부했고, 영화소설(『탈춤』)을 쓰는 한편, 『조선일보』

---

3   임화(林和)「조선영화의 제(諸) 경향에 대하여(朝鮮映画の諸傾向に就いて)」,『新興映画』
      제2권 3호(1930.03).

기자로 꾸준히 영화평을 발표하고 있었다. 심훈은 계급의식을 갖고 투쟁의 도구로 영화를 간주하는 사회주의 영화비평에 대해, "본질상 영화는 그다지 고상한 예술이 아니다. 그다지 과중하게 사상적으로 촉망을 받기에는 너무나 가벼운 상품인 것"이라고 말한다. 그는 윤기정이 영화에서 가장 중요하다고 보았던 "원작"에만 초점을 맞출 것이 아니라 "공예품"으로서 영화를 볼 것을 주장한다(「영화비평에 대하여」). 그러나 윤기정에 호응해 임화[4] 역시 "조선인의 생활"을 그린 영화를 중시하면서, 당시 (나운규와 더불어) 대표적인 감독이었던 이경손을 비판했다. 한설야[5]도 본격적으로 1928년 현재까지의 화제작들이 "민중에게 실제적 이익"을 주지 못한다는 점을 조목조목 비판하는 글을 발표한다. 이에 심훈이 반론(「우리 민중은 어떠한 영화를 요구하는가?」)을 쓰면서, 바야흐로 조선 최초의 영화논쟁이 등장하게 된다.

심훈의 반론은 앞서 영화를 그저 가벼운 상품으로 취급하던 태도에서는 한발 물러나 "우리가 현 계단에 처해서 영화가 참다운 의의와 가치가 있는 영화가 되려면, 물론 프롤레타리아의 영화가 아니면 안 될 것"이라고 공감을 표하기는 한다. 그러나 지금 조선의 현실, 즉 지독한 "검열제도"라는 환경과 경제적 궁핍, 식견과 수완을 구비한 영화 인력의 부재 등의 제약으로 좋은 작품을 만들기 힘든 현실 속에서, "순정 맑스파의 영화"를 요구하는 것은 무리라고 주장한다. 그리고 조선의 영화관객 역시 특별한 취미를 가진 고급 팬이 아니라 오락과 위안을 영화에서 찾는 사람들이므로, "어느 시기까지는 한가지 주의의 선전도구로 이용할 공상을 버리고, 온전히 대중의 위로품으로 영화의 제작가치를 삼자"라고 말한다. 이때 그가 오락과 위안의 영화로 제시하는 것은 희극과 풍자극이고, 조선에서 가장 현실적인 제재로 제안하는 것은 "성애性愛문제"다.

미국영화 비판

사회주의 영화비평이 조선영화 담론에 미친 가장 중요한 영향 중 하나는 미국영화가 지닌 자본주의적 상품으로서의 영화 관념, 그리고 그것이 결국 부르주아의 계급적 이익에 복무한다는 점을 비판했다는 데 있다. 윤기정, 임화, 한설야가 공통적으로 비판하는 조선영화의 특징은 비현실적·공상적·비과학적이라는 것인데, 이는 "황금장난, 사랑놀이"를 주로 하는 미국영화의 폐단이 조선영화 제작에도 영향을 끼쳤기 때문이다. 한설야의 「영화비판: 외국 영화에 대한 오인吾人의 태도」는 "자본주의의 절정인 미국영화"의 계급적 본질을 장르별로 규명한, 흔치 않은 글이다. 그는 문예극, 역사극, 교육극, 희극(당시 대부분의 조선 지식인들이 존경해 마지않던 채플린의 영화도 포함), 탐정극 등이 얼마나 비현실적이며 개인주의적인 가치를 강조하는가, 그리하여 궁극적으로는 자본주의 이데올로기를 주입하는가를 분석했다. 그리고 심훈이 조선영화의 제재가 되어야 한다고 했던 연애(성애)문제가 미국영화에 의해 "사회 제 관계와 아주 무無맥락한, 바꿔 말하면 일절 사회적 비판을 초월한 개개인"의 사적인 문제로 이데올로기화된다고 비판한다.

이렇게 자본주의적 상품으로서 지배계급의 이익에 복무하며 개인주의를 숭배하는 미국영화와 대비되어, 조선영화의 모델로 부상한 것은 쏘비에뜨 영화이다. 그러나 사회주의 평자들이 거론하는 쏘비에뜨 영화의 대표작인 〈전함 뽀쫌낀〉(에이젠쉬쩨인 감독, 1925) 〈어머니〉(뿌돕낀 감독, 1926) 등은 일본과 조선에서 개봉되지 못했다. 쏘비에뜨 영화에 대한 최신 뉴스는 일본에서 간행된 잡지를 통해서 간헐적으로 들어왔고, '몽따주' 등 쏘비에뜨 영화이론의 경우도 뿌돕낀의 『영화감독과 영화각본론』이 일본에 번역[6]되는

---

4   임화 「조선영화를 이렇게 성장시키자: 평(評)과 감독의 대중적 감시를」, 『조선일보』(1928.04.29-05.04).

5   만년설(한설야) 「영화예술에 대한 관견(管見)」, 『중외일보』(1928.07.01-09).

주요 관계도 [7]

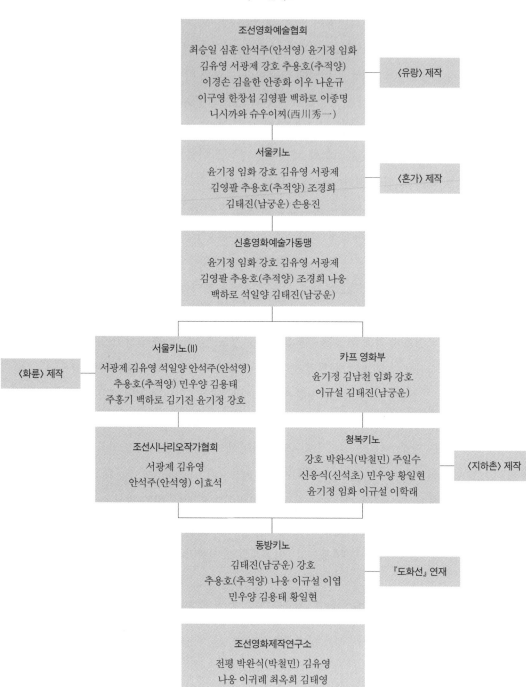

조선영화예술협회

최승일 심훈 안석주(안석영) 윤기정 임화
김유영 서광제 강호 추용호(추적양)
이경손 김을한 안종화 이우 나운규
이구영 한창섭 김영팔 백하로 이종명
니시까와 슈우이찌(西川秀一)

〈유랑〉 제작

서울키노

윤기정 임화 강호 김유영 서광제
김영팔 추용호(추적양) 조경희
김태진(남궁운) 손용진

〈혼가〉 제작

신흥영화예술가동맹

윤기정 임화 강호 김유영 서광제
김영팔 추용호(추적양) 조경희 나웅
백하로 석일양 김태진(남궁운)

서울키노(II)

서광제 김유영 석일양 안석주(안석영)
추용호(추적양) 민우양 김용태
주홍기 백하로 김기진 윤기정 강호

〈화륜〉 제작

카프 영화부

윤기정 김남천 임화 강호
이규설 김태진(남궁운)

조선시나리오작가협회

서광제 김유영
안석주(안석영) 이효석

청복키노

강호 박완식(박철민) 주일수
신응식(신석초) 민우양 황일현
윤기정 임화 이규설 이학래

〈지하촌〉 제작

동방키노

김태진(남궁운) 강호
추용호(추적양) 나웅 이규설 이엽
민우양 김용태 황일현

『도화선』 연재

조선영화제작연구소

전평 박완식(박철민) 김유영
나웅 이귀례 최옥희 김태영

1930년이 되어서야 소개된다. 대신 당시 일본에서 엄청난 흥행성적을 거두었던 경향영화 〈무엇이 그 여자를 그렇게 만들었는가何が彼女をそうさせたか〉(스즈끼 시게요시鈴木重吉 감독, 1930)는 조선의 영화인들 사이에 큰 관심을 끌었는데, 초기 사회주의 문예운동의 지도자였던 후지모리 세이끼찌藤森成吉의 1927년도 원작을 바탕으로 한 영화라는 점도 큰 유인이었다. 일본 방문 중 이 영화를 보고, 일본 영화인들의 좌담회에도 참석했던 김유영의 분석(「〈판도라의 상자〉와 프로영화 〈무엇이 그 여자를 그렇게 만들었는가〉를 보고서」)은 이런 맥락에서 읽어볼 만하다. 그는 후지모리 세이끼찌의 원작이 "1927년에 호평을 받았다고 하더라도, 급속도의 템포로 진전되어가는 전 무산계급 예술운동의 첨단화 시즌 현 단계, 즉 1930년"에는 환영할 수 없으나 "반동적 색채"는 갖지 않은 만큼, "순 프롤레타리아 영화는 아니라고 해도 경향적 프롤레타리아적 영화에 속한 작품"이라고 인정한다. 방화放火 등의 방식으로 계급적 저항을 표출한 여주인공의 행위는 지극히 개인주의적이지만, "소시민성의 풍자나 자본주의 기구의 내용 폭로를 위주로⋯⋯ 자기들의 생활, 자기의 빈곤, 자기들을 해롭게 한 자선종교 등을 어느정도까지 스크린에 보여주었기 때문"이다. 부르주아 영화사인 테이꼬꾸帝國키네마에서, 역시 "부르주아의 주구이며 소시민성을 가지고 있는 센티멘털리즘의 감독자"인 스즈끼 시게요시가 당시 유행하는 사회주의에 편승하려는 "히로이즘적 개인주의"에서 만든 것이지만, 조선에는 공개시킬 만한 작품이라고 말을 맺는다(조선에서의 경향영화 문제에 대해서는 5장 참조).

6   ヴェ・プド_フキン 著, 佐々木能理男 譯『映画監督と映画脚本論』(往來社 1930).
7   사회주의 영화조직의 구성과 변천에 대한 좀더 상세한 내용은, 이효인『한국영화역사강의』(이론과실천 1992)를 참조할 것.

조직 활동

한편 사회주의 영화담론은 조직운동 및 제작을 통한 실천(카프 논자들이 사용하던 단어로는 "작품행동")과 별개로 이해할 수는 없을 것이다. 사회주의적 지향을 가진 조직이 제작한 영화로는 1928년 조선영화예술협회의 〈유랑〉(김유영 감독), 1929년 서울키노의 〈혼가〉(김유영 감독), 남향키네마의 〈암로〉(강호 감독), 서울키노(II)의 〈화륜〉(김유영 감독, 1931), 카프 영화부에서 설립한 청복키노의 〈지하촌〉(강호 감독, 1931)이 있다. 영화조직 중 가장 문제적인 것은 단연 신흥영화예술가동맹이었다. 1929년 12월 14일 "계급의식을 파악한 예술운동의 일부문인 영화운동"을 모토로 창립된 이 단체(창립 당시 멤버는 남궁운, 김형용, 윤효봉〔윤기정〕, 임화, 김유영 등)는 1930년 카프가 기술단체 산하에 영화부를 만들면서 해체되었기에 6개월 남짓한 짧은 기간 동안 존속했다. 더욱이 이 단체의 이름으로 제작한 영화는 단 한편도 없지만 사회주의 영화담론을 주도했다는 점에서, 이 시기 가장 중요한 조직이라고 할 수 있다.

이들은 설립과 동시에 영화인 50여명과 함께, 당시 일간신문 연예부 기자들의 영화단체인 찬영회[8]를 해체시키는 '사건'을 일으킨다. 이는 당시 유일무이했던 일간지 기자들의 권력(기사라는 글쓰기를 통해 영화 흥행에 영향력을 행사하고, 영화감상회 개최를 통해 독자·관객의 감식안을 주도하며, 나아가 영화제작을 시도하는 등)에 물리적 행동으로 제동을 건 것이었다. 서광제는 이 사건을 "조선에서 처음 보는 (영화 — 인용자) 종업원과 자본주의 의식적 투쟁"[9]이라고 평가하기도 한다. 이 사건은 폭행과 기물파손 등 '테러'를 자행한 영화인들이 구속되는 해프닝처럼 치부되는 측면도 있었다. 그러나 결국 찬영회의 해체를 이끌어냄으로써, 그간 서양 영화를 예술적 스탠더드로 설정하고 일간지 지면의 영화평을 독점했던 일련의 지식인 권력을 와해시킨 사건이기도 했다. 찬영회가 주최한 일곱차례의 영화 상영회 가운데, 미국영화

〈카츄샤〉와 프랑스영화 〈사람 아닌 계집〉을 상영하면서 나운규프로덕션이 〈장한몽〉 하이라이트를 모의 촬영하는 장면을 공개한다며 내보낸 기사를 '스크랩'에 소개해둔다.

덧붙여, 길지 않았던 신흥영화예술가동맹의 활동 중 조선에서는 처음으로 영화 합평회를 개최한 기록이 있어 역시 별도로 소개한다. 조선영화사의 〈꽃장사〉(안종화 감독, 1930)와 아성키네마의 〈회심곡〉(왕덕성 감독, 1930)을 대상으로 한 이 합평회에는 윤기정, 김유영 등 신흥영화예술가동맹의 멤버 외에 무산소년운동을 하던 주홍기, 동아일보 학예부 기자였던 서항석 등이 참여했다. 참여자들은 공장노동자와 하층의 여성 및 어린이를 묘사한 〈꽃장사〉가 목적의식 없이 개인주의로 흐른 점, 남녀의 엇갈린 사랑을 그린 〈회심곡〉이 비현실적이고 권선징악으로 흘렀다는 점을 비판한다. 이 글은 합평회의 요지만 추린 것이라 여타 평문에 비해 단편적인 언급만 나열되어 있다. 그러나 새로운 영화운동을 주창했던 신흥영화예술가동맹 주변의 인물들이 당대 영화에 대해 어떤 지점들을 문제 삼았고, 무엇에 주안점을 두어 보고 있는가를 엿볼 수 있는 흥미로운 자료이다. 그리고 당시 평문들이 갖고 있던 정형적 틀, 즉 내용 분석과 기술 분석을 분리하여 다루는 틀이 이 합평회에서도 반복된다는 점은, 당시 '영화평'이라는 것이 어떤 관행을 형성하고 있었는가를 보여준다. (백문임)

---

8   찬영회(讚映會)는 1927년 12월 6일, "연예일반의 연구와 세계 우수영화 비판 및 소개"를 목표로 조직되어 1929년까지 여러차례 영화감상회와 강연회 등을 개최했다. 창립 당시 멤버는 이익상(동아일보), 이서구(매일신보), 안석주(조선일보), 김기진(중외일보) 등이었다. 찬영회의 활동에 대해서는, 이효인 「찬영회 연구」(『영화연구』 53, 2012)를 참조할 것.

9   서광제 「영화비평소론: 문단인의 영화비평에서 영화인의 비평으로」, 『중외일보』(1929.11. 21~26).

─────── **함께 읽으면 좋은 글**

1. G생 「〈먼동이 틀 때〉를 보고」, 『동아일보』(1927.11.02).

2. 「소비에트 연방 영화계의 개관」, 『동아일보』(1927.11.05-06).

3. 심훈 「조선영화계의 현재와 장래」, 『조선일보』(1928.01.01-06).

4. 최승일 「1927년의 조선영화계: 국외자가 본」, 『조선일보』(1928.01.08-10).

5. 심훈 「영화비평에 대하여」, 『별건곤』 제11호(1928.02).

6. 심훈 「영화 독어(獨語)」, 『조선일보』(1928.04.18-24).

7. 임남(임화) 「조선영화를 이렇게 성장시키자: 평(評)과 감독의 대중적 감시를」, 『조선일보』 (1928.04.29-05.04).

8. 심훈 「아직 숨겨 가진 자랑 갓 자라나는 조선영화계」, 『별건곤』 제12·13호(1928.05).

9. 녹파생 「〈세 동무〉를 보고」, 『조선일보』(1928.05.08.).

10. 임화 「조선영화가 가진 반동적 소시민성의 말살: 심훈 등의 도량(跳梁)에 항(抗)하야」, 『중외일보』(1928.07.02-08.04).

11. 윤효봉(윤기정) 「조선영화는 발전하는가: 〈사나이〉를 본 감상」, 『조선지광』 제81호 (1928.11/12).

12. 서광제 「영화비평 소평: 〈벙어리삼룡〉〈먼동이 틀 때〉〈암로〉〈혼가〉를 보고」, 『조선일보』 (1929.01.29-30).

13. 윤기정 「영화시평」, 『조선지광』 제83호(1929.02).

14. 임화 「최근 세계영화의 동향」, 『조선지광』 제83호(1929.02).

15. 심훈 「영화화한 〈약혼〉을 보고」, 『중외일보』(1929.02.22).

16. 최상덕 「팔봉의 원작인 〈약혼〉을 보고」, 『조선일보』(1929.02.22).

17. 팔봉(김기진) 「〈약혼〉 전후: 자작(自作)의 영화화를 보고서」, 『조선지광』 제84호(1929.04).

18. 임화 「영화적 시평」, 『조선지광』 제85호(1929.06).

19. 박송 「조선영화의 당면한 제 문제에 대한 일고찰」, 『조선일보』(1929.09.15-10.01).

20. 서광제 「조선영화의 실천적 이론」, 『중외일보』(1929.10.25-31).

21. 김윤우 「민중과 영화」, 『동아일보』(1929.11.19-21).

22. 서광제 「영화비평소론: 문단인의 영화비평에서 영화인의 비평으로」, 『중외일보』(1929. 11.21-26).

23. 김유영 「영화가(映畵街)에 입(立)하야: 최근 영화운동의 당면문제를 논함」, 『조선지광』 제88호(1929.11).

24. 박광균「조선영화계 전망: 그 임무에 대하여」, 『동아일보』(1929.11.22-28).

25. 박완식「영화인의 타이프」, 『중외일보』(1930.01.19).

26. 박완식「영화의 내용과 형태」, 『중외일보』(1930.01.26-30).

27. 박완식「소비에트 로서아 국영키네마 문제」, 『동아일보』(1930.02.06-11).

28. 박완식「영화교화 문제」, 『조선일보』(1930.02.15).

29. 서광제「영화노동자의 사회적 지위와 임무」, 『동아일보』(1930.02.24-03.02).

30. 김형용「영화의 교화성과 대중영화」, 『대중공론』 제2권 2호(1930.03).

31. 임화「조선영화의 제경향에 대하여(朝鮮映画の諸傾向に就いて)」, 『新興映画』 제2권 3호(1930.03〔일본어〕).

32. 황일현「영화의 계급성」, 『중외일보』(1930.03.19-21).

33. 서광제「영화계의 현 단계」, 『중외일보』(1930.03.25-04.02).

34. 김승일「소형영화: 프로영화의 일 수단」, 『동아일보』(1930.04.04-08).

35. 고정옥「프로영화교육론」, 『조선일보』(1930.04.23-25).

36. 간동학인(諫洞學人)「지상(紙上)영화: 〈무엇이 그 여자를 그렇게 시켰나〉」, 『철필』 제1권 3호(1930.09).

1   최근 문예 잡감   윤기정

『조선지광』 제74호 / 1927.12 / 일부

영화에 대하여!

현재 조선은 영화시대라고 할 만큼 외국 명화와 조선영화가 상당히 수입도 되고 제작도 된다. 그래서 영화계에 있어서 황금시대, 홍수시대라고 할 만큼 전성全盛을 극極하고 있는 것이 사실적 현상이다. 이와 함께 다수의 관중을 포용하고 있는 것도 숨길 수 없는 사실이다.

나는 여기서 외국 영화는 논의하기를 피하고, 조선영화만을 개념적으로 간단히 써보겠다. 외국 영화를 의논한댔자 노서아러시아 영화 같은 것은 일본에서도 상연을 못하고 축출을 당하는 터니까, 노서아 것은 염두에도 두지 못한다. 다만 대부분이 결혼으로 끝을 막는 미국米國영화가 논제에 오를 것이니, 이것이 우리 생활과 얼마마한 밀접한 관계가 있겠는가? 우리가 생각하고 있는 바에 얼마마한 도움이 될 것인가? 오히려 반동이요, 해가 될 것이다.

그러면 조선영화란 어떻게 제작되어나가는가? 나는 최근에 조선영화 세 개를 보게 되었으니, 순서를 따라 적으면 〈먼동이 틀 때〉심훈 감독, 1927 〈뿔 빠진 황소〉김태진 감독, 1927 〈잘 있거라〉나운규 감독, 1927 등이다. 우리는 이 세 영화에서 무엇을 얻었는가? 또한 대중은 그와 같은 영화를 요구하고 있는가?

〈먼동이 틀 때〉로 말하면 ××운동이 있은 이후로 허다한 젊은 사람들이 혹은 영어囹圄[1]의 몸, 혹은 부랑인, 혹은 아편쟁이, 혹은 책을 팔아가면서도 정조貞操를 지키고 살아가는 여인…… 이와 같은 현상을 보여주는 한 옆에 마지막으로는 두 젊은이에게 앞날의 희망을 부쳐 먼동이 트는 때에 새로 뜨는 해를 안고 걸어가게 했다. 그 두 젊은이는 앞으로 장차 무엇을 할는지 모를 일이다. 그러나 원작자의 의도는 계급으로 투쟁하게 만든 인물이 아니라, 〈먼동이 틀 때〉라는 제목부터 보더라도 막연한 여명黎明운동인 것이 틀림없다. 이 까닭에 이 영화도 우리가 정正히 요구하는 것은 못 된다.

〈뿔 빠진 황소〉로 말하면 노동자의 맨 밑바닥 생활을 어느정도까지 표현한 점으로 보아 다소 수긍은 하나, 그 표현방식이 너무나 야비해 불쾌한 감을 일반 관중에게 일으켰다. 원작자는 무엇을 표현하려고 애를 쓰기는 썼으나 결국 실패하고야 말았다. 또한 목적의식이 움직이지 않은 것도 사실이다. 그리고 노동자로 하여금 그저 벌기만 하면 그 돈을 가지고 내외內外주점酒店으로 인도한 것은 대실책이다. 노동자 생활 속에서 주색酒色에 대한 문제도 적지 않은 문제지만, 더 커다란 것은 먹는다는 것이다. 일반 영화작자는 이 점에 가일층 유의하지 않으면 안 된다. 그리고 영화에서도 앞으로는 우리가 요구하는 목적의식의 색채가 장면 장면, 또한 전편全篇을 통해 상징, 혹은 암시로 표현되지 않으면 안 된다.

〈잘 있거라〉로 말하면 〈아리랑〉에 비해 얼마나 떨어지는 작품인지 모르겠다. 오히려 〈풍운아〉만도 못하다. 전편을 통해 무엇을 표현하려고 했는지 모르겠다. 어렴풋이 기억에 남는 거라고는 값싼 인정, 치정관계, 그리고 마지막에 가서는 억지로 비극을 만들려고 애쓴 것이 불쾌하다. 우리는 값싼 눈물로 만족하고 있을 때가 아니라는 것을 알아야 한다. 먼저 두 작품도 실패한 작作이지만 〈잘 있거라〉도 완전히 실패한 작作이다.

이와 같은 현상은 무엇을 반증하는 것인가? 어째서 우리가 요구하는 작품을 제작하지 못했는가? 그 이유로는 두가지가 있으니, 하나는 영리적 흥행 정책에 있고 또 하나는 검열관계에 있는 것이다. 나는 흥행가치에 원인이 있다는 것은 말하고 싶지 않다. 다만 검열문제에 대한 것만을 한 말로써 운위하고 그만두겠다.

---

1   감옥.

위부터
〈먼동이 틀 때〉(심훈 감독, 1927)
〈뿔 빠진 황소〉(김태진 감독, 1927)
〈잘 있거라〉(나운규 감독, 1927)

문예운동에서도 검열이 중대한 문제지만, 영화에서는 한층 더할 것이다. 이 까닭에 우리는 조선영화의 내용이 반동화하지 않을까 우려하기를 마지 않는다. 원작은 영화의 중요한 가치를 결정하게 되므로 원작자는 유의有意에 유의를 거듭하지 않으면 안 된다. 일본에서도 점차로 계급적 색채가 농후한 영화 등이 제작·상영된다고 하며 노서아 영화도 세계적으로 진출한다고 한다. 계급영화! 조선에서도 ××××××가 ×××야만 하겠다. 이것은 곧 ××××하기를 마지않는 것이다.

2 영화예술에 대한 관견(管見)[2]   만년설(萬年雪, 한설야)

『중외일보』 / 1928.07.01~09

영화를 예술의 한 부문으로 세지[3] 않을 수 없는 여러가지 이유를 여기 새삼스럽게 들 필요는 없을 줄 안다. 그러므로 나는 '영화도 예술이다'라는 데로부터 이하 약간의 사견私見을 베풀려 한다. 물론 나는 소위 '영화쟁이' '영화전문가'는 아니다. 그러나 '예술'이라는 것을 일종의 고정된 미美의 전당으로 해석하는 묵은 관념에서가 아니라, 인문사人文史 이래 예술의 발전 취향과 현재의 단계와 앞날의[4] 유추類推에 관해 다소의 조어造語와 인식을 가졌다는 의미에서 예술의 한 부문인 영화를 논하는 것이니만큼, 결코 촉견폐일蜀犬吠日[5]의 격에 그치지 않을 것을 자신한다.

선전적 의미에서, 또는 이해와 간취看取가 용이하다는 점에서 영화를 오

---

2   자기의 소견을 겸손하게 이르는 말.
3   원문은 "헤지".
4   원문은 "내두(來頭)의".

늘날 예술 각 부문 중에서 중요한 하나로 추정하는 데 나는 결코 인색6할 수 없다. 효과가 빠르고 큼으로 말하면 이것을 넘는 것이 없다 해도 별로 큰 실수는 안 될 것이다. 쏘비에뜨 노서아의 〈전함 뽀쫌낀〉 *Bronenosets Potemkin*, S.M. 에이젠쉬쩨인 감독, 1925 〈바람〉〈어머니〉 *Mat*, V. 뿌돕낀 감독, 1926 등 영화가 일본에서 받은 대우를 보아도, 이것을 넉넉히 반증할 수 있을 것이다.

영화 관람자가 세계를 통해 매일 평균 6백만이라 하니까, 그 얼마나 보편적인지 알 수 있다. 까다로운 두뇌의 작용이 없이, 또는 휴식의 시간을 이용하여 관람하게 되는 까닭에 영화는 무엇보다 일반적으로 보편되기 용이한 것이다.

조선의 예술운동이 형극荊棘 뚫고 나가듯이 간난艱難한 중에서 영화가 비록 양적으로나마 놀랄 만큼 생산되는 이유의 일면은, 확실히 보기 쉽고 알기 쉬운 데 있는 것이다. 보기 쉽고 알기 쉬운 데서 취미가 생기고, 취미가 생기는 데서 더욱 관람욕이 움직이는 것이다. 우리가 오늘날 모든 예술 작품을 쉽게 지어야 한다는 이유도 이런 평이한 곳에 있는 것이다. 질質이 양量에 작용되고 양이 질에 작용된다는 변증법을 더 내세울 것 없이, 질적으로 평이하게, 선명하게 하는 데서 양의 증대를 볼 수 있고 거기서 다시 질적 향상을 보게 될 것이다.

조선의 영화가 수로 보아 놀랄 만큼 늘었다고, 그것을 가리켜 곧 반가운 현상이라고 하는 것은 물론 아니다. 많다는 것과 좋다는 것은 당연히 구별되지 않으면 안 될 것이다. 어떤 분은 수의 증대를 가지고 곧 영화계의 향상이니, 발전이니를 논위論謂한다. 그 내용이나 표현이 과연 사회의식활동의 영양소가 되는지 안 되는지, 이 질적 방면을 맨 처음으로 고찰하지 않으면 안 된다. 하물며 영양은커녕 해독을 남기는 작품이 많음에랴!

다액多額의 금품을 투자하여 한개의 작품을 제작해내는 그 의의가 어디에 있는가? 작품 제작의 의도와 관심이 어디에 있는가? 또는 그 작품이 사회에 주는 영향이 어떤가?를 주밀周密히 또는 엄정히 구명하지 않으면 안될 것이다. 만일 그 작품 내용이 단순히 항간의 호기好奇나 열정劣情[7]에 타협을 구하고, 입장권으로 사회나 민중과 지음쳐[8] 애오라지 일개[9] 극장 내의 공기를 일시 색다르게[10] 물들임으로써 관중을 찾는다면, 그것은 사회의 영양營養이 못 될 뿐만 아니라 도리어 사회에 불리한 독소가 될 것이요, 민중을 떠난 공상, 몽환에 암영暗影이 될 것이다. 처지를 운운하고 검열을 구실 삼아가지고 일개의 날탕패[11] 영화를 지어놓는다면, 우리는 그것을 방어하지 않을 수 없다. 그런 것은 없는 편이 나은 까닭이다. 다만 있다는 사실, 그것이 귀한 것이 아니라, 어째서 있으며 있어서 어떤 작용을 하는가가 관심의 머리가 되지 않으면 안 된다. 즉 영화가 사회나 민중과 불가분의 현실적 존재로 민중에게 실제적 이익을 주는 것이라야, 우리는 비로소 존재의 가치를 시인할 수 있는 것이다. 1회 07.01

우리는 한편의 영화를 지을 때, 우리의 계급을 위하는 것이 되어야 한다는 양심을 영화상에 실제화하지 않으면 안 될 것이요, 우리는 한편의 영화를 볼 때, 그것은 어느 계급을 위하는 것이냐를 관찰의 표준으로, 제일 부르주아지에게 이로운 것이라면 이에 대한 항쟁을 해야 할 것이요, 우리 계급에 이익 되는 것이라면 그것이 더욱 후속 영화의 자극이 되도록 비판하지

---

5   식견이 좁은 사람이 남의 훌륭한 말이나 좋은 행동을 보고 놀라 괴상히 여겨 도리어 이것을 비방함.

6   원문은 "탄색(呑嗇)"이나 '인색(吝嗇)'의 오식으로 보인다.

7   못나고 천한 마음 혹은 정욕에만 흐르는 마음.

8   '지음치다', 즉 사이에 두다.

9   원문 한자가 "日個"로 되어 있으나 '一個'의 오식으로 보인다.

10   원문은 "빗다르게".

11   날탕패(捺蕩牌). 근대 초 서울에 유입된 평양 출신 공연 집단. 여기에서는 연희·연예 종사자(광대, 재인)를 낮춰 부르는 의미로 사용된 듯하다.

않으면 안 될 것이다. 즉 새로운 역사의 입구에 든 우리는 늘 우리의 입장을 잊어서는 안 되며, 우리의 입장의 이익을 대표하는 관점에서 어떤 영화를 제작할까, 또는 어떤 영화를 배격하고 어떤 영화를 키워나갈까를 생각지 않으면 안 된다.

이것은 너무 이론에 치우치는 말이라고 할 사람이 있을지 모르나, 이런 용의가 있는 사람과 없는 사람은 작품상에까지 곧 반영되나니, 오늘날의 조선영화를 보라, 과연 하나라도 그런 의도 아래에서 제작한 작품이 있는가? 입으로는 신흥예술을 말하는 분이 영화계에도 많은 듯하나, 그 작품을 보면 신흥의 '신新' 자도 모른다고 아니할 수 없다. 그 예로, 크게 떠들고 나온 심훈 군의 〈먼동이 틀 때〉를 들어도 족할 줄 안다. 참 고린내 나는 신흥예술이더라. 이에 대하여는 이미 윤기정 군이 다소의 비평을 했거니와, 이하 개개의 작품평에서 다시 그 혼란한 뱃장을 들춰보자.

내가 이 논문을 쓰는 본의는 결코 막연한 예술의 일반이론으로 그치려는 것이 아니요, 적어도 영화에 대한 약간의 실제문제를 논하여 다소의 보람이나마 영화계에 보내려는 성의에서다. 요새 나오는 영화 ─ 더욱이 비열한 야심이 더욱더욱 분식粉飾[12]되어 나오는 나운규프로덕션의 작품을 볼 때, 안 쓰려야 안 쓸 수 없는 충동을 받게 된다. 우선 내가 본 영화의 몇개를 도마 위[13]에 올려보자.

〈쌍옥루雙玉淚〉〈산채왕山寨王〉〈운영전〉〈심청전〉〈장화홍련전〉 등 태작의 수반首班[14]을 다투는 작품은 민중이 이미 짓밟은 지 오래니, 다시 버린아 들출 필요가 없을 것이다. 들춰봐야 역시 악취뿐일 테니 그대로 쉬파리와 구더기의 포식에 맡겨두자.

〈장한몽〉 이경손 감독, 1926

이것은 일본 미기홍엽尾崎紅葉, 오자끼 코오요오의 『금색야차金色夜叉』를 번안·각색한 것이다. 이 원작은 몰락하는 낭만주의의 한 색다른[15] 회신灰燼[16]으로, 일본뿐 아니라 조선에서까지 상당한 물의를 야기했다. 봉건제에서 자본제로 넘어가는 소연騷然한[17] 환경 중에서 소위 현실을 똑바로 인식하지 못하는 부르주아 부유浮游 문사文士의 당황한 관찰로 있는 놈과 없는 놈을 범벅해놓고, 최후로 연애지상이라 할지 초련初戀[18]지상이라 할지 모를 커다란 삿갓을 씌워놓았다. 있는 놈과 없는 놈이 각각 어디로 가는가? 어디로 가야 할지? ── 이 현실을 모르는 작자는 작중에서 한명의 고리대금업자를 화재火災로 징계하고, 한명의 없는 놈을 화재의 여덕餘德으로 졸부가 되게 하고는, 또한 그 어디로 갈 것인지를 몰라서 결국은 재래의 도덕이 용인하지 않는, 정조貞操를 판 여성을 초련의 남자에게 떼어다 붙이는 고충을 꾹 누르고 연애지상이라는 초연한 전당에 도피를 시키고 말았다. 더 말하기도 싫다. 일언이폐지一言以蔽之[19]하면 조선의 〈장한몽〉은 완전히 죽은 작품이다. 작중의 인물들은 북인일편北印一片의 연기로 사라지려는 시체를 찾아가는 조상객 같다. 주연 주삼손朱三孫의 무예無藝[20]도 그야말로 위대했다. 지금까지 시종여일始終如一하게 내려오는 불변색적不變色的 무예는 이때부터 비범히 발로되었던 것이다. 미모美貌는 결코 작품을 살리는 재료가 되지 못한다는 것을 각색자에게 한마디 해둔다. 2회 07.02

12　내용이 없이 거죽만을 좋게 꾸밈, 혹은 실제보다 좋게 보이려고 사실을 숨기고 거짓으로 꾸밈.

13　원문은 "조상(祖上)".

14　반열 가운데 으뜸가는 자리.

15　원문은 "빗다른".

16　불에 타고 남은 끄트러기나 재.

17　떠들썩하게 야단법석인.

18　첫사랑.

19　한마디로 그 전체의 뜻을 다 말함.

20　대중없이 함부로 함을 뜻함. 무절(無節).

일본 신파소설 『금색야차(金色夜叉)』를 영화화한 〈장한몽〉의 한 장면(위)
쏘비에뜨 영화 〈전함 뽀쫌낀〉(1925)의 오뎃사 계단 장면(아래)

〈농중조(籠中鳥)〉 이규설 감독, 1926

이것은 일본의 속요俗謠를 영화화한 것이다. 역시 태작이다. 이미 사람의 기억에서 사라진 지 오랜 희미한 작품이다. 다만 히로인 복혜숙卜惠淑의 예풍藝風[21]이 아깝다. 초진初陳에 이런 작품에 나서게 된 것이 애석한 동시에, 이런 작품 때문에 재미없는 퇴가 묻어가는 것을 근심하지 않을 수 없다. 복혜숙은 남녀배우를 물론하고 지금에 있어서도 가장 은혜받은 배우라 할 만하다. 화장이 어떠니, 의상이 어떠니는, 기생妓生·오입쟁이에게 밀어둔다 해도 과히 큰 실수는 안 될 것이다. 그것도 물론 생각해야 할 것이지만, 장신술裝身術[22]이 표정과 율동을 지배하는 것은 아니다.

〈아리랑〉 나운규 감독, 1926

조선의 날탕패 영화 중에서는 좀 때 벗은 작품이다. 그러나 전체가 가장 재간으로 경위經緯[23]를 지은 작품인 만큼 자룸자룸한 흠이 퍽 많다. 그리고 도대체 무엇을 표현하려 했는지 알 수 없는 작품이다. 까닭 없이 좋아하는 어린애들 장난에나 비길는지? 시골 청년회원이 농사도 불고不顧하고 일개 유학생을 기旗 들리고 행렬지어 마중하는 다정多情은 조선 현실에 닿지 않는 과장이다. 과장은 알고 보면 심히 미운 것이다. 부르주아적 허위이기 때문이다. 보라. 금일에 키어난 나운규 군의 비열한 염치없는 과장과 그것을 위한 장난을. 이 작作의 주요 정신은 있는 놈과 없는 이의 사랑 쟁탈전인데, 그것이 결국 없는 이의 승리로 돌아간다는 것이다. 그것을 강조하기 위해 부자를 미워하고, 검인劍刃을 들고 잔인殘忍을 감행하는 광인狂人의 사■使■을 끼워놓았다. 광인은 마침 그 사명을 다한 때 제정신이 찾아왔다. 위대

---

21   예술·예도(藝道)의 풍취 또는 경향.
22   '몸치장 기술'의 의미로 보임.
23   일이 진행되어온 과정.

한 기적이다. 만萬에도 억億에도 있기 드문 기적을 찾아 재현하는 것이 과연 거룩한 예술이더냐? 억도 조兆도 더되는 현실의 사물에 돌아오라 ── 이 한마디를 작자에게 보낸다.

나운규 군의 광인은 광인이 못 돼본, 아니 광인의 행동을 감시監視해보지 못한 우리로는 가타부타 말하기 어려우나, 그다지 부자연한 것 같지는 않았다. 역시 군은 그 과장과 열정劣情을 의식적으로 표현하는 것보다, 광인으로 이리 뛰고 저리 뛰는 것이 애교愛嬌롭다. 밉지 않다. 남궁운南宮雲 군은 동작이 너무 굳었고, 신일선申日仙 양은 인형과 근사近似했다. 이것은 그 원인이 전부 배우 자체에만 있는 것이 아니고 감독자가 무리하게 제 좁은 편견과 주관을 배우에게 요구한 까닭이겠다. 감독은 모름지기 주입식을 피하고 계발적으로 지도해야겠고, 배우는 좀더 감독으로부터 해방되어 능동적으로 동작해야 할 것이다.

〈풍운아(風雲兒)〉 나운규 감독, 1926

훌륭한 날탕패 영화다. 차라리 그 표본이라고 하고 싶다. 나운규 군의 과장과 날탕패 두목식 기질이 더욱 선명히 나타난 작품이다. 역시 주지主志가 무엇인지 알 수 없는 두루뭉술 같은 작품인데, 애써 그 골자를 찾아보면 무주공자無主公子식 부랑자가 기생과 학생의 연애를 빚어주기 위해 기생집에 드나들고, 인력거꾼으로 변장하고, 세탁소를 바리고, 지나인支那人의 돈을 훔치는, 역시 현실에서는 볼 수 없다. 공상적 사건의 창작이다. 피스톨을 들고 무인공산無人空山과 같이 거리를 미친 듯 쫓고 쫓기고, 어우러져 싸우고, 때리고 죽이고 하다가, 한쌍의 남녀 짝을 남기고 막을 닫는 데가 그들이 말하는 클라이맥스 ── 흥행가치의 절정이다. ▓▓적 죽음이나 별리別離나 또는 살벌한 살육이나 일본 유도柔道의 사범 교수와 같은 난투가 이 흥행가치의 중심인 듯하다. 과연 관중은 이런 것을 그리 큰 가치로 아는가? 이것은 저 세계에서 제일 어리석은 양키의 영화와 그것을 추종답습하는 조선영화계의 날탕패가 지은 죄과 중의 큰 것이 아니면 안 된다. 3회 7.04

조선은 아미리가아메리카와 같이 날탕패 장난을 좋아하는 나라가 아니다. 상당한 의식적 작품을 내어보라. 민중은 곧 이리로 쇄도할 것이다. 나날이 보도되는 신문지의 사실과 조선민중의 사상을 대표하는 논지와 ─ 아니 그보다 손쉽게 한번이라도 의의 있는 사회문제 강연회에 앉아본 사람이면 조선민중이 어떻게 변했으며 또는 무엇을 찾는지 알 수 있을 것이다. 말이 기로岐路[24]에 들었으나, 〈풍운아〉는 조선민중의 진검眞劍한 요구에 일종 유해 무익한 장난 기분을 풍구질[25]했다고 볼 수밖에 없다. 다만 장난이라든지 습뜬 놀음이[26] 직접 민중의 투쟁 대상이 아니니만큼 민중은 아직 이에 대한 증오나 비판이 부족하여, 그저 그 기발하고 기상천외한 데 의미 없이 웃는 모호模糊한 전통이 있어서 이에 대하여도 별반 큰 악감은 갖지 않을지 모르나, 깊이 생각하면 그것은 이利는커녕 해害를 남기는 것이다. 누구든 즐기고 웃기를 싫어할 사람은 없다. 그러나 특수한 처지에 있는 조선의 민중을 즐기고 웃기는 데 있어서, 우리는 해×解×과 행복으로 나아가는 방법으로써 하지 않으면 안 될 것이다. 〈풍운아〉는 과연 그것이었더냐. 우리는 이 계급관을 떠나고 현실을 떠난 부랑배의 장난을 진개상塵芥箱[27]에다 처넣지 않으면 안 된다.

24 갈림길.
25 풍구로 곡물에 섞인 쭉정이·겨·먼지 따위를 제거하는 일. 풀무질.
26 원문은 "다만작란이라든지슴뜬노름이".
27 먼지와 쓰레기 상자.

〈먼동이 틀 때〉심훈 감독, 1927

살았는지 죽었는지 알 수 없는 싱거운 작품이다. 큰 뜻을 품고 기미己未, 1919년에 감옥에 들어갔던 그 사람은, 다시 세상에 나온 때는 아주 거지와 같이 무기력한 사람이 되고 말았다. 그리하여 그가 다시 세상에 나와 한 일이 무엇이냐. 카페의 여급사와 어떤 청년 시인의 연애 중매였다. 그것을 달성하기 위한 활동뿐이었다. 작자와 주연(강흥식姜弘植)은 모두 저 위고의 『희噫!무정』[28] 속의 장발장을 흉내 내려 한 듯하나, 그때와 지금이 얼마나 다른지 알아야 한다. 조선의 먼동은 결코 그같이 싱겁게 트지 않는 것을 또한 인식해야 한다. 일개의 청년남녀의 사랑을 위해 한 몸을 희생하는 그런 썩은 사람을 조선은 요구하지 않는다.

만일 그 청년남녀는 조선의 새 일꾼을 상징한 것이요, 그들을 위해 도우려는 사람으로 주연된 그 사람을 내세운 것이라면, 즉 다시 말하면 그것이 조선의 현실을 상징적으로 표현한 것이라면, 우리는 작자의 너무도 무능하고 비겁함을 웃지 않을 수 없다. 아니 그보다 작자는 빨리 그런 사업을 그만둬달라고 항변하고 싶다. 왜 그러냐 하면 작자가 아무리 위대한 생각을 가지고 그것을 직접 표현하기 어려워서 암시적 또는 상징적으로 표현했다 하더라도, 그것을 일반이 감지하지 못한다면 그것은 하등 보람을 내지 못할 것이니까 ─ . 그리고 또 호한浩瀚[29]한 조선의 현실을 일개 청년남녀로 상징한다면, 그 방법이 너무나 유치하고 저급한 것을 웃지 않을 수 없다. 아무려나 조선의 현실은 청년남녀의 사랑으로는 상징할 수 없는, 이질적 무맥락無脈絡의 사실이니까 〈먼동이 틀 때〉를 그런 상징예술로 추정할 수는 없다. 작자야 그렇게 생각했든지 말았든지 객관적 비판은 그로부터 엄연히 독립하기를 요구한다. 이것은, 즉 상징적 작품으로 보아줘도 실패된 것이요, 직접 표현으로 보아도 실패다. 실패라느니보다 악균惡菌을 양성하는 썩은 작품이다. 기미己未의 ×포×捕[30]도 조선의 청년을 그같이 썩게 하지는 못했다. 그러면 작자는 왜 그런 주인공을 표현했는가? 작자의 죄과는 크다 아니 할 수 없다. 그리고 10년 동안 남편을 위해 수절한 아낙이 —— 단발斷髮까지 한 아낙이 남편의 출옥일을 몰랐다는 것은 너무도 사실을 암살하는 우졸愚拙[31]이라 하겠다. 4회 07.05

〈저 강을 건너서〉나운규 감독, 1928[32] 〈잘 있거라〉나운규 감독, 1927

이것은 〈먼동이 틀 때〉의 평을 그대로 보내기에도 너무나 호의가 과한 듯한 열작劣作, 아니 망작亡作이다. 전자는 사랑을 찾아서, 두만강을 건너서 몇몇이 —— 아니 학생까지 불렀다. 도박꾼들을 물리치고 주장主將(나운규) 격인 그는 적탄[33]에 맞아 죽고, 사랑의 한쌍만 남는 나일통羅一統의 화기적和氣的 의협극이다. 가령 도박꾼이 우리의 적의 상징이라 하자. 그렇다 하더라도 〈먼동이 틀 때〉의 평으로써 박駁[34]할 수 있는 것이다. 후자, 즉 〈잘 있거라〉는 〈풍운아〉〈아리랑〉과 같이 한쌍의 사랑의 전문가를 위해 의협아(나운규)인 주인공이 부자를 골려주고, 도적하고, 구걸하고, 징역하고, 살인하고, 그만 죽어가는 그런 스토리다. 배우들이란 모두 나운규를 꼭지로 한 땅군, 깍쟁이 떼 같은 기계인간들이다. 전옥全玉이라는 장승같은 여성과 주삼손朱三孫이라는 성상聖像 같은 남성의 연애란 냉수에 이 부러질 꼴이다. 나운규의 과대망상광狂적 활동과 열정劣情적 표정은 심한 증오를 일으킨다.

---

28   빅또르 위고의 『레미제라블』(Les Misérables).

29   넓고 커서 질펀하다. 원문 한자는 "호한(浩瀚)"이나 오식으로 보인다.

30   맥락상 '기미년(1919)의 체포'로 생각된다.

31   어리석고 못남.

32   이 영화의 개봉 제목은 〈사랑을 찾아서〉이다. 애초에 〈두만강을 건너서〉라는 제목이었으나 이후 〈저 강을 건너서〉로 바뀌었고, 촬영 후 다시 검열문제로 〈사랑을 찾아서〉로 바뀌었다.

33   원문에는 "적강(敵强)"으로 되어 있으나 오식으로 보인다.

34   논박.

나운규의 작품에서 힘써 취할 점을 찾는다면, 부자에 대한 증오와 반항일 것이다. 그러나 그는 그 증오를 일종의 장난으로 하고 또는 현실에서 볼 수 없는 기발한 방법으로 한다. 그러므로 결국 그 증오나 반항은 그의 공상이 낳은 호기好奇적 장난에 그치고 만다. 그리고 의례히 작중에는 살벌한 살육이 있다. 그런 뒤에는 감옥에 가거나 그렇지 않으면 죽고 만다. 이것은 아나키스트나 즐겨할 바요, 방법과 단결로써 나아가는 민중에게는 대금물大禁物이다. 한명의 부자를 죽임으로 민중이 무슨 이익을 입으랴. 가령 그것이 증오의 강조요, 결사적 의지의 종용이라 하더라도 그런 강조와 종용만으로 모든 문제가 해결되는 것은 아니다. 증오와 반항을 민중적으로, 계급적으로 결속동원시키는 전반적 방법의 암시나 상징이 없어서는 안 된다. 살인과 같은 제1의 행동만 가능하고 그 때문에 제2의 행동이 불가능하게 되는, 그런 비非방법적 행동을 변증법적 유물론자는 취하지 않는다. 우리는 제1의 행동을 감행할 때 벌써 제2의 발전행동이 가능할 수 있는 방법론을 파악하지 않으면 안 된다. 이것은 너무나 ×××조선의 현실에 무관심한 말이라고 할 사람이 있을지 모르나, 이것은 아무리 험악하다 하더라도 현실 제 조건 중에는 이미 그 해결을 가능케 하는 요소가 온양醞釀35되어 있다는 변증법을 모르는 둔감한 예술가의 말이다. 그들과 같을 말이면, 조선에 엄연히 사회운동이 진전하면서 있는 사실이나 일본에 무산無産정당이 생겨서 금년부터 그 대의사代議士까지 보게 되었다는 것이 꿈이 아니면 기적일 것이다. 일본이나 조선의 (2행 略)

못 일어나게 하려면서도 어쩔 수 없이 금일과 같이 그 존재를 시인하는 것이 무엇 때문이냐. 이것은 즉 '현실 제 조건 중에는 이미 그 해결을 가능케 하는 요소가 온양되어 있다'는 것을 실제적으로 증명하는 것이 아니냐. 그러므로 영화예술에 민감한 이는, 그리고 현실에 대한 정당한 인식을 가진 이는 물론 우리의 기대에 맞는 작품을 낼 수 있는 것이다. 5회 07.06

〈낙화유수(落花流水)〉이구영 감독, 1927

　사랑의 찬미가다. 연애지상주의 바이블의 한 페이지다. 어떤 화가를 사랑하던 기생이 유야랑遊冶郎[36]의 꾀에 걸려 애인을 잃자, 그 애인은 전의 약혼자와 결혼해가지고 미국米國 유학을 떠난다. 기생은 사랑에 못 이겨 발광한다. 미국 갔던 화가가 애인과 같이 돌아와 옛날 기생의 초상을 그리던 화실에서 사랑을 속삭이던 밤, 희미한 불빛이 흐를 때 강 건너의 광녀는 그 불빛을 따라 강물도 모르고 건너오다 빠져 죽는다. 이만해도 얼마나 부르주아지의 흉내인지 알 수 있을 것이다. 다소 의식 있는 사람이라도 연애문제에 있어서는 아직 비상히 전통적·낭만적·부르주아적 잔재를 가지고 있기 때문에, 그저 취醉하듯 이 작품에 그다지 악감을 가지지 않는 듯하다. 이에 우리는 연애문제에 있어서도 새 인식을 가져야 할 것을 절실히 느낀다. 그러므로 우리는 이런 작품을 의식적으로 검토해서 배격하지 않으면 안 된다. 사회와 민중을 떠나서 사랑만을 찾는 인간을 우리가 배격하는 것같이, 이런 작품을 또한 논살論殺하지 않으면 안 된다. 우리가 가질 사랑은 이 작품이 가르치는 것 같은 것이 아니다. 계급의 이익을 위한 사랑, 동지를 위하는 사랑, 사랑 때문에 몇 사람의 견실한 동지를 얻게 되는 사랑, 처지와 생활과 인식과 주의가 같은 데서 생기는 사랑. 이것이 우리가 찾는 사랑이다. 여성 사회의 의식수준이 낮은 조선에서 이것은 오늘의 문제가 못 된다 하더라도 내일의 문제는 될 수 있으니, 우리는 이 의미에서도 더욱 새 사랑의 인식을 전취戰取[37]하지 않으면 안 될 것이다. 자기 속의 부르부르주아 근성과 싸우면서. 연애지상戀愛至上이라는 것은 전연 오늘의 남녀관계를 발생시킨 사회관계를 망각한 망상이니만큼, 우리는 이 실례인 〈낙화유수〉를 배척하

35　마음속에 어떤 뜻을 은근히 품음.
36　주색잡기에 빠진 사람. 야랑(冶郎).
37　싸워서 목적한 바를 얻음.

는 것이다.

〈뿔 빠진 황소〉김태진 감독, 1927

노동자의 생활을 표현한 작품이다. 모든 것에 주리는 그들은 성性에도 역시 주렸던 것이다. 그리하여 일개의 술장사를 에워싸고 나도 나도 식으로 성性의 배를 단 한번이라도 채우려 했다. 그러나 그 눈물어린 꿈은 감독의 위협 아래 깨지고 말았다. 감독이 술장사에게 사랑을 구했다. 그러나 거절되어버렸다. 이에 악의를 품게 된 노동자는 그 광산의 석탄을 도적해갔다. 그러자 감독의 부하로 있는 청년이 이것을 발견하고 격투하다가 그만 죽고 만다.

이 작품은 조선에서 첫 시험이요, 또는 노동자의 생활을 표현한 것이니만큼 버릴 수 없는 작품이다. 중中에, 하下에, 소위 흥행가치 클라이맥스를 집어넣느라고 뒤범벅을 개여버렸다. 좀더 상당한 지휘자가 있었던들 조선영화계에 새로운 기록을 남길 뻔했다. 그러나 이 작품은 다만 노동자의 생활―더욱 호기好奇를 끌 만한 단편 단편을 표현하는 데 그쳤고, 노동자의 갈 길, 취할 바 일은 추호만큼도 비치지 않았다. 사랑하는 여자를 뺏김으로 해서, 역사적 사명을 걸머진 노동자는 석탄 도적으로 변하고 말았다. 이리하여 그를 불행한 운명에 떨어뜨리고 말았다. 만일 사랑을 잃은 때 그가 크게 깨달은 바가 있어서 ―즉 노동자가 모이면 세계를 움직일 힘이 되고, 그 힘으로 자기네의 행복의 길을 닦으며 모든 빼앗긴 권리를 찾아낼 것을 느꼈다면 좋았을 것이다. 이런 해방과 광명을 향하는 의도 아래에서 여러가지 사건을 집어넣으며 내용을 전개시켰다면 좋았을 것이다. 6회 07.07

그러나 이 영화는 도처에서 타매唾罵38를 받았다. 그것은 물론 관중의 몰이해에도 있지만, 그밖에 외국(주로 미국) 영화와 그것을 추종하는 조선영화가 지어놓은 죄과의 탓도 적지 않다. 아미리가亞米利加 영화는 조선 관중에게 실로 많은 해독을 주었다. 황금장난, 사랑놀이 ── 무엇무엇 밉살스러운 작품이 조선에 들어와서, 조선 관중에게 나쁜 영향을 준 바가 실로 크다. 영화 경영자와 해설자가 무지한 탓도 있고 또는 작품이 불완전한 탓도 있지만, 조금이라도 의식을 가진 자라면 이 작품에 대해 특히 그같이 타매할 것은 없을 줄 안다. 이 작품이 노동운동의 이해理解로써 제작되지 않은 것인 만큼, 시종을 일관한 역선力線이 없이 이러쿵저러쿵 된 것만은 사실이나, 그래도 종래의 영화보다는 나은 줄 안다.

〈유랑〉김유영 감독, 1928 〈낙원을 찾는 무리들〉황운 감독, 1927은 보지 못했으므로 후기後期를 기약해둔다.

나는 이상에서 작품을 평하면서 약간의 실제문제에 접근한 줄 안다. 이하, 다시 이상의 관점을 종합해가지고 영화예술에 관한 근본문제를 약론略論하려 한다.

영화도 모든 다른 예술과 같이 현실적이라야 한다. 이상에 열거한 작품내용의 사건을 볼 것 같으면 대개 전부가 비현실적·공상적·기적적·비과학적이다. 즉 그 내용을 짓는 사건이 대개는 이 현실에 있지 않은, 또는 있을 수 없는 것이 많다. 그러므로 관중이 극장에서 관람할 때는 일종 사회현실을 떠난 특이한 기분으로 영화를 대하게 되고, 그 까닭에 극장을 나서면 곧 잊어버리고 말거나 그렇지 않으면 무슨 공상이나 꿈을 생각하는 듯한 막연한 기억뿐이다. 만일 영화가 현실에서 힘 있게 일어나는 문제, 일어날 수 있는 문제, 또는 보다 좋은 장래를 약속하는 문제를 재현하고 표현했다면 관중은 그것을 잊으려야 잊을 수 없을 것이다. (차간此間 10여행 약략略)

---

38 원문에는 "수매(睡罵)"로 되어 있으나, '타매(唾罵)', 즉 '아주 더럽게 생각하고 경멸히 여겨 욕함'의 오기로 보인다.

이상을 요약하면, 우리는 영화에 있어서도 현실적·사회적 관점을 획득해야겠다는 것이다. 그 사적史的 필연의 정세를 간단하나마 약론한 줄 안다. 그러므로 우리는 현실에서 취재해야 하며 현실에서 가능할 사건을 운전運轉해야 한다. 그리고 그것을 공막空漠한[39] 정의나 인도적 관점에서가 아니라 어디까지든지 사회적·계급적 관점 ─ 즉 객관적 관점에서 취급 전개해야 한다. 모든 문제의 해결은 결코 추상적 정의, 인도에 있는 것이 아니며 무차별적 협조에 있는 것이 아니다. 사회발전의 추진력은 계급과 계급의 은연 또는 공연한…… 있는 것을 알아야 하고 이 관점에서 출발해서 비로소 사회적·객관적일 수 있는 것이다. 생활에 대한 무차별적·비사회적·초계급적 태도를 우리 사회는 모든 다른 사회와 같이 요구하지 않는 현전現前[40]에 당면한 것을 알아야 한다. 7회 07.08

이것은 물론 예술 일반에 대한 근본적 태도인 동시에 영화예술의 근본요건이다. 이상 작품평에서 다소의 실제문제를 암시한 줄 아나, 그것만으로는 아직 부족한 것을 나 자신도 잘 알므로 더욱 금후 이에 대해 속론續論할 생각이다. 금회今回에는 이에 대한 출발점을 확립한 데 불과하다. 종래의 모호한 공중비행空中飛行적 출발로부터 다시 현실적 출발을 비롯하지 않으면 안 될 것이다. 이것은 가장 필요한 재출발인 동시에 조선영화를 살리는 생명의 파종이 아니면 안 된다.

종래 조선영화는 환경의 까닭도 있지만, 이에 대한 상당한 지도자가 없었던 탓도 크다. 소위 조선영화에 관여한 사람들이란, 그 논문이나 평이나 작품을 보면 정말 허수아비의 그것 같다. 그들에게 난무를 방임할 시기가 아니다. 그들의 대개는 기발한 것, 기상천외한 것만 찾고 있다. 가령 그들이 사랑을 표현한다면, 사랑이란 인생문제의 어떤 것인지를 덮어놓고 그저 숨이 넘어갈 듯이 야릇하고, 시고, 떫고[41], 간드러진 것만 보이려 한다. 이경손, 심훈, 나운규 등 모두 괴뢰傀儡의 조종사로서는 제 스스로의 1등 면허장을 들고 다닐지 모르나, 정곡正鵠한 견해로 본다면 가소로운 날탕패에 불과하다.

오늘 조선의 처지 — 검열과 재력의 장벽이 있다 하나, 그렇다고 이상에 열평列評한 것 같은 작품을 시대의 양심이 있는 자는 안 내놓을 것이다. 그것이 얼마나 조선의 민중을 해독害毒하는지 생각할 때, 그것을 내놓기는커녕 그런 작품을 생각한 것만으로도 송연悚然한 놀람을 금할 수 없을 것이다. 요는 얼른 상당한 지도指導42가 영화계에 나서야 할 것이다.

요새 신흥영화예술협회인지가 일어났다는 소식을 접했는데, 그것이 일종 대세에서 진수進隨43에 그치지 않기 위해서는 그 자체 의식의 결정과 조직과, 부단의 청산, 곽청廓淸44이 무엇보다 필요한 줄 안다. 그리하여 적의適宜45한 조직 아래서 체계적 운동을 전개하지 않으면 안 될 것이다. 신新 지도자는 무엇보다 종래의 미국, 구주歐洲, 유럽 등 영화의 '아편쟁이'들 — 소위 조선영화계의 재래종들을 단단히 편달·독려하지 않으면 안 될 것이다. 그들의 그 더덕더덕 들어붙은 녹鏽을 불어내는 데만도 상당한 노력이 들 것이다. 녹을 불어내고 나서는, 거지반 밑쇠46가 없을 만큼 녹슬어버린 기다幾多47의 '영화쟁이'가 있는 것을 잊어서는 안 된다. 그들은 금후의 의미 있는

39 '아득히 넓은' 혹은 '막연하여 종잡을 수 없는'.
40 눈앞.
41 원문은 "셜고"이나 맥락상 '뚫고'라고 생각된다.
42 원문은 "지도(持導)"이나 오식으로 보인다.
43 '대세를 따름'의 의미로 추측된다.
44 더러운 것이나 어지러운 것을 떨어버리거나 숙청(肅淸)하여 말쑥하게 함. 폐단을 없애어 깨끗하게 함. 확청(廓淸)의 원말.
45 알맞고 마땅함.
46 원문은 "밋쇠". 쇠로 만든 그릇·연장이 깨어져 새로 바꿀 때 값을 쳐주는, 그 깨어진 쇠.
47 얼마쯤 되는 그 수량.

전개와 같이 사라지고 말겠지만—

영화운동의 출발은 여기서부터다. 이론과 실제가 병행하는 데서 그 정당한 발육을 기대할 수 있는 것이다. 우리는 논리에만 그치지 말고 이 이론을 실천에 옮기자. 역량 있는 영화가映畵家는 아무리 간난艱難한 중에서라도, 조선이 요구하는 의도를 실제에 나타내고야 말 것이다. (끝) 8회 07.09

3 우리 민중은 어떠한 영화를   심훈
요구하는가? —를 논하여
'만년설' 군에게

『중외일보』 / 1928.07.11~27 / 총 13회

'만년설' 군의 장황한 논문(?)은 여러날 두고 정독했다. 계급의식이 박약한 우리로서는 귀를 씻고 근청謹聽[48]할 만한 대문도 없지 않았고, 알았든 몰랐었든 간에 전비前非[49]를 뉘우칠 만한 반성의 자료를 얻음이 또한 적지 않았다. 더욱이 이제 와서는 들추어 말하기도 얼굴이 뜨거운 이 사람의 태작이요 졸품拙品인 〈먼동이 틀 때〉에 대한 냉정 엄혹한 비평에 이르러는, 고두재배叩頭再拜[50]로써 그 수고로웠음을 진사陳謝[51]할 따름이다. 또는 영화인들의 후일을 경계하기에 충족한 편달이었기에, 거듭 신의新意를 표하는 바다.

본시 문예작가나 영화제작자는 입 딱 다물고 제 주견대로 저 할 일에나 몰두할 것이니, 헛된 이론 싸움으로만 일을 삼는 사람들이나 남의 말욕辱을 잘함으로 이름을 날리는 비평자들의 착종錯綜[52]한 소론所論[53]에 일일이 대항할 겨를도 없으려니와, 그네들의 떠드는 소리에 번번이 흥분하다가는, 첫째, 수명에 해로울 것이다.

만년설 군의 도도한 수천언數千言이 그 논지가 정곡을 얻었든 잃었든 간

에, 처음에는 다소곳하고 귀담아 들어나두는 것에 그치려 했다. 또 한편으로 생각하면 정당한 이론을 밟지 않고는 실제 운동이 있을 수 없는 것과 마찬가지로, 영화예술에 관한 이론도 확립시켜야 할 시기에 이르러 그 필요를 절박히 느끼므로, 국외자로서 사도斯道[54]에 이해와 명민한 비판안眼을 갖춘 성의 있는 평가評家의 출현을 갈망하고 있었던 까닭에, 문제를 삼아주는 것만은 고맙다는 말이다.

그러나 유감되는 것은, 만년설 군은 그 말한 바가 아직 영화예술 그것을 이해하지 못하고, 이론으로도 한가지 편견에 사로잡혀서, 내 생각과는 배치되는 점이 적지 않을 뿐 아니라, 그의 독필毒筆이 영화계 전체를 잡아 흔들었으니 문제가 적다고 할 수 없겠고, 나 자신의 입장이 과연 실제 제작자인지 아닌지는 모르나, 군이 고맙게도 괴뢰의 조종사(나 같은 사람에게 덮어놓고 조종을 당할 허수아비도 없겠지만……)의 한 표본으로 욕 먹이는 도마 위[55]에 올려 앉혀준 이상에는, 한마디의 답변이나마 없을 수 없어 이 붓을 든 것이다.

1회 07.11

문단인과 영화인 사이에 '너희들이 무엇을 아느냐, 아무 의식도 학식 없는 부랑배들이 ─ 세계사조의 핵심을 붙잡을 줄 아느냐? 너희들의 귀에 민중의 부르짖는 참소리가 들리느냐?' 하고 꾸짖으면 한편에서는, '너희들이

48   삼가 들음.
49   과거의 허물.
50   머리를 조아리며 두번 절함.
51   까닭을 밝히며 사과의 말을 함.
52   ① 이것저것 뒤섞여 엉클어짐, ② 이것저것을 섞어 모음.
53   논한 바, 말한 바.
54   전문적으로 종사하는 그 방면의 도(道)나 기예.
55   원문은 "조상(俎上)".

야말로 영화예술이 당초에 무엇인 줄을 모른다. 얼마만한 가혹한 제도 밑에서 얼마나 한 고난을 겪고 있는지 그 실제 사정을 알기나 하느냐? 우리의 혈한血汗[56]을 짜낸 작품을 평한답시고 원고료나 받아먹는, 즉 우리의 노력을 이중으로 착취하는 놈들이 아니냐? 그다지 불평이 많거든 네 아니꼬운 붓을 던지고 네 손으로 작품 하나라도 만들어보아라' 하고 발악을 하고 서로 못 먹겠다고 으르렁거리던 싸움은 외국에서 많이

한설야(만년설)

그 예를 본다. 그러나 진정으로 민중의 소리를 대표한 이론이라면, 끝까지 싸워보는 것이 진취와 향상을 위해 도리어 정당한 것이다.

마는,[57] '만년설'이라는 사람의 탈선도 어지간해서, 나와는 일면식조차 없는 부지하허인不知何許人[58]으로서 전생의 무슨 업원業冤이 있었는지는 모르나, 평필을 든 사람이 "고린내가 나는 신흥예술[59]"이라는 둥, "가소로운 날탕패"라는 둥, 자기는 익명을 하고서 개인의 이름을 또박또박 박아가면서 인신을 공격하기를 예사로 여기고, 해동孩童[60]도 삼가야 할 욕설을 함부로 퍼붓는 그 태도가 너무나 야비해서 족히 들어 시비를 가릴 바 되지 못하나, 이 기회를 타서,[61] 군과 또는 군과 의견을 같이하는 동류도 있는 모양이니, 나는 영화제작자라고 가정해놓고 우리가 실제에 당하고 있는 사정과 또는 우리 조선의 민중이 과연 어떤 내용과 경향과 색채를 가진 영화를 요구하며, 특수한 환경에 처한 우리로서는 어떤 주의와 방법으로 제작하고 제공해야 할 것인가를 간단히 토의하고자 한다. 이것은 물론 나 한 사람의 의견이니, 군이 나와 한데 묶어놓은 이경손, 나운규 등 제군과는 피차에 상의해본 일조차 없음을 말해둔다. 2회 07.12

본제本題로 들어가기 전에 우선 군에게 두어마디 해두고 싶은 말이 있다. 세계 각국의 사전을 뒤져봐도 알 길이 없는 '목적의식성目的意識性' '자연장생기自然長生期' '과정過程을 과정過程하고'…… 등 기괴한 문자만을 나열해가지고 소위 이론투쟁을 하는 것으로 소일消日의 묘법을 삼다가, 그나마도 밑천이 끊기면 모모某某를 일축一蹴하느니, 이놈 너는 수○가手○家다 — 하고 갖은 욕설을 퍼부어가며 실컷 서로 쥐어뜯고 나니 다시 무료해진지라, 영화계나 어수룩한 양 싶어서, 자웅을 분간할 수 없는 까마귀떼의 하나를 대표하여 우리에게 싸움을 청하는 모양인가? 어쨌든 파적破寂[62]거리를 장만하기에 부지런한 것을 보아 군이 총명한 사람인 것만은 알 수 있다.

내가 왜 이런 비꼬는 소리를 하는고 하니, 첫째로, "내가 이 논문을 쓰는 본의는……" 하고 붓을 잡은 사람으로서 중언부언 늘어놓은 것이, 일관한 주견이 서지를 못하여 그 요령을 건질 수 없고, 둘째는, 작품의 거친 플롯만을 추려서 시비를 가리려는 것은 적으나마 종합예술의 형태로 나타나는 영화의 비평이 아니니, 예술이론상으로도 근본적으로 착오된 것이요(영화비평에 대한 의견은 『별건곤』 5월호에 실린 졸고[63]를 일독해주기 바란다), 셋째로는, 맑시즘의 견지로만 영화를 보고 이른바 유물사관적 변증법을 가지고 키네마

---

56 피땀.
57 원문은 "만은"으로, 앞의 내용을 받아 '정당한 것이다마는'의 의미이다.
58 알지 못할 어떠한 사람.
59 원문에는 "신구(新具)예술"이라고 되어 있으나 오식으로 보인다. 만년설은 "신흥예술"이라고 썼다.
60 어린아이.
61 원문에는 "족히 들熟어 是熟非를 하가릴배 되지 못 이 기회를 나타서"라 되어 있으나 오식이다.
62 심심풀이.
63 「갓 자라나는 조선영화계의 자랑」(『별건곤』, 1928.05)을 말함.

를 척도하려 함은, 예술의 본질조차 터득치 못한 고루한 편견에 지나지 못함이요, 넷째로는, 군이 진실로 우리 영화계의 장래를 염려하는 성의에서 나온 것이라면, 공론空論을 떠나 좀더 핍절逼切64한 실제문제를 붙잡아가지고 앞으로 어떤 방법으로 어떤 내용을 담은 작품을 제작해야 되겠다는 구체적 의견을 진술하여 우리에게 교시함이 그 중요한 착안점이어야겠는데, 여기에는 생각이 근처에도 이르지 못했고, 다섯째로는, 영화는 예술품 중에 폭이 가장 넓고65 큰 대신에 가장 수명이 짧은 것이니, 벌써 5,6년 전에 나왔던 〈심청전〉 〈장한몽〉 〈농중조〉…… 등 청산하기는커녕 창고 속에 영장永葬66이 된 지도 오랜 것을 이제 와서 새삼스럽게 들춰내가지고 임자 없는 시체에 채찍질을 함으로 능사를 삼는 태도는, 전연全然히 욕을 하기 위해 붓을 든 것이라고 간주할 수밖에 없지 않은가? 3회 07.13

피차에 불유쾌한 잔소리는 이만큼 해두고 차차 본제로 들어가보자. 군이 말한 바 그 요지를 추측하건대, 영화도 다른 부르주아 예술과 같이 사회사정을 몰각하고 개인적으로, 감각적으로 달라서 자기도취와 말초신경의 향락을 주안을 삼아가지고 제작해서는 못쓰겠다는 것을 역설하고, 무엇보다도 먼저 조선의 현실에 입각해서 영화로 하여금 무산계급의 해방을 돕는 투쟁도구의 하나로 만들어 기성 예술의 성새城塞67를 함락시키고 그리하여 예술적 사명을 다하기를 바라며, 영화를 가장 효력이 큰 신흥예술로서 변변한 지위를 획득하게 하지 않으면 안 되겠다는 점에 있는 듯하다.

그러나 그것은 지당한 의견이요, 우리로서는 누구나 그렇게 되어주기를 촉망囑望함직하다. 어렵게 말하자면 우리가 현 계단에68 처해서 영화가 참다운 의의와 가치가 있는 영화가 되려면, 물론 프롤레타리아의 영화가 아니면 안 될 것이다. 왜 그러냐 하면 프롤레타리아만이 사회구성의 진정한 자태를 볼 줄 알고 가장 합리적인 이론을 가지고 또한 그를 수행하고야 말

역사적 사명을 띠고 있음이 분명한 까닭이다. 오늘날 전 세계를 풍미하고 있는 부르주아 영화는 절대 다수인 무산자 사회의 비참한 생활상과 ××의 과정을 진행해나가는, 가릴 수 없는 현상을 민중의 눈으로부터 은폐해버리고 그들을 기만할 뿐 아니라, 그러는 틈에 자본가는 제 주머니 속에 황금을 약취掠取하는 도구로 이용하고 있는 것은 엄연한 사실이다. 그렇기 때문에 우리는 아무 의식도 없고 현실을 앞에 놓고도 들여다볼 줄 모르는 '청맹과니'69들이, 애상적 센티멘털리즘의 사도로 한갓 유흥기분으로 청춘과 사랑을 구가하고 헐가歇價의 비극을 보여주는 그따위 작품이라는 것들을 단연히 일소해버리는 것도 또한 당연히 해야 할 일이다. 그리고 한걸음 더 나아가서 우리들이 가져야 할 문학, 연극, 음악, 회화 및 잡지, 신문과 함께 모든 예술부문 중에 가장 강대한 무기의 소질을 가지고 있는 영화도 한몫을 쳐서, 전全 프롤레타리아의 계급적 공동사업을 헌신적으로 조성시키고 끊임없이 발전을 시켜나가야 할 것이니, 이것은 지도분자인 인텔리겐치아가 지지하는 이론의 총괄적 초점이어야 할 것이다. 이 의견은 나 역시 연래年來로70 품고 있는 지론持論이니, 작품으로 발표하지 못하고 행동으로 선명히 드러내지 못함을 못내 부끄러워할 뿐이다. 소위 작자라는 내 눈으로 봐도 눈도 코도 없는 〈먼동이 틀 때〉는, 내 손으로 죽여버린 지 이미 오래인 것이다.

　　오늘날 조선영화계의 당사자 중에는 한 사람의 '동지'도 없다 하고 한탄

64　진실하여 거짓이 없고 매우 간절하다.

65　원문은 "가넓고".

66　안장(安葬).

67　성과 요새. 성채(城砦).

68　원문은 "現조階段에"이나 오식으로 보인다.

69　겉으로 보기에는 눈이 멀쩡하나 앞을 못 보는 사람. 원문은 "청명관".

70　여러해 전부터.

하는 것도 무리는 아니니, 가끔 하는 말이거니와 영화인이라는 특수 부락의 '룸펜'들은 설렁탕 한그릇에 염천炎天이나 심동深冬에도 하루 14,5시간의 노동(따라만 다니는 일이라도)을 하고, 때로는 마차 말처럼 사역을 당하면서도 예술적 충동보다는 우스운 허영심에 눈이 어두워 불평도 울릴 줄 모르고, 자기네 손으로 만들어지는 영화의 효능과 사명조차 깨닫지 못하는 사람이 거의 전부라고 인정하는 까닭에, 호의로 해석하면 군은 국외자로서 신경이 없어 보이는 그네들의 태도에 대해, 의분과 일종 증오의 염念까지 일으켜서 장문長文의 필진筆陣71이나 쳐보려 한 것이 아니었던가? 4회 07.14

전 회에서 나는 대강이나마 영화예술에 대한 자가自家의 이론을 약술하고, 어느 점으로는 군의 의견과 약간 공통되는 바가 아주 없지는 않다는 것을 말했다. 그러나 우리가 당장에 발을 붙이고 있는 조선의 현실을 똑바로 들여다보고, 옴치고 뛸 수도 없는 실정에 비추어 생각하면, 내가 말한 것조차 또한 한장의 공문空文을 담을 휴지통에 불과한 것을 알아야 되겠다.

조선이라는, 샘물 한방울 솟지 못하는 사막지대는, 자본주의의 난숙이 그 극에 도달한 '아메리가 합중국'도 아니요, 무산계급의 전제專制가 로마노프 제정시대보다도 우심尤甚한 '노농 로시아'도 아니다. 정부의 경영으로 국고금을 내가지고 문부위원장(대신)이 직접 지휘를 하여 영화를 제작하고, 영화문제를 토의하기 위해 전국의 공산당대회가 임시로 소집되는 영화천국이 지상에 있다는 헛풍문만 들었을 뿐이지, 그 나라에서 만들어낸 〈전함 뽀쫌낀〉〈바람〉〈어머니〉〈10월〉Oktyabr, S.M. 에이젠쉬쩨인 외 감독, 1928 〈동맹파공同盟罷工〉…… 등 훌륭한 신흥영화가 일본에 건너가서 우대를 받기는커녕 한번 개봉도 되지 못하고, 어떤 작품은 상륙도 거절을 당한 채 폭발탄이나 밀수입을 한 듯이 일본정부의 손에 압수가 되고 나머지는 모조리 쫓겨가고야 말았다는 소식에는 군이 귀를 막고 있었던 모양이요, "일본에도 무산정당이 생겨서 대의사代議士까지 선거되었다는 것은 꿈이 아니면 기적이 아니냐"하고 젖냄새 나는 소리는 할 줄 알아도, 그와 동시에 한편에서는 치안유지법 개정안이라는 법률이 긴급칙령으로 발표가 되어 학생으로 (中略) 판국인 것을, 척안자隻眼者[72]가 아닐진대 군의 눈으로는 대조가 되어 보이지 않는단 말인가? 헛기염을 잘 토하는 군 자신부터도 그자들의 ×× 밑에서 '샅'[73]에 모가지를 틀어박고 ×× 숨을 쉬고 있는 것을 인식하지 못하는가?

다른 방면의 말은 다 집어치우고, 표면으로라도 조선에 문단이라는 것이 형성된 지 이미 한두해가 아니거늘 문예잡지 한권이 부지를 못하고, '프롤레타리아 예술동맹'이 존재가 있다 하건만 도대체 하는 일, 해나가는 일이란 무엇인가? 작품 하나 변변한 것을 내놓지 못하면서 무슨 건더기[74]를 가지고서 청산, 배격, 극복을 한단 말인가? 참 정말 프롤레타리아가 한 사람이라도 나서서 '너 같은 놈들은 헛된 이론만 캐고 돌아다니는 날탕패니라' 하고 입바른 소리를 할 양이면, 군은 족히 무엇을 들어서 변명하려는가? 군과 같은 병신病身 이론가들이 준동을 하는 것은 자상천답自相踐踏[75]의 상서롭지 못한 결과를 지어냄에 불과한 것임을 차차 깨달아야 할 때가 온 것이다. 더구나 막대한 재력과 문예작품보다도 몇곱이나 지독한 검열제도 밑에서 ××을 선동하는 작품, 순정 맑스파의 영화를 제작하지 않는다고 높직이 앉아 꾸지람만 하는 것은 당초에 무리한 주문이요, 망상자의 잠꼬대도 이보다 더할 수 없단 말이다.

---

71   필전(筆戰, 글로써 옳고 그름을 서로 겨룸)에 대응하는 포진(布陣).
72   ① 외눈박이, ② 한쪽 눈이 찌그러진 사람.
73   두 다리의 사이. 원문은 방언인 "사추리".
74   내세울 만한 일의 내용이나 근거를 속되게 이르는 말. 원문은 방언인 "건덕지".
75   서로 밟고 밟힘.

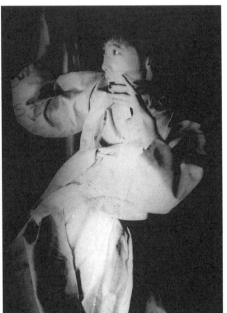

〈사랑을 찾아서〉(왼쪽)와 〈혈마〉(오른쪽) 한 장면

말이 중복이 되거니와, 영화가 계급투쟁의 날카로운 무기로 이용될 수 있는 소질은 훌륭히 가지고 있다. 그러나 생각해보라. 정쇄족쇄頂鎖足鎖[76]를 당하고 있는 사람더러, '왜 네 눈앞에 놓여 있는 80척 청룡도를 꼬나들고 싸우러 나가지를 못하느냐' 하고 호령만 하다가는 목구멍밖에 터질 것이 없다. 첫째로, 근본문제는 (中略) ■신■身을 할 수 있게 된 다음에야 '부지깽이'라고 들고 나설 수가 있지 않겠는가?

그러므로 우리는 영화를 자유로 제작할 수 있는 사회를 만들기 위해 적극적(정치적, 경제적)으로 진취할 것이 초미의 급무니, 영화를 ××의 도구를 부려가지고 게다가 예술적 임무를 다해야만 하겠다는 그따위 미온적 수단이나 이론을 가지고 영화인만을 타매唾罵함은, 괘씸한 것은 둘째요, 모순된 관찰과 착각이 이보다 더할 수 없단 말이다. 5회 07.15

요컨대 실천할 가능성을 띠지 못한 공상은 너저분하게 벌여놓아도 헛문서에 그치고 말 것이니, 칼 맑스의 망령을 불러오고 레닌을 붙잡아다가 서울 종로 한복판에다 세워놓고 물어보라. 먼저 활동사진을 박아가지고 싸우러 나가자! 하지는 않을 것이다.

그래도 군이 내 말에 불복이 있거든, 두말할 것 없이 총독부 안에 있는 활동사진 검열계에 가서 조선영화가 받는 대우와 그네들이 취급하는 태도를 두어시간 동안만 구경만이라도 하고 나오기를 권한다. 자세한 말은 지면으로 해서 들어줄 자유조차 없으나, 필름 도살장 속에서 우리는 적어도 10년 이상의 형刑이나 상량商量[77]되는 형사 피고인과 다름없는 대우를 받고 있음을, 왼 눈을 뜨고라도 발견할 수 있을 것이다. 횡포橫暴라든지 언어도단이

76   정수리와 다리에 쇠사슬이 채워짐을 뜻하는 듯하다.
77   헤아려 생각함.

라는 말은 벌써 몇십년 전에 쓰던 문구임을 비로소 알게 될 것이니, 내가 보고 들은 것만 몇가지를 적어 군의 참고에 바치고 이 문제는 그치려 한다.

검열이 비교적 너그러운 일본에서 제작된 작품이 이미 몇천으로는 헤아릴 수 없건만, 그중에 단 한개도 프롤레타리아의 손으로 나온 것이 없다. 근자에 와서 〈메닐몽땅〉*Ménilmontant*, 지미뜨리 끼르사노프Dimitri Kirsanoff 감독, 1926을 모방한 〈십자로十字路〉키누가사 테이노스께衣笠貞之助 감독, 1928가 센세이션을 일으킨 것을 보아 알 수 있는 것이다. 전부가 부르주아의 작품이었건만, 그리고 미리 각본을 갖다 바치고 촬영소에서 내內검열까지 받건만, 작년도에 커트된 미터 수는 총 검열 미터 수 18,949,911미터 중에 24,982미터가 잘려나갔다. 그런데 조선에서는 어떠하냐 하면, 전부를 몰수를 당한 〈혈마血魔〉78(그 까닭은 말할 수 없다)는 문제 밖으로 치고도, 〈두만강을 건너서〉가 두만강이 불온하다고 해서 '저 강'으로 고치니까 '강' 자도 못 쓴다고 해서 〈사랑을 찾아서〉가 되고 말았다. 그러다가는 '산'도 위험하고 '강'도 불온하고 '반도'도 기휘忌諱79를 받을 것이니 '조선'이라는 식민지의 지명조차 ●●80으로 고쳐야 할 날이 머지않을 모양이다. 〈어둠에서 어둠으로〉는 좋지 못한 암시를 준다 해서 〈먼동이 틀 때〉가 되고, 그 싱거운 것을 가지고 별별 말썽을 다 부리다가, 나중에는 대본에 '형무소'라고 쓰지를 않고 왜 그저 '감옥'이라고 썼느냐, 너는 법령을 무시하는 놈이라고 호령을 몇시간이나 들었고. 이하 약 20행 지워짐

만일 그 자리에서 작자가 조금만 용훼容喙81를 할 양이면, '내가 총독부 검열관인 줄 모르느냐' 하고 소리 한번 꽥 지르면 만사가 이에 그치는 것이다. 6회 07.17

거짓 없는 사정은 이러하다. 그러나 한편으로 생각하면, 영화인이 조선에서 좋은 작품이 나오지 못하는 이유를, 오로지 당국자의 폭압이나 검열

법규가 가혹하다는 구실만으로 방패막이를 삼아가지고, 일반의 비난을 막고자 함은 자못 비굴한 태도임을 겸兼하여 알아야겠다. 무릇 우리의 두개골을 짓누르는 모든 불합리한 ××는 우리가 애원하고 호소만 한다고 개정될 것이 아니니, 이것은 적어도 우리 사람 전체(영화인들도 작은 부분으로서 내포됨)의 용감한 현실적 ××으로 또 ××할 수 있는 것이다. 그러려면 문제는 다시 커지나니, 내가 수회에 걸쳐서 말한 요지를 한마디로 줄여 말하면, '먼저 환경을 뜯어고치기 전에는 한 계급이(그중에 일부분인 맑시스트가) 요구하는 영화는 절대로 제작할 수 없다'는 것을 단언함에 있는 것이다.

우리 말한 것은 군 한 사람을 상대로 한 '세리후'[82]가 아니요, 울분에 견디지 못하는 필자의 방백傍白이다. 그러나 흥분하기를 그치고 좀더 냉정히, 조선에서는 훌륭한 것은 고사하고 영화다운 영화가 나오지 못하고 앞으로도 발표되기 어려운 참 원인을 밝혀봐야 하겠다.

둘째는, 물론 돈문제다. 카메라 한대도 쓸 만한 것이 없고, 기계적 설비라고는 거울 한개와 은지銀紙를 바른 반사판 쪽밖에는 없다. 가난한 것도 어지간해야 설궁說窮[83]이라도 하는 것이니 아주 썻은 듯, 부신 듯 터무니도 없는 데야 그야말로 어불성설이다. 다른 예술과는 본질적으로 달라서 돈을 닭모이餌 뿌리듯 해도 꼭 좋은 것이 만들어진다고 보증할 수 없는 영화를, 경제파멸의 지옥 밑바닥에서 헤매는 아귀餓鬼들이 그런 사치스러운 흉내를

---

78   〈혈마〉(홍개명 감독, 1928). 친족상간 관계를 다룬 작품으로, 경상북도 어느 부호 가문의 실화를 바탕으로 했다. 제작 당시는 7권으로 완성했으나 검열에서 3,500척의 필름이 잘려나갔고, 상영도 금지되었다.

79   꺼리어 싫어함.

80   본문에는 ○○로 되어 있으나 탈자 표시와 혼동되므로 ●●로 표기.

81   옆에서 간섭하여 말참견을 함.

82   대사(せりふ, 台詞·科白·白).

83   살림의 구차한 형편을 남에게 말함. 설빈(說貧).

내보려는 것은 처음부터 망상이다. 줄잡아도 작품 하나에 4,5천원이 소모되어서, 결국은 밥술이나 먹던 사람이 쪽박을 말리게 되는 것이 또한 은휘隱諱84할 수 없는 사실이다.

알돈 5천원만 가지면 노동자 조합 하나는 세울 수 있고 고학생 합숙소 한 개쯤은 지을 수 있는, 조선사람들은 유위有爲하게 쓸 만한 거액의 돈이니, 그 돈을 들어서 '아아 사랑은 애달파라'식 내용을 담은 영화 하나를 보고 얻는 효과의 가치와 관중에 받는 정신적 비익裨益85을, 땅을 팔아다가 외인外人에게 갖다 바친 귀한 돈과 천칭天秤에 달아보면, 비로소 이 땅에서 영화라는 것을 제작하려는 허영과 엉뚱한 계획이 오로지 경제파멸을 방조幇助하고 하루바삐 촉진시키는 죄악임을 깨달을 것이다.

이와 같이 유물질론자唯物質論者의 견지를 벗어나서, 돈값어치 이상의 좋은 사진만을 만들려는 존경할 만한 제작자가 나선다고 가정해도, 이 조선은 기형적으로 영화계만을 두드러지게 발달시켜줄 아량과 여유도 없고, 그다지 긴급한 필요도 느끼지 않을 것이 또한 분명하다. 이 문제는 다른 지상紙上에서 누누이 말한 바 있어 더 길게 늘어놓기도 싫으나, 좋은 작품이 나오지 못하는 치명적 원인의 하나이므로 거듭 말해두는 것이다.

여기에 또 한가지 중요한 문제가 가로놓여 있다. 영화계에는 지도자가 없고 상당한 두뇌를 가진 인물이 없다고 군은 말했다. 이 말에는 머리를 숙이고 듣지 않을 수 없었다. 아무리 불가항적인 검열이나 재력문제가 있다 하더라도, 사도斯道에 식견과 수완을 구비한 사람이 있었으면 종래로 우리가 보아온 것 같은 추악한 것을 작품이라고 내놓지는 않았을 것이다. 어느 구석에든지 작자의 인격의 반향이 있을 것이요, 아무리 난센스에 가까운 제재를 잡았더라도 표현방식에나 볼 만한 테크닉이 나타났을 것이다. 우리로서는 아무러한 핑계거리를 가지고라도 앙탈하지 못할 것이니, 이에 이르러서는 재래의 영화인들은 누구나 자신의 역량이 없었음을 시인하고 전

죄前罪를 뉘우치기에 주저해서는 못쓸 것이다. 그러므로 셋째로는, 영화인 자체의 수업문제에 있다고 보는 것이다. 7회 07.18[86]

촬영감독·각색자·기사·배우를 막론하고 한개의 기술자로 나서게 되려면, 다른 방면의 전문지식을 닦는 이상의 근고勤苦와 적공積功을 해야 되는 것이다. 가장 복잡한 종합예술인 영화를 이해만 한다 하더라도 여간 잡지 권이나 뒤져본 것으로는 그 윤곽도 짐작하지 못할 것이니, 실제 촬영에 관한 전문적 지식이 있어야 할 것은 물론이거니와, 예술가로서 천품을 갖추어야겠고 과학 방면에 조예가 깊어야 할 것이다. 그러려면 겨우 2,3년 동안의 수업으로는 되지 않을 것이니, 근 10년이나 고행을 해도 스타가 되지 못하는 배우도 적지 않거니와, 내가 가 있었던 일활日活, 닛까쯔 촬영소에 6,7년 동안이나 가장 괴로운 조감독 노릇을 하는 청년이 있었는데, 소장이 감독으로 승진시켜줄 내의内意를 보여도 "아직 영화에 대한 지식을 다 배우지 못하고 경험도 덜 했으니 몇해 더 공부를 해야겠습니다" 하고 굳이 사양하는 것을 보았다. 정중와井中蛙[87]의 판박이 지식을 가지고 후진에게까지 전하고 있는 조선의 제작자는 귀 밖으로 흘려들을 말이 아닐 것이다. 수모誰某[88]를 들어 예를 삼을 것이 없이, 이런 소리를 적고 있는 나 자신부터, 노루꼬리만 한 밑천을 가지고 다만 한번이라도 원작·각색·감독을 한 몸으로 해보았다는 것은 그 무모하고 대담했음이, 지금 생각해도 모골이 송연할 지경이다. 감독술의 ABC를 더듬어서 일본에서 온 기사에게 몰래 물어보기를

84 꺼리어 감추거나 숨김.
85 보태고 늘려 도움이 되게 함.
86 8회 연재 말미에 7회분 오자의 정정 내용이 있어 본문에 반영했다.
87 우물 안 개구리.
88 아무개.

여러번 했다는 것을, 여기서 자백하지 않을 수 없다.

홍모鴻毛[89]만도 못한 자존심을 버리고 우리는 연구를 쌓아나가야겠다. 계단을 밟아서 규칙적으로 '가갸거겨'부터 고쳐 배우고, 출발점으로 다시 돌아갈 필요까지 느끼는 것이다. 이 말은 이미 두각이 드러난 사람들에게는 자존심을 건드려 불쾌히 여길지 모르겠으나, 이 일에 한번이라도 착수해본 사람이면 얼마나 상상 이외로 어렵고 복잡한 일인가를 체험했을 것이니, 바닥이 긁히는 기초지식을 가지고 향상하려는 노력이 없어 천편일률의 수법으로 억지로 버티고 되나 안 되나 쭈그려만 놓으려고 드니까, 정체를 모를 자에게까지 1등 면허장을 들고 다니느니 괴뢰의 조종사니 하는, 오장五臟이 옆구리로 꿰어져 나올 욕설을 먹는 것이다. 두말할 것 없이 조선의 촬영감독·기술자·배우들도 적어도 외국의 영화인의 수준까지 올라가놓고 나서 큰소리라도 할 것이다. 8회 07.19

넷째로는, 영화인들의 생활문제에 부딪친다. 그네들이 상당한 보수를 받고 있는 줄 아는가? 여기도 벌써 조그만 노자勞資의 관계가 맺어진 것이니, 돈을 대주는 사람의 사역인使役人 내지 목도꾼[90] 노릇을 하고도 촬영하는 동안만의 밥을 얻어먹는 것조차 보장되지 못하는 경우가 많다. 군이 땅꾼이니 깍쟁이떼니 하고 날벼락 맞을 소리를 한, 엑스트라 모양으로 따라다니는 사람들은, 삼순三旬에 구식九食을 겨우 하는[91] 비참한 생활에 빠져 있는 것이다. 겉으로는 남의 화제에 잘 오르내리면서 영화인만큼 생활의 고통을 받는 것은 조선 아니고는 볼 수 없는 현상이니, 그러므로 이 영화인들이 작업을 제작하는 동기를 내 생각대로 쪼개본다면 '3분分의 예술욕, 2분의 허영심, 5분의 생활문제'라고 할 수 있다. 벌여놓은 춤이라 애착도 있으려니와, 다른 직업도 얻기 어렵고, 산 입에 거미줄을 칠 수 없으니까 마지못해 그 골치 아픈 일을 하는 것이다. 그중에도 나운규, 이경손 같은 사람들은 개인의 생활보다도, 같이 일하는 사람 수십명의 의식衣食을 지탱해줄 책임까지 지고 있는 것이다.

한 작품에 몇십만원, 몇백만원을 던져가며 이태[92], 3년씩 걸쳐서 겨우 하나를 만드는 사람들이 같은 시대, 같은 지상에 있는 것을 비교해본다면, 욕설로 전업을 삼는 군이라도 입을 벌릴 용기도 나지 않을 것이다. 먹기를 위해서는 자꾸만 만들어야겠으니 좋은 자식을 배태할 여유가 없고, 손해는 보지 않아야겠으니까 속중俗衆의 비위를 맞출 수밖에 없으니, 눈물을 뿌려가며 예술양심을 죽여버리게 되는 것이다. 여기에 좋은 작품을 생산하지 못하는 주요한 원인의 하나가 또 있는 것이다.

범凡 8회나 걸쳐서 지수紙數를 허비한 대요大要[93]는, 군의 맹목적 타매唾罵[94]에 대해 군의 몰이해한 편견과 생각이 근본적으로 착오되었음을 지적하고, 실제 사정을 폭로하여 이런 불가항적 조건으로 말미암아 우수한 영화를 생산하지 못했다 함을 구차스럽게나마 변명하고, 끝으로는 영화인 자체의 수업문제까지 언급했다. 그러나 이미 붓을 든 다음에야 말이 여기에 그치고 말 수 없으니, 아직도 사소한 이야깃거리는 얼마든지 있으나, 마지막으로 제재題材문제에 들어가서 좀더 상술할 필요를 느낀다. 9회 07.21

어떤 테마를 붙잡아가지고, 즉 어떤 내용을 가진 원작을 선택해서 제작

89　기러기의 털이라는 뜻으로, 극히 가벼운 사물을 일컫는 말.

90　무거운 물건을 목도(두 사람 이상이 짝이 되어, 무거운 물건이나 돌덩이를 얽어맨 밧줄에 몽둥이를 꿰어 어깨에 메고 나르는 일)하여 나르는 것을 직업으로 하는 사람.

91　삼십일 동안 아홉끼니밖에 먹지 못한다는 뜻.

92　두해.

93　대략의 줄거리.

94　경멸하며 욕함.

할 것인가? 이것은 대단히 어려운 숙제의 하나요 제작자로는 가장 부심하는 점일 것이나, 어떤 스토리를 꾸며가지고 사진을 만들어서 대중 앞에 내놓을까? 그러려면 먼저 우리 민중은 어떤 영화를 요구하는가?를 구명해야 할 것이니, 이 제재문제는 이 글의 표제表題와 직접으로 관련되기 때문에 이제야 본론으로 들어가는 것이다. 우리 민중이 어떤 영화를 보고 싶어하는가? 적게 말하면 '무비 팬'들은 무슨 까닭으로, 무엇을 얻고자 없는 돈에 비싼 입장료를 내며 밤마다 상설관으로 문이 미어지도록 몰려들어가는가?

우리는 걸핏하면 '대중'이니 '민중'이니 하는 말을 흔히 쓴다. 그러나 이 말처럼 모호하고 막연한 말은 없을 것이다. 온갖 계급, 남녀노소, 각층각양의 사람들을 통틀어 가리키는 명사일진대, 한 상설관에 모여 앉은 오색가지 뭇사람들 중에 어떤 부류의 관객을 표준해가지고 그들의 흥미를 끌고 기호에 맞을 만한 작업을 만들 것인가? 그러려면 그들의 생활환경과 교양을 받은 정도와 취미의 고저高低를 통찰하고 앉아야 할 것이니, 그러기 위해서는 광범한 의미로 조선의 대중은 그만두고라도 우선 영화 팬부터 분석해놓아야 할 필요가 생긴다. 어떤 종류의 사람들이 현재 영화 팬을 형성하고 있는가? 이것을 쪼개보려면 다른 방법이 없나니, 몸소 상설관 속에 들어가서 가족석과 아래위층을 임검臨檢[95]한 뒤에야 알아질 것이다.

-작일(昨日)의 속고(續稿) 후-

서울이나 지방 도시의 상설관을 불문하고 관중의 전부는 도회인이다. 유동관객이라고는 아주 없다고 할 수 있으니, 농민이나 순전한 노동자는 그림자도 찾을 수 없다. 연초煙草[96] 직공이나 자유노동자들이 활동사진 구경을 다니던 때다. 입장료를 5전이나 위층에 겨우 10전을 받던 우미관 전성시대니, 그것은 벌써 10년이나 되는 옛날이요 그야말로 호랑이 담배 먹던 시절이다. 진종일 비지땀을 흘려서 간신히 양쌀[97] 한되를 팔아먹는 사람들로서는 하룻밤에 6,70전을 판출辦出[98]할 여유가 없을 것이니, 조선의 영화 팬이란 유식遊食계급의 쁘띠부르주아지들로 국한되어 있는 것을 발견할 수 있을 것이다. 그 대부분은 학생으로 점령되어 있어서, 방학 때가 되면 거의 문을 닫게[99] 되는 현상을 보인다. 그밖에도 화류계[100]와 부랑자, 다음으로는 화사숙녀花士淑女급의 상등 손님, 그 다음으로는 공짜 손들이니 이 무료 입장자(영화계와, 상설관계자 및 신문기자)가 이른바 고급 팬의 부류에 속하는 것이다. 그러므로 조선의 극장과 상설관이 대중적으로 개방이 되지 못하고, 한군데도 프롤레타리아의 손으로 지지되어 있지 못한 것을 알 수 있는 것이다. 해설자가 관중에게? 아첨하느라고 혹시 '다 같은 무산계급이 아니고는 이러한 동정을……' 운운하기만 하면 손뼉을 치고 함성을 지른다. 그러나 아직까지 부형父兄의 등골을 뽑는 학생들로서 참 정말 무산계급인의 감정은 맛도 보지 못하였으려니와, 놀고먹는 기생충들이나 화류계 계집들은 왜 손뼉을 치는지조차 모르는 것이다. 어쨌든 영화 전당에는 아직도 짚신을 신고 감발을 한 사람들의 발자국이 한번도 이르러보지 못한 것이니, 우리가 말하는 의미의 대중이나 민중과는 아주 거리가 먼 사람들에게 독점된 향락장인 것이다. 10회 07.22

그러면 이 관중들이 우리의 계급이 아니라고 그야말로 양기揚棄[101] 해버

---

95 현장에 가서 검사함.
96 담배.
97 서양에서 나는 쌀.
98 돈이나 물건 따위를 변통하여 마련해 냄.
99 원문은 "다치게".
100 원문은 "지류계(芝柳界)"이나 오식으로 보인다.
101 지양(止揚).

릴 것인가? 억지로 쪼개본다면 그렇단 말이요, 대체로 본다면 놀고 처먹고 할 일이 없어서 배를 문지르며 용트림을 하러 오는 사람들이 아니니, 하루 저녁에도 수천이나 되는 민중을 도외시하지 못할 것이다.

그런데 이 관중들이 어느 정도의 감상안을 가지고 극장에 임하는가? 참으로 영화를 예술로 감상하고, 각색의 묘미를 알며, 여러 사람의 감독술을 견주어보고, 촬영과 배우의 연기에 비판의 눈을 가지고, 영화예술이 나날이 발달되어나가는 과정을 유의하며, 특별한 취미를 가지고 들어가는 고급 팬이 과연 몇 사람이나 될까? 시내 각관으로 몰려들어 가는 학생들만 하더라도 고상한 취미를 기르고 무슨 점잖은 정신의 양식을 얻고자, 심하면 교과서까지 팔아가지고 다니는 것일까?

그것은 두말할 것 없이 그네들의 감상의 정도를 보아 알 수 있으니, 10년 전이나 10년 후의 오늘이나 별로 진보되지 못한 것이다. 그 증거로는 〈명금名金〉프랜시스 포드 감독, 1915을 지금 상영해도 옛날과 같이 갈채를 받고, 김소랑金小浪 일파의 신파극이란 것이 옛날의 탈을 벗지 못한 채 상연을 하는데 조선극장이 연야連夜 대만원의 성황을 이루는 것을 보면 알 수 있는 것이다. 조선의 영화 팬은 서양 영화만 보고 자라왔고 우수한 작품도 많이 보아서 눈이 대단 높아진 것 같으나, 기실은 더글러스Douglas Fairbanks, 로이드Harold Lloyd, 키튼Buster Keaton, 탈마지Richard Talmadge 또는 릴리언 기쉬Lillian Gish 의 사진을 보는 정도에 머물러 있는 것이다. 아래층에 진을 치는 소시민이나 까까중들은 말할 것도 되지 못하려니와, 이론으로 또는 실제를 연구하지 못하고 교양을 받지 못하며 덮어놓고 보기만 해온 까닭이다.

그러면 이 관중들은 무엇을 얻고자, 무슨 감화를 받고자 구경을 다니는가? 단순히 '구경'을 하기 위함이요, '아아 갑갑하다, 답답하다, 심심해 못 견디겠다, 구경이나 갈까' 이것이 관극의 동기다. 하룻밤 무료한 시간을 보내기 위함이요, 괴로운 현실 생활에서 잠시라도 떠나보고 싶어서, 저 구석에나 무슨 재미있는 일이나 있을까 하고 모여드는 것이다. '인'이 박혀졌다는 사람의 수효란 조족지혈鳥足之血102이요, 거의 전부는 억지로라도 웃어보려는 사람들로 가득 찬 것이다. 가정에서 위안을 받지 못하고, 사회에서 재미있는 일이라고는 구경도 못하며, 술집밖에 오락기관이라고는 하나도 없는 이 땅에서 생활에 들볶이는 일그러진 영혼들에게는, 이 움직이는 사진의 그림자밖에 없는 것이다. 11회 07.23

오락과 위안! 헐벗고 굶주리는 백성일수록 오락을 갈구하고, 고민과 억울에 부대끼는 민중이기 때문에 위자慰藉103문제를 무시하고 등한시 못하는 것이다. 그러므로 어느 시기까지는 한가지 주의의 선전도구로 이용할 공상을 버리고, 온전히 대중의 위로품으로 영화의 제작가치를 삼자는 말이다. 대체로 봐서 큰 반동이나 없고 풍교風敎104상 해독을 끼치지 않을 정도로 재미있는 것, 우스운 것, 시원하고 씩씩한 것을 만들 수밖에 없고, 그리 하는 것도 결단코 무익한 것은 아니다. 극단으로 말하면, 뼈대가 없고 주의주장도 가지지 않은 난센스 영화도 썩 재미있게만 본다면 반드시 배척할 필요도 없을 것이다.

애상적 비극보다도 유머러스한 희극, 풍자극(만들기는 더 어려우나)이 좋겠다는 의견이다. 그러나 물론 여기에만 만족할 것이 아니니, 한걸음 나아가서 대중에게 교화하는 작용을 하기 위해, 또는 그네들의 취미를 향상시키기 위해서는 그들의 현실생활 가운데서 가장 통절히 느낄, 누구나 체험하고 있는 문제 중에서 힌트를 얻어가지고 작품의 제재를 삼아야 할 것이다. 농부나 노동자가 나와서 거지노름을 하는 것만이 신흥예술이 아니요, '빵'

---

102 극히 적은 분량.
103 위로하고 도와줌.
104 교육이나 정치의 힘으로 백성을 착하게 가르침.

문제만을 취급한 것이 프롤레타리아의 영화가 아니다. 말하자면 부르주아지의 생활에서 온갖 흑막을 들추고 갖은 죄악을 폭로시켜서 대중에게 관조의 힘을 갖게 하고, 그들로 하여금 대상에게 증오감과 투쟁의식을 고무시키는, 간접적 효과를 나타나게 하는 것이 신흥예술의 본령이요 또한 사명이 아닐까?

……내 생각 같아서는 모든 제재 가운데, 우리에게 절핍切逼한 실감을 주고 흥미를 끌며 검열관계로도 비교적 자유롭게 취급할 수 있는 것은 성애性愛문제일까 한다. 즉 연애문제, 결혼·이혼 문제, 양성兩性도덕과 남녀해방 문제.

인생을 해결하지 못하는 동안까지는 애욕문제도 영원한 '수수께끼'에 지나지 못할 것이다. 그러나 우리의 손으로 해결은 짓지 못하더라도, 현하의 조선 청년남녀와 같이 난륜亂倫105에 가까이 연애에 걸신병이 들리고, 불합리한 결혼으로 가정지옥에서 신음하며, 이혼▩리離婚▩離로 온갖 비극을 꾸며내고 있는 배우들은, 다른 나라에 그 유類를 찾지 못할 것이다. 반드시 연애지상론자의 견지로만 보지 않는다 하더라도 조선에는 확실히 성性의 수난시대가 임했나니, 1년 동안에도 수백명(실수實數는 수천이 넘을 것이다)이나 되는 자살자의 반수 이상은, 생활난보다도 오히려 가정의 불화나 남녀관계의 파탄에 원인이 되는 것이다.

무릇 애욕문제처럼 인간의 영혼을 들볶고 복잡한 갈등과 심각한 비극을 자아내는 것은 없거니와 조선에서는 더욱이 그 정도가 심하다. 독자들 중에도 이 문제로 고민하고 쓰라린 체험을 맛보고 있는 분이 여간 많지 않을 것이니 더 긴 말은 도리어 지리支離만 할 것이나, 가장 어려운 이 문제를 우리의 손으로 전면적으로 귀결은 지을 수 없다 하더라도, '리얼리즘'에 입각해서 자신의 모양부터 거울삼아 비춰보는 것도 좋겠고, 냉정한 눈으로 자아의 재현을 들여다보고 비판해서 정당한 길을 지도하기에 노력하는 데 적지 않은 도움이 될 것이다.

그러므로 이 성애문제 속에서 훌륭한 영화의 제재를 무진장으로 발견할 수 있는 것이요, 또한 우리가 전체적으로 당면한 가장 중대한 문제 중의 하나인 것이다. 동시에 참나무 장작같이 딱딱한 관념화한 내용의 작품보다도, 목하의 우리 민중은 누구나 이런 종류의 영화를 자못 큰 흥미와 기대를 가지고 우리에게 요구하고 있는 것이 아닐까 한다. 12회 07.25

내가 전회前回에서 성애문제로 주요한 제재를 삼자 하고, 자살자의 반수는 가정의 불화나 남녀관계가 주요한 원인이 있다고 한 것은 적지 않은 과장이요, 또한 피상적 관찰임을 자인自認하지 못하는 것은 아니다. 자본주의의 독액毒液이 인간의 골수에까지 침식되고 현대 남녀의 애욕갈등이란, 또한 '돈,' 즉 생활문제로 말미암아 나타나는 경우가 많겠고, 여자란 결국 돈 있는 놈에게로 팔려가는 상품이요, 용모나 재화才華106는 '시세'의 고저高低나 금액의 다과多寡를 보이는 인육판매의 광고판에 불과한 것이다! 이것도 누구나 부정하지 못할 현상이다. 그러나 자가自家의 주견을 굽힐 대로 굽히고, 내가 한 말을 내 손으로 여러번이나 반복反覆107을 시키는 것은, 이래나 볼까? 저래나 볼까? 이 구석에나 우리가 자유를 취급할 수 있는 제재가 있을까 하고 초려焦慮108하는 나머지, 궁여窮餘의 일책一策109으로 이 성애문제까지 끄집어낸다.

너무나 절망적 문구를 늘어놓고 한편으로 치우쳐 모질게 나가지 못하는

---

105 인륜을 어지럽힘.
106 빛나는 재주.
107 말이나 행동, 일 따위를 이랬다저랬다 하여 자꾸 고침.
108 애를 태우며 생각함.
109 궁여지책(窮餘之策). 궁한 나머지 생각다 못해 짜낸 계책.

태도가 비난거리가 될 것도 모르지는 않는다. 그러나 그것은 우리가 당장에 실행할 수 있는 정도를 표준 삼아서 생각하기 위함이다. 천가지, 만가지 이론은 얼마든지 할 수 있는 것이나, 단 한가지 실제를 귀히 여기는 마음으로, 반동을 하기 위함이 아니라는 것만은 언명해둔다.

4,5회만 써보려던 것이 서설과 예증의 탈선이 길어져서 독자도 진력이 날 듯하고, 본제本題에 들어가서는 좀더 상밀詳密하게 토구해보지 못한 채 용두사미[110]에 그치는 것은 유감이다. 또는 날마다 하루치씩 급히 쓰기 때문에, 전문全文의 맥락이 통하지 못하고 요령을 통괄하기 어려운 산문이 되고 말았다. 동시에 실상 여러분 앞에 내놓은 것이라고는, 붓끝으로만 공론으로 일을 삼은 나 자신부터 부끄러이 여기고, 또한 무잡無雜한 이 글이 부질없이 독자만 번거롭게 한 것은 거듭 미안히 생각하는 바이다.

만년설 군, 군은 나에게 "그런 중업中業은 그만둬달라고 항변하고 싶다"고 했다. 그러나 군이여, 이런 대중과는 하등 교섭이 없다고 할 만한 공론 다툼으로 우물井 속에서 서로 재그락거리는 개구리 싸움을 피차에 그치고, 군이 그다지 영화를 중요시하거든 영화계에 몸을 던져 자수自手로 작품 하나라도 만들어보고 나서 말하기를 충고한다. 내가 한 말이 군을 극복시킬 만한 의견은 되지 못한다 하더라도, 내가 한 잔소리가 하나도 거짓말이 아닌 것만은 비로소 통절히 깨달아질 것이다. 그 뒤에 와서 얼마든지 항변하라. 나도 영화예술에 대한 애착과 정열이 아주 식어버리기 전까지는, 누가 항변 아니라 저해를 한다 하더라도 이 사업을 직접으로나 간접으로나 버리지 않을 작정이다. 그러면 나타나는 작품의 우열을 가지고 싸우자! 가슴을 헤치고 결투라도 하자!

마지막으로 어떤 사람이든지 금후에 나의 소론所論에 대해 반박하고 공격의 화살을 던지더라도, 일체 응답하지 않을 것을 말해둔다. 그럴 겨를도

없거니와, 이만한 다변多辯이면 이미 나에게는 과분한 까닭이다. (28, 7월 25일) 13회 07.27

4 영화비판: 외국 영화에 대한 오인(吾人)[111]의 태도

만년설(萬年雪, 한설야)

『조선지광』 제82호 / 1929.01

머리말

예술은 영화의 출현으로 선전宣傳의 거대한 분야를 새로 발견했다. 선전적 효과에서, 영사와 간취看取[112]의 간편함에서, 변화와 전개의 호한浩瀚함[113]에서 예술 제 부문 중 제1위를 허여許與하는 데 인색할 수 없다. 그러나 영화는 기술 및 생산의 급격한 발전과 그 거대한 전문적 분화와 생산에 있어서, 오로지 과학적·기계적 방법이 중시되는 현시대의 산물이라는 것을 잊어서는 안 된다. 물론 모든 다른 예술의 긴 흐름을 살펴보면, 은연 또는 공연히 전통성을 갖고 있으면서도 판연히 그 내적 발전과 외적 제약에 의한 시기 시기의 특수상特殊相이 구현되어 있지만, 이 영화는 과학적 발전과 기계적 방법이 고도로 발달된 현시대의 산물인 만큼, 그 내용과 형식이 모두 자본주의적인 것이다. 그러므로 가령 시대극이요 역사극이라 할지라도, 그것은 자본주의의 '눈'을 통한 시대상, 역사관임을 면하지 못한다.

---

110 원문에는 "두사미(頭蛇尾)"이나 오식인 듯하다.
111 나, 우리.
112 보아서 내용을 알아차림.
113 넓고 커저 질펀함.

영화는 현 사회의 농염한 채색적 리프로덕션(복사複寫)이라고 할 수 있다. 값비싼 명화 원작은 몇몇 있는 사람의 전유물이 되고, 값싼 그 복사가 일반의 굶은 주머니를 털고 주린 눈을 채울 뿐이다. 마치 밀레나 미껠란젤로나 마네[114] 등등 거장의 명작이 몇몇 사람의 2행 삭제

향락, 탐욕, 포만飽滿, 주색酒色을 실지에 있어서 오로지 대절貸切[115]해버리고 일반에게 나누기를 기피하면서도, 그것을 자랑하고 선전하고 널리 구가謳歌[116]와 선망을 얻기 위해 실물 아닌 공상의 선물, 즉 그들 생활의 리프로덕션 또는 브로마이드에 불과한 영화를 제작하여 헐한 관람료로 공개하는 것이다. 그러므로 관람대중이 없다면 영화는 존속할 수 없을 것이다. 그러나 고가의 주단綢緞[117]을 짜내는 직공이 맨 헐값짜리 목면밖에 못 입는 것같이, 대중은 영화생산의 필수[118] 조건이 되면서도, 그 내용과 같은 사실은 한번도 체험해볼 수 없는 것이다.

우리는 영화에 대한 이만한 인식 아래, 제목에 보이는 '외국 영화'라는 것을 좀더 간명히 하기 위해 자본주의의 절정인 미국米國영화를 대표적으로 설명하는 데 그치려 하며, 따라서 외국 영화의 추종 또는 추형雛形[119]에 불과한 조선영화에 대한 비판의 계시啓示가 되게 하려 한다. 간단히 말하면, 이 소론의 가능한 범위는 영화의 강조된 급소 급소를 들어서 그 청산과 지양에 공헌이 되게 하는 데 있다.

그런데 이하 이 논의 설명을 간명히 하기 위해, 금일의 소위 영화를 약간의 유별類別로써 취급하려 한다. 그러나 어느 것이든지 모두 생활상을 따온 것임에는 틀림이 없으므로, 가치(내용)적으로는 별반 이격離隔[120]이 없고 다만 형식(표면)적으로 약간 형태와 색채가 다를 뿐이다. 그러므로 이하 유별은 설명을 간명히 하기 위한다는 외에 별반 의미가 없다.

A. 문예극

이것은 다른 ××예술보다도

1행 삭제

신新낭만적 또는 숙명적 현실긍정의 타이틀과 간드러진 교태와, 곡선적 율동과, 야단스러운 장식과, 착잡한 곡절과, 호대浩大한 배경과, 화원花園의 낮잠 같은 분위기와, 감고甘苦[121], 희비喜悲의 조련, 교교交交한 사건전전事件展轉과 요염한 정취로 인간을 현실생활에서 멀리 신기루 같은 상아탑에 유혹하려 한다. ×××××××××××××××× 깊이 뿌리를 박고 높이 가늘게 늘패인 줄기 끝에 마치 부유浮遊한 것처럼 되어 있는 한송이 꽃만 홀로 노래하는 듯한, 그런 초현실적 소세계小世界가 문예극의 대상이다.

그러므로 대부분은 생활 ×선×線을 도주 혹은 질주하는 남성이 아니라, 꽃에서 꽃으로 넘노는 호접蝴蝶[122]과 같은, 또는 꿀에서 꿀로 쏘다니는 벌 네와 같은 여성이 흔히 주인이 된다. 거기의 남성은 이런 여성에게 속속히 동화同化, 중화中和될 가능성이 있는 달착지근한 인간이다. 영화에서는 인 간이 이같이 소극화, 거세화, 연화軟化, 연애화하는 것이 소위 문예적이다. 그곳의 인정人情은 이성을 찾아 독점하려는 인정좀情[123]이요, 그곳의 연애 는 사랑을 위해 모든 것을 희생하는 연애戀哀일 뿐이다. 그러므로 그 인정과

---

114   원문은 "마늬".
115   전세를 주다.
116   원문은 "구가(嘔歌)"이나 오식으로 보인다.
117   품질 좋은 비단.
118   원문은 "필순(必順)"이나 오식으로 보인다.
119   모형. 새끼꼴.
120   사이가 벌어짐.
121   괴로움과 즐거움.
122   나비.
123   탐욕을 뜻하는 듯하다.

연애는 어디까지든지 사회적 의의로부터 탈피한 개인표준의 것이다.

보라, 위고의 『희噫! 무정』[124]은 영화에서 어떻게 속장束裝[125] 했는가. 빵 한조각 도적한 죄로 9성상星霜[126]의 영어圖圖[127] 생활을 보내는 중 스스로 심기일전하여 반半 정신병자가 된 장발장은, 행인지 불행인지 기적 같은 승정 僧正×××에 의해 하나의 인간으로 환원하자, 다시 예 보던 파란중첩한 예술에서 영욕榮辱[128]이 무쌍하고, 더더군다나 ××××× 청춘기의 애욕이 그만 경화硬化해가지고 수중의 한 소녀를 감시 금족禁足하는 변태성 고집에 잡혀, 그 소녀를 싸고도는 갖가진 불길이 고달프게 쫓아오고, 백발白髮의 종막조차 오는 체 없이 따라옴에, 이제 죽음을 통한 해결의 길을 기다릴 수밖에 없는 장발장의 하염없는 불행한 단념을 가까스로 미봉彌縫[129]하기 위해, 영화 각색자는 그 소녀의 갑작스런[130] 영달榮達을 추려놓고 장발장의 적공積功[131]을 암시해놓았다. 그곳에 과연 힘 있는 인생이 있더냐. 과연 위고가 의도한 것만 한 시대상이라도 드러났더냐. 장발장은 소녀의 영달로 죽음에 만족하는 인간이며, 자기가 여기까지 이르는 불행을 숙명으로 돌려서 단념하는 데 그치는 가련한 인간이고 말았더냐. 우리도 이같이 살다가 이같이 죽는 데 그쳐야 할까.

2행 삭제

이 영화는 과연 우리에게 적당한 것이랴.

2행 삭제

이에 명확한 비판안批判眼이 있어야 할 것이다.

우리는 이 비판의 도마 위[132]에 또 하나 똘스또이의 『부활』을 올려보자. 귀족! ×× 내류덕네흘류도프은 한명의 몸종 카츄샤의 꽃다운 향기를 맛보고는 무심히, 아니 갖가지 향락 중에서 10년을 보냈다. 그 사이에 카츄샤는 비복婢僕, 세탁녀로, 색주가로, 매소부賣笑婦[133]로, 마침내는 살인범으로 암흑면의 바닥을 보게 되었다.

카츄샤를 논죄하는 법정의 배심석에서 솟아난 내류덕의 때아닌 호기好奇의 온정은, 카츄샤를 살리려고 황상皇上[134]에 상소문을 쓰고, 서백리아西伯利亞, 시베리아 눈벌에 발귀把[135]를 끌고 옛사랑을 애걸복걸하다가 양코[136]를 떼이고, 시몬슨과의 새 사랑에 골림을 받고 나중은 카츄샤의 인도주의 선전을 먹고 맥없이 돌아서버렸다. 당연히 ×××××××××× 한 사람이어야 할 카츄샤는 그저 서백리아로 끌려가며 미덥지 않은, ×××××× 내류덕에게 새 사랑을 자랑하고 인도주의를 선사함으로 자족해하는 인간이고 말았더냐. 그 모진 불행 중에서 기껏해야 성서와 인도주의를 발견하고 마는 인간이고 말았더냐. 과연 그렇다면 우리는 이 영화들의 카츄샤를 본받아야 할 것이랴.

B. 역사극

이 극의 중요한 역할은 숙명적 ×× 숭배에 있다.

20행 삭제

124 『레미제라블』(Les Misérables).
125 행장을 갖추어 차림.
126 1성상은 1년.
127 감옥에 갇힘.
128 영예와 치욕.
129 일의 빈 구석이나 잘못된 것을 임시변통으로 이리저리 주선하여 꾸며댐.
130 원문은 "불시(不時)의".
131 공을 쌓음.
132 원문은 "조상(俎上)"
133 매음녀.
134 황제.
135 "발구"의 함경도 방언. 말이나 소의 목에 얹어 매는 형태로 물건을 운반하는 데 쓰는 도구. 한자음으로는 '把犁'라 썼다.
136 "양코"는 바둑에서 상대가 이을 곳을 잘라서 두 점 가운데에 한 점이나 양편 가운데에 한 편을 잡는 수.

점점홍點點紅[137]의 연애를 수놓아, 경연硬軟[138] 양면의 조미調味로써 위로 ××을 숭배하게 하고 아래로 사랑의 피안에 개개인을 유치誘致[139]하려 한다. ××××××××× 또는 그것을 위해 절대한 정력을 지출하고, 또 혹은 거기에 순사殉死하는 사람에게는 영예와 사랑의 보금자리가 돌아온다.

풍운유급風雲愈急한 군대 중에 모든 것을 버리고 뛰어드는 의협아에게는 반드시 특전이 돌아온다. 일조一朝[140] 완급緩急[141]이 있으면 평소의 은총, 영욕을 따지지 않고 장안 궁성을 사수하는 ××××× 충민에게만 조그만 개인적 은고恩顧[142]가 돌아온다. 만일 그 마당에 죽는 자가 있다면, 비록 일 개의 평민이라도 분에 넘치는 송별사[143]를 받고, 사후의 명예를 얻는다. 〈대제의 밀사〉[144]를 보라, 〈시빌리제이션〉[145]을 보라. 〈남嵐의 고아〉[146]를 보라. 어느 것이 이 범주를 벗어난 게 있는가.

또 역사극의 대개는 중세기의 기사식 연애나, 기적적 사건이나, 과장적 ××××를 테마로 한다. 그것은 어디까지든지 공상적·가공적·취미적·×× 적이다. 귀취歸趣[147]를 잡지 못한 회색인간이나, ××××군 층이나, 허무 맹랑한 니힐리스트나, 무無방법한 기분적 아나키스트나, 예술지상 운운하는 광狂적 사대예술가류는 흔히 이런 것을 좋아한다. 과도기에 이런 종류는 어느 사회를 물론하고 적지 않나니, 조선에 이따위 장난꾼 '더글러스'[148]와 그 극을 좋아하는 인간도 그 사촌 아니면 일촌 이내로 셀 수 있다. 현실에서 용인하지 못할 일을 기왕旣往[149]이라는 모호한 사건에 요리하여 과장적·공상적·다각적으로 거짓말 잘하는 데 가장 성공한 것으로 우리는 더글러스 극을 헤일 수 있다. 돈과 계집과 허영에 취하여 현실을 모르는 아메리카 사람이 더글러스를 제일 좋아하는 것도 용혹무괴容或無怪[150]한 일이다. 갈 길과 할 일을 찾지 못하고 몽상과 기적과 우연을 바라는, 소위 조선의 흉내 좋아하는 잔나비[151] 관극觀劇쟁이가 더글러스를 좋아하는 꼴이란, 코가 저릴 지경이다.

질 베른 원작의 〈대제의 밀사〉
(*Michel Strogoff*, 빅터 투르잔
스키 감독, 1926) 한 장면

어쨌든 우리는 이런 숙명적·우상숭배적·기계적[152] 모의극模擬劇을 배격
하고 ××××××××× 꾸준히 신극의 지도이론을 세워야 한다.

137 '점점이 붉음' 혹은 '여기저기 울긋불긋하게 꽃이 핀 모습'을 비유적으로 이르는 말.
138 단단함과 무릅.
139 이끌어 들임.
140 ① 만일의 경우, ② 하루아침, 갑작스럽도록 짧은 사이를 이르는 말.
141 ① 느림과 빠름, ② 급함, 위급한 경우, 사변(かんきゅう).
142 은혜를 베풀어 보살펴줌.
143 원문은 "송사(送死)"이나 '송사(送辭, 송별사의 준말)'의 오식으로 보인다.
144 쥘 베른 원작의 *Michel Strogoff*(빅터 투르잔스키Viktor Tourjansky 감독, 1926).
145 *Civilization*(토마스 인스Thomas H. Ince 외 감독, 1915).
146 *Orphans of the Storm*(D.W. 그리피스 감독, 1921).
147 귀착되는 취지. 귀추(歸趨).
148 더글러스 페어뱅크스(Douglas Fairbanks, 1883-1939). 미국의 영화배우이자 제작자.
149 이미 지나간 사건. 과거.
150 혹시 그럴 수도 있으므로 괴이(怪異)할 것이 없음.
151 원숭이.
152 원문은 "계기(械機)적"이나 오식으로 보인다.

C. 교육극

이것은 그다지 흔치는 않으나 대체로 말하면 권선징악과 ■종헌신■從獻身의 미덕 교과서라 하겠다.

13자 삭제

개인이 선하기만 하면 사회나 개인이 모두 잘된다는 것이요

14자 삭제

개인이 악하기만 하면 그 때문에 사회나 개인이 잘못된다는 것이다. 그들의 선은 인간이 현실을 긍정하고 경우와 분위分位를 감수하여 일절 불평 없이, 아니 차라리 그것을 옹호하는 것을 이른다. 그리고 그들의 악이란 현실에 불비불평不備不平을 가지고 그 개선에 노력함을 이른다.

56자 삭제

평소 학생의 입장을 엄금하던 극장을 도리어 학생 수신의 야외 교장敎場153으로 공개하는 경우가 있다. 우리도 과거에 〈시빌리제이션〉 외 몇편 영화를 수신의 보충교재로 관람한 일이 있다. 지금 기억에 다소 남아 있는 것은 〈시빌리제이션〉인데, 그것은 무비武備154에 등한하고 문약文弱에 흘러서 마침내는 한 나라의 위난危難을 초치招致155했다는, 말하자면 밀리터리즘 고취다. 그 시비는 다시 이에서 논할 필요조차 없을 것이다.

D. 희극

이것은 줏대 없는 두리뭉신 같은 친선과 웃음을 보여주는 것이지만 ×××× 영화에 있어서 상당한 역할을 주고 있다. 천대받고도 웃음, 망신 보고도 익살──마치 사회의 모든 층절層節156을 자선과 박애의 강보襁褓157로 싸보려던 박애주의자의 엉터리 없는 몽상과 같이, 모든 일을 웃음에 시작하여 웃음에 그치려는 것이다. 웃음이란 물론 나쁠 것은 없다. 그러나

56자 삭제

모든 것을 웃어버린다는 것은 희극이라기보다 차라리 비극이다. 신랄한 주공主公[158]에게 가서도 멍텅구리 웃음, 기만한 권력자에게 가서도 오장 없는 익살. 이 무슨 비극이냐.

6행 삭제

채플린, 탈마지Richard Talmadge, 더글러스, 로이드Harold Lloyd, 키튼Buster Keaton, 데부デブ, Roscoe 'Fatty' Arbuckle 등은 웃음의 대표자, 웃음의 자선대慈善袋[159]의 기수旗手를 제작하기에 급급하다. 채플린만은 웃음 중에 다소의 골자와 의미를 가미하려는 노력이 있다 하지만, 그 역시 오십보백보다.

그러므로 우리는 이따위 희극을 볼 때 그저 웃는 데 그쳐서는 안 된다. 따라서 무엇을 웃으며 어떻게 기뻐해야 할 방법을 생각하지 않으면 안 된다. 극장에서 희극을 보고 포복절도해보라. 그곳만 나서면 우리에게 이 무슨 영향과 감명을 주는가. 그렇다면 그런 웃음은 우리의 실제생활에 아무 보람을 주지 못하는 것일 수밖에 없다. 우리는 그따위 희극을 대할 때 미리 이만한 비판안批判眼을 가지자. 우리에게는 호기심이 많아서 이런 웃음의 유혹을 받는 일이 많다.

우리도

1행 삭제

그러나 우리는 그렇다고 멍텅구리 웃음, 오장 없는 익살을 배워서는 안 된다. 그런 웃음은 일시의 구안苟安[160]에 지나지 못하는 동시에 장래의 불

153　교실 혹은 교육시설.
154　군비(軍備).
155　불러서 오게 함.
156　일의 곡절 혹은 변화.
157　포대기.
158　임금 혹은 주인.
159　자선 주머니.

안이 되는 것이다. 맘껏 일하고 ×××××× 웃는 것이 참다운 웃음일 것이다.

E. 탐정극

이것은

3행 삭제

이 탐정의 수훈殊勳[161]의 계기는 일부 배금광, 탐욕배, 혹은 의적, 공도公盗[162]의 재물 도탈盜奪에서 비롯된다. 금고를 엿보는 도적과 금고의 번인番人[163] 사이에는 기기괴괴한 충돌이 발기한다. 금액의 다과에 따라 이 충돌의 장단長短이 결정된다. 많은 금전에는 많은 곡절이 있게 된다. 그러나 그 충돌은 반드시 번인과, 따라서 금고(그 주인)의 승리로 해결된다. 탐정에게는 명망과 꽃다운 여성이 의례히 따라간다. 탐정이 비록 금고에 순사殉死한다 하더라도, 금고만은 어찌하든지 무사히 되고 만다. 그리고 그렇게 한 탐정은 영예와 금품의 선사를 받는다. 과학의 이기와, 인지人智의 극치와, 권모술수의 갖은 방법이 교착되는 중에서 사건은 다각적으로 전전展轉하나, 그것은 결국 금고의 주인 또는 그들을 옹호하는 번인과, 저들을 해하는 도적 또는 소위 악한과의 충돌임에는 틀림이 없다. 그런데 그것은 의례히 금고 주인의 승리로 낙착되는 것이다.

즉 자본은 반드시 승리하고, 그것을 침해하려는 모든 계획은 반드시 실패에 돌아간다는 것을 종용하는 것이다.

이하 3행 삭제

결론

이제 모든 영화를 통해 연애라는 한개의 공통상共通相이 있음을 검토할 계단에 이르렀다. 그런데 연애라는 것이 단지 모든 영화에 공통되어 있다기보다, 차라리 그것이 모든 영화의 종국을 꾸미는 마취제라는 데 검토 초점이 있는 줄 안다. 영화 내용이 그 무엇이든지 반드시 군데군데 연애의 약미藥味164를 쳐서 달착지근하게 조미하는 것이 거진 통례지만, 그러나 종국에는 연애가 도리어 주체인 것같이, 즉 일개의 연애를 완성하기 위해 사건곡절이 다만 조미제의 역할에 그쳤던 듯이 연애가 최후의 주인이 되고 만다.

〈동도東道〉165와 같이 라스트 씬에서 기왕의 모든 내용을 마쳐하고 능가할 만큼 연애의 클라이맥스의 베스트를 다하면 그것이 가장 훌륭한 영화라 한다. 내용이 불완전하고 비난할 만하다 하더라도, 어리석은 영화제작자는 최후에 연애의 분과 향료를 뿌려서 최후 일국一局을 달콤하게 하려 한다.

그런데 우리가 이에 유의해야 할 것은, 왜 저들이 천편일률적으로 라스트 씬을 연애로 분식粉飾166하려는가 하는 데 있는 줄 안다. 물론 연애라는 것은 고금·동서·문야文野167를 불구하고 인간에 보편된 공통성이지만, 황금과 명예와 허영과 우연으로 시종되는 ××××××××× 연애는 완전히 장식화하고 사사화私事化해버렸다. 그들은 연애를 사회 제 관계와 아주 무無맥락한, 바꿔 말하면 일절 사회적 비판을 초월한 개개인의 사사私事인 것같이 생각한다.

그러므로 저들은 영화의 내용을 ××××× 개인주의로 정리하기 위해, 이 개인의 사사요 또 그리고 달콤한 연애로 총결산해버리는 것이다. 그리

160 한때의 편안함을 꾀함.
161 뛰어난 공훈.
162 자신의 직권과 지위를 이용하여 사사로운 이익을 꾀하는 공무원.
163 일본어 ばんにん〔番人〕. 지키는 사람. 파수꾼.
164 음식에 치는 향료.
165 *Way Down East*(D.W. 그리피스 감독, 1920).
166 내용 없이 거죽만을 좋게 꾸밈, 혹은 실제보다 좋게 보이려고 사실을 숨기고 거짓으로 꾸밈.
167 문명과 야만.

하여 연애라는 마취적 요리를 상속시켜 개개인을 사랑의 터전에 분가分家시켜버리려는 것이다. 그것은 물론 개인주의·이기주의에 입각한 저들의 비위에도 알맞을 뿐 아니라 일반 관중

2행 삭제

에게 유리한 작용을 한다. 관중은 화병畵餠[168] 같은 화면의 연애를 보고도 흔니 도발된 듯이 웃쓸그린다. 이 무서운 독소의 마비가 아니고 무엇이냐. 〈전함 뽀쫌낀〉 같은 역사의 전개를 계시하는 라스트 씬과, 연애라는 개인적 향료(저들은 이렇게밖에 생각하지 않는다)로 결국하는 ××××× 영화를 대조할 때 우리는 후자의 무서운 유혹을 안 느낄 수 없다.

그러나 이것은 결코 연애를 영화에서 구축驅逐[169]하라는 말은 아니다. 연애란 물론 인간의 보편적 문제니까 우리도 그 중요성을 인식한다. 그러나 다만 우리가 말해온 것은 ×××××××× 그것을 지양해야 한다는 말이다.

이하 52행 삭제

5 〈판도라의 상자〉와   김유영 프로영화 〈무엇이 그 여자를 그렇게 만들었는가〉[170]를 보고서

『조선일보』 / 1930.03.28-04.06 / 일부

〈무엇이 그 여자를 그렇게 만들었는가〉

이 영화는 프롤레타리아 문예운동의 선배인 등삼성길藤森成吉[171] 씨가 지난 1927년 1월경에 6막 9장의 장편희곡으로 발표하여, 당시에는 많은 인기를 얻은 작품이었다. 그리고 축지築地, 츠끼지 소극장에서도 공연한 일이 있었다. 그러나 현재의 우리가 보아서 그때에 일본 프롤레타리아 문예운

동은 초창기라고 볼 수 있느니만큼 『무엇이 그 여자를 그렇게 만들었는가』도 상당히 대중에게 어필을 하는 힘을 가지고 있었다. 나는 오래전에 이 작품을 숙독한 적이 있었으나, 그렇게 우리들에게 쇼크를 주지 못한 것 같았다.

그리고 1927년에 호평을 받았다고 하더라도, 급속도의 템포로 진전되어 가는 전 무산계급 예술운동의 첨단화 시즌 현 단계, 즉 1930년에는 우리들 프롤레타리아트에게 배격을 받지 않고는 견딜 수 없을 것이다. 그러나 이 작품이 반동적 색채를 가지지 않는 만큼, 가급적이라도 우리들의 영화로 인정할 수가 있다. 즉 순 프롤레타리아 영화는 아니라고 해도 경향적 프롤레타리아적 영화에 속한 작품이다.

그러면 어떻게 해서 이 작품을 부르주아 영화회사의 하나인 제국키네마帝国キネマ에서 산출시켰는가? 이것은 순 아메리카니즘의 영화 〈연의 재즈恋のジャズ〉1929를 제작한 영목중길鈴木重吉[172] 감독의 노력이 위대했다. 그러나 우리가 여기에서 구명해볼 것이 있다고 생각한다. 영목중길은 부르주아

---

168 그림의 떡.

169 몰아 쫓아냄.

170 〈무엇이 그 여자를 그렇게 만들었는가(何が彼女をさうさせたか)〉(스즈끼 시게요시 감독, 1930). 빈곤한 가정의 딸 나까무라 스미꼬(中村すみ子)는 아버지가 죽으며 친척에게 맡겨졌지만, 친척은 그녀를 돌보기는커녕 곡마단에 팔아버린다. 곡마단장의 학대를 견디지 못하고 탈출한 스미꼬는 이후 여러곳을 전전하며 자본주의 사회의 부조리와 위선을 경험하고, 결국 처절한 절망과 증오에 가득 차 교회에 불을 지른다. 경찰에 연행되는 스미꼬의 모습 위로 "무엇이 그녀를 그렇게 만들었는가"라는 커다란 자막이 떠오르는 라스트 씬은 당시 사회적으로 큰 파장을 불러일으킨 것으로 알려져 있다. 오랫동안 필름이 사라진 상태로 '환상의 명작'이라 불려왔으나, 1990년대 초 러시아 고스필모폰트에서 필름이 발굴되면서 60여 년 만에 다시 빛을 보게 되었다. 처음 크레디트와 라스트 씬이 누락되어 있는 필름에 자막해설을 보충하고 '오케스트라 사운드판'으로 복원한 버전이 일본에서 DVD로 출시되었다.

171 후지모리 세이끼찌(藤森成吉, 1892-1977). 소설가. 극작가. 전일본무산자예술연맹(全日本無産者芸術連盟)의 초대 위원장.

의 주구이며 소시민성을 가지고 있는 센티멘털리즘의 감독자이다. 그러나 이는 필연적으로 전개[173]되는 신흥계급 ─── 즉 (略)주의 사회가 건설되려는 것을 객관적 입장에서 관찰하고, 아방가르드적 자기도취의 꿈을 꾸고, 부르주아지의 금金적 이윤을 목표로 이데올로기화하는 영화 팬 대중을 이용했다! 추수追隨하지 않으면 안 될 것을 각오했다. 그러기 때문에 영목중길은 이 영화를 제작하겠다는 반동적 의도가 생겼던 것이다. 그러면 이 영화를 나는 중대시하고, 검토비판하지 않을 수 없게 되었다.

A. 내용은 어떠한가

최초에 페이드인으로 질주하고 가는 열차 ─── 그리고 "인생은 걸음이다"라는 서브타이틀에서부터 스크린에 비추인다. 미광微光에 비추는 철도 선로를 타박타박 힘없이 걸어가는 표랑의 띠보 ─── 소녀 중천中村, 나까무라 스미꼬는 ─── 프롤레타리아 계급 ─── 빈곤하고 불행한 가정에서 자라났다 ─── 그래서 아버지가 자살했다는 것도 모르는 그 여자는, 많은 포부와 희망을 가지고 백부의 집을 찾는 길이었다. 그때부터 더한층 스미꼬는 다난多難의 생애가 되고 말았다.

도중 ─── 어려운 토정土井, 도이 노인의 친절로 세정世情을 알고 백부 산전감태山田勘太, 야마다 칸따의 집에 왔으나, 그의 희망은 미진微塵[174]과 같이 부서졌다. 그리고 며칠이 못 되어서 백부 부부의 탐욕에 희생이 되어가지고 곡예단으로 몸이 팔려갔다.

험상궂은 단장 소천小川, 오가와이라는 자는 종업원을 너무도 학대했다. 그중에 한 사람인 스미꼬는 매일 비애와 이 사회의 불평불만이 어린 가슴을 움직이게 했다. 그때에 곡예단원은 집단이 되어서 쟁의를 일으켰다. 단원의 한 소년은 가련한 스미꼬를 데리고 도주하는 도중에, 소년의 조난으로 그 여자는 외로운 몸이 되고 말았다. 그 후 스미꼬는 판본阪本, 사까모또이라는 무뢰한에게 도움을 받아서 기위欺僞의 이용물이 되어가지고 많은 고생과 박해를 받고 있는 차에, 순사부장 산하山下, 야마시따의 힘?(부르주아 계급을 위한 힘)으로 안전한 곳이라는 양육원으로 가게 되었다. 양육원보다 더욱 마음이 편한 곳이라는 현회의원縣會議員 추산의웅秋山義雄, 아끼야마 요시오의 집 ─ 부르주아 계급 ─ 에 하녀로…… 그 여자의 주위는 주마등과 같이 ▨ 하고 있다. 부호의 특유한 오만傲慢 ─ 부르주아 계급의 추태 ─ 에 계급적 반감을 가지고, 그 여자는 다시금 양육원에 돌아와서 3년이라는 시일을 적막하게 보냈다. 그때에 스미꼬는 너무도 아름답게 성장했다. 이것을 발견한 비파사琵琶師는 어떤 야욕을 가지고 자기의 집으로 데리고 갔다.

어느 날 갑자기 비가 와서 스미꼬가 있는 집 처마 밑에 비를 피하는 청년 ─ 그는 의외로 옛날 곡예단에서 같이 고생을 하며 스미꼬를 위안시켜주던 소년이었다. 지금은 청년이 되어서 시천신태랑市川新太郎, 이찌까와 신따로오이라는 이름으로 배우 생활을 하고 있었다. 그래서 비파사의 마수를 탈출하여 언제든지 연모하던 신태랑과 같이 태양이 미치는 거리에서 행복한 날을 보내고 있었다. 그러나 이런 생활이 절대로…… 그들의 박해 밑에서, 즉 착취당하는 계급에서 신음하는 무산자에게 있을 이치는 없다. 그래서 할 수 없이 빈곤을 이기지 못하고 결국 두 사람은 생활고를 버리고 정사情死를 하려고 강물에 몸을 던졌다. 그러나 스미꼬는 또다시 동리 사람의 구원으로 사바의 세상을 걷기 시작했다. 5회 04.03

---

172 스즈끼 시게요시(鈴木重吉, 1900-76). 1920-30년대 경향영화를 만들었고 〈무엇이 그 여자를 그렇게 만들었는가〉가 큰 성공을 거두었다. 1939년 〈부귀춘몽(富貴春夢)〉을 끝으로 현장을 떠났지만 1950년 〈토오꾜오 룸바(東京ルムバ)〉로 복귀했고 〈토오꾜오 올림픽에의 길(東京オリンピックへの道)〉을 구성, 편집했다. 이규환의 스승으로 〈나그네〉(1937) 제작에 도움을 주었다.
173 원문은 "전용(展用)"이나 오식으로 보인다.
174 썩 작은 티끌이나 먼지, 혹은 썩 작고 아주 변변하지 못한 물건.

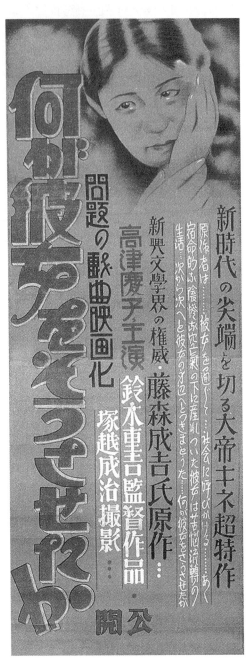

〈무엇이 그 여자를 그렇게 만들었는가(何が彼女をさうさせたか)〉
(스즈끼 시게요시 감독, 1930)의 포스터
조선에서는 1930년 9월 24일 조선극장에서 개봉되었다.

그는 새 길을 밟으려고 부인수용소 천사원天使園에 들어가서 위대하고? 거룩한? 하나님을 믿고 예수의 말씀대로 일생을 곱게 지내려고 했다. 그러나 하나님의 사랑을 설교하는 천사원주主는 '모든 기독교 신자를 대표하여' 아름다운 도색桃色의 베일을 덮어쓰고 별별 더러운 방■做■의 생애를 보내고 있었다. 이것을 깨달은 그 여자 스미꼬는 그 사회의 조직형태를 저주하고, 하나님도 허위며 대가大家를 속이는 것이라고 인식한 끝에 분노했다. 그래서 위대한 힘, 계급적 반항의식은 그를 굳세게 했다. 그러므로 천사원을 악마의 화염으로 변하게 만들었다. 방화를 하게 된 그 여자의 머리에는 새로운 주의주장이 (즉 프롤레타리아 계급의 이익을 대표하는 略주의略가) 있어야 우리는 산다는 생각을 가지고 있었다. 그러자 소위 안전지대로 인도한다는 경관은 그 여자를 범죄자라고 유치장에로 끌고 간다. 그 여자는 외친다. "무엇이 나를 이렇게 만들었느냐"고……

이 영화의 스토리는 이상과 같다. 그러면 이런 내용부터 먼저 엄정하게 비판해보겠다. 역사적 견지에서 원작자 등삼藤森, 후지모리 씨가 프롤레타리아 문예운동의 선배이되 절대로 현 단계의 전위적 좌익적 프롤레타리아 문예작가와는 비등할 수 없는 것은 일반이 다 아는 바다. 이런 관계인지 이 작품의 내용을 (略적 운동적略)이라고 우리들은 볼 수가 없었다.

그러나 봉건시대에서 취재한 것으로는 비교적 온정溫靜한 리얼리스틱한 전개라고 보았다. 즉 그 사회조직의 허구 폭로를 객관적으로 인도주의적 사회관에서 산출시킨 것은, 씨의 그 당시 휴머니스틱한 정의감이라고 볼 수 있다. 준열한 곳에 몰두하지 않았으며 그렇다고 추상적 개념적으로 표현한 것이 아니었다. 그때의 사회를 계급적 입장에서 객관적 서사시적 전개로 표현한 작품이다. 즉 〈여성의 일생〉적, 〈이 비참〉적 플롯을 평범하게 전락하지 않았다는 말이다.

그리고 희곡에도 그렇거니와 전체적으로 보아서 히로인 여자의 반역反

逆이 개인적이었다. 물론 작자는 개인이 집단의 대표라는 것을 말한 것 같다. 그리고 어떻게 보면 김소랑金小浪의 연극처럼 신파비극조의 경향이 있는 것 같다. 그러나 센티멘털한 유물론을 보여준 것은 작자의 이데올로기가 맑시스트라는 것을 증적證迹[175]했다.

그리고 후년에 있어서 기만적이고 일종의 (略)인 현대 종교를 엄정하게 비판한 것은 양호한 의도였다. 여기에 유심론자…… 소위 종교 지상주의자에게는 일대 센세이션이 있을 것이다. 이런 점에서 조선의 제諸 극장인은 이 영화를 대중에게 공개시켜주기를 바라는 바이다. 그리고 흥행성적에도 전자에 보지 못한 파기록破記錄의 수입이 있었다. 일본에서는 지금도 장기흥행을 하고 있다. 이런 것은 영화 팬 대중이 첨단화적으로 계급적 의식에로 전환되기 때문이다. 소시민성의 풍자나 자본주의 기구의 내용 폭로를 위주로…… 자기들의 생활, 자기의 빈곤, 자기들을 해롭게 한 자선종교 등을 어느정도까지 스크린에 보여주었기 때문이다.

이상과 같은 말을 했다고 순 프롤레타리아 영화라는 것이 아니다. 좌익적으로 보아야 사이비 무산계급 (略) 사상 영화라고 해도 과언은 아니다. 그리고 신파비극조의 경향적 영화를 그들 부르주아 영화제작회사에서 무산대중을 위한 전위적 프롤레타리아 영화라고 선전할 때는 용서할 수가 없었다. 아마도 그들은 계급적 이데올로기의 인식에 미치지 못했다. 빈민의 생활만 표현하면 프롤레타리아 이데올로기를 파악한 것인 줄 알고 맑스주의 소아병적 착각을 가지고 있다. 조선의 영화계에도 이런 부류가 있어서 현재 망동妄動[176]하고 있는 시네아스트를 볼 때는 유감으로 생각한다. 끝으로 이 영화는 선정주의와 자연발생적 리얼리즘을 가미한 경향적 프롤레타리아적 테마를 가지고 있다. 희곡에서 문제가 많았던 만큼 이만 그치고 기술 문제로 들어가보겠다. 6회 04.04

B. 기술은 어떠한가

기술에 있어서도 양호한 편이었다. 그러나 전편을 통해 너무도 선이 가늘고 표현방법이 센티멘털했다. 이런 것이 프롤레타리아 영화로서 강미強味가 없으며 대중에게 위대한 효과를 주지 못한다. 그러나 그들의 앤티가 너무도 과함으로 당면한 영화인의 입장을 생각할 필요가 있지 않은가 한다. 그러면 각색, 감독, 촬영, 배우, 세트를 부분적으로 분석하여 간단하게 비판해보겠다.

각색은 이 영화감독인 영목중길 씨가 했다. 원래 원작이 희곡이기 때문에 무대적 약속의 범주範疇였으며 통일적 착안의 결점이 있었다. 이런 원인인지는 모르나 영화로 나오는 콘티뉴이티가 퍽 불명료한 곳이 많았다. 그러나 여기에서 영목중길 씨의 용감한 천분天分적 수법이 있어야 할 것이 아닌가. 말하자면 좀더 계급적 견지에서 번안적 각색이 필요할 것이다. 그러나 원작자의 의도만은 비교적 여실히 표현하면서 영화적 콘트락숀[177]이 있었다.

자세하게 국부적으로 말하면 백부의 집 묘사는 교묘한 수법이었다. 이런 생략법과 강조법의 테크닉은 도처에 보였고 시간적에도 또 각층의 분위기를 자세하게 관찰해서 묘사했다.

그러나 이 영화를 6,7권으로 넉넉히 모든 것을 표현할 수 있는데, 10권까지의 연장극으로 만들었다는 것은 감독자와 각색자의 실책이다. 말하자면 필요 없는 장면이 있었다. 그리고 서브타이틀이 불필요했으며 설명묘사가 부족하다. 즉 대화자막이 적었으므로 주인공 기타 인물의 설명이 불충분했다. 또한 그 여자의 아버지를 구태여 직공으로 나타낼 것이 없으며, 50원까지 딸에게 줄 만한 빈곤자 아버지가 어째서 스미꼬를 조석朝夕도 먹이지 않

---

175 증거가 될 만한 흔적이나 자취. 원문은 "증적(證的)"이나 오식으로 보인다.
176 원문은 "망동(忘動)"이나 오식으로 보인다.
177 'construction'이 아닐까 한다.

고 내보냈는가. 그리고 추산의웅의 집 장면에서 억지로 비를 눈으로 만든 것이라든지, 비파사의 집 장면에서 갑자기 비가 온다든지 하는 것은 퍽 부자연했다. 그리고 천사단의 일요 예배에 그렇게 외래▨外來▨를 많게 할 필요가 있었나. 이상과 같은 것으로 각색의 우열을 증명할 수가 있다. 각색은 여하간 전체로 보아서 성공했다고 볼 수가 없다. 좀더 간단명료하게 표현했으면 좋았을 것이다. 먼저 〈판도라의 상자〉에도 그렇거니와 문예작품을 영화극화시키는 데는 특수한 기술자라야 완전한 각색이 될 것이다.

다음 영목 씨가 감독을 어떻게 했는가? 그것은 확실히 성공했다. 1930년 초의 좋은 출발점이었다. 그러나 들은 말에 의하면 확연한 계급적 이데올로기를 파악하고 있는 조감독 목촌木村, 키무라 씨의 노력이 많다고 한다. 원래 영목 씨가 이런 영화를 제작하려는 것은 히로이즘적 개인주의에서 출발한 것이라고 본다. 만일 씨가 진실로 프롤레타리아 계급을 위한 맑시스트면 〈무엇이 그 여자를 그렇게 만들었는가〉를 훨씬 더 우수하게 표현했을 것이라고 생각한다. 하여간 이 영화에서 씨의 수발秀拔한[178] 디렉팅을 인정했다. 그 가운데는 최근 구주에서 생산된 기술적 첨단영화 〈잔 다르끄〉[179] 〈산송장〉[180]에 있는 장소長所를 소화시켜서 곳곳에 사용했다. 7회 04.05

그리고 영목 씨가 여태까지 아마추어라고 해도 과언이 아닌 주연자 고진경자高津慶子, 타까쯔 케이꼬[181] 양을 성공시켰다. 2류 회사인 제국키네마에 있어서는 배역도 훌륭했다. 이 영화에 구성주의적 기계성은 가지지 않아도 정밀하고 음악적 요소가 있다는 것을 보여주었다. 영목 씨에게 말할 것은 각색을 하느니 원작을 하느니보담 감독으로서만 나아가면 좋을 것이라고 생각한다.

총월성치塚越成治, 츠까꼬시 세이지 씨의 촬영은 걸출이었다. 지금까지 발표한 제국키네마의 작품은 이런 촬영술이 전연 없었다. 카메라앵글이라든지 카메라워크와 포스가 기대 이상으로 훌륭했다. 로케이션에 사용한 팬크로마틱[182]은 회화적 구성과 광학적 음양을 완전히 표현했고 이동촬영도 자연스러웠다. 그러나 카메라워크를 너무 과용한 편이 있다. 그래서 결국 효과를 줄 만한 곳에서 관객에게 인상을 주지 못한 경향이 있다. 촬영에서 주의할 곳은 양육원[183]의 서리霜장면과 주인공이 해안 사상沙上에 있을 때 촬영기 크랭크하는 영상이 들어간 것은 씨의 부주의에서 나온 것이다.

그러면 출연배우에 대한 감상을 말해보겠다. 히로인 —— 그 여자 스미꼬의 역을 맡은 고진경자 양은 전편을 통해 스타연然하는 방심放心이 없었다 —— 즉 젊은 순정 —— 진실한 에네키[184]로 열熱이 있는 연기 —— 노력. 관객은 고진경자의 신기神技에 확실히 매혹당했다. 그 여자 까닭에 울고 그 여자 까닭에 분노했다. 그중에도 소녀기의 고진경자는 기성 배우의 매너리즘을 여지없이 배격할 만큼 양호했다. 그러나 여주인공의 메이크업은 후반에 있어서 너무도 희게 했다. 너무도 어여쁘게 나왔다는 말이다. 이것은 실패했다. 그가 조금도 과장하지 않는 자연스러운 연기에 모든 결점은 어느정도까지 소멸된 것 같다.

곡예단장의 역을 가진 빈전격濱田格, 하마다 이따루도 잘했다. 그러나 부자

---

178 뛰어나게 훌륭한.

179 *La passion de Jeanne d'Arc*(칼 테오도르 드레이어Carl Theodor Dreyer 감독, 1928).

180 *Zhivoy trup*(표도르 오쩨프Fyodor Otsep 감독, 1929).

181 테이꼬꾸키네마(帝国キネマ) 및 신꼬오키네마(新興キネマ)에서 활약한 일본 배우. 1929년 〈연의 재즈(恋のジャズ)〉로 데뷔했다.

182 원문은 "팡크로맛치". 팬크로마틱(panchromatic, 전정색全整色) 필름은 자외부에서 적외부까지(약 350-650nm)의 파장 영역에 감도를 갖는 필름이다. 적색광에는 감광하지 않으나 다른 가시광(可視光)에는 감광하는 오쏘크로마틱(orthochromatic, 정색성整色性) 필름보다 야외촬영에 적합한 것으로서, 미국에서는 1920년대 중반부터 팬크로마틱 필름을 사용하는 것이 일반화되었다.

183 원문은 "양로원"이나 오식으로 보인다.

184 에네르기, 즉 '에너지'를 말하는 게 아닐까 한다.

연한 연기가 많았다. 스미꼬를 데리고 연습시키는 곳은(곡예단에서) 그가 악역으로 성공했다. 그리고 산전山田 부인의[185] 역을 맡은 원천지자園千枝子, 소노 치에꼬 등도 자기의 역할을 다했고, 길게 설명할 필요가 주인공 외에는 없으나 출연자 전부가 감독의 지도를 잘 받아서 연기가 나쁘지 않았다.

세트는 좋은 편이다. 양로원이라든지 비파사의 집, 곡마단 내부, 현회의원 댁宅은 퍽 주의한 설계였다. 소도구에도 특출한 곳은 현회의원 댁에서 고기뼈 등의 준비와 자동차의 기름油의 표현은 다른 영화에서 보지 못한 노력이 있었다. 기술에 있어서 좀더 상세하게 말하고 싶으나 대중이 그 영화를 보지 않은 만큼 이만 그치겠다.

끝으로 우리 조선의 영화 팬 제씨에게 이 영화를 공개시킬 만한 작품이라고 생각한다. 최근 일본영화계에 소위 프롤레타리아 영화라는 것이 많이 세상에 나왔으나 〈무엇이 그 여자를 그렇게 만들었는가〉만 한 수준에까지 올라가지 못했다. 다시 말할 것 없이 제국키네마에서 지금부터 프롤레타리아 문예작가의 작품을 영화화시키는 데 주력하겠다고 선언까지 했다고 한다.

다음날에 자세히 악고惡稿를 발표할 작정이오나 송죽松竹, 쇼오찌꾸 경도京都, 쿄오또촬영소 등등에도 프롤레타리아 영화 제작의 전력을 하고 있다. 우리들 조선의 시네마프로는[186] (略 지地)라는 특수 지위에 앉아서 피被 (略)으로 어떻게 우리들 프롤레타리아트를 위한 의식적 영화를 제작하지 않을 것인가. 끝으로 이상의 〈판도라의 상자〉나 〈무엇이 그 여자를 그렇게 만들었는가〉의 두 영화에 대한 비판의 오류를 많이 지적하는 동시에 용서를 바라는 바이다. (끝) 8회 04.06

---

185 원문은 "소천(小川) 부부의"로 되어 있으나 오식이다.
186 원문은 "시에아프로는"이나 오식이 아닐까 한다.

모의(模擬) 촬영과 〈카츄샤〉 〈사람 아닌 계집〉 상영

29, 30일 시내 단성사에서, 찬영회(讚映會)의 영화감상회

『조선일보』 / 1928.11.28

이미 보도한 바이어니와 시내 네 신문사 연예부 기자의 모임인 찬영회
주최로 오는 29일과 30일 이틀 동안 시내 단성사에서 영화감상 대회를 개최하게
되었는데, 그날 상영할 영화는 똘스또이 원작, 돌로레스 델 리오Dolores del Rio
주연 〈카츄샤(부활)〉[1]와 세계적 미남자 불란서의 자끄 까뜰렝Jaque Catelain 주연의
〈사람 아닌 계집〉[2]이라는 신경향파 영화인데, 이 영화는 극도로 발달된 현대
과학의 모든 것을 이용하여 신비하고도 아름답게 꾸며놓은 영화이며, 그 외에
특별히 나운규프로덕션에서 모의촬영을 할 모양인데 이 모의촬영이라는 것은
무대 위에서 활동사진 박는 흉내를 내는 것으로, 예제藝題는 〈장한몽〉 중의 한
장면인 이수일과 심순애의 이별하는 애틋한 장면을 2막으로 나누어 하는 것으로
이것이 조선서 처음인 만큼 큰 흥미를 일으킬 모양이며, 그날은 지금까지 흥행한
영화 중에 제일 우수한 영화와 또한 모의촬영까지 있어서 정각 전에 대만원을 이룰
터인 고로, 그날은 시간 전에 입장권을 사야지 편하게 구경할 수 있다더라.

"순애! 이 더러운 계집아, 황금에 눈이 멀어서! 그렇다! 가거라! 이 버러지
같은—아니 아니 짐승이다, 너는 짐승이다! 그 김중배란 놈을 따라 가거라!
더러운 것!"
하며 이수일은 순애를 달 밝고 물바람 쌀쌀한 대동강가에서 발길로 힘껏
걷어찼다.
"수일씨! 용서하세요. 나는 당신에게 맞아서 죽어도 좋습니다. 네 — 한번만 더
걷어차 주세요! 내 몸이 가루가 되도록……"

나운규프로덕션의 모의 촬영의 한 장면

모의 촬영 배역

감독: 나운규, 보조: 김상진, 이수일: 주삼손, 순애: 전옥,

김중배: 이금룡, 백낙관: 윤봉춘, 촬영: 손용진, 보조: 박정섭,

배경사(背景師) 갑: 김영채, 배경사 을: 유봉술, 배광사(配光師): 안상홍

〈꽃장사〉[3] 〈회심곡〉[4] 합평회

『조선일보』 / 1930.03.23-24[5]

신흥영화예술가동맹 주최로: 합평 기록의 대요大要는 아래와 같다

지난 15일 밤 7시에 신흥영화예술가동맹 주최로 조선영화 〈꽃장사〉와 〈회심곡〉 두 편을 합평했던바, 출석자 제씨는 아래와 같다 하며 그 합평회의 기록을 간략히 소개하면 아래와 같더라.

＊출석자: 윤기정, 김유영, 서광제, 정홍교丁洪教, 주홍기朱紅起, 이하윤異河潤,

　　　서항석徐恒錫, 안석영

　속기자: 강호

（석차席次[6] 무순無順）

〈꽃장사〉

김 내용부터 하기로 하고, 석영 씨부터 말씀하시지요.

안 그런데 〈꽃장사〉는 스토리가 반쯤 가서 끊어진 것 같아요.
이 제작하려는 의도는 좋은데 좀 부족한 것 같아요.

주 *어린애 인형극에 지나지 않아요.*

서서항석 저는 조선영화를 이번 둘밖에 보지 못했는데, 그중에서는 이것이 좀
나은 것 같아요.

김 극적으로 보아 평탄한 길을 밟는 것 같아요.

서 처음으로 보아 즉 공장 장면이 나올 때는 그럴듯했는데 나중에는
유치해가더군요.

광서광제 그 작품의 의식 여하는 그만두고라도 작품으로서 완성되지 못했어요.

김 주연 여배우가 프롤레타리아적이 못 되더군요.

윤 전체의 의도를 봐서 어떤 여자가 부호의 집 하녀로 있을 때 정조유린을 당한
후 축출당했다는 것이 부르주아의 조그마한 폭로지요.

서 말하자면 사회적 배경이 적었습니다.

주 *사회적 배경이 적었다느니보다 사회를 망각한 작품이지요.*

정 저는 다른 영화에서 보지 못한 것을 발견했습니다. 그것은 어린 소년 소녀를
위해 자기를 희생해가며 어린이를 위해주는 것은, 조선의 소년운동에 있어서 많은
유익을 줄 줄 압니다.

김 *그것은 그렇지 않습니다. 도리어 어린이에게 꽃을 팔고 돌아다니는 것이*
오락을 조장하여주는 것이 아닙니까.

정 *그러나 다른 것을 취함이 아니요, 아동을 위해 그런 것이니까 상관이*
없겠지요.

주 아니오. 그보다 더 큰일을 할 것이 아닙니까.

윤 주인공이 공장에서 쫓겨나서 단지 아무 목적의식이 없이 개인행동으로 흐른
것이 불쾌하며, 우리로서는 엄정히 비판해야 합니다.

서 그렇습니다. 거기에는 빈가貧家에 대한 개인적 투쟁만 존재했지 사회적
갈등이 없었던 것이, 작자의 사회적 관찰이 부족한 데서 나온 것이겠지요.

안 *그러나 혹종或種의 조선영화와 같이 대중을 속이는 기만적 행동은 안*

했습니다.

주 그럴수록 대중에게는 모루히네모르핀morphine가 됩니다. 광명의 힘을 보여주지 않는 그 작품이 대중에게 무슨 유익이 되겠습니까.

서 _그렇습니다._ 개인적 행동에서 사회적 행동으로 옮겨갔으면 좋은 효과를 보여주었을 것입니다.

안 스토리가 간단해도 각색과 감독 여하로 장단長短은 임의로 될 것입니다.

김 그럼요. 무르나우F. W. Murnau 작품 〈선라이즈〉Sunrise: A Song of Two Humans, 1927와 같은 작품도 좋은 예지요.

서 그러나 조선에서는 기술문제니까요.

김 주인공에게 부호가 돈을 줘가지고 내쫓는 것보다 다른 방법으로 내쫓는 것이 좋지 않은가요.

이 그것은 그렇지 않아요. 돈을 주고 쫓아낸다는 것이 더욱 비인도적 행동을 보여주는 것이지요.

광 그렇습니다. 현재 자본주의 사회에서 황금만능을 의미하는 것이겠지요.

윤 여하간 소품이지요.

주 _수법에 있어서도 미숙되었습니다._

서 라스트 씬7을 두 사람의 연애로 페이드아웃하지 말고, 거기서 옛날 공장의 동무와 같이 무슨 일을 할 것이 좋지 않겠습니까. 그뿐 아니라 그 作품을 팬 대중이 본 뒤에 무엇을 어떻게 해보겠다, 그렇지 않으면 그런 것은 하면 안 되겠다는…… 어떤 확연한 의식을 보여주지 못했습니다.

안 그래요8. 〈먼동이 틀 때〉의 예도 그렇습니다마는 조선영화는 대개 끝이 허무주의로 흘러서 대중에게 실망을 많이 끼칩디다.

광 그뿐 아니라 그 작품은 팬 대중에게 어떤 확연한 의식을 보여주지 못했습니다.

윤 〈꽃장사〉는 봉건적, 퇴패退敗적 작품이지요. 두말할 것도 없이 봉건적 퇴패적 작품이 지은 그 영화에서 우리가 작품행동은 찾아볼 수 없으니까.

김 처음 기대하기는 공장노동의 부절한 투쟁을 묘사해줄 줄 알았더니, 꽃장사로 끝끝내 끝을 막는 것은 너무도 작자의 두뇌가 영리치 못한 것이 아닐까요.

주 _그러면 나는 그 작품에 이와 같은 요구를 합니다._ 주인공이 공장에서 축출을 당했을 때 자기와 같은 처지에 있는 다른 직공들에게 어떻게 하면 자본주와 항쟁을 해나가며 그 후 무수한 실업자들에게 어떤 의식을 넣어주어 암담한 현실 속에서 새로운 광명의 길을 보여주는 작품이었으면 좋겠습니다.

주 노동자를 배반한 작품이라고 해도 좋습니다. 왜 그러냐 하면 공장감독과 한번 싸우고 곧 개인행동으로 흘러서 그 후 공장 동지와 활동이 없을진대, 그 작품은 무엇을 위한 것이겠습니까.

주 그렇습니다. 먼저부터 부르주아의 자식으로 있다가 집에서 뛰어나와 꽃장사를 하니만 못하지요. 그런데 그 작품의 출발점이 종로 네거리로 다니는 꽃장사를 보고 힌트로 얻어가지고 원작한 모양인가봐요.

안 제목부터 니힐리스트적 작품이에요.

윤 기술문제로 들어갑시다.

주 촬영은 이명우李明雨9 군이 한 것인데 어느 작품을 통하든지 양호하게 합디다.

김 그래요. 이 군의 기술이 나날이 늘어갑디다.

주 그러나 카메라맨의 기술이(두뇌가) 부족하여 카메라워크가 없습디다.

윤 오히려 선명하지 않은 데서 예술미가 있습디다.

안 아직 조선에 있어서는 촬영술이 앞섭니다.

안 좋은 각색·감독하에서 한다면 더 효과가 나겠지요.

서 그렇습니다. 조선에서는 그만큼 더 주문할 수 없습니다.

서 물상物象을 물상대로 보여주는 그것만도 감사합니다.

김 이동촬영은 이 씨가 잘해요.

안 이동대臺가 불완전하여, 좀 진동이 되었습디다.

서 세트는 더구나 주인공의 집이 노동자의 집 같지 않고 커팅이 불완전합디다.

윤 감독술에 대해서는, 출연자가 전부 처음이기 때문에 감독의 수완이 어느 정도까지 잘 드러나지 않은 것 같아요.

주 훌륭한 감독은 처음 출연한 자에게 예풍藝風을 완전히 발휘시켜줄 수가 있습니다.

김 그러나 그분은 부자연한 곳을 연출시키지 않는다는 것이 좋습니다.

서 남주인공은 힘이 없어서 노동자의 기분이 잘 나지 않습디다.

이 작품 전체에서 주인공의 개성이 나타나지 않았기 때문에 더욱 약해 보여요.

광 여하간 굵은 육체의 모션이 없었던 건 사실입니다.

광 하여간 굵은 육체의 모션이 없었던 건 물론이지만 얼굴의 표정도 없어요.

안 이제부터는 출연자를 원작에 알맞게 골라내야 좋을 줄 압니다.

윤 출연하겠다는 조건부에서 출자자가 많으니까요

안 여하간 세트가 실감이 안 나요.

광 주인공이 프롤레타리아 기분이 전연 없어요. 1회 03.23

김 안 씨의 고민은 알 수 있습니다. 조선의 영화제작자의 고통은
여러가지니까요. 세트에 빈대피로 표현하지 말고 달리 잘 무산자의 방을 표현할 수
있지 않아요.

서 처음 여주인공이 나올 때 의장衣裝이 귀부인 같으므로, 그런 종류의 여성
같은 실감이 없어요.

이 *나는 처음 볼 때 그런 환경의 여자로는 보지 않았습니다.*

윤 각색에 실패가 많았습니다. 왜 그러냐 하면 주인공인 노동자가 공장에서
쫓겨나와 꽃장사를 하는 경로와, 여주인공이 부호에게 정조유린을 당하고 나오는
경로를 동시에 전개시켜서 극적으로 리듬을 사용하지 못하고, 남주인공 일방만을
표현하면서 여주인공의 과거를 한비손[10]으로 내놓는다는 것이 클래식한 것
같아요.

안 *그런데 조선의 영화배우는 얼굴 표정으로 하는 것 같고 동작에 대해서는
그다지 관심하지 않는 것 같아요.*

서 김명순金明淳 씨는 괜찮게 하더군요.

광 조선의 바바라[11]라고 할 수 있어요.

김 *여하간 뱀프vamp, 요부 역은 잘해요.*

김 화장에 대해서는 실패인 것 같아요.

광 노동자 ── 그것이 아닙니다.

윤 직공 감독의 인물이 질약質弱하더군요. 각색이 평탄한 데다, 서광제 군도
말했거니와 배우의 표정이며 동작이 선이 굵지 못해서 아무 긴장미가 없습니다.

이 그런데 감독의 고심을 웬만큼 알려준 것은 어린이 연기가 좋은 데 있지

왼쪽은 〈회심곡〉의 이규설과 이금룡으로 추측됨(『매일신보』, 1930.03.15)
오른쪽 〈회심곡〉 사진의 인물은 왼쪽부터 김영태, 이규설, 김보신(『조선일보』, 1930.02.04)

않아요.

주 그런데 감독의 고심을 웬만큼 알려준 것은 어린아이 연기가 좋은 데 있지 않아요. *(일동 동감)*

김 어린애가 죽은 때와 사글세 집에서 쫓겨날 때를 좀더 기교 있게 표현했으면 좋을 것 같더군요.

안 의상의 시간적 변화가 없더군요.

서 대체로 의상에 대한 주의가 부족하더군요. 꽃 팔아 오는 돈으로 먹고 입고 하는 터에, 여주인공이 중간에 인조견人造絹인지는 몰라도 비단옷을 입고 있는 것이 좀 적당치 못하더군요. 대체로 이 작품은 인도주의적 테마였어요.

안 *화장을 너무 희게 해서 안되었어요.*

김 일본에서도 배우들은 자기 얼굴을 예쁘게 보이기 위해 역에는 맞지 않는다 할지라도 어쨌든 희게만 하려는 분들이 많아요.

서 *인기를 생각하여 그러는지는 모르지마는, 그 역에 맞지 않게 한다면 거짓말 같으므로 실패지요.*

안 *그렇지요. (하략下略)*

〈회심곡〉

광 역시 내용평부터 하지요.

안 *자유기자自由記者가 나오고 하는 것이 어쩐지 희극적으로 보여요.*

서 대체로 이 작품은 인도주의적 테마였어요.

이 *하여튼 좀 세련되지 못한 감이 있어요.*

정 다른 조선 작품을 많이 모방한 것 같아요.

이 *내 생각에도 〈꽃장사〉만은 좀 못한 것 같습디다.*

안 조선영화로 본다면 좀 시대가 바뀐 감이 있지 않아요?

광 노인을 무슨 필요로 눈을 감게 하고 뜨게 했는지 알 수가 없어요.

주 *아무 효과도 얻지 못하고 도리어 관중에게 웃음만 주었지요.*

서 그 당시에 좀더 비참한 생활을 보여주려고 그런 거겠지요.

김 하여간 그게 아무런 인과관계도 없고, 극으로도 효과가 없었으며, 비현실적이었습니다.

이 그것이 꼭 옛이야기 같습니다.

윤 여주인의 허영심이 전편全篇을 통해 빠질 새가 없습니다. 자동차와
양실洋室을 상상하는 것이라든지, 농촌에 있는 여자로서는 그럴 것 같지
않았습니다.

윤 *자유기자라는 것은 연애붙여주러만 다녔지, 사회적으로는 아무러한 일도
하지 않았습니다. 중이 나오는 것 같은 것은 권선징악을 말하는 것인데, 그게
유심론적唯心論的이라는 말입니다.*

이 *스토리의 그 구성이 좀 미숙합니다.*

안 어찌하여 자유기자가 수첩을 자꾸 내어놓을까요.

서 사진반 기자나 사진기계를 꺼내서 박는 수가 있으나, 수첩은 아무데서나
꺼내지 않는 것입니다. 자유기자라는 것은 사회적으로도 아무 일도 하지
않았습니다. 중이 나오는 것 같은 것도 권선징악을 말하는 것인데 그게
유심론적이란 말입니다.

주 정말 유심론자도 못 되고 사이비 유심론자였어요.

윤 여주인공의 개성이 없었습니다. 왜 그러냐 하면 여자가 부호에게 유린을
당해도, 아무런 반항도 없이 어떻게 하겠다는 목적도 없고, 다만 죽으러 간다는
것이 우리로서는 환영하지 못할 것입니다.

주 *숙명론자의 장난이지요.*

서 그런데 제일 불쾌한 것은 첩을 삼으려는 면장이나 남주인공이나 똑같은
부르주아였는데, 무엇을 봐서 두 사람을 달리 취급하였다는 것이 알 수 없습니다.

윤 간단히 말하자면 돈 있는 자가 시골 처녀를 농락해놓고 중의 권선징악의
교화를 받아 회개했다는 것이겠지요.

윤 *원작은 전연 실패입니다.*

안 *그러므로 조선영화에 원작문제가 큰 문제야요.*

주 어떠한 무엇을 대중에게 말해주기 위해 영화기술을 빌리는 것인데 우리는
선동선전의 필요에서 보아 무엇보다도 내용을 중요시할 것입니다.

김 그러면 기술문제로 들어갑시다.

광 템포가 맞지 않아요. 더구나 자살하러 한강으로 나가는 여주인공과
자유기자가 구원하려고 자동차를 타고 나가는 템포는 전연 맞지 않아요.

서 그리고 컷백을 너무도 남용하였더군요.

정 퍼스트 씬에 3년 만에 만난 사람이 매일 만나는 사람의 표정이나
다름없습니다.

김 그런데 포시[12]로 전부 촬영했다는데요.

광 그렇다면 조선서는 처음 보는 대성공이었습니다.

윤 이진권李鎭權(촬영감독) 군의 장래가 퍽 유망합디다.

광 이금룡李錦龍 군의 노역老役[13]은 여일如一[14]해요.

주 이규설 군은 실패를 했더군요.

서 쾌걸 조로와 같아요.

윤 노역이 적역이지요.

김 *윤봉춘 씨는 흥행가치를 위해 집어넣은 것은 아무 필요가 없는 역이었지요.*

윤 윤봉춘 군이 없었더면 아무것도 되지 않을 뻔했어요.

서 아무리 회심悔心을 했다기로 여자를 위해 재산 전부를 버리고 따라가는 그런
부자가 있을까요.

안 글쎄요. 유도무랑有島武郎, 아리시마 타께오이는 여자와 같이 죽을 때
재산 전부를 소작인들에게 나눠줬다는데요. 〈회심곡〉에는 한 요부에게 주고
말았으니……

이 원작보다는 기술이 좀 나은 것 같습디다.

윤 폐회를 선언하는 동시에 여러분께 우리 신흥영화예술가동맹으로서
사의謝儀[15]를 표합니다. (대략 이상) 2회 03.24

---

1   *Resurrection*(에드윈 캐어리Edwin Carewe 감독, 1927, 미국).

2   *L'inhumaine*(마르셀 레르비에Marcel L'Herbier 감독, 1924, 프랑스). 조선에는 "신감각파 영
     화"로 소개됨(『동아일보』, 1926.05.20).

3   안종화 감독의 1930년 작. 주인공이 부호의 집에 하녀로 있다가 정조를 빼앗긴 후 쫓겨나는
     과정과 남주인공이 공장에서 쫓겨난 후 불쌍한 어린이들을 위하여 꽃장사를 한다는 내용을
     담고 있다(한국영상자료원).

4   왕덕성 감독의 1930년 작. 부호 장병일은 토오꾜오에서 메이지대학(明大)을 마치고 3년 만
     에 자모(姉母)의 집에 놀러 왔다가, 조부와 동생을 데리고 교편 생활을 하던 서경애를 만나
     장래를 약속한다. 병일이 서울로 간 후 소식이 없자 경애는 그를 찾아 상경하지만, 만나지도

못하고 생활난으로 카페에 몸을 팔게 되었다. 시골에 있던 할아버지와 동생은 경애를 찾아 서울로 왔지만 경애를 만나지 못하고 주림에 헤매다가 눈까지 멀어버리는데, 마침 자유기 자로 활동하는 청년이 그들을 돕고 또 한강에 투신하려던 경애도 구한다. 병일은 신문를 통해서 경애의 소식을 듣고 명예·지위·재산을 다 버리고 경애를 찾아가지만 거절당한다(『동아일보』, 1930.02.19 기사 요약). 한편, 한국영상자료원에 소개된 기사에는 병일이 이후 산에 들어가 삭발승이 되었다는 내용이 있다.

5 동일한 합평회 개요가 『동아일보』(1930.03.23-28) 및 『중외일보』(1930.3.23-24)에도 실려 있다. 내용은 대동소이하나 차이가 나는 부분들이 있어, 『조선일보』에 실리지 않았으나 『동아일보』에는 있는 부분을 '이탤릭체'로, 『중외일보』에 있는 부분은 밑줄로 표시했다.

6 자리의 순서.

7 『동아일보』에는 "퍼스트 씬"으로 되어 있다.

8 원문에는 "싸그래요".

9 한국영상자료원 데이터베이스(KMDB)에는 '손용진'으로 되어 있다.

10 『동아일보』에는 "한메슌"으로 되어 있다.

11 『중외일보』에는 "바바라 라말"이라고 되어 있는데, 할리우드 배우 바바라 라 마르(Barbara La Marr, 1896-1926)를 말하는 듯하다.

12 포지티브 필름.

13 연극이나 영화에서 늙은이의 구실을 하는 일 또는 사람.

14 처음부터 끝까지 한결같음.

15 감사의 뜻을 나타내는 예의.

내적 심열心裂의 시대

사회주의 영화 담론과 운동은, 자본주의적 문화산업의 꽃이면서 대중적 영향력이 막강했던 영화를 통해 무엇을 해야 하는가에 대한 최초의 고민으로서 의의가 있었다. 제작활동을 통한 성과는 미미한 것처럼 보였고, 조직 내의 분열과 논란이 끊이지 않았으며, 체계적이거나 정교한 이론도 수립하지 못했다. 그러나 조선에 도래한 이래 30여년간 신기한 발명품으로, 오락으로 치부될 뿐 진지한 문화적 대상으로 담론화되지 못했던 영화라는 매체를 자본주의적 문화상품으로, 계급적 이데올로기의 프로파간다로, 식민지 조선의 현실을 형상화하는 예술작품으로 인식하도록 만든 것은 사회주의 영화운동이었다. 그리고 이렇게 형성된 인식틀은 이후 조선의 문화적 지형을 영구적으로 변화시켰다. 그 누구도 영화를 의미 없는 유흥거리로 여기지 않게 되었으며, 조선영화는 조선의 현실과 깊이 관련된 것이어야 한다는 인식지평이 형성되었기 때문이다.

〈아리랑 후편〉 〈철인도〉 논쟁

격렬한 논쟁의 해라고 할 수 있는 1930년 전후에는 많은 평론이 발표되

었다. 훗날 "내적 심열心裂의 시기"[1]라 불리는 이때의 지형을 황일현은 "자본주의적, 반동적 경향의 영화"를 만드는 "재래의 영화인"(나운규, 이경손, 김영환)과 "무산계급을 반영하는 영화"를 만드는 신흥영화예술가동맹으로 선명하게 나눈다.[2] 이런 이항대립 속에서 사회주의 논자들은 "재래의" 영화인들이 만든 영화의 계급적 성격에 대해 강하게 비판하는데, 이 비판에 이필우와 나운규가 응대하는 장면은 조선영화를 둘러싼 당대의 고민을 잘 보여준다. 논쟁은 〈아리랑〉으로 조선영화의 획을 그었던 나운규가 후속작으로 만든 〈아리랑 후편〉(이구영 감독, 1930)[3]과 액션활극 〈철인도〉(나운규 감독,

---

1   임화 「조선영화발달소사」, 『삼천리』 제13권 6호(1941.06).

2   황일현 「영화의 계급성」, 『중외일보』(1930.03.19-21).

3   〈아리랑 후편〉의 감독은 이구영이고 나운규는 각본에 참여하고 주연을 맡았는데, 논쟁에 참여하는 사람들은 이 영화를 '나운규의 영화'인 것처럼 말한다. 영화의 감독보다 원작자를 중시했던 당대의 인식을 보여주는 것이자, 각본과 감독과 배우를 넘나들었던 나운규의 존재감을 말해주는 사례가 아닐까 한다. 전작 〈아리랑〉이 워낙 큰 화제를 모았던 탓에, 실제로 〈아리랑 후편〉의 촬영 완료를 알리는 기사(『동아일보』, 1930.02.09)에서도 이 영화가 "〈아리랑〉의 주연으로 팬과 친한 나운규를 중심으로" 한 것이라고 소개하고 있다.

논쟁을 야기한 문제작,
〈아리랑 후편〉(왼쪽)과 〈철인도〉(오른쪽)

1930)에 대해 남궁옥, 서광제, 윤기정이 실망을 표하면서 시작한다.[4] 허무주의와 개인적 영웅심로 가득 찬, "조선의 현실을 망각하고 영리를 주안으로 한 순반동영화"라는 비판에 이필우와 나운규는 강하게 반발한다. 두차례씩 주고받은 서광제-이필우의 〈아리랑 후편〉을 둘러싼 논쟁[5]에서는 조선의 영화제작 환경의 열악함(자본과 기술의 미약, 제작자의 의도를 그대로 담아낼 수 없는 검열)을 고려해야 한다는 항변과 인신공격이 두드러진다. 한편 〈철인도〉와 〈아리랑 후편〉에 대해 서광제-나운규-윤기정-나운규가 벌인 논쟁[6]은 풍자성과 대중성의 문제를 키워드로 여러 논점을 제공한다.

나운규의 반론은 첫째, 서광제나 윤기정이 요구하는 "계급적 입장에서 만들라는 영화"가 무엇인지는 잘 알지만, "그것을 직접, 다시 말하면 폭로와 투쟁으로 직접 행동을 묘사한 작품이 이 땅에서 발표"되기는 힘들기 때문에 풍자극(〈철인도〉)과 우회적인 표현(〈아리랑 후편〉)을 택했다는 것이다. 맑스주의나 공산주의를 직접 말하기보다는, 개고기와 같은 "극단의 이기주의자"이자 "무뢰한"을 보여주고, 그 삶이 무익함을 관객들이 느끼도록 하는 것이 더 효과가 있다는 것(〈철인도〉), 또 '아리랑고개'의 경우는 그 너머

---

4   서광제는 "그대는 〈아리랑 전편〉을 제작하지 않았는가"(위의 글)라고 말하고, 윤기정 역시 〈아리랑〉에는 "어느정도까지 계급적 대립을 표현한 점이라든가 다소의 암시적 의도가 존재했던 까닭에 〈아리랑 후편〉이 〈아리랑〉 이상의 향상진보적 작품이 될 줄을 믿었"다고 말한다. 윤기정 「조선영화의 제작 경향: 일반 제작자에게 고함」, 『중외일보』(1930.05.06-12).

5   서광제 「〈아리랑 후편〉」, 『조선일보』(1930.02.20-22); 이필우 「서광제 씨의 〈아리랑〉 평을 읽고」, 『조선일보』(1930.02.25-28); 서광제 「신영화예술운동 급(及) 〈아리랑〉 평의 비평에 답함」, 『조선일보』(1930.03.04-06); 이필우 「영화를 논하는 망상배들에게: 제작자로서 일언」, 『중외일보』(1930.03.04-06); 서광제 「1930년 조선영화계의 현 단계: 왜 그들과 논전하게 되는가」, 『중외일보』(1930.03.25-04.02).

6   서광제 「원방각(圓方角) 작품 〈철인도〉 비판」, 『중외일보』(1930.04.26-05.01); 나운규 「〈철인도〉 평을 읽고」, 『중외일보』(1930.05.02-04); 윤기정 「조선영화의 제작 경향: 일반 제작자에게 고함」, 『중외일보』(1930.05.06-12); 나운규 「현실을 망각한 영화평자들에게 답함」, 『중외일보』(1930.05.13-19).

의 희망과 행복을 상징한다는 것(《아리랑 후편》)이다. 이것을 간파하지 못한 채 직접적인 폭로와 투쟁의 영화를 요구하는 이들이야말로 "현실을 망각한 공론배"라는 것이다.

둘째, 서광제나 윤기정의 비판처럼 이 영화들이 비현실적으로 보이는 것은 경제적·기술적 제약 때문이라는 점이다. 밤 장면 촬영이 어려우니 낮의 사건으로 바꿔야 하고, 방화는 비용이 많이 드니 칼싸움 장면으로 바꾸는 등, 의도했던 것을 제대로 구현할 수 없는 조선에서 영화제작은 "현실에 부대끼면서라도 최선의 방법"을 취해 이루어지는 것이다. 나운규는 제대로 된 영화가 아니라 "영화 비슷한 장난감"밖에 만들지 못하고 있는 상황에서, 우선은 조선영화가 생존을 한 다음에야 "완전한 무기"가 되지 않겠느냐고 반문한다. 이는 열악한 식민지 제작상황을 감안하지 않고 "이론"의 규준을 요구하는 사회주의자들에 대한 불만을 표출한 것이다.

동반자 단체 문제

이런 분열과 대립은 영화조직을 둘러싸고도 전개된다. 신흥영화예술가동맹에 대항해 등장한 영화제작 단체들(예컨대 윤봉춘, 안종화의 조선영화동인회)도 있었지만, 소위 '동반자' 단체, 즉 사회주의 영화인과 기성 영화인의 연합체적 성격의 단체도 등장했다. 이 가운데 사회주의 논자들이 가장 예민하게 반응했던 단체는 윤봉춘, 안종화, 함춘하가 조직한 엑스X키네마였다. 엑스키네마는 카프맹원 안석영 원작·각색으로 만든 〈노래하는 시절〉(안종화 감독, 1930)을 1회작, 〈큰 무덤〉(윤봉춘 감독, 1931)을 2회작으로 내놓는다. 이 작품들은 당대 사회주의의 유행으로 대중문화의 단골 소재가 된 노동쟁의와 계급갈등을 담았다. 이런 단체가 생긴 이유는, 영화제작에는 자본뿐만 아니라 기술자가 필요하지만, 당시 신흥영화예술가동맹이나 카프로서는 그것을 충당할 여력이 없었기 때문이 아닐까 한다. 윤기정은 〈노래하는 시절〉을 평하면서 "기술자도 프롤레타리아 이데올로기를 파악해야 한다"라고 말한다.[7] 그는 프로영화(카프가 지도하는 100% 프로영화)와 경향영화(동맹원 1,2인의 개인행동 혹은 급진적 영화제작 단체)를 구별한다. 그리고 경향영화의 조건으로 1) 단체 구성분자가 계급의식을 파악할 것, 2) 1,2인의 의식분자가 지도할 것, 3) 내용이 적어도 경향작품에까지는 이를 것을 내세운다. 이 기준에서 볼 때 엑스키네마는 "경향영화"를 시도한 것인데, 기술과 인력 면에서 윤봉춘, 안종화 등 기성 영화인과 협력하고, 내용 면에서는 유행하던 노동운동의 일면을 집어넣은 두 작품을 만들었다고 할 수 있다. 〈노래하는 시절〉은 『조선일보』에 연재한 안석영의 시나리오를 영화 개봉에 맞추어 단행본으로 출간해 이벤트 효과를 노리고, 조선문예영화협회 회원 일동이 출연했으며, "실내 장면은 전부 전기광선"을 사용했고 "몽따주"를 구사했다는 기술적 선진성을 홍보하며 개봉되었다. 그러나 윤기정은 이 작품이 "목가적, 부르주아 전원시인의 흙의 예찬, 자연의 구가"이며 커팅 등 기술 수준도 레벨 이하라고 비판한다. 이에 대해 영화에 출연했던 함춘하의 반박과 정원섭의 반론이 이어진다. 이규설 역시 엑스키네마 2회작 〈큰 무덤〉에 대해, 1930년 "우익그룹과 상설관 자본과의 합동으로 설립된 조선영화동인회"의 간사가 만든 영화라며 제작 인력의 출신성분을 문제 삼는다. 또한 "공장, 만주, 노동" 등 시류에 영합하는 요소와 신파적 내용을 뒤섞은 "반동적 상업주의"라고 비판한다.[8]

경향영화

'경향영화' 문제는 신흥영화예술가동맹의 해체와 관련하여 카프 영화부

---

7   윤기정 「조선영화는 진전하는가: 〈노래하는 시절〉을 보고서」, 『중외일보』(1930.09.20-25).
8   이규설 「엑스키네마 2회작 〈큰 무덤〉을 보고」, 『조선일보』(1931.03.12-19).

에 반발하며 서광제가 주창했던 것이기도 해 문제적이다. 1925년 예술운동 단체로 등장한 카프는 문학인들을 주축으로 활동했으나, 사회주의의 대중적 영향력이 커지게 되자 1930년 4월, 영화·연극·미술·음악 등 여타 예술 분야를 아우르는 기술 단체로 조직을 개편한다. 카프는 기술부 산하에 영화부를 두면서 신흥영화예술가동맹의 해체를 결의하지만, 스스로를 "과도적 단체"라 명명했던 신흥영화예술가동맹원 중 서광제와 김유영은 카프 영화부로의 해소에 불만을 표하며 "영화의 특수성"에 기반한 기술 단체의 독립을 강조했다. 조선 사회주의 영화운동에서 이 대립은 실은 영화부문만의 문제가 아니라 카프 전체의 방향 전환과 관련하여 꽤 큰 파문을 낳았던 듯하다. 이 사태는 사회주의 예술운동에서 영화운동의 특수성, 즉 조선에서 "가장 통속성을 가진"[9] 예술이었기에 가장 유력한 매체였던 영화를 통한 운동의 문제 및 연극·미술 등 다른 부문에 비해 상대적으로 활발했던 당시 영화산업의 상황과도 관련된다. 영화제작 과정의 특성상 정치적 지향이 다른 영화인들과도 협업을 꾀했던 영화실천의 기술적 유연성을 강조하느냐, 아니면 분파적 행동보다는 일체적 행동을 중시하는 프롤레타리아 문화운동 전반을 고려하느냐 하는 입장 차이에서 갈등이 비롯되었다.

서광제는 「조선영화예술사」에서 신흥영화예술가동맹의 해체에 반발하며, "영화의 특수성을 모르고, 어떤 예술부문보다 급속한 템포로 발전해 나아가는 시대의 최첨단아인 영화를 이해하지 못하는 조선프롤레타리아 예술동맹 현 간부 아래에 설치한 영화부"를 비판하고, 기술 단체로서 '조선프롤레타리아 영화동맹'을 꾸릴 것을 제안한다. 서광제는 "경향영화" 제작부터 시작해야 한다고 말하는데, 윤기정이 구별했듯 "100% 프로영화"가 아니라, 상업적 시스템[10] 내에서 "영화의 관객층의 대부분을 점령하고 있는 미조직 대중"을 위해 "그들이 알기 쉽게 제작"하는 것을 말한다. 서광제는 일본의 〈무엇이 그 여자를 그렇게 만들었는가〉를 예로 들며, 이 영화가 "엄정한 프롤레타리아 입장에서 비판한다면 자연생장기의 작품밖에 못 되나, 그러나 그것이 대중에 갖춰준 효과는 좌익적 영화이론보다 너무나 큰 것을 잊어서는 안 된다"라고 한다. 즉 논점이 되는 것은 '대중'을 누구로 상정하는가의 문제이다. 서광제가 "경향영화"를 강조하는 이유는 조선의 관객, 즉 사회주의 영화운동의 대상이 되는 관객을 "미조직 대중"으로 상정하기 때문인데, 바로 이 점이 카프의 '볼셰비끼화'가 상정하는 대중, 즉 "프롤레타리아 전위로서의 (대공장) 노동자, 농민"과 다르다. 카프 영화부의 지도자가 된 김남천이 서광제의 입장을 '개량주의'라 비난하는 것도 이런 이유에서다.[11] 서광제와 김유영이 신흥영화예술가동맹을 해체하자마자 시나리오작가협회를 만들고, 서울키노를 부활시켜 독자적인 제작을 시도한 것을 가리켜 김남천은 카프의 "우익적 몰락분자 등과 포합"하여 드디어 계급적 본색을 드러낸 것이라 비판했다. 그는 "자기 진영 내에 재在한 복면覆面한 적과의 과감한 투쟁"을 해야 한다며, 1929년 신흥영화예술가동맹 창립 강령부터 그 계급적 성격의 모호함을 조목조목 문제 삼는다. 이런 분열과 갈등은 김유영, 서광제가 따로 꾸린 시나리오작가협회에서 안석영, 이효석[12]과 공동집필한 『화륜』을 바탕으로 서울키노(II)가 제작한 〈화륜〉(김유영 감독, 1931)을 두고, 카프의 이론적 지도자로 부상한 임화가 그 반동성을 극렬히 비판하고 김유영과 서광제가 수긍함으로써, 표면적으로는 봉합되는 것처럼 보인다.

9 　김기진 「예술의 대중화에 대하여」, 『조선일보』(1930.01.01-10).
10 　영화운동의 유용한 방법으로 일본에서처럼 16mm 소형영화의 제작을 주장하는 사람들이 많았지만, 서광제는 스탠더드(35mm) 제작을 고수한다. 그 이유는 조선에는 16mm 카메라와 현상 설비가 없는데, 그것을 갖추려면 "고급의 보통 촬영기를 구입하고도 암실, 기타 영화사기 등을 넉넉히 장만할 수 있"기 때문이라고 말한다. 또 일본에서는 16mm 영화가 검열을 피하기 용이하지만, 조선에서는 그렇지 않다는 점을 든다.
11 　김남천 「영화운동의 출발점 재음미: 당면한 구체적 임무」, 『중외일보』(1930.07.09-21).
12 　연재 예고에는 또다른 공동 집필자로 안종화가 명시되어 있으나, 어떤 이유에서인지 이후에는 누락된다.

〈화륜〉과 〈지하촌〉

'스크랩'에 소개하는 글들은 1931년 제작된 두편의 영화와 관련한 것이다. 하나는 서광제가 시나리오 『화륜』의 연재를 시작하며, '읽는' 시나리오와 거기에 쓰이는 술어들을 설명한 글이다. 시나리오 작가가 쓰는 시나리오나 촬영용 콘티와는 다른, "읽히기 위한, 즉 독물讀物적 시나리오"는 기존의 영화소설과 달리 장면 장면을 어떤 카메라앵글과 숏 크기로 촬영할 것인가 상상하게 한다는 점에서, 영화화될 것을 미리 염두에 두고 창작되는 것임을 강조한다. 그런데 실제 제작된 영화 〈화륜〉은 이 시나리오와는 꽤 달랐던 것으로 보인다. 현재 출간되어 있는 시나리오[13]와 임화의 비평(「서울키노 〈화륜〉에 대한 비판」)을 비교해보면, 출옥 후 주인공의 행적과 파업 묘사 등에서 많은 변개가 일어났음을 추측할 수 있다.

나머지 하나는 카프 영화부에서 만든 청복키노의 〈지하촌〉(신응식 원작, 강호 감독) 촬영 개시 바로 전날, 배우들이 연습하는 장면을 취재한 기사이다. 영화소설[14]에 따르면 이 작품은 도시의 빈민가 하층 노동자들을 노동자 집단으로 조직화하려는 공장노동자와 그 동료인 룸펜 실업자, 결국 배신하는 인텔리를 주인공으로 하여, 철공장 주인이자 빈민가옥 소유자의 횡포에 맞서는 하층 노동자들의 생존 투쟁을 담고 있다. 신당리 빈민굴을 중심으로 촬영했고, 거대한 건축장을 가설해 500여명의 실업노동자를 엑스트라로 사용하여, 1931년 3월 7일 촬영을 완료, 4월 초 단성사에서 개봉하기로 되었다. 그러나 영화의 개봉이 무산되면서 카프 1차 검거로 이어져, 결과적으로 격렬한 논쟁이 무색해질 만큼 사회주의 영화담론과 제작은 소강기에 빠져든다. (백문임)

---

13   김수남 엮음 『조선시나리오선집』(집문당 2003).
14   『조선일보』(1931.01.28).

────── 함께 읽으면 좋은 글

1. 서광제 「원방각(圓方角) 작품 〈철인도〉 비판」, 『중외일보』(1930.04.26-05.01).

2. 나운규 「〈철인도〉 평을 읽고: 제작자로서 일언(一言)」, 『중외일보』(1930.05.02-04).

3. 서광제 「김팔봉 영화소설 『전도양양』 독후감」, 『중외일보』(1930.05.24).

4. 김남천 「영화운동의 출발점 재음미: 당면한 구체적 임무」, 『중외일보』(1930.07.09-21).

5. 김유영 「영화가에 입각하야」, 『조선일보』(1930.07.03-06).

6. 김남천 「영화운동의 출발점 재음미: 당면한 구체적 임무」, 『중외일보』(1930.07.09-21).

7. 서광제 「세계 각국 영화이론 총관」, 『대중공론』 제2권 7호(1930.09).

8. 윤기정 「조선영화는 진전하는가: 〈노래하는 시절〉을 보고서」, 『중외일보』(1930.09.20-25).

9. 함춘하 「조선영화의 진전을 위한 정평(正評)?: 윤군의 〈노래하는 시절〉 평을 읽고」, 『중외일보』(1930.09.30-10.03).

10. 정원섭 「조선영화의 근본적 소시민성을 탈각시켜라: 동지 함춘하 등의 예언(藝言)에 항의」, 『중외일보』(1930.10.04-?).

11. 박완식 「영화예술의 발전」, 『조선일보』(1930.10.11-30).

12. 하청 「조선영화의 발전」, 『매일신보』(1930.11.26-12.02).

13. 윤기정 「영화이론과 비평의 근본적 의의: 영화영역의 악영향 극복」, 『조선지광』 제94호(1931.01/02).

14. 이규설 「1931년에 직면한 영화운동의 긴급문제」, 『조선일보』(1931.02.15-20).

15. 이규설 「엑스키네마 2회작 〈큰 무덤〉을 보고」, 『조선일보』(1931.03.12-19).

16. 김유영 「영화가에 입각(立脚)하여: 금후 프로영화운동의 기본방침은 이렇게 하자」, 『동아일보』(1931.03.26-04.17).

17. 서광제 「영화화된 〈화륜〉과 〈화륜〉의 원작자로서」, 『조선일보』(1931.04.11-13).

18. 김유영 「서군의 영화비평을 재비평: 「〈화륜〉의 원작자로서」를 읽고」, 『조선일보』(1931.04.18-22).

19. 김유영 「금일 ── 영화예술」, 『조선일보』(1931.08.06-09.05).

1 조선영화의 제작 경향: 일반 제작자에게 고함

윤기정

「중외일보」 / 1930.05.06–12

한개의 영화가 얼마만큼 사회적 영향과 사회적 기능을 발휘한다는 것은 여기에 새삼스럽게 논평하지 않는다 하더라도, 최첨단을 뚫고 지나가는 1930년도에 처한 현대적 청년, 계급적 사회인으로서는 누구나 인증하는 사실이며, 누구나 사회적 효과, 대중적 효과, 아지프로[1]의 효과를 부르짖는 바가 아닌가. 이런 엄연한 사실이 있음에 불구하고, 조선의 영화제작자가 사회적 임무를 망각하면서 계급적 행동을 모반하면서 다만 개인의 영리만을 위해 한개의 영화가 사회적으로 다대한 악영향이 미치게 한다면, 우리들은 계급적 의분에 의해 어디까지 절대적 항쟁을 하지 않을 수 없을 것이다.

까닭에 최근 몇몇 동지의 영화에 대한 계급적 비판이 있었던 것이며, 앞으로도 적극적 투쟁을 조금도 게을리하지 않을 것이다. 또한 비판만이 우리들의 임무는 아니다. 우리들은 모든 예술의 형식적 가능을 어디까지 될 수 있는 대로 이용할 임무를 등에 지지 않았는가……. 더구나 가장 대중적이요 가장 효과적인 영화예술을 아지프로와 조직에 있어서 무기로 사용하지 않고 견디겠는가……. 우리들의 앞에는 실제 행동인 우리들의 영화라고 인증할 만한, 과연 우리들의 영화라고 부를 만한 영화제작이 가로놓여 있다. 그러므로 제1은 영화제작이 필요하다. 그러나 가장 중요한 문제는 무엇을 제작하겠느냐가 최대의 관심을 요하는 것이며, 다음은 현하 제도에 있어서 어떻게 교묘하게 표현하겠느냐 하는 곳에 우리들 제작자의 용의가 집중될 것이다. 그리하여 과연 우리들의 영화가 대중 앞에 나타나게 하기를 노력하지 않으면 안 될 것이다. 우리들의 앞에는 실제문제가 가로놓여 있다. 새로운 경향의 영화제작이 있을 뿐이다.

1930년! 조선에서, 조선사람의 손으로 되는 영화가 어떤 경향을 보여주며, 소위 일반 제작자의 태도는 어떤가? 제작 경향을 본다면 내가 여기에 구명하지 않는다 하더라도, 대중의 정당한 눈과 거기에 좇아 일어나는 일반의 여론이 이미 규정하고 있지 않은가. 순純 영리만을 생각하고 제작하는 소위 흥행 본위의 작품이, 현하 조선사회에서 일부의 지지와 한걸음 더 나아가 환영을 받는다면, 이것은 확실히 부르주아 근본성에서 나오는 향락이 아니면 악착한 현실고現實苦를 한때라도 잊어버리려는, 안가安價[2]의 오락을 맛보고자 하는 무의식 분자의, 이리 쏠리고 저리 쏠리는 무정부 상태의 얼크러짐에 지나지 못하는 것이다. 1회 05.06

일부의 향락군享樂群을 제외하고 이 현실에서 부대끼는 생활고에 쪼들리는 그들에게, 다시 말하면 무의식 대중에게 현실을 여실히 표현한 작품을 보여준다면, 그들은 소리치며 환호할 것이다. 영사막을 뚫고 들어갈 의기가 그들에게 복받칠 것이다. 그렇다고 〈아리랑 후편〉이구영 감독, 1930 상영 시에 나운규 군이 영사막을 힘 있고 기운차게 뚫고 나와서는, 결국 4,5인의 기생과 휩쓸려서 야비하고 추잡하게 엉덩춤을 추며 노래를 부르는 것 같은 의미로 말하는 것은 아니다.

더구나 금년에 들어서 조선영화의 제작 경향을 본다면 확실히 영리 본위요, 흥행 본위였다. 그만큼 빈약한 내용을 가지고 무리로 꾸며놓은 기형적 작품인 〈아리랑 후편〉을 보라. 〈아리랑〉나운규 감독, 1926에 비해 다대한 손색이 있고 수준 이하요 문제 이외인 스토리를 가지고, 또한 나 군 자신도 이 점을 어느정도까지 인식하면서 대담하게 제작했던 것은, 다만 〈아리랑 후

---

1   agitation propaganda. 선동을 목적으로 한 선전.
2   싼값.

편〉이라는 제목을 팔아 대중을 기만하면서라도 영리만을 생각한 데 지나지 못하는 것이다.

우리들은 〈아리랑 후편〉에 대해 얼마만큼 큰 기대를 가졌었던가. 〈아리랑〉이 우리들의 작품이 아니라고 하더라도, 어느정도까지 계급적 대립을 표현한 점이라든가 다소의 암시적 의도가 존재했던 까닭에, 〈아리랑 후편〉이 〈아리랑〉 이상의 향상 진보적 작품이 될 줄을 믿었던 것이다. 과연 기대가 컸었다. 기대가 컸었던 만큼 실망이 크다. 2회 05.07

〈아리랑 후편〉이 〈아리랑〉 이상의 작품이 될 줄 믿었던 것이 오히려 영화 〈아리랑〉이 〈아리랑 후편〉 때문에 이름을 더럽히고 말았으니, 조선영화의 발전을 위해 슬퍼할 일이며, 나운규 군 자신을 위해 크게 반성할 일이었던 것이다.

조선영화의 제작 경향은 영영 삐뚤어져나가고 말 것인지? 보라! 〈철인도 鐵人都〉나운규 감독, 1930를. 〈아리랑 후편〉에 이르러 막다른 골목을 당했던 나 군이 영화계를 은퇴한다면 모르거니와, 그렇지 않고 계속하여 영화를 제작한다면, 반드시 신국면을 타개하려는 부단의 노력이 있어야 당연할 것이다. 그럼에도 불구하고 비현실적·반계급적·반동의 영화를 제작했다는 것은, 우리들이 지적해 말하지 않는다고 하더라도 대중이 증오의 화살을 겨눌 것이다. 아래에 가서 세밀히 구체적으로 논의하겠지만 〈철인도〉로 말하면 철저한 개인주의에 입각한 전형적 영웅심의 발로이다.

이처럼 조선영화의 제작 경향이 개인적이요 순 영리적으로 기울어진다면, 한 부분의 사회적 현상으로 보아서 그대로 묵과할 수 없는 일이다. 반드시 사회적 제재가 있을 것이다. 조선영화제작의 근본적 의도가 오락 본위의 작품을 제작하지 않으려는 것은 일반 제작자, 영화계에 종사하는 사람으로서 누구나 입으로는 떠들면서, 깊이가 있고 무게가 있고 암시가 있는

현실적 작품을 왜 만들지 못하는가 말이다. 3회 05.08

　나는 위에서 조선영화의 제작 경향을 간단히 말했으므로, 지금부터 제작자의 태도를 검토하여 그들의 근본적 의도를 대중 앞에 구명 폭로하는 동시에, 일반 제작자의 고려와 반성이 있기를 절실히 바라는 바이다.

　조선의 영화제작자는 현실을 모피謀避[3]하려고 하지는 않을 터이지……그렇다면 불합리한 현실에 대해 왜 눈을 가리느냐 말이다. 그리고 생활고로 악머구리참개구리같이 아우성치는 소리를 왜 듣지 않으려고 귀를 틀어막느냐 말이다. 과학적·계급적 입장에서 나온 정당한 평을 왜 부정하며, 개인주의 의식을 양기揚棄하고 인류의 공통된 행복의 날을 가져오기 위해 줄달음치는 투사인 평가評家, 자기를 희생하면서라도 대중을 위해 싸우는 영화인을 왜 사갈시蛇蝎視[4] 하느냐 말이다.

　우리들은 현하 조선영화제작자의 비할 데 없는 여러가지 고민을 잘 알며, 일반 종업원의 말할 수 없이 비참한 생활을 체험도 했고 목도도 했으며, 경제적·정치적(중요하게 검열) 기타 무수한 난관을 모르는 바 아니다. 그처럼 고민이 있고, 어려움이 있고, 난관이 있기 때문에 단 한개의 작품이라도 소홀히 만들지 말자는 것이다. 좀더 의의가 있고, 가치가 있고, 보람이 있고, 대중에게 이익이 있는 작품을 내놓자는 말이며, 제작자로서는 좀더 깊은 생각에서 나온 진지한 태도로 제작에 임하라는 말이다. 조선영화는 절대적 오락 본위에서는 안 된다. 현실적·대중적·계급적 요구에 의해 사회적 의의가 있고, 계급투쟁에 적극적 내지 소극적 도움이라도 있는 작품이 아니어서는 존재 가치를 절대로 인증할 수 없다.

3　　피하려고 꾀를 냄. 또는 꾀를 써서 피함.
4　　뱀이나 전갈을 보듯이 한다는 뜻으로, 어떤 것을 끔찍이 싫어함을 이르는 말.

현하 조선영화제작자여! 그대들이 제작한 영화가 과연 현실을 망각한 작품이 아니었으며, 그대들의 제작 태도가 과연 진지했던가? 털끝만큼이라도 양심이 있거든 마음 깊이 굽이치도록 생각해보라. 어느 한구석에 찔림이 있을 것이요, 뉘우침이 있을 것이다. 둔감해서 깨닫지 못하고 우리들의 비판을 내내 사감私感으로만 간과한다면, 우리들의 평을 그릇된 것이라고 오인한다면, 나는 이 아래에 몇가지 사실을 지적해서 대중에게 호소하여 엄정한 대중적 판단에 맡기고자 한다. 4회 05.10[5]

나운규 군으로 말하면, 조선영화계에 한 큰 존재다. 조선영화제작에 있어서 작품을 가장 많이 제작 — 금년 이래 3개 중 2개가 나 군의 제작 — 하고, 앞으로도 만난萬難을 불고하고 꾸준한 노력이 있을 것을 믿기 때문에, 우리는 나 군의 영화 행동을 주목하는 것이며, 나 군을 문제 삼게 되는 것이다.

아리랑 아리랑 아라리요
발 빠진 장님아 욕을 마라
제 눈이 어두워 못 본 것을
개천은 나무래 무얼하리
(방점은 기정基鼎)

이 노래를 아무리 호의로 해석한다고 하더라도, 현실을 도피하려는 것밖에 더 되지 않는다. 장님은 눈먼 것만 한탄하고, 역경에서 헤매는 무리들은 국운國運만을 믿고, 없는 놈은 생활이 참담할수록 운명으로만 돌리라는 말이지…… 처지와 환경이 그렇게 된 이상에 반역은 해서 무엇하며 반항은 해 무엇하느냐 말이지…… 그러니까 불합리한 현실에 대해서는 보고도 못 본 체하고 듣고도 못 들은 체하면서, 노래나 부르고 춤이나 추며 개인향락이나 하라는 말인가?

〈아리랑 후편〉에서 완전한 해결을 하지 못하고, 나 군이 생각한 바를 그대로 표현하지 못하여 결국 영사막을 찢고 무엇을 호소하려고 나 군 자신이 무대 위로 뛰어나온다. 그러면 나 군 자신이 관중 앞으로 힘 있게 뛰어나온 보람이 어디 있는가? 내가 위에서 말한 바와 같이, 나 군은 두어마디의 독백이 있은 후, 아리랑 노래를 부르는 4,5인의 기생 앞으로 뛰어올라 가서 그들과 휩쓸려 입으로는 합창을 하며, 조금도 진실미가 없는 엉덩춤, 어깨춤을 추는 정경은 추태 폭로 이외에 아무것도 아니었다. 그래도 나 군은 그와 같이 한 데에 만족하려는가?

혹시 군은 이렇게 말할지 모른다. 확실히 이렇게 말하리라. 자기가 뛰어올라 간 곳은 아리랑고개요, 이 땅덩어리에 살아가는 온 백성의 희망의 고개요, 때는 동경憧憬의 날, 희망의 날이 와서 노래 부르고 춤추는 것을 표현한 것이라고…… 그런 것을 무식하고, 저급이어서, 상징적 표현을 이해하지 못했다고 하리라. 또한 노래를 들으라고 하리라.

동무야 서른[6] 꿈 어서 깨라
아리랑고개로 붉은 해가
두 팔을 벌리고 날아드네

나는 여기에 대해 두가지 해석을 갖는다. 하나는 투쟁이 없는 곳에 승리의 날, 희망과 동경의 날, 노래 부르고 춤출 날이 절대로 오지 않는다는 것

---

5   4회(5월 10일자) 연재분 첫머리에 다음과 같은 내용이 있어 바로잡았다. "작일 게재한 본기사 이전에 이하 기사가 누락되었으므로 이에 보충하오니 독자 제씨는 문맥을 취해 읽으시기 바랍니다.(기자)"
6   '서러운'이라는 뜻으로 추측된다.

〈아리랑 후편〉의 광고(『매일신보』, 1930.02.13)
"조선영화사상 불후의 기념탑!
웅혼비장(雄渾悲壯)! 그 누가 감격 없이 대할까 보냐?"

이다. "장님이 눈멀었다고 개천을 나무래 무얼하리" 하듯이, 우리가 요렇게 된 이상에 떠들어대면 무엇하리 하고 현상 유지에 인종 내지 굴종한다면, 이것은 확실히 투쟁 회피가 아니고 무엇인가. 그러므로 무엇을 암시하고 상징했다는 아리랑고개가 대중을 사만詐瞞하는 수단과 정책 이외에 아무것도 아니다.

그리고 또 한가지 해석은 나 군이 무대로 뛰어나왔다면 붉은 해가 솟아오르는 소위 희망의 고개 ── 투쟁이 없으면 아리랑고개는 결국 계룡산 등극과 정도령鄭道令의 출현을 믿는 것과 방불하지만 ── 를 최종까지 응시擬視하면서, "우리들은 하루바삐 저 고개로 어서 가자"고 부르짖으며 막을 내렸다면 다소간 상징적 암시로 보겠으나, 나 군 자신이 기생 틈에 뛰어들어 그런 저열한 행동으로 추태 연출을 하고 만 것은 소위 영리적 흥행가치를 생각했기 때문이며, 달리 해석하면 장님이 허방에 빠지고도 개천을 나무라지 말고 제 눈먼 것만 한탄하듯이, 이미 이 처지로 되었으니 이러니저러니 떠들지 말고 춤추고 노래 부르는 개인 향락이나 힘껏 하라고 한 것이나 아닌지? 근본 의도는 그렇지 않았다고 하더라도 그 장면을 조금이라도 생각이 있는 사람이 봤다면, 누가 근본 의도를 의심하지 않을 것이며 누가 타락하지 않았다고 하겠는가…… 그리고 군의 영화제작 태도를 다시금 생각하지 않고 견디겠는가.

만약 그 장면을 발성영화로 촬영하여 영사막에 비친 것을 나 군 자신이 본다면, 그대도 반드시 실망하지 않고는 못 배길 것이다. 5회 05.09

〈아리랑 후편〉에서 노래와 나 군의 개인 태도가 불미 불순했고 내용이 〈아리랑〉에 비해 말할 수 없는 손색이 있었음에 불구하고, 〈철인도〉7 역시 촬영만은 다소 눈에 띄는 진전을 보였으나 원작·각색·감독에 있어서는 조금도 진전이 없다. 더구나 원작에는 다대한 불만과 반계급적 행위에는 오히려 계급적 증오가 복받침을 억제할 수 없다.

어느 곳이 반계급적 행위냐고 반문하리라. 나는 이 아래에 뚜렷한 사실을 지적하여 〈철인도〉가 가진바 반동적 내용과 나 군의 삐뚤어져가는 제작 태도, 그것을 변명하려는 상상尙尙한 「제작자로서의 일언一言」[8]을 중요한 부분만 검토하겠다(동지 서광제 군이 비평[9]한 부분만은 될 수 있는 대로 중복을 피하겠다).

나 군은 말한다.

"……그러나 현실을 망각했다든지 발전해가는 사회에 있어서 과정을 부인하는 작품이라는 그런 의미의 불구가 아니란 것이다."

"현실을 관찰한다. 그러므로 이런 작품을 낸다."

과연 〈철인도〉는 나 군의 역설力設을 배반하지 않는 작품이었는가?

독자 제씨여! 여기서 주의를 늦추지 말라. 개고기介古器라는 무뢰한이 광산에 들어가서, 경칠景七이와 합력하여 광산 노동자 수십명을 2,3인의 힘으로 싸워서 승리하는 장면이 있다. 광산 노동자는 그처럼 약자만 모인 집단이던가? 아니다. 절대로 아니다. 광산 노동자라고 하면 다른 어떤 노동자보다도 강대한 힘을 가졌다. 누가 이 사실을 부인하겠느냐? 그 장면은 확실히 의식적으로 노동자의 힘을 약하게 만들었고 집단을 무시했다. 이것이 반계급적 행동이 아니고 무엇이냐…… 이것이 개인행동의 영웅심리 발로이다. 확실한 반동이다.

이러고도 현실을 망각하지 않았다고 주장하려는가. 나 군이여! 광산 노동자는 그처럼 제웅[10]만 모인 줄 알았던가? 수십명, 수백명이 단 두세 사람을 이기지 못하는 약자들만 모인 줄 아는가? 군이 털끝만큼이라도 계급적 양심이 있다면 〈철인도〉에 대해서만은 "제작자로서 일언"이니 하고 호기스럽게 구차한 변명을 안 할 것이다. 6회 05.11

나 군은 〈철인도〉 속에 위대한 내용이나 숨어 흐르는 듯이 과장을 한다.

"〈철인도〉의 이야기가 조선 현실에는 없는 이야기라고 하자. 그러나 작자는 조선 현실에 이런 작품이 절대로 필요하다고 생각한다. 왜 그러냐 하면 관객 대중이 평가評家 서 군과 같이 〈철인도〉를 껍질만 보고 있지 않으리라고 확실確實하기 때문이다."

이처럼 〈철인도〉는 과연 내용을 자랑할 만한 작품이었던가? 속 깊이 스며 흐르는 굵다란 힘이 있는 나 군의 입을 빌면, 소위 풍자극을 서 군이 수박 겉핥듯 겉만 핥고 말았는가? 그처럼 〈철인도〉라는 작품이 소리쳐 과대평가할 만큼 훌륭한 영화였던가?
선과 악을 설교하는 목사의 존재가 내세울 만한 내용은 못 되겠지……
그리고 목사의 종교적 감화가 우리로서 긍정할 점은 못 될 것이다.

"종교는 아편이다."

나 군! 이런 부르짖음에 귀를 가리는가?
나 군이 운위한바,

---

7   몇대째 이유 없이 피를 흘리며 싸우고 있는 윗동네와 아랫동네가 있는데, 교회 목사의 딸 마리아를 탐내는 탄광의 원(元)십장은 윗동네 싸움꾼 대장 경칠삼(景七三)을 꼬여 흉계를 꾸민다. 우연히 두차례나 마리아를 구해내게 된 아랫동네 싸움꾼 대장 개고기(介古器)는 원십장에게 배신당한 경칠삼과 힘을 합쳐 원십장과 수백명의 그 부하들을 물리치고, 두 동네 사이에도 평화가 찾아온다. 이후 야학공부를 시작한 개고기는 몇년 후 선생이 된다. 서광제 「원방각(圓方角) 작품 〈철인도〉 비판」, 『중외일보』(1930.04.26-05.01)에서 요약.
8   나운규, 「〈철인도〉 평을 읽고 제작자로서 일언」, 『중외일보』(1930.05.02-04).
9   서광제의 「원방각(圓方角) 작품 〈철인도〉 비판」, 『중외일보』(1930.04.26-05.01)를 말함.
10   짚으로 만든 사람 모양의 물건.

"이 작품은 풍자극이다. 더욱 이 작품 첫 막에 그것을 명백히 말하는 것이다. 전체를 통하여 한마디로 말한다면 갑甲과 을乙은 같은 사정이 있으면서도 모르고 싸운다. 그것 때문에 병丙은 그것을 이용한다. 그러나 두 사람에게 병이 공통의 적인 줄 알았을 때 갑, 을은 악수하지 않을 수 없으리라. 그 악수한 힘은 병을 이기고도 남는다. 그러나 악수하기 전에 갑, 을의 싸움은 병에게 이익을 주었으리란 이야기다."

이와 같은 말이 〈철인도〉에 표현된 내용과 어떤 관련이 있으며 얼마만한 거리가 있는가? 갑은 개고기요, 을은 경칠이라고 하면 병은 원십장元十長으로 볼 수밖에 없다. 그렇다면 원십장을 공동의 적으로 대할 만한 근거가 무엇이며 이유는 어디 있나?

대대로 싸움하던 아랫마을, 윗마을 사람들이 싸움을 안 하려면 그만한 이해문제가 있지 않으면 안 된다. 두 마을 사람의 사활문제가 생겼다면 모른다. 가령 원십장 같은 일개인의 이익을 위해 두 마을의 농사에 중요한 '물골'¹¹을 돌려댄다든지, 두 동리의 생명인 화전火田 같은 것을 한 사람에게 독점되려 한다면, 갑과 을은 생명을 내놓고 필사적 싸우는 것이 당연할 것이다.

그러나 문제의 발단은 '마리아'라는 조그마한 계집아이다. 이것이 공동의 적이 될 만한 근거이며 두 마을이 싸움하지 않게 된 이유인가? 그리고 이것이 나 군이 말하는바 풍자극인가? 풍자극이란 철저한 개인주의 사상의 표현이며 극단의 이기주의자의 행동을 묘사한 것이라면, 풍자극 자체를 위해 재삼 곡할 일이다. 그리고 풍자극은 노동계급의 위대한 집단적 힘을 무시하면서라도 개인의 영웅적 힘만을 발휘하게 만드는 극인지 나 군에게 반문하고 싶다.

이처럼 계급적 양심이 없으면서도 현실을 말하고 과정을 운위할 수 있는 용기만은 가졌는가? 나 군이 과연 현실을 망각하지 않고, 발전해가는 사회의 과정을 참으로 이해하려면, 무엇보다도 모든 사물을 계급적으로 관찰하는 데 있다. 계급적 이데올로기를 파악하지 않고는 참으로 대중의 이익을 위하는 영화를 제작하지 못할 것이다. 참으로 대중을 위하는 영화는 프로영화 이외에 아무것도 없다.

이 말은 나운규 군에게만 대해서가 아니라 일반 제작자에게 보내는 것이다. 조선의 영화제작자여! 그대들은 영화제작에 있어서 진지한 태도를 가지라. 그리고 재래에 말하는 소위 영리적 흥행가치를 제1의적으로 생각하지 않기를 바란다.

〈무엇이 그 여자를 그렇게 만들었는가〉. 이 영화는 일본 동경에서 6,7주일간이나 장기 흥행을 한 센세이션을 일으킨 일본 프로영화이다. 세상은 움직인다. 재래의 영화를 압도하는 프로영화를 보라. 조선의 제작자도 이 점에 착안한다면 재래의 흥행가치와 별다른 의미의 흥행가치가 교차될 것이다.

나는 마지막으로 나운규 군에게 나의 충심衷心[12]에서 나오는 간절한 부탁을 하고자 한다. 이 말은 나 군 개인을 만나서라도 하겠지만 앞으로는 감독의 한 사람으로서만, 배우의 한 사람으로서만 꾸준한 노력이 있기를 바란다. 이렇게 함으로써 당분간 나 군 자신으로 하여금 탈선이 없을 것이다.

(끝) 1930.05.06 7회 05.12

---

11   '물고랑'의 준말.
12   마음에서 우러나오는 참된 마음.

2 현실을 망각한   나운규
영화평자들에게 답함

『중외일보』 / 1930.05.13-19

　최근에 와서 조선영화계를 논하는 사람이 퍽 많다. 조선에서 제작된 영화를 평해주는 사람도 퍽 많다. 1년 동안 하루도 빼지 않고 신문지를 뒤져보아도 영화에 대한 기사라고는 한번도 없던 5,6년 전에 비해 이렇게까지 이 사업의 존재를 중요시하게 된 것만은 우리들의 일을 위해 기뻐할 일이며, 문제로 삼아주는 분들에게 제작자인 우리들로는 감사한다. 그러나 그 문제로 삼아주는 주제는 아름다우면서, 평론은 거의 다 오론誤論13, 공론空論14이며, 필자가 거의 다 제작자(지금 제작하려는 자나 혹은 직접·간접으로 어느 제작회사에 속한 자)인 이상, 조선영화계의 장래를 위해 그대로 묵과할 수는 없다. 이제 그들이 간판으로 사용하려는 프로 대중을 위한 영화의 본질을 알려주기 위하여는, 그들이 반동영화라고 억지로 이름 붙이는 〈아리랑 후편〉이구영 감독, 1930과 〈철인도〉나운규 감독, 1930를 작자 자신이 해석하여 대중이 공정한 판단을 내리도록 하려고 한다.

　먼저 〈아리랑 후편〉부터 말해보자. 이 작품이 과연 대중을 기만하는 반동영화인가? 만일 그렇다면 나는 단연코 사회적 제재를 받아야 한다. 아니, 사회와 대중이 그 벌을 내리기 전에 자살할 것이다. 출신出身이 광인狂人이 아닌 이상 그런 반동영화를 만들었을 리가 없다. 〈아리랑 후편〉은 단연코 군 등이 말하는 그런 영화는 아니다. 윤 군이 문제로 삼는 노래 첫 절,

　　발 빠진 장님아 욕하지 마라
　　제 눈이 어두워 못 본 것을
　　개천은 나무래 무엇하리

〈철인도〉의 한 장면
한국영상자료원 홈페이지에는 〈철인도〉의 장면으로 소개되고 있는데,
『나운규 앨범』(한국영상자료원 2014)의 해제 필자는
〈농중조〉의 한 장면으로 추측하고 있기도 하다.

이것을 현실에 만족하라는 것으로 해석했다. 이 노래를 그렇게 해석하는
평자가 4권 초에 박朴 선생이 입으로 영진이에게 한 말 중 노래 3절을 일일이
해석해놓은 것은 못 보았는지, 거기에 대하여는 한마디도 하지 않았다. 노래
를 말하는 사람이 그렇게도 분명히 해석해놓은 자막을 못 읽었다는 것은 믿
어지지 않는다. 영진이가 낫을 들고 동리 사람들에게 달려들 때, 박 선생이 붙
잡고 영진이에게 말하는 자막 중 제3 자막이 분명하게 이 노래를 해석했다.

남을 원망만 하는 사람은
제 잘못과 책임을 잊어버리기

13   이치에 닿지 않는 말. 틀린 말.
14   실속이 없는 빈 논의.

쉬운 사람이다. 마치 발 빠진

장님이 개천을 나무라는 것같이

이렇게 분명히 해석했다. '책임을 남에게 돌리고 원망만 말아라, 뉘 탓이냐, 다 네 탓이다. 그러니 네가 할 일이요, 네가 할 책임이다. 발 빠진 장님이 개천을 나무라는 것 같은 어리석은 짓은 말고 네 일은 네가 하라.' 이렇게 분명히 해석해놓은 것을 보고도 현실에 만족하라는 말로 해석할 수밖에 없더라고 하는 머리, 아니 마음을 의심하지 않을 수 없다. 〈아리랑 후편〉을 본 사람이 이 자막 세개를 그대로 넘겼을 사람은 없을 것이요, 사진 전체로 봐도 제일 중요한 장면이다. 왜 그러냐 하면 라스트 씬 가까이 부르짖는 "마음이 변했다"가 이 작품이 말하려는 제일 중요한 목적이다. 그렇기 때문에 영진이가 출옥하여 돌아와 본 사회가 입옥入獄 전에 비해 얼마나 변했다는 것이, 이 작품을 보는 사람에게 제일 주의해야 될 일이 아니냐. 천부자千富者가 오른손같이 중히 하던 오기호吳基浩를 죽인 영진이를 동리 사람들은 울며 작별했다. 그때에 그 사람들 마음에는 자기들의 할 일을 대신한 사람이다, 자기들을 위해 희생이 되는 사람이다, 이런 생각은 누구에게나 있었을 것이다. 그러므로 이 희생자를 옥으로 보내며 울었다. 그렇게 마음속 깊이 믿던 동지들이, 영진이가 출옥 후에 그를 반갑게 대할 자유까지 빼앗겨버렸다. 속으로 피가 끓으면서도 밧줄을 쥐고 영진이를 기다린다. 왜 그렇게 되느냐가 문제요, 이것을 말하여 '변했다'는 것이다. 사회가 변했고 사람들의 마음이 변했다. 동지들이 전편前篇에는 다소간이라도 힘이 있었다. 희망이 보였다. 그러나 후편(출옥 후)에는 아주 낙심하고 그야말로 현실에 인종忍從하는 사람들이 되고 말았다. 이것이 영진이가 최후까지 부르짖는 "마음이 변했다"라는 것이다. "마음이 변했다"고 버리지 말아라, 미우나 고우나 네 형제니 힘을 주어라, 그 책임이 네게 있다. 이렇게 분명하게 해석해놓은 작품을 억지로 반동영화를 만들어놓으려니, 10세의 아동들이 보고도 웃을 우론愚論[15]을 늘어놓는 수밖에 없다. 가슴에 손을 대고 생각해봐도 양심에 발동이 없거든, 칼로 찔러서라도 옳은 피를 끌어내 놓고 평을 써라. 관중이 소리치며 박수하던 작품에 제일 중요한 자막 셋을 못 보았다면, 작품을 평할 자격이 없다. 1회 05.13

이렇게 분명한 사실을 부정하고 현실에 만족 운운하는 논자의 마음을 의심 안 할 수 없다. 에필로그에서도 무대에 출연한 사람이 기생으로밖에 안 보이는 무식하고 삐뚤어진 눈을 가지고 극을 논한다면, 벌써 논자로서의 자격을 잃어버린 논평이다. 이런 논평은 해를 준다는 것보다도 차라리 죄악이라고 보는 것이 마땅하다. 출연하는 사람이 기생이든 창기든지는 문제가 아니다. 배우의 이력 조사를 해가지고 작품을 평하려는 것과 동일한 우치愚痴다. 윤 군이 말한 것과 같이 고개는 희망이다. 독백에 "저 너머는 행복이 있다"라고 말했다. 그러나 고개가 넘기 어렵다고 낙심치 말아라, 넘으면 꼭 된다고 말했다. 그리고 넘어가면 행복이 분명히 있다고 말했다. 그 행복이라는 것을 표현한 방법을 춤과 노래로 한 것이다. 그러니 춤과 노래를 완전히 효과 있게 할 배우는, 다시 말하면 그것을 완전히 표현할 수 있을 만한 기능 있는 사람은 기생 외에는 구하기가 어렵다. 그러니 그것을 제일 잘 표현시켜서 극 전체를 살릴 사람을 구한 것이다. 그 사람의 신분이 기생이라고 하자. 그러나 막이 열리고 무대에 나온 이상 한 사람의 배우다. 그런데 군은 연극이 말하려는 것을 보기도 전에 출연 인물의 신분부터 말했으니, 인구조사를 다니는 순사가 아닌 이상 극평에 신분 조사는 무식을 폭로하는 것이다. 춤을 춘 것이, 나운규라는 배우가 극중에 한 인물의 역을 맡아 가지

15   어리석은 의논이나 견해.

1930년의 극장 앞 풍경(『매일신보』, 1930.04.04)
조선극장으로 추측된다.

고 나왔으니 그때는 최영진(가정假定)이다. 춤이란 희망과 행복을 말하는 한 표현방식이다. 나운규가 기생과 같이 춤췄다고 비웃으니 그 장소가 요리집이더냐. 무대와 요리집을 분별하지도 못한 군은 아닌 줄 안다. 이런 글은 군 자신의 명예를 위해서라도 그만두는 것이 좋겠다.

투쟁이 없는 곳에 무슨 희망이 있겠느냐고. 그렇다. 투쟁이 없으면 희망이 없는 것은 물론이요, 멸망밖에 없다. 그런 줄을 잘 안다. 그런데 군 등의 투쟁이라는 것은 직접 행동을 말하는 것이다. 대체로 군 등은 투쟁이니 계급이니 떠들면서, 그 투쟁의 상대와 계급의 대립체를 아는 듯하면서도, 또 분명히 안다고 자신하면서도, 모르는 것 같은 행동을 하고 있다. 이 땅은 조선이다. 우리는 조선사람이다. 러시아도 아니요 ××도 아니다. 팔자를 행복되게 타고난 백인들도 아니요, ××가 형체나마 있는 ××민족도 아니다. 우리는 조선사람이다. 처지가 다른 동시에 모든 상대가 다르다. 수많은 소작인에 지주가 누구며 공장 주인들은 누구냐. 일본 잡지를 직역이나 해서 늘어놓고, 남들이 이렇게 한다 하니 우리도 이렇게 해야 될 줄로만 알았지, 제 처지와 제 사정은 문제 밖으로 안다. 먼저 투쟁의 필요를 느끼기 전에 투쟁의 상대를 알아라. 이 말은 더 길게 않고 그치겠다.

자본주의 대大회사가 프로예술운동을 방해한다는 것은 일본에서나 적당한 말이지, 조선에는 대회사는 고사하고 영화란 아직도 인형人形도 못 된다. 형체도 못 이루었다. 영화로 다소간이라도 이익을 얻었다는 사람은 초기의 몇 사람밖에 없다. 프롤레타리아 이데올로기는 없었을망정 의식적으로 부르주아의 노예가 된 영화인은 하나도 없다. 다소간이라도 부르주아지의 작품이 있었다면 그것은 인식 부족이다. 왜 그러냐 하면 우리들은 매일 이 현실에 생활고를 느끼는 프롤레타리아의 한 사람이기 때문이다. 영화가 완전한 상품도 못 되는 형편에 영리는 무엇이며 오락은 무엇이냐. 여기에서 군 등이 말하는바 계급적 입장에서 만들라는 영화가 무엇인지 잘 안다. 그러나 그것을 직접, 다시 말하면 폭로와 투쟁으로 직접 행동을 묘사한 작품이 이 땅에서 발표될 줄 아느냐. 그렇게 믿는 군이야말로 현실을 망각한 공론배들이다. 이제 모든 것의 해결은 군 등이 발표할 작품이 말해주려니와, 군 등이 아직까지 영화평?자로 있는 동안에 이미 발표된 남의 작품을 이렇게도 억지로 삐뚤어지게 해석하고, 외국 잡지에까지 자기들의 작품만이 제일 민중을 위해 제작된 것이라고 스스로 자랑하는 것은, 자가自家의 선전을 한다는 이익 외에는 아무 효과도 없을 것이다. 영화의 최후의 심판관은 관중이다. 내가 내 작품을 해석하는 어리석은 일을 하지 않아도 공정하게 보는 관중이 군 등의 평문을 코웃음으로 대할 것이다. 2회 05.14

억지로 대중에게 무리한 호소를 한다고 대중이 군들의 억양抑揚에 맹종할 리가 없는 줄 잘 알면서, 당장에 판단이나 될 일을 악을 쓰고 떠드느냐 말이다. 모든 문제는 시일이 증명해줄 것이다. 내가 하는 일(또 하려는 일)이 반동영화인지, 군 등이 이제 발표할 영화가 대중이 요구하는 영화인지는 시일이 증명할 것이다. 그때에 대중이 완전한 판단을 내려줄 것이다. 현실을 망각한 군 등의 공론空論이 실현이 되는가, 현실에 부대끼면서라도 최선의 방법을 취하는 우리들의 사업이 반동적 행위인가는 증명할 날이 올 것이다. 군 등은 이렇게 말해 내려온다. 지금까지 조선영화(주로 필자의 작품)는 다 비현실적이라고. 그러나 그렇게 말하는 군 등은 너무도 현실을 모른다. 왜 군들이 말하는 그 비현실적이라는 작품이 나오게 되느냐는 이유를 일일이 증명해주마.

조선에서 한 작품이 발표되기까지는 적어도 수십차의 개작을 당한다. 검열관에게 당하는 것을 말하는 것이 아니라, 자기 작품을 자기 손으로 커트를 해버려야 되고 개작해야 된다. 예를 들면 갑甲이 을乙에 대한 복수를 방화로 표현하는 것이 제일 적당한 방법이라고 정했다가도, 출자주 편의 형편상 비용이 많이 드니 방화 장면은 어렵다는 이유로 개작하여 그 방법을 쟁투爭鬪로 만들어버리고 칼로 찔러 죽이기로 하자. 이렇게 개작된 각본이 감독의 손에서 촬영이 될 때, 사건은 꼭 밤에 있어야 될 사건인데 살인한 장소가 종로나 본정통本町通16이라면, 종로나 본정통의 밤은 조선영화계에서는 비슷하게도 내기 어렵다. 그러니 부득이 낮으로 고치는 수밖에 없게 된다. 이렇게 해서 고치면 결국 "백주에 종로 4가에서 살인했다." 그리고 갑이라는 인물이 현장에서 잡혀서는 안 될 극이라면, 종로에서 살인한 사람이 무사히 몸을 감췄다는 사건이 된다. 그러나 이 영화의 원작은 그런 것이 아니다.

"그날 밤 삼경三更에 종로에 있는 ××의 상점은 다 타버렸다. 원인을 발명發明도 하기 전에 방화광인 ××는 벌써 국경 밖에 있는 사람이다."

이런 이야기가 수십차나 고쳐서 발표된 것을 평자들은 비현실적이라고 떠든다. 백주에 종로 4가에서 살인한 사람이 무사히 몸을 감췄다는 사실은 조선에서는 없을 일이다. 그러나 조선영화계에는 있을 수밖에는 없다. 이것은 극히 작은 예에 불과한 것이다. 배우 한 사람에게 출연료를 못 주었기 때문에 중도에 퇴사해버려서, 한 역을 두 사람이 맡아 출연함으로 비극이 희극이 되고 12권이 9권이 되었다는 예는 얼마든지 있다. 여우女優 때문에 딸이 아들이 되고 어머니 대신 아버지를 시키는 것쯤은 문젯거리도 못 되는 형편이다. 피눈물을 흘려야 될 장면을 웃음거리로 넘겨버린다. 동東이라고 해야 될 말을 서西쪽 반대편이라고 해야 된다. 꼭 울어야 될 곳에 웃는다. 이것을 가지고 평을 쓴다는 사람은 이렇게 말한다. '우울과 비통과 반항으로

16   '혼마치'로 통용되던 충무로 일대를 말한다.

일관해야 될 역을 웃음으로 해버리는 것은 죄악이다, 상식이 없다, 현실을 모른다, 아메리카 영화의 흉내를 함부로 내려는 부르주아의 노예다', 이렇게 평한다. 그러나 이것이 현실이다. 이렇게 하지 않고는 이만한 작품이나마 발표되지 못한다. 난센스도 작품을 발표하는 한가지 방법으로는 필요하다. 울려서는 못 나올 작품이 웃겨서는 나온다. 그러니 이런 현실을 망각한 평은 공론에 불과하다는 말이다. 표현방법이 난센스적이면 덮어놓고 불근신不勤愼[17]하다는 것은 우치愚痴의 극極이다. 돈 있는 사람과 싸우면 덮어놓고 계급운동인 줄 알고, 내용이야 어떻게 되었든지 목사만 나오면 종교적 감화를 시켰다고 하며, 노동자와 싸우면 덮어놓고 반계급적 행동인 줄 아는 것은 너무도 한심한 일이다. 3회 05.15

　그런 것은 10년 전에 소학생들이나 가르쳐줄, 시대에 뒤떨어진 이야기다. 광부들과 싸운 것이 노동자의 집단의 힘을 무시한 것이라고 해석할 수밖에 없거든, 영화평은 안 하는 편이 낫다. 분명히 가르쳐주마. 집단된 광부의 힘이 아니라 원십장元十長이라고 가정假定한 ××의 힘을 말한 것이다. 왜 ××면 ××라고 분명히 내놓지 않느냐는 것이 군들의 요구일 것이다. 그러나 모든 것의 형편이 다른 이 땅에서 군들의 이론과 우리들의 실행은 병행할 수 없다. 〈무엇이 그 여자를 그렇게 만들었는가何が彼女をさうさせたか〉스즈끼 시게요시 감독, 1929가 상연된 줄만 알지 〈도회교향악都会交響楽〉미조구찌 겐지 감독, 1929이 걸레보다 더럽게 가위질 당하고 개작한 줄은 모르는가. 더군다나 처지가 다른 이 땅에서 검열의 수준을 일본과 동일시하는 것은 너무도 현실을 모르는 공상이다. 일본에서는 상연된 작품 중에도 우리는 맛도 못 본 작품이 얼마든지 있지 않은가. 다소간 끊어졌지만 일본에서는 상연된 〈볼가의 뱃노래〉[18] 〈아메리카〉[19] 〈멸망해가는 민족〉 그 외에도 퍽 많다. 일본에서 당당히 상연하는 고리끼의 〈어머니〉(무대극으로)나 〈전

선全線〉*Stroye i novoye*, S.M. 에이젠쉬쩨인 감독, 1929 같은 것을 상연하겠다고 각본을 디밀어보아라. 결과가 어떻게 되나. 처지가 다르니만큼 술법術法이 달라야 한다. 영화사업의 필요를 느끼는 것은 군 등이나 우리나 똑같이 느낀다. 그러나 군 등과 같이 너무도 현실을 떠난 이상만으로는 조선의 영화사업은 존재할 수 없을 것이다.

검열뿐 아니라 자본에 있어서도 그렇다. 영화사업이 대자본을 요구하는 이상 출자자가 있어야 된다. 그러면 그 출자할 만한 사람은 우리들 중에는 없다. 그러면 제일 좋은 방법으로는 대중이 우리들에게 그 자본을 모아주어야겠는데 그것은 공상에 불과하다. 그러니 할 수 없이 출자하는 사람은 우리들 이외에 있어야 한다. 그러면 출자주는 왜 출자를 하느냐. 물론 이익을 얻으려고 한다. 그러니 이익은 없더라도 손해는 없어야 다시 또 출자하지 않겠느냐. 출자하는 대로 모조리 다 없애버리면 영화사업에 출자할 부르주아는 한 사람도 없을 것이다. 그렇게 된다면 절대로 대자본을 요하는 이 사업을 어떻게 해가겠느냐. 그러니 이익은 없더라도 손해는 없도록 해야 된다. 자금이 없는 우리로서는 할 수 없는 현상이다. 영화사업이 필요한 이상 우리는 이런 방법이 아니고는 이 사업을 계속해나가지 못한다. 그러니 자본주를 위한 상품이 아니라 사업의 생명을 이어가기 위한 상품영화다.

자기가 제작한 영화를 대중에게 무료로 공개한다면, 제작자로서는 이보다 더 기쁜 일이 없을 것이다. 그러나 그것은 지금 이 땅에서는 절대로 불가능한 일이다. 그러니 상품 아닌 영화는 제작될 수가 없고, 상품이 못 되면 당분간은 근절이 될 것이다. 그러니 본의도 아닌 활극 장면 같은 것을 넣는 것은 이 영화가 상품으로 원금을 돌려주도록 만드는 것이요, 그래야 사업

---

17   삼가고 조심하지 아니함.
18   *The Volgar Bratman*(C.B. 데밀DeMille 감독, 1926)을 말하는 듯하다.
19   *America*(D.W. 그리피스 감독, 1924)를 말하는 듯하다.

은 사업대로 언제든지 남아 있다. 안심하라. 영화로 폭리를 취하는 출자주
도 조선에는 아직까지도 없고, 또 그들에게 착취를 당하는 종업원도 없다.
다만 어떻게 하면 형식으로나마 남의 것 같은 것을 만들 수 있을까, 그래야
우리들의 영화도 이 땅에서만 원금을 빼려고 애쓰는 영화가 아니요, 국경
밖으로 튀어나갈 수 있을 것이다. 그러니 먼저 형식으로나마 영화를 만들
어놓고야 그것이 완전한 무기가 될 것이다. 지금까지 우리들이 만들고 있
는 영화는 영화가 아니요, 영화 비슷한 장난감이다. 우리는 이 장난감을 영
화라는 수준으로 끌어가야 된다. 그때에야 조선영화도 없지 못할 한 큰 존
재일 것이다.

　이것을 실현하기까지는 여러가지 문제가 있다. 그러나 여기에서는 논할
바가 아니니 후일로 미루어두거니와, 군 등은 이 형식이라는 것을 너무도
무시한다. 4회 05.16

　'지금 발표되는 것을 가지고도 형식으로는 만족하다.'
　너무도 모르는 말이 아니냐. 아직도 조선영화가 장난을 면하지 못하는
이상 조선영화는 언제까지든지 소위 조선영화가 되고 만다. 우리는 우리들
의 사업을 여기 그치기는 싫다. 또 여기에 그친다면 우리들의 사업은 아무
의의가 없다. 아무 희망도 없다. 물론 생명은 극히 짧다. 군들은 이만하면 어
떤 무기로라도 사용할 수 있다고 말한다(주로 촬영을). 그러나 그들에게 조금
이라도 더 좋은 카메라를 맡겨봐라. 이 땅에서만의 무기가 아니요, 어느 곳
에서든지 완전한 무기가 될 만한 것을 만들 수 있지 않겠는가. 그러므로 군
등이 아직도 직접 제작해보기 전에 붓으로만 쓰는 말은 거의 다 공론이다.
군 등이 이제부터 제작을 해보아라. 형식으로 이 현상에 만족하게 되는가.
의식적으로 군 등이 만족할 만한 영화를 제작해놓았다고 하자(그것은 물론
어려운 일이지만). 그 작품이 흐려서 보이지 않고 상하좌우로 제멋대로 흔들

리는 작품이 되었으면, 다시 말하면 형식으로 불구의 것이면 외국으로 보내고 싶겠는가. 그러니 이 형식이라는 문제는 지금 우리들에게는 제일 큰 문제다. 우리들은 할 일이 많다. 우리들의 몸뚱이를 열로 쪼개도 모자랄 만큼 다사多事하다.

그러므로 이런 설명을 하고 앉았기는 너무도 시간이 아깝다. 왜 이런 무의미한 일에 시간을 보내게 되느냐. 4,5년이나 침묵을 지키던 내가 왜 붓을 잡게 되었는가. 그것은 군 등을 최근에 와서 평자評者로만 볼 수 없게 된 것과, 또 평자로서도 너무나 양심을 잃어버렸기 때문이다. 적대시한 것도 군 등이요, 도전을 한 것도 군 등이다. 사갈시蛇蝎視하는 것도 군 등이요, 계급적 입장에서 나온 양심이 있는 평을 못하고 욕을 시작한 것도 군 등이다. 평을 하려는 평이 아니요, 욕을 하려는 평을 시작한 것도 군 등이다. 주의主義와 목적이 다르지 않은 이상 우리들이 갈 길이나 군 등의 갈 길은 똑같다. 작품을 보는 해석법이 다르면 정당하게 평을 해라. 왜 욕을 무기로 삼느냐 말이다. 작품을 평한다는 것은 작품의 결점만 끌어내리려고 애쓰는 것이 아니라는 것은 군 등이 모를 리가 없다. 이후에라도 군 등의 논법이 양심이 없는 욕이 된다면, 이 무익한 시간을 허비할 수밖에 없게 될 것이니 어찌 한심할 일이 아니겠느냐. 적어도 작품을 평하려거든 작품 볼 만한 눈은 있어야 한다. 그리고 다음에 모든 사감私感을 떠난 양심 있는 붓을 들어야 한다. 파쟁派爭을 말한 것을 부락전部落戰[20]이라고 하며, 역사 강좌가 아닌 이상 극평에 연대年代를 가지고 평하는 것 같은, 상식이 없고 양심이 없는 평가評家들을 상대로 중언重言할 성의는 없다. 각본의 책임이 어디까진지, 감독의 책임이 어디서부터인지도 구별할 수 없으면서 영화평을 쓰겠다는 것은 너무도 대담한 일이다. 그러니 무지한 두뇌에서 내놓을 것은 없고 욕밖에 더하겠

20   마을 간의 전쟁.

느냐. 특히 서 군서광제에게 이 말은 해둔다. 우리는 군의 평문 전체에서 아무 것도 취하지 못했다. 전부가 제로다. 우리들을 보고 군 등은 사갈시한다고 말고, 쓸데없이 군들보다 먼저 일하고 있는 우리들을 적대시하지 말아라. 군 등의 적은 우리가 아니다. 군 등의 제작사업을 방해할 사람은 우리가 아니 다. 대大회사의 자본력도 없고 영리를 위한 자기선전 잡지도 없다. 5회 05.18

군 등의 적은 따로 있다. 군 등이 제작한 작품도 대중의 앞에 나올 것이 요, 우리들 것도 나오는 이상 작품으로 대중에게 호소하여라. 그것이 군 등 이 취할 최선의 방법이다. 자본도 없어 남의 돈으로 이 사업을 해보겠다는 것은, 군 등이나 우리나 똑같은 사정이다. 남을 욕하는 것이 자가自家의 선 전이 될는지는 모르나 그것은 과학적·계급적 입장에서 정당한 것을 밟아 나가라는 군 등이 취할 선전법이 아니다. 그런 선전방법은 야비한 상업가 들 사이에나 사용되는 것이다. 도전이 아니요, 충고다. 평을 하려거든 공정 한 입장에서 하든지, 그렇지 않고 제작을 하려거든 말없이 작품을 대중의 앞에 내놓아라. 대중은 영화의 최후의 심판관이 아니냐. 지금까지 제작된 우리들의 작품이 결코 완전하다는 말은 아니다. 전에도 말했거니와 불구 의 작품이다. 이 불구를 완전한 물건으로 만들려는 것이 우리들의 일이요, 보다 더 대중의 요구에 만족한 작품을 발표하려는 것이 우리들이 한시간 도 게을리 않는 노력이다. 왜 적대시하느냐 말이다. 내 정신이 이상이 생기 지 않은 이상, 반동영화를 제작한다는 것은 내 정신과 내 피가 용서하지 않 는다. 그러니 목적이 같으면서 싸운다는 것은 우치愚痴다. 다만 실행 행법이 다르다면 다를지는 모른다.

이후로도 군 등의 평이 공정한 평이요 의견에 다소간 상위相違된다는 정 도의 것이면 문제로 삼으려니와, 그렇지 않고 또 억설臆說만 늘어놓는다 면 자기선전을 위한 욕으로밖에는 아니 취급할 것이다. 현실을 망각한 공론으로 동업자를 대중의 앞에 욕하고 말끝마다 자가自家의 선전을 하는 것은, 얼마나 큰 죄악인 줄 알아야 한다. 프롤레타리아를 간판으로 팔고 자가의 이익을 위해 대중을 기만하려면, 그 생명이 얼마나 갈 것인가를 잊어서는 안 된다. 우리들에게는 실행이 있을 뿐이요, 군 등[21]에게는 공론이 있을 뿐이다. 모든 것은 군들이 제작하여 발표하는 때에야 대중의 앞에 판명이 될 것이다. 먼저 사감私感을 없이 하여라. 그때에야 군들에게서 정당한 평을 찾겠고 군들의 작품이 완전한 물건이 될 것이다. 그리고 이런 공론을 늘어놓을 시간이 있거든 착수한 제작사업에나 충실하여라. 끝으로 군들의 작품 성공을 빌며 붓을 던진다. 1930.5.12 조朝 6회 05.19

3　조선영화예술사　　　　서광제

『중외일보』 / 1930.06.23~07.08 / 일부

1930년 4월 20일 조선프롤레타리아 예술동맹 중앙위원회에서 부서 조직을 새로 하여, 기술부 아래 영화부·미술부·연극부·음악부 등을 두게 되었다. 그리하여 신흥영화예술가동맹을 해체하기까지에 이른 조선영화운동은, 과연 그 후부터 발발潑潑한 성장을 하고 나아가는가를 여기에서 냉정히 생각해볼 필요가 있다.

그러면 프로예맹[22]에 각 부를 설치하게 된 원인이 성장해가는 조선의 프롤레타리아 영화운동을 위함인지, 그렇지 않으면 금반今般 예술, 즉 연극·미술·음악을 더욱 ××적 무기로써, 무산계급운동의 예술적 일익으로써 투

21　원문은 "간등(看等)"이나 오식으로 보인다.
22　원문은 "청맹(青盟)"이나 오식이다.

쟁해나가는 그 의도라 하면 여기에는 크나큰 모순이 있는 것이다. 보라. 같은 계급적 이데올로기에서 출발하고, 같은 목적지로 돌진하는 도정道程적 조직체인 신흥영화예술가동맹을 해체·박멸시키자는 조선프롤레타리아 예술동맹 본부의 현 간부와 일부 지부의 책임자와 동경 무산자無産者극장[23]의 모든 태도는, 오류의 오류를 범한 채 오늘날까지 이르렀다. 더구나 동경 무산자극장에서 조직한 결의문[24]은 어떤 감정적 행동에서 출발한 것이요, 절대로 조선의 프롤레타리아 예술운동을 성장시키자는 의미에서 출발한 것이 아니다.

왜 그러면 같은 동맹원으로 조직된 평양의 마치극장[25]은 박멸을 시키지 않는가 말이다. 조선프로예맹[26]에 연극부가 있는 이상, 더구나 신흥영화예술가동맹을 박멸하기까지에 이른 그런 역사적 중대한 모멘트에 선 오늘날 신흥영화예술가동맹을 해체하기까지에 이른 여기에 아직도 평양의 마치극장은 상존尙存해 있으니, 이와 같은 조직 혹은 해체·박멸의 모순은 조선프롤레타리아 예술동맹 현 간부에게 중대한 책임이 있는 것이다.

조선의 프롤레타리아 영화운동이 발아기로부터 제1기 발전기에 이른 여기에, 왜 다소의 운동의 침체를 보게 되었는가. 그것은 두말할 것도 없이 영화의 특수성을 모르고, 어떤 예술부문보다 급속한 템포로 발전해 나아가는 시대의 최첨단아最尖端兒인 영화를 이해하지 못하는 조선프롤레타리아 예술동맹 현 간부 아래에 설치한 영화부, 그것이 오히려 신흥영화예술가동맹 존재 시時보다 여러가지 지장이 있는 까닭이다.

보라! 일본 프롤레타리아 영화연맹이 나프[27] 영화부에 합류했다가 불과 수개월 후인 1928년 12월에 재조직을 하여 일본프롤레타리아 영화동맹으로 분화했다. 그것은 영화운동 유일의 정당하고 유력한 주체의 확립이었다. 그리하여 거기에 실천적 오류를 발견하게 되었으니, 재래의 모든 슬로건을 뒤로 제쳐놓고 '프롤레타리아 영화 생산 발표'라는 슬로건이 최초에 서게 되었다.

그러면 조선프롤레타리아 예술동맹의 슬로건을 갖고 영화운동의 슬로건으로 적용할 수 있을까. 이것은 너무나 시대착오다. 조선프롤레타리아 예술동맹 본부의 새로운 부서 설치 조직 후에 각 지부의 부서 조직 변경이 있었던가. 여기에서 운運은 더욱 복잡해지며 통일되지 못한 착란된 무단[28]의 개인행동이 일어날 것이다.

조선프롤레타리아 예술동맹 개성지부의 망동은 무엇을 말했던 것인가. 그들은 신흥영화예술가동맹의 박멸을 선언했다. 그러면 왜 신흥영화예술가동맹을 해체하기에 이른 역사적 모멘트를 알았으며, 또한 신흥영화예술가동맹 맹원의 대부분은 프로예맹 본부의 맹원이며 더구나 같은 중앙지대에 있는 만큼, 당연히 본부에서 할 일이 아닌가. 그네들이 아무리 박멸을 선언하더라도 프로예맹 본부 위원회를 경과하지 않고는 그 효効를 얻지 못할 것이다. 더구나 본부에서는 신흥영화예술가동맹을 한개의 기술 단체로 인정하고, 프롤레타리아 예술동맹은 신흥영화예술동맹에서 전부 나오게 되었다.

그러므로 동경 무산자극장이나 프로예맹 개성지부에서 신흥영예맹신흥영화예술가동맹을 박멸시키자는 슬로건을 내세우게 된 것은, 프로예맹 본부의 현 간부에 중대한 책임이 있는 것이다. 왜 그러냐 하면 그같이 박멸시키자는 슬로건을 내세우기 전에, 본부의 간부는 책임상으로도 당연히 공공연히

<hr>

23 1929년 11월 조선프로예맹 토오꾜오지부가 해체되고 무산자사에 통합되면서, 연극부가 독립적인 극단 '무산자극장'으로 재조직되었다. 이병찬, 최병한, 임화, 안막, 한재덕, 이귀례 등이 멤버이다.
24 「동경 무산자극장 임시총회 개최」(『조선일보』, 1930.05.24)에 결의문 내용이 소개되어 있다.
25 토오꾜오 무산자극장 출신 한택호가 주도한 연극단체.
26 원문은 "청맹(靑盟)"이나 오식이다.
27 NAPF. 전일본무산자예술연맹.
28 원문은 "무단(無短)"이나 '무단(無斷, 미리 승낙을 얻지 않음)'의 오식으로 보인다.

동경좌익극장(東京左翼劇場)의 〈태양 없는 도시〉 공연(위)
프로키노의 공개 영화회(왼쪽)
프로키노의 심볼(오른쪽)

신문지상에 신흥영화예술가동맹은 한개의 기술 단체로 남아 있다는 것을 발표할 것이 아닌가.

결국에 신흥영화예술가동맹이 해체를 했다 하더라도, 프로예맹원으로서 신흥영예맹원을 제외해놓고(물론 신흥영예원으로서는 벌써 권리가 없으니까) 순전한 신흥영예원의 호의가 아니고 무엇이랴. 그러므로 좌익 시네아스트는 시대착오적 조직체인 조선프롤레타리아 예술동맹 영화부를 가지고 투쟁할 것이 아니라, 영화운동 유일의 정당하고 유력한 주체의 확립을 위해 조선프롤레타리아 영화동맹을 새로 조직함으로써 우리들의 운동은 더욱 강대화될 것이며 발발한 성장을 보게 될 것이다.

그런데 혹자는 이렇게 하리라. 프로예맹의 미술부나 음악부나 연극부 등이 영화부만큼 발전이 되지 못하고 한개 독립체로서 투쟁하기에는 너무나 힘이 약하다고 할 것이나, 시대·지방·인문·풍속·습관 등에 의해 음악이 먼저 발달되는 수도 있고, 연극이나 미술이 먼저 발달될 수가 있다. 보라. 프로예맹에 연극부가 설치되어 있으나, 경향京鄕을 물론하고 토월회, 연극회, 무도 가극단歌劇團 등이 반동적 아편阿片연극 등을 하여 대중을 우매하게 만드나, 여기에 대한 투쟁에 흔적이 있을까를 살펴보라. 이와 같이 비非투쟁적 인물을 보아도 프로예맹 연극부나 미술부는 어느 때까지라도 발전해나가지 못할 것은 과학자로서는 누구나 인정할 사실이 아닌가. 더구나 그와 같은 비투쟁적 인물만 모인 연극부·미술부 등이 어떤 일정한 수준, 즉 독립체로서 투쟁할 만하게 이르기까지 조선의 프롤레타리아 영화운동을 프로예맹 영화부를 갖고 싸운다 할 것 같으면, 운동선상에 여러가지 지장이 있을 뿐 아니라 새로운 시네아스트를 흡취吸取시키는 데 다대한 곤란이 있을 것은, 우리들의 오늘날까지의 조그만 역사를 들춰보더라도 너무나 사실이 명백하다.

그러므로 이제부터 조선의 프롤레타리아 영화운동을 가장 효과적으로, 부르주아 영화인과 전면에 등장하여 ×쟁하려면 영화의 특수성을 알고 첨단적, 계급적 ×인물人物인 것을 인식한 좌익영화인의 결성체인 조선프롤 레타리아 영화동맹을 조직해갖고 ××투쟁을 하지 않으면 도저히 ×투적 인 프롤레타리아 영화운동은 할 수 없을 것이다. 11회 07.05

그러면 좀더 구체적으로 항項별로 우리의 운동 목표를 세워보자. 그러나 항별 논의에 들어가기 전에, 먼저 말한 바와 같이 경제적으로나 파쓰관계[29]로 도 16미리 영화는 더구나 조선에서 불가능한 것을 말했다. 그러면 우리의 영화작품운동은 현재의 될 공폭公幅인 35미리를 가지고 할 것은 물론이다.

1) 조선프롤레타리아 영화동맹 조직

2) 프롤레타리아 영화기관지 발행

3) 영화비판가협회 조직

4) 배우조합 조직

그러면 제1항인 조선프롤레타리아 영화동맹 조직에 대해 먼저 말하자. 투쟁 목표는 두말할 것도 없이 프롤레타리아 영화 생산·발표와 반동영화 및 이론의 비판·말살을 시켜야 할 것이다. 또한 우리들은 영화를 갖고 프롤 레타리아의 무기로 사용한 적이 한번도 없었던 것을 잊어서는 안 된다. 그 리고 검열난難을 퍽이나 말해왔다. 그러면 재래의 모든 양심 있는 영화제작 자는 검열관계로 조선영화가 상연되지 못한 것이 있는가를 말해보아라.

그러면 우리는 어떤 내용을 가진 영화를 제작할 것인가. 물론 투쟁해나 가는 노동자 농민의 일상적 결합을 영화를 갖고 보여주지 않으면 안 된다. 그러나 우리는 여기에 영화를 보는 대중을 생각하지 않을 수 없다. 우리는 누구를 위해 프롤레타리아 영화운동을 할까. 그것은 두말할 것도 없이 노 동자 농민의 ×방[30]에 영화를 갖고 참가하려는 그것이다. 그러면 결정적인 그 대상은 노동자 농민일 것이며, 그들의 해방을 위해 싸울 것이 프롤레타리아트의 유일의 ××이다. 그러면 프롤레타리아 영화라는 것은 나날이 일어나는 계급투쟁의 장면을 전 활동의 기초에 두어 촬영한 것이라야 한다. 그러므로 영화의 내용에 있어서도 예전에 해오던 부르주아의 내면 폭로, 증오, 질시 등으로 대해서는 안 된다. 그리고 노동자 농민에게 보여준다고 저급의 중세기적 요소를 띤 부르주아 예술이 형성시킨, 소위 대중적이어서도 안 된다.

그러나 가장 현실의 대중은 노동자 농민인 만큼 그들이 알기 쉽게 제작할 것은 물론이다. 그렇다고[31] 다시 퇴보를 하여 『춘향전』이나 『추월색』 『심청전』 같은 것을 영화화하자고 하는 것은 결단코 아니다. 프롤레타리아 영화는 몇천, 몇만의 인텔리겐치아나 소시민에게 환영을 받더라도 그것은 결코 성공은 아니다. 그리고 그들이 지지를 하더라도 아무 소용이 없다. 그러므로 ××하는 노동자 농민이 환영하며 지지하는 영화여야 한다. 따라서 구체적 직접 내용을 가진 것을 제작해야만 실감을 줄 수가 있는 까닭이다. 그러니까 프롤레타리아 리얼리즘적 영화를 제작하지 않으면 안 된다.

그러면 어떤 내용을 가진 영화부터 제작하기 시작할 것인가. 물론 나는 경향적 작품제작으로부터 스타트를 하려고 한다. 그것은 아무리 고가高價의 ××적 작품을 제작하더라도(검열문제는 제쳐놓고) 조선의 현실의 대중인 노동자 농민은 그것을 가장 정확히 인식하지 못할 것이다. 따라서 그것의 효과는 소수의 인텔리에게나 환영을 받을 것이다. 그런 의미에서 월전月前[32]에 김기진金基鎭 작 『전도양양前途洋洋』을 필자가 평[33]한 데 대해 같은 맹원 중

---

29   '검열 패스'를 의미하는 게 아닐까 한다.
30   '해방'으로 추측된다.
31   원문은 "그러타?"이나 오식으로 보인다.
32   달포(한달이 조금 넘는 기간) 전.

에서도 과장의 평가를 했다고 하나, 그것은 결코 과장의 평가가 아니요, 경향적 영화소설의 탄생 및 작품 생산 상연을 위한 정당한 독후감이었다.

보라. 일본에서 제작된 〈무엇이 그 여자를 그렇게 만들었는가〉보다 경향이 훨씬 나은 〈도회교향악都會交響樂〉미조구찌 겐지 감독, 1929이나 〈산 인형生ける人形〉우찌다 토무 감독, 1929 〈참인참마검斬人斬馬劍〉이또오 다이스께 감독, 1929보다 전자의 것이 대중에게 환영을 받은 것은, 아직까지도 퇴패退敗적 봉건적 사상이 붙박여 있는 그들에게 실감을 넣어주었던 까닭에, 그들은 울며 손이 아픈 줄도 모르고 박수를 해주었던 것이다. 이와 같이 도시 인텔리겐치아와 현실의 대중인 노동자 농민과의 의식표준은 말할 것도 없거니와, 실감을 주는 데 있어서도 그들을 대상으로 하지 않으면 안 된다. 객관적 현실을 넣어주는 것으로부터 우리들의 영화제작을 시작해야 한다. 그러므로 쓸데없는 이론이나 공식주의여서도 안 된다. 정당한 좌익적 이론은 급진 인텔리겐치아를 움직일 수는 있으나, 영화 관객층의 대부분을 점령하고 있는 미조직 대중은 어떤 영화의 내용이 가령 좌익적 인도주의에 불과하고 자연발생적인 영화의 영역을 벗어나지 못한다 하더라도, 지식군이 아닌 그들은 자기네들 감정에 직접 북받쳐 오르는 것을 요구할 것은 정당한 이치다.
12회 07.06

그러므로 필연적으로 생산될 프롤레타리아 영화를 위해 조금이라도 경향적 작품이 나올 때는 호의의 비판을 해주어야 한다. 일본의 〈무엇이 그 여자를 그렇게 만들었는가〉를 엄정한 프롤레타리아 입장에서 비판한다면 자연생장기의 작품밖에 못 되나, 그러나 그것이 대중에 갖춰준 효과는 좌익적 영화이론보다 너무나 큰 것을 잊어서는 안 된다. 그로 말미암아 뒤이어 나오는 〈축전蹴戰〉〈여성찬女性贊〉〈이 어머니를 봐라この母を見よ〉타사까 토모따까田坂具隆 감독, 1930 등은 확실히 〈무엇이 그 여자를 그렇게 만들었는

가〉보다 나은 경향을 가진 작품일뿐더러, 〈이 어머니를 봐라〉는 4회나 개작 명령을 받게 되었다.

조선에서는 경향적 작품 제작·상연이 결코 프롤레타리아 영화의 일보 퇴각은 아니다. 왜 그러냐면 한개의 프롤레타리아 영화를 갖지 못했으며, 경향적 작품조차 갖지 못했던 까닭이다. 그러므로 우리들은 현재의 영화적 대중의 의식수준을 정당히 평가할 것을 망각해서는 안 된다. 왜 그러냐 하면 우리의 영화전술은 그런 정당한 평가 위에 서지 않으면 안 되는 까닭이다.

"비교적 단순한, 비교적 초보의 내용을 가진 거라도 좋으니 기백만의 대중을 감동시킬 수 있는 작가에게 명예가 있을 것이다. 이와 같은 작가를 맑스주의 비판가는 비상하게 고가高價의 평을 하지 않으면 안 된다"라고 루나차르스끼Anatoly Lunacharsky, 1875-1933는 말했다. 그러면 현실의 대중에게 실감을 넣어주는 초보적 경향작품이 제작된다 할 것 같으면, 정당한 맑스주의 비판가라면 고가의 평을 해주어야 할 것이 아닌가. 그러면 질시와 개인적 감정을 제외[34]하면, 필자가 평한 김기진 군의 『전도양양』 독후감이 무엇이 과장의 평이었던가. 현재 동경東京에 있는 좀더 냉정히 조선의 현실을 내려다보기를 바란다.[35]

그러므로 좌익 시네아스트는 시대착오적 투쟁적 조직체인 조선프롤레타리아 예술동맹 영화부를 파기하는 동시에, 유일의 정당하고 강력한 주체 확립을 쟁爭하여 조선프롤레타리아 영화동맹을 조직하는 동시에, 거기로부터 대중이 요구하는 영화가 생산·상연될 것이다.

"진정한 프롤레타리아 영화 제작·상연은 조선프롤레타리아 영화동맹에서만 생산할 수 있을 것이다."

---

33   서광제 「김팔봉 작 영화소설 『전도양양』 독후감」, 『중외일보』(1930.05.24).
34   원문은 "제화(除化)"이나 오식으로 보인다.
35   중간에 단어가 빠져 있는 것으로 보이나 확인할 수 없어 그대로 둔다.

그러면 구체적 활동에서는 어떻게 할 것인가.

가. 극단의 경제적 궁핍

나. 상설관을 갖지 못했다

다. 직업적으로 영화제작계에 있을 수 없다

라. 대大영화제작소가 없다

마. 노동자 농민의 팬이 적은 것

바. 기관지가 없다

이런 파란波瀾 속에서 우리는 적극적으로

가. 경제적 융통을 도모할 것36

나. 부르주아지가 소유하고 있는 상설관에서 우리 작품에 불리할 때는, 대회관
　　이나 홀을 얻어갖고 봉절할 것

다. 될 수 있는 대로 영화촬영 시 이외에는 자유노동을 할 직업을 얻을 것

라. 좌익적 영화인은 어떤 출자자를 구하든지 간에 조선프롤레타리아 영화동맹
　　원으로 전부로 만들 일

마. 노동자 농민에게 실감을 넣어줄, 즉 그들의 의식수준을 정당히 평가하여 팬
　　을 많이 획득할 일

바. 동맹원의 전역량을 다해 기관지를 발행할 일

등일 것이다. 13회 07.07

　제2항의 조선프롤레타리아 영화동맹의 기관지 발행에 대해서는 말했으
니, 제3항의 영화비판가협회 조직에 대해 말하자. 영화비판도 한개의 예술

비판인 이상, 다른 예술 층의 그것과 같이 공통의 기초에 있지 않으면 안 된다. 또한 독립한 하나의 특수성을 갖고 있는 것을 잊어서는 안 된다. 그러므로 문예가의 문학적 관점에서 비판할 그런 영화비판은 우리는 절대로 환영하지 않는다.

종래의 영화비판은 대개 인상주의적 비판 내지 배우비판, 기술비판의 대부분은 비판 자신의 문화적 또는 교양적 영양불량의 표백表白과 계급의식의 반동성 등에 의해 한개의 계몽운동도 못 되는 기소哄譏[37]적 잡문이 많았다. 그전의 영화비판은 배우의 가십과 컷백의 교묘한 것과 카메라의 훌륭한 것 등을 나열했다(여기에는 필자도 과거 다소의 만담漫談적 기술평에 대해 과범過犯한 것을 전부 청산한다). 그러나 영화비판은 다만 '영화를 비판하는 것이 아니요, 인생을 개정시키는 수단'인 것을 잊어서는 안 되는 까닭이다. 그러므로 여기에 엄정한 맑스주의적 유물사관에 의한 비판을 내려야 할 것이다.

사회적 비판력을 말살한 영화비판은 도저히 우수한 영화를 생산시킬 수 없는 것이다. 영화비판은 사회의 개혁인 동시에, 역점力點은 형식도 아니요 다만 기능이다. 그러므로 정당한 슬로건과 비판가 동지의 유기적 연락을 취해갖고, 정당한 계급의식을 갖고 매진해야 한다. 또 한가지 기관지를 갖지 못한 우리들은 발전할 수 있는 모든 문필적 활동에 전주력全注力을 하지 않으면 안 된다. 그리하여 영화비판을 대중 속에, 또한 조직적 대중 속에 '비판과 대중'의 근접이 필요한 것이다. 그러므로 영화행동에 비판이라는 그 역할이 가장 델리케이트하게 지적인 복잡화를 보여주고 있다. 그러므로 영화계의 신新기축을 점령하고 있는 비판가 동지는 유기적 연락을 더 취하여, 영화계에 능률적 공헌을 얻지 않으면 안 된다. 또한 통일된 계급적 비판

---

36 원문에는 "도(圖)할 것"으로 표기되어 있다.
37 '기소(欺笑, 남을 속여 우습게 봄, 업신여겨 비웃음)' 혹은 '기소(譏笑, 비방하여 웃음)'의 오식이 아닐까 한다.

을 위해 우리들은 여기에 영화비판가협회의 설립을 급속히 하지 않으면 안된다.

그러면 끝으로 제4항의 배우조합 문제인데, 왜 영화종업원조합이라고 하지 않고 배우조합이라고 명명하는 데 있어서는, 조선의 영화계는 감독자나 각색자나 원작자 내지 촬영기사까지 배우의 역할을 하고 있는 까닭이다. 대大촬영소가 없는 조선에서 발성영화가 제작되지 않느냐는 촬영소 종업원은 없을 것이며, 극장의 종업원이라야 반半흥행사의 역할을 하고 있다. 그러므로 순전한 배우만이 모여가지고 조합운동, 즉 경제투쟁을 해야 할 것이며, 합체合體적 영화운동으로는 조선프롤레타리아 영화동맹을 가지고 ×쟁해야 한다.

결론

발발潑潑한 프롤레타리아 영화운동을 위해 좌익적 영화인의 결성으로 조선프롤레타리아 영화동맹을 조직하고, 기관지를 발행하고, 영화비판가협회를 조직하여 비판가 동지 간의 유기적 연락을 취하고, 영화계의 능률 향상을 위해 엄정한 계급적 비판을 할 것이며, 배우조합을 조직하여 경제적 투쟁을 할 것이다. 그리고 문필적 활동에서는 이용할 수 있는 발전기관을 전부 효과적으로 이용할 것이다. 그리하여 영화를 진정한 프롤레타리아트의 무기로 만들기에 전력을 다할 것이다.

"프롤레타리아 영화생산 상연은 조선프롤레타리아 영화동맹에서만 생산발표할 수 있으며, 이론적인 이론으로부터 실천적 이론에서 이론의 실천에 들어가자." (완)[38] 1930.7.1. 14회 07.08

4 서울키노 〈화륜(火輪)〉에 임화
대한 비판

「조선일보」 / 1931.03.25~04.03

약간의 전언(前言)

현재 조선에서의 프롤레타리아 예술운동은 새로운 계단階段을 과정過程하고 있는 것이다. 그것은 (略)으로 성숙해가는 새로운 상세狀勢[39]와, 또한 조선에 높아지고 있는 노력자勞力者 대중의 (略) 앙양의 파도 속에서 (略)인 계급예술가에게 요구되는 높은 계단의 일반 임무로부터 규정되는 것이다.

카프는 작년 중에 형식문제의 토론을 결말짓지 않아서는 안 되었으며, 우익화의 위험과 싸우지 않아서는 안 되었으며, (略) 예술의 확립과 예술운동 전반의 (略) 타他의 문제를 해결하기 위해 일체의 막연한 무산계급 예술과 깨끗이 분리하지 않으면 안 되었다.

즉 (略)주의의 확립과 지상紙上에 문제를 (略)으로 해결하기 위해, 약간의 분자分子를 조직(문학부)에서 방축放逐했으며, 가장 조직적으로 분규를 거듭했던 구舊 신흥영화예술가동맹의 반동화한 분자에 대해 단호한 처분을 가했던 것이며, 카프 영화부의 강화를 위해 신흥영맹을 해체하게 하고 배격한 것이다.

그리하여 점점 상업주의화하고 공공히 흥행 자본가와 야합하여 부르주아적 세계관의 설교를 자기목적으로 하는 충실한 속승俗僧들과, 실제 마당에서의 (略)을 위하여 자기 진영 내에 잠복한 위험분자를 숙청하고, 반동화한 소부르주아 분자를 방축하지 않으면 안 되게 되었다. 그러므로 이렇게

---

38 1930.07.09 기사에 정정보도가 있어 이를 반영하여 바로잡은 문장이다.
39 일의 형상과 형세.

분화分化되어 있는 조선영화계의 현세現勢에 비추어, 실제화하는 작품을 모르는 것만이 계급적 영화비평가의 정당한 입장이라는 것은, 동지 이규설[40] 군이 〈큰 무덤〉 평[41]에서 제언한 바와 같이, 영화비판의 불가결의 전제인 동시에 변증적 방법의 극히 일반적인 적용인 것이다.

따라서 영화 〈화륜〉을 비판함에 있어서 '불가결의 전제'는 단체 서울키노 그룹의 사회적 정착점의 위치이다. 서울키노 그룹의 최고의 지도 분자이고 〈화륜〉의 감독자인 김유영 군과 각색자 서광제 양군兩君은, 숙렬熟忍히 그들이 카프 산하에서 프롤레타리아 영화를 제작한다고 공언하고 있음에도 불구하고, 작년 카프가 신흥영화예술가동맹에 대해 해체를 권고하고 단호한 신新정책을 채용했을 때 그들은 데마고기[42]를 방송放送했으며, 계급적 영화운동의 유일의 조직을 배반한 탈주자이다. 다시 말하면 프롤레타리아 영화라고 각인하여 시장에 내놓은 영화 〈화륜〉은 그런 사람에게서 생산되었다는 것, 이것이 자칭 프로영화 〈화륜〉의 비판적 전제인 것이다.

그리고 하나는 원작자의 문제인데, 〈화륜〉은 일찍 조선시나리오작가협회의 합작으로 발표되었다는 것이 또 한가지 첨부할 조건이다. 그것은 조선시나리오작가협회라는 것이 전기前記 김, 서 양군이 카프에서 방축당하고 신흥영맹을 해체하고 나서 카프 영화부와의 새로운 대립세력을 형성하기 위해 만든 것이라는 것은, 그들의 반계급적 역사에 있어서 금상의 첨화이다. 이렇게 수다한 광영에 찬 역사로 만신滿身을 수식修飾한 〈화륜〉을 비판함에 있어서는, 어떤 반동영화를 비판하던 때보다도 일층 가혹무자비할 것이 요구되는 것이다. 프롤레타리아를 가장하는 반反프롤레타리아의 부대部隊, 개량주의, 사회민주주의는 우리들의 우편右便의 최대의 적이 아니면 안 된다. 왜 그러냐 하면 이들 우리 편을 가장한 자와의 투쟁이 없이는 우리는 강고한 부르주아적 그룹과의 (略) 불가능한 까닭이다.

이로부터 영화 〈화륜〉을 비판해가는 데, 독자의 편의를 보아 내용과 기

술의 부분을 분리하여 될 수 있도록 간명히 쓸 셈이다. 1회 03.25

내용에 대하여

이 영화의 주요 내용은 철호喆浩라는 사나이가 1919년[43] (봉) 사건의 희생자의 한 사람으로서, 10년 동안의 고난의 생활을 마치고 다시 사바娑婆[44]에 나오는 날부터 또다시 그가 이야기의 영웅으로서 입옥入獄하던 때까지, 그를 중심으로 한 여러가지 생활을 설명해놓은 것이다. 그러면 철호가 출옥했을 때 무엇이 그를 맞아주었을까? 많은 동지들과 무한히 변한 세상이 그를 맞아주었다.

그러나 벌써 이때부터 이야기는 비극의 단편을 품고 풀리기 비롯한다. 당연히 철호를 즐거운 낯으로 맞아주어야 할 그의 '애처愛妻'가 보이지를 않는다. 그의 안면에는 우울한 빛이 떠오른다. 그리하여 그는 그의 친구에게 처의 이야기, 아들의 이야기를 묻지 않으면 안 된다.

> "그의 처는 몰려오는 생활난을 견디지 못하여 드디어 마음에도 없는 사나이 덕삼德三이란 자에게로 재가再嫁를 하였다."

자막은 이렇게 말하고, 출옥하는 날도 그는 몰래 서서, 철호를 바라보고 참회의 눈물이 비 오듯 했다. 대단히 슬프다. 작자는 관중에게 이 철호라는 인민人民의 영웅과 또 그의 처에게 세상이 너무나 냉혹하게 대했다는 것을

---

40   원문에는 "이정설(李廷卨)"이라 되어 있으나 오식이다.

41   이규설 「엑스키네마 2회작 〈큰 무덤〉을 보고」, 『조선일보』(1931.03.12-19).

42   데마고기(demagogy). 대중을 선동하기 위한 정치적인 허위 선전이나 인신공격.

43   원문에는 "1819년"이라 되어 있으나 오식이다.

44   불교에서 말하는, 괴로움이 많은 인간 세계. 석가모니불이 교화하는 세계를 이른다. 혹은 군대·감옥·유곽 따위에서, 바깥의 자유로운 세계를 속되게 이르는 말.

눈물을 흘리며 호소한다. 철창에서 자기와 또 자기의 모든 것을 다 걷어차고, 큰 사업을 위해 사로잡혀 있던 남편을 배반한 계집이 어찌 세상에 용납되리오? 애틋한 인정人情비극. 기울어져가는 조선의 가정의 비극으로 말미암아 철호에게 일장一狀의 유언을 봉상捧上하고[45] 한강 철교로!

철호는 마침 자기 집으로 들어오다 처의 유서를 보았다. 놀라지 않을 수 있으랴? 미우나 그러나 자기의 사랑하던 처다. 구하지 않을 수가 있으랴? 한강으로 가는 그의 처의 뒤를 쫓는다. 숨을 벅차할 만큼 급한 추격! 버스, 전차, 급하게 달아나는 거리!

철호의 처는 철교에서 한강수 맑은 물을 바라보고, 한 많은 세상 이별을 고하려고 한다. 위기일발이다.

철호, 달려와 그를 구하느냐 못 구하느냐? 신파적 활극? 흥미만점이다. 손에 땀을 쥐게 할 것을 이 영화의 작자는 요구한다. 그러나 드디어 구한 바 되었고, 그들은 넘어가는 석양을 바라보고 "모두가 세상의 죄"라고 원망의 눈으로 하늘을 바라본다. 이리하여 철호가 세상에 나와 맨 처음 맞은 "위대한 사건"은 문을 닫는다.

그러나 상기上記의 부분에 대해 우리는 이렇게 말할 수 있을 것이다. 민족주의의 지사로서 10년 만에 세상에 나와 만난 사건으로는 너무나 졸렬한 사건이고, 또한 말하자면 시국청년(소위 시청時靑)이 세상에 나와 맨 처음 묻는 말이 자기 처의 소식이라면 섭섭하지 않을 수가 없다. 즉 사실이 너무나 신파적이었으며, 이런 인물이 무슨 사업을 했기에 10년이라는 장시일의 형을 받았을까 하는 의심을 가질 수밖에 없다. 2회 03.29

이만하고 다시 진전되는 이야기의 뒤를 다시 따라 내려가보자! 철호라는 사나이는 그러면 이 뒤에는 무엇을 하느냐? 그는 그때부터 자기 처와 아들을 덕삼이라는 자 몰래 찾다 집에 두고, 매일 처자와 자기가 살기 위해 직업을 구하러 다닌다. 그 이외에 그 사나이, 즉 무엇이고 일을 하는 사나이라고 작자가 강조하는 인물은 출옥한 실업자 이외에는 아무것도 아니다. (中略)로서 직업을 구하기에 급급할 뿐이다. 무엇이라고 할 망발이냐? 1919년 사건의 (略)하였을(이것은 그가 10년이라는 긴 형기에 매였다는 것으로 미루어 알 수 있다) (略)가 다른 출옥자와 똑같이 부랑 실업군의 1인에 불과하고, 다시 活活(略)을 시작하려는 일편一片의 노력도 보이지 않는 것은?

작자의 무지일까! 그렇지 않으면 작자도 출옥한 철호와 같이 룸펜적 세계관의 파지자把持者가 아니면 안 된다. 자기의 처와 자식, 그리고 먹으려는 이외에 아무런 생각도 없는 인간이 아니면 안 될 것이다. 그러나 적어도 〈화륜〉의 이야기 중에 인물 철호는 10년의 긴 형을 받아야 할 만큼 (?)한 (略)가 아니었던가? 스토리의 이런 운행법, 사건 취급의 앞뒤의 역립逆立 상태는 작자의 두뇌의 파격적 혼란과 작극술의 졸렬을 노정[46]할 뿐 아니라 작자의 '악'한 의도의 좌증으로써 소용되는 것이다.

오늘도 그는 직업소개소를 예외 없이 찾아왔다가 자기가 옛날에 가르치던 학생을 만난다. 여기에서 작자는 철호의 입옥入獄 전의 신분, 즉 학교 교원이었다는 것을 표명한다.[47] 그러나 이야기를 설명하는 데 이 표명이 어떤 유효한 역할을 하지 못하는 데는, 작자와 함께 필자도 섭섭할 수밖에 없다. 왜 그런가 하면 여기에서 옛날 제자와의 해후는, 뒤에 이 영화의 줄기를 무한히 어지럽게 하고 한없는 불쾌를 가져오는 (후後의 공장을) 부자의 첩과 이 청년과의 연애장난을 집어넣으려는 작자의 악희惡戲의 전제인 까닭이다. 기어코 작자는 그들 선생과 제자가 돌아오는 길에 제자가 공장주와 그

---

45   유언장 하나를 바치고.
46   원문에는 "노탄(露綻)"으로 되어 있으나 문맥상 '노정(露呈, 겉으로 모두 드러내어 보임)'의 오식으로 보인다.
47   이상 5-6문장은 문장 순서가 뒤바뀐 오식이 있어 바로잡은 것이다.

종로서에서 1931년 10월 2일 촬영한 임화(위)

카프 1차 검거 당시의 것으로 보인다.

서대문형무소에서 1931년 10월 26일 촬영한 김남천(김효식, 가운데)

1933년 4월 11일 촬영한 김태진(남궁운, 아래)

첩이 타고 가던 자동차에 치게 하는, 얼굴 간지러운 장면에 와서 판명되고 마는 것이다. 그리고 이 청년과 부자의 첩 사이에는 '로미오'와 '줄리엣'을 생각하게 하는 부르주아적 연애의 악희를 지루하게 보이며, 부호가 첩에게 가하는 혹대酷待[48]를 첨부하여 가여운 여자의 생애에 대한 동정을 관객에게 희망하는 것이다. 우리는 여기에서도 해결하지 못한 불합리에 당도하지 않으면 안 된다. 3회 03.31

무엇 때문에 철호가 새로운 현실 속에서 질적으로 변위된 생활을 영위해 가는 데 이 '연애장난'의 일폭一幅이 필요하냐? 무엇 때문에 그의 제자를 내놓느냐? 그들의 '에로' 생활은 철호의 생활과 아무런 유기적 관련이 없고, 또한 그들의 '에로' 생활의 말로는 상해上海, 상하이로 도망가버리는 이것이 과연 무엇을 의미하랴.

동정할 만한 〈화륜〉의 작자여! 청컨대 대답이 필요치 않았는가! 상해로! 이것이 모두를 해결하는 길인가? 조선의 젊은 남녀는 붙어서 상해로만 가면 자유의 천지이고 만사는 해결인가? 불량남녀! 이따위 음남음녀淫男淫女의 만쌍이 상해가 아니라 아무 데로 간다고 해도 아무 관계는 없으나, 〈화륜〉의 작자의 착안의 대상이 문제인 까닭이다.

우리는 〈화륜〉의 작자가 대답하지 않은 이 점에 대해 이렇게 말한다. 이것은 소위 사회극 〈화륜〉의 작자의 '이데올로기'의 불확실과 소부르주아적 반동성의 표현으로서, 관중의 비속한 취미에 영합하려는 상업주의의 노골적 발로인 것이다. 이 작자는 민족주의의 지사(?)인 척도 하면서 일면 돈벌이에는 비상히 민감한, 훌륭한 영화적 아편의 소매상인이며 결코 부르주아적 의미에서도 예술가는 아니다.

48   남을 혹독하게 대함. 또는 그런 대접.

그리고 여기저기에서 낡은 쓰레기 터져나오듯 돌연히 보이는 '7,8년 전 이야기' 등속은 일절 문제의 중심에서 삭제하기로 하고, 철호의 생활에서 일대 변혁의 시기이며 또한 영화 〈화륜〉에서 소위 '클라이맥스'인 철호의 공장 생활의 부분으로 들어감이 여담餘談을 피하는 일로一路일 것이다. 그리고 우리들의 주의의 중심도 의연히 여기에 있게 되는 것은 물론이다.

무엇보다도 이야기의 중심으로 들어가기 전에 철호라는 지사(?)가 공장으로 들어간 동기를 또 한번 다시 기억하는 것이, 앞으로 그가 공장의 많은 노동자들 속에서 움직여 나가는 제 사실을 비판하는 데 주요한 전제의 하나일 것이다. 철호는 감옥에서 나온 옛날 일꾼(10년형이나 받을 만큼 롷을 한!)이었다. 그러나 출옥 후의 그는 다른 좀도적이나 강간수强姦囚나 다름없이 다만 한명의 출옥한, 전과 가진 부랑 실업자에 불과했고, 또한 공장에 들어간 동기도 무슨 사상적 근거 위에서 한 일이 아니라, 단순한 밥 먹기 위한 직업으로 알고 공장으로 들어갔다는 것이다. 너무나 자기를 배반했던 처를 불쌍히 여겨, 그를 먹여 살리기 위해 사상적 절조고 아무것도 다 집어던진, 말하자면 사바에 나와 조그만 가정의 안일을 꿈꾸기 위해 모든 것을 걸어찬 정진정명正眞正銘의 변절한漢인 것이다. 〈화륜〉의 번영(?) 있는 작자가 주인공으로 추장推奬[49]한! 이리하여 철호 모母는 공장에 다니게 되어 비로소 그는 세상의 가정에서 편안히 살게 되었다.

그러나 공장! 그것은 노동계급이 부르주아적 생산관계의 비밀! 자본가적 ××의 공연公然한 사실을 몸으로 학득學得하는 곳이다. 철호가 다니는 공장에도 언제고 분화구를 찾고 있는 노동자들의 불평불만이 그들의 가슴에 파묻혔었다.

하루는 새로운 감독이 소개되었다. 이 자는 부호에게 어떤 관계가 있어 공장에 들어온 자로, 먼저 철호가 입옥入獄했을 때 그의 처를 데리고 살던 덕삼이라는 자다. 그러나 철호는 알 도리가 없었던 것이다. 즉 자막이 말하는 바와 같이 그들 사이에 어떤 암류 暗流(냄새나는 치정관계!)가 흐르고 있는 것을 서로 모르고 한 공장에서 일하게 되었다는 것이다. 이것이 작자가 득의 양양하게 관객의 홍미를 끌고 나가려 고 기도한 곳이나, 유치한 신파적 극 작술의 기계적 이식인 데는 웃지 않을 수 없다. 그리고 이 공장 내부의 제 사 실을 엄밀히 '계급 대 계급'의 입장에 서 취급해야 할 사실을, 〈화륜〉의 작자

〈화륜〉의 한 장면(『매일신보』, 1931.01.10)

는 철호와 덕삼의 치정관계의 확대로 써 도말塗抹[50]시킨 데 있어서는 한번 웃을 점이다.

　이것은 어떻게 나타났느냐? 공장주 측의, 불경기로 인한 임금 인하인지 인원 해고인지 하는 사실로부터 종업원이 동요하기 시작하여, 종업원 철호 와 또 한 사람을 대표로 하여 감독인 덕삼에게 항의를 제출하는 곳에서부 터 이야기의 막은 열리는데, 이때 벌써 철호와 덕삼 사이의 치정의 관계는 판명된 때이다. 감독은 종업원의 요구를 일축해버리고 만다. 4회 04.02

　이리하여 종업원 전부가 파업에 들어가게 되고 동시에 그들이[51] 사무소 로 몰려올 때, 덕삼은 벌써 반동분자를 모아 종업원의 세력과 단체적으로 항쟁하게 되어 일대 격투가 개시된다.

49　추천하여 장려함.
50　① 발라서 드러나지 않게 가림, ② 이리저리 임시변통으로 발라맞추거나 꾸며댐, ③ 어떤 존 재를 완전히 없앰.
51　원문에는 "동시(同時)의 동원(同員)이".

사실 이따위의 파업이란 지금 세상에 어느 구석을 찾아봐도 구경할 수 없는 것이다. 종업원의 구체적인 요구도 명시하지 않았으며, 일정한 ××플랜의 협의도 없이 사무소를 향해 가다가 싸움만 하는 따위의 파업이란 무엇인지? 〈화륜〉의 작자는 노동자의 공장 생활에 관한 일편의 지식도 갖지 못했으며, 파업을 무뢰한의 편싸움의 별명으로 이해한 모양이다. 더구나 싸움을 붙이는 장면의 열악함이란 이루 형언할 언어를 찾아내기에 곤란하다. 그리고 "이놈아! 내 처를[52] 뺏어간 놈이 너로구나?" 하고 과백科白[53]을 던지고 덕삼과 철호가 어우러져 싸우는 장면이란, 세상에 보기 드물 만큼 추한 치정싸움! 계집싸움인 것이다.

명예 있는 프로영화인! 〈화륜〉의 작자는, 파업을 무뢰한의 편싸움으로 만들고도 부족하여 계집싸움으로 공연히 전화시켜버렸다. 노동자의 가장 중요한 ××형태인 파업에 대한 완전한 모독! 그리고 철호는 귀중한 싸움을 제 계집을 위한 복수의 싸움으로 이용한 계급적 ××이다. 〈화륜〉의 작자도 철호와 같이 (뫃)을 계집에게 팔아넘긴 경멸할 만한 부도덕한이며, (뫃)적 죄인이다.

요컨대 이렇게 결어結語한다. 자칭 프로영화 〈화륜〉은 전언前言에서 말한 바와 같은 많은 반反(뫃)적 행동의 역사를 가진 작자의 손에서 나온 명실상부한 반反 카프적, 반反(뫃)적, 반反(뫃)적 영화다. 그러나 이 영화가 특히 증오에 해당하는 것은, 그럴듯하게 공장파업 등의 사실을 취급하면서도, 그들의 독특한 사상적 입장에서 교묘히 반反(뫃)적 역할을 해 넘겼다는 데 있는 것이다. 〈화륜〉의 종자終子에서 말한바, 철호는 끝끝내 잘 싸워줄 것이고, 그와 그 여자의 이야기는 이제부터 시작되는 것이요, 철호의 아내 또 그와 그 여자와 같은 사상적 '영화가映畫街'에 입각한 〈화륜〉의 작자[54]가 그의 충실한 주인인 부르주아지의 세계관의 선포를 위해 (뫃)계급과 싸우겠다는 말이고, 이로부터 시작되는 이야기는 프롤레타리아를 가장한 반反(뫃)적 역

사가 전개되리라는 그것이다. 요컨대 발달한 형태의 부르주아 영화인 것이
〈화륜〉의 특색이고 작자의 지혜이다. 5회 04.03

52　원문은 "업(業)을"로 되어 있으나 맥락상 '처(妻)를'의 오식으로 보인다.

53　탈춤이나 연극에서, 배우의 움직임과 대사를 통틀어 이르는 말.

54　임화가 이 글을 쓸 당시 〈화륜〉의 감독인 김유영이 연재하고 있던 글의 제목(「영화가에 입
　　각하여」, 『동아일보』, 1931.03.26-04.17)을 일부러 차용하고 있다.

『화륜』[1] 연작을 앞두고 독자 제씨에게

서광제 / 『중외일보』 / 1930.07.04

조선에서는 처음으로 시나리오의 연작이라는 것이 지상紙上으로 발표될
것 같습니다. 그러므로 영화예술에 대해서 특별한 연구를 하시지 않는 분은
시나리오가 무엇인지, 더구나 시나리오에 없지 못할 술어述語를 해석하지
못하셔서 보시는 데 퍽 불편할뿐더러, 집필을 하는 작자들이나 읽어주시는 독자
여러분도 퍽 재미가 적을 것입니다. 그러므로 시나리오의 연작을 앞두고 간단히
시나리오란 무엇이며, 중요한 술어의 해석을 해드리고자 합니다.

시나리오의 종류에는 여러가지가 있어서, 그 나라의 감독자나 각색자에
따라서 다릅니다. 각색자의 원 시나리오와 감독자가 촬영 시에 쓰는 시나리오,
즉 콘티뉴이티[2]도 있으며, 우리들이 여러분에게 보여드리려는 읽히기 위한, 즉
독물讀物적 시나리오가 있습니다.

그러므로 잡지나 신문지상으로 발표되는 것은 촬영하기 위해 쓴 것이 아니라
읽히기 위한 시나리오입니다. 그리하여 어떤 사람은 시나리오면 꼭 입으로는
아무 말도 안하고 동작의 묘사만 해놓고 그 이외의 것은 자막으로 해야만 옳을
줄 아나, 그것은 대단히 무식한 데서 나온 말입니다. 영화에는 무無자막 영화가
있으며 에밀 야닝스Emil Jannings 주연의 〈최후의 인〉Der letzte Mann, F.W. 무르나우
감독, 1924은 10권이나 되는 사진에 자막은 불과 몇 장면이 안 됩니다. 시나리오라고
자막 이외에 절대로 대화가 없는 것이 아닙니다. 자막이라는 것은 배우의 동작이나
표정을 가지고 영화에 잘 표현시키지 못할 경우에, 그리고 관중에게 더 힘을
넣어주기 위해 쓰는 것입니다.

그리고 시나리오를 촬영대본이나 영화각본이라고 하는 분이 많으나, 아마
영화극본이라고 하는 것이 제일 적당할 것입니다. 촬영대본이라고 하는 것은
위에도 말하였거니와 촬영할 때 감독자가 쓰는 콘티뉴이티라고 하는 것입니다.

그러면 시나리오의 없지 못할 중요한 술어를 해석해놓겠습니다.

자막 - Title(타이틀)

전경全景 - Full Scene(풀 씬): 전체의 경치를 화면 속에 넣은 것

원경遠景 - Long shot(롱 숏): 먼 데 것을 촬영한 것

중경中景 - Medium shot(미디엄 숏)이라 하여 원경보다 조금 가까운 것

근경近景 - Close view(클로즈 뷰): 중경보다 아주 가까운 것

반신半身 - Bust(버스트): 인체의 반신을 박은 것

대사大寫 - Close up(클로즈업): 안면이든 수족手足이든 크게 박은 것

최대사最大寫 - Larger close up(라저 클로즈업)이라고 하여 대사보다 더 크게 박는 것

용개溶開 혹은 원개圓開 - Iris in: 컴컴한 화면 중앙에서 동그랗게 점점 밝아지는 것

용폐溶閉 혹은 원폐圓閉 - Iris out: 용개와 정반대

용명溶明 - Fade in(페이드인): 화면이 점점 밝아지는 것

용암溶暗 - Fade out(페이드아웃): 용명과 정반대

이중二重 - Double exposure(더블 익스포저)라고 하여 물체가 이중으로 보이는
    것인데 가령 사람이 서 있는 그 위로 기차가, 군차軍車가 지나가는 것

순간瞬間 - Flash(플래시): 잠시 잠깐 보이는 장면

이동 - Follow(폴로우): 자동차가 질주해 가는데 화면도 쫓아가는 것

회전 - Revolve(리볼브): 회전은 촬영기에 일정한 한도가 있어 좌우상하로 회전할 수
    있는데 그 이외 것은 이동으로 촬영함

부감俯瞰 - Tilting(틸팅): 가령 비행기나 높은 양옥 위에서 경성시가를 내려 박은 것

조감鳥瞰 - Bird eye view(버드 아이 뷰)라고 하여 부감과 반대로 가령 노상路上에서
    촬영기를 위로 향하고 5,6층 양옥을 땅에서 올려 박는 것3

용전溶轉 - Overlap(오버랩): 이중 전환이라고 하는데 가령 기차가 질주하는 장면이
    있는데, 그 기차가 다 지나가기 전에 정차장이 슬그머니 보이며 차차 기차가
    질주하는 것이 없어지

1행 판독 불가

이 이외에도 몇가지 술어가 있으나 시나리오를 쓰는 데는 그리 필요치 않으므로
이만 그쳐둡니다.

끝으로 시나리오 『화륜』을 계속하여 보실 때 구절구절을 장면을

연상해가시면서 읽어주셔야, 읽는 분도 재미가 있을 것이며 쓴 사람의 효과도 날 것입니다.

그리고 무슨 시나리오를 읽으시든지 의례히 그렇게 읽으셔야 합니다. …끝…

7월 3일.

메이크업에 분망, 〈지하촌〉의 연습

『조선일보』/ 1931.01.06

배반하는 자는 벌하여라
영화계에 투신한 신新전사, 1회작 준비의 청복키노

적선동 전차 정류장에서 남쪽을 쳐다보면 긴 바락의 2층이 북으로 향해 늘어서 있다. 기자는 그중에서 '청복키노'라고 쓴 작은 문패가 붙은 도어를 밀고 안으로 들어갔다.

실내를 둘러보니 4면의 회벽에는 아메리카와 독일의 유명한 남녀배우들의 사진과 일찍이 세계의 팬들을 열광케 한 명화名畵의 스틸이 수없이 붙어 있다. 제일 요염의 꽃 베티 아망Betty Amann, 영원의 어린 계집애 낸시 캐롤Nancy Carroll, 할리우드의 철학자 밀톤 실스Milton Sills, 희랍적인 얼굴의 임자 존 배리모어John Berrymore. 마치 세계의 영화인이 한곳에 모여 부드러운 목소리로 기자에게 속삭이는 것 같아서, 이 작은 방에 대해 기자로 하여금 더욱 따뜻한 친분을 느끼게 했다.

이윽고 남쪽 벽에 기대 붙은 층층대를 굵은 발자국 소리가 구르며 내려온다. 그는 감독 강호姜湖 씨였다. 얼른 보아서 나운규 군 비슷한 얼굴의 인상을 가진 그에게 인도되어 기자는 2층의 연습실로 올라갔다. 3첩畳⁴이 겨우 되는 좁은 방안에서, 4,5명의 여배우와 7,8인이 넘는 남배우가 각각 거울 앞에 꿇어앉아서 연습시간을 앞에 두고 분주하게 파우더와 베니⁵를 얼굴에 칠해 있다.

메이크업이 필하자 방안에 죽 둘러앉았다. 이윽고 강호 씨의 지도로 표정과 동작의 연습이 시작되었다. 그리하여 그들은 이 방 안에서 하루에도 백여차례씩 아름다운 새벽을 향하여 동경의 시선을 보내고, 포학暴虐에 대하여 얼굴을

精進의新春

메익업에 奔忙
「地下村」의 練習

◇──배반하는 눈자 두렵하 여라
◇──영화게에 두신 삼천전사
一回作準備의 實服키노

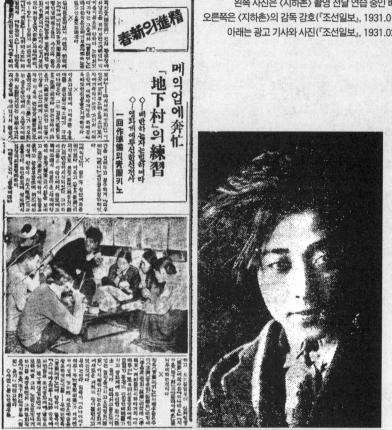

「地下村」

노 에서 케일회작품으로 「지하촌」을 활명중인 나

데사진은 「지하촌」회 한장면

붉히고 눈을 부릅뜨며, 허위에 찬 세상에 향하여 저주의 눈을 흘긴다. 또한 하루에 몇차례씩 심장의 피를 끓게 하며 "배반하는 자는 벌하여라" 하고, 오는 7일부터 실제 촬영에 착수할 시나리오 『지하촌』의 클라이맥스를 되풀이하는 것이다.

청복키노의 배우들은 주연 강춘희姜椿熙, 이정애李晶愛, 임화, 이학래李鶴來 제씨를 위시하여, 거의 아마추어로부터 신흥영화에 대한 열렬한 동경과 진지한[6] 이해를 가지고 영화계에 투신한 전사戰士들이다. 따라서 그들은 끝이 없는 열정을 가지고 오직 정적靜寂이 지배하고 있는 조선영화계에 새로운 개척의 괭이를 던지고 있는 것이다.

우리는 안다. 일찍이 '스나야야 뿌루-자靑服劇場'[7]가 세계 연극사상에 어떻게 새로운 예술을 창조하였는가를. 우리는 청복키노에 향하여 일찍이 스나야야 뿌루-자가 연극에서 한 일을 조선영화계에 남김으로써, 1931년의 영화계로 하여금 그의 노력으로 빛나게 하기를 촉망하면서 그 제1회 작품 〈지하촌〉의 봉절을 기다리려고 한다.

---

1   연재된 시나리오는 감수남 엮음 『조선시나리오선집(2)』(집문당 2003)에 수록되어 있다.

2   continuity. 영화나 텔레비전 드라마의 촬영을 위하여 각본을 바탕으로 필요한 모든 사항을 기록한 것. 장면의 번호, 화면의 크기, 촬영 각도와 위치에서부터 의상, 소품, 대사, 액션 따위까지 적혀 있다. '콘티'라고도 한다.

3   '부감'과 '조감'에 대해 서광제는 현재 통용되는 것과는 다른 설명을 하고 있는데, 이 시기 이효석 역시 서광제와 유사한 설명을 하고 있다(이효석 「시나리오에 관한 중요한 술어」, 『동아일보』, 1931.02.24-25).

4   원문에는 "삼조(三疊)"라고 되어 있으나 이는 다다미(疊)를 조우(じょう)로 읽은 것이다.

5   紅(べに). 연지.

6   원문에는 "진집한"이나 '진지(眞摯)한'의 오식이 아닐까 한다.

7   씨나야 블루자(Sinaya Bluza, The Blue Blouse). 초기 쏘비에뜨의 선전선동 연극단체. 1927년까지 10만명 이상의 회원으로 구성되었고, 대중적으로 인기가 있었다. 독일 전역의 연극운동에 큰 영향을 주기도 했다.

파시즘의 도래와 조선영화의 모색:
1932-34

조선에서 영화제작이 시작된 후 첫번째 융성기였던 1920년대 후반이 지나가면서, 1932-34년에는 제작과 비평 면에서 활기가 사라져버린다. 그간의 조선영화 연구에서도 이 시기에 대해서는 거의 관심을 기울이지 않았는데, 주목할 만한 작품과 담론이 생산되지 못했기 때문이다. 이영일李英一은 1930년부터 1934년 사이를 "저조와 혼미"의 시대라고 부르며, 그 이유로 나운규프로덕션의 해산, 총독부의 검열 강화, 흥행 부진, 그리고 확고한 제작 자본의 부재를 든다.[1] 그러나 〈지하촌〉(강호 감독, 1931)의 개봉 실패와 이어진 카프 1차 검거 사건으로 사회주의 영화운동이 좌절된 후, 1935년 최초의 토키 〈춘향전〉(이명우 감독) 제작에 성공하기까지 몇년간의 조선영화계는 세계공황과 파시즘의 대두라는 전 지구적 변동의 여파 속에 있었고, 토키로의 전환을 포함하여 다양한 암중모색이 이루어지고 있었던 시기로 보아야 한다. 조선영화로서는 표면적인 성과가 없었지만, 이는 물리적·정치적 토대의 전환에 조선영화가 연루되어 있음을 피부로 체감하고 있었던 시기임을 반증한다. 이 상황을 세가지로 정리하면 다음과 같다.

첫째, 세계공황을 맞아 미국을 중심으로 한 영화산업이 도약을 꾀하기

4 영화비평:
〈아름다운 희생〉을 보고
김유영

위해 유관 산업(전기·음향 등)과 병합하며 토키라는 새로운 물적 시스템을 구축하는 전환의 과정. 1930년 조선의 극장에서 상영되기 시작한 서구 토키영화는 (새로운 상영 설비가 갖추어지지 않았기에 처음에는 그 파장이 크지 않았지만) 앞으로 조선영화의 존재방식이 이전과는 다른 것으로 전환될 수밖에 없음을 예고했다. 과거의 주먹구구식 제작으로는 감당할 수 없는 경제 규모를 필요로 하고 민족어 문화번역자로서 변사가 퇴출된 영화관람 제도를 요구하는 등, 이제 막 최초의 호황을 경험한 조선영화의 전면적인 체질 전환을 강제하는 것이었기 때문이다. 화려한 브로드웨이 뮤지컬과 레뷰revue[2]에 눈과 귀를 사로잡힌 관객들에게, 무성영화는 "여름에 동복을 입으면 텁텁하고 더워 못 견디듯이"[3] "부자연하고 아나크로닉"[4]한 감각을 주어 관객의

---

1   이영일 『한국영화전사(개정판)』(도서출판 소도 2004).
2   의상과 조명장치 등 시각적 요소에 중점을 두어 촌극(寸劇)·노래·춤·곡예·모놀로그 등을 다양하게 구성한 대중오락 연예.
3   서광제 「영화의 원작문제」, 『조광』 제3권 7호(1937.07).
4   임화 「조선영화발달소사」, 『삼천리』 제13권 6호(1941.06).

일본과 조선에서 심한 검열 끝에 개봉된 〈아세아의 람(嵐)〉
(뿌돕낀 감독, 1928) 포스터(왼쪽)와 한 장면(오른쪽)
〈어머니〉(1926) 〈성 뻬쩨르부르크의 종말〉(1927)에 이은
뿌돕낀의 '혁명 3부작'으로 일컬어진다.

외면을 받을 것이 뻔했다.

둘째, 1931년 만주사변으로 공산주의에 대한 대대적인 탄압이 시작되었던 일본의 제국주의화 과정이 일본과 조선에서 사회주의 영화운동의 위축을 가져왔다는 점. 카프 1차 검거로 사회주의 영화운동이 소강상태에 들어간 후에도 강호, 박완식, 김유영 등은 조직을 강화하자고 제안하고 16mm 저예산 소형영화를 만들어 공장·광산·농촌 등에 이동영사를 해서 노동자·농민을 직접 만나려고 하기도 한다. 이론적으로는, 쏘비에뜨 영화 〈아세아의 람嵐〉(뿌돕낀 감독, 1928)이 일본과 조선에서 검열을 통해 '반동영화'로 둔갑하는 상황이 아이러니하게도 영화에서 '편집'의 중요성을 깨닫게 해주었다. 이는 쏘비에뜨 '몽따주' 이론에 대한 소개와 모색으로 이어지기도 했다.

셋째, 유럽 파시즘의 대두가 민족-국가주의의 강화로 현상하면서, 영화산업의 국영화 혹은 국가주의화 흐름이 전 세계로 확산되고 있었다는 점. 토키로의 전환이 '자본의 집중화, 기업의 통제화'라는 영화산업의 전환을 낳은 것과 맞물려, 유럽의 파시즘화는 독일·이딸리아 등 국가에 의한 영화 통제(1933년 나치스의 영화사업 통제안 16개조[5])로 이어지고 있었다. 국가에 의한 직접적인 통제(독일·이딸리아의 경우)인지, 민간산업을 국가가 규제하는 것(미국·프랑스의 경우)인지의 차이는 있었지만, 트러스트화하는 영화산업이 국가 간 무역상품으로, '국민적 문화'로 위상 변환을 겪는 것은 구미의 공통된 현상이었다. 조선에서도 유럽발 영화산업 통제를 이식한 국가통제안이 곧 실시되리라는 소문이 1934년 초부터 들려왔다.

---

5   1933년의 영화법은 1934년 2월 16일, 개정된 독일제국영화법(Reichslichtspielgesetz)으로 공포된다. 근본 취지는 단순히 '나쁜' 영화를 규제하는 것이 아니라 '좋은' 영화를 장려한다는 것으로, 첫째, 영화각본(시놉시스 및 시나리오)의 사전검열 의무화, 둘째, 검열국이 영화상영을 금지할 수 있는 조항의 확대, 셋째, 인증제도('정치적·예술적으로 매우 추천할 만함'이라는 최고 인증을 획득하면 세금이 면제됨)의 확대라는 세가지 방향을 갖고 있었다.

외국 영화 비판과 시나리오 창작

서광제의 「최근의 조선영화계」는 조선에서 영화의 제작과 비평이 모두 침체에 빠져 있는 1932년 벽두의 상황을 진단하며, '외국 영화 비판'과 '시나리오 창작'을 제안하는 글이다.[6] 그는 "정치적 문제는 별문제로 하고 극단의 경제적 공황에 싸여 있는 조선에서 3,4천원을 최하로 계산하는 영화제작은, 그것이 반동영화든 프로영화든 우리의 현실생활에서 바라기에 힘들 것"이라 잘라 말한다. 그리고 프롤레타리아 영화운동 역시 이런 상황에서는 "다만 문필적 활동(비평을 말함—인용자)에 그칠 것"이라고 진단한다. 그런데 비평활동 역시 여의치 않은 것이, 일단 조선영화의 제작이 침체에 빠져 있어 비평을 할 대상이 없고, 비평을 게재할 지면도 많지 않았기 때문이다. 여기에 서광제는 외국 영화에 대한 비판을 제안한다. 하나는 미국을 중심으로 한 반동적 외국 영화 비판이고, 다른 하나는 간혹 개봉되는 쏘비에뜨 영화가 검열에 의해 왜곡되는 상황을 "대중에게 알려주"는 비평이다. "1년에 2,3개에 불과한 조선영화 비판에만 그 펜을 움직이는 것이 아니라, 매일 수백, 수천의 미조직적 노동자 혹은 소시민 대중을 마비시킬 외국 영화의 파시즘의 구가, 종교영화, 노자勞資협조 혹은 난센스 영화에 이르기까지, 우리의 일상생활과 너무나 사이가 벌어진 100퍼센트의 아메리카니즘의 순반동영화"의 반동성에 비판의 화살을 겨누는 부르주아 영화 비판과, 뿌돕낀의 〈아세아의 람〉이 일본과 조선에서 검열로 인해 "도리어 반동영화가" 되었던 사례와 같은 것을 밝혀내는 영화비평을 말한다.

또 시나리오작가협회를 결성해 〈화륜〉을 제작했고, 『버스걸』 등 여러편의 시나리오를 창작했던 서광제는, 영화제작이 어려운 상황에서는 시나리오의 창작과 대중화를 대안으로 고려하자고 주장한다. 그는 1931년 『출범시대』(이효석) 『싸구려 박사』(김영팔) 『화륜』을 비롯하여 『시대공론』 『영화시대』에 발표되었던 시나리오들을 예로 들며, 시나리오야말로 영화의 가치를 결정하는 가장 중요한 것이라고 말한다. 영화를 건축에 비유한다면 시나리오는 설계도이고, 감독은 건축자로, 아무리 감독의 능력이 없어도 시나리오가 훌륭하면 좋은 영화가 된다는 것이다. 이런 관점에 의하면 시나리오의 창작은 경제적·기술적 난관이 가로놓인 영화의 생산을 "합리화"할 수 있는 유효한 활동이다.

서광제의 주장을, '스크랩'에 소개하는 영화소설 『도화선』의 연재 예고 기사와 나란히 읽으면 흥미로울 것이다. 이 작품을 쓴 김태진, 나웅, 추적양, 강호 등 카프 영화부 사람들은, 제작이 어려운 시기에 대안으로 제기되었던 "지상紙上영화"가 "종래와 같은, 일일이 번호를 붙여서 기록적으로 서술하는 촬영대본 형식의 시나리오"와 달리, "감동과 흥분, 그것만이 가질 수 있는 가지가지의 정도와 리듬에 의해 독자(관객)의 마음을 끌지 않고는 견디지 못할 굳센 그리고 정서적인 새로운 형식"이 될 것이라 말한다. 이는 1933년 들어 영화의 제작과 상영이 "다분의 제한"을 받고 있는 상황에서 "본래적 시나리오"와 더불어 "영화시詩", 즉 "영화의 주제로 포착된 내용이 한층 이해의 정확·명료를 기해 동적인 역학적·정서적·감각적인 문예적 묘사로 구성되어 직접 지상紙上을 통해 일반 문예적 기능으로 ××적 효과를 발현하는" 창작을 제안하는 박완식의 논의[7]와 호응하는 것으로 보인다.

사회주의 영화운동의 반성과 전망

의식적으로 제작된 처음이자 마지막 카프 영화인 〈지하촌〉을 감독했던 강호가 1933년에 "우리는 진정한 의미에서의 프롤레타리아 영화운동의 발

---

6   몇달 전 그는 「영화비판에 대한 일(一)고찰: 외국 영화 비판에 대한 신제의」(『비판』 제2권 11호, 1931.11)에서도 외국 영화 비판에 집중할 것을 제안한 적이 있다.

7   박완식 「(금후 영화운동의) 원칙적 중심과제: 카프 영화부에 입각하야」, 『신계단』 제1권 8호 (1933.05).

족점에도 나서지 못했다"는 말로 시작하는 「조선영화운동의 신방침」은, 사회주의 영화운동의 통절한 반성과 비판, 전망을 보여준다. 과거 사회주의 영화운동에 대해 강호가 비판하는 초점은, (정치적인 제약은 제외하더라도) 제작에서는 자본주의적 산업 시스템 내에서 영화를 만들려고 했기 때문에 생겨난 제약을 피할 수 없었다는 것, 평론활동에서는 부르주아 영화 비판에만 집중했다는 것, 조직적으로는 신흥영화예술가동맹 해체 과정에서 서광제, 김유영의 모반적 행태로 혼돈이 초래되었다는 것에 맞추어져 있다. 〈지하촌〉 이후 "아무런 실천이 없었"던 상황에서 벗어나, 새로운 모색을 위해서 강호가 제일 중요하게 생각하는 것은 영화의 제작·상영이다. 집단적 활동인 제작·상영을 위해서는 겨우 4,5인밖에 없는 "카프 영화부 자체의 미미함"을 극복하기 위해 "프롤레타리아 영화의 제작·상영의 기술적 전문 단체인 조선프롤레타리아 영화동맹"을 결성하는 동시에, 영화연구소와 강습회 설치를 통해 다수의 부원(노동자·농민 출신의 획득은 불가능하므로 우선 인텔리와 학생층)을 획득해야 한다는 것이다. 또 자본주의 산업 시스템 바깥에서의 작업, 즉 프롤레타리아 영화운동에 이해나 동정을 가진 학생층·인텔리·샐러리맨 등에게서 제작비를 얻어 소형영화나 뉴스릴을 제작하고, 공개영사 외에도 이동영사를 통해 공장·광산·농촌의 관객을 끌어들일 것을 주장한다.

이런 입장이 카프 영화부 내에서 합의된 것은 아니었던 것으로 보인다. 예컨대 박완식[8]은 영화제작의 합법성을 부인하는 것은 극좌적 소아병이라고 비판했다. 그러나 박완식 역시 나웅, 김태영 등과 더불어 소형영화의 제작을 시도하고, 조선일보사의 수해기록영화가 화제를 모았던 사건을 모델로 삼아 기록영화의 가능성도 모색하고 있었다. 그러나 경제적·기술적 이유로 이런 제작·상영 운동은 여의치 않았고, 이들은 카프 2차 검거 사건이 일어나기 전까지 "이론의 진보성"을 모색하는 길로 돌아선다. 이 가운데 박완식이 내세운 "예술로서의 기술성", 특히 이데올로기 표현의 핵심으로서

"편집"의 문제는 주목할 만하다(이 책의 8장 참조).

1929년 말부터 1930년 초에 이어 1932년 5월경, 다시 쿄오또 견학을 다녀온 김유영의 〈아름다운 희생〉 평은 그 직전에 쓴 글들과 달리 사회주의 영화운동의 관점을 깨끗이 소거하고, '기술평'에 집중하고 있어 주목을 요한다. 이즈음 그는 급속히 기술자적 면모를 부각시키며, 「영화촌 풍경」 「영화제작 해설」 등의 글을 발표하고 '몽따주' 기술의 구사를 강조한다.

〈임자 없는 나룻배〉와 이규환의 등장

1년에 두어편의 영화만 드문드문 발표되던 이 시기에 주목을 받은 거의 유일한 영화로 〈임자 없는 나룻배〉(이규환 감독, 1932)가 있어 관련된 평문을 몇편 소개한다. 〈임자 없는 나룻배〉는 농촌에서 쫓겨나 도시 하층민 생활을 하다가 다시 어촌 뱃사공을 전전하는 춘삼과 그 가족의 이야기를 다루고 있다. 농촌과 도회의 대립·강간·방화·살해 등 모티프상으로는 이전 작품들과 별로 다를 바 없지만, 삭발 출연한 나운규와 신인 문예봉의 호연, "조선영화계에서 일찍 보지 못했던 새로운 감독과 명쾌한 촬영으로 된 영화"로 호평을 받았다. 해방 후 이영일은 이 영화를 가리켜 "민족주의 영화" "나운규와 〈먼동이 틀 때〉를 잇는 리얼리즘"이라고 고평한다. 당시 허심 역시 "나운규가 주연하는 춘삼이라는 한개 농부 노동자의 슬픈 이야기를, 우리는 한 개인의 이야기로 보지 말고 조선민족이라는 한 민족의 이야기로 볼 때 비로소 그 감격이 커지는 것"이라면서 춘삼을 "조선민중의 한 전형"이라고 말하고 있다. 그러나 아내와 딸을 잃은 춘삼이 방화와 살인 등 개인적인 복수를 거쳐 철로의 기차에 치여 최후를 맞이하는 "비극"을 가리켜, "갈등이 있을 뿐이요 투쟁이 없다"라고 비판하거나(송악산인松嶽山人), "패배적

---

8   「(금후 영화운동의) 원칙적 중심과제: 카프 영화부에 입각하야」, 『신계단』 제1권 8호(1933.05).

경향영화"(김유영)라고 지적하는 논의들도 있다.

〈임자 없는 나룻배〉는 1938년도에 조선에서 최초이자 최후로 개최된 '조선일보사 영화제'에서 5천명의 관객을 대상으로 집계한 '무성영화 베스트 텐'에 〈아리랑〉에 이어 2위로 선정되었다. 조선 관객들이 가장 사랑한 무성영화 두편이 모두 나운규가 주연한 것이라는 점이 인상적이다.[9] 그러나 〈임자 없는 나룻배〉는 당시 최대 현안이었던 "사일런트시대로부터의 해탈"[10]에 가려 평자들 사이에서는 충분한 여운을 누리지는 못했던 듯하다. 몇년 후 토키시대와 함께 조선영화계의 전면에 등장한 일본 유학파 신세대 영화인들의 선구자이자, 조선 최고의 토키영화로 평가받는 〈나그네〉(1937)를 만들게 되는 감독 이규환의 등장을 알렸다는 점에서, 이후 조선영화계의 지형 변화를 예표한 작품으로 자리매김될 수 있을 것이다. (백문임)

---

9   아마도 이 영화제가 바로 직전 해에 사망한 나운규를 기리는 행사의 의미도 있었기 때문일 것이다. 백문임 『임화(林和)의 영화』(소명출판 2015) 참조.

10   임화 「조선영화발달소사」, 『삼천리』 제13권 6호(1941.06).

──── **함께 읽으면 좋은 글**

1. 서광제 「영화비판에 대한 일(一)고찰: 외국영화비판에 대한 신제의」, 『비판』 제1권 7호 (1931.11).

2. 김유영 「활동사진의 속임수: 기상천외의 '트릭크'와 그 해설」, 『신동아』 제2권 1호(1932.01).

3. 김유영 「영화예술운동의 신방향」, 『조선일보』(1932.02.16-24).

4. 추적양 「이동식 소형극장운동」, 『조선일보』(1932.05.06).

5. 서광제 「국제 프로영화운동 전망」, 『비판』 제2권 8호(1932.09).

6. 심훈 「연예계 산보: 『홍염』 영화화 기타」, 『동광』 제38호(1932.10).

7. 이청영 「조선영화는 어디로 가고 마는가」, 『조선일보』(1932.11.25).

8. 강호 「제작상영활동과 조직활동을 위하야」, 『조선일보』(1933.01.02).

9. 서광제 「영화비판과 각본: 비판의 검토와 각본 연구」, 『조선일보』(1933.01.10-21).

10. 박완식 「(금후 영화운동의) 원칙적 중심과제: 카프 영화부에 입각하야」, 『신계단』 제1권 8호(1933.05).

11. 김유영 「영화촌 풍경: 촬영감독의 입장으로서」, 『조선일보』(1933.05.28).

12. 김유영 「영화제작해설: 어떠한 순서와 방법으로 영화가 제작, 완성되는가」, 『조선일보』 (1933.08.20-24).

13. 김유영 「현대영화의 동향」, 『매일신보』(1934.01.01-20).

14. 서광제 「영화시론」, 『조선일보』(1934.05.23-29).

15. 박철민(박완식) 「공소한 조선영화계」, 『신동아』 제32호(1934.06.06).

16. 전평 「창작방법과 영화예술」, 『예술』 창간호(1935.01).

1 　최근의 조선영화계 　　　서광제

『동아일보』 / 1932.01.30-02.03

　작년 1년 동안에 조선영화가 몇개 제작되었는가. 신춘 벽두의 〈화륜〉 봉절封切을 필두로 〈수일과 순애〉이구영 감독, 1931, 뒤를 이어 〈큰 무덤〉윤봉춘 감독, 1931 〈방아타령〉김상진 감독, 1931 등 예년에 비해 극히 소수의 조선영화 제작을 보게 되었다. 그러면 그들 영화의 내용은 과거의 형型에서 벗어나지 못했다 해도 과언이 아니다. 기술에서는 조그만 진보를 보여주었다.

　모든 예술부문 중에 영화예술 그것이 최대의 경제적 비용과 최대의 두뇌의 사용장場인 까닭에, 세상이 말하는 걸작 그것을 얻는 것은 조선에서는 너무나 무리한 요구이다. 자본은 이윤을 요구한다. 그러나 조선영화계에 투자한 그것은 막대한 원금의 결손에 돌아감으로써 자본가의 영화계 투자는 희망할 수 없을 것이다. 시장이 없는 상품은 사물死物일 것이다. 판로, 즉 상설관을 갖지 못한 조선에서 무슨 조선영화의 제작을 바라며 그의 발전을 바라랴.

　영화는 기술을 요구하는 것이다. 기술자가 없는 조선에서 우수한 영화를 바랄 수 없을 것이다. 카메라의 앵글을 돌린다고 기술자가 아니다. 시나리오로부터 감독·기사·배우 내지 의상·조명에 이르기까지 너무나 조선의 소위 시네아티스트는 무지한 까닭이다.

　정치적 문제는 별문제로 하고 극단의 경제적 공황에 싸여 있는 조선에서 3,4천원을 최하로 계산하는 영화제작은, 그것이 반동영화든 프로영화든 우리의 현실생활에서 바라기에 힘들 것이다. 3,4천원이라는 돈이 많아서 영화제작을 못하는 것은 아니다. 외국 영화의 세트 한개 값도 못 되는 그 돈이지만, 제작하여 봉절한 후 마이너스가 되는 데야 어느 자본가가 투자를 하겠는가. 그러므로 우리가 소위 말하는 조선의 반동영화 그것은 자체의 파멸에 의해 제작될 수 없을 것이다.

더구나 프롤레타리아 영화의 탄생은 정치적·경제적 또는 기술적으로 보더라도, 아무리 최근의 예술운동이 프롤레타리아트의 자주적 문화, 교육 활동의 일부분으로 정당하다고 재인식되어 우리들의 예술운동 중에 노동자·농민의 이니시어티브[1]를 충분히 발휘시킬 것이 당면의 과제가 되어 있는 이때, 영화라도 시대의 첨단적 예술품으로서 당면의 임무를 다하겠다 하면, 조선에서는 다만 문필적 활동에 그칠 것이라고 믿는다. 그러므로 조선영화 제작은 어느 방면으로 보든지 바라지 못할 것을 엄연히 현실이 말하고 있으므로, 무지無知의 조선영화 제작은 기형을 벗어나지 못할 것이다.

×

생산이 없는 곳에 수요가 없으며 수요가 없는 곳에 그의 사회적 비판이 없는 것과 마찬가지로, 영화생산이 많지 못한 우리 사회에 그의 비판조차 적을 것은 명백한 사실이다. 상당한 영화잡지조차 갖지 못하고, 설사 영화잡지를 갖고 있다 할지라도 그것이 월간인 동시에 검열제이므로, 경성에서 봉절된 조선영화를 보고 그 비판문을 게재발표에까지 이르려면 2개월 이상을 요하니, 그때는 벌써 그 영화는 경성에서 봉절을 끝마치고 평양·대구 등 4, 5처밖에 안 되는, 조선에서 소위 중요하다는 봉절장[2]은 전부 상연을 끝마쳤을 것이니, 대중에게 진정한 그 영화의 진가를 속히 알려주려면 신문지가 아니고는 그 효效를 얻지 못할 것이다.

사회적 정당한 비판은 그 영화를 보이콧시킬 수도 있으며 지지를 받게 할 수 있을 만큼, 사회의 나침반인 동시에 위대한 무기이다. 비판이 없는 곳에 성장이 없으며 과오가 없는 곳에 진전이 없는 것과 같이, 영화란 그 예술

---

1   initiative. 주도권, 진취성.
2   원문 한자는 "封 場"으로 되어 있으나 중간에 '절(切)'이 탈락된 것으로 보인다.

왼쪽 위부터 시계 방향으로
〈수일과 순애〉(이구영 감독, 1931)
〈큰 무덤〉(윤봉춘 감독, 1931)
〈방아타령〉(김상진 감독, 1931)

품이 이 우주에 존재해 있는 이상 비판은 늘 그것을 향상시켜준다. 그러나 조선에서는 영화비판 그것이 너무나 무기력했다. 1회 01.30

왜 무기력했던가? 제1의 원인은 영화 그것이 무기력했으니 그의 대상인 비판조차 무기력했으며, 또한 비판 그것이 소아병적 혹은 기술찬미, 또는 연속하여 제작되어 나오는 조선영화의 내용 그것이 천편일률이므로 한두 번 나오지 않는 똑같은 반동영화의 비판문이 무슨 새 맛이 있으며 기력이 있겠는가.

조선영화의 대개의 내용은 연애의 갈등, 그렇지 않으면 부르주아에 대한 증오, 혹은 조그만 사회적 반항을 보이나, 그것은 모두가 코즈모폴리턴에 불과하며 오늘날까지 대중의 생활에 영합되는 조선영화는 보지를 못했다. 이런 형型에서 벗어나지 못하는 조선영화의 비판이요, 기력을 상실한 것은 사실이다. 좀더 조선영화의 내용이 향상되지 않는 한 영화비판은 참으로 일문一文의 가치가 없으며, 비판 그것이 있을 수 없을 것이다. 왜 그러냐 하면 그것은 벌써 예술품이 아니므로 사회적 가치가 영零인 까닭이다.

왜 사회적 가치가 영이냐. 그것은 두말할 것도 없이 예술이란 그것은 액체와 같으니, 가령 삼각형의 용기에다가 물을 부을 때는 그 물은 삼각형이 될 것이며 사각형의 용기에다 물을 부으면 그 물이 사각형이 되는 거와 같이, 현실사회를 탈리脫離한 예술은 존재할 수 없다. 그러므로 아무리 수만척의 필름이 영사된다 할지라도 그것은 완구玩具에 불과하다.

금년에 와서 조선영화의 비판문이 무기력해졌다 하더라도, 과거 2,3년 동안 속출되는 반동영화의 비판말살은 우리의 기억에 아직껏 새롭다. 그런 와중에서 이 군이규설의 〈큰 무덤〉 비판과 임 군임화의 〈화륜〉 비판, 그것이 오직 1931년도 조선영화계의 두개의 수확이다. 그러나 나는 여기에 그들의 비판을 재비판하고 싶지 않다. 그것은 식어가는 물에 얼음덩이를 넣는 거와 마찬가지인 까닭에……

그러면 이와 같이 극단의 침체에 빠져 있는 영화운동의 일부분인 비판이라는 무기의 펜을 어떤 방향으로 전환시킬 것인가. 나는 여기에 주저 없이 '외국 영화 비판에 대한 신新제의'를 부르게 된다. 필자가 『비판』1931년 11월호 지상에 「영화비판에 대한 신제의」[3]라는 제하에 말한 바와 같이, 조선의 영화비판이라는 것은 1년에 2,3개에 불과한 조선영화 비판에만 그 펜을 움직이는 것이 아니라, 매일 수백, 수천의 미조직적 노동자 혹은 소시민 대중을 마비시킬 외국 영화의 파시즘의 구가, 종교영화, 노자협조 혹은 난센스 영화에 이르기까지, 우리의 일상생활과 너무나 사이가 벌어진 100퍼센트의 아메리카니즘의 순반동영화는 대기大氣의 일상생활에 얼마만한 마취제가 되는가를 아는 영화비판가가, 대중의 앞에 그 반동성을 발로發露시키지 않으면 안 된다. 그리하여 비판이라는 그 무기에 녹슬게 해서는 안 된다. 또한 부르주아 영화의 비판 발로로, 그것만으로 맑스주의 비판가의 임무력任務力이 다 되는 것은 아니다. 그러므로 부르주아 영화의 비판 구명은 진정한 프롤레타리아 영화생산을 위한 것이 될 것이다.

쏘비에뜨 영화가 왕왕히 자본주의 국가 사회에 와서 봉절이 된다. 조선에도 뿌돕낀의 〈아세아의 람嵐〉이 온 일이 있지만, 쏘비에뜨 영화가 자본주의 사회에 와서 봉절이 될 때는 검열의 가위로 말미암아 도리어 반동영화가 되는 일이 없지 않다. 이럴 때 영화비판가는 그 영화의 단연히 타협을 용서치 않는 이데올로기의 논제가 군림해 있다는 것을, 대중에게 알려주어야 한다.

또한 부르주아 영화를 비판한다는 것은 제1은 관객 대중을 그 마취제에 걸리지 말게 할 것, 따라서 '위만수단僞瞞手段'의 기술가들을 폭로시키지 않으면 안 된다. 그러나 이것은 비판의 일부이므로 절대로 전부인 것은 아니다. 이리하여 우리는 1932년을 맞는 첫날부터 우리들의 영화운동의 궤도

가 될 만한 (略)

당면한 영화운동의 이론 전개, 비판 확립이야말로 최대의 긴급 문제가 될 것이다. 2회 01.31

시나리오에 대해 말하고자 하는 필자의 근본 의도는 기성의 소수 시나리오 라이터의 비판을 쓰자고 하는 것이 아니다. 장차 이 방면의 영화 분야에서 일해보겠다는 신인을 위해 쓰는 것이다.

작년 1년 동안에 시나리오의 발표가 다른 문예작품에 비해 적다고는 할 수 없다.『동아일보』의 이효석李孝石 군의『출범시대出帆時代』와 (중도에 중단되었지만) 김영팔金永八 군의『싸구려 박사』의 2개의 중편물은 1930년의『화륜』시나리오의 신문 연재 다음에 볼 두개의 발표이다. 그리고『시대공론』및『영화시대』에서 수삼편을 볼 수가 있었다.

그러면 시나리오라는 것이 대체 무엇인가. 음악에 악보의 필요를 느끼며 연극에 연출대본과 연대連帶 설계도를 요하는 것과 같이, 영화제작에 있어서는 없지 못할 것이다. 그러면 시나리오가 문학상의 범주가 되느냐 안 되느냐는 별문제로, 조선에서도 벌써 일반 문학평에서 시나리오가 문제가 된 지 오래다. 더구나 경제적으로 곤란을 받고 있는 우리에게, 한개의 영화를 제작하겠다는 것보다는 열개의 우수한 작품(시나리오)을 쓰는 것이 대중에게 이익이 될는지 모르며, 또한 조선에서 영화운동이라는 것이 어느정도까지 문학적 활동에 그치는 데 있어서 더 유효할지도 모른다. 그만큼 영화비판이나 제작(정망正望[4]이 없으나) 그것보다도 시나리오의 중요성이 일었으며, 따라서 그것의 대중화에 대해 크게 논의하지 않으면 안 된다.

3 　「영화비판에 대한 일(一)고찰」(『비판』제1권 7호, 1931.11)을 의미한다.
4 　문맥상 '가망(可望)'의 오식이 아닐까 한다.

시나리오는 독특한 기술과 술어術語를 요구하는 것이다. 그러므로 보통 문학형식보다 더 전문적 기술을 요하는 것이며, 소설과 같이 미문美文은 요구하지 않으나, 장면의 전환과 몽따주의 배치는 똘스또이나 위고가 세계적 문호라 할지라도 뿌돕낀을 따르지 못할 만큼 전연 소설이나 희곡과는 다른 것이다.

시나리오는 작품을 규정하며 그리고 결정하는 것이다. 다만 수많은 영화 제작 시스템의 한 부문으로서만 아니라 근본적으로 작품의 가치를 내용적으로, 그리고 적지 않게 형성적으로도 결정하는 것이다. 시나리오가 작품을 결정하느냐 감독이 작품을 결정하느냐가 퍽 큰 의문 같으나, 결코 감독이 작품을 결정하지는 못하는 것이다. 왜 그러냐 하면 추작醜作의 시나리오라 할지라도 감독에 의해 좋은 작품이 나올 수 있다고 하는 사람도 있으나, 그것은 감독이 시나리오를 자기가 각색을 다시 한번 고쳐서 촬영한 것에 불과한 것이므로, 아무리 감독이 열등한 사람이라 할지라도 훌륭한 시나리오라 할 것 같으면, 칼 마이어Carl Mayer에 F.W. 무르나우Murnau와 같이 그대로만 할 것 같으면 좋은 작품이 나오는 것이다. 〈선라이즈〉(폭스 작품, 〈일출〉)⁵와 같이 좋은 시나리오 밑에는, 칼 마이어와 같이 세계적 명名 기사技師나 F.W. 무르나우와 같이 세계적 대감독도 시나리오가 작품을 결정할 만큼 그들은 손을 더 대지 못했다. 설계도와 상위相違된 건축은 설계자의 건축이 아니며 건축자의 임의의 건축물일 것이다. 과거의 조선영화를 보고도 감독이 좀 부족하다는 말이 작품마다 통해 나오나, 그것은 결코 감독의 부족이 아니라 원작자가 시나리오를 쓰는 데 교양 여하에 있었던 것이다.

그러면 프롤레타리아 영화운동에 있어서, 프롤레타리아트가 그 자체의 이데올로기 혹은 심리 등을 표현시키는 데 이용될 무기의 하나인 프롤레타리아 영화도 그 자신의 본질로 말한다 하면, 영화 이외의 별개의 것은 아닌 것이다. 즉 프롤레타리아트가 자본주의 문화의 유산인 영화와 그 기술을 이용하고 있는 것인, 이 근본적 사물을 보는 데 있어서 당연히 시나리오가 문제가 되는 것이며, 더욱이 제1은 경제요, 제2는 기술자(영화운동의 수행자)의 시간적 정력을 허비하지 않는 점에서 그 생산의 합리화가 중대성을 띠고 있는 것이다.

그러면 어떤 형식과 내용으로 시나리오를 대중에게 보여주지 않으면 안 되겠는가. 말초신경에 뛰노는 현대인은 결코 영화시映畵詩인 시나리오를 버리지 않을 것이며, 또한 그 형식이 명확단순함 등에 있어서 절대의 지지를 받을 것이며, 그러므로 시나리오 라이터의 임무는 시나리오의 대중화가 문제되는 것이다. 1932년 벽두에 논의될 중요한 문제 중 하나가 시나리오의 대중화 문제일 것이다. 3회 02.02

1931년은 텔레비전, 네온사인, 그리고 토키 시대이다. 라디오와 일루미네이션[6]은 벌써 우리의 귀와 눈에 익은 지 오래다. 조선영화, 외국 영화 할 것 없이, 작품이 양호한가 여부는 제2의 문제로 새 사진에 굶주린 경성 영화 팬에게 토키야말로 총아가 되고 말았다. 우리가 사는 이 현실 속에서 그리고 현실 속에 사는 인간이 발명한 발성영화는, 또한 현실 속에서 살고 있는 인간에게 총애를 받을 것은 그리 의심할 일이 못 된다. 장래의 영화는 천연색에, 발성에, 그리고 입체가 아니고는 인간도 그냥 두지 않을 것이다. 흑과 백[7]으로만 보이던 소위 활동사진이 클로즈업과 틸팅, 버드 아이 뷰에까지, 그리고 천연색 영화를 완성시킨 지 벌써 수개 성상星霜[8], 또한 금일에는

5 *Sunrise: A Song of Two Humans*. 독일 감독인 무르나우가 할리우드로 가서 칼 마이어의 시나리오로 만든 1927년도 작품으로, 도회의 유혹에 빠져 아내와 행복한 전원생활을 포기한 남성의 타락과 구원을 그리고 있다.

6 일루미네이션(illumination). 많은 전등을 이용한 장식. 전광(電光) 장식.

7 원문은 "색(色)"이나 오식으로 생각된다.

8 햇수를 비유적으로 나타내는 단위.

동同발성에까지 이른 영화예술이야말로, 발성영화를 영구히 안 만들겠다는 저 유명한 채플린도 오늘날에는 음향音響영화를 박겠다고 한다.

그러나 경성에 온 토키는 토키가 아니다. 그 무엇이라고 말할 수 없는 콩버무리다. 무대의 한구석에서는 영어가 새어나오고, 또 한편 구석에서는 조선말이 새어나오고, 또 영사막 위에는 일본자막이 비치고, 그야말로 귀와 눈이 십여개나 있어야 한다. 현대 인간은 두뇌를 여러군데 써야 하지만, 사진 한번 구경하러 가서 양편 귀로 각각 하나씩 듣고, 또 두 눈으로 한 눈은 자막을 보고 또 한 눈은 장면을 보고 나면, 얼마 안 있어 신경통에 걸릴 것은 사실이다. 구차한 집 살림엔 부잣집 부지깽이만 와도 돌레가서 귀찮다고 하더니, 그야말로 조선에는 발성영화야말로 그의 예술적 가치를 발휘시키지 못한다.

우리는 애석하게나마 어떻게 하면 발성영화를 제작하겠는가 문제가 아니라, 어떻게 하면 남의 발성영화를 잘 듣겠는가가 문제다. 미국인(대개가 아메리카 작품이므로)만 들으라는 것도 아니요, 또한 조선사람만 들으라는 것도 아니요, 일본인만 보라는 것도 아니다. 이 문제가 우스운 것 같으나 영화를 연구할 우리로서는, 아니, 하루 가서 토키를 보는 사람이라 할지라도 생각해볼 문제이다. 동경東京 모양으로 변사가 전부 없어지고 고급 팬만 들어가게 되든지 그렇지 않으면 어떤 좀 나은 방도를 생각해야, 그렇지 않으면 위대한 과학의 소산인 토키가 오히려 팬에게 눈살을 찌푸리게 할 것이다. 이 문제도 신년新年을 당當하여 한번 고려할 문제이다. 끝 4회 02.03

2-1 유신(流新)키네마 2회작 〈임자 없는 나룻배〉 허심

『동아일보』 / 1932.09.14

　　조선영화계에서 일찍 보지 못했던 새로운 감독과 명쾌한 촬영으로 된 영화다. 아마도 이때까지 나온 조선영화의 패권을 잡을 만하다고 할 수 있겠다. 그만큼 단순한 스토리로 그만큼 성공한 것은 감독·촬영·연기의 우승함을 증명하는 것이다. 나운규가 주연하는 춘삼이라는 한개 농부 노동자의 슬픈 이야기를, 우리는 한 개인의 이야기로 보지 말고 조선민족이라는 한 민족의 이야기로 볼 때 비로소 그 감격이 커지는 것이다. 재산을 빼앗기고, 일을 빼앗기고, 아내를 빼앗기고, 또다시 생명의 줄과 딸을 빼앗기고야 말 운명에 처해 있으면서도, 거기 대항할 아무런 복안도 없이 오직 신명께 기도나 올리고 있는 춘삼이. 그것은 곧 조선민중의 한 전형이다.

　　마침내 그는 온갖 구식 제도에 불을 지른 후 쓸데없는 제단을 부숴버리고, 오직 자기, 저 자신의 힘으로의 복수를 단행하려고 했다. 그러나 그의 연약한 힘은 조수같이 밀려오는 ××주의 앞에는 기차를 막으려는 굼벵이에 지나지 못했다. 임자를 잃은 ××은 방향도 없이 떠내려간다! 얼마나 상징적이고 구슬픈 이야기인가? 자못 유감은 춘삼이 취할 바 행동의 냉정한 비판과 암시가 없었음이다. 임자 없는 나룻배를 떠나려 보낸 후, 춘삼이는 달려드는 문명을 막으려는 쓸데없는 희생을 하기 전에 좀더 적극적인 어떤 행동으로 나아가는 것을 암시했더라면 효과가 더 컸을 줄로 생각한다.

　　〈임자 없는 나룻배〉는 문예봉이를 발견했다. 문예봉의 처녀 역은 훌륭한 성공이다. 나운규와 김연실도 베스트의 연기를 보여주었다. 간혹 가다가 좀 지나친 감이 있지만, 각색과 촬영에 상당한 재주를 피웠다. 몽따주에 좀더 연구를 쌓았으면 좋겠다.

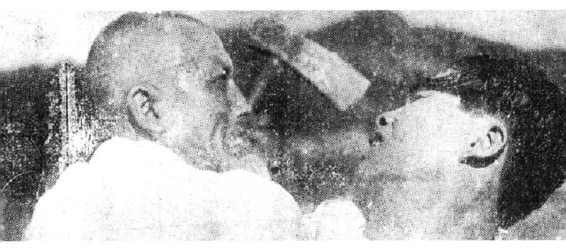

〈임자 없는 나룻배〉에서 춘삼이 딸 애련을 유린한 기수에게 복수하는 장면으로 추측된다.
(『동아일보』, 1932.09.14)

조선인으로는 한번 보지 않으면 안 될 사진이다. 오는 18일부터 단성사에서 봉절된다.

2-2 〈임자 없는 나룻배〉 시사(試寫)를 보고 송악산인(松岳山人)

『매일신보』 / 1932.09.14-15

〈임자 없는 나룻배〉! 여러가지 조선영화 중에 가장 시적詩的 표현인 제목이다. 미리부터 이 제목이 관중의 마음에 던져주는 호기심, 그것에 관중을 이끄는 힘이 조금도 없다고는 할 수 없는 것이다. 그리고 그 작품의 각색 겸 감독이 다년간 일본에서 감독술을 연구했다는 신인 이규환李圭煥 군이요, 주연이 예의 나운규羅雲奎 군, 조연으로도 김연실金蓮實 같은 좋은 솜씨를 보여주던 사람이 있는 반면에, 아직 스크린에서는 보지 못하던 나이 어린 문예봉文藝峯 양의 처녀 출연. 이 모든 점을 종합한 데서 나오는 일종의 막연하나마 그리 적지 않은 호기심과 기대를 나도 갖게 되었던 것이다. 이것이 결코 영화 팬에 속하는 편이 아닌 나로 하여금 R우友의 권유에 끌려 처음으로 경성 스튜디오를 방문하게까지 했던 것이다.

×

이야기는 이러하다.

농촌에서 쫓겨나게 되어 빵을 구하고자 상경한 춘삼(나운규)과 그 아내(김연실)는 춘삼의 인력거 끄는 수입으로 겨우 지내던 차, 산고로 고통하는 아내를 위해 산파를 부르러 가나 산파에겐 거절을 당하고 불의의 일로 도적의 혐의를 받아 입옥入獄된다. 그동안 춘삼의 아내는 어떤 운전수의 유혹과 싸우다 못해, 극도의 빈곤과 애아愛兒의 병고에 못 견뎌 마침내 몸을 더럽히고 만다. 출옥 후의 춘삼이 이것을 알고 극도로 분노하여, 아내의 변명을 들으려고도 않고 어린 딸 애련愛蓮을 업고 방향 없이 도회都會를 등지고 떠난다. 어느덧 15년의 세월이 흘렀다.

춘삼은 그동안 어느 어촌에서 뱃사공 노릇을 한다. 그는 귀여운 딸 애련의 나날이 커가는 것을 유일의 낙을 삼고 쓸쓸하게 지낸다. 그리고 그는 항상 도회를 저주하는 것이었다. 사랑하는 아내를 빼앗기게 한 도회를 따라서 도회 사람들까지도 미워하는 것이었다. 그런데 춘삼이 사는 근처엔 철교가 놓이게 되어 공사가 진행되고 있다. 어느 날 애련은 마을에 놀러갔다 돌아오는 길에 공사장 인부들에게 욕을 당할 뻔하는 것을 젊은 기수技手가 구해가지고 집으로 데리고 왔다. 춘삼은 마땅히 그 젊은 기수에게 감사해야 하겠거늘, 도리어 무안을 주어 쫓아보낸다. 그것은 이 기수도 역시 춘삼이 미워하는 도회인의 하나였기 때문이다. 그리고 도회인의 마수가 순진한 자기 딸에게까지 미칠까를 근심했기 때문이다.

〈임자 없는 나룻배〉의 나운규와 문예봉

그러나 철모르는 딸은 아버지의 그 심사를 알 턱이 없다. 부지중 기수의 꼬임에 빠져 기수를 사모하게까지 된다. 이것을 눈치챈 춘삼은 딸의 행동을 감시하고 또 훈계하였다. 그러나 어느 날 밤, 새로 된 철교 위로 첫 차가 지나가는 날, 심야토록 딸을 감시하던 춘삼이 잠깐 졸다가 눈을 떴을 때는 애련은 이미 보이지 않았다. 그는 밖으로 튀어나갔다. 밤차는 지나간다. 지난 일의 단편 단편이 그의 머리 위로 획획 지나간다. 그는 마치 광인과 같이 방에 뛰어 들어가 등잔불을 던진다. 춘삼의 가슴을 상징하는 듯한 화염은 새벽 하늘을 힘 있게 찌른다. 그는 허둥지둥 배 있는 곳으로 달려왔다. 거기에는 이미 순결을 잃어버렸다는 듯이 흩어진 머리, 찢어진 옷으로 엎어져 우는 귀여운 딸 애련의 가엾은 꼴이 기다리고 있지 않은가. 춘삼은 배舟 줄을 끊어버리고 기수를 찾아간다.

분노의 화신이 된 춘삼의 손에 기수는 절명되고 만다. 그의 통분痛忿은 아직도 풀어질 날 멀었다는 듯이 그는 해머를 높이 들어 철로를 두드린다. 그러나 그것이 무슨 소용이 있으랴. 공연히 그는 열차와 정면충돌을 할 뿐이다. 그러면 홀로 남겨진 어린 딸 애련의 갈 곳은 그 어디란 말인고? 상 09.14

이렇게 스토리는 처음부터 끝까지 비극으로 일관해 있다. 농촌생활에 파멸을 당한 자의 막연한 상경上京은 늘 이런 비극을 지어내기 쉬운 것이다. 생계를 잃어버린 농군들의 도회 진출(?), 거기에는 항상 빈곤과 도회적 유혹이 쫓아다니는 것이다. 이 빈곤과 유혹 사이에 끼어 싸우는 자, 또 그것으로 이런 비극을 빚어내고 있는 자, 어찌 춘삼의 아내뿐이었으랴. 조선의 현실은 항상 이런 비극을 산출하고 있을 것이다.

빈곤한 자는 아내조차 가질 수 없는 것이 현대의 특징이다. 더구나 조선에서 더욱 심할 것이다. 감상적인 한편의 서정시와도 같은 감을 주는 〈임자 없는 나룻배〉라는 그 제목 그대로, 이 작품은 최후의 씬을 제외하고는 전부가 정적靜的으로 되어 있다. 아내를 빼앗긴 춘삼이가 어린 딸을 업고 도회를 등지고 떠나가는 것부터가, 어떤 의미로 보아 소극적이라 아니할 수 없다.

조선의 특수 사정하에서이기 때문에 감독자의 고의적 회피였는지 모르나, 이 작품에는 갈등이 있을 뿐이요 투쟁이 없다. 그러므로 나는 이 작품을 가리켜 조선의 현실을 잘 표현한 온건한 작품이라고 하고 싶다. 그래도 이만큼 현실의 일면을 잘 표현해준 것은 감독자 이규환 군의 공이다. 그리고 전편을 통해 감독술에 있어서 청신하면서도 무게가 있다. 그의 장래는 사계斯界에 크게 촉망되는 바가 있다.

주연 나운규 군은 이미 열熱 있는 출연으로 정평이 있는 사람이다. 그의 열로 가득 찬 동작과 표정은 항상 관중의 마음을 흔들어놓고야 만다. 이 작품에서도 그는 그것을 잊어버리지 않았다. 조연의 기수 역 임운학林雲鶴 군은 그 역 자체가 그리 중요성을 갖지 않은, 눈에 띄지 않는 것인 관계도 있겠지만, 역시 평범하게 지나가고 말았다. 춘삼의 아내로 나온 김연실 양은 여러번 스크린에 나타났던 사람 소질로 봐서, 좀더 진전을 기대할 수 있는 바이나 이번의 출연에서는 그저 무난하게 지나갔다고 할 수밖에 없다. 끝으로 춘삼의 딸 애련으로 나온 문예봉 양, 그는 아직 16세의 어린 처녀다.

무대의 경험도 그리 많지 않은 편. 극에 종사하는 가정에서 자라난 관계로 극적 분위기 속에서 지내왔다고는 해도 아주 첫 출연(영화로는). 양孃이 비교적 중요한 역할을 가진 이번 역에 성공할 수 있을까 하는 것이 큰 의문이었다. 그러나 양은 관중의 안타까운 걱정을 일소해줄 만큼 좋은 출연을 보여주었다. 감독 이 씨의 남모를 고심도 있었겠지만, 양은 이번의 처녀출연만으로도 그대로 영화계로 진출해도 유망하리하는 좋은 소질의 소유자임을 나타냈다. 사계를 위해 또는 문 양 자신의 전도前途를 위해 금후로 정진이 있기를 바라고, 이 거칠은 감상을 마치자. 하 09.15

2-3   내외(內外) 영화계   김유영

『신동아』 제2권 11호 / 1932.11 / 일부

〈임자 없는 나룻배〉

유신流新키네마9 2회 작품으로 과거에 나온 작품 중에서 제일 뛰어난 좋은 작품이다. 내용을 극히 간단하게 시종한 것이며, 어느정도까지 상징적으로 어떤 흐름을 주려다가 그만둔 것 등에 감심感心할 바였다. 그러나 패배적 경향영화는 오히려 대중에게 해독을 줌이니, 거기에 있어서는 제작자들이 자중함이 좋겠다.

그런데 이규환李圭煥 군의 감독술은 재래의 나운규 씨의 모션을 어느 정도까지 없애버렸으며, 촬영에서도 손용진孫勇進 군과 이명우李明雨 군의 특출한 재조才操를 발휘했다고 본다. 후반 강변 장면은 판크로필름팬크로마틱필름을 사용한 효과로 하여 일본의 우수영화에 지지 않았다마는, 전반前半의 도시 장면은 실패로 돌아갔다. 그리고 한가지 불쾌한 것은 외국 작품 중의 장면을 곰비해서 간간이 넣은 것이었다.

출연자 나운규 군은 감독의 통제를 받아서 다소 침착한 태도가 보였으나 분장은 실패했다. 김연실金蓮實 양은 적역이 아니었고, 신진 문예봉文藝峰 양의 천진스런 연기는 장래가 유망해 보였다. 끝. 1932년 10월 6일.

3 조선영화운동의 신방침: 강호
우리들의 금후 활동을 위하여

『조선중앙일보』 / 1933.04.07-17

1. 역사적 회고

우리는 진정한 의미에서의 프롤레타리아 영화운동의 발족점發足點에도 나서지 못했다. 부르주아 영화의 비판, 소小부르주아 영화인과의 이론투쟁 등 간과하지 못할 만한 ×적×續은 있었으나, 영화운동의 본질적 활동인 제작·상영 활동이 없었다는 것은, 우리들의 운동이 실천적으로는 아무런 성과도 내지 못했다는 것을 증명하는 것이다. 우리들의 ×쟁×爭 대상은 부르주아 영화와 기성 영화계에 있는 것이 아니라, ×쟁×爭하면서 있는 프롤레타리아트의 ××로써의 영화의 제작·상영에 있다는 것을 생각할 때, 그것을 한층 더 명백하게 알 수 있는 것이다.

이와 같이 우리 영화운동이 아직까지 정당한 실천에 나서지 못했다는 것은 사실이다. 그러나 영화문제가 프롤레타리아 예술운동 선상에 오르게 된 것은 결코 짧은 역사가 아니다. 내외의 ××적 노동운동이 급격히 앙양되면서 있고, 그 앙양하고 있는 파문波紋에 따라 프롤레타리아 문학운동이 발전의 노상路上에 오르게 되던 1927년에, 신흥 대중을 목표로 한다는 망연芒

---

9   원문에는 "유성(流星)키네마"로 되어 있으나 오식이다.

然[10]하나마 새로운 경향을 띤 조선영화예술협회가 조직되었다. 그 구성된 멤버의 다대수多大數가 영화 애호의 소시민이었으나, 소수의 카프 원원員이 협회의 헤게모니를 잡고 있었고, 동 협회 연구소 출신의 반수 이상이 후일 프롤레타리아 영화운동에 활동하게 된 것을 보아서, 이것을 조선 프롤레타리아 영화운동의 파종기播種期라고 볼 수 있을 것이다.

전기前記 협회의 1회 작품 〈유랑流浪〉과 동 협회의 동근이지同根異枝[11]의 작품이라고 할 수 있는 〈암로暗路〉는, 두 작품이 기술적으로는 실패를 면하지 못했으나 작품의 내용에서는 조선의 농촌 현상을 진실하게 표현하려고 애썼으며, 당시에 가장 새로운 경향을 띤 작품이었다는 것은 사실이다. 동 협회 일一 무정부주의적 조직과 제작비의 곤란으로 〈유랑〉을 발표한 후 해산상태에 이르게 되고, 그 후신이라고 보아도 좋을 서울키노가 조직되었다. 구성원은 전기 협회의 중요한 분자들이었으나, 작품 〈혼가昏街〉는 〈유랑〉에서 일보 퇴보한 작품에 지나지 않았다. 1회 04.07

그 후, 즉 1929년 말에 이르러 당시 프롤레타리아 예술운동이(주로 문학) 급속한 발전기에 있으면서, 그중에서 중요한 부분을 점유해야 할 영화가 전혀 등한시되고 있었을 때, 조선프롤레타리아 영화동맹의 준비적 매개라는 애매한 이름 밑에서 신흥영화예술가동맹新興映畵藝術家同盟이라는 것이 급진적 영화인과 카프 내 영화인들의 손으로 결성되었으나, 실천적으로는 아무런 활동도 없었다. 익년翌年[12] 1930년 4월에 카프는 부문별 재조직을 단행하게 되었다. 이 재조직과 동시에 조선프롤레타리아 예술동맹(카프) 영화부가 성립되었고, 카프 영화부의 성립은 조선프롤레타리아 영화운동의 정당한 모멘트를 주게 된 것이다.

그런데 여기서 당연히 문제되는 것은 신흥영화예술가동맹이다. 영화를 프롤레타리아 계급 ××의 ××로 만들겠다는 동일한 목표를 가진 이상,

신흥영맹新興映盟은 카프 영화부에 해소解消해야 할 불가피한 기운機運[13]을 가지게 된 것이다. 그러나 프롤레타리아적 분장扮裝으로 가식假飾[14]한 김유영, 서광제 일파는, 카프 서기국의 권고를 일축하고 신흥영화의 간판을 사수하면서 프롤레타리아 예술운동의 진영에서 탈주脫走하고 말았다. 당시 신흥영화동맹의 실권은 김, 서 일파에 있었다. 임화는 동경에 있었고, 김태진金兌鎭과 강호는 지방에 있었고, 나웅羅雄은 명의만의 멤버에 지나지 않았다. 윤기정尹基鼎 한 사람만이 그들과 최후까지 싸우다가, 다수파인 그들에게 하는 수 없이 간판을 밀어버리고 만 것이다.

이 탈락조脫落組는 카프 각 지부의 대중적 결의에 좌절되어 신흥영맹을 해체하고, 그 즉석에서 시나리오작가협회라는 것을 조직했다. 2회 04.08

이것은 신흥영맹의 변형變形한 연장[15]으로 볼 수 있는 것이며, 어디까지든지 카프 영화부와 대립하려는 그들의 음모적 의도에서 나온 것이다. 그 후 그들은 서울키노를 부흥시켜, 시나리오작가협회의 연작 시나리오 『화륜火輪』이라는 것을 영화화하게 되었다. 〈화륜〉은 그들의 계급적 모반을 여실히 말해주는, 프롤레타리아 계급××을 비방, 왜곡시킨 영화다. 그리고 그들은 겨우 활동을 개시한 카프 영화부의 운행을 갖은 수단으로 저해하게 되었다.

1930년 12월에 카프 영화부의 지도하에서 청복青服키노가 조직되었고, 그와 동시에 1회 작품 〈지하촌地下村〉의 제작에 착수하게 되었다. 이때부터

---

10   ① 매우 넓고 멀어서 아득하다, ② 아무 생각이 없이 멍하다.
11   같은 뿌리에서 뻗은 가지.
12   이듬해.
13   기회와 운수.
14   ① 말이나 행동 따위를 거짓으로 꾸밈, ② 임시로 장식함.
15   원문 한자는 "連長"이나 '延長'의 오식으로 보인다.

우리들은 실천의 제1보를 향해 나아가게 된 것이다. 그러나 1931년 2월에 출자주와의 충돌로 〈지하촌〉을 중지하지 않을 수 없게 되었다. 〈지하촌〉은 최초의 출자주의 호의에서 청복키노의 영화로 제작하게 되었으나, 자금 결핍으로 제2 출자주가 나서는 때부터 문제가 일어나게 된 것이다. 내용이 불온하다는 이유로 개작改作을 요구하고, 또 작품 상영에 대한 권리(이익문제가 아니다)를 독점하려는 제2 출자주의 무리 횡포한 요구가 문제의 발단이다. 영화행동을 프롤레타리아 계급××의 ××의 일부대—部隊로 사용해야 할 우리로서, 또는 '영화를 공장·농촌에' 이 슬로건 밑에서 일하는 우리로서, 그와 같은 요구를 거절한 것은 당연 이상以上 정당한 일이다.

이런 문제로 〈지하촌〉의 제작이 중지되었을 때, 김유영 일파는 출자주와 결탁하고 〈지하촌〉의 개작을 시험하려고 했으나, 여러가지 관계로 그것을 성공하지 못하게 되자, 나중에는 〈지하촌〉을 유산流産시키기 위해 극악한 수단을 발휘하기까지 했다. 3회 04.09

그런데 우리는 우리의 조그마한 오류나마 묵과해서는 안 된다. 과거에 우리들은 동정자同情者도 아닌 일종의 자본주의 출자로 우리들의 영화를 제작하겠다는 근본적 오류를 범해왔던 것이다. 그리고 또 이런 출자주 밑에서 영화를 제작할 때도, 작품 그것을 될 수 있는 데까지 우리들이 요구하는 수준에까지 이르게 해야 하고, 또 그것을 대중의 앞에 발표해야만 한다는 생각보다 "우리는 자본주의 영화를 제작해주고 그 보수만 받으면 그만이라"는 의견이 일부 키노원員 중에 있었다는 것이다. 그래서 〈지하촌〉 문제에서도 최후까지 싸워보지 않고 결국 중도 퇴각을 하고 말게 되었다.

〈지하촌〉 이후의 우리들은 오늘날까지 아무런 실천이 없었다. 이렇게 침체상태에 이르게 된 원인은 영화의 제작과정이 자본주의적 생산양식의 제약을 받지 않을 수 없다는 것과, 카프 전체에 내리는 지배계급의 ××에도 있겠지만, 무엇보다 카프 영화부 자체의 미미함에 있었다고 볼 수 있다.

2. 조선프롤레타리아트의 영화동맹 결성의 촉진

우리들의 조직의 미약함은 당연 활동의 불활발不活潑을 초래하게 되는 것이다. 현재 카프의 조직 형태는 벌써 그 합리성을 잃어버리고 있다. 이 조직의 불합리는 우리들의 실천 활동에 많은 지장을 가져오게 되었다.

그러므로 조선에서 유일한 프롤레타리아 영화운동의 담당자인 카프 영화부는, ××적 영화운동의 실천을 앞두고 조직의 확대강화를 위해 싸우지 않아서는 안 된다. 즉 조선프롤레타리아 문화연맹의 결성을 전제로 한 카프 각 부문의 기술별의 전문 부문적 독립단체로의 재조직 실현을 위해 싸우지 않아서는 안 된다. 카프의 재조직 문제는 벌써부터 문제되어왔던 것이며 지금도 문제되어 있다. 그러나 이 문제는 붓이나 입으로 해결되는 것이 아니다. 카프 각 부문이 독립적 조직체를 가지고 독자적으로 활동할 만한 역량에까지 그 부문의 역량이 확대강화되지 않아서는 안 된다. 다시 말하자면 각 부문의 확대강화만이 카프의 재조직과, 따라서 조선프롤레타리아 문화연맹의 결성을 촉진하게 되는 것이다.

그러므로 카프 영화부는 기술적 전문 단체로서 독립적 조직체를 가질 수 있는 기초를 세우지 않아서는 안 된다. 그 기초는 우리들의 활발한 활동과 ××적 ×쟁×爭에서만 서게 되는 것이다. 우리는 프롤레타리아 영화의 제작·상영의 기술적 전문 단체인 조선프롤레타리아 영화동맹의 결성을 촉진하는 동시에, 영화운동의 본질적 활동을 위해 다음과 같이 활동하지 않아서는 안 된다.

3. 부원(部員)의 다수 획득

현재 카프 영화부는 4,5인의 부원밖에 갖지 못했다. 이와 같은 소수 부원이 그나마 동서로 분리되어 있는 이때에는 도저히 충분한 활동을 기대할 수 없다. 영화운동은 제작·상영 활동이 그 근본 목표가 되는 것이며, 영화의 생산과정에는 집단적·조직적 활동이 있어야 하기 때문에 한층 더 부원의 결핍을 느끼게 되는 것이다. 그러므로 우리는 조직의 확대강화와 운동의 실천을 위해, 무엇보다 먼저 종래와 같은 소수 부원의 섹트[16]적 결합에서 벗어나서 부원의 다수 획득에 힘쓰지 않아서는 안 된다.

급진적 영화기술자 —— 연기자, 편집자, 촬영기사, 영화비판가, 시나리오 공급자 등을 우리들의 진영에 끌어야 하고, 또 영화기술자가 아닐지라도 영화 통신과 조직 활동에 적극적으로 활동할 수 있는 분자를 우리들의 조직에 흡수해야 할 것이다. 아무런 실천도 밟지 못한 오늘날의 영화부에서 노동자·농민 출신의 부원을 획득하겠다는 것은 일종의 불가능한 일이라 생각하지 않을 수 없다. 그러므로 현재의 우리는 맨 먼저 인텔리와 학생층에 부원 획득의 손을 내밀어야 할 것이다. 그러나 우리들의 활동이 활발해지는 데 따라 노동자·농민 출신의 부원이 다수 조직될 것을 믿고 있다. 부원의 자격에 있어서는 의식수준을 너무나 과중히 요구하지 않아야 할 것이며, 인텔리와 노동자·농민과는 그 규준이 달라야 할 것이다. 4회 04.10

부원 획득 문제에서 제일 필요한 것은 영화연구소 설치와 영화강습회 개최 등이다. 카프 영화부를 지지하는 동시에 프롤레타리아 영화운동에 적극적으로 참가하려는 유의자有意者를 전국적으로 모집해서, 그들을 영화기술자로, 조직 활동자로 지도하고 교양하지 않아서는 안 된다. 그래서 그들 중에서 부원을 획득하는 동시에 지방 지부 조직자, 노동통신원(영화통신원), 서클 지도자 등이 되게 해야 할 것이다. 이와 같이 카프 영화부는 주체조직의 강화를 위해 활동하지 않아서는 안 된다. 다시 말하자면 부원의 다수 획득으로 영화부의 조직을 재건하지 않아서는 안 된다. 이것만이 침체와 불활발에 빠져 있는 카프 영화부를 ××적 실천에 나아가게 하는 제1의 전제조건이 될 것이라고 생각한다.

그런데 우리의 정력을 부원 획득에만 해소하고 말아서는 안 된다. 우리는 제작·상영 활동과 조직 활동에 용감하게 나아가야 할 것이며, 부원 획득에 있어서도 이 활동을 통해서 획득하는 것이 우리들의 가장 정당한 방법일 것이다.

4. 제작[17]·상영의 전문화에

우리는 부원의 다수 획득과 동시에 ××적 실천에 옮겨가기 위해, 영화운동의 본질적 활동인 제작·상영에 전소 에네르기[18]를 집중하지 않아서는 안 된다. 그러므로 우리들의 활발한 활동의 수행을 위해 재래와 같은 애매한 조직형태에서 벗어나서 카프 중앙위원회를 최고기관으로 한 영화부의 위원회를 가져야 할 것이며, 영화부 위원회의 통제 밑에 제작·상영의 두 부문을 확립시켜야 할 것이다. 그래서 어떤 곤란 밑에서라도 ××적 영화를 제작해야 하고, 그 영화를 공장·농촌에 상영해야 한다.

과거의 카프 영화부는 일종의 관념적 조직에 그치고서 적극적으로 우리 영화를 제작·상영하지 못했기 때문에 현재와 같은 치명적 미약微弱에 이르게 된 것이다. 그러므로 우리는 영화운동의 독자적 활동을 위해 영화부 위원회를 가져야 할 것과, 또 제작상영부를 확립해야 할 것을 보다 더 강조하지 않아서는 안 되리라고 생각한다. 5회 04.13

제작부는 문예부, 미술부, 편집부, 보통普通사진부로 구성되어야 하고,

---

16 sect. 종파, 분파.
17 원문에는 "제례(製例)"라 되어 있으나 오식이다.
18 에너지.

특히 촬영부는 연기영화부와 문화영화부, 다시 뉴스릴[19]부로 분기分岐되어야 한다. 문예부는 연기영화와 문화영화의 시나리오를 제공하고, 미술부는 영화제작 과정에서 모든 미술적 부분을 담당하고, 연기영화부는 유물변증법적 방법에 의한 프롤레타리아 연기영화를 제작하고, 뉴스릴부는 프롤레타리아트의 일상 ××을 ××적 프롤레타리아 눈으로 간단間斷 없이 촬영해야 하고, 편집부는 모든 촬영한 필름을 몽따주해서 진실한, 보다 좋은 영화를 만들어야 하고, 보통사진부는 프롤레타리아트의 ×쟁×爭의 끊임없는 전진을 보통 필름에 촬영해서 그것을 계급적 출판물에 제공하고, 또 내외內外의 ××사진을 널리 대중에게 반포頒布해야 한다.

영사부는 공개영사부와 이동영사부로 성립해야 할 것이며, 이동영사부는 프롤레타리아 영화를 공장·농촌에 그침 없이 활발하게 영사하는 활동 부문이어야 한다. 그러고 이동영사 활동만이 참된 프롤레타리아적 영사방법이며, 따라서 이 부문의 활발한 활동이 영화운동의 참된 발전을 말하게 되는 것이다. 공개·이동의 두가지 방법에 의해, 제작부에서 제작한 모든 작품을 노동자·농민의 앞에 영사해야 한다. 이 두가지 활동은 프롤레타리아 영화 공개의 합법성 획득을 위해, 또는 노동자·농민에게 영화를 ×지 프로의 ×기×器[20]로써 행동하기 위해 그 활동은 계급적 열의로 진지하고 활발하게 수행해야 하며, 제 부문의 통일[21]이 완전히 취해지는 때 처음으로 프롤레타리아 영화는 발전하게 되는 것이다.

5. 제작 활동에 대하여

우리는 제작 활동의 강화를 떠나서 영화부의 발전을 바랄 수 없을 것이며, 부르주아 영화의 영향하에 있는 대중을 우리들의 진영으로 빼앗아 올 수 없다는 것을 생각하지 않아서는 안 된다. 그러므로 우리는 제작 활동을 제약하는 경제적 조건, 정치적 조건, 기술적 조건 등의 모든 곤란과 싸워나가며, 우리들의 기본적 과제인 제작·상영 활동을 활발하게 진전시켜야 한다.

A. 제작비 문제

우리들의 활동에서 제일 문제되는 것은 제작비 문제일 것이다. 다른 예술에 비해 영화의 제작에는 막대한 자본을 요要한다. 영화 생산의 이와 같은 특수성에 좌절된 과거의 우리들은, 일종의 기업적 자본주를 구하기에 전 정력을 경주하게 되었고, 그것이 여의치 못하게 되는 때는 아무런 구체적 방침도 없이 다음 기회만을 기다리고 있게 되었던 것이다. 지금부터의 우리는 제작 활동에서의 재래와 같은 일화견주의적日和見主義的[22], 패배주의적 오류를 청산하지 않아서는 안 된다. 기업가의 자본 밑에서 참된 프롤레타리아 영화를 생산할 수 없다는 것과, 또 한가지 우리들은 가능한 것만을 하는 것이 아니라 해야 할 것을 하지 않아서는 안 된다는 것을 잊어버려서는 안 된다. 그러므로 제작 활동의 앞길을 막는 경제적 곤란은 우리들의 운동의 와중에 있어서 극복·해결해야만 할 것이다. 다시 말하면 1,2권밖에 되지 않는 빈약한 작품이라도, 그것을 우리들의 손으로 만들어서 노동자·농민의 틈으로 끌고 들어가야 한다. 그래서 우리들의 운동을 대중이 이해하게 되고 지지하게 되는 때, 모든 문제는 그예[23] 될 수 있는 것이다. 그리고 여기에다 경제문제의 기초를 두는 것이 운동의 발전에 있어서 제일 정당하고 완전한 길이라고 생각한다. 6회 04.15

---

19   원문에는 "뉴-스, 리-고"라고 되어 있으나 오식이다. 이후도 마찬가지이다.

20   맥락상 '아지프로의 무기'라 생각된다.

21   원문에는 "유일(流一)"이라 되어 있으나 오식으로 보인다.

22   '일화견(日和見)'은 원래 날씨를 살핀다는 뜻으로 형세를 관망한다는 의미이다. '일화견주의'란 유리한 쪽을 취하기 위하여 일의 추이만 살피고 거취를 결정하지 않는 기회주의적 태도를 일컫는다.

23   마지막에 가서는 기어이. 원문에는 "긔에"라고 되어 있다.

그런데 우리들의 운동이 대중에게 숨어들어갈 때까지의 최초 제작비는 어떻게 해야 되겠느냐? 그것은 프롤레타리아 영화운동에 이해나 혹은 동정을 가진 학생층·인텔리·샐러리맨 등에게서 촬영기·영사기·필름대 같은 것을 획득해야 할 것이라고 생각한다.

B. 소형영화 이용

현재 우리들의 운동에 특수한 동정자가 나오기 전에는 무엇보다 경제적 제약이 적은 것을 취하지 않을 수 없다. 그러므로 우리들은 맨 먼저 16미리를 이용해야 할 것이다. 16미리 영화는 표준영화(35미리)에 비해 제작비에 있어서 훨씬 더 경제적일 뿐만 아니라, 관객 수용에도 확대 영사기만 가지면 표준영화에 떨어지지 않을 수 있다. 소형영화가 경제적으로 타산한 결과 표준영화와 별다른 차이가 없다는 자가 있으나 그것은 잘못된 타산에 지나지 않는다. 우리들은 작품제작에 있어서 종래와 같이 촬영기 등을 일일이 빌려 쓸 것이 아니라 우리들의 것을 가져야 할 것이며, 또 영사 활동에 있어서도 부르주아 영화의 배급망인 상설관을 상대로 해서는 안 된다. 그러므로 모든 것이 극히 미약한 처지에 있는 현재에 표준영화의 제작만을 바라고 있다는 것은, 운동의 지장을 초래하는 것 외에 아무것도 아니다.

그러나 우리는 표준영화를 거부해서는 안 된다. 가능성이 있는 데까지 그것을 이용해야 하며, 우리들의 역량이 소형영화에서 표준영화로 옮겨갈 수 있게 최대의 노력을 해야만 할 것이다. 다만 현재와 같이 여러가지로 곤란한 조건 밑에 있는 때에 해결의 가능성이 가까운 것을 이용하자는 것에 지나지 않는다.

C. 뉴스릴반 조직

우리들의 제작부의 한 부문으로 뉴스릴반이 확립되어야 한다. 뉴스릴(실

〈끼노 쁘라브다〉(Kino-Pravda)(왼쪽)
쏘비에뜨의 지가 베르또프가 제작한 뉴스영화 시리즈. 1922-25년 사이 총 23편이 제작되었다.

〈뚜르끄십〉(Turksib, 빅또르 뚜린Victor Turin 감독, 1929)(오른쪽)
투르키스탄-시베리아 횡단철도의 건설 과정을 다룬 다큐멘터리. 일본 사회주의 영화운동에 큰 영향을
미친 작품으로 평가된다.

사實寫영화)은 우리들의 신문과 같은 역할을 영화의 영역에서 수행하는 것
이다. 즉 노동자·농민의 시시각각의 ×상태 ― ×트×익크[24], 그리고 여기
에 대항하는 ××계급의 반동시설 등을 신속정확하게 촬영해서 그것을 공
장·농촌에 영사(지입持込)해야 한다. 그러므로 뉴스릴반은 이동영화대를 조
직해가지고 촬영한 즉석에서 현상·편집·영사까지 하지 않아서는 안 된다.
그리고 뉴스릴반의 활동은 일상적으로 활발한 ×쟁×爭을 위한 주도周到[25]
한 주의와 훈련이 있어야 한다. 어떤 돌발적 사건, 위험사건에도 불출不出할
대책을 가지지 않아서는 안 된다. 7회 04.16

D. 연기영화

연기영화는 특수한 동정자가 있어서 장편의 표준영화를 만들 수 있다면
그 이상 더 좋은 일이 없겠지만, 그렇지 못하는 경우에는 1,2권의 16미리 단

---

24   원문에는 "×트×익모"라고 되어 있으나, 문맥상 '스트라이크'로 보인다.
25   주의가 두루 미쳐서 빈틈없이 찬찬함.

편이라도 제작해야 할 것이다.

E. 검열문제

모든 곤란한 조건 밑에서 생산한 우리들의 영화가 검열이라는 난관을 또한번 벗어나지 않아서는 안 된다. 그러나 이 문제는 비관주의와 소극주의를 취할 것이 아니라 작품 그것으로 어디까지든지 싸워나가야 하며, 또 이 문제는 우리들의 운동의 전진되는 과정에서 전체적으로 해결되어간다는 것을 알아야 한다.

우리는 어떤 난관 밑에서라도 진실한 ××적 영화를 부단히 제작해야 하고, 그래서 노동자·농민의 영화에 대한 요구에 항상 정당하게 답하는 한편, 부르주아 영화의 공세에 대해 우리들의 영화로써 결정적 입장에 철저히 싸워가지 않아서는 안 된다.

6. 내용 취재에 대하여

우리는 우리의 영화제작의 규준을 프롤레타리아트의 두부頭部에 서서 용감하게 싸우고 있는 ××부대가 내세우는 시시각각의 슬로건을 살리고, 노동자·농민의 조직 중에 들어갈 수 있는 내용을 만들지 않아서는 안 된다.

"우리들의 예술(영화)은 ××적 프롤레타리아트의 이데올로기를 내용으로 한다. 보다 정확하게 말하자면 지금은 국제 프롤레타리아트의 세계적인 단일의 유기적인 기구에 자기 스스로를 결부시켜 광범한 농민을 자신의 동맹으로 하고 프롤레타리아트의 ××을 목표로 나아가고 있는 일본(조선)의 ××적 프롤레타리아트의 이데올로기를 내용으로 하는 것이다. 이 점에 있어서 아무런 타협도 허許하지 않는다." (일본프롤레타리아 작가동맹 중앙위원회 결의)

이것은 우리들의 영화의 내용에 있어서도 근본적으로 이해하지 않아서는 안 될 것이며, 또한 이것은 프롤레타리아 영화에 요구된 일체의 사회적 임무일 것이다.

7. 상영 형태에 대하여

우리의 영화는 영화 자신이 가지고 있는 선전××력을 이용하여 ××적 집단으로서의 노동자·농민의 의지와 감정을 오르게 하고, 그것을 프롤레타리아트의 조직의 선線에 결부시키는 것이 구극究極[26]의 목적이다. 그러므로 프롤레타리아 영화의 참된 대상은 공장·농촌을 단위로 집결된 노동자와 빈농이다. 중요 기업의 대공장을 단위로 집단集團된 노동자와, 농장을 단위로 집단된 빈농만이 집단으로서의 의지와 감정을 가진 노동자·농민이기 때문이다.

그렇지만 공장·농장 이외의 노동자·농민과 소부르주아 대중도 광범한 계급 ××상에서 어떤 역할을 하지 않는다는 것이 아니다. 이런 대중을 반동화反動化에서 구해내는 것이 전연 무의미하다는 것이 아니다. 우리의 에너지를 조금이라도 낭비하지 않고 가장 유효하게 계급××에 사르라는[27] 것을 강조하게 되는 것이다.

A. 이동영사 활동

우리의 영화가 공장·농촌에 뿌리 깊게 들어가자면 무엇보다 먼저 중요 공장·광산·농촌을 목표하지 않아서는 안 된다. 조직 활동이 활발하지 못한 때에는 여러가지로 곤란한 조건이 많겠지마는, 우리는 모든 난관을 헤치고

---

26 궁극.
27 원문은 "살이라는".

목표 공장과 목표 농촌에 일상 부단히 들어가야 하며, 그것만이 프롤레타리아 영화의 대중화에 정당한 계기를 주게 되는 것이다.

이동영사 활동은 관객이 직장을 같이한 노동자(농민)의 집단이기 때문에 ××선전의 효과가 직접적이며, 또 영화를 노동자(농민)의 굳은 지지 밑에서 어떤 ××에도 저항하면서 전진시킬 수 있는 것이다. 또 노동자·농민은 어떤 영화를 좋아한다는 것을 직접 시험해볼 수 있으므로, 영화의 내용과 기술에 대한 많은 시사示唆를 흡수할 수 있다. 8회 04.17

4 　영화비평: 　　　　　　　　　　　김유영
　　〈아름다운 희생〉[28]을 보고

「조선일보」 / 1933.06.06−09

나는 영화비평가라기보다 제작자의 한 분자라고 자타가 볼 수 있다. 그런데 어째서 '영화평'이라는 제목을 걸어놓고 붓을 들었을까? 여기에는 피치 못한, 나로서 특수하게 가진 생각이 있는 까닭이다.

첫째는, 과거에 소위 평가評家 제씨의 비판안批判眼은 실로 영화예술의 특수한 가치를 모르고 다만 개념적 비평에만 일관한 것이 적지 않았다고 본다. 그러므로 일반 독자대중이나 제작자에게나 하등의 효과를 주지 못하고 오로지 반감과 조소로 귀결된 것이 많았다. 적어도 한 작품의 시비를 가림에는 작자 이상으로 작품에 대해 이해가 충분해야 할 것이며, 또한 무엇보다도 진정 입장에서의 확립된 이론이 서 있지 않으면 안 될 것이라고 생각한다. 오늘날 영화예술이 가장 강력한 발전을 보이는 것만큼, 거기에 대한 지식을 가지려 해도 그다지 쉬운 일은 아니다. 이렇게 말한다고 나 자신이 수준 이상으로 영화에 대한 견식이 있다는 것은 아니다. 다만 과거의 평자에게 가졌던 불만과 또 이번 〈아름다운 희생〉을 보고 제작자에게 보내고 싶은 말을 하지 않을 수 없는 까닭에 붓을 들었다. 내 자신이 제작자라고 해서 제작자 동료에게 엄정한 객관적 비판이 아니고 사적-정실 관계가 있지 않을까 하는 우려는 절대로 갖지 말아주기 바란다.

비판은 파괴이다. 즉 건설을 위한 파괴다. 그리고 비평의 무기를 더 한층 강력하게 하려면 사회 기계機械 중의 정당한 영화예술의 분석에 의한 그 특수성의 통일적 파악이 절대로 필요한 것이다. 여기서 나는 다음의 간단한 비판에 들어가겠다. 일반은 별다른 선입견을 갖지 말라.

1933년도에 들어서 반가운 첫 소식을 들려준 〈아름다운 희생〉을 일전에 조극朝劇, 조선극장에서 봤다. 가물에 콩 나듯이 수개월 만에 한번 나오는 조선영화. 〈아름다운 희생〉은 촬영을 개시하기 전부터, 주린 우리들에게 얼마나한 기대와 갈망을 주었는가. 그러나 스크린에 나타나는 〈아름다운 희생〉은 나에게, 아니 일반 대중에 여지없는 실망을 던져주었다는 것을 느끼게 되매, 전신의 힘이 적어짐을 깨달았다. 〈아름다운 희생〉은 두말할 것 없이 완전히 실패에 돌아가고 말았다. 재래의 조선영화가 내용으로나 기술상으로나 많은 결함이 있다고 했지만, 〈아름다운 희생〉에 비해서는 훨씬 우월했다고 느낀다. 1회 06.06

내용은 —— 두 청년이 어떤 일을 계획하고 귀향하는 길이었다. 흉한凶漢에게 유인되어 고생함을 참지 못해서 투신자살하려는 여성을 구하는 데서부터 시작된다. 그리하여 결국은 이 여성을 중심으로 소위 두 청년과의 삼각연애가 일어나자, 두 청년의 우정은 멀어져서 나중엔 쟁탈전까지 생기게 되었다. 때에 흉한이 나타나서 여성을 빼앗아간 두 청년을 적으로 피스톨

28   〈아름다운 희생〉(김광주 감독, 1933).

을 빼들었다. 하지만 흉한은 목적을 달성하지 못했다. 거기서 이 여성은 두 청년의 필사적 노력으로 흉한의 손에서 탈출했으나, 불행하게도 그는 그중의 한 사나이를 사랑하지 못하게 됨에 이르러서 두 청년은 서로 결사적으로 싸웠다. 여기서 여자는 두 청년을 위해 자기가 죽음의 길을 걸었다는 것이다. 두말할 것 없이 내용부터도 해외 영화 서부 인정활극이나 재래에 신파극단이 상연하는 각본에서 흔히 보는 유치한 애욕쟁투극의 종류이다.

원작자 이운방李雲芳은 과거부터도 이런 불미한 내용을 가진 작품을 많이 내놓은 군이다. 조선영화에서 경제적 조건은 맘대로 못한다 할지라도, 내용 선택에만은 좀더 나은 것을 구득求得할 수 있을 것이라고 자신한다. 작자가 이미 조선의 현실을 떠나지 않았다면 결코 그런 내용의 시나리오를 영화화시키지 않을 것이다. 작품 그것이 벌써 비평받지 못할 수준 이하의 것이니 하나하나 들어서 말하지 않겠지만, 한마디 말하고 싶은 것은 어떤 내용이건, 이 토막 저 토막 이어놓는다고 그것이 내용을 완성하는 것이 아니고, 또 극다운 영화극이 될 수 없는 것이다.

조선의 일꾼, 아니 세계 어느 나라의 일꾼을 막론하고 일꾼이라면서 하루 동안의 처음 만난 여성을 상대로, 더구나 그 여자가 동지도 아닌 전혀 모르는 여성임에도 불구하고, 굳게 악수한 두 동지가 우정도, 일도 죄다 버리고 여자로 해서 결사적으로 아이구지[29]를 가지고 싸운다는 것도 〈아름다운 희생〉에서만 볼 수 있는 내용이고, 또 소위 순진純眞 여자라고 하는 여주인공 성화聖花가 이 사나이, 저 사나이 품에 안기며 사랑을 사는 것도 이운방 군의 원작이 아니고는 볼 수 없는 일이겠다. 2회 06.07

물론 감독자의 미숙한 기술로 인해 원작자의 의도를 어그러트리는 일도 없지 않지만, 그 대의까지 그르칠 리는 없으리라고 믿는다. 원작자는 현명한 대중을 용감하게도 까무플라주[30]하려고 했다. 주인공을 계급층의 인물

〈아름다운 희생〉의 포스터

로 '탈'을 씌워서 쌍층雙層 관객을 일거양득 격으로 다수 획득하려는, 저널리스틱한 야심적 방책을 노골적으로 시험했다. 과거에 내외 제諸 영화 가운데는 소위 경향영화라고 해서, 어리석은 소부르소부르주아 팬의 호주머니를 텅 비게 한 일이 적지 않았다. 과도기에 처한 현 사회에 있어서도 아직까지 객관적 정세는 가장 교묘한 표현기교로써, 원작자 이 군이 가진 야심을 어느 정도까지 소원성취할 수 있으리라고도 믿는다. 그러나 〈아름다운 희생〉 같은 비현실적이고, 또 극히 유치스런 내용으로는 도저히 관객의 흥미를 지속시킬 수 없었다. 차라리 군이 가진 양심-본능 그대로의 이데올로기를 표현한 내용으로 시나리오를 쓰든, 그렇지 않으면 자중하여 후일의 새로운 진출에 힘쓰도록 함이 제일 묘책일 듯싶다. 이것이 군을 위하고 또한 조선영화계를 위한 진정한 나의 충고이다.

다음은 기술평에 들어가보겠다. 편극(각색)도 원작자 이 군이 썼다고 자막에 나타났었다. 여기에 또 좋은 평을 내릴 만한 가치를 얻지 못했으니 더

29 아이꾸찌(あいくち), 비수, 단도.
30 camouflage, 불리하거나 부끄러운 것을 드러나지 않도록 의도적으로 꾸미는 일.

한층 미안하고 섭섭한 느낌뿐. 영화가 소설보다 다른 감미感味, 즉 영화적 감각을 보이는 일은 각색에서부터 시작되는 것이다. 1,000여혈頁[31] 이상의 장편소설이라도 훌륭한 각색술이 있다면, 4,5권 이내로라도 그 작자의 의도와 감각을 완전히 표현할 수 있는 것이 영화예술의 특수한 자랑거리다. 〈아름다운 희생〉의 각색자 이 군도 그런 말만은 들었던지, 스크린에서 보건대는 하루 동안에 일어난 사건 같다. 이것을 각색 기교로 내용을 완성하려고 했던 까닭에, 영화가 화면의 몽따주에 의한 예술품이라는 것은 전혀 잊은 듯싶은 느낌을 가졌다. 동에서 한 토막, 서에서 한 토막, 이렇게 주섬주섬 주워다가 붙여놓은 것 같고 도무지 연결된 표현이라고는 없었다.

불완전한 영화라도 자막이 많으면 그 영화를 이해하기 쉬운 법인데, 〈아름다운 희생〉은 자막 적은 것으로도 오로지 실패했다고 보지 않을 수 없다. 그러나 전혀 각색자의 실책이라기보다, 당국에서 자막을 많이 '가위질'했다는 말이 들리니 여기에는 동정한다.

부분 부분을 일일이 들어서 좁은 지면에 말할 수 없으나, 시나리오 라이터는 각본에 있어서 테마를 바로잡고 내용을 확언시킨 후 여기에 가장 적당한 형식을 만들지 않으면 안 된다. 우리들이 일상 먹는 음식이지만 형식을 차려서 음식 만든 뒤에 찬기를 갖추고 보기 좋게 밥상을 차림 차리듯이, 영화에서도 형식이란 심히 필요한 것이다. 이 군은 각색이 종전보다도 오히려 퇴보되었다.

도연導演, 감독 신인 김광주金光洲 군에게 나로서는 특별히 기대를 가졌던 것이다. 까닭을 한마디로 말한다면, 과거의 감독이 그 수법의 우수한 공적을 보이지 못했기 때문이다. 그러나 내가 가졌던 기대는 어그러졌다. 3회 06.08

첫째로, 위에 말한 시나리오 밑에서 메가폰을 들었다는 것부터 이미 실패할 장본이었다. 물론 감독자로서는 다소 원작 각색의 구속을 받겠지만,

부분적으로는 어느정도까지 자기의 독특한 수법을 발휘할 수 있는 것이다. 나는 군의 천재적 소질을 발견하지 못했다. 이번 이 영화에는 비교적 상당한 기술을 가진 남녀배우가 출연했다고 생각했는데, 정작 영화에서는 부자연한 동작과 표정으로 시종을 일관하게 된 것은 감독자 김 군의 책임이라 하지 않을 수 없다. 더욱이 여주인공 성화 앞에 해명海明이와 세진世鎭이가 나타날 때마다 포옹이 생긴다는 것은 실로 불쾌하기 끝없는 일이다. 장면마다 인물 배치가 고르지 못했고, 또 배경은 도무지 연락되지 않아서 질서가 없었고, 커팅에서도 좋은 수법을 보여주지 않았다. 물론 오버랩을 못하는 카메라와 악질의 필름을 가지고 결점 없는 수법을 보여달라는 것은 무리한 욕구겠으나, 김 군은 다음 기회에 이번 실패를 회복하도록 하기 바란다.

촬영(섭영攝影32)은 신진 이신웅李信雄 군이 했다. 군이 오랫동안의 희망을 처음으로 카메라의 크랭크를 잡아 그간 진실히 연구했던 자기의 숨은 기술을 발휘할 기회였다. 그러나 네거티브 대용으로 포지티브를 사용했고, 또한 포지티브조차 소위 국산 필름이라 하여 겨우 한척에 2전이 좀 넘는 극히 악질의 필름이니, 촬영자인 군에게 우선 동정할 여지가 있다. 이런 사정을 돌보지 않고 군의 처녀 촬영을 내적 사정이야 어떻든 스크린에서 본 그대로를 비판한다면, 그것은 무리한 평이라고 하지 않을 수 없다. 그러나 〈아름다운 희생〉 전체에서 처음부터 끝까지 카메라워크가 하나도 취할 데가 없다는 것은, 너무나 기대와 어그러진 일이라고 하겠다. 영화예술의 표현은 카메라의 운동이 가장 중대한 역할을 가지고 있다. 근래에 카메라의 운동이라면 여러 영화학자에 의해 이론이 분류되어 있지만, 카메라를 까닭 없이 운동시켜서는 안 된다. 즉 카메라아이33가 없고 유동이 없는 촬영은 발

31   책면(페이지).
32   섭영(攝影)은 중국어로 '촬영'을 뜻한다.
33   camera-eye. 카메라로 찍었을 때의 상태를 상상·판단할 수 있는 카메라맨의 능력.

전된 영화예술의 기술이 아니라 미개한 활동사진이다. 촬영자의 악惡취미에서 나오는 막연한 유동감의 추구는 절대로 안 된다. 요컨대 카메라 운동의 남용은 전면全面의 영화적 구성을 파괴한다. 효과적 통일에 파탄을 초래한다는 말이다.

〈아름다운 희생〉의 촬영은 확실히 실패에 돌아갔다. 화면에 대한 카메라의 포-쓰[34]든지 카메라앵글에서 좋은 장면을 구할 수 없었고, 마치 초기의 조선영화를 보고 앉아 있는 감이 있었을 뿐 아니라 촬영자의 부주의가 곳곳에 나타났다. 인물이나 물체가 화면 구석에서 어른거리다가 그치는 등등의 점은 용허하지 못할 일이다. 이전移轉, 회전, 오버랩, 이중촬영 등이 반드시 있어야 할 것을 그대로 진행시킨 것이든가, 광선의 부주의, 또 전편全篇을 통해 화면의 명암을 균일하게 못한 것 등은 구식의 카메라와 악질의 필름을 사용한 까닭도 있겠으니, 촬영자에게만 책임을 돌릴 수도 없는 일이다. 끝으로 군에게 부탁하는 바는, 촬영술에 대해 실천보다도 먼저 학구적 이론을 게을리 하지 말라는 것이다.

다음은 출연자에 대해서 극히 간단히 쓰겠다. 김선영金鮮英 양. 〈방아타령〉김상진 감독, 1931에 다소의 장래성을 보였으나 이번에는 배우로서의 앞날이 끊어진 것 같았다. 페이스 플레이[35]라든지 모션이 부자연해서, 가엾게 보일 경우에도 관객을 웃게 만드는 장면이 전부라고 해도 과언은 아니다. 밤송이 같은 머리 모양이라든지 가끔 눈동자가 한데 몰려서 '사팔뜨기'가 되는 것 등은 아주 불쾌한 일이었다. 어쨌든 소질이 없는 자기의 기술을 억지로 표현하려는 데서 커다란 실패를 했고, 또 한가지는 감독자의 부자연한 감독술에 얽혔기 때문에 양은 단연 실패했다.

이경선李慶善 군. 군은 누구보다 밑지지 않게 많은 영화에 출연했고, 지금까지 자기가 맡은 역에 실패가 없었다. 그러나 이번에는 재래보다 퍽이나 퇴보되었다. 그 원인은 감독자의 의사와 자기의 의사의 차이로 생긴 미결未

決된 행동의 소치라고 보인다. 그래도 가끔 군의 묘한 동작과 표정을 보인 데가 있었다. 군에게 부탁은, 될 수만 있으면 군은 '수염'을 붙여서 입술의 선천적 결점을 없앰이 좋을 듯하다.

심영沈影 군. 좋은 얼굴이다만 영화배우로서는 부자연한 점이 많았다. 언제나 무대에서 하던 행습이 보이는 데와, 더글러스Douglas Fairbanks나 나운 규 군의 독특한 동작을 더러 흉내 내는 데서는 불쾌함을 느꼈다. 그러나 좋은 감독을 만나면 성공하리하고 믿는다.

서월영徐月影 군. 이 영화에서 부자연하나 제일 나은 연기를 발휘했다.

김연실金蓮實 양. 자기에게는 알맞지 않는 역이다. 너무나 단역이어서 자기가 가진 특이한 연기를 발휘하지 못했다. 다음 기회에 양이 가지고 있는 세밀한 연기를 보여주도록.

박제행朴齊行 군. 군은 평범했다. 어느 영화에서든지 실패함이 없는 믿음성 있는 좋은 배우다.

메이크업에 대해서는 말하지 않으련다. 포시포지티브를 원판으로 했으므로 음양관계를 정확히 받아주지 않는 ── 조색調色36 없는 ── 필름이니 화장에 실패할 것은 미리 짐작한 바이다. 다만 끝으로 제작자 제군의 꾸준한 노력으로 이번의 실패를 다음 기회에 만회하여 조선영화계의 신기록을 지어주기를 기대하고 이만 그친다.

-미尾- 1933. 6. 7 4회 06.09

---

34   포즈(pose) 혹은 포스(force)를 뜻하는 것으로 추측된다.
35   'face play'가 아닐까 한다.
36   색을 배합하여 빛깔을 냄.

신연재 영화소설 『도화선(導火線)』[1]

『조선일보』/ 1933.01.08

공동제작: 김태진[2], 나웅[3], 추적양[4], 강호

촬영: 동양사진관

김태진, 나웅, 추적양, 강호 제씨는, 이미 독자 제씨도 영화운동에 노력하고 있는 것을 짐작하실 것이다. 이번에 이들의 공동 집필인 영화소설을 싣게 될 때 일반 독자의 흥미를 자아내겠거니와, 날마다 한장면씩의 사진을 넣어 이야말로 지상영화紙上映畵라고도 말할 수 있으므로, 새로운 영화인의 글과 아울러 새로운 바가 있을까 한다. (편자編者)

내용에 대하여

공장에서 도박장, 도박장에서 술집, 술집에서 매음굴 —— 이외의 세상을 알지 못하는, 횡포하면서도 순박한 일면을 가진 한 젊은이의 무의식 중에서 나온 한마디 말이 수백인의 생명을 유린하는 무서운 결과를 맺고 말았다. 이것을 깨닫게 된 그 청년은 얼마나 크나큰 양심의 가책을 받았으며 무엇으로 이 역사에 배반한 무거운 죄의 값을 치를 것인가?

형식에 대하여

우리는 종래와 같은, 일일이 번호를 붙여서 기록적으로 서술하는 촬영대본 형식의 시나리오를 반대한다. 그러므로 이번 시나리오는 감동과 흥분, 그것만이 가질 수 있는 가지가지의 정도와 리듬에 의해 독자(관객)의 마음을 끌지 않고는 견디지 못할 굳센 그리고 정서적인 새로운 형식으로 이야기를 설명해가려고 한다. (작자)

(1월 10일부터 3면에 연재)

영화소설 『도화선』 연재분

---

1   연재된 시나리오는 김수남 엮음 『조선시나리오선집(4)』(집문당 2003)에 수록되어 있다.

2   김태진(金兌鎭, 1904-49). '남궁운(南宮雲)'이라는 이름으로도 활동했던 배우, 연출가, 극작가, 평론가. 〈장한몽〉(1926) 〈아리랑〉(1926, 현구 역) 〈풍운아〉(1926) 〈혼가〉(1929) 〈아리랑 후편〉(1930) 등에 출연했다. 신흥영화예술가동맹, 이동영화제작단, 동방키노 등에 참여했고 1933년 '영화부대 사건'으로 검거되었다. 출옥 후 동양극장 및 인생극장에서 연극활동을 했고, 〈사랑에 속고 돈에 울고〉(1941) 등을 연출했다. 해방 후에는 조선연극동맹, 조선예술극장에서 활동하다가 월북했다.

3   나웅(羅雄, 1909-?). 〈나의 친구여〉(1928) 〈약혼〉(1929) 〈미몽〉(1936) 〈어화〉(1938) 〈우러 르라 창공(仰げ大空)〉(1943) 등에 출연한 영화배우이자 레마르크의 〈서부전선 이상 없다〉 등을 연출한 연극인. 1946년경 월북했다.

4   추적양(秋赤陽, 1911-?). 〈화륜〉(1931) 등에 출연했고 동방키노, 극단 메가폰 등에서 활동했다. 1933년 '영화부대 사건'으로 검거되었다.

7

토키talkie의 토착화

1920년대 중반 움직이는 영상에 사운드를 동조하는 기술이 해외에서 발명되었다는 소식이 전해졌다. 1926년에는 미국의 리 드 포리스트Lee De Forest가 발명한 포노필름phonofilm이 경성공회당(02.27-28)과 우미관(03.01-02)에서 공개 상영되었으며, 얼마 지나지 않아 1927년 10월 뉴욕에서 상영된 워너브라더스의 〈재즈 싱어〉The Jazz Singer가 최초의 토키로서 영화의 역사를 새로 썼다는 소식도, 다른 발명 소식 정도의 단신으로 조선에 전해졌다.

1930년대 초반까지 조선영화 담론 장에서 사운드의 도입은, 새로운 과학기술의 발명이라는 차원에서 주로 그 과학적 원리가 소개되었다. 조선에서 상영되고 있던 서구의 무성영화는 이미 그 자체로 완숙한 미학적 경지에 도달해 있었기 때문에, 사운드 도입이라는 새로운 기술 발명이 세계영화사에 미칠 파장에 크게 주목되지는 않았던 것으로 보인다. 또한 1920년대 후반은 이제 막 무성영화 제작이 꽃을 피워, 식민지 시기를 통틀어 한해 평균 제작되는 조선영화가 가장 많았던 '황금기'였다. 사운드로의 이행은 당시 조선영화가 취할 수 있는 여러 선택지 가운데 하나였을 뿐, 필연적인 단계로 인식되지는 않았다.

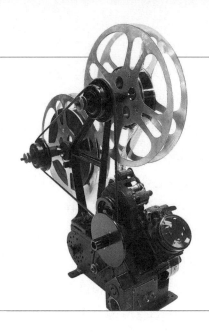

　그럼에도 무성영화에서 발성영화로의 이행을 역사적 필연으로 인식하고, 세계영화계의 흐름에 따라 조선영화에 이 새로운 기술을 도입해야 한다고 생각했던 사람들이 있었다. 1929년 일본의 마끼노영화사가 제작한 〈모도리바시戾橋〉가 조선에 소개될 무렵, 누구로부터인지는 분명치 않지만 〈아리랑〉의 후일담인 〈아리랑 후편〉이 발성영화로 제작될 것이라는 소문이 돌기 시작했다.

　이 장에 실린 박완식의 글은 그런 소문이 떠돌던 1929년 말에 집필되었다. 박완식은 "무성영화의 영화다운 영화가 드문 조선의 제작자로서, 발성영화의 제작이란 남이 하니 나도 흉내 내보자는 추수적 한 장난거리의 자위적 도락"에 지나지 않는 일이라고 생각했다. 기술적으로도 산업적으로도 허약한 조선영화가 토키 제작에 성공할 수 있을지도 불투명하지만, 설사 고비용을 들여 토키를 제작한다고 해도 조선영화의 진보를 보장해주지 않는다는 것이다. 조선이라는 소규모 시장의 한계로 고비용의 제작비를 회수할 수 없을뿐더러, 토키는 검열에 대한 대응력도 약하다고 지적했다. 무성영화는 검열에서 삭제되는 부분이 있어도 변사의 해설을 통해 내용상의 결락을 메울 수 있지만, 발성영화는 화면이 "중단이 된다면 음향까지도 중단이 될 것"이기 때문이다. 박완식의 글은 과연 조선영화가 토키 기술을 성취할 수 있겠는가 하는 가능성을 진단한 것이라기보다는, 설사 토키를 토착화한다고 해도 (영화를 자본에 더욱 종속시킴으로써) 오히려 조선영화산업을 궁지로 몰지도 모른다는 잠재적 위기에 대한 우려였다.

박완식은 조선영화 제작을 위한 견실한 토대를 갖추고, 그 위에서 무성영화로 영화운동을 전개하는 것이 당시 조선영화가 취해야 할 방향이라고 믿었다. 실제로 〈아리랑 후편〉이 소문과 달리 결국 무성으로 제작·공개되자, 그는 "조선에서 발성영화란 일개 몽상에 불과한 것이며, 조선의 사회실정하에서 '저널리즘'에 도취하여 허황한 기도企圖를 감행함은 조선영화계에 대한 모독"[1]이라고 강조한다.

그러나 조선어 토키 제작에 대한 영화인들의 의욕은 쉽게 꺾이지 않았다. 〈아리랑 후편〉의 토키 제작 무산 이후, 나운규는 이필우와 손을 잡고 바이타폰Vitaphone[2]식 영화 제작을 모색했다. 〈말 못할 사정〉의 촬영을 맡은 이필우는 다음과 같이 각오를 밝혔다.

외국에서도 완전한 것을 내놓지 못하는 형편에 대자본을 요하는 '토키' 제작이 조선서 손쉽게 될 리가 없다. 그러므로 거의 몽상에 가까운 이야기다. 그러나 그것이 어떤 것이라든지 어떻게 하면 손쉽게 할 방법이 없을까 하는 것을 연구하기도 전에 낙심하고[3] 멀리 떠나려는 것은 어리석은 짓이다. 더구나 외국물(발성영화)의 수입이 시작된 오늘 우리는 그것을 바라보고 있을 수는 없다. 우선 알아보자. 어떠한 것인지 알고 난 후에 가능하다든지 불가능이라든지 판단을 할 것이다. 하는 데까지는 해보는 것이 영화제작자가 된 책임이요 의무가 아닐까. 무성활동사진 제작 사업이 조선서는 불가능이라고 일반이 생각하고 있던 10년 전을 돌아보면 우리는 이 발성영화 사업도 결코 불가능은 아닐 것이라고 믿는다.

그러므로 한번 해본다는 것이다. 그 결과는 단언할 수 없다. 그러나 이것으로 조선서 발성영화 제작 사업의 가능, 불가능을 판단하는 운명을 결정하는 것으로 알고 착수하는 것이다.[4]

토키 제작에 대한 비관론을 의식했던 때문인지, 이필우는 시도해보지도 않고 단념하기보다 "하는 데까지는 해보는 것이 영화제작자가 된 책임이요 의무"라는 것을 강조했다. '조선 초유의 바이타폰식 발성영화'라는 〈말 못할 사정〉의 광고는 이즈음부터 무려 5개월 가까이 신문 하단에 게재되었다. 그러나 그 시기의 많은 영화들이 그러했듯이 〈말 못할 사정〉은 미완의 프로젝트로 그치고 말았다. 첫번째 조선어 토키를 위해 손잡았던 두 사람도 각자의 길을 걷게 되었다.

1930년부터 경성에서도 외국에서 제작된 토키가 상영되기 시작했고, 1932-33년 무렵에는 지방도시의 상설관들도 토키 영사 시스템을 갖추고 외국 토키영화들을 상영하게 되었다. 외국의 토키영화는 조선의 흥행계를 뜨겁게 달구었다. 일본어 수퍼임포즈드 자막이 붙어 있는 영화를 변사들이 조선어로 해설해주고, 무성영화와 발성영화가 한 프로그램을 구성하기도 하는 등 이 시기 극장은 다종다양한 프로그램과 상영 방식으로 관객들을 유인했다. 세계대공황으로 인한 경제적 불황에도, 조선에서 영화 관객의 수

---

1   박완식 「조선영화인개관: 각인(各人)에 대한 촌평(4)」, 『중외일보』(1930.03.15).
2   축음기 레코드의 음향이 영상과 동조될 수 있도록 하는 디스크 녹음(sound-on-disk) 방식의 하나. 미국의 워너브라더스(Warner Bros.)가 웨스턴 일렉트릭(Western Electric)이 개발한 바이타폰을 이용해 〈돈 후안〉(Don Juan, 1926), 〈재즈 싱어〉(The Jazz Singer, 1927)를 제작하면서 토키시대를 열었으나, 레코드가 손상되기 쉬운데다가 정확한 동기화를 지속시키기가 어려워 곧 폐기되었다.
3   원문에는 "낙심 말고"이나 오식으로 보인다.
4   이필우 「발성영화에 대하야 〈말 못할 사정〉을 박히면서」, 『조선일보』(1930.04.18).

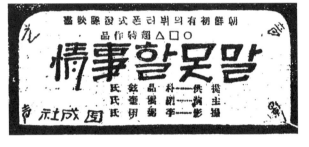

今日부터

世界的驚異=發聲活動寫眞

廿七八兩日 於公會堂

晝間團體觀覽
夜間普通觀覽

時間—二十七日晝間은午後一時부러夜間은午後六時부러
二十八日晝間午前十時半午後三時二回,夜間同上

主催 每日申報社 京城日報社

朝鮮初有의 뷔타폰式發聲映畵
○□△超特作品
말못할事情

提供科學鈙述氏
指翰製作莘氏
撮影李鍾伊氏
圓成社 主

왼쪽은 "말하는 활동사진" 상영 광고(『매일신보』, 1926.02.27)
오른쪽은 〈말 못할 사정〉의 신문 광고(『조선일보』, 1930.04.25)
"말하는 활동사진" 광고는 리 드 포리스트가 발명한
포노필름 상영에 대한 것이다.
경성공회당 상영 이후 3월 1일과 2일에는 우미관에서 상영되었다.
〈말 못할 사정〉 광고에서 보듯이 나운규와 이필우는 함께
바이타폰식 영화를 제작하고자 했으나 그 꿈을 실현하지 못했다.

는 이 시기를 거치면서 꾸준히 증가했다. 한편 흥행계의 호황과 달리 조선 영화 제작계는 침체되어 있었다. 유독 조선영화만이 '침묵'을 지키고 있는 듯한 상황은 자못 심각한 것이었다. 그나마 무성으로 제작되던 조선영화의 편 수가 급감해버렸기 때문이다.

1930년대 전반기 상당히 오래 지속된 제작 부진의 늪을 빠져나와 조선 영화가 새로운 단계로 도약하기 위해서는 돌파구가 필요했다. 1934년에 발표한 글에서, 서광제는 토키화로 조선영화가 세계영화와 같은 시간 속으로 진입해야 함을 역설한다. 그는 부진에 빠진 조선영화가 제작의 활기를 되찾기 위해서, 조선영화의 배급망을 해외로 확장해야 한다고 생각했다. 활동사진영화취체규칙(1934)으로 일정 정도의 '국산 영화' 상영이 강제되던 상황에서, 조선 내부가 아니라 외부에서 조선영화의 제작 동력을 발견해낸 대목이 흥미롭다. 일본만 하더라도 "일본영화의 무성판도 그림자가 없어지는" 때인 상황에서, 서광제는 무성영화로는 판로를 넓힐 수가 없다고 단언한다. 그러나 당장에는 기술적으로나 경제적으로나 조선어 토키 제작이 어려운 상황임을 고려할 때, "조선의 살림살이가 소화시킬 만한 정도에서 기술을 발전시켜" 과도기적인 형태로 '사운드판音響版'을 제작하는 것이 최선이라는 제안이었다. 상영 시스템이 표준화되지 않은 상황에서 여전히 다양한 사운드 실험의 가능성이 열려 있었고, 사운드판은 시대의 흐름에 따라 사운드를 도입하되 토키보다 상대적으로 저비용으로 제작할 수 있는 현실적인 방법이라고 본 것이다. 그 실효성 여부를 떠나, 조선영화에 사운드를 도입하는 문제는 이제 거스를 수 없는 당면 과제였던 것이다.

1935년 가을, 최초의 조선어 토키영화 〈춘향전〉(이명우 감독)이 제작·공개되었다. 나운규와 함께 〈말 못할 사정〉을 제작하려 했던 이필우가 일본의 녹음 엔지니어 나까가와 다까시中川堯史의 도움을 얻어 토키 제작에 성공한 것이다. '스크랩'에 수록한 이명우의 글은 〈춘향전〉의 제작과정과 그 뒷이야기를 살펴볼 수 있는 귀한 자료이다. 〈춘향전〉의 성공 이후, 경성촬영소는 〈아리랑고개〉(1935.12) 〈장화홍련전〉(1936.02) 〈홍길동전 후편〉(1936.06) 〈미몽迷夢〉(1936.10) 〈오몽녀〉(1937.01) 등을 토키로 제작하여 속속 공개했다. 나운규도 〈아리랑 3편〉을 토키로 제작해 공개했다.

초기 조선어 토키영화들의 기술적·미학적 완성도는, 이전 무성영화나 동시대의 외국 발성영화에 훨씬 못 미친 것으로 평가되기도 했다. 토키의 핵심인 영상과 사운드의 동조 기술을 획득하는 데 성공했다고 해서, 곧바로 발성영화의 완성도가 보장되는 것은 아니기 때문이다. 심훈의 유고遺稿가 된, 1936년 『조선영화』 창간호의 글 「토키는 시기상조」는, 그 제목에서 초기 조선어 토키영화들을 어떤 의미에서는 '퇴행'한 것으로 평가하는 시각을 보여준다. 심훈은 "토키시대가 왔고 또는 제작할 시기가 늦었으면 늦었지 이르지는 않은 것을 인정하면서도, 다만 가지가지로 빈곤한 조선영화계의 특수한 사정으로 말미암아" 토키 제작에는 아직 연구가 필요하다고 주장한다.

그러나 조선 내 상영관에서 매달 일정한 정도의 '국산 영화' 상영 비율을 강제하는 활동사진영화취체규칙(1934)의 공포와 함께, 조선어 토키의 토착화는 조선영화계에 활기를 불어넣어 주었다. 신문과 잡지에는 조선영화와 관련한 기사와 비평이 늘어났고 『영화조선』 『조선영화』 『영화보』 등 영화 저널이 창간되었다. 중단되었던 『영화시대』도 속간되었다. 새로 설립된 영화사와 조선영화계에 새로 등장한 제작인력, 그리고 그들을 중심으로 한 영화계의 세대교체는 토키 이후 조선영화에 새로운 쟁점을 제기했다.[5] (이화진)

---

5   토키의 토착화에 관한 더 상세한 내용은 이화진 「식민지 조선의 극장과 '소리'의 문화 정치」(연세대학교 박사학위논문 2011) 참조.

──── **함께 읽으면 좋은 글**

1. 「발성영화: 활동사진계의 대발견」, 『조선일보』(1925.07.02-03).

2. 「인제야 완성된 말하는 활동사진」, 『동아일보』(1927.10.08-09).

3. 임울천 「토키의 근본문제」, 『조선일보』(1929.01.12).

4. 박완식 「발성영화의 국산문제」, 『동아일보』(1929.12.24-27).

5. 이필우 「발성영화에 대하야 〈말 못할 사정〉을 박히면서」, 『조선일보』(1930.04.18).

6. 이창용 「현대지식: '토-키-새'와 '트릭크-'」, 『조선일보』(1931.08.03).

7. 이규환 「발성영화에 대하야」, 『조선일보』(1931.09.08-23).

8. 김적봉 「발성영화에 대하여」, 『영화시대』 제1권 1호(1931.03).

9. 한보용 「세계영화론」, 『조선일보』(1932.01.15-02.10).

10. 김효봉 「싸베트의 토키 이론」, 『신흥영화』 제1권 1호(1932.06).

11. 이창용 「발성영화는 왜 소리가 나는가?」, 『신흥예술』 제1호(1932.05).

12. 현훈 「발성영화 소고」, 『신흥예술』 제1호(1932.05).

13. 박철민 「토키영화의 향음(響音)과 성음(聲音), 그의 근본성에 대하여」, 『조선일보』(1934. 04.26-27).

14. 임유 「발성영화 소고」, 『조선일보』(1936.02.29-03.05).

1 발성영화에 대하야[1] 　　　　　현해(玄海, 박완식)

『조선일보』 / 1930.01.31-02.02

근세 과학적 기계문명이 낳은 물산物産 중 예술 형태로서의 영화처럼 급속도적 템포로 진전해온 것은, 과거에도 보지 못하였거니와 미래에도 있을 리 만무하리라고 믿는다.

그는 전연 고도로 발달된 사진술과 광선학光線學의 소산으로 30여년이라는 단시일에 불과한 역사를 가진 것으로, 물론 그동안에는 여러가지 파란을 당했으며 심혈을 경주傾注[2]하고 고심 연구한 허다한 발명가들의 손을 거쳤겠지만, 이만한 발달을 보게 된 것은 영화 그 자체가 예술 형태로서의 무한한 대중성을 파지把持하고 있기 때문이다. 대중성의 ▩▨이 대중의 지지 여하를 좌우하며, 대중의 지지 여부가 그의 발전과 존속의 능부能否를 결정하는 것이다. 그런데 제8 예술로서의 영화는 거의 각 부문 예술 형태의 전반을 통한 종합예술이다.

"영화는 본질상 대중적"이라느니, "영화가 대중화하기 전에는 그의 본래의 사명을 다하지 못한다"느니 하는 명제는 이미 규정된 문제로서 이에 재론할 불필요를 수긍하는 바이어니와, 이제 사계斯界에 대한 일대 비약이고, 일대 혁명적 진출은 토키의 출현이다. 그리하여 금일의 토키는 "영화극은 무언극無言劇"이라는, 우리가 가지고 있던 재래의 불만不滿한 생각을 여지없이 구축驅逐해버렸으며 무성영화, 즉 음향이 전무했던, 완전에 가까우면서도 불구적 형태이던 영화예술의 결함점을 보족補足[3]하였다. 따라서 발성영화가 영화예술의 하나의 전개로서 발생한 이상 영화예술 형태가 풍부히 함유한 대중성은 더욱이 그 농도가 증가되었을 것이며, 동시에 한층 적극적으로 대중의 지지를 받을 것은 적확한 사실이다. 또한 이것이 교화에 있어서나 선전에 있어서 무성영화에 비해 보다 효과적인 것은 물론이다.

이런 발성영화는 1923년에
포리스트 박사에 의해 포노필
름Phonofilm이 발명된 것으로,[4]
발성영화로서의 재래의 축음
기 장치인 소위 "말하는 활동
사진"을 철저히 극복하였다.
이것의 원리를 간단히 말하자
면 이렇다. 미음微音이라도 감
感할 수 있는 특별 장치를 구

리 드 포리스트와 그가 특허 출원한 포노필름의 촬영기

유具有[5]케 한 일종 어태치먼트attachment, 부가 장치를 사용하여 음파를 전파로
변하게 한 후, 이 전파를 이용하여 성음聲音의 고저高低와 음조 내지 음의
성질에 의한 강약의 광선으로 변환하게 한다. 이렇게 하여 이 광선은 필름
난欄 외 폭이 32분지分之 3촌吋[6] 되는 곳에 광선의 리듬을 기록하게 된다.
이것이 소위 음대音隊의 촬영이다. 이 필름으로 영사할 때에도 역시 어태치

---

1   이 글은 박완식 「발성영화의 국산문제」, 『동아일보』(1929.12.24-27)와 동일한 글이다. 나중
     에 인쇄된 조선일보 판이 동아일보 판보다 상세하고 구체적이어서, 이 책에는 조선일보 판
     을 싣는다. 『조선일보』에서는 삭제되었으나 『동아일보』에는 있는 부분은 '이탤릭체'로 표
     시했다.
2   힘이나 정신을 한곳에 기울임.
3   보태어 넉넉하게 함.
4   미국의 발명가 리 드 포리스트(Lee de Forest)가 발명한 포노필름(phonofilm)은 1926년 2월
     말 조선에서 처음 공개되었는데, 이미 그 이전에 "음향 쪽을 통과하는 광선은 스크린으로
     가지 않고 함께 모여 전기장치로 된 음성복제실로 끌어다가 영사실로부터 오는 전류에 변
     화를 주어가지고 라디오 장치와 같은 확성기를 스크린 뒤에 감춰가지고 관객들로 하여금
     듣게 하는 것"(『동아일보』, 1927.05.20)이라고 그 광학적 필름 녹음 방식(sound-on-film)의
     원리가 소개된 바 있다.
5   성질, 재능, 자격을 갖추고 있음.
6   촌(吋)은 인치(inch). 3/32인치는 대략 2.38mm.

먼트를 사용하여 녹음을 재발再發시키는 것이다. 그런데 그 후 테일러 박사의 비범한 연구의 결과로, 내부 구조가 더욱 복잡 세밀한 최신형의 광음기光音機를 영화에 활용하게 됨으로써, 근대적 토키를 산출했다고 한다.

여하튼 발성영화가 세상에 한번 나타나자, 세계 영화 팬들의 호기적好奇的 시선은 한곳으로 쏠려 인기는 자못 집중하게 되었다. 따라서 팬들의 영화적 기분만을 규찰窺察[7]하여 팬들의 주의를 포착하기에 급급한 영리를 위한 영화기업가, 영화제작자 및 흥행자들의 열성을 다한 노력은 발성영화의 완성을 기하기에 충족充足하였던 것이다. 그리하여 근대적 최신 광음기를 사용한 토키의 출현으로 완전에 가까운 발성영화를 보게 되었다.

그의 발원지인 미국에서는 금융기관을 배후로 토키 기업을 감행하게까지에 이르러, 각 영화제작회사는 최근 2년간에 쟁선爭先하여[8] 거액의 자본을 소비해가며 토키 제작에 적합하도록 촬영소를 개축하는 한편 그 제작기와 모든 장치를 설비하였으며, 전국의 흥행극장은 전부 토키를 상영하도록 개조하게 되고, 벌써 어태치먼트를 비치한 곳이 일천수백군데나 된다고 한다. 그리고 영국에서는 이미 근대적 토키를 시험해보았으며, 노농勞農 모스끄바[9]에서는 발성영화를 개시하려고 준비 중이라 한다. 그 외 독일, 불국佛國 등등 제국諸國에서도 토키의 제작을 기도하고 있다 하며, 가까운 일본에서도 발성영화로 마끼노マキノ[10]에서 〈누교戾橋〉[11]라는 것과 일활日活, 닛까쯔에서 〈봉수하소륙蜂須賀小六〉[12]이라는 것이 제작되었다. 그러나 그것은 광음기를 사용한 정통적 토키가 아니고 재래의 불충분한, 소위 발성영화에 불과하다고 한다. 1회 01.31

그런데 근일 조선에서도 수씨數氏가 발성영화를 촬영 중이라는 희소식을 듣고 경하해 마지않는 한편, 무한한 불안을 느끼게 된다. 촬영소 하나 가지지 못한 조선의 영화계다. 남에게 보여 겨우 조소나 면할 정도의 콘티뉴이티조차 세울 만한 감독, 카메라의 기교를 체득하여 그를 임의로 구사할 만한 카메라맨, 영화 화장법을 해득한 배우, 어느 것 하나도 갖춘 사람이 많지 않은 조선의 영화인으로서, 무성영화의 영화다운 영화가 드문 조선의 제작자로서, 발성영화의 제작이란 남이 하니 나도 흉내 내보자는 추수적追隨的 한 장난거리의 자위적 도락이나 아닐까 하고 생각된다. 아직 보지 못한 이상 어떻다고 단정할 수는 없으나, 그래도 선진국[13]인 일본에서도 소위 발성영화를 제작하였으나 드디어 세인의 악평을 받기에 여가餘暇가 없다고 하거늘, 하물며[14] 조선의 그것은 코웃음 거리의 자료나 되지 않을까 하는 우려조차 없지 않다.

발성영화를 촬영한다는 것을 공연히 비판하는 것은 아니다. 그러나 그 촬영의 목적이 만일 영화 팬들의 인기가 발성영화로 진작振作됨을 따라 이것을 기화로 상품으로서의 시장적 가치를 높이기 위한 상업적 정책이라면, 이에 대해 더 말하지도 않으려니와, 만약 그렇지 않고 예술적 정의감으로서 영화의 발전을 위해서라면, 불행히도 이 제작품이 한개 아희적兒戲的 완구물玩具物에 불과한 결과를 낳게 되는 경우에는, 빈약한 조선영화계에 대한 모독[15]에 가까운 소위所爲[16]가 아닐까 하고 생각된다. 왜 그러냐 하면, 발성영화를 제작할 만한 모든 조건의 한가지도 구비하지 못하고 경조輕佻한

---

7   엿보아 살핌.
8   서로 앞서려고 다투어.
9   1917년 혁명 이후 쏘비에뜨 러시아의 모스끄바.
10   마끼노프로덕션(マキノ・プロダクション〔御室撮影所〕, 1925-31).
11   〈모도리바시(戻橋)〉(마끼노 마사히로マキノ正博 감독, 1929).
12   〈하찌스까 코로꾸(蜂須賀小六)〉(타까하시 히사야스高橋寿康 감독, 1929).
13   원문에는 "光進國"으로 되어 있으나, '선진국(先進國)'의 오식으로 보인다.
14   원문에는 "황(況)".
15   원문은 "독(瀆)". 앞 글자가 지워져 있으나 문맥상 '모독'으로 보인다.
16   하는 일. 소행.

태도로 제작에 착수한다는 것은, 당연히 영화에 대한 죄악이기 때문이다. 그러나 나는 발성영화의 첫 시험인 이번 제작이 실패의 결과나 낳지 않기를 먼 곳[17]에서 기축祈祝[18]하는 바이다. (중략)

그러면 조선에 있어 발성영화 제작에 대한 문제를 어떻게 비판할 것이며, 어떻게 취급해야 할 것인가?

×

발성영화가 영화예술의 한 약진적躍進的 진출이라면, 그리고 대중적인 점에서 무성영화보다 우월하다면, 더욱이 세계 현 정세에 있어서 언어가 공통되지 못하는 이상 그것이 비非 국제적 형태인 만큼, 국산 발성영화 제작의 의욕이 사계斯界에 종사하는 영화인에게 유기誘起[19]될 것이 필연적일 것이다.

그러나 영화는 과학발달이 낳은 자본주의의 최후의 예술로서, 산업적 조직하에서만 가능한 한 기업적 산물로, 무한한 자본성을 가지고 있는 것이다. 그런데 현하現下 조선과 같은 경제적 실정하에서 무성영화의 제작조차 극난極難한 현상인데, 토키의 국산이란 도무지 꿈도 꿀 수 없는 것일까 한다.

미국 윌리엄 폭스[20]사에서만도 발성영화를 제작하기 위하여 모든 제작기를 개치改置하기에 8백만불弗이라는 거대한 자금을 갹출醵出했다고 한다. 적어도 토키 전용의 촬영소를 건축하려면 토키 촬영장의 축설, 발성영화 촬영기와 그에 필요한 일체의 기구, 촬영실의 방음장치, 무엇무엇 하여 고정자본만으로도 최소한도로 3,40만원은 들여야 된다고 한다. 그리고 1편의 영화를 촬영하려 해도 종래의 경비의 3배 이상이 입비入費되며, 시일도 역시 그에 비례하여 장시일을 요하게 된다고 한다.

이런 놀라운 숫자를 보여주는 데 대해 한개 무성영화의 고정자본조차 지출할 능력이 없는, 보다도 5,6권에 불과하는 1편의 무성영화 제작에 입비할 경제 조건(감독·배우의 급료는 생각지 않고)조차 보증할 수 없는 현 조선 영화계에서, 발성영화의 제작이란 용기도 못 낼 너무나 큰 몽상이다.

뿐만 아니라 토키 제작에 따르는 기술적 곤란을 어떻게 충족시키겠는가? 또 그리고 토키를 상영하려면 약 3,4만원가량의 어태치먼트를 비치해야 할 것이다. 과연 조선에 이것을 비치하고, 이만한 고정자본조차 수년 내에 회수할 가능이 있는 상설관이 다만 하나나 있는가? 약 천여개소의 자계自系 상설관을 가진 일본의 송죽松竹, 쇼오찌꾸, 일활日活, 닛까쯔 같은 회사에서도 토키의 촬영은 극난極難의 것으로, 고정자본을 갹출하기에 주저하고 있다고 한다.

영화제작이란, 더욱이 토키의 제작이란, 기업적 건실성과 기술적 수양이 없고는 전연 불가능한 것이다. 그런데 이것이 조선에서 절대적으로 문젯거리도 못 될 것은 자명한 사실이 아닌가. 2회 02.01

무성영화가 다른 모든 예술부문 중 가장 효과적이었기 때문에, 경제적 허다한 곤란과 항쟁해가며 제작하기에 노력했다면, 발성영화보다 한층 효과적인 이상 모든 것을 희생해가면서라도 그것을 지지해야 할 것이 원칙이지만, 그것도 경제적으로 너무도 극도로 빈약한 사회환경에서는 어쩔 수 없는 형편이다.

현재 우리 조선에서 토키를 획득하지 못하는 원인이 이 경제적 조건과 기술적 곤란뿐이 아니다. 불국佛國과 같이 검열 제도가 없다면 몰라도, 조선

---

17 원문은 "원방(遠方)".
18 빌고 바람.
19 불러일으킴. 야기.
20 미국의 영화제작자 윌리엄 폭스(William Fox)가 1915년에 설립한 '폭스'(Fox)를 가리킨다. 한때 미국영화 시장의 60%를 지배할 정도로 대규모 기업이었으나, 무리한 사업 확장과 경제공황, 금융 실패 등으로 위축되어 1935년 20세기영화사와 합병해 '20세기 폭스 필름'이 되었다.

에서는 이것이 또한 문젯거리가 될 것이다. 영화가 시대, 민중생활의 전국全局을 파지把持한 민중예술로서만 그 가치가 신장되고 고조된다면, 영화의 근본 임무를 다하기 위한 우리의 영화제작의 태도는 민중의 의식을 배반하고는 존립할 수 없을 것이다. 이에 우리는 영화예술로서의 그 본질을 파악했음에도 불구하고 *검열이란 가증한 제한과 구속*을 받지 않을 수가 없다. 이러한 정세에서 만약 무성영화로서 *검열*로 인한 필름의 중단이 생기더라도 해설解說상 사건 연락에 의한 큰 곤란만은 면하겠지만, 토키에 있어서 중단이 된다면 *음향까지도 중단이 될 것*이므로 오히려 무성영화만도 못한 결과를 초치招致할는지도 모른다. 또는 장차로 토키의 음향으로 인한 크나큰 효과성을 외포畏怖[21]하는 그들은 음향으로 의依하여 필름의 커팅[22]되는 부분이 생기게 될는지도 모르는 것이다. 이렇게 하여 조선에서는 경제적·기술적 모든 조건이 해결된다 하더라도 이런 장해와 제한을 극복하기 전에는 역시 토키의 발전은 불가능할 것이다.

이런 형세로 조선에서는 본식적本式的[23] 토키의 제작은 물론, 지금 촬영 중에 있다는 모某 영화[24] 같은(아마도 일본에서 제작한 그러한 것이겠다) 변칙적 발성영화의 제작까지라도 전적으로 단념해야 할 것이다. 그렇다고 우리는 영화운동을 전혀 포기하자는 것이 아니다. 과연 무성영화는 발성영화의 출현으로 무참히도 압도를 당하고 있는 현상이다. 그러나 우리는 조선의 정세로서 어디까지든지 발전의 여지가 있는 무성영화를 극력으로 지지해야 할 것이다.

더욱이 전 세계의 영화기업가들은 토키에만 주력하게 되었다. 미국만으로도 각 영화제작회사에서는 금후 영화제작은 발성영화만을 위주로 하겠다고 성명을 하였으며, 재래의 무성영화로 제작된 모든 유명한 영화는 현재 발성영화로 개작 중이라 한다. 그러면 이런 금후 정세는 조선영화계에 어떤 영향을 재래齎來[25]할 것인가?

물론 발성영화가 비非국제적인 만큼, 특별히 조선 등지에 수출하기 위해서만 제작되는 외국 무성영화만 제작되지 않는 한에는, 금후 조선의 외국영화 수입률은 연년年年히 감소될 것은 명확한 사실이다. 그러면 이런 계기에 당면한 조선의 영화인은 무성영화 제작에 전력을 다하여, 외국 영화에게 선점당했던 흥행권을 만회해야 할 것이다.

이런 실제문제에 대해서는 후일 구체안을 발표하려 하거니와, 이렇게 하여 점차로 견실한 기업적 토대 위에서 대중이 요구하는 국산 무성영화를 제작하기에 노력해야 할 것이다. 이렇게 해서만 조선영화인으로서는 영화예술운동에서 그의 임무를 다할 것이라고 생각한다.

우리는 발성영화의 제작을 당분간 단념하자!

우리는 무성영화로서나마 우리의 영화운동을 전개하자!

부언=좀더 구체적으로 논하고자 했으나 시간이 허락지 않는다. 외국의 발성영화 제작으로 인한 조선영화계에 미치는 영향 같은 것도 논하고자 했으나 불능하였다. 그만큼 본 소론으로서 만족치 못함은 물론, 다 쓰고 나니 전후가 착잡錯雜되었다. 따라서 단편적인 것을 면치 못하게 되었다. 그러나 이것으로서 해該문제에 대한 대두擡頭가 된다면 심행甚幸이다.

1929.11.23. 의주 통군정統軍亭 하에서 3회 02.02

21   몹시 두려워함.
22   커팅(cutting). 당시 검열 용어로는 "절제(切除)".
23   '디스크식'(sound-on-disc)을 의미.
24   〈아리랑 후편〉을 가리킨다.
25   어떤 원인에 따른 결과를 가져옴.

2 영화예술 본질의 파악과 기술적 전환기　　서광제

「조선일보」 / 1934.06.10-12

　조선영화의 재건 방책! 이 소리야말로 뜨거운 염천炎天[26]의 한줄기의 소낙비와 같이 기다리던 시원한 말이다. 그러나 몇해를 두고 가슴속에 품어두었던 말을 제한된 지면에 전부 쓸 수 없는 것을 안타깝게 생각한다.

　조선영화의 과거의 실패의 원인이 어디 있는가? 그것은 너무나 비참하였다. 그리고 누구에게만 책임을 지워줄 것도 아니다. 영화예술의 본질을 파악하지 못한 데서 나온 무지의 비극을 금일今日에는 어떻게 하면 재범再犯하지 않을까를 연구함에 있고, 결코 과거의 공죄功罪를 일부 사람에게 맡길 것은 아니다. 이 점에서 과거의 과오를 깨끗이 청산하고, 참으로 조선영화의 재건을 위하여 정당한 영화예술의 본질의 파악과 기술적 연구의 노력으로 조선문화 건설의 큼직한 석주石柱[27]가 되기를 바란다.

　그러면 어떻게 하면 조선영화를 다시 살릴 수 있을까? 여기에 절대로 비관할 것은 아니고, 첫째로, 우리는 문학이 인쇄업과 제지공업에 의해 근대사회의 대표적인 예술이 된 것과 같이 영화도 촬영기, 녹음재생 장치기계, 트릭trick, 원상原像[28], 소부燒付(인화) 기술 등등의 진보적 발전된 기술을 연구함으로써 조선영화를 재건시킬 수 있고, 둘째로, 건전한 모체母體의 소유자가 유아幼兒를 완전히 양육시킬 수 있는 것과 같이 우리는 완전한 영화제작의 모체(촬영소)를 가져야 하며, 셋째로, 영화의 생명선(배급망)을 가져야 한다.

　그러면 이것을 세론細論하여, 첫째로, 기술문제를 말하자. 대번에 구미歐米의 현상을 바라보면 절망을 가질지 모르나 우리는 그런 우수한 기술을 얻어 세계적 수준에 달하자는 것이 아니라, 일본 내지의 최초의 토키가 비관悲觀을 가졌고 불란서의 토키가 아미리가亞米利加[29]보다 3년이나 늦어 위축되어 있다가, 그들의 독특한 시스템(장치)과 연구로 인해 오늘의 일본 내지의 토키의 점진적 발달과 불란서 토키의 세계적 융성을 보게 된 것과 같이, 우리는 조선의 살림살이가 가져야 할 만한 토대로부터 기술을 연구하여 조선의 살림살이가 소화시킬 만한 정도에서 기술을 발전시켜나가야 할 것이다. 그럼에는 무엇보다도 영화제작 기술자의 연구기관의 설립이 있어야 할 것이다. 이 회합이야말로 조선영화계에 서광을 비쳐줄 만한 가치가 있는 회합일 것이다.

그 다음에, 둘째로, 촬영소[30]를 가져야 한다. 촬영소를 가지지 않고 영화를 제작한다는 것은 신문사에서 윤전기를 가지지 않고 신문을 만들어내는 것과 같다. 이것은 너무나 비과학적이며 비문화적이다. 2,3개의 작품의 자금資金으로 촬영소는 넉넉하다. 촬영소 하나의 준비도 없이, 적어도 예술 중에서도 시대의 최첨단을 걸어가는 영화를 어떻게 만들어내랴? 이 점에서 특히 조선의 영화인은 과거의 잘못을 크게 뉘우치라.

다음에, 셋째로, 영화의 최후의 생명선인 배급망을 획득하여야 조선영화를 살릴 수 있는 것이다. 그러면 어떻게 이것을 살려야 좋을 것인가? 우리는 벌써 무성영화의 제작으로는 조선영화를 재건시킬 수 없는 것은 역사가 뚜렷이 증명해주는 바이다. 역사는 역전逆轉은 안 한다. 오직 새것을 갖다 줄 따름이다. 지금 무성영화를 시장에 내놓아보자. 조선 내에 봉절 수입금이 제일 많기로는 경성, 평양, 대구 등 몇군데밖에 없는데 그곳의 영화 팬은 벌써 무성영화를 잊은 지 오래이며, 아무리 내용과 기술이 훌륭한 조선영

---

26   원문은 "재천(災天)"이나 '염천(炎天, 몹시 더운 날씨)'의 오식으로 보인다.
27   돌기둥.
28   문맥상 '현상(現像)'의 의미.
29   아메리카.
30   원문에는 "촬영술(撮影術)"로 되어 있으나, 문맥상 '촬영소'의 오식으로 보인다.

화를 시장에 내놓는다 할지라도, 그것이 무성판版일진대 구미歐米 등 기타의 토키에 귀가 익은 그들은 다만 조선영화라는 레테르letter만으로는 인기를 끌 수 없는 것이다. 설사 인기를 끈다 하더라도 조선 내 상영만으로 또다시 과거의 실패를 거듭할 것이다. 1회 06.10

그러면 조선영화를 살릴 도리는 일본 내지와 만주국, 중국 등에 배급망을 늘려야 할 것인데, 우선 목전目前에[31] 가능성이 있는 것은 일본 내지에 배급이다. 이것은 그리 난문제難問題는 아니어서 조선영화의 기술문제에 오로지 있는 것이다. 아미리가의 2류, 3류 영화가 일본 안에서 수입·봉절될 때 조선영화가 일본 내지에 배급 못 될 것은 절대로 없다. 그러나 여기에 문제가 하나 있다. 그것은 다른 것이 아니다. 조선영화가 무성판이면 안 된다는 것이다. 경도京都나 동경東京의 이류 영화제작회사에서는 전부 토키를 제작하여 전국 상설관은 3류, 4류에 이르기까지 전부 발성영사기의 장치가 되어 있다. 일본영화의 무성판도 그림자가 없어지는 이때에 조선영화의 무성판을 거기다 올릴 수 있을 것인가? 이것은 절대로 불가능하다. 그러면 조선영화도 발성영화를 제작해야 한다.

그러나 여기에 문제가 또 있다. 조선의 현상으로는 경제적으로나 무엇보다도 기술적으로 올토키all talkie는 제작할 수는 없다. 그러면 조선영화는 멸망할까? 그런 것도 아니다. 오직 길 하나가 있을 뿐이다. 그 길은 무엇이냐? 사운드판音響版[32]을 제작해야 한다는 것이다. 그것은 다름이 아니다. 위에서도 말한 바와 같이 무성영화로도 조선영화계를 재건시킬 수 없는 것은 누구나 이미 아는 바이며, 이미 또한 발성영화를 제작하기에도 조선의 빈약한 경제와 빈궁한 예술가가 기술을 갖지 못했다. 감독·기사·배우·각본가 누구나 다 그러하다.

그러면 음향판(하브로 음향판이 좋은 표본이다)을 제작하겠다는 제1의意는,

경제적으로 조선서 가능성이 있으며 또한 토키의 초보적 기술을 우리가 연구할 수 있고, 다음으로는 조선영화를 살리려면 일본 내지의 직접 배급지를 얻어야 할 터이니 조금은 시대의 흐름을 따라가야 할 것이다. 그리고 또한 음향판을 제작하겠다는 중대한 의의는 물론 일본 내지 배급에 있는데, 오히려 기술 부족에서 나오는 배우의 대사의 서투름과 녹음의 불충분으로 조선영화의 실망을 그들에게 주고 또는 그들이 알아듣지 못하는 말을 넣는 것보다는, 오히려 조용하고 깨끗한 음향판이 몇십배 몇백배의 효과를 얻을 것이다. 요사이 미국영화도 일본판에는 일본인 배우를 전속으로 데려가서, 영화는 미국서 제작된 미국인의 배우의 사진이나 들려 나오는 말은 전부가 일본인 배우가 말을 나중에 집어넣은 것이 뚜렷하게 일본어로 들려 나온다. 이제부터는 전부 그럴 것이다. 미국영화도 영화의 생명선을 보지保持하기 위해 이러한 수단을 쓰는데, 더구나 재생再生하려는[33] 조선영화가 어찌 이 점을 생각지 않으랴.

아무런 점으로 보아도 오직 조선영화의 재생할 길은 위에 말한 그것밖에 없다. 즉

1. 영화기술자 연구기관의 설치

2. 제1의 촬영소 건설

3. 거기서 음향판을 제작하여, 재래의 자멸의 길을 재범치 말고, 제일 먼저 절대적으로 가능성이 있는 일본 내지의 배급에 노력하고, 다음 만주국, 중국에 배급시키도록 노력할 일

31   당장. 눈앞에.
32   여기서 서광제가 말하는 사운드판(음향판)은 무성영화와 토키 사이의 과도적 단계로 시도
      되었던 디스크식 녹음(sound-on-disk) 방식의 일종을 가리키는 것으로 보인다.
33   원문은 "재생할 때는".

등이다. 끝으로 조선영화를 살리려면 위와 같은 조건이 있겠지만, 무엇보다도 영화예술가 자신의 성심성의와 부단不斷의 연구가 있어야 할 것이다.

2회 06.12

3   조선서 토키는   심훈
시기상조다

『조선영화』 제1집 / 1936.10 / 미완고

토키 제작 문제

현대는 바야흐로 토키의 전성기요 또한 황금시대다. 영화라면 의례히 발성영화를 가리키게 되게, 단순히 시각만을 즐겁게 하는 회화의 연속만으로는 만족하지 못할 만큼 일반 관중이 토키에 인이 박힌 것이 사실이다. 인간의 다섯가지 감각 중에 가장 직접적인 청각을 자극시키는 토키의 매력은, 현대인의 소위 문화생활에 없지 못할 요소가 되어 있다고 해도 과언이 아닐 것이다.

그러나 솔직히 말하면 지금 조선에서 발성영화를 제작한다는 것은, 시기時期는 상조尚早치 않으면서도 매우 위태한 일종의 모험이다. 제작에 종사하는 사람이나 일반 관중까지도 토키열熱이 팽창한 듯하나, 실상인즉 까닭도 모르는 경기풍景氣風에 떠오르는 고무풍선과 같이 부허浮虛34한 생각이다. 왜 그런가 하니 어느 때, 어떤 경우에든지 일에는 발전되는 도정途程35이 있는 법이니, 일정한 계급階級을 차근차근 밟아 올라가는 것이 순서다. 이것은 인위적으로 변경할 수 없는 철칙이므로 그 철칙을 무시할 수 없는 것이다. 쉽게 말하면 말라리아 열熱에 뜬 사람이 사닥다리를 두층, 세층씩 껑충껑충 뛰어오르는 것이 얼마나 위험하고 무모한 짓이냐 말이다.

일본어 수퍼임포즈드 자막으로 상영된 영화 〈모로코〉의 한 장면(『京城日報』, 1931.10.06)
화면 오른쪽에 흰 글씨로 이중 인화된 일본어 자막을 확인할 수 있다.
당시 조선에서 일본어 자막 영화의 광고에는 "방문(邦文) 자막"이라든가
"일본판 영화"라는 수식어가 붙곤 했다.

　길게 늘어놓을 것 없이 조선의 작금昨今의 현상으로 발성영화를 제작하
는 것이 시기상조한 모험이라고 생각하는 중요한 요점만 몇항 적어보려
한다.

　1. 토키의 전신前身은 사운드음향판音響版요, 또 전신은 사일런트무성영화다.
그런데 지금 조선영화는 대단히 한심한 일이다. 무성영화에 있어서도 아직
까지 소학교 정도를 면치 못한다. 조선영화의 역사가 15년이나 되는 오늘
날까지 제법 눈코가 제자리에 박힌 작품이 하나도 없다고 해도 과언이 아

34　마음이 들떠 있어 미덥지 못한 상태.
35　혹은 도정(道程). 어떤 장소나 상태에 이르기까지의 과정.

니다. 거기에는 자본문제, 기술문제 등 여러가지 원인이 있겠지만, 여하간 이제까지 정식으로 촬영을 한 경험이 한번도 없는 현재에 무성영화의 몇 배나 복잡하고 치밀한 과학적 설비를 요하는 토키를 박는다는 것은 너무나 엉뚱한, 망계妄計[36]한 말이다.

2. 각본 작가나 촬영감독이나 기술자나 출연자를 막론하고 우리는 아직 까지 토키에 관한 실제 지식이 박약하고 과학 방면에는 손방[37]일 뿐 아니라(물론 영화인 전체를 가리켜서 하는 말은 아니니 몇 사람의 독실한 연구자가 있는 것을 모름은 아니다) 전혀 아무러한 훈련이 없는 것이 사실이다. 그러니 아직 『천 자千字』도 변변치 떼지 못한 주제에 어른들이 읽는다고 대뜸 달려들어 『주 역周易』을 읽는 흉내를 내려고 드는 것이 소아병적小兒病的 공상이 아니고 무엇이냐 말이다.

3. 발성과 무성은 전연히 그 길이 다르다고 주장하는 사람이 있다. 그것 은 시각과 청각을 따로따로 구별하는 전제하에서는 그런 이론이 성립될 수 있을지 모르나, 사일런트가 토키의 토대가 되었고 움직이는 회화에다가 언 어와 음향을 덧붙인 것이 발성영화인 것은 그 발달된 과정을 역사적으로 고찰하면 똑똑히 드러나는 사실이다. 그런데 주춧돌 하나도 똑바로 놓이지 못한 기초 위에다가 어떻게 무슨 재주로 이층삼층二層三層[38]의 건축을 할 수가 있을 것인가?

4. 당분간 조선영화가 반드시 발성이라야만 할 필요가 없다고 나는 생각 한다. 흥행가치를 운운하는 분도 있으나, 요사이에 제작된 발성영화와 같 은 것은 다소간 속중俗衆의 호기심을 끌었을는지는 몰라도 영화로서는 도 리어 무성시대보다 수보數步나 퇴보[39]되었을 뿐 아니라, 관객의 신경에 착

란錯亂을 일으키기에 알맞은 것이 있다. 도대체 조선의 영화 팬처럼 가엾은 존재는 없으니, 박래舶來[40] 토키를(영어, 불어, 독어 등) 듣고 볼 때에는 음향과 대사[41]와 해설자의 설명이 동시에 떠들어대어 고막이 먹먹할 지경인데, 또 그와 동시에 시선은 당면當面과 알아보기 어려운 방문邦文 자막[42] 사이를 초超 스피드로 왕래한다. 그러니 전 신경은 장시간 교란상태를 이루어 피곤이 자심하다. 그러므로 이 시기에 차라리 무성영화를 얌전히 박아가지고 잘 알아볼 수 있는 우리글 자막을 넣고, 해설자가 적의適宜[43]히 대사의 억양을 붙여주는 한편 좋은 레코드로 반주를 해서 효과를 낼 것 같으면, 일반 대중은 도리어 기뻐하지 않을까 한다. 말을 모르는 양화洋畫나 사이비 조선 토키보다 알기 쉽고, 따라서 침묵한 가운데 깊은 인상을 받을 수 있을 줄 안다.

5. 발성은 무성보다 줄잡아도 제작비가 배倍나 든다. 그만한 거액을 희생하느니보다 그 비용을 가지고 무성을 두어 작품 깨끗이 썼어내는[44] 것이 유리하지 않을까! 그러면 한편으로는 공부도 되고 채산採算도 될 줄 믿는다.

그러나 나는 처음부터 발성영화의 제작을 덮어놓고 반대하는 자가 아니다. 시간적으로 보아서는 정正히 토키시대가 왔고 또는 제작할 시기가 늦

36 분수없는 그릇된 꾀와 방법.
37 아주 할 줄 모르는 솜씨.
38 원문은 "삼층삼층".
39 원문에는 "진보(進步)"이나 '퇴보(退步)'의 오식이다.
40 다른 나라에서 물건이 배에 실려 옴.
41 원문에는 "대욕(臺辱)"이나 '대사'의 오식이다.
42 일본어 자막.
43 알맞고 마땅함.
44 원문에는 "씨서내는".

었으면 늦었지 이르지는 않은 것을 인정하면서도, 다만 가지가지로 빈곤한 조선영화계의 특수한 사정으로 말미암아 우리는 좀더 연구를 해가지고, 고쳐 말하면 토키에 관한 기초 지식을 연마하고 과학적 시설이 있은 뒤에 비로소 제작에 착수하라는 말이다.

요령만 따서 말하면, 비록 종이는 마분지馬糞紙나마 해자楷字[45]부터 또박또박 예천명체醴泉銘體[46]로 익혀가다가, 필법이 능숙해진 뒤에 차츰차츰 당묵唐墨[47]과 옥판선지玉板宣紙[48]를 골라서, 그때에는 초서草書를 쓰든지 전자篆字나 예서隷書를 쓰든지 마음대로 휘호揮毫를 하라는 말이다.

초기의 조선 토키를 그 작품명을 들어 일일이 예증하고자 하지는 않는다. 그러나 유치하기 짝이 없는, 스튜디오 내의 시험 작품을 일반 대중의 앞에 공개하여 고가高價의 요금을 받아 흥행하기에 급급한 그 태도는, 아무리 호의로 해석해도 후안무치厚顔無恥한 행동이다.

'피차에 서로 연구하자!'

'물건의 형체가 웬만큼이라도 되기 전에는 내놓지 말라!'

이 두마디에 그친다.

45　해서(楷書)로 쓴 글자.
46　중국 당나라 초기 3대 명필 중 한 사람인 구양순(歐陽詢)이 예천의 비각에 쓴 필체.
47　중국에서 만든 질 좋은 먹. 당먹.
48　폭이 좁고 두꺼우면서도 빛이 희고 결이 고운 고급 선지로, 그림이나 글씨를 쓰는 데 많이 사용한다.

조선영화 감독 고심담: 〈춘향전〉을 제작할 때

이명우[1] / 『조선영화』 제1호 / 1936.10

지금 생각하면 식은땀이 흐른다. 조선에 있어 유일한 고전적 예술작품으로
파퓰러한 『춘향전』을 영화화해보겠다는[2] 열망과 조선에서 처음 시험인
발성영화의 효시嚆矢를 지어보겠다는 불타는 야심이 주위의 모든 고난을
이겨나가게 할 용기를 주기는 했으나, 너무나 비참한 오늘 영화계의 기술적 결함과
설비의 불완전에서 나온 결과는 나로 하여금 부끄러움과 송구한 마음을 금하기
어렵다.

　이 작품은 이기세李基世 선생의 각색이요, 촬영에 관해서 여러가지로 지시를
해주셨으며, 우리들도 깨달은 바가 많았으나, 우리의 힘의 부족과 설비의
불비不備로 부득이 군데군데를 개량하지 않을 수 없었다. 작품을 내놓을 때
선생에게 죄송한 마음이 앞섰다. 그리고 이런 작품을 처음 토키화하는 데 있어
가장 근본적인 토키 예법藝法의 본질을 잡을 만한 우리들의 힘이 너무나 부침을
절감하였다. 사일런트 영화의 발달로도 아직 초보를 걷고 있는 우리에게 토키는
너무나 과중한 짐이 아닐 수 없었다.

　혹자는 조선에서는 아직 토키가 시기상조라고 하며, 무성영화의 발전을 꾀하여
외국과 같은 수준에 달한 후에 비로소 토키에 착수함이 가可하다는 비난과
원망에 가까운 소리까지 들었다. 이런 의견도 일리는 있다고 생각한다. 나는
다른 신조 밑에서 일을 시작하였다. 즉 토키는 사일런트 영화의 연장이 아니고
음音과 긍정ㅌ正의 혼연한 통일에서 나온 독특한 예술이란 것, 그러므로 우리가
종래 무성영화에서 언성言成치 못한 것을 이 토키에서 새로운 예술적 감각 아래
달성해보려 하였다. 그러나 실제 제작에 들어갔을 때 나의 먹었던 마음은 여지없이
깨지고 말았다. 그 결과는 나의 얼굴에 모닥불을 부었다. 이 쓰라린 경험은 조선의
영화인이 앞으로도 함께 맛볼 것이며, 거기의 새로운 예술을 창조하리라고 믿는다.
그렇다고 조선의 토키의 장래를 비관하지는 않는다. 반대로 장래를 기약하는
무진장적 요소가 오늘의 영화계에 내포하고 있다는 것과, 토키 예술 자체의
우덕성優德性을 확신하는 바이다.

　토키 제작이 부닥치던 난관은 하나에서 열까지 전부에 차 있었다. 이것은 다시

왼쪽부터 이필우, 임운한, 나운규, 이명우

토키 예술 분야가 가진 광대한 경지를 의미하여, 여기에 우리들이 싸워가는 의의가
있다고 본다. 여하간 이 모든 난관은 우리들의 부단한 노력 여하에 따라[3] 해소될
것이다. 토키 예술에 관한 연구 —— 무대와 영화, 문학과 영화, 음악과 영화 —— 는
이곳에서 논할 바가 아니고 더 깊이 신중히 논의할 것이므로, 여기서는 다만
제작할 때 보고, 듣고, 느끼던 것을 단편적으로 기록해보려 한다.

　반주 음악으로 아악雅樂은 그리 적당한 것이 없고 또 그것을 영화적으로
편곡할 만한 연구가 없으므로, 할 수 없이 양악洋樂의 반주를 넣었고 부분적으로
조선악을 집어넣었다. 이 반주문제는 앞으로도 오랜 시일을 요할 것으로 추측된다.

　〈춘향전〉에서 박석고개 장면에 '농부가'를 집어넣으려 했으나 경비문제로
그만두었다. 레코드로 한 떠불에 취입한 노래를 필름으로 집어넣으려면 필름대만
6,70원이 걸린다. 그 돈이 없어서(없다느니보다도 경영자의 이해가 없었다는
것이 당연) 그대로 넘어가고, 또 그때에는 녹음기와 촬영기를 접속시키는 동시
모터가 아직 안 나와서 동시녹음을 못하고 할 수 없이 아프 레코[4]를 하게 되어 그
고심이 적지 않았다. 또 아프 레코에도 녹음기가 노이즈리스noiseless 시스템이
아니었으므로 잡음이 굉장히 많았다. 출연배우들의 고심은 말할 것도 없다. 동시
모터가 촬영 중에 나오기는 하였으나 처음이므로 무서워서 손을 못 대었다. 아프
레코 할 때에도 녹음기가 직선식直線式이 아니고 복식ト式, カブリシヤイナ으로

컴마 이하를 사용하게 되므로 높은 소리만 들어가고 낮은 소리는 죽어버리므로 배우들은 목소리에 퍽 부자연한 것을 피치 못하였다. 목소리가 부자연한데다가 아프 레코로 입과 말이 맞지 않았으니, 처음 발성영화로 큰 실패를 하였다.

아프 레코에 우스운 에피소드는, 토키는 촬영만 마치면 전부 다 되는 줄만 알았던 경영자는, 촬영을 마치고 다시 아프 레코를 한다니까 촬영을 마쳤으면 고만이지 또 무슨 촬영이 있느냐고 하여 애를 먹이던 일이 생각난다. 위에서 말한 '농부가'의 비용문제도 이에서 빚어진 것이다.

그리고 스튜디오의 방음 설비가 되지 않아서 멍석 1천6백여매를 사다가 물을 축여 두겹으로 막아놓고 촬영을 하였으니, 이것도 조선에서만 볼 수 있는 현상이라고 생각한다. 지금은 얼마간 방음장치를 하였으나 그 역시 바라크barrack식 스튜디오에 다텍쓰를 입힌 데 불과하니 촬영을 조용한 밤을 타서 하는 수밖에 없고, 또 촬영 도중 밖에서 들려오는 개 짖는 소리, 자동차 소리, 새벽 두부 장수 소리에 촬영을 다시 하게 되는 등 그 고심은 이루 말할 수 없었다.

출연배우로는 한일송韓一松, 문예봉文藝峰, 노재신盧載信, 이종철李鐘哲 군이 모두 무대 출신이다. 대화가 필요하므로 무대 출신을 썼으나, 대화의 억양의 지나친 과장과 동작의 부드러운 맛이 없어 그것을 그치기에 어지간히 힘이 들었다. 토키에 적당한 영화배우가 없었던 까닭이다. 영화배우의 발성법의 연구가 더욱 필요할 줄 안다.

고난은 촬영에만 그치지 않고 현후現後 편집에도 닥쳐왔다. 원판原板 현상이 잘못 되면 아무리 훌륭한 촬영과 녹음이라도 허사에 돌아가고 만다. 처음에는 천척呎의 촬영한 네가negative film를 일시에 현상해보았으나 토락코 현상에 크게 실패하였고, 큰 불편을 느껴서 나중에는 2백척씩 절단하여 현상 편집을 한 결과 호성적好成績을 다하겠다. 편집기는 외국과 같은 무비올라[5]가 없었으므로, 할 수 없이 권취捲取, マキトリ 메타를 사용하여 트랙과 화면 필름을 맞춰가면서 실패의 실패를 거듭해가며 2주일이나 걸려 겨우 마쳤다.[6]

여하간 촬영에 사용된 필름 가운데 버리는 필름이 4만척이었다. 이리하여 영화 시장에 내놓고 보니 부끄러움이 앞서며, 현재 우리들이 갖고 있는 보는 눈과 일하는 손의 차差가 우심尤甚함을 한恨할 뿐이다.

1 이명우(李明雨, 1903-?). 촬영기사, 영화감독. 조선인 최초의 촬영기사이자 녹음기사인 이
  필우의 동생으로, 1925년경 영화계에 입문하여 여러 무성영화의 촬영과 편집을 담당했다.
  1935년 최초의 조선어 발성영화 〈춘향전〉을 연출했고, 이후 경성촬영소의 〈홍길동전 후편〉
  감독과 촬영을 맡았다. 〈심청〉〈수업료〉〈복지만리〉〈지원병〉〈조선해협〉 등에서도 촬영을
  담당했다.
2 원문에서는 "영화해보겠다고".
3 원문에는 "노력 여하를"이나 문맥상 '노력 여하에 따라'의 의미이다.
4 애프터 레코드(after record). 후시녹음.
5 무비올라(moviola). 영화 필름 편집기.
6 최초의 발성영화 〈춘향전〉의 촬영과 녹음을 도왔던 유장산의 구술에 따르면, 기술과 설비
  가 절대적으로 부족한 열악한 환경 속에서 사운드와 화면의 동조(synchronization)문제를
  해결하기 위해 당시 제작진은 '검색기'에 두 트랙을 올려놓고 손으로 돌려 감으면서 영상과
  사운드트랙을 맞추었다고 한다. 한국예술연구소 엮음 『이영일의 한국영화사를 위한 증언
  록: 유장산·이경순·이필우·이창근 편』(도서출판 소도 2003), 266면.

8

영화의 매체적 특이성과
영상언어에 대한 고찰들

진기한 박래품으로서 영화가 들어온 이후, 영화의 메커니즘과 매체적 특이성에 대한 관심은 지속적으로 제기되었다. 1901년『황성신문』의 한 논설[1]은 사진이 배열되어 움직이는 놀라운 광경을 기록하고 있는데, "촬영한 그림이 체體가 되고, 전기가 용用이 되어 화인畵人이 살아 움직이는" 활동사진의 메커니즘은 근대 기술문명이 만들어낸 경이로 소개된다. 그러나 이 글에서 보다 주목하고 있는 점은 "살아 움직이는 활동사진 속의 사람"과 달리 "살아 있는 사람生人"들조차도 "활동하지 않는 조선"의 현실이다. 급변하는 시대적 흐름을 따라가지 못하는 무기력한 조선인과 문명세계의 외부로 밀려나버린 조선의 현실적 좌표를 "화인畵人도 살아 움직이는生動" 현상에 비춰 읽어내고 있는 것이다. 최초의 영화(활동사진) 관람에 대한 기록이 영화의 내용이 아니라 이미지의 운동성에 내재한 역사적·문화적 함의라는 점은 여러모로 흥미롭다. 전기적 기계장치에 의해 화인이 살아 움직이는 광경을 구경한 지식인 엘리트의 눈에는 근대성을 체현하는 영화라는 매체 자체가 강렬한 메시지였던 셈이다.

초기영화early cinema의 시대를 지나 장편 극영화feature film 시대로 접어들

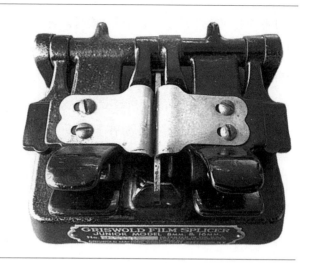

면서 영화라는 매체에 대한 관심은 더욱 증폭된다. 경성·평양·대구·부산 같은 대도시를 중심으로 상설 상영관이 설립되고 교육과 선전 수단으로 영화가 적극 활용되면서 영화는 도시 대중의 일상적 감각을 구성하고 매개하는 미디어로서 의미를 지니게 되었다. 특히 영화가 소구하는 관객층이 도시 노동자만이 아니라 학생과 지식인, 문화계 엘리트 계층으로 확장되면서 영화는 단순한 구경거리가 아니라 사회적 차원에서 진지하게 논의되어야 할 대상으로 주목받기 시작했다. 스크린에 상영되는 필름이 '활동사진活動寫眞'이 아니라 '영화映畵'로 명명되기 시작한 것도 이 같은 시대적 흐름 속에서였다. 신문과 잡지 지면을 통해 영화에 대한 이론적 지식이 소개되고, 영화를 생산하는 주체와 이를 소비하는 관객의 문화적 실천에 내재한 의미들이 담론적으로 재구성됨으로써 영화는 근대 기술문명이 낳은 새로운 미디어이자 예술로 인식되기 시작한 것이다.

비록 제작의 역사는 빈곤하나 오랜 '감상만의 시대'를 지나오며 축적된

1   「사진활동승어생인활동(寫眞活動勝於生人活動)」, 『황성신문』(1901.09.14).

영화에 대한 이론적 지식은 영화의 예술성을 둘러싼 논의를 다층적으로 분화하며 담론 지형을 역동적으로 구성해온 토대가 되었다. 특히 사회주의적 전망 아래서 영화의 예술적·정치적 가능성에 주목했던 일군의 영화인들의 출현은, 영화를 관람하고 비평하는 문화적 실천이 자기만족적인 행위가 아니라 현실을 변혁하는 정치적 행위가 될 수 있음을 보여주는 사건이었다. 사회주의 영화비평이 제기했던 문제, 즉 영화를 통해 무엇을 해야 하는가라는 문제는 영화와 현실이 맺고 있는 제諸 관계를 묻는 것이었고, 이는 곧 예술로서의 영화란 무엇이 되어야 하는가라는 존재론적 물음을 비평담론 전반에 끌어들이는 것이기도 했다. 이런 맥락에서 프롤레타리아 영화운동을 주도한 이들은 영화라는 매체에 내재한 특이성을 누구보다도 진지하게 고민하고 답했다(사회주의 영화비평에 대해서는 이 책의 4-6장 참조).

이 장에 소개하는 박철민(박완식)의 글은 교착상태에 빠진 사회주의 영화운동을 재건하기 위한 이론적·실천적 방향성을 모색하는 글이다. 박철민은 사회주의 영화운동이 전개되는 과정에서 "영화예술의 기술적 문제에 관하여는 일언반구의 논의도 없었다는 것"에 문제의식을 두고 조선영화가 나아갈 방향성을 영화가 지닌 고유한 특질로부터 찾아야 함을 주장한다. 그런데 사회주의 영화운동을 전개하며 영화의 기술적 문제를 전혀 고민하지 못했다는 비판은, 카프의 조직 정비 과정에서 신흥영화예술가동맹을 해소시킬 것이 아니라 기술단체의 성격을 띤 '조선프롤레타리아 영화동맹'으로 재결성해야 한다는 서광제의 주장과 그리 멀지 않은 것이었다. 박철민의 글은 사회주의 영화운동이 실천적 한계에 부딪히고 이론적 모색 단계로 접어든 이후 역설적이게도 그들이 비판했던 지점으로 되돌아간 경우라고 할 수 있다. 영화적 문법에 근거하여 정교한 텍스트를 만들어야 한다는 박철민의 제안은 계급투쟁을 위한 영화제작이 사실상 불가능해진 상황에서 하나의 대안으로 제출된 것인데, 이와 같은 기획을 현실화하기 위해서라도

"영화극의 구성에 관한 원칙적 문제"와 "영화의 편집이론에 관한 일반적 문제"는 세밀하게 검토되어야만 했다.[2]

이런 맥락에서 박철민은 영화의 예술적 본질이 시각적인 현상을 합리적으로 배열하여 그것을 조직적으로 편집하는 데 있음을 강조한다. 이 같은 정식화는 쏘비에뜨 영화를 정점에 두고 구축한 영화미학의 발전사에 기대고 있는 것이었다. 편집의 기초를 마련한 미국의 D.W. 그리피스에 의해 영화가 고유한 표현수단을 획득했다면, 프랑스의 아벨 강스Abel Gance에 이르러 영화는 예술적인 리듬을 형성하는 편집을 통해 미학적 근거를 확보한다. 그리고 쏘비에뜨의 영화예술가들, 에이젠쉬쩨인Sergei Eisenstein, 뿌돕낀 Vsevolod Pudovkin, 찌모센꼬Semyon Timoshenko, 베르또프Dziga Vertov에 이르러 영화는 그 본질적 단계에 도달하는데, 이 단계에서 영화는 촬영하는 것이 아니라 촬영해 편집하는 것으로서 재규정된다. 즉, 영화는 근본적으로 촬영이 아닌 '편집'이라는 사후 작업을 통해 의미가 결정되는 것이다. 그리고 이러한 관점 아래서 텍스트의 재편집을 통해 새로운 영화를 생산하는 것도 가능할 수 있다는 전망을 제시하는 것이다.

그러나 쏘비에뜨 영화이론에 기반한 대안적 전략은 조선사회의 현실적 조건을 감안한 것이라기보다 영화의 새로운 가능성을 제시하는 담론적 실천으로서의 성격이 강했다. 일본의 경우에서 알 수 있듯이, 쏘비에뜨의 몽

---

2 박철민의 글은 카프 영화부의 마지막 지도자였던 전평의 「창작방법과 영화예술」과 함께 읽어볼 필요가 있다. 전평은 과거 영화운동의 오류가 (카프 예술운동 전반에서와 마찬가지로) 세계관과 창작방법의 동일시, 즉 창작 주체가 어떤 계급의식을 지녔는지가 작품의 내용과 형식을 궁극적으로 결정한다는 관점을 가졌던 데 있음을 강조한다. "예술의 복잡성", 그중에서도 영화예술의 특수성은 비(非)인간적인 기계(렌즈)를 통해 현실을 형상화하는 것이기에 영화의 기술적 특성과 몽따주의 특성을 이해하지 않고서는 영화운동이 나아갈 수 없다는 것이다. 물론 이때의 기술이란 "아메리카적 영화예술의 기술적 본위"가 아니라 쏘비에뜨 영화처럼 "공리성, 작품 내용의 이데올로기를 위한 기술적 문제"여야 함은 변치 않는다. 전평 「창작방법과 영화예술」, 『예술』 창간호(1935.01).

따주 이론은 프랑스와 미국에서 확립된 영화의 구성원리와 달리 영화의 새로운 가능성을 제시해주는 이론으로 수용되었다. "현실적 제재, 실경實景, 소인素人, 아마추어 배우의 사용에 의한 현실성의 강조, 편집의 표현상의 우위성, 영화 미디어의 실험, 사회적 계몽이라는 정치성"에 대한 모색들은 쏘비에뜨 영화이론의 수입과 함께 본격적으로 제기된 것이었다.[3] 그러나 문제는 조선의 경우 영화의 규격과 종류를 막론하고 최종적인 상영 여부를 결정할 수 있는 권한은 오롯이 식민 당국에 있었다는 사실이다. 프롤레타리아 영화운동이 실패로 귀결될 수밖에 없었던 이유도 이미지의 해석 가능성을 둘러싼 검열 당국의 신경증적인 통제에 있었던 만큼, 검열 권력의 존재는 영화인들이 간과할 수 없는 최종심급이었다. 그럼에도 박철민은 정교한 편집을 통한 새로운 영화운동의 가능성을 주장하는데, 이는 현실적인 실현 가능성을 염두에 둔 것이라기보다 영화를 편집에 의해 완성되는 예술로 규정함으로써 영화의 최종적 의미를 결정하는 감독의 위치를 특권화하기 위함이다. 또한 이는 몽따주 방법론을 정교하게 다듬은 쏘비에뜨 영화이론을 영화구성의 근본원리로 정립하기 위한 이론적 실천이라 할 수 있다.

사회주의 영화운동의 조직적 실천이 현실적으로 불가능해진 시기는 조선영화계가 발성영화 체제로 이행해가던 시기와도 겹쳐진다. 토키talkie라는 새로운 기술이 확보되면서 영화의 표현양식은 근본적인 변화를 겪는데, 사운드의 도입은 영화가 보편적 시각예술이라는 인식을 크게 흔드는 것이었다. 이 장에서 소개하는 임울천의 글은 사회주의 영화운동의 이론적 자장 안에서 사운드의 문제를 다룬 것으로, 영화예술의 본질을 규명하는 몽따주 이론이 수입되는 양상과 수준을 엿볼 수 있게 한다. 분절된 이미지들을 배열함으로써 새로운 시공간적 흐름을 만들어내는 몽따주 이론은 여타 예술 장르와 대비되는 영화만의 미학적 특이성을 담보하는 원리로서 많은 논자들에 의해 소개되었다. 단어를 연결해 한 문장을 이루듯 단편적인 이미지를 자르고 이어 붙여 새로운 의미를 만들어내는 영상언어의 문법은, 정치적 메시지를 집합적으로 송출하는 매체로서 영화를 사유하게 해주었을 뿐만 아니라 언어적 경계를 초월한 국제적 예술로서 영화를 상상하는 것을 가능케 했다. 담론의 차원에 한정해보면, 쏘비에뜨 영화이론을 소개하며 다듬어진 몽따주 이론은 1930년대 중반, 영상언어의 보편성에 기대어 조선영화의 국제적 유통 가능성을 상상했던 일련의 비평적 실천의 토대이기도 했다.[4]

임울천은 발성영화가 도래한 뒤에 나타난 몽따주 방법론상의 변화를 소개하는데, 뿌돕긴과 에이젠쉬쩨인의 이론을 소개하는 방식은 당시 영화에 대한 앎이 어떤 수준에서 어떤 경로를 통해 유통되었는지를 짐작할 수 있게 한다. 실제로 이 글이 일본에서 수입된 영화이론을 토대로 했음을 추론하는 것은 어렵지 않다. 쏘비에뜨의 영화이론은 1927년 쿠라하라 코레히또藏原惟人[5]가 〈전함 뽀쫌낀〉(Bronenosets Patyomkin, S. 에이젠쉬쩨인 감독, 1925)과 〈어머니〉(Mat, V. 뿌돕긴 감독, 1926)를 일본에 소개한 이후 본격적으로 수입되었는데 이론으로는 1928년 찌모셴꼬의 「영화예술과 몽따주」, 레옹 무시낙 Léon Moussinac의 「쏘비에뜨 러시아의 영화」가 번역되었고 1930년에 뿌돕긴의 『영화감독과 영화각본론』, 에이젠쉬쩨인의 「상극(충돌)의 몽따주」가 번

3   山本喜久男 『日本映画における外国映画の影響』(早稲田大学出版部 1983).
4   영화언어의 보편성과 조선영화의 국제적 유통에 대한 상상력은 신경균 「영화감독론: 특히 영화의 특수성을 논함」(『조광』 제2권 11호, 1936.11)에 잘 드러나 있다. 신경균의 글은 이미지의 편집을 통해 영화가 의미를 획득하는 과정을 개별 단어를 조합하여 문장을 만들어내는 과정으로 이해한 에이젠쉬쩨인의 몽따주 이론의 내적인 논리를 충실히 반영하고 있다.
5   쿠라하라 코레히또(藏原惟人, 1902-91). 일본의 평론가. 1926년 일본의 프롤레타리아예술가연맹에 가입했고, 1928년 전일본무산자예술연맹(NAPF) 결성 이후 조직의 문예이론 지도자 역할을 담당했다. 조직의 예술이론과 운동 방향을 두고 나까노 시게하루(中野重治)와 '예술 대중화 논쟁'을 벌이기도 했다.

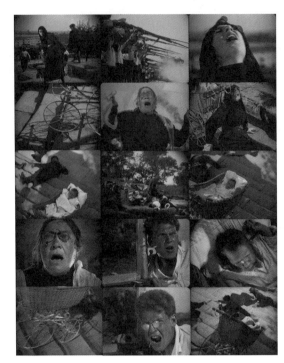

에이젠쉬쩨인의 〈전함 뽀쬼낀〉
몽따주 장면

역되었다.[6] 뿌돕낀의 저서가 일본어로 번역된 이후, 조선의 신문이나 잡지의 지면을 통해 쏘비에뜨 몽따주 이론을 소개하는 글이 많이 등장하나 이를 이론적으로 엄밀하게 다루는 글은 흔치 않다. 임울천은 일간지 지면을 통해 쏘비에뜨 몽따주론을 매우 상세하게 전달하는데, 이는 영화에 대한 대중적 관심이 커진 환경에서 사회주의 영화이론이 대중적 지식으로 그 외연을 넓혀간 경우라 할 수 있다. 제작 환경이 극도로 위축된 토키 전환기는 역설적으로 영화이론에 대한 대중적 지식이 활발하게 생산된 시기이기도 한 것이다.

영화의 매체적 특이성을 규명하는 중요한 경향 중 하나는 인접 예술 장르와 비교를 통해 그 특수성을 드러내는 방식이었다. 추상화된 관찰자의 눈으로 사건이 조명되고 서사가 구축된다는 점에서 영화는 문학과 곧잘 비교되었다. 특히 발성영화의 도입 이후 문학작품을 영화로 번역하는 시도가 조선영화계에서도 활발히 이루어졌고, 그에 따라 문학과 영화의 제 관계, 혹은 문학과 질적으로 구분되는 영화의 미학적 특이성에 대한 논의가 활발하게 이루어졌다(문학과 영화의 교섭관계에 대해서는 이 책의 10장을 참조).

그러나 무엇보다 시공간 속에 존재하는 구체적인 배우의 육체를 통해 의미가 구현되는 예술이라는 점에서 영화는 연극과 직접적으로 비교 가능한 예술양식이었다. 이 장에 실린 주영섭의 글은 영화의 미학적 특이성을 연극과의 대비를 통해 규명하는 대표적인 사례다. 영화와 연극이 딛고 있는 물적 토대의 차이에 주목하여 양자가 극명하게 대립하는 점들을 포착하고, 이를 근거로 영화라는 매체의 특성과 그 존재방식을 탐색하는 이 글은 영화와 연극을 현상적 차원에서 대비하는 여타의 글과 분명한 차이를 보인다. 주영섭에 따르면, 영화는 "조직적인 공장적 생산기구 속에서 제작되고 배급"되는 만큼, "영화를 직접 만들어내는 예술가(감독, 카메라맨, 작가, 배우, 음악가)와 기술자(전기기사, 화학자) 기타는 조직화한 근대적 영화공장에서 노동하는" 노동자와 다를 바가 없다. 따라서 영화를 제작하는 감독은 자율성을 지닌 예술가가 아니라 자본가에게 종속되어 노동하는 존재로 전락할 우려가 농후한 것이다. 반면, 연극은 자본가의 것이 아니라 "극단이라는 게마인샤프트"의 것인 만큼 예술성을 그 본질로 삼는다. 기업화될 수 없는 연극

6　1927-31년 약 14편의 쏘비에뜨 무성영화가 일본에서 상영되었는데 쏘비에뜨의 몽따주 이론은 미조구찌 겐지(溝口健二), 이또오 다이스께(伊藤大輔)의 영화 등에 영향을 주었다고 한다. 그러나 한편으로 쏘비에뜨 몽따주는 일부 대학 출신 비평가들 사이에서, 이론적으로만 각광을 받았고 실제 제작현장에서는 그리피스식 몽따주의 영향력이 지속적이었다는 의견도 있다. 山本喜久男, 앞의 책.

의 속성상 영세성을 벗어날 수 없지만, 연극의 연출가는 예술가로서 지위를 보장받는 것이다(물론 연극이 외연을 넓히기 위해서는 영화의 기업적 속성을 닮을 필요가 있다는 점도 강조한다). 영화가 예술로서 자기를 정립하기 위해서 "감독은 기업성을 지양止揚시키고 그 위에 개성을, 예술성을 수립할 만한 강렬한 저항력이 있어야" 하는데, 기업성과 예술성이 지양되는 과정 속에서 영화는 자신의 미학적 특이성을 담보받을 수 있다는 것이다.

영화의 기업성과 예술성이 변증법적으로 지양될 때 영화의 가치가 확립될 수 있다는 관점은 조선영화의 존재방식을 규정하는 중요한 이론적 입장이었다. 1937년 중일전쟁 이후, 조선의 인적·물적 자원을 효율적으로 동원하기 위한 전시체제 아래서 '조선적인 것'의 특수성은 제국 일본이 지향하는 보편성으로 환원되거나 해소되어야만 했다. 따라서 조선영화의 지위 또한 매우 위태로운 것이 될 수밖에 없었는데, 기업성과 예술성의 변증법적 관계 아래서 조선영화의 존재론을 규명하는 틀은 사실상 제국의 보편성으로 환원될 수 없는 조선영화만의 특수성을 붙잡는 전략적 언술이기도 했다. 영화감독이 영화산업의 하위 노동자가 아니라 예술가가 되어야 했던 것은 일종의 요청이었고, 조선영화의 예술성을 구현하기 위해서는 조선인 감독이 아니고서는 안 된다는 확고한 입장은 조선영화를 존립케 하기 위한 신념과도 같은 것이었다.

조선영화의 고유한 미학적 특이성은 조선적인 것을 체득적으로 이해하고 있는 조선인에 의해 구현될 수 있다는 믿음은 식민지 말기 조선영화의 존재론을 둘러싼 비평과 좌담회에서 문제적인 쟁점으로 부상하게 된다. 일본어 사용이 전면화되고 궁극적으로는 내선일체를 실현해야 하는 시대적 조건 아래서 조선영화의 특이성을 주장하는 것은 민감한 사안이 될 수밖에 없었던 것이다. 영화가 산업자본에 종속된 상품이 아니라 예술성을 그 본질로 삼고 있다는 믿음은 지루한 동어반복으로 가득 찬 식민지 말기의 담론장에 미세한 차이를 기입하게 되는데, 그와 같은 차이들이 만들어내는 결들은 협력과 저항이라는 틀로는 온전히 담아낼 수 없다고 생각된다. 당대의 영화인들이 시대적 조건 아래서 발화했던 바를 세밀하게 읽어낼 수 있을 때, 식민지 영화연구는 보다 풍성해지고 다양해질 수 있을 것이다. (유승진)

───── 함께 읽으면 좋은 글

1. 「사진활동승어생인활동(寫眞活動勝於生人活動)」, 『황성신문』(1901.09.14).

2. 이구영 「민중오락과 영화극」, 『신민』 제18호(1926.10).

3. 김윤우 「민중과 영화」, 『동아일보』(1929.11.19-21).

4. 나웅 「영화와 관중」, 『신흥예술』 제1호(1932.05).

5. 심훈 「민중교화에 위대한 임무와 연극과 영화사업을 하라」, 『조선일보』(1934.05.30).

6. 박기채 「영화의 교육적 의의와 본질」, 『예술』 제1권 1호(1935.01).

7. 전평 「창작방법과 영화예술」, 『예술』 제1권 1호(1935.01).

8. 임유 「영화예술의 몽타주 문제」, 『조선중앙일보』(1936.01.26-02.01).

9. 이헌구 「영화와 연극」, 『조선일보』(1936.05.01-04).

10. 신경균 「영화제작 과정, 극본·감독·편집의 중요성」, 『조광』 제2권 5호(1936.05).

11. 신경균 「영화감독론: 특히 영화의 특수성을 논함」, 『조광』 제2권 11호(1936.11).

12. 박기채 「영화와 연극의 예술적 특이성」, 『조광』 제2권 11호(1936.11).

13. 박기채 「영화의 예술적 성장과 기술적 발전」, 『조광』 제2권 12호(1936.12).

14. 주영섭 「연극과 영화」, 『동아일보』(1937.10.07-10).

15. 이효석 외 「영화와 연극 방담회」, 『영화보』 제1집(1937.11).

16. 이운곡 「한 영화가 상영되기까지」, 『조광』 제4권 3호(1938.03).

17. 백철 「기로에 선 조선영화 조선영화감독론」, 『사해공론』 제4권 7호(1938.07).

18. 이해랑 「안면표정의 애매성」, 『동아일보』(1939.05.12).

19. 은막광인 「토키에 있어서의 배우의 중요성」, 『동아일보』(1940.06.01-09).

1 영화예술 구성문제: 영화편집 개론

박철민(박완식)

『조선일보』 / 1933.10.25~11.01

1.

과거 조선에서도 영화에 관해서 많은 문제에 대해 논의해왔다. 영화예술에 대한 원칙적인 일반적 문제는 물론이며, 영화작품의 생산·발표를 위한 활동방침에 대한 실천적 방침에도 관심을 게을리하지 않았다. 그리고 조선영화 작품의 진전을 위해서 작품에 대한 검토와 비판을 위시하여 신랄辛辣[1]한 논쟁도 불사했던 것이다. 이런 과거의 영화에 관한 모든 문필적 행동이 조선에 있어 진정한 영화예술의 생산·발표를 표적으로 한 문화 영역의 부분적 활동임에 틀림없는 것이었다. 동시에 조선영화의 성장을 기도하기 위한 것이며, 따라서 영화예술의 대중화를 확립하려는 예술적 양심으로서의 근본적 활동임에 누구나 긍정할 수 있는 사실이다.

그러나 지금까지 논의되었던 모든 영화에 관한 문제는 영화예술의 일반에 관한 개괄적 문제를 극히 막연하게 규정하는 것이었다. 그리고 영화운동에 관한 이론에 있어서도 실천적 활동에 운용할 만한 구체성이 결여된, 비대중적인 것이 그 대부분이었다. 그러므로 그것들은 거개가 추상론에 불과했던 것이었다.

그럼에도 불구하고 부단히 계속되어오는 영화문제의 논의는, 조선영화의 일반적 동향에 질적 전진을 도모할 수 있었다는 것은, 비록 정도 문제에 귀착될지언정 부인할 수 없는 사실일 것이다. 그러나 현실에 당면하여 영화예술의 발전상 불가결의 중요 문제인 영화예술의 기술적 문제에 관하여는 일언반구의 논의도 없었다는 것은, 가장 유감인 사실인 동시에 조선의 소위 영화인이 얼마나 공소한 존재였다는 것을 반증하는 것이다. 그리고 이런 기본적인 문제까지를 간과해왔다는 것은, 동시에 조선의 객관적 사회적 조건이 얼마나 조선영화인에게 있어 문제를 문제 삼게 할 물질적 조건이 부여되지 못했다는 것을 넉넉히 규지窺知[2]할 수 있는 것이다.

그러나 이런 자신의 무능을 객관적 조건의 죄과로 그 전全 책임을 전가하는 것은, 보다 더 자신의 무기력을 노현露現[3]하는 것이며 조선 영화예술의 진전을 저해하는 비양심적인 행동인 것이다. 그러므로 조선의 영화인은 당연히 자신의 역량을 시험하기 위해서도 영화에 관한 근본적 문제에 대해 정력을 절약해서는 안 될 것이며, 스스로 질식상태에서 낙망해서는 안 될 것이다. 그러면 이에 최초로 조선영화인 자신에게 문제되어야 할 것을 검색檢索[4]하여, 그 정당성을 포착하고, 그의 진지한 이론의 전개가 있어야 할 것은 물론이다.

예술작품이 예술적 가치를 내포해 있는 것은 말할 것도 없이 그가 파지把持한 이데올로기의 객관적 작용일 것이다. 대상의 정서를 조직하는 활동적 요소가 있어야 할 것이다. 그러므로 이 예술적 기능으로서의 전체적 내용인 이데올로기의 예술화, 즉 형상화에 있어 그의 합리성에 관해 가장 긴밀히 논의되고 정당히 실천되지 않으면 안 될 것이다. 영화가 예술인 이상 이런 예술제작상의 근본적 원리를 벗어날 수 없는 것은, 역시 영화의 예술성을 보다 강조하는 것이 될 것이다. 이에 물론 내용이 형식을 규범하고, 형식이 내용을 제약하는 교호적交互的 연관성을 일탈치 않아야 할 것이다. 그리고 진정한 '이데올로기의 구상화'로서의 예술적 작품으로서 전진할 수 있는 형태를 보지保持[5]하는 작품이 되려면, 당연히 영화에서도 작품 제작의

---

1   원문에는 "신자(辛渷)"로 되어 있으나 오식이다.
2   엿보아 앎.
3   겉으로 나타냄.
4   원문에는 "검소(檢素)"로 되어 있으나 오식이다.

기술문제가 중요한 논의의 과제가 되지 않으면 안 될 것이다. 더욱이 영화가 시각적인 조형예술임에 있어, 기본적인 '예술로서의 조직'에 관해 논리적으로 문제되어야 할 것이다. 그러므로 그 영화적 표현의 기술문제는 가장 신중히, 그리고 중대히 토의되지 않을 수 없는 것이다.

그리하여 영화문제 중 최초로 문제되어야 할 많은 문제에서, 영화작품 제작의 기본적인 영화극의 구성에 관한 원칙적 문제도 그 중요한 것의 하나인 것이다. 이것은 필연적으로 영화의 편집이론에 관한 일반적 문제의 구명을 요구하게 되는 것이다. 1회 10.25

영화예술도 기본적 원칙이 없이 생성하여 성립될 수 없는 것이며 동시에 그 성장 발전을 도모할 수 없는 것이다. 그것은 영화가 파지한 예술성의 그 근본적 기초가 되는 것이다. 그리하여 영화극의 구성문제인 영화예술의 편집문제는, 결정적으로 영화가 내포한 그 특성에서 출발되어 그것이 의식적으로 조직되고 행동되는 영화의 기본적 기술문제가 되지 않으면 안 될 것이다. 그리하여 그것은 실천적인 이론이 아니면 안 될 것이다. 그러면 영화예술의 독자성인 예술성이라고 할 그 특질은 어떤 것이며, 그럼으로써 영화극의 근본적 구성을 기초로 하여 어떻게 영화극이 편집되는 것인가에 대해 문제되지 않을 수 없는 것이다. 그리하여 최초에 극히 개념적인 원칙 문제와 이에 관련되는 제반 문제에 관해 개괄적으로라도 논구할 필요에 당착되는 것이다.

그러나 현재와 장래에 있어서는 당연히 토키의 일반적 문제와 그 조직문제가 논제에 올라야 할 것이 요구되나, 조선 현실 정세에 있어 우선 무성영화의 구성문제와 편집이론의 실천이 당면적으로 논의되어야 할 것이다. 인간은 현실을 초월하여 존재할 수 없는 것인 만큼, 현실을 망각한 이론과 실천이 있을 수 없기 때문이다.

2.

영화예술의 특수성은 그 생성되는 과정에서 벌써 다른 부문의 모든 예술과 상이한 데서 출발한 것이다. 그것은 물질적인 기계성과 독자적인 표현양식에 의해 가장 강렬한 표현력을 가지고 있는 특유한 영화적 묘사를 지시함이라 해도 과언이 아닐 것이다.

영화예술이 단순한 무대극의 한 모방에서 일보의 전진도 없는 것이었으며, 또는 무대극의 재현체일 뿐으로 그에 예속되었던 시대는 벌써 유기력有氣力한 역사의 진전과 같이 과거의 사실로 돌아간 것이다. 그리하여 영화가 초연히 그의 초창 시대와 같이 무대예술의 굴레[6]에서 비약적으로 해탈되고 독자성을 파지하게 된 것은, 실로 영화 자체의 표현양식이라고 할 것이다. 이것이 영화예술의 역사적 단초를 개척한 영화의 특성이라 할 것이다. 이런 영화의 독자적인 표현수법이 가능성을 가지게 되기 때문에, 영화극의 가시성可視性은 감수성을 강렬히 하고 교화성을 명확히 발양하는 것이다. 그리하여 그의 표현수법을 의식적으로 활용하게 됨으로써 영화의 예술성은 공고히 부식扶植[7]될 것이며, 더욱 '예술로서의 영화'가 신장되어 영화예술로의 독립적 진출이 가능케 되는 것이다.

그러나 영화 자체의 물적 소산이 기계적인 생산과정에 있어서 순전히 물질적 기초에 존립해 있는 관계상, 영화예술의 영화적 표현형식은 필연적으로 영화과학에 의거되어 있는 것이다. 그리하여 그의 기공적機工的 기술과 상사相俟하여[8] 상호연대적 관련으로써 발전해 나아가는 것이다. 그리고 이 영화과학의 기공적 기술은 영화 표현방식의 안출案出[9]을 가능케 한다. 다른

5　온전하게 지켜 지탱해나가다.
6　원문은 "기반(羈絆)". 굴레 혹은 굴레를 씌우듯 자유를 얽매는 일.
7　힘이나 영향을 미쳐 사상이나 세력 따위를 뿌리박게 함.
8　相俟って(あいままって). 더불어, 함께.

한편 영화의 표현방식은 그의 진전으로부터 기공적 기술의 발달을 초치招致[10]하여 영화예술은 그의 예술성을 한층 더 확대하면서 발달되는 것이다.

그리하여 무대극에서 무대상의 현실적 연기가 무대예술의 표현체인 것과 같이, 영화예술에서는 그의 표현체가 영사막에 투영되는 영상인 것이다. 그러므로 무대극에서는 현실적 시간과 현실적 공간에 의해 실제적 사물이 관중의 대상이 되는 것이다. 그리하여 그것은 현실적인 제반의 구속과 제한을 초월치 못하는 불가피적 조건이 수반되는 것이다. 그러나 영화극에서는 영상이 관중의 대상이 되는 것이기 때문에 이데올로기의 형상화에 있어 전체적으로 조직적 자유성이 있는 것이다. 그리하여 무대극에서는 간과하기 용이하면서 중요한 극적 표현의 세밀한 부분과, 관중의 상상력에 의해서만 극적 사실의 일부분을 보족補足[11]하는 대사까지를, 영화극에서는 현실적인 시간과 공간에 조금도 구애[12]됨 없이 순전히 영화적 표현방식에 의해 시각적으로 인상성印象性과 지각성을 표현하는 것이다. 그것은 영화가 결국 영화의 독특한 비현실적인 시간과 공간을 조출造出[13]하게 되는 것이다. 이것이 영화적 시간이며 영화적 공간인 것이다. 이것은 무대극으로서 도저히 추급追及[14]치 못할 위대한 영화예술 독자의 성능이며, 동시에 영화예술이 무대예술의 영역에서 완전히 탈출하게 된 까닭도[15] 되는 것이다.
2회 10.26

어쨌든 영화예술은 순전히 시각의 예술로서, 관찰함에 있어 가장 합리적이고 경제적인 예술이다. 그것은 영화적 시간과 영화적 공간을 형성하는 개개의 화면적 재료를, 특수한 배열로 조직하여 시각적으로 형상화되어 관중에게 예술작품으로서의 작용을 하는 것이다. 그럼으로써 영화는 한개의 조직적 예술이라고 할 것이다. 그리하여 시각적 대상에 필요한 부분을 관찰하도록[16] 강요하며, 불필요한 부분을 관중의 시야에서 근본적으로 제거하는 것이다.

그러므로 결국 영화예술의 예술작품으로서의 생산은 시각적인 현상을 합리적으로 배열하여 그것을 조직적으로 편집하는 데서 성립되는 것이며, 여기에 영화예술로서의 통속성의 근저가 놓여 있는 것이다. 그리고 그 일반적 성향의 대중성이 내포되어 있어서, 영화예술의 진정한 특질을 긍정할 수가 있을 것이다. 그리하여 영화가 예술작품으로서 이해하기에 가장 용이하여, 관중의 주의와 감정을 조직화하는 정신적 획득에 있어 가장 경제적인 예술이라고 칭할 수 있을 것이다.

3.

영화극의 구성은 극적 사실의 전개에 대해 사건의 필요한 중심 부분인 절정과 절정의 연결로 성립되는 것이다. 그리하여 불필요한 경과적인 부분적 시간과 부분적 공간을 일절 묵살함으로써 극적 사실의 특질적 부분만으로 형성되었기 때문에, 관중의 인상을 강화·고조할 수 있는 것이다.

무대상에서 전개되는 극적 사실은 관중에게 전체적 동작으로써 전면적으로, 현실적 시간 내에서 현실적 공간을 이용하여 표현되는 것이다. 그리고 그것은 결코 면밀한 표현수법이 못되고, 소잡疎雜[17]한 동작과 표정으로 극히 평범히 사건을 진전시키는 것이다. 그러나 영화극의 전개에서는 '전경全景'[18]이라는 표현형식에 의해 장면 전체에 대한 정황을 현출케 하여 전

9   고안하다.
10   불러들이다.
11   부족한 것을 보태어 넉넉하게 하다.
12   원문은 "구니(拘泥)". 어떤 일에 필요 이상으로 마음을 쓰거나 얽매임. '구애'와 동의어.
13   만들어냄.
14   뒤쫓아서 따라붙음.
15   원문은 "소이(所以)"도.
16   원문은 "관찰에 있어"로 표기되어 있음.
17   성기고 어수선한.

반적 개념을 얻게 한다. 그리고 '접사接寫'[19]로 극중 사건의 요점을 명료히 표시하여 이해를 용이케 한다. 한걸음 나아가서 극소 부분의 요처要處[20]를 심각히 사출寫出[21]하여 인상을 깊게 하는 '대사大寫'[22]의 표현수법도 있는 것이다. 더욱이 '이동移動'으로 물체 동작에 따라 관점의 운동 방향을 같이 함으로써 표현의 진지성을 발휘한다. 이리하여 영화예술의 극적 사실의 전개는 가장 진실하게, 세밀하게, 명료하게, 사실적으로 진행되는 것이다.

이에 대한 실제적 개념을 포착하기 위해 유명한 영화이론가 뿌돕낀이 거례擧例[23]한 바와 같은, 가상街上[24]의 시위 행렬로 영화의 특유한 표현수법을 천명闡明[25]하려 한다. 가령 가상을 통과하고 있는 행렬을 영화는 이렇게 표현하는 것이다. 최초에 행렬 전체의 개황槪況[26]을 관찰케 하고, 그 양을 측정키 위해 고처高處에서 '부감俯瞰'으로 촬영한다. 그리고 행렬 선두의 기치旗幟[27]에 쓰인 문자를 표시키 위해 기치에 접근해 '접사'를 한다. 더욱이 행렬에서 산포하는 선전지의 내용을 상지詳知[28]케 하기 위해 '대사'로 선전지에 인쇄된 문자가 선명히 나타나게 촬영하는 것이다. 또 행렬의 구성과 내용에 대해 보다 더 긴밀히 관찰케 하고 이해케 하기 위해, '근사' '접사' '대사' 등으로 각 부류에 걸쳐[29] 구성원을 촬영하는 것이다.

그리하여 이 필름의 단편을 연결함으로써 이 행렬의 전체의 양과 질을 완전히, 정당히, 심각히 인식케 할 수 있는 예술적 기능을 수행할 수 있게 되는 것이다. 이리하여 촬영기의 위치를 여러차례나 변경하고, 기공적 기교로써 공간적으로 행렬의 중요 부분과 시간적으로 행렬의 경과 부분을 영화적 표현의 요소로 하는 것이다. 그리하여 공간적으로, 시간적으로 현실적 사실의 중요점이 집중되어서 영화적 묘사로서 관중의 대상이 되는 것이다.

만약에 이 행렬을 묘사함에 있어 무대극의 관중이 일면一面에서만 연극을 관찰함과 같이 일정한 고정적 지위에서 촬영한다면, 행렬의 전체에 대한 개념을 해득케 할 수 없는 것이다. 더욱이 기치의 문자와 선전지의 내용을 직접적으로 표시할 수 없는 것이다. 그리고 이에 전체적 구성에 대해 정당히 일반적으로 관찰함에는, 행렬 전체가 통과할 만한 시간을 강제적으로 낭비하게 되면서도 그 세밀한 중요 부분을 관찰치 못하고, 인상 깊은 부분까지라도 산만한 전체적 착잡성錯雜性[30]에 의해 그 심각미를 말살케 되는 것이다. 이것은 물론 현실적 시간과 현실적 공간의 제약을 면치 못하기 때문이다. 영화극의 구성은 이런 현실적 제 조건과 제한에서 초월하여 존재한 영화적 현실로 성립되어 있는 것이다. 3회 10.27

영화극은 현실적 사실 그 자체의 전부가 아니다. 실로 그 개개의 부분적·단편적 특질로 구성되는 것이다. 즉 현실적 제 요소로 영화적 시간과 영화적 공간을 조성하는 것이다. 그리하여 영화적 시간은 표현적 관찰에 필요한 시간의 속도와, 극의 영화적 연출에 대한 극적 사실 중에서 취사선택된 중요 부분의 수량數量으로 성립되는 것이다. 그리고 영화적 공간은 현실적 제 요소에서 추출한 극적 사실의 단편을 결합함으로써 형성되는 것이다. 그러므로 영화적 현실은 결국 단편적 필름의 연결에 불과한 것이다. 그리

---

18 마스터 숏(master shot)을 의미한다. 장면 전체를 파악할 수 있도록 한 씬에 등장인물과 배경을 동시에 잡는 숏이다.

19 미디엄 숏(medium shot)을 의미한다. 인물의 허리 아래부터 상체를 포착하는 정도의 화면으로 인물의 표정이나 동작을 분명하게 포착할 수 있는 숏이다.

20 중요한 곳.

21 (글씨나 그림 따위를) 그대로 베껴냄.

22 클로즈업(close-up)을 의미한다.

23 실제 사례를 듦.

24 길거리 위.

25 사실이나 입장 따위를 드러내서 밝힘.

26 대강의 상황.

27 깃발.

28 자세히 알리기.

29 원문은 "긍(亘)하여".

30 어수선함.

하여 무수한 극적 요소의 단편적 '화면'이 결합되어 한개의 '장면'이 성립되고, 다수의 '장면'이 조성되어 극적 사실을 형성함으로써 영화예술을 창조하게 되는 것이다. 이것이 영화예술의 직접적인 생산 사업인 것이다.

그리하여 영화가 예술작품으로 등단하기 이전, 단순한 '활동하는 사진'에서 일보를 전진할 수 없었던 초창기에도 극히 원시적인 화면연결 방법은 존재하였던 것이다. 그것은 두개의 상이한 처소에서 상이한 사실을 연속함과 같은 장면 변화의 필요에 당착되었을 때 필름을 접속하는 것과 같은 것이다. 이런 것은 엄정한 의미에서 영화예술 행동이라고 칭할 수 없을 만큼 유치를 극한 것이나, 그래도 이런 사실이 오늘과 같은 영화편집의 초기적인 기초가 되었던 것이라고 칭할 수 있는 것이다. 이것도 물론 한개의 영화적 단편의 조직행동인 것이라고 할 것이다. 이런 시대에는 과연 영화의 독자성인 영화적 현실을 형성치 못했으나, 이것을 기본으로 하여 기공적機工的 발전에 따라서 그 촬영 기교가 발달함과 동시에, 영화의 편집활동이 극히 초보적인 단계에서 영화적 현실의 완성에로 진전되어 왔던 것이다.

4.[31]

영화적 표현형식은 영화의 조직적 사업인 영화편집에 의해 규범되는 것이다. 그런데 영화편집의 기원에 있어서는 역사적으로 명확한 한계로 구분할 수 없는 것이나, 촬영기와 피사체의 관계의 변화가 영화편집에서 필요의 중요성을 가지게 되는 것이다. 그리하여 처소와 시간에 의해 원거리에서 혹은 근거리에서, 또는 상부에서 하처下處에서 시각과 시점을 상이케 할 필요성을 감득感得[32]케 되는 것이다.

이런 것을 한개의 촬영 기교로 최초에 의식적으로 이용한 것은, 미국영화의 완성자라고 말할 수 있는 D.W. 그리피스Griffith라고 할 것이다. 그는 1908년에 '대사大寫'의 수법을 영화제작에 적용했던 것이다. 그리고 그 후

'컷백'의 기교가 안출되어 장면 대조의 묘미와 박진력의 독특한 심각미를 표현하게 되었던 것이다. 이것은 지금은 극히 평범화된 영화 수법에 불과한 것이나, 당시에 이런 영화편집의 기초가 되는 촬영 기교를 구사한 데 대해서는 결코 그 공적을 망각할 수 없는 것이다. 이리하여 미국의 영화는 그리피스 이후에 예술적 작품으로서 완성된 영역을 점령하게 되었다. 그리하여 결국 미국의 영화가 그 편집에 있어 오늘과 같은 이지적이면서도 미온적인 방향으로 발전된 것이다. 그리고 불란서는 아벨 강스Abel Gance[33]에 의해, 영화에서의 편집은 영화에 예술적인 리듬을 부여하는 것이라는 표어 아래 개척되어서, 직관적이고 감정적이고 감각적인 방면에 주안을 두게 되었다. 또 독일의 영화는 에른스트 루비치Ernst Lubitsch[34], 르네 끌레르René Clair[35] 등의 청소靑少한[36] 새로운 영화예술가에 의해 침착성 있고 중량 있는, 심각미 있는 영화편집이 형성되어 있어 발전하고 있는 것이다.

그러나 영화편집에서는 이론과 실천에 있어 쏘비에뜨의 영화예술가 쎄르게이 미하이일로비치 에이젠쉬쩨인Sergei M. Eisenstein, 프세볼로트 일라

31 원문에는 "5"로 되어 있으나 순서상 '4'의 오기이다.

32 깨달음.

33 아벨 강스(Abel Gance, 1889-1981). 프랑스 영화감독이자 시나리오 작가. 많은 영화를 제작하지는 않았지만, 무성영화시대의 새로운 영화미학을 개척한 감독으로서 몽따주 이론과 기법을 선보인 선구자 중 한 사람이다. 그의 작품은 G.W. 그리피스에게도 많은 영감을 주었다.

34 에른스트 루비치(Ernst Lubitsch, 1892-1947). 독일 출신의 영화감독이자 배우, 작가. F.W. 무르나우와 프리츠 랑과 함께 독일 초기영화에 많은 업적을 남겼다. 1922년 할리우드로 건너가 코미디 영화를 제작했으며 그의 영화들은 '루비치식'(Lubitsch touch)이라 불릴 만큼 개성이 분명했다.

35 르네 끌레르(René Clair, 1898-1981). 1930년대 프랑스 영화의 황금기를 이끌었던 감독 중 한명이다. 〈빠리의 지붕 밑〉(Sous les toits de Paris, 1930) 〈백만장자〉(Le million, 1931) 〈우리에게 자유를〉(À Nous la Liberté, 1931) 〈독립기념일〉(Quatorze Juillet, 1933) 같은 작품이 대표적이다. 이 글에서 박철민은 르네 끌레르를 독일 감독으로 소개하고 있으나, 이는 오류이다.

36 어리고 경험이 적은.

왼쪽 위부터 시계 방향으로 아벨 강스, 에른스트 루비치, 르네 끌레르,
지가 베르또프, 세르게이 M. 에이젠쉬쩨인, 뿌돕낀

리노비치 뿌돕낀Vsevolod Pudovkin, S. 찌모셴꼬Semion Timoshenko, 지가 베르또프Dziga Vertov 등에 의해 광범한 연구로 과학적으로 대성大成된 것이라고 할 것이다. 4회 10.28

그리하여 예술로서의 영화가 쏘비에뜨 러시아에서 이론적으로 가장 과학적 파악을 하게 된 것이다. 그리고 그들의 새로운 영화예술가의 영화이론은 가장 그 정당한 의미에서 진보적인 것이다. 그것은 쏘비에뜨에서 기계가 정말로 합리적으로 본래의 기능을 완전히 수행하고 있으므로, 기공적인 기술적 기초에 입각한 영화 예술은 그 최대한도의 성능을 발휘할 것이기 때문이다.

영화예술의 기초는 몽따주다.

이런 표어 밑에서 쏘비에뜨의 영화는 전진하는 것이다. 그리하여 영화의 연속성과 통일성은 '카메라'적으로서의 재현적, 기계적으로 파악할 것을 기초로 하여 외면적인 재현적 진실성으로 이해되어 있는 것이다. 그러므로 그들 영화예술가들은 이렇게 절규하는 것이다.

영화를 촬영한다는 말 자체가 전연 그 본질과 어긋나는 것이다. 영화는 다만 촬영되는 것이 아니라 촬영되어 편집되는 것이다. 그리해서만 영화가 영화적으로 의미를 파지하게 되고, 단순한 기계적 재현으로부터 생명 있는 영화형식이 창조되는 것이다.

그리고 영화의 편집이 필름의 단편을 기본으로 하여 한개의 '장면'을 구성하고, '장면'은 '삽화'를 형성하여, 이 '삽화'가 다소 극적 내용을 포함한 '막幕'을 편성하게 되어 명확한 예술작품으로서의 영화가 완성된다는 것이다. 이 논리에 의하면 영화는 결국 필름의 단편이 단일單一에서 고차적으로 조성되며 한개의 영화예술이 편성되는 것이다. 이것은 영화예술을 이해함에 있어 가장 과학적이고 정당한 것이다. 영화예술은 결정적으로 이런 이론의 진전과 동시에 그의 실천에서만 발전될 것이다.

5.

영화편집은 재래에 극히 기계적 방식에 의해 실행된 것이다. 그것은 영화작품을 제작함에 있어 영화촬영에 대한 것과 단편적 재료의 접속에 관해서 가장 친절하고 가장 상세한 형식으로 된 촬영대본에만 의한 것이다. 촬영대본은 실로 영화제작의 설계도가 되어 있는 것이다. 그리하여 그의 지시에 의해 기계적으로 촬영기를 운용하고 필름을 연속만 하면 한개의 영화예술 작품을 용이하게 생산케 되는 것이었다. 그러나 이것은 결코 영화에 있어서 편집 사업을 진정한 의미에서 이해치 못한 것이라고 할 것이다. 물론 영화가 진정한 촬영대본의 규정을 전연 초월할 수도 없거니와 무시해서는 결코 안 될 것이다. 그러나 영화예술의 기초 사업이 영화편집이라는 것에 정당한 이해를 파지했다면, 결단코 촬영대본에만 영화의 조직적 임무를 전담케 해서는 안 될 것이다. 영화적 소재인 필름의 단편으로, 이데올로기적으로 예술적 생명을 주입함으로써 영화편집의 진정한 완성을 기도치 않으면 안 될 것이다.

영화안映畵眼의 관찰적 대상인 현실적 사물이 필름에 기록될 때는, 그것이 동일한 사물인 경우라도 촬영의 장소와 그 지속 시간에 의해 그가 함유하게 되는 내용은 상이한 것이다. 그러므로 물론 관중에게 영향되는 효과에 있어 엄연한 차이를 현출할 것은 두말할 필요 없다. 그러나 이런 것만으로는 또한 한개의 영화작품이 제작될 수는 없는 것이다. 영화의 개개의 장면을 표현할 수 있는 필름의 단편은 장차 그가 사용되는 바 여하에 따라 어떤 이데올로기라도 표현하고 생산할 수 있는 것이다. 그것은 단순히 기계적 기록에 불과한 것이기 때문이다.

그러므로 필름의 단편은 어디까지든지 영화예술의 기초로서, 그 자체가 하등의 이데올로기적 표현을 감행할 수 없는 소재인 것이다. (略) 한개의 영화 중에서 불과 몇개의 단편이 절취됨에 있어 얼마나 그것이 이데올로기의 표현에서 정반대의 결과로 왜곡되는 것인가는, 실제로 당면하는 현실적 사실로서 누구나 다 지실知悉37하는 바이다.

그리고 한개의 불구적 영화를 개편하여 효과적인 작품으로 재조직하며 기성 영화의 설편屑片38과 (중략) 영화로서 재편집하여 진정한 예술적인 한개의 영화작품으로 재생산할 수 있는 것이다. 5회 10.29

이런 것은 모두 필름의 단편이 전연 영화작품 생산에 있어 그 조형적 재료에 불과한 것이며, 동시에 영화에서 편집 행동이 얼마나 중요한 영화의 생명이고 기초적인 것인가를 여실히 증좌하는 것이다. 그러므로 영화편집은 이 어떤 이데올로기의 표현도 할 수 있는 소박한 요소인 필름의 단편을 정당한 관찰력과 과학적 조직력으로써 합리적으로 접속하는 데서만, 진정한 예술로서 허위 없는 현실성을 포착할 수 있는 것이다.

6.

영화편집에서 최초에 긴밀한 고려를 요할 것은, 영화의 최후적 조성組成을 결정하는 장치적 재료를 가지고서의 전체적 작품 사업에 대한 정확한 기록일 것이다. 그리고 시각적 요소로서 인상印象받는 전체적 내용인 영화작품의 근본적 윤곽과 이런 요소의 알맞은[39] 배열조직이며, 화면을 표현하는 재료 전체의 지정일 것이다. 이런 전체적 조건은 필연적으로 영화편집의 가장 중요한 목표를 수립하게 되어, 우선 관중[40]의 획득을 위해 시각적 인상과 그것으로 야기되는 시찰자視察者의 정서의 동향을 지배하기 위해 노력해야 하는 것이다. 그리하여 그것을 위한 조직적 수법을 합리적으로 사용해야 할 것이다. 그리고 관중에게 대해 대상을 정당히, 정확히 인식시킬 것을 목적으로 하고, 그의 주의력을 강제적으로 필요한 부분에로 유발시켜 집중시킬 것이다. 이와 동시에 무용한 부분에 시찰을 요하는 헛수고[41]를 배제해서 결정적으로 관중의 주의의 방향을 확립시켜야 하는 것이다.

이런 제반 문제를 해결키 위하여, 영화편집에 대한 원칙적인 근본적인 몇가지 조건을 예거할 수 있는 것이다. 최초로 영화편집의 준비적이고 기

37 　모든 형편이나 사정 따위를 자세히 앎. 또는 다 앎.
38 　잘라 끊거나 깎을 때 생기는 부스러기. 절삭분(切削粉).
39 　원문은 "적의(適宜)한".
40 　원문은 "관상(觀象)"으로 되어 있으나, '관중(觀衆)'의 오식인 듯하다.
41 　원문은 "도로(徒勞)".

본적 사업인 촬영대본의 정확성을 고조해야 할 것이다. 그리고 촬영의 질서를 균정均整시킬 것이 이하 10자 정도 삭제 중요한 논의의 대상이 될 것이다. 촬영의 질서의 균정이 영화편집의 정확성을 위해서만 아니라 필름의 무용한 소비와 노력의 남비濫費[42]를 배제하는 의미에서, 더욱이 이것은 조선과 같은 경제적 고난에서 처참한 생산 형태를 가진 영화제작에서는 가장 신중한 태도로 고려되어야 할 중대한 과목課目인 것이다.

그리고 영화적 공간과 영화적 시간을 형성함에 있어, 소재적 단편의 부합과 조성이 결코 소잡疏雜한 것이어서는 안 될 것이다. 그의 선택 배열에 있어서 관중의 심리에 절대적으로 부합될 것에 가장 엄밀한 관심을 필요로 할 것이다. 더욱이 영화의 종별種別의 일정한 순서와 장단으로 결합되고 배열됨에 의해, 관중이 어떤 중요한 요소와 어떤 필요한 세부 등을 영화 전편 중에서 어느 시기에 어느만 한 길이의 시간을 요하여 관찰치 않으면 안 된다는 것에 대해, 과학적으로 숫자적 계산이 필요한 것이다. 그리하여 관중에게 전달코자 하는 필요한 내용에 대해, 그것을 이해하기에 가장 적절한 계기와 시간과 필름의 분량을 관념상으로 포착해야 한다. 이런 기능을 발휘할 수 있는 두뇌의 소유자가 아니면 영화편집에 있어 그 완전에 가까운 완성을 기할 수는 없는 것이다. 더욱이 소재 단편의 장단은 영화 전편의 템포에 있어 중대한 관련이 있는 것이다. 그리하여 이것은 영화 전편에 있어 전체적 조절을 좌우하고 규정하는 것이므로, 가장 합리적인 접속으로서 템포의 대조와 완급이 영화편집에서 최대의 결정적인 기초적 조건이 되는 것이다.

7.

영화의 소재를 종합하여 한개의 영화작품으로 조직함에 있어, 전술한 바와 같은 그 중요한 원칙적 조건을 기초로 하여 그 확대와 발전을 도모함이, 조선의 젊은 작화인作畵人에게 있어서도 현실에 당착된 긴요한 문제일 것이다. 그러므로 이에 대한 이론적 기초를 확립해야 할 사명을 완전히 감행하기 위해, 기본적 조건을 조론調論시켜서 실천적으로 성장시키고 발전시켜야 할 것이다.

그러나 영화의 편집에 있어 관중의 현실성을 망각해서는 안 될 것이다. 그러므로 영화적으로 새로운 형식으로서 세련된 수법이라고 무단히 일반이 이해하기 곤란한 수법을 사용해서는 안 된다. 만약 그렇게 한다면 관중의 관찰에 의한 정서적 조직에 있어 효과 없는 결과를 산출하게 될 위험성이 다분히 있게 될 것이다. 그러므로 이 문제는 결코 도외시할 수 없는, 역시 중요한 문제일 것이다. '대사大寫'와 '컷백'이 최초로 영화에 사용되었을 때, 그에 대한 이해의 곤란을 일반 관중에게 주었던 역사적 사실을 지금 단순한 고소苦笑[43]로써 간과할 수 없는 사실인 것이다. 결코 영화가 파지해 있는 그 특질인 대중성을 파괴해서는, 결국 영화가 예술적 작품으로서의 지위를 유지할 수 없게 될 것이다.

그리고 우리는 현실에 있어 영화 (略)[44]을 신중히 고려해야 할 것이다. 결코 그것과 타협하기 위해서가 아니라, 발표 없는 생산은 역시 예술적 작품으로서 그 가치가 영費으로 귀결될 것이므로이다. 6회 10.31

더욱이 몇군데[45] 소재적 단편의 절단으로 정반대의 효과를 초래하게 되는 경우를 방어하기 위해, 영화편집에 있어서 객관적 간섭에 대해 중요한 관심이 있어야 할 것이다. 그리하여 그것으로부터 초치되는 영화의 불구성을 모피謀避할 만한 준비와 용의가 필요하게 되는 것이기 때문이다. 이러한 외적 불가피적 조건은, 결단코 영화의 편집 수법과 조직 방법을 한정하거

---

42   '낭비'와 같은 말.

43   쓴 웃음.

44   맥락상 '검열'이 삭제된 것으로 보인다.

45   원문은 "개수처(個數處)의".

나 제약하는 것이나 또는 위축시키는 것이 아니다. 영화편집의 정당한 실천을 위해서는, 이런 객관적 조건을 비판적으로 포용하고 실천의 발전으로써 극복해야 할 것이다.

이렇게 해서만 현실사회 정세에서 현실적으로 영화편집의 정당한 활동을 실천할 가능이 있으며, 현실적 새로운 형식이 추출되어 영화편집의 원칙적 기초적 조건의 성장과 발전이 도모될 것이다. 그러므로 장래가 요원한 조선의 영화인은, 당면하여 영화편집 기술의 현실적 확립을 위해 돌진해야 할 것이다. 이것이 영화예술의 기술적 앙양을 위한 제1보이기 때문이다. 이것은 현재에 있어서나 장래에 있어서나, 영화예술이 존속하는 시기까지는 언제나를 불구하고 문제되어야 하는 중대한 과제일 것이다.

조선의 영화예술에서도 기술적으로 전진시키기 위해, 영화편집의 이론적 연구와 실천적 활동은 조선영화의 발전을 위한 전초적 행동이라고 단언할 수 있는 것이다. 이에 대한 긴급성을 어디까지든지 절규하여 마지않는 바이다. 그리하여 조선 실정세에 부합되는 영화의 편집 수법을 추출하여 조선영화의 질적 발전을 기도치 않으면 안 될 것이다. 그러므로 조선에서 영화편집의 현실적 확립 문제도 긴급히 해결해야 할 중요한 문제인 것이다. 7회 11.01

2 토키 창작방법: 임울천
토키 몽따주론의 작금(昨今)

『조선일보』 / 1936.12.05-10

무성영화와 토키가 바뀐 경계선을 명시하자면 1930년이다. 토키가 된 이후로 토키영화이론이 생기지 않으면 안 되게 된 것은 필연한 일이고, 따라서 토키가 무성영화의 예술이론으로는 도저히 분해分解할 수 없게 된 것도 또한 오늘 상식이라고 할 것이다.

그러면 토키가 발생한 것과 그 발전 경로의 사정을 이야기할 필요가 있는데, 쉽게 생각한다면 필름에 음향을 첨가한 것, 즉 스크린이 '말'을 가졌다는 기술적 사실만을 드는 수가 있지만, 그것보다 토키라는 기술적 변혁에 수반되어서 생긴 영화기업 형태의 급격한 변화와, 그런 데서 필연적으로 규정되는 예술상의 새로운 경향을 고찰하는 것이 옳은 것 같다.

대체로 영화에서 시각과 청각을 결합시켜서 공개한 일로 말하면 수십년 전에도 있었지만, 우선 기업적으로 채산採算이 될까 안 될까 하는 회의가 당시의 기업가나 일반 예술가의 두뇌 가운데 있었다. 그 결과는 1927년경에 와서야 겨우 그것도 기술적 노벨티[46]로 만든 시작품試作品(〈돈 후안〉[47]과 〈재즈 싱어〉[48])이었지만 순식간에 아메리카를 정복하고 이어서 전 세계를 풍미하기에 이른 것이다.

그런데 그런 토키의 발생과 융성이 성공한 것은 결코 우연이 아닌 것은, 비평가의 정견으로서, 즉 토키가 그 기술적인 발명이 완성되지는 못했다 하더라도 이미 1920년경에 기술적 전제는 완비된 것이었다. 왜 하필 1927년경에야 토키를 제작하게 된 것이냐는 것이다. 그것은 아메리카 영화기업의 경제적 정세를 기억할 필요가 있다. 다시 말하면 1927년이라면 아메리카 무성영화가 대작품大作品주의와 스타 기제機制로 숙성하고 만, 말하자면 지출이 많고 인컴(수입)이 적어진 영화기업의 위기라 할 만한 시기였

---

46   노벨티(novelty). 색다름.
47   〈돈 후안〉(*Don Juan*, 앨런 크로슬랜드Alan Crosland 감독, 1926). 낭만주의 시인 바이런이 1819-24년에 걸쳐 창작한 서사시 *Don Juan*을 영화화한 작품으로, 바이타폰(Vitaphone) 방식으로 음악과 음향 효과를 입힌 무성영화다.
48   〈재즈 싱어〉(*The Jazz Singer*, 앨런 크로슬랜드 감독, 1927).

〈돈 후안〉(1926)의 한 장면

다. 그때 비로소 토키는 새로운 활로를 제공할 만한 매력을 가진 영화의 구호신救護神이었던 관계로, 비로소 토키의 모든 기술적 재고품을 출동시켰고, 따라서 토키(영화)의 금융자본주의화가 영화의 예술적 성질에 끼친 영향이라서 또한 복잡한 것이라는 것을 망각해서는 안 된다.

처음으로 토키가 생기고 무성영화의 지위를 전복시켰을 때, 토키 이론으로 말하면 채플린이 오랫동안 고집했던 것과 같이 토키 부정론否定論에서부터 논란은 출발하고 있다. 그야 최초에 무성영화가 생겼을 때만 하더라도 콘라드 랑게Konrad Lange[49]와 같은 영화 부정론자가 있었던 것과 마찬가지로, 돌연히 말(언어)과 음향을 가지고 등장한 영화(토키)를 보고 종래의 영화이론가의 머리는 혼란해지지 않을 수 없었던 것이다. 그래서 무성영화가 초기에 공격을 받고 비非예술이라고 하던 것과 마찬가지로, 토키 역시 공격을 당한 것이다. 당시 영화이론가는 침묵의 영화 가운데서 시각적 운율과 이미지먼트[50]의 예술로서 영화의 미적 본질을 규정했던 만큼, 토키는 기형아라고 떠들어댔다. 무성영화 찬미자들의 이론을 들어볼 것 같으면, 오늘 우리가 생각할 때 아름다운 꿈과 같이 느껴진다. 그들은 말한다. 영화의 침묵, 무음 가운데는 도리어 아름다운 음향이 있고 색채가 있다고.

그렇지만 어느 때나 예술의 발전과 새 경지가 예술가의 특허가 아니고 자본(기술)에 제약을 받듯이, 영화는 벙어리여야 된다고 떠드는 공허한 독백을 들은 체도 않고, 토키는 하루하루 급템포로 진전해갔다. 드디어 스크린에서 무성영화가 구축驅逐 당하고 말았을 때, 그리피스D.W. Griffith는 사일런트와의 고별사나 외우듯이 이렇게 말한다. '나는 말하는 영화의 도래를 기쁘게 환영한다'고. 오늘은 완고한 이론가도 토키를 논하고 있는 시대가 되었다. 1회 12.05

아메리카인이 레뷰와 오페레타와 무대예술을 '통조림'51으로 만들어서 토키라고 레테르52를 붙여 다만 돈 모으기에 분주53한 동안, 토키 본질에 대해서 연구와 논쟁이 늘어간 것은 구라파 땅에서다.

토키 이론으로 이렇다 할 만한 내용을 가진 것을 여기서 일일이 열거해서 비평할 것은 생략하고, 토키에서 가장 기본적인 문제는 음과 화면과 청각적인 것과 시각적인 것의 처치다. 초기로 말하면 대체로 토키는 비속적으로 음과 화면이 처리되어 있다. 즉 한가지는 음이 절대적인 우위를 가진 것

---

49   콘라드 랑게(Konrad Lange, 1855-1921). 독일의 미학자. 『독일 청년들을 위한 예술 교육』 (Die künstlerische Erziehung der deutschen Jugend, 1893) 『예술의 본질』(Das Wesen der Kunst, 1901) 등의 저서가 있다. 영화와 관련해 1910년대 독일영화의 개혁을 주장하며, 나쁜 영화의 영향력을 막기 위해 영화의 국영화가 필요하다는 입장을 펴기도 했다.

50   이미지〔먼트〕(image〔ment〕)를 의미하는 것으로 보인다.

51   원문은 "관힐(罐詰)"로, 일본어 칸즈메(缶詰), 통조림을 의미한다.

52   letter(네덜란드어). ① 라벨(label): 종이나 천에 상품과 품명 따위를 인쇄하여 상품에 붙여 놓은 조각, ② 어떤 인물이나 사물에 대하여 불명예스럽게 붙은 이름.

53   원문에는 "분적(奔赤)"이나 '분주(奔走)'의 오식으로 보인다.

꿀레쇼프 자신이 등장하는 몽따주 이론의 도식
꿀레쇼프 효과. 감정을 자제한 배우의 얼굴을 촬영한 숏을 수프, 죽은 아이, 누워 있는 여인 등을
촬영한 다른 숏과 연결했을 때 다양한 의미가 파생된다. 각주 69번 참조.

으로, 음악이었을 경우에는 아메리카풍의 레뷰가 되었고 음이 말이었을[54] 경우에는 전혀 연극적이었다. 그런 '형식'은 토키의 정도正道가 아닌 것은 누구든지 오늘 이해하는 점이다.

시각적 요소를 강조해서 화면에 부가된 음이라 할 것 같으면 토키는 여전히 무성영화의 연장에 불과한 것이고, 또 그와 반대로 청각적 요소를, 음을 중심으로 하는 토키랄 것 같으면 음과 화면은 유기적으로 결합될 수는 없다. 문제는 이 음과 화면의 유기적 결합을 고구考究[55]하는 것이 토키 본질과 예술론의 명제라 할 것이다. 이것이 최초로 이론화되기는 러시아에서다. 즉 몽따주론의 당연한 귀결로서 토키에의 적용을 말하는 것이다.

몽따주. 그것의 이론적 체계로 말하면, 지난 여름에 필자가 간단하게 소개한 일이 있지만(『조선일보』),[56] 원래의 몽따주는 러시아의 뿌돕낀이나 에이젠쉬쩨인 등의 논문에서 보는 것에 있는 것이 아니라 아미리가亞米利加에서 발견된 것이다. 즉 운동의 연속의 인상을 가지기 위해 촬영된 단편의 기술적 통일 방법으로서 몽따주라는 말을 쓰게 된 것이다. 그런 아미리가파는 몽따주 구성을 예술적 효과의 독자獨自의 요인으로 평가할 줄 모르고, 다만 재료에 대한 관계에 있어서 유위(有爲)한[57] 역할을 하는 예술적 수단으로 보았을 뿐이다. 동시에 불란서佛蘭西에서는 "재료의 리드미컬한 조직의 요인으로서의 몽따주"라고 해서 몽따주를 영화예술의 요要로 평가하고 있다. 그런 아미리가, 불란서의 몽따주를 러시아 영화가 비로소 관객에 대한 독자獨自의 심리적·생리적 작용을 하는 요인으로서 몽따주를 이용하기에 이른 것이다. 정당한 평가로서 러시아의 뿌돕낀이나 에

---

54 원문에는 "음이 말로서였을"로 표기되어 있다.
55 자세히 연구함.
56 임울천 「토키의 근본문제」, 『조선일보』(1936.7.15-24).
57 ① 재능이 있음, ② 쓸모 있음.

이젠쉬쩨인의 몽따주 이론은 오늘에 이르기까지의(토키 몽따주까지도) 영화 예술론 가운데서 가장 실질적이고 현실적인 것은 사실이다. 러시아의 몽따주론이 높이 알려지고 사실 오꼬친의 토키 ■■의 기본적 특징으로 인정되는 이유는, 다른 일반 영화이론이 이론에만 그친 데 반해 제작을 키노 트로 한 순수한 창작방법론인 탓이다. 처음으로 꿀레쇼프Lev Vladimirovich Kuleshov[58], 그 다음에 찌모셴꼬, 뿌돕낀, 에이젠쉬쩨인에 이르기까지 발전되어 있다.

여기서 앞으로 토키 몽따주론을 말하기 전에 몽따주의 의의를 구체적으로 이해하기로 하자. 뿌돕낀은 『영화감독과 각본』 가운데서 영화의 기초는 몽따주라는 말을 하고 있다.

영화감독에 의해서 된 필름의 모든 씬(장면)은 마치 단어가 시인에게 있어서와 같은 관계다. 그는 필름의 화면 앞에 서서 여러가지로 고심을 하고 예술적인 콤 포지션(조립)을 생각한다. 그리고 비로소 처음으로 몽따주의 문장이라고 할 한 개의 센텐스가 생겨지는 것이다.

여기 한 작가가 하나의 단어, 가령 '백화白樺'[59]라는 자를 쓴다고 하자. 이 '백화' 라는 단어는 말하자면 어떤 일정한 대상의[60] 기호를 표시는 하고 있다. 그렇지 만 하등의 정신적인 내용을 가지고 있음은 아니다. 이 말은 다른 여러가지 말과 결부되고 또 더욱 복잡한 형태를 가질 때, 처음으로 예술적인 생명과 현실성을 획득할 수 있는 것이다. 내가 이제 앞에 있는 책을 펴고 '백화의 담록색'이란 구句를 읽는다고 치자. 암만해도 훌륭한 문구라고 할 수는 없다. 그러나 하여튼 이 것은 단어와, 그것을 결합시킨 것과의 상이相異를 명백히 남김없이 표시한 것이 라 해도 좋다. 이럴 것 같으면 '백화'는 단지 기호적인 규정이 아니고 문학적인 형식이 되어 있다. 생명이 없는 단어가 예술 가운데 있어가지고 생명을 얻은 것

이다. 2회 12.06

일정한 관점에 따라서 촬영되고 스크린을 통해서 관객에게 제시되는 모든 대상은, 혹시 그것이 이미 촬영기 앞에서 운동하고 있었다 하더라도, 나는 죽은 상태의 대상이라고 주장한다. 카메라 앞에 있는 어떤 대상물 그 자체의 운동은 스크린 위에서의 운동이라고까지 하기에는 부족하다. 그것은 단지 장래에 여러개의 짧은 척齣61의 결합이 나타나는 운동을 몽따주로서 구성하기 위해 사용된 재료에 지나지 않는다. 대상은 그것이 다수 개개의 화면으로서 콤포지션(조립)되는 경우에, 즉 여러 개개의 영상의 종합으로서 나타나는 경우에야 비로소 영화적 생명을 얻을 수 있게 된다. '백화'라는 단어와 같이 대상은 과정을 지나는 때에 비로소 기록적인, 사진적인 자연적 묘사로부터 영화적 형태로 변화한다.

대상은 몽따주에 의해서 그것이 사진적 진실성이 아니고 영화적 진실성을 갖도록 스크린 위에 나타나야 된다. (『영화감독과 각본론』, 독일판 9-10면頁)

길게 인용한 것은 다만 몽따주론이 실재적인 현실에 대해서 영화적인 현실의 구성을 논하고 있는 것은 정당하다고 볼 수 있는 것으로, 몽따주론이 에이젠쉬쩨인에 와서 발전하게 된 뿌돕낀의 위치를 보기 위한 때문이다.

58　레프 블라지미로비치 꿀레쇼프(Lev Vladimirovich Kuleshov, 1899-1970). 1920년대 소련 무성영화 형성기에 중요한 영향을 미친 대표적인 영화감독이자 이론가. 영화의 정치적 가능성과 영상언어에 대한 이론적 연구를 토대로 영화를 제작하였으며, 쏘비에뜨 몽따주 이론의 기틀을 마련한 감독이다.

59　자작나무.

60　원문에는 "대중(對衆)"이나 오식으로 보인다.

61　사전적 정의는 ① (희곡의) 한 단락, ② 연극의 한 장면. 뿌돕낀의 저서 영역본(Trans. and edit. by Ivor Montagu, *Film Technique and Film Acting*, Vision Press 1958)에 의하면 이 단어는 필름의 "strip"으로, '필름 조각'을 뜻한다.

사실상 에이젠쉬쩨인이 몽따주론의 전개자로 이론적인 지도자인 것은, 그가 뿌돕낀류의 몽따주론을 유물변증법적인 눈을 통해서 재비판한 데 있는 것이다. 에이젠쉬쩨인은 몽따주에 관한 이론적·총괄적 체계를 확립할 만한 체계를 가진 사상가는 아니지만, 그의 몽따주론에는 일관한 이론적 입장은 있다고 할 수 있다. 에이젠쉬쩨인에 의할 것 같으면 뿌돕낀까지의 전통적인 몽따주를 다음과 같은 세개의 카테고리로 분류한다.

(1) 길이長의 몽따주
(2) 리듬의 몽따주
(3) 톤의 몽따주

여기서 이상 세개의 몽따주에 관한 서술은 생략하지만, 에이젠쉬쩨인이 좀더 광범한 입장에서 제창한 새로운 몽따주로서 '오버톤 몽따주'[62]를 수법으로 말하고 있다. '오버톤 몽따주'로 말하면 러시아 몽따주론의 논리적 정점을 이루는 것이다. '오버톤 몽따주'가 몽따주의 발전으로서 그들이 상이한 것은, 화면의 모든 어필을 종합적으로 계산해놓은 것으로, 가령

(1) 백발의 노인
(2) 백발의 노██老██
(3) 백마白馬
(4) 백설이 쌓인 지붕

과 같은 일련의 몽따주는, 이것만으로는 '노령老齡'을 표현하는지 혹은 '흰 것白'을 표시하는지를 결정할 수가 없다. 그런 고로 많은 화면이 포함하고 있는 모든 지극의 이필의 종합을 ─ 어떤 득정한 '노미넌트'로 하지 않

고——도미넌트로 선정한 것을 '오버톤 몽따주'라고 하는 것이다.

이 몽따주 방법에서 수많은 화면이 복수적 자극을 가지고 결합이 되면 거기에 여러개의 화면의 도미넌트가 결합되는 동시에, 그것들에 수반되는 자극이 또한 그 위에 일련의 결합을 해서 여기 고차적인 복합적 몽따주가 생기게 되는 것이다. 마치 음악에 비하면 '기음基音'과 '배음倍音' 관계와 같은 것으로, 에이젠쉬쩨인은 오버톤을 시각적 배음이라고 해서 음악적 배음과 대립하여 고찰하고 있다. 그래서 소위 대위법적이라는 것이 이 '음악적 배음'과 '시각적 배음'을 듣고 보는 것으로 설명하지 않고 '감득感得'한다는 것으로 지적한 데서 출발해서, 그 두개의 오버톤을 대위법적으로 하는 것이 토키형식의 원리가 될 것이라고 에이젠쉬쩨인은 예상한 것이다. (뒤에 이야기할 토키 몽따주의 제1단계로서 '대위법적 몽따주'는 위치를 가지게 된다.)

토키 몽따주는 무성영화의 몽따주의 발전이므로 영화와 음의 상극적相剋的인 몽따주에 있다고 보는 것이다. 위에서 말한 바와 같이 토키에 있어서 가장 기본적인 음과 화면의 두개의 표현의 처치 문제로서 처음에는 거기에 해답을 한 것은, 즉 에이젠쉬쩨인의 몽따주론이었다. 보아온 바와 같이 그의 영화형식의 기본원리가 화면과 화면의 상극에서 생기는 진테제[63]인, 소위 변증법적 비약이라고 하는 것, 그것을 토키에 적용한 것이다. 그러므로 무성영화에서 화면과 화면이던 것이 토키에서는 화면과 음의 상극에서 생기는 진테제며, 또 거기서 생기는 변증법적 비약이어야 할 것을 말한다. 이 상극적 몽따주를 무성영화의 몽따주의 발전으로서 취했고, 그것을 음악의

---

62   배음의 몽따주(overtone montage). 프레임 내부의 이미지의 다층성, 편집 결과로서 드러나는 운율과 리듬 등이 종합적으로 작용하여 작품 전체의 의미를 세밀하게 구성하는 몽따주 방식. 음정을 결정하는 기본 주파수(기본음)에 고주파를 배음(倍音)으로 조합하여 음색을 결정하는 것과 같은 논리를 이미지의 몽따주 방법론으로 적용한 개념.

63   진테제(Synthese). 종합. 변증법 논리나 헤겔 철학에서 서로 모순되는 정립과 반정립이 지양의 과정을 거쳐 대립과 모순이 통일되는 새로운 단계.

대위법과 비교해서 다음과 같이 말하고 있다. 3회 12.08

감독의 발전과 완성을 위한 새로운 가능성을 갖게 하는 것은 장면에 대해서 대위적인 위치에 있는 음을 이용하는 데 있을 것이다.

단지 음을 시각적인 몽따주의 일편一片에 대한 대위법으로 사용하는 것과 그것만이 몽따주를 발전하게 하고 완성하게 하는 데 새로운 가능성을 제공한다.

다시 말하면 영상影像과 음을 대위적으로 처치하는 것, 즉 영상(화면)과 음을 독립된 인자로 취급함으로써 그것을 대위법적 위치에 두게 되고, 화면이나 음만이 표현할 수 없는 것을 화면과 음 두개의 대위적 몽따주에 의해서 토키를 만들어야 한다고 한다.

음에 대한 최초의 실험은 시각적 영상과의 비동시성에 있어야 할 것이다. 이 방법은 소기所期의 감각을 낳게 하고 시간과 함께 영상과 음상音像의 새로운 관현악적 대위법의 창조를 갖기에 이를 것이다.

이 말은 토키에서의 몽따주론은 영상과 녹음과의 비동시성, 즉 시각영상과 청각영상의 새로운 관현악적 대위법 가운데서만 새로운 진전이 있을 것을 말한 것이다. 사실 토키가 된 뒤로 음에 대한 무지에서, 또는 음만을 강조했던 탓으로 음과 화면을 동시성으로만 기도企圖한 것이 많았던 만큼, 우열愚劣한 영화제작자에 대한 에이젠쉬쩨인의 계몽만이라도 크다고 할 수 있다. 그는 하여튼 토키 표현기술의 진로(방향)를 시사한 것과, 따라서 진미眞美한 토키 이론으로서 이 상극적 대위법론, 즉 관현악적 대위법론이 중요한 위치를 가지게 된 것은 중요한 일이다.

비동시성이라는 것은 외견상 어떤 영상과 동시에 발發한 음이 일치하지 않는 경우를 의미한다. 다시 말하면 표현의 기능으로 볼 때 영상과 음이 동시에 똑같은 임무를 하지 않고, 그것이 서로 일(표현)을 분담하는 것을 비동시성의 특징이라고 할 것이다.

『영화의 시학을 위하여』*Pour une poétique du Film*의 저자 앙드레 레빈슨André Levinson은 〈브로드웨이 멜로디〉[64]를 100퍼센트 토키라고 해서 말하기를,

영상에 의해 보고 또는 감수할 수 있는 것에 대해서는 말이나 음향이나 또는 다른 것이라 하더라도 부가할 수는 없다. 불필요한 것은 효과를 죽이고 마는 것이다. 똑같은 두개의 방법으로 두번이나 할 필요가 있는가. 그것은 불필요하다.[65]

우리는 눈으로 듣고 귀로 보는 것, 이 두개의 표현법을 상호로 또는 협동해서 쓰는 것만이 토키는 승리할 수 있고 새로운 예술형식에 접근하는 것이다.

물론 이것은 초보적 비동시성의 수법으로서 시인하는 것이고, 문제는 동시성과 비동시성의 관계를 여기서 밝힐 필요가 있지 않은가 한다. 가령 A와 B가 이야기를 할 때,

(1) A와 B가 이야기를 하고 있다.(동시성)
(2) 이야기하는 A의 음성이 들리고 그것을 듣고 있는 B의 표정이 보인다.(비동시성)

---

64   〈브로드웨이 멜로디〉(*The Broadway Melody*, 해리 버몬트Harry Beaumont 감독, 1929).
65   원문은 "용사(冗辭)다."

그러니까 (2)에서 들리는 음성이 A의 것인 것은 (1)에서 본 수행법手行法66에 의해서 추찰推察67할 수 있는 것이고, 다시 (2)에서는 A의 음성과 B의 표정이 동同가치의 것으로서 대책對策이 협력하는 것, 즉 표현하는 일을 분담하고 있는 것이다.

이렇게 보면 요는 동시성과 비동시성이 물론 반대되는 개념인 것은 알 수 있지만, 절대로 비동시성이라고 해서 동시성을 무시하는 것은 아니다. 동시성은 토키의 기본적인 음과 화면이 시간적으로 일치되는 것을 말하는 것이고, 비동시성이라 하더라도 기술적으로 기초라고 할 수 있는 동시성은 보전하고 나가는 것이어야 한다. 우리가 요새 보는 어떤 양화洋畵라도 예를 들어본다면 이런 비동시성의 수법은 얼마든지 지적할 수 있을 것이다. 그러므로 진실을 본다면, 그런 비동시성 수법은 광범한 입장에서 보아 동시성의 역할을 다분히 가지고 있는 것이다.

다음으로 화면과 음의 대위법적 몽따주라는 이론이 토키 표현형식으로 현재 높은 수준에까지 다다른 것은 실제 작품에서 볼 수 있는 것이지만, 이 문제는 대단히 어려운 과제로서, 앞으로 발전될 토키 몽따주 이론을 확립시킬 만한 키鍵가 될 것 또한 부정하지 못하는 것으로 나는 믿고 있는 바다.

그러면 대위법은 어떤 것이냐는 해답을 여기에 가져와야겠다. 대위법은 동시성을 지나서 영상과 음을 각개 독립된 인자로 사용하는 점은 비동시성과 같지만, 비동시성에서 영상과 음이 각각 표현을 분담 협력하고 있지만, 대위법이 다른 것은 음만이거나 화면만이거나가 표현할 수 없는 것을, 그 두개가 '대립'하는 데서 생기는 것을 목표로 하는 것이다. 4회 12.09

이론가들이 많이 드는 예로 에끄의 〈인생안내人生案內〉Putyovka v zhizn, 니꼴라이 에끄Nikolai Ekk 감독, 1931에서 보면, 불량소년 무스타파의 배복背腹를 소년 보호관이 장난으로 탁 칠 때 들리는 소리는 북(태고太鼓)을 칠 때와 같은 음이

난다. 물론 현실적으로는 있을 수 없는 일치가 만들어질 때 우스운 맛이 생긴다. 먼 거리에 떨어져 있는 이것은 한개의 내용을 가진 대위법이라고 할 수 있는 것이다.

뿌돕낀은 이러한 말을 하고 있다.

그러한 대위법에 의해서만 유치한 고실주의高實主義[68]가 극복될 것과 또는 창조적으로 취급되는 토키 가운데 잠재해 있는 의미의 심각미를 발견하게 되고 측량될 줄 안다.

그러므로 비동시성이나 대위법은 토키형식의 중요한 특징이 되지만, 토키 몽따주의 여러가지 가능한 것 가운데 하나에 불과한 것이다. 우리가 종래의 무성영화의 몽따주에 대해서 이제 음과 화면의 동시적인 것을 교차시키는, 즉 토키 몽따주가 생겼다고(음과 영상이 단순히 화합된 것이 아니고 그 두개가 유기적인 고차적 통일인 것으로서) 할 수가 있는 것이다.

이리하여 러시아의 토키 몽따주론으로서 발전된 단계인 에이젠쉬쩨인의 '상극의 몽따주' 이론이 형식주의적인, 말하자면 기계적인 변증법을 적용한 결함이 있다 하더라도, 토키 예술론의 스타트로서 오늘까지 그 이상 더 새로운 발전을 보지 못하고 있는 것은 사실이다.

에이젠쉬쩨인이 2차원적 발전인 몽따주설이라는 것에 대해 어떤 이론가는, 3차원적 발전을 변증법적 발전이 성립되는 것으로 입설立說하고 있다. 간단하지만 이것은 단순한 소개의 의미로 다음에 쓰겠고 나는 감히 그것의 비판은 하지 않으련다. 즉 에이젠쉬쩨인과 같이 '대립'을 발전의 모멘트로

---

66   맥락상 '대화가 수행되고 있는 방식' 정도의 의미로 해석된다.
67   미루어 살피다.
68   뿌돕낀 책의 영역본 193면에는 "원시적 자연주의"(primitive naturalism)로 되어 있다.

그림 1

상정해서 대립을 변증법적 발전의 단위로 하는 것은 오류라고 한다. 대립으로 말하면 삼환성三環性을 의미한다. 그러므로 이 경우에 에이젠쉬쩨인의 단위는 3차원적 발전에 대한 이환二環이다. 몽따주 화면에 의해서 표현한 3차원적 발전을 도식해서 분석하면 이와 같다. (그림 1)

화면 2가 처음에 단편斷片 전환을 해서 다음의 단행斷行 전환에 이동함으로써 단편 1과 3의 상호 관련까지도 결합할 수 있게 되는 것, 거기에 몽따주 전체와 부분과의 변증법적 결부가 되고 따라서 유기적 상호 ■유성■誘性이 구성되는 것이다. 이 3환을 단위로 할 때 비로소 변증법적 발전이 성립된다고. (그림 2)

또 단편 1과 2에 있어서, 전후의 관련이 새로운 2와 3과의 관련으로 전환하는 것으로 인해, 1과 3이 새로이 전후의 관련을 결합한다. 이 경우에 단편 2가 최초에는 '뒤'에 있게 되고 후에는 '처음'에 오는 것으로서, 그것의 발전에 있어서의 위치를 전환하는 것으로써 단편 1과 3은 결합되는 것이다. 그러므로 몽따주의 3차원적 발전을 인정해야 되고, 또 그것으로 인해 이 유기적 변증법적 미감美感을 보증할 수가 있다는 것이다.

이상에서 요약해서 본 소위 3차원적 몽따주는, 꿀레쇼프 영화론[69]에서 영화의 기본적 특질이 화면의 전환에서 오는 유동적 미감이라고 한 것을 토대로 하고 단행斷行의 연속과 전환의 단위로서 그것을 결합하려는 것이고, 뿌돕낀이 말하듯이 몽따주의 특수한 리듬으로써 이식하게 해야 된다는 것이다. 그리하여 이 3차원적 몽따주론이 에이젠쉬쩨인의 상대적相對的 몽따주의 변증법적 발전을 비판하되, 즉 사물의 발전의 모멘트는 항상 모순에 있는 것, 따라서 한 화면을 구성하는 제 요소 간의 모순, 즉 화면과 화면과의 대립은(토키에서는 음과 화면과의 모순이) 몽따주의 연속과 전환을 형성한다고 주장하는 것은 오류가 있다고 지적되어 있다.

3차원적 몽따주설은 소개하는 데 그쳤다 해도 너무 간단했고 사족의 감이 없지 않으나, 후일 재론하기를 스스로 약속해 두고 이 글의 결론을 다음과 같이 지으려 한다.

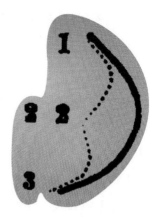

그림 2

뿌돕낀은 그의 『영화배우론』에서는 배우가 몽따주 형상 과정 가운데 적극적으로 연기를 넣어야 될 것과, 따라서 새로운 시나리오의 형식을 제창하고 몽따주표表를 합리적으로 또는 독창적으로 개선해야 된다고 한다. 다시 말하면 형식주의로 정정하였다. 이러한 이론은 다른 몽따주론에서도 동일한 경향으로 간취看取되는 것으로, 앞으로 완전한 토키 이론을 완성하는 데 주목할 만한 일이다. 새로운 토키 이론은 역시 몽따주론의 전개 가운데 정도正道를 찾을 것으로 믿을 수가 있다.

5회 12.10

---

69   꿀레쇼프의 영화이론의 핵심은 숏과 숏의 몽따주를 통해서 새로운 의미와 공간을 만들어 내는 데 있다. 감정을 자제한 배우의 얼굴을 촬영한 장면과 수프, 자연 경관, 죽은 여인, 아기 등을 촬영한 다른 숏들을 연결시켰을 때, 배우의 표정은 다양한 의미를 획득하게 되며 동시에 배우가 존재하는 영화 속 공간은 달라지게 되는 것이다. 전체 공간을 드러내는 설정화면이 부재한 상황에서 일부분만 보이는 공간을 토대로 전체 공간을 추론하도록 유도하는 일련의 숏에서 파생되는 의미 작용을 '꿀레쇼프 효과'라 부르기도 한다. David Bordwell·Kristin Tompson 지음, 주진숙·이용관 옮김 『영화예술』(지필미디어 2011), 283면 참조.

3 속(屬) 연극과 영화 주영섭

『동아일보』 / 1937.10.19~22

연극예술과 영화예술의 본질의 탐구는 전론前論 「연극과 영화」[70]에서 개괄적이나마 논급된 듯싶다. 여기서는 주로 연극과 영화의 기술부문에서 생기는 차이를 구명하고 나아가서 양 예술의 질적 향상을 위한 방법론을 초抄하려 한다. 내용은 1. 제작기구의 차이, 2. 기술부문의 차이, 3. 연기 시스템의 차이란 3항목으로 나누어 논술해보려 한다.

1.

초기 활동사진은 일부 호사가의 오락품에 지나지 않았다. 그것이 20세기 중공업의 발달과 아울러 기능을 넓히고 대중성을 띠게 되자, 여기 착안한 것은 자본가다. 그리하여 중공업에서 발달한 영화는 금융자본의 손에서 자라났다. 영화는 조직적인 공장적 생산기구 속에서 제작되고 배급된다. 영화를 직접 만들어내는 예술가(감독, 카메라맨, 작가, 배우, 음악가)와 기술자(전기기사, 화학자) 기타는 조직화한 근대적 영화공장에서 노동하는 것이다. 자본주는 프로듀서로 앉아서 영화제작을 지휘한다. 그 밑에서 영화제작자들은 머리를 싸매고 노동한다.

시나리오 라이터는 프로듀서의 계획에 부합되는 시나리오를 써야 한다. 그밖에 다이얼로그 라이터와 개그맨이라는 것이 있다. 개그맨이란, 통속영화에서 흔히 보이는 본 플롯과는 관계없이 간간히 관중을 웃기는 기술을 쓰는 사람이다. 말하자면 양념 작가다. 시나리오의 품品 부족을 느낄 때, 촬영사撮影師는 공전의 발명 ── 시나리오 제조기계를 만들어놓는다. 인생의 여러가지 경우와 여러가지 타입의 인물과 여러가지 장해를 수집해놓는다. 그리고 한편에서는 멜로디를 수없이 사들인다. 경품 상자를 돌리듯이 세가지 통에서 카드를 한장씩 꺼내서 연결시켜놓으면 훌륭한 오리지널 스토리가 생긴다. 그 밑에는 시나리오 라이터, 다이얼로그 라이터, 개그맨이 기다리고 있다. 거기다 제일 시장가치가 큰 스타를 내세우고 적당한 멜로디를 집어넣으면 훌륭한 토키가 되어 세계시장으로 나간다. 관중은 그것을 보고 웃고 떠들고 눈물을 짜낸다.

이런 형태의 촬영소 조직이 지금 세계 최대의 영화국, 아메리카 영화계를 편성하고 있다. "꿈의 공장"은 통조림 공장이 되고, 음화音畵예술은 소음 간판으로 변해버렸다. 그러나 아메리카 영화가 모두 이런 제도 밑에서 생산되는 것은 아니다. 감독이 프로듀서를 겸한 곳도 있고 예술가의 자유를, 개성을 가진 감독도 있다. 영화는 유일한 기업의 대상이 될 수 있는 예술이다. 그 제작의 기업화, 회사제會社制는 상술한 최악의 경향을 만들어낼 성능을 지니고 있다. 그러나 영화의 기업성은 영화의 대중성과 합치된다. 감독은 기업성을 지양시키고 그 위에 개성을, 예술성을 수립할 만한 강렬한 저항력이 있어야 한다. 그러나 이것은 재능 있는, 노력하는 감독에게만 기대할 수 있는 문제다.

영화제작은 회사제보다도 작품제로 되어야 한다. 불란서의 예같이 감독, 카메라맨, 작가, 배우, 작곡가는 전부가 무계약제다. 프로듀서와 감독이 한 작품을 계약한다. 감독은 제일 우수한, 그 작품에 적합한 예술가를 모아, 그 작품제작에 합리적인 스튜디오를 빌려서 제작할 수 있다. 여기서 비로소 예술가로서의 감독, 카메라맨, 작가, 배우, 작곡가는 독창성을 발휘할 수 있다. 여기서 한걸음 전진할 것이, 전론에서 역설한 앙상블을 통한 영화제작이다. 여기서 비로소 영화가 가지는 형상의 창조성과 완전한 집단성은 융합될 수 있다.

70   주영섭 「연극과 영화」, 『동아일보』(1937.10.07~10).

연극은 기업형태의 대상이 된 일이 없다. 연극은 시민의 것이었고 때로는 귀족의 것이었고, 때로는 부르주아의 것이었고, 때로는 중소시민의 것이었다. 연극의 정통은 수천년 긴 역사를 통해서 언제나 예술가가 지켜왔다. 연극은 극단이라는 게마인샤프트Gemeinschaft에서 생산된다. 연극은 프로듀서 대신에 레퍼토리 위원회에서 상연각본이 결정된다. 레퍼토리 위원회는 극단 관중의 의욕을 대표한다. 계획부에서는 한개의 상품으로보다는 예술품으로 무대를 제공한다. 연출가는 극단에 즉속卽屬한 연기자, 미술가, 조명가, 음악가의 독창성 위에 종합성을 수립한다. 영화작가같이 회사에서 사무를 보는 것이 아니요, 극장에서 집단예술을 창조한다. 극작가는 자유롭게 희곡을 쓸 수 있다. 극단은 극작가의 자극물이 되고, 극작가를 억압하는 일은 없다.

그러나 연극은 이렇게 너무 예술가적 기질로 만들어지기 때문에, 수공업적이기 때문에 생산이 원시적이요, 따라서 경영이 곤란하게 된다. 오늘의 연극은 어디까지나 예술성을 존중하는 생산적 태도로 기업형태로 나가지 않을 수 없다. 극단은 예술과 경제의 무한책임을 지는 협동조합의 형태도 되어야 한다. 여기서 연극이 가진 강인한 생활력이 있다. 1회 10.19

2.

영화는 동動하는 배경을 가지고 연극은 고정된 배경을 가졌다. 이것이 양자를 결정적으로 구별해놓는다. 영화는 무한한 공간을 가졌다. 연극은 장방형長方形으로 제한된 공간을 가졌다. 카메라는 관중의 눈이다. 감정이다. 카메라는 무한한 공간을 자유롭게 운동한다. 스테이지는 일정한 거리와 일정한 각도와 고착된 구성을 가진다. 스크린은 자유로운 거리와 자유로운 각도와 자유로운 구성을 가진다. 스테이지에서 움직이는 것은 인간뿐이다. 스크린에서 움직이는 것은 인간과 자연 전체다. 무대는 초점이다. 집중된 환경이다. 그 속에서 확대되는 것은 인간의 동작이요 감정의 표출, 심리의 갈등이다. 인간은 무대의 중요한 구성분자다. 스크린은 인간과 자연물을 동등한 자리에 놓고 움직인다. 인간은 스크린의 요소 가운데 하나이다.

무대배경의 고착성과 화면의 유동성은 무대장치, 연기 시스템의 상위相違[71]를 가져온다. 영화 세트는 자연의 재현이다. 정돈을 존중한다. 클로즈업이라는 수법은 축소나 과장을 용서치 않는다. 소도구도 자연물 그것을 요구한다. 정밀하게 계산된 자연과 합치되는 대도구와 소도구를 요한다. 구도에 있어서도 자연주의적이다.

여기에 반해 무대는 자연의 재구성이다. 무대를 통한 리얼리즘의 수립이다. 무대장치는 자연의 재현이 아니요, 형상의 창조다. 디테일을 배격한다. 관중은 언제나 일정한 거리에서 일정한 각도로 무대를 볼 수밖에 없다. 이것을 해결하기 위한 과장이 생긴다. 구도도 구성적이요, 입체적이다. 소도구도 무대에는 자연물 그것이 아니요, 장치와 조화되는 가상假像이다.

무대는 대체로 장방형이다. 스크린은 정방형에 가까운 사각형이다. 따라서 무대 구성과 화면 구성에도 차이가 생긴다. 조명에 있어서도 영화는 자연 그대로의 색채, 자연계의 추이를 그려내면 그만이다(필름과 밀접한 관계가 있다). 여기 반해 무대조명은 자연현출이 아니고 무대를 통한 과장, 창조가 필요하다. 더욱이 어떤 사건을 강조하기 위한 아이리스 인[72] 같은 것은 무대조명의 특장이다. 또한 무대상의 암전 같은 것은 영화의 용명溶明[73], 용암溶暗[74]과는 다른 의미로 사건의 갈등, 진전을 암시해준다. 효과에 있어서도

---

71 서로 다름.
72 아이리스 인(iris in)은 조리개의 작동 방식을 의미하는 것이므로 용어를 잘못 사용한 듯하다. 아이리스 인은 화면 중앙의 한 점이 원형으로 확대되면서 화면이 전환되는 애니메이션 기법을 말한다. 여기서는 무대 조명을 활용하여 그와 같은 효과를 내는 것으로 이해된다.
73 페이드인(fade-in).
74 페이드아웃(fade-out).

같은 구별이 생긴다. 영화는 자연음의 묘사요, 무대는 의음擬音[75]이다. 음악에 있어서도 양자가 같이 동시성적同時性的 음악과 대위성적對位性的 음악을 유기적으로 결합시켜야 한다는 것은 물론이다. 이전부터 영화에서 쓰던 주제가라는 것이 토키 이후에는 음악효과로 화면에 나오는 수가 많은데, 이런 것도 상업주의의 독을 받은 예의 하나다. 주제가는 영화 밖에서 불려질 유행가다(음악영화를 예외로 하고).

이상에서 우리는 연극기술자와 영화기술자를 구별할 필요를 느낀다. 실제 공작에 있어서 연극미학과 영화미학의 본질을 파악한 기술자만이 양兩 예술에 같이 참가할 수 있을 것이다. 2회 10.20

3.

토키 이후 무대배우가 영화로 나가는 경향이 커진 데 따라 연극, 영화 연기체계의 확립은 가장 중요한 과제다. 연극적 리얼리즘과 영화적 리얼리즘의 차이 ─ 기술부문 항목에서 논한 조건이 연기부문에도 적용될 것은 물론이다.

무대는 표현이요, 화면은 재현이다. 스테이지를 통한 리얼리티는 현실의 재구성에서 구할 수 있고, 스크린을 통한 리얼리티는 현실의 이식에서 찾을 수 있다. 무대와 관중 사이에는 고정 거리가 있다. 이것을 해결하기 위해서 무대에는 과장이 생긴다. 화면과 관객의 관계는 카메라와 마이크가 해결해놓는다. 연극의 고착성固着性과 영화의 신장성伸張性, 무대배우는 동작과 언어의 과장을 기준으로 한다. 무대배우는 표현하기 때문이다. 관중에게 전달하기 위함이다. 영화배우는 가장 자연스러운 언어와 동작을 기준으로 삼는다. 영화배우가 원하는 표현, 전달은 카메라와 마이크가 대신해준다. 무대배우는 연기에 중점을 만들기 위해서 무대적 과장이 필요하다. 영화배우의 연기의 중점은 카메라의 성능(원사遠寫, 근사近寫, 접사接寫, 대사大寫, 여러 가지 각도)이 해결해준다. 무대배우의 과장성과 영화배우의 자연성은 이론보다 실제에 있어서 치밀한 분류와 연구가 필요하다.

먼저 발성법(대사臺詞)부터 생각해보자. 영화배우는 일상생활에서 쓰는 발성법으로 일상회화의 리듬으로 말하면 된다. 거기 아무런 가감도 과장도 필요치 않다. 특수한 경우에 감독은 특수한 대사를 요구할 따름이다. 예를 들면, 심리묘사 혹은 성격묘사도. 그러나 무대배우는 원칙적으로 과장해야 한다. 평상시보다는 크고 정확하게 억양을 붙여서 이야기해야 한다. 대사로 심리를 표현하고 동작을 규정해야 한다. 대사를 관중 전체에 들려주어야 한다. 무대에서는 배우의 정확한 발성법이 메가폰이다. 영화에서는 마이크로폰이 그것을 대신한다. 희곡의 대사와 시나리오의 대사는 성질이 다르다. 희곡은 주로 대화로 구성된다. 연기자가 거의 합치되는 운동을 붙일 따름이다. 시나리오의 대화는 회화의 승화된 에센스다. 가장 필요한 때 가장 짧고 명료한 대사를 발한다.

다음 동작에 있어서도 같은 원리가 적용된다. 무대배우의 동작에는 리드미컬한 과장이 필요하다. 무대배우는 성난 표정을 위해서는 얼굴 근육 경련과 함께 팔까지 들어야 한다. 영화배우의 동작은 일상생활의 그것과 같이 스무스하고 자연스러워야 한다. 성난 표정을 위해서는 얼굴 근육 일부분의 경련을 대사大寫하면 더 효과적이다.

무대배우의 동작은 연극의 가장 중요한 요소다. 무대는 고정된 대도구로 건설된다. 움직일 수 있는 것은 배우뿐이다. 다이내믹한 무대의 구성원은 인간 재료밖에 없다. 배우의 동작은 무대혈관이다. 맥박이다. 사건의 진전, 클라이맥스, 해결은 모두가 동작이 해결해놓는다. 영화배우의 동작은 영화

75   어떤 소리를 인공적으로 흉내 내는 소리.

의 구성요소 가운데 하나이다. 화면은 운동하는 카메라로 형성된다. 그곳에서는 모든 것이 움직일 수 있다. 물物 자체뿐만 아니라 그 주위까지 운동한다. 영화 스펙터클의 구성분자는 인간과 물체다.

화장은 무대배우의 생명이다. 연기의 우열은 화장의 교졸巧拙과 정비례한다. 무대화장은 무대 위에 산인간을 형상화하는 동력이다. 무대화장은 인물의 성격·연령·생활 등을 표현한다. 무대배우는 화장이라는 무기로 성격·연령의 넓은 범위를 가질 수 있다. 따라서 연기량도 넓어질 수 있다. 영화배우는 단지 자연성을 내기 위해서 렌즈와 광선에 맞는 화장을 하면 그만이다. 3회 10.21

4.

영화배우는 무대배우에 비해서 성격배우가 아닌 이상, 성격·연령의 범위가 좁다. 무대배우에 비해서 연기력이 깊어질 수 있는 있어도 연기량이 넓어지기는 곤란하다. 영화에서 무대화장을 그대로 사용해서 그 부자연한 것을 여실히 보여줄 것은 〈칼리가리 박사〉*Das Cabinet des Dr. Caligari*, 로베르트 비네 Robert Wiene 감독, 1920다. (물론, 이 작품은 장치와 아울러 다른 의미를 가지고 있다.) 그 밖에 오늘도 유치한 작품에서는 흔히 발견할 수 있다.

무대배우의 과장성이 어려운 것같이 영화배우의 자연성도 어려운 것이다. 오히려 과장성보다는 자연성이 더 어려울 때가 많다. 쉽게 생각하면 영화배우는 '소인素人'76을 요구하는 듯싶지만, 그런 것이 아니다. 연기력을 가지고 '소인素人'같이 보이는 데 예藝가 있다. 무대배우나 영화배우에게 공통하게 요구되는 것은 풍부한 소재(육체, 안면, 성음)와 끊임없는 연구(독서, 시찰, 사색)와 연기경험이다. 양자가 같이 리얼리티를 추구하는 것은 물론이다. 단지 연기태도에 있어서 무대배우는 현실의 리얼리티에 무엇을 플러스할까를 연구해야 하고, 영화배우는 현실의 리얼리티를 어떤 형태로 커트해서 스크린에 이식할까를 탐구해야 할 것이다.

표정, 대사, 동작에 있어서 무대배우는 본질의 과장이요, 영화배우는 디테일의 분류다. 무대는 시간·공간의 연속이요, 화면은 일편一片의 연결이다. 따라서 무대배우는 영화배우에 비해서 풍부한 연기량과 연기력이 있어야 한다. 생활력이 있어야 한다. 무대배우는 관중의 반응으로 자기연기를 교정할 수 있다. 영화배우는 그날의 러시[77]로 교정하고 혹은 시사試寫를 통해서 연기체계의 근根을 교정해나갈 수도 있다.

영화연기 부분의 몽따주에는 배우도 참가해야 한다는 뿌돕낀의 주장은 정당하다. 연극배우나 영화배우에게 있어서 연기 시스템의 확립은 진보하는 연기자에게 절대로 필요한 것이다. 더욱이 연극·영화 양 방면으로 나가려는 배우는 양 예술의 정확한 인식과 풍부한 연기량과 양자의 정확한 식별력이 있어야 할 것이다.

이상에서 논한 모든 것이 연출가, 감독에게도 같이 요구된다는 것은 두말할 필요도 없다.

   ※

연극예술과 영화예술은 완전히 다른 스타일을 가진 예술이다. 연극·영화 예술가는 언제나 연극과 영화의 본질을 추구하고 차이점을 밝히고 교차점을 파악하려는 무한한 노력과 실험이 있어야 한다. 독자성을 가진 두 예술 ── 연극과 영화는 시대와 같이 전진하는 예술이다. (완) 4회 10.22

---

76   아마추어.
77   러시 프린트(rush print). 편집을 하기 전, 포지티브 필름에 프린트한 것. 촬영 결과를 빠르게 검토하기 위해 사용됨.

9

〈나그네〉라는 사건:
조선영화의 일본 진출과 '조선색'

1930년대 중반 조선영화의 제작 시스템이 토키로 이행하면서, 조선영화가 한반도 너머로 시장을 확대해야 한다는 '수출영화론'이 부상했다. 토키 이후 영화제작비가 가파르게 상승했지만, 조선의 협소한 시장 규모로는 아무리 관람 인구가 증가해도 큰 수익을 기대하기 어려웠기 때문이다. 조선영화라는 사실 자체만으로도 조선인 관객들의 지지를 받던 시대와 달리, 토키 이후 조선영화는 조선(인) 외부의 시선에 스스로를 드러내야 할 필요가 있었다. 드디어 '말하는 영화'로서 '세계표준시世界標準時' 속으로 진입한 조선영화는, 세계영화와의 관계 속에서 조선영화의 정체성을 사유하고, 조선영화의 관객이 누구인가를 진지하게 탐구하고, 그와 관련해 방향을 모색해야 했다.

1920년대 초반 조선영화 제작이 시작되었을 때부터, 조선영화의 가장 현실적인 해외 시장은 일본 내지였다. 그러나 조선영화가 그 시장에 진입하는 데에는, 일본 관객의 무관심과 편견이라는 장벽이 가로놓여 있었다. 토키 초기에도 상황은 별반 다르지 않았다. 1936년에 오오사까경찰국이 〈홍길동전 후편〉(이명우 감독)의 상영을 금지한 사건에서 보듯이, 일본 내에서

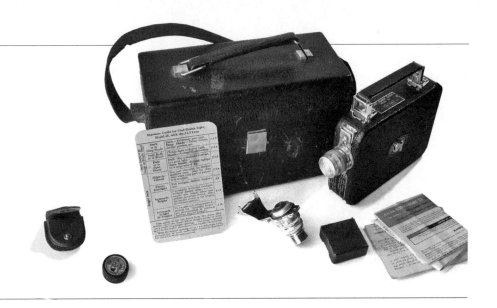

조선영화 상영은 재일본 조선인 노동자들을 운집시키는 '위험'하고 '불결'
한 사건으로 여겨지곤 했다. 그러나 1937년 성봉영화원과 일본의 신꼬오키
네마新興キネマ가 제휴한 영화 〈나그네〉(이규환 감독)의 일본 상영을 계기로,
조선영화를 둘러싼 일본영화계의 반응은 눈에 띄게 달라졌다.

　조선 시사회 직후에 쓰인 남궁옥의 글로 미루어보면, 조선에서 〈나그네〉
는 영화의 만듦새 외에 두가지가 문제시되었던 것 같다. 첫째, 본래부터 일
본 시장을 겨냥해 기획되고 일본과의 제휴로 탄생한 〈나그네〉를 조선영화
로 볼 수 있는가. 둘째, 해외 관객을 염두에 둔 영화가 왜 조선 농촌의 궁상
과 야만을 그려낸 것인가. 남궁옥은 이런 비판에 대해 나름대로 조목조목
설명하며 〈나그네〉를 옹호했다. 그리고 그는 "독, 미 제국諸國에 보내도 민
족적으로 부끄럽지 않다""이 우수한 조선영화를 보게 된 것을 계기로 해
서, 이해 있는 기업가의 진지한 사업에의 진출이 있게 되기를" 바란다고 덧
붙였다.

　'타비지(旅路)'라는 제목으로 일본의 신꼬오 계열 상영관에서 개봉된
〈나그네〉는, 일본의 일반 관객보다 비평계가 주목한 영화였다. 일본의 비평

성봉영화원의 광고

계가 〈나그네〉에 관심을 보인 데에는 공동연출로 이름을 올린 스즈끼 시게요시鈴木重吉의 명성이 주효했을 것이다. 그러나 1930년대 후반의 일본영화계가 '반도'에 대해 관심을 가지고, 조선영화에 '동정적인 시선'을 보내게 된 상황과도 무관하지 않다. 일본의 비평계는 〈나그네〉가 여러 면에서 수준이 낮다고 지적하면서도, "반도 제작자들의 성실함과 노력"을 치하했다. 대체로는 '반도 생활 그 자체가 우리의 흥미 대상'이라는 입장에서 조선의 '정경'을 담았으니, '볼만한 영화'라는 반응이었다.[1]

일본의 호의적인 평가는 역으로 다시 조선에서 〈나그네〉를 상찬하는 반향으로 이어졌는데, 이례적으로 일본 문단에서 활동하고 있던 작가 장혁주[2]가 『제국대학신문』에 〈나그네〉에 대한 감상을 기고한 것이 뜻밖의 논쟁을 야기한다. 장혁주는 일본 비평계가 〈나그네〉를 상찬하는 것이 내심 반가웠으면서도, 영화의 내용은 "대단히 낡은 느낌"이라고 털어놓았다. 영화 속 살인 사건의 중심이 되는 수전노 아버지의 성격을 묘사하기 위해 아버지가 돈을 모아 돌 밑에 숨기는 장면을 보여준다든가, 남편의 귀가를 기다리는 아내가 날짜 흘러가는 것을 고추로 세어보고 있다든가 하는 식으로, 조선(인)을 원시적으로 그리며 "조선색朝鮮色을 과장한 것" 등이 실패 원인이라는 것이다.[3]

일본의 영화평론가 키지마 유끼오來島雪夫는 장혁주의 지적이, "실례지만 너무 내지에 익숙해져서 고향의 미美에 대해 일부러 눈을 감으려는 것"[4]이라고 비아냥거렸다. 그가 보기에 〈나그네〉에 나타난 "조선인의 생활 단편은 우리들에게는 하나의 정경으로서 비친 것뿐으로, 경멸받아 마땅하다고는 생각지도 못한 일"이라는 것이다. 키지마 유끼오는 〈나그네〉에 대한 장혁주의 비판을 "너무 내지화되어"버린 조선인 작가 장혁주 개인의 문제로 몰아세웠다. 그는 "우리들", 즉 태생적인 '내지인'의 시선에서 그것은 그저 "정경"일 뿐이라고 말한다.

이 장에 실린 안철영의 글은 키지마 유끼오의 장혁주 비판에 대한 비판이자, 〈나그네〉에 대한 일본 평단의 상찬에 대한 복잡한 심경을 풀어낸 것이라고 볼 수 있다. 안철영은 키지마와 같은 일본 비평가가 "전설과 동화에서만 존재할 수 있는 허구를 조선 현대영화에 필연적 조건으로 시인하고 있는" 것에 일종의 이그조티시즘exoticism(이국취향)이 내재되어 있다고 지적한다. 그리고 일본영화계의 부추김에 흔들리며 〈나그네〉를 모방하려는 조

1   石田義則「內外映畵批評,〈旅路〉」,『日本映畵』(1937.04).
2   장혁주(張赫宙, 1905-98). 일본어로 쓴 소설 「아귀도(餓鬼道)」가 1932년 4월 일본 잡지 『카이조오(改造)』의 현상 공모에 입선하면서 일본 문단에 이름을 알렸다. 이후 조선어 장편 『무지개』『삼곡선』, 일본어 소설 「형의 다리를 자른 남자」「권이라는 사나이」「쫓기는 사람들」 등을 발표하며 일본 문단에서 활동하는 대표적인 조선인 작가로 위치를 굳혔다. 장혁주가 1938년에 집필한 희곡 「춘향전」은 일본 극단 신꾜오(新協)의 무라야마 토모요시(村山知義)의 연출로 무대화되어 3월부터 11월까지 일본과 조선의 7개 도시에서 순회 공연되었다.
3   張赫宙「〈旅路〉を觀て感じたこと」,『帝國大學新聞』(1937.05.10).
4   來島雪夫「旅路」,『映畵評論』(1937.06).

선영화계의 현 상황에 대해서도 유감을 표명한다.

실제로 중일전쟁 발발 이후, 제국 일본 내의 외국 영화 수입 및 상영이 제한되자, 이 기회에 조선영화의 일본과 만주 진출을 모색하자는 논의가 더욱 본격적으로 부상했다. '활동사진영화취체규칙'(1934)에서 명시하듯, 조선영화는 일본영화와 함께 '국산 영화'로 분류되었다. 조선영화의 일본 수출은 엄밀히 말하면, 국내에서 국외로의 '수출輸出'이 아니라 한 지역에서 다른 지역으로의 이동인 '이출移出'이었다. 이런 이유로 일본에서 '외국 영화 아닌 외국 영화'라는 이중적인 성격을 갖는 조선영화는, 1930년대 후반 일본의 '조선 붐'과 함께 새로운 관객을 확보하는 기회를 잡을 수 있었다. 〈나그네〉와 같이 전략적으로 '조선색'를 내세운 〈한강〉(방한준 감독, 1938)과 〈국경〉(최인규 감독, 1939), 일본 영화사와의 제휴를 통해 일본 시장을 두드린 〈군용열차〉(서광제 감독, 1938)와 〈어화〉(안철영 감독, 1938)가 뒤를 이어 일본에 이출되었다. 그러나 〈군용열차〉의 일본 흥행 참패가 분명하게 보여준 것처럼(합작 실패에 대한 상세한 내용은 이 책 11장을 참조), 기술과 자본을 제휴하면서 일본 내 배급권을 갖는 일본 측 파트너는 '조선영화인들이 어떠한 영화를 만들고자 하는가'보다 '일본 관객들이 무엇을 보고자 하는가'에 관심을 두기 마련이었다. 조선과 내지 영화계 사이의 제휴에서 '이그조틱한 조선영화'를 요구하는 일본영화계에 휘둘린 결과, 1930년대 후반 조선영화에 대해 일본 내의 열기는 금세 식어버렸다.

흥미로운 것은 이러한 합작 영화의 논의들이, 일본과 독일의 합작 영화 〈새로운 땅新しき土〉(Die Tochter des Samurai, 1936)을 둘러싼 담론을 '식민지 조선/제국 일본'의 판본으로 반복하고 있었다는 점이다. 세계 속의 일본영화를 만들겠다는 프로듀서 카와끼따 나가마사川喜多長政의 야망이 독일 산악영화의 거장 아르놀트 팡크Arnold Fanck와 만났을 때, 영화 속의 일본은 벚나무와 후지산을 넘어서지 못했다. 팡크는 일본의 농촌을 보여주는 야외 숏

의 연출에 과도할 정도로 집중한 반면, 토오꾜오나 오오사까와 같은 대도시는 훑고 지나가는 정도에 그쳤다. 일본의 자연 풍경을 매혹적으로 담은 팡크의 영상에 찬사를 보낸 이들도 많았지만, 실상 이러한 장면은 그동안 서구인의 카메라에 담긴 일본의 모습과 크게 다르지 않았다.

〈새로운 땅〉의 오리엔탈리즘을 비판했던 일본영화계가, 얼마 지나지 않아 〈나그네〉를 필두로 일본에 진출한 몇편의 조선영화에 대해 보인 태도는, 팡크의 오리엔탈리즘과 얼마나 달랐던 것일까. 〈나그네〉는 "내지인이 본 조선의 로컬색이며 이것이 조선영화의 현상이라고 생각된다는 건 치욕적이라는 의견"[5]을 일본의 비평계는 어떻게 받아들였던 것일까. 이즈음 주영섭이 일본의 『키네마준보오』에서 "후지산과 게이샤나 샤미센으로 그리는 모습이 현대의 일본이 아닌 것처럼 금강산이나 기생이나 아리랑이 지금의 조선은 아니"[6]라고 빗대어 말한 것은, 서구의 오리엔탈리즘을 비판하면서 식민지를 오리엔탈라이징하는 일본 비평계의 뒤틀린 제국주의적 시선을 비꼰 것이라고 읽어도 좋을 것이다.

일본영화계는 일본영화와 동일한 기준으로 식민지 영화의 미학적 성취를 평가하려 하지 않았으며, 그 영화 속에서 식민지의 현실과 그 암울을 보려 하지도 않았다. 그러나 조선영화가 낯선 풍경을 담은 사진엽서에 그칠 뿐이라면, 일본영화계에서 조선영화의 신선함은 금세 낡고 식상한 것이 될 수밖에 없었다. 일본에서 〈군용열차〉와 〈어화〉 등의 잇따른 참패는, 일본의 주류 영화 시장에서 내선 합작 영화가 흥행에 성공하기 위해 다른 카드가 필요하다는 것을 시사했다. 어쩌면 그것은 토오호오東寶와 만주영화협회滿洲映畵協會의 합작처럼 일본의 감독과 스타급 배우를 기용하고, 일본인

5   「朝鮮映画の現状を語る — 座談会報告」, 『日本映畵』(1939.08).
6   朱永涉 「朝鮮映畵展望」, 『キネマ旬報』(1938.10.01).

〈나그네〉라는 사건: 조선영화의 일본 진출과 '조선색'

의 이야기를 일본어로 제작하는 것이어야 했을지도 모른다. 그러나 조선영화인들은 그 나름대로 조선인이 조선의 이야기를 영화화할 수 있는 방법을 찾고자 고심했다. 당시 조선에서 가장 유력했던 두 영화사 —— 조선영화주식회사와 고려영화협회 —— 의 대조적인 행보가 이러한 고심의 진폭을 짐작케 해준다. 고려영화협회는 일본의 시나리오작가 야기 야스따로오八木保太郎에게 집필을 맡긴 〈수업료〉(최인규·방한준 감독, 1940), 그리고 뒤이어 독자적으로 제작한 〈집 없는 천사〉(최인규 감독, 1941)와 같이 동시대 식민지 아동의 일상을 그린 영화들로 일본영화계가 조선영화를 다시 주목하는 계기를 마련했다. 이 영화들은 비슷한 기획으로 흥행했던 일본영화의 제목을 따라 '조선의 〈글짓기교실綴方敎室〉'[7]이라거나 '조선의 〈미까에리의 탑みかへりの塔〉'[8]이라고 불렸다. 한편, 조선영화주식회사는 연극 〈춘향전〉을 연출했던 극단 신꾜오新協의 연출가 무라야마 토모요시村山知意에게 영화 〈춘향전〉의 연출을 맡겼고, 일본 아꾸따가와상芥川賞 후보에 올랐던 김사량의 「빛속으로光の中に」를 영화화하고자 했다. 그러나 안타깝게도 조선영화주식회사는 이러한 기획을 실행할 기회조차 갖지 못했다. 얼마 지나지 않아 조선영화령이 공포되고, 조선의 민간 영화제작은 불가능해졌다.[9] (이화진)

---

7 〈글짓기교실〉(1938)은 일본의 소학교 4학년 학생의 작문 문집을 영화화한 야마모또 카지로오(山本嘉次郎) 감독의 영화로, 아동의 작문을 원작으로 했다는 점에서 〈수업료〉와 비교된다.

8 〈미까에리의 탑〉(1941)은 시미즈 히로시(清水宏) 감독이 당시 일본 사회에 심각하게 대두되었던 '특수비행아동' 문제를 다룬 영화로, 도둑질·거짓말·싸움 등을 일삼는 비행 아동들이 교사들의 헌신적인 사랑과 훈육으로 변화해가는 모습을 그리고 있다. 〈집 없는 천사〉 역시 부랑아들을 집단생활을 통해 훈육하는 내용을 다루고 있기에 '조선의 〈미까에리의 탑〉'이라고 불렸다.

9 〈나그네〉 이후 조선영화의 일본 진출에 대해서는 이화진 「식민지 조선의 극장과 '소리'의 문화 정치」(연세대학교 박사학위논문 2011) 참조.

—— **함께 읽으면 좋은 글**

1. 서광제 「이규환 작 〈나그네〉: 영화비평」, 『조선일보』(1937.04.24-27).

2. 張赫宙 「〈旅路〉を觀て感じたこと」, 『帝國大學新聞』(1937.05.10).

3. 주영섭 「조선영화전망」, 『문장』 제1권 3호(1939.04).

4. 서광제 「춘향의 개가: 촌산지의(村山知義) 씨에게 제작 의뢰한 조영의 태도 비판」, 『조선일보』(1939.7.03-04).

5. 「여명기의 조선영화: 영화인 좌담회」, 『동아일보』(1939.1.22-02.02).

6. 김태진 「기묘년 조선영화 총관」, 『영화연극』 제1호(1940.01).

7. 筈見恒夫 「조선영화와 리리시즘」, 『조선일보』(1939.11.01).

8. 來島雪夫 「旅路」, 『映畫評論』(1937.06).

9. 石田義則 「內外映畫批評, 〈旅路〉」, 『日本映畫』(1937.04); 『일본어 잡지로 본 조선영화』 2(한국영상자료원 2011).

10. 朱永涉 「朝鮮映畫展望」, 『キネマ旬報』(1938.10.01); 『일본어 잡지로 본 조선영화』 2 (한국영상자료원 2011).

11. 「朝鮮映画の現状を語る ──座談会報告」, 『日本映畫』(1939.08); 『일본어 잡지로 본 조선영화』 2(한국영상자료원 2011).

1   조선영화의 최고봉   남궁옥
〈나그네〉를 보고

『매일신보』 / 1937.04.22-25

성봉聖峰영화원과 신흥新興키네마의 공동작품이라 하고서 지금 세상에 나타난 조선영화 〈나그네〉(일명 〈여로旅路〉)[1]의 시사를 17일 우미관에서 보았다. 내가 달음질해 갔을 때는 이미 사진은 약 2천척이나 지나간 뒤였으므로, 내가 눈으로 본 것은 그 이후부터 최종까지다. 지금 이곳에서 적으려고 하는 것은 그날 밤 내가 본 화면에서 얻은 감상일 따름이다.

화면에 관해서 말하기 전에 먼저 문제되는 것은, "이것이 순수한 조선영화일까?" 하는 일부 인사人士의 의문에 대해서 어떤 해답을 내릴 것인가 함이 문제이다. 원작·각색을 조선사람이 하고, 출연을 조선사람이 하고, 공동감독에 조선사람이 참여했을 뿐, 감독·촬영·녹음·제화製畵가 모두 우리의 손으로 되지 않았으니, 이것은 조선영화라고 하기 어렵다 ─ 심지어는 조선영화가 아니다 ─ 라고, 〈나그네〉가 조선영화인 것을 거부하려는 태도까지 보이는 사람이 있다. 조선에서 생긴 이야기에 조선배우를 써가지고, 일본 내지에서 감독과 기사가 건너와서 이 땅의 자연을 배경으로 하여 로케이션을 거두어가지고 돌아가서, 그들의 스튜디오 안에서 그들의 세트에서 완성해가지고 현상·편집까지 한 것인 이상, 이것은 조선영화가 아니라고 ─ 이같이 극단으로 말하면 말이 안 되지는 않는다. 그러나 잠깐만 기다려다오. 그렇다면 원작·각색·감독자를 겸한 이규환李圭煥과 그 외 문예봉, 박제행朴齊行, 왕평王平 등의 존재는 이 영화에서 그렇게 무가치한 존재냐?

소蘇 연방의 감독 또는 구라파의 우수한 감독이 미국에 건너가 미국인 초빙으로 제작한 영화가 많다. 그 영화들은 감독이 소련인 혹은 불란서인이라 해서 미국영화가 아니라고 하는 말을 들은 일이 없다. 더구나 카메라맨의 출생지 혹은 국적 여하로 미국영화가 비非미국영화의 이름을 받은 일은 절무絶無하다. 예술은 그 정신과 표현이 제1의義이다. 〈나그네〉 한편이 비非조선적 정서, 비조선적 표정, 비조선적 언어, 비조선적 자연, 비조선적 음악으로 뭉쳐진 덩어리라고 한다면, 나는 누구보다도 앞서서 이 영화를 배척하기에 주저하지 않으련만, 이 땅의 흙냄새가 넘친다 하기보다, 이 땅이 아니고서는 보지 못하고 듣지 못할 만큼 강렬한 향토색鄕土色으로 두껍게 칠을 한 이 사진의 그 어느 구석에서도 비조선적 정신과 표현을 발견하지 못하는 이상, 나는 도리어 이 영화를 현재까지 출생된 조선영화의 산맥 중에서 가장 높이 평가해야 할 최고봉으로 추천하고 싶다. 지금 이 자리에서 이 일문一文의 결론을 먼저 말한다면, 지금에야 비로소 '영화다운 조선영화'가 토키로서 탄생되었다고 말하고 싶다. 상 04.22

1 〈나그네〉의 줄거리는 다음과 같다. 복룡(왕평 분)은 포항의 어시장에서 품을 팔아 겨우살이 비용을 마련해 밀양 강어귀의 작은 마을로 돌아오는 길이다. 고향에는 젊은 아내 옥희(문예봉 분)와 귀여운 갓난아이가 그를 기다리고 있다. 복룡의 아버지 성팔(박제행 분)은 강의 뱃사공인데, 완고하고 인색해서 복룡과 자주 충돌을 빚곤 했다. 가을이 되어 마을의 집들은 모두 지붕잇기를 마쳤는데, 성팔이 아직 비도 새지 않는 지붕을 이을 필요가 없다고 완강히 버티는 바람에 두 사람은 심하게 다툰다. 복룡은 홧김에 마을 주막에서 술을 마시다가 도박을 하고, 가지고 있던 돈 전부를 이발사 삼수(독은기 분)에게 빼앗겼을 뿐 아니라 돈을 빌리기까지 했다. 급히 돈이 필요하게 된 복룡은 아버지가 숨겨둔 돈을 훔치려 했지만 그마저도 여의치 않았다. 겨우살이를 위해 복룡은 품팔이를 집을 떠나는데, 그 사이 성팔은 누군가의 손에 죽임을 당하고 모아놓은 돈도 빼앗겼다. 홀로 남은 아내 옥희는 어린애의 약값도 치르지 못하고 궁핍에 허덕여야 했다. 그때 옥희에게 눈독을 들이고 있던 이발사 삼수가 접근해 어린애의 약값을 치르게 하고 그녀를 자기 집으로 끌어들인다. 때마침 집에 돌아온 복룡은 이웃여자의 귀띔으로 아내가 삼수에게 갔음을 알게 되고, 그길로 달려가 욕을 당하려던 아내를 구해낸다. 복룡은 성팔을 살해한 범인이 삼수라는 사실도 알게 된다. 치미는 분노를 억누르지 못하고 삼수를 죽인 복룡은 경찰에 자수하기로 한다. 다시 돌아올 날을 기약하고 먼 길을 떠나는 복룡을 아내 옥희가 하염없이 눈물을 흘리며 처량하게 배웅한다.

趣味와娛樂

〈나그네〉의 문예봉
남궁옥의 글이 수록된 지면(『매일신보』, 1937.04.22)의 '취미와 오락' 코너에 실린 사진.
〈나그네〉 제작 중 촬영된 것으로 보인다.

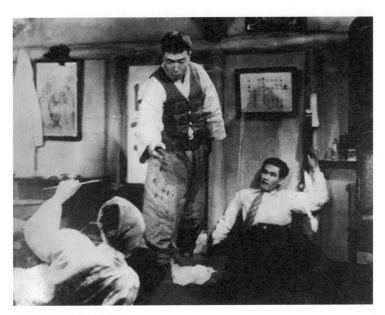

〈나그네〉의 한 장면, 복룡의 분노

〈나그네〉는 이상과 같이 우수한 감독과 기사의 정신적 또는 물질적 원조 협력을 받았을망정, 뛰어나게 빛나는 조선영화인 것을 부인할 근거는 박약하다.

제1로, 〈나그네〉는 그 스토리가 분명하고
제2로, 각색이 이로정연理路整然[2]하게 되었고
제3으로, 배역이 적의適宜[3]한 위에 각인各人의 연기가 훌륭하며
제4로, 카메라의 구사에 비난할 점이 없다.

종래 조선영화가 한갈래의 길로, 분명하게 제가 말하려고 하는 말을 하지 않고, 귀둥대둥 불분명하게 이야기하는 것이 공통된 결점의 하나였다. 스토리 그 자체가 그런 위에 각색된 '화면의 연속'이 또한 그러했다. 배역이 적재적소가 되지 못하는 불만도 파다頗多했는데, 〈나그네〉는 우선 이 세 가지 불만을 우리에게서 씻어주었다. 이만한 일쯤이야 수완과 식견으로도 능히 극복할 수 있는 일이었건만, 오늘날까지 불만을 불만으로 가지고 오던 터였다.

다만 다분히 문학적인 〈나그네〉의 스토리에 있어서, 복룡福龍이의 아내 옥희玉姬를 탐내는 삼수三壽가 복룡의 부친 성팔成八이를 살해한 범인이었다는 것은 이 영화의 극적 중심 요소인 만큼 그 우합偶合[4]을 비난할 의사는 없으나, 공사工事 인부로 품팔이를 갔던 복룡이[5]가 돌아오는 그날에 옥희가 삼수의 집에서 봉욕을 당하게 되었더라는 사실의 재삼再三 우합에 이르러서는, '너무도 영화적'이라는 비난을 하지 않을 수 없다. 이렇게 되지 않고서는 긴장의 도가 성글어지고, 클라이맥스에까지 다다르는 감정의 밀도가 희미하다면, 이 점에 대한 비난도 그다지 크게 비난할 정도는 아니리라.

부분적으로 화면에 대해서 말할진대, 가장 인상 깊은 장면은 도선장渡船

場6 움막에 불이 붙고 어린아이가 연기 속에 파묻힌 것을 보고서 반半광란을 일으키지나 않을까 싶게 초조하는 옥희의 배를 저어 건너오는 때의 클로즈업된 표정, 그 전의 장승 밑에서 묘사하는 부자父子의 심리의 갈등 장면, 그다음의 성팔이를 노리는 삼수, 공포에 전율하는 성팔이와 그의 최후 — 이들 장면은 감독과 배우의 호흡이 혼연히 융화된 장면이었다. 중 04.24

　뛰어나고 또 빛나는 장면을 일일이 매거枚舉7하자면 한량이 없을 것 같다. 다음으로는 배우의 연기에 대해 몇마디 감상을 적어볼까 한다.

　첫째, 왕평 — 이때까지 영화에 출연한 일이 없고 전혀 첫 출연이라고 든 건만, 이만큼 훌륭한 연기를 보여준 사람이 과거에 있었던가? 〈먼동이 틀때〉의 강홍식姜弘植 군을 연상케 하면서, 강 군보다도 과장이 없는 자연스러운 맛이 있다. 시종일관하여 정도가 알맞은 '긴장'을 보이면서, 억지로 과장하지 않는 표정동작, 더구나 독특한 웃음소리 — 그는 통쾌한 때의 웃음, 낙망되는 웃음, 우울한 웃음을 사용할 줄 아는 사람이다. 이것으로도 그는 현존의 일류 배우의 예에 높이 올려도 좋을 줄 안다.

　둘째로, 문예봉이 아닌 별인別人8과 같이 관중 앞에 나타났다. 연기가 없는 문예봉 스타가 아니고 어느 나라에 내놓든지 부끄럽지 않은 스타 문예봉이다! '훌륭하다!'는 말로 나는 그에게 바치는 찬사를 삼으려 한다.

　그 다음에 이발소 주인 삼수로 나오는 독은기獨銀麒는 듣건대 한번인가

2　　주장이나 언설이 사리에 잘 통하고 정연한 모양.

3　　알맞고 마땅함.

4　　우연히 맞음.

5　　원문에는 "성팔이"로 되어 있으나, 오류이다.

6　　나룻배가 닿고 떠나는 일정한 곳.

7　　낱낱이 들어 말하다.

8　　다른 사람.

영화에 출연한 일이 있다고 한다. 그러나 이분도 한번밖에 출연한 일이 없는 사람이라고 볼 수 없을 만큼 익숙한 연기를 보여주었다. 그는 이 같은 성격적인 역에 꼭 맞는 타입이라고도 할 수 있다.

그리고 우리 극단의 노장 박제행의 성팔이에 대해서는, 아무도 그의 노인 역의 연기를 추종하지 못하는 독단장獨壇場이니 새삼스레 칭할 것도 없다. 그리고 술집 춘선春仙이의 홍영란紅永蘭도 나쁘지는 않다.

결국 주요한 제諸 역을 맡은 이상의 각인의 연기가, 각각 그 역에 상응하게 균형을 얻었고 통일되고 조화되었다는 사실을 앞에 놓고 앉아서 우리가 맨 먼저 느끼는 것은, 종래에 우리의 영화가 빛나는 성과를 나타내지 못한 원인은, 배우의 연기의 부족도 부족이려니와 지능 있는 감독이 없었다는 탄식이다. 돈과 기계에 대한 기술의 부족이려니와, 그보다도 지능 출중한 감독의 출현이 조선영화의 향상에 제일 먼저 필요한 요건이라고 하는 평소의 생각을, 이 〈나그네〉는 이서裏書⁹해주었다. 감독 이규환이 영화와 정면으로 깍지 끼고서 기어코 이 씨름을 이기고야 물러나겠다는 의기로 씨름하는 태도는, 나로 하여금 기쁨을 금치 못하게 하였다. 동시에 영목중길鈴木重吉, 스즈끼 시게요시 감독의 지도와 주의도 다대했으리라고 추상推想된다. 듣건대 영목鈴木은 이 영화촬영에 있어서 종시 카메라에 붙어 있었고, 연기의 감독은 이李가 맡아했다고 한다. 두 사람의 호흡 일치한 감독의 효과가 이 영화의 전면에 넘쳐흐르는 것도 인식할 수 있다.

이 영화에 대해서 일부에서는 "왜 농촌의 최하층만을 묘사했느냐? 촌락과 주택, 의복 등 출연인물 전부의 궁상을 보는 외국 사람은 반드시 조선인은 야만이라고 하기 쉽게 되었으니, 이것은 해외에 보내지 않는 것이 좋다!"고 하는 불만도 있는 것 같다. 그러나 그로테스크한 노인의 '얼굴'만이 화면에 나타나는 것을 보고서도, 나는 반감을 느끼기는커녕 도리어 화면의 기려奇麗¹⁰한 것을 느꼈다. 사실 그 같은 괴물의 노인에 향하여 호의적 미소를 보낼망정, 추물에 대한 것과 같은 혐오를 느끼지는 않는 까닭이다. 그리고 이 같은 인상은 서양 인종에도 흔히 있는 것이매, 더구나 이것을 민족적 수치라고는 생각하지 않는다. 그리고 그 외의 전반적 궁상도 이 영화의 스토리가 그것을 요구하는 이상 당연한 일이요, 외국인이 조선인은 다 이러하거니 하리라고 그것을 근심한다면, 그것은 영화를 알지 못하는 자류者流[11]의 기우에 불과하다. 이 스토리의 각색은 될 수 있는 대로 단순한 한개의 중심 사건과 인물의 골수로 파고 들어가겠다는 수법이요, 중심 사건을 얽어編되 방계의, 주위의 사건을 풍부히 묘사하는 속裡에서 스토리를 이회理會[12]시키려는 수법이 아니다. 다시 말하면 부호富豪의 가정과의 대조에서 빈가貧家를 묘사하지 않고, 빈가만으로써 빈가를 묘사하려는 수법이다.

요컨대 이 영화는 독獨, 미米 제국諸國에 보내도 민족적으로 부끄럽지 않다. 이 사진에 보이는 사람들이 야만인이 아니고 문명한 사람들이라는 것은 그들의 현대적·이지적 표정, 동작에 의해서, 조선을 모르는 서양인에게도 충분히 인식될 줄로 믿는다. 이 우수한 조선영화를 보게 된 것을 계기로 해서, 이해 있는 기업가의 진지한 사업斯業[13]에의 진출이 있게 되기를 바라면서 그만둔다. 하 04.25

9   보증.
10   뛰어나게 아름다움.
11   별것 아닌 무리. ─배(輩).
12   사리를 깨달아 알아차림.
13   이 사업.

2 수출영화와 현실: 안철영
장혁주, 내도설부(來島雪夫) 씨의
〈나그네〉 평론을 읽고

『동아일보』 / 1937.09.11

이번 「예원동의藝苑動議」란欄14의 주문에는 함구緘口로 침묵을 지키려 했더니, 〈나그네〉를 발단으로 장혁주張赫宙 씨와 내도설부來島雪夫, 키지마 유끼오 씨 간의 격렬한 이론異論이 우리 영화인에게 진실한 문제로서 검토하기에 좋은 연구재료를 주었기에, 몇자 써보기로 했다.

우리는 중국을 배경으로 묘사한 구미歐米영화 중에서, 명랑하고 활발한 건전체健全體의 영화를 못 보았다. 퇴폐 도상途上에 있는 자본주의 속류물俗流物들의 범죄와 향락의 전당으로 엄폐掩蔽15한 암흑가를 제공하거나, 완전히 폐물화한 무능의 관리와 영락하고 무지한 민중의 생활상태의 전형을 폭로하거나, 고전문화를 조롱하며 악용한 원시적 미신숭배의 제諸 형태의 나열과, 구래舊來의 미개한 제 요소의 인습을 쇠퇴한 봉건제도의 분장扮裝으로 표현하여, 은막에서 보는 중국인은 모두가 룸펜, 걸인, 강도뿐으로 당연히 백인의 지배와 통제 없이는 질서를 하루도 유지할 수 없는 스토리로 전개하고 있다. 과연 중국에 관한 탐정소설이나 기타의 문예소설은 혐오할 만한 내용으로 중국에 대한 이데올로기와 인식이 부지불식중 일반 구미인歐米人에게 그와 같이 보급화하고 말았다.

조선을 소개한 차벨Rudolf Zabel의 『고려高麗』16라는 책자를 보아도, 밥상 위에 놓인 식기에 '요강'이 중요한 위치를 점령하고 있는 등, 요절腰折할 만한 진풍경의 사진과 별별 몰상식한 소개문이 수다하다. 구미 영화의 견식이 또한 이런 한위限圍를 초과하지 못하고, 일반 관중의 요구와 흥취가 역시 이런 곳에 집중되어 있는 것이 사실인 이상, 그들 손에서 허위 없고 진정한 의력意力에서 비싸게 평가할 만한 작품이 탄생될 리는 만무하다.

영화제작의 본의가 교묘한 트릭trick에 의해 관중을 도취하게 하는 것이 목표가 아니라, 민중의 일상생활의 관심사와 요구를 취급하여 현실사회의 테마를 가장 진보적인 세계관에서 접근시키며 지도하게 하는 것이라면, 중국을 배경으로 묘사한 진정한 영화는 지리·인종·역사에 관한 특수한 연구도 필요하거니와, 다단한 현실의 제 모순을 분석하며, 중국 민중의 신고辛苦한 생활면을 허위 없이 표현하는 데 있을 것이다.

〈나그네〉의 편극編劇 구성은 어떠했는가? 이제 새삼스럽게 거론할 바는 아니나, 외국 시장에 판로를 얻기 위한 의도에서 제작된 영화라는 것은 틀림없는 사실이다. 즉 영목중길鈴木重吉, 스즈끼 시게요시 씨의 독특한 수법은 종래의 빈약하고 졸렬한 조선영화계의 영역을 떠나 비교적 예민한 관찰과 기술의 성과를 보였으나, 중국은 일본 내지 시장에서 환영받을 사용가치의 이용을 선처善處한 것에 불과하다.

장혁주 씨는 리얼리티에 상반하는 "개념화한 조선"을 영화화한 곳에 통절한 적평適評[17]은 하였으나, 영화 지식이 부족함인지 내도설부 씨 변론에

14　「예원동의(藝苑動議)」는 『동아일보』가 1937년 8월과 9월에 걸쳐 연속으로 기획한 문화 칼럼으로, "조선연예계의 향상과 발전을 위하여 사계(斯界)의 전문가들은 각각 어떠한 주장과 의견을 가지고 있는가. 이에 본지를 통하여 그 일단을 피력하기로 되었다"라는 기획 취지를 내걸었다. 이인선, 정훈모, 김관, 이승학, 박영근(이상 음악), 조택원(무용), 안철영, 김유영, 서광제, 이규환, 안석영, 박기채, 안종화(이상 영화), 박향민, 유치진, 오정민, 이웅, 강정애(이상 연극) 등이 기고했다.

15　가리어 숨김.

16　원제는 *Meine Hochzeitsreise durch Korea wahrend des Russisch-Japanischen Krieg* (1906). 1904년 러일전쟁 취재차 일본에 왔던 독일인 기자 루돌프 차벨이 일본 당국의 취재 허가를 기다리던 중 아내와 함께 한국을 방문했던 기록으로, 한국에서는 루돌프 차벨 지음, 이상희 옮김 『독일인 부부의 한국 신혼여행 1904: 저널리스트 차벨, 러일전쟁과 한국을 기록하다』 (살림 2009)로 번역·출간되었다.

17　꼭 알맞은 평가나 논평.

1930년대 후반 일본의 '조선 붐'과 함께 일본에 소개된 조선영화들
왼쪽 위부터 시계 방향으로 〈어화〉 〈한강〉 〈군용열차〉 〈국경〉

일층 엄정하고 유의의有意義한 해명을 취급 못한 것은 실로 유감천만이다. 전설과 동화에서만 존재할 수 있는 허구를 조선 현대영화에 필연적 조건으로 시인하고 있는 내도설부 씨는, 무엇을 전설영화라 하며 극영화라 지칭할 것인가? 조선의 자연물과 풍속이 현대문화 발전에 병행하여 특수한 상태에 존립하고 있다 해도, 이런 수출영화로 수집한 소재를 간단히 조선 현실과 상반相伴[18]하는 현대영화라 단정하는 것은, 현대 조선을 이해 못하고 소화 못하는 구미인의 흥취나 동일한 정도의 관점을 미면未免[19]한 평론이다.

최근 이규환 씨의 세련된 재능을 추종한다는 것보다 〈나그네〉와 같은 수이출輸移出 영화를 모방하여 보려는 영화인이 많은 모양이다. 흥행성적으로는 성공을 얻을지 모르나 아직도 조선영화의 표준이 확립되지 못한 금일, 현실성에 대한 영화인의 이니셔티브 결함을 노골露骨로 표현하려는 것은 실로 유감이라 아니할 수 없다.

18   서로 짝이 됨. 서로 함께함.
19   아직 면치 못함.

문학과 영화의 교섭
그리고 시나리오

문학과 영화의 관계에 대한 주목할 만한 논의는 조선어 발성영화가 제작되는 1930년대 중반 무렵 등장하기 시작했다. 이광수 원작의 〈개척자〉(1925) 이후 소설을 원작으로 한 영화들은 꾸준히 제작되었지만, 문학과 영화의 매체적 특성에 주목한 논의는 이 시기가 되어서야 본격적으로 전개되기 시작했다. 여기에는 발성영화의 등장이 가져온 파급효과, 프랑스 문예영화의 유행, 일본에서의 활발한 문예영화 제작 같은 요인들이 많은 영향을 미쳤지만, 더 근본적으로는 문학, 연극과 동등한 영화매체의 예술적 위상을 영화인들이 구상했기 때문이다. 영화인들은 '예술로서의 영화'라는 지위를 확보하기 위해, 인접 예술과 중첩되거나 변별되는 영화의 매체적 속성을 이론화하는 전략을 펼쳤다.

이러한 성격의 논의를 가장 활발히 전개한 영화인은 일본에서 영화를 공부하고 귀국한 박기채로, 그는 안석영 원작의 〈춘풍〉(1935)을, 몇년 뒤에는 이광수의 〈무정〉(1939)을 연출할 만큼 문예영화에 많은 관심을 가진 인물이었다. 특히 그는 영화의 특수성을 규정짓기 위해 문학과 영화의 교섭에 관한 여러 글을 발표하기도 했다. 이 장에 소개된 박기채의 글 역시 그의 담론

6　문학작품의 영화화 문제
　　채만식

전략의 한 측면을 잘 보여주는 글로, 문학과 차별화되는 영화제작의 전문
적 층위를 강조함으로써 문인들이 관여할 수 없는 영역을 강조하고 있다.
촬영현장에서 콘티뉴이티(촬영대본)를 잘 따르지 않는 것 같다는 백철의 지
적[1]에 대해 박기채는, 영화제작의 주요한 수단인 콘티뉴이티는 시나리오와
는 또다른 영화제작의 전문적인 영역이라는 점을 들어 반박한다. 박기채에
따르면 이 콘티뉴이티는 "영화의 각 부분적 요소, 즉 회화적繪畵的 요소, 무
도적舞蹈的 요소, 음악적 요소, 문학적 요소, 율동미적 요소에 대한 결정권"
을 가진 시각적 설계도다. 박기채는 문인들이 우월적 위치에서 간섭 가능
한 시나리오 대신, 문인들에게는 생소할 수 있는 콘티뉴이티를 예로 들어
문인들이 대체로 "너무나 문학적인 것을 가지고 영화의 모든 것을 판단해
버리려는 태도"와 함께 "문학적 예술성과 영화적 예술성을 혼동"하는 점을
비판한다. 또한 글의 말미에는 〈무정〉을 제작하면서 문인들과 겪었던 경험
을 이야기하면서 문예작품에서 원작을 가져오는 것은 단지 작품의 주제일

1　백철 「조선영화감독론」, 『사해공론』 제4권 7호(1938.07).

뿐 구체적 내용일 필요는 없고, 시나리오 역시 그 작품의 대의를 살렸나의 여부만이 중요하다고 주장함으로써, 문학과 일정한 거리를 유지한다.

서광제 역시 영화인으로서 박기채와 유사한 입장을 공유했다. '오리지널 시나리오'의 중요성을 강조함은 물론 문학을 원작으로 한 영화에서도 '영화적 각색'이 필요하다고 주장함으로써, 문학과 영화의 교섭에서 영화 예술의 독자성을 강조했다. 물론 영화의 제작 경험이 미약하고 영화 인력이 전문화되지 않은 조선영화계의 상황을 고려하여 문예영화를 '오리지널 시나리오' 영화에 대한 과도기적 대안으로 제시하기도 했다.[2] 그러나 이 장에 수록된 서광제의 글은 박기채보다 더 급진적으로 문학과 영화의 관련성을 부정하고 있다. 이 글이 발표될 무렵에는 시나리오를 연극의 희곡처럼 문학으로 볼 것인가를 두고 문인과 영화인 모두 활발한 논의를 거듭하고 있었는데, 서광제는 말과 글이 주요한 수단이 되는 문학과 달리 이미지가 주요한 수단이 되는 영화의 매체적 특성을 들어, 시나리오는 문학이 아니라는 논리에까지 나아간다. 그에 따르면 "시나리오가 문학이 된다면 영화의 패배이며, 문학이 시나리오에 가까워진다면 문학의 패배"가 된다.

이처럼 박기채나 서광제 모두 비슷한 시기 문학과 관련하여 영화매체의 독자성을 주장하고 있다. 영화인들의 이러한 논의를 촉진시켰던 근저에는 당시 문화장 내에서 문학과 영화 간의 위계를 둘러싼 투쟁이 자리한다. 실제로 1936년 당시 활발히 활동하던 영화인들이 참석한 『영화조선』 기획 좌담회에서는, 영화는 저급한 대중매체라는 문화적 인식 때문에 그들이 문인들에게 겪었던 멸시의 경험이 적나라하게 토로되고 있다.[3]

그러나 다른 한편으로, 영화인들에 대한 문화적 우월감을 일방적으로 견지해오던 문인들 역시 예술적으로 급성장한 영화에 위기감을 느끼고 있었다. 이 위기감을 여실히 보여주는 한 장면은 '문학과 영화의 교류'를 주제로 한 이태준과 박기채의 대담에서 발견된다. 이태준은 문인들 중에서도 여러모로 영화계와 인연이 깊은 인사 중 한명이었다. 그의 단편 「오몽녀」(1937)는 나운규에 의해 일찍이 영화화되었고, 이태준 자신은 영화 〈무정〉의 대사를 집필하기도 했다. 그러나 그는 영화에 대해 "처음에 흥미나 오락 본위여서 활극을 취급하다가, 점점 발달해져 좀더 고급인 것을 만들려고 해서 작가의 것을 취급"하게 되었다고 설명하며, 통속 매체로서 영화의 위치를 분명히 한다. 그의 논리를 따라가보면, 영화는 "거대한 자본이 드는 문화 사업"의 특성상 통속·대중적일 수밖에 없고, 그로 인해 근본적으로 고급예술이 되기 어려운 한계를 지닌다. 이태준은 많은 대중에게 소비되어야 하는 영화예술의 특성을 들어 문학과 영화의 문화적 위계를 강조하고 있는 것이다.

그러나 영화에 대해 '지도적'인 태도로 일관하던 이태준은 대담 도중 다음과 같이 말한다. "소설(산문)은 영화의 출현 때문에 당황하고 있다고 할 수 있는데, 그것은 영화의 간결하고 템포가 빠른 것으로 소설은 따를 수가 없습니다." 이러한 발언은 당시 문인들이 공유하던 위기감을 잘 보여준다. 이태준을 비롯한 문인들에게 영화는 원본의 사상을 담아내기 어려운 저열한 통속·대중 매체에 지나지 않는 것이었지만, 1930년대 중반 수준 높은 유럽영화들이 등장함으로써 이 완고한 문화적 위계에는 균열이 가고 있었다. 가령 많은 지식인들 또한 열광했던 〈망향〉(*Pépé le Moko*, 1937) 〈무도회의 수첩〉(*Un carnet de bal*, 1937) 같은 프랑스 시적 리얼리즘 영화들은 흥미 위주의 통속매체라는 영화적 정체성을 더 이상 유효하지 않은 것으로 만들어버린 것이다.

이 위기감은 조선영화주식회사의 창립기념 작품인 〈무정〉(1939)이 개봉

---

2   서광제 「조선영화의 신세리티: 일년 간 조선영화계총결산」, 『조광』 제4권 12호(1938.12).
3   「영화인 좌담회」, 『영화조선』 제1호(1936.05).

되자 더 고조되었고, 많은 문인들은 〈무정〉을 부정하는 방식으로 대응했다. 먼저 이광수는 박기채의 〈무정〉에 대한 감상을 묻는 기자의 질문에 "영화 〈무정〉은 나의 소설 『무정』의 인물과 스토리의 일부를 빌어서 한 박 감독의 창작"일 뿐이라며, 영화 〈무정〉과 원작 사이에 분명한 선을 그었다.[4] 그리고 〈무정〉이 개봉한 날 밤에 열린 '〈무정〉의 밤' 좌담회[5]에는 김동인, 백철, 이무영, 최정희 같은 문인들이 대거 참석했는데, 이 영화에 대해 비평해 달라는 기자의 질문에 김동인은 "춘원의 『무정』이 아니고 박기채 씨의 〈무정〉이더군요.(일동 웃음)"라는 말로 운을 뗀 뒤, 시종일관 원작 『무정』과 서사적으로 다른 점을 들어 혹평한다. 이무영 역시 원작의 예술미를 살리지 못했다는 비판을 하며, 원작에서 중요한 장면이 영화에서는 빠졌다고 지적한다.

이 장에 소개한 채만식의 글은 영화 〈무정〉에 대한 문인들의 입장과 논리를 잘 정리하고 있다. 채만식에 의하면 소설을 영화화하는 태도는 크게 두가지로 1) 소설을 그대로 스크린에다가 번역하는 것과, 2) 그 소설의 사상만을 차용하는 것이 있다. 그는 1)에 대해서는 "소극적이나 무난하다고 하겠는데, 만일 우리 문학인의 입장에서 본다면 무엇보다도 안심스러운 노릇"이라고 얘기하고, 2)에 대해서는 "원작의 스토리며 디테일이며 사건의 개변첨삭이 있다고 치더라도 사상만이 완전히 살았다고 하면 그다지 큰 불만은 없을 것"이라고 언급한다. 그러나 2)의 경우 중 "곤란스런 이례가 생겨, 그 소설을 통해 작자가 보인바 사상이 아니고 어떤 다른 사상이 그 소설로부터 추출이용 혹은 전연 몰각"될 수 있는데 〈무정〉이 바로 그 경우라고 지적한다. 결국 채만식은 이광수의 소설을 영화화한 〈무정〉의 경우, 그 스토리나 설정은 변할 수 있어도 원작의 중심적인 사상만은 동일하게 유지되어야 한다는 입장인 것이다.

이처럼 문인들은 문예영화를 제작할 때 결코 문학작품의 본질은 훼손되면 안 된다는 태도를 보이고 있는데, 이때 문학의 '본질'은 이광수에 의해서는 "진의眞意"와 "진미眞味"로, 채만식에 의해 "사상"으로 표현된다. 그러나 이러한 표현의 이면에는 공통적으로 통속·대중적인 매체로 위치지어지던 영화로 인해 고급예술인 문학의 위상이 위협받는 것을 경계하는 태도가 자리하고 있다.

그렇다고 문인들과 영화인들의 논의가 상호 배타적인 논리로만 일관되었던 것은 물론 아니다. 이 장에 수록된 오영진이나 백철의 글은 문학과 영화 간의 단순한 우열 논의에 함몰되지 않고, 각각의 매체가 가진 속성을 정교하게 분석함으로써 그 관계를 사유하고 있다. 먼저 오영진은 이태준, 박기채의 대담을 이어받아, 영화에서의 사상성 문제, 심리 표현의 문제를 분석함으로써, 문학과 영화의 상호 관계에 대한 가장 이론적인 접근을 시도한다. 그리고 백철 역시 다른 문인들과는 다르게 문예작품을 영화화하는 데 중요한 '재료'나 '수법' '표현문제'의 차이를 들어 원작에 대한 영화작가의 자유와 개성을 강조한다. 그에 따르면 문예작품을 영화화하는 충분한 자격을 가진 작가는 쥘리앵 뒤비비에가 유일한데, 그 이유는 뒤비비에가 "원작의 내용을 자기 것으로 만든 뒤에는 언제나 뚜렷한 자기 성격을 작품 속에 전형화"했기 때문이다. 이처럼 오영진과 백철은 각각 영화인과 문인이라는 자신의 입장에 얽매이지 않고, 좀더 유연한 관점에서 문학과 영화의 관계를 분석하고 있다.

그리고 이 책에 비록 싣지는 못했지만, 『문장』에는 「공수평론攻守評論」[6]이라는 제목으로 영화인과 문인들의 특집이 기획되기도 했고, 기타 여러 지면에서도 문학과 영화의 교섭 문제에 대한 토론이 지속되었다. 이러한

---

4   춘원 이광수 「영화 〈무정〉으로 공개장, 감독 박기채 씨에게 보내는 글」, 『삼천리』 제11권 7호(1939.06).

5   「영화 〈무정〉의 밤」, 『삼천리』 제11권 7호(1939.06).

논의들은 결과적으로 양 진영이 문학과 영화가 가진 매체의 특수성을 사유하게 하는 데 많은 도움을 주었다. 특히 논의의 행간에서 드러나는 영화인들의 원한과 욕망은 이후, 문화적으로 천대받던 그들이 '최초의 문화입법'이라 불린 조선영화령(1940)을 '기회'로 인식하며 제국의 신체제에 적극 동조하게 된 한 계기였다는 점에서 중요한 의미를 지닌다. (김상민)

---

6   이 특집에는 김남천, 이헌구, 김관, 오영진 등이 문인과 영화인 대표로 글을 쓰고 있다. 글 목록은 '함께 읽으면 좋은 글'을 참조.

─────── 함께 읽으면 좋은 글

I. 시나리오와 문학 관련 논의

1. 박기채 「영화의 문학적 고찰: 시나리오와 문학의 특수성」, 『조선일보』(1936.05.08-12).

2. 이운곡 「시나리오론」, 『조광』 제3권 11호(1937.11).

3. 주영섭 「시나리오 문학과 시나리오」, 『동아일보』(1938.03.04).

4. 오세명 「시나리오 문학관」, 『동아일보』(1939.08.15, 22).

II. 좌담회

5. 「영화인 좌담회」, 『영화조선』 제1호(1936.05).

6. 「영화〈무정〉의 밤」, 『삼천리』 제11권 7호(1939.06).

III. 문학과 영화의 상관성 논의

7. 전용길 「문학에 있어 영화의 독립성」, 『사해공론』 제4권 7호(1938.07).

8. 백철 「문학과의 친화론: 문단인으로서의 일 제언」, 『조광』 제5권 1호(1939.01).

9. 주영섭 「문학과 영화」, 『동아일보』(1939.03.24).

10. 오영진 「영화와 문학의 교류」, 『문장』 제1권 9호(1939.10).

11. 안석영 「영화와 문학의 교류 문제」, 『매일신보』(1940.02.17-20).

12. 박기채 「소설의 영화화 문제」, 『문장』 제2권 5호(1940.05).

13. 김남천 「공수평론(攻守評論): 영화인에게 보내는 글」, 『문장』 제2권 6호(1940.07).

14. 이헌구 「공수평론(攻守評論): 조선영화인에게 ─ 소박한 계몽적 수언(數言)」, 『문장』 제
    2권 6호(1940.07).

15. 김관 「공수평론(攻守評論): 산만한 방언」, 『문장』 제2권 6호(1940.07).

16. 안석영 「공수평론(攻守評論): 조선의 문단인에게」, 『문장』 제2권 6호(1940.07).

1 시나리오와 촬영대본: 박기채
작품태도에 대한 소변(小辯)

『동아일보』 / 1938.09.23-10.01

요즘 내가 주목하고 있는 문예계의 한 현상은 영화에 대한 문단인 측의 관심사다. 아직도 우리의 기억에 남은 예를 들면, 영화화된 〈도생록圖生錄〉윤봉춘 감독, 1938을 중심으로 채만식 씨와 유치진 씨가 대립하여 논쟁을 전개했었는데, 그 논쟁 자체를 보면 결코 찬성할 만한 성질의 것이 아닐지 모르나, 일반적으로 문단 측이 영화에 대해 여러가지로 관심을 가지고 의논을 전개한다는 것은 주목할 현상인 줄로 안다. 더욱 지난 7월호 『사해공론四海公論』 지상에 발표된 백철 군의 「영화감독론」은 영화인들 사이에서 당연히 논의될 만한 필치筆致였다. 나는 이것을 좋은 기회로 문단인과 영화에 관해 느낀 바를 적고자 한다.

백철 군이 문단인으로서 영화감독에 대한 관심을 가지고 고견高見을 피력한 데 대해, 우선 나는 영화에 관심하는 그의 후의를 사謝하고자 한다. 그러나 내가 군의 후의를 사한다는 것은 결코 무조건 백 군의 비평을 수긍한다는 태도는 되지 않으리라. 내가 여기 군의 「영화감독론」에 대해 한마디 감심感心[1]을 적는 것도 그 점에서다. 백 군과 나는 군의 말과 같이 거의 조석朝夕으로 만나는 사이다. 그러므로 일상 교의交誼[2]상에서나 또는 이런 비평형식을 통해서라도 군이 내게 보내는 모든 충고는 언제나 감수할 우의와 아량을 갖고 있는 바다. 그러기에 이번 군의 「영화감독론」에서 내게 대한 여러가지 충고만 해도 나는 군이 말하는 대부분을 별로 비위를 거스리지 않고 그대로 수긍한다. 예를 들면 나의 인간성이나 성격에 대해 백 군이 지적하는 바가 사실이다. 즉 나 자신은 그렇지 않으면서도 의외로 본의 아닌 오해를 받는 경우가 있다. 이는 나의 성격 결함과 수양 부족이 큰 원인이 될지 모르나, 하여간 상대편이 나를 잘 모르는 데서 발생되는 일종의 비극임에 틀림없다. 백 군은 나를 잘 안다. 잘 알면서도 보편적으로서 나의 인간성과 성격을 지적한 데 대해선 나는 도리어 백 군에게 나와의 교의에 진의가 있었던 것을 감사히 여긴다.

그러나 인간적으로 군이 내게 하는 충고는 무슨 말이든지 감수한다고 하더라도, 작품태도까지를 논급한 데 그의 무리하고 무無근거한 지적을 그대로 들어 넘길 수는 없다. 이번 백 군이 나의 작품태도에 대해 말한 중, 작품진행에 있어서 확고한 콘티뉴이티에 의하지 않고 로케 헌팅에 취取하는 것이 많은 것은 작품이 산만해지기 쉬운 위험이 아닐까 운운의 구절이 있는데, 이는 군의 순정한 왜곡이다. 나는 여기서 백 군에게 반문을 하는 것보다도 먼저 콘티뉴이티가 영화제작에서 얼마만한 중대한 사명을 가지고 있는가를 설명해보기로 한다.

한 장면을 묘사하는 데 시나리오의 예상에 의해 콘티뉴이티는 영화의 각 부분적 요소, 즉 회화적繪畵的 요소, 무도적舞踊的 요소, 음악적 요소, 문학적 요소, 율동미적 요소에 대한 결정권을 가지고 있다. 그러면 다음에 한 예로 시나리오를 들어보자.

1. 모기장 속에 가지런히 누운 월화月花와 월향月香은 잠이 들었으나, 월화는 알지 못한 번민 가운데 눈만 말짱스럽다.

2. 월화, 무엇을 결심한 듯이 자리에서 조심히 일어나, 자기 손에 끼었던 옥가락지를 빼어 월향 손에 끼워주면서, 잠든 월향의 뺨 위에 월화[3] 자기 뺨을 갖다 대며 느껴 운다.

---

1   깊이 마음에 느낌.

2   사귀어 친해진 정. 교분.

3   원문은 "월향"이나 문맥상 '월화'가 맞다.

영화 〈무정〉의 장면들

4. 밤 대동강 근변近邊을 묵상을 하며 걷는 월화.

5. 대동강 청류벽 위에 높이 서서 몸을 던지는 월화.

_〈무정〉에서 상 09.23

이상과 같은 시나리오에서는 영화의 각 부분적 요소의 결정권을 찾아볼 수가 없으나, 그러나 이 시나리오에 의한 콘티뉴이티의 작성에 있어서는 완전히 영화적 수법으로서 각 부분적 요소의 결정권을 발견할 수가 있다.

예를 든 시나리오가 콘티뉴이티화되면서 영화의 각 부분적 요소에 대한 결정권을 설명해본다면,

1의 시나리오는 모기장 속에서 자고 또 누워 있는 월화와 월향을 아름답게 보이라고 했다. 콘티뉴이티는 시나리오의 명령에 의해 모기장 속에 누워 있는 월화와 월향뿐만 아니라 그 방 안의 모든 사물까지를 보여가면서라도, 어떻게 하면 아름답게 그 순간의 그 분위기를 살릴 수 있을까! 이를 잘 고려해 결정하는 것이 콘티뉴이티의 회화적 요소에 대한 결정권이며,

2에서 시나리오는 막연히 월화가 무엇을 결심하고 자리에서 일어나, 자기 손에 끼어 있는 옥가락지를 빼어 월향의 손에 끼워주면서 느껴 운다고 했다. 그러나 콘티뉴이티는 어떻게 해야 시나리오가 주문하는 대의를 상실하지 않고 현실적인 동작을 요구해야 할 것인가? 이것을 잘 고려해 결정하는 것이 콘티뉴이티의 무도적舞蹈的 요소에 대한 결정권이며,

3의 시나리오는 밤 대동강변을 월화가 묵상을 하면서 걷는다 했다. 월화는 과연 무엇을 묵상을 하는가? 그 묵상하는 사건을 영화적 몽따주로 표현을 시켜야 할 것인가, 그렇지 않으면 연상에 의한 몽따주를 사용해야 할 것인가를 잘 고려해 결정하는 것이 콘티뉴이티의 문학적 요소에 관한 결정권이며,

또 4에서 시나리오는 월화가 청류벽 높은 바위 위에서 떨어져서 죽는 것

을 표시해놓았으니, 콘티뉴이티는 이 월화의 죽는 순간을 대원사大遠寫로 박아야 할 것인가 근사近寫로 박아야 할 것인가 접사接寫로 박아야 할 것인가, 그렇지 않으면 대원사·근사·접사·대사[4]로 이 도면圖面을 얼마만큼 지속시켜야 할 것인가를 잘 고구考求하여 결정하는 것이 콘티뉴이티의 율동미적 요소에 관한 결정권이며, 또 이 시나리오가 콘티뉴이티화될 때 그 화면에 반드시 음音과 성聲이 있어야 영화적으로 충분한 효과를 발휘할 수 있다면, 영화에 관련된 각 부분적 요소를 돕는 성聲과 음音이라야 할 것이니, 어떻게 해야 이상적으로 성과 음을 버릴 때 버리고 취할 때 취해야 할 것인가를 잘 고려해 결정하는 것이 콘티뉴이티의 음악적 요소에 관한 결정권이다.

여기서는 영화제작에서의 콘티뉴이티의 중대한 임무에 대해서는 좀더 세밀히, 분과적으로 설명을 해야 할 것이로되 이는 다음 기회로 미루고, 우선 콘티뉴이티의 작성에서 제일 중대한 미적 요소에 관련된 각 부분적 요소만을 들었다. 나의 작품태도에서 콘티뉴이티는 나의 작품의 전생명이다. 그러므로 나는 나의 작품진행에 있어서 다른 점에는 미정未整된 점이 있을지 모르나, 콘티뉴이티에만은 자기를 변명해서 하는 말이 아니라 모든 난관을 돌파하면서 최상의 주밀周密한 주의를 가했었다. 중 09.28

만일 설계도가 건축기사의 건축적 생명이라면, 콘티뉴이티는 영화감독의 모든 비밀을 담은 보따리다. 그 안에는 수완도 숨어 있을 것이며, 역량도 숨어 있을 것이며, 기교도 숨어 있다. 그렇기 때문에 〈무정〉 촬영 개시 직전에도 회사 측에서 콘티뉴이티를 공개하라는 청을 받고 나는 이를 거절했다. 영화감독에게 정확한 시나리오를 요구한다는 것은 당연한 일일 것이나, 콘티뉴이티를 요구한다는 것은 그 영화작가적 임무와 콘티뉴이티의 사명을 이해 못하는 소치다. 그러나 나는 나에게만 한한 특유한 일일지 모르나, 나의 작품진행의 모든 비밀, 즉 콘티뉴이티를 카메라맨에 한해서는 공개하고 있다. 그러므로 나의 작품진행 태도를 모르는 외부인은 촬영현장에 있어서 나의 작품진행 태도를 보고 비난하는 일도 있다. 예를 들면 이번 나의 작품진행을 촌산지의村山知義, 무라야마 토모요시 씨가 구경을 하고 나서 그 감상담이 "조선에서는 카메라맨이 카메라 포지션을 결정하느냐"고. 이는 당연히 나의 작품진행 태도를 모르는 촌산 씨로서는 나의 작품진행 태도를 의심할 만한 일이다.

내가 여기에서도 구태여 나의 작품태도를 설명한다면, 나의 콘티뉴이티의 작성에 카메라맨을 참가시킨다. 한 컷의 촬영에 있어서 대사·근사·접사·대주사大走寫 혹은 이동에 의한 그 어느 것을 취해야 할 것을 회화적으로 설명하여 카메라맨에 한해 콘티뉴이티를 제공한 이상, 카메라맨이 촬영현장에서 감독이 액션을 설명하고 있는 동안, 특수한 컷이면 별문제이거니와 회화적으로 설명한 콘티뉴이티 이만한 카메라 포지션의 결정을 할 능력을 갖지 못한 카메라맨이라면, 나는 나의 중대한 작품을 그런 무능한 카메라맨에게 의뢰할 수 없었던 것이다.[5] 나는 본래 자신을 천재라고 믿어본 일이 없고 스스로 자기 비재非才[6]를 잘 인식하고 있기 때문에 콘티뉴이티는 나의 작품의 전 생명이라고 생각한다. 콘티뉴이티를 무시하고서는 나의 재능으로 이 종합적 예술공작을 도저히 감당해나갈 수 없을 것도 자신하기 때문이다. 그러므로 내 딴에는 나의 작품진행에서 콘티뉴이티에만은 세밀한 주의를 가했었는데, 비평가로서 백 군은 나의 이 점을 먼저 이해해야 할

4 　대원사: 익스트림 롱 숏(extreme long shot). 근사: 풀 숏(full shot). 당시 촬영에 관한 자세한 설명은 정종화 「조선무성영화 스타일의 역사적 연구」(중앙대학교 박사학위논문 2012), 219-24면 참고.
5 　원문에는 "할 수 없었던 것"으로 끝나 있으나 탈자로 생각된다.
6 　재주가 없음.

것인데 도리어 비난을 가해서, 나로 하여금 군의 비평정신이 어디 있는지를 모르게 하고 있다.

지금까지 말한 것이 자기변명의 유類가 되어버렸으나 나의 본의는 그게 아니다. 이런 기회에 문단인과 영화에 대해 좋은 의견을 교환해보고 싶은 동시에, 영화를 좀더 높은 각도에서 이해해달라는 것이다. 대체로 문단인과 영화의 문제를 생각해볼 때 문제는 간단하다. 문단인은 너무나 문학적인 것을 가지고 영화의 모든 것을 판단해버리려는 태도다. 물론 영화에 있어서 문학적 요소가 중대하다는 것은 먼저 말한 바와 같거니와, 서로 독립될 예술로서 문학과 영화 사이에는 커다란 거리와 한계가 뚜렷이 있는 것이다. 그중에서도 가장 중대한 것은 영화의 메커니즘이다. 이 영화의 메커니즘이란 연극과 같은 그런 단순한 것이 아니라 한층 기계적이요 복잡한 것이다. 그러므로 영화를 참되게 비판하려면 먼저 영화의 복잡한 메커니즘을 이해하지 못하면 안 된다. 그러나 대개 문학인들은 그런 영화의 복잡한 조건을 무시해버리고, 어디까지든지 자기들의 문학적 주관에서만 이해를 하려는 태도다.

나는 이번 〈무정〉을 제작하면서도 여러 문단인들과 접근을 하고 의견을 교환하여 보았으나, 여기에서도 느끼는 것은 문학적 예술성과 영화적 예술성을 혼동하는 데서 항상 거리가 있는 것 같았다. 예를 들면 원작과 시나리오의 문제를 말할 수 있는데, 가령 영화를 제작하는 데 한 문예작품에서 그 원작을 취하는 것은 주로 그 작품의 주제성일 것이며 결코 그 구체적 내용은 아니다. 그러기에 문예작품으로서 그 원작과 영화화하려는 시나리오를 비교해볼 때도 그 시나리오는 그 원작의 대의를 살렸나? 죽였나? 하는 것이 문제일 것이요, 결코 그 원작 사건이 그대로 구현됐느냐 못 됐느냐 하는 것은 문제가 되지 않는다. 더욱 대화 같은 것에 있어서도 그 원작에 같은 의미로 아무리 좋은 대화가 있더라도, 시나리오에서는 독창적으로 영화적 대화를 준비하지 않으면 문학적 대화는 결코 영화적으로 호흡이 맞지 않는다. 이는 일례를 든 것에 불과하나 문학자로서도 영화에 대한 관심이 좀더 커야 하겠으며, 더욱 욕망을 말하면 영화적인 문학을 요구하는 바다. 하 10.01

2 문예작품과 영화: 서광제
반(反)오리지널 시나리오 문제

『동아일보』 / 1938.10.29~11.06

  세계적 경향으로 최근 순문예작품이 영화화되고 있다. 이것은 두말할 것도 없이 훌륭한 오리지널 시나리오 작가가 배출되지 않는 시대의 과도기적 현상이라고 볼 수밖에 없는데, 또한 영화를 본궤本軌에 올려놓는 유의의한 일이라고 볼 수 있다. 외국은 그만두고 일본 내지만 보더라도 통속소설이나 대중문예작품을 그냥 삽화형식으로 그저 원작의 스토리를 끌어 영화화하기에 몰두해서, 영화적 가치는 물론이고 영화 팬도 또한 십년 동안 이 통속소설과 대중소설의 범람으로 싫증을 낸 지 오래다.

  그러나 급작스럽게 이 통속소설이나 대중소설이 자취를 감춰버릴 리는 없겠지만, 문단에서 순문학자의 신문소설 집필과 단행본의 공세로 최근 순문예작품이 영화화된 것 중의 거의 다 성공을 했으니 〈젊은 사람若い人〉[7] 〈울보 꼬마泣蟲小僧〉[8] 〈태양의 아들太陽の子〉[9] 〈창맹蒼氓〉[10] 〈벌거숭이 거리

---

7   토요다 시로오(豊田四郎) 감독의 1937년 작.
8   토요다 시로오 감독의 1938년 작.
9   아베 유따까(阿部豊) 감독의 1938년 작.
10   쿠마가이 히사또라(熊谷久虎) 감독의 1937년 작. 원문에는 "蒼紙"로 되어 있으나, '蒼氓'의 오식으로 보임.

〈도생록〉(윤봉춘 감독, 1938)의 한 장면(왼쪽)과 뒤비비에 감독(오른쪽)

裸の町〉[11] 등이며, 극極최근 산본유삼山本有三, 야마모토 유우조오 원작의 〈노방의 돌路傍の石〉[12] 등은 오늘날의 일본영화를 세계적 영화 수준에 끌어올리는 데 위대한 역할을 했다고 볼 수 있다.

조선에서 문예작품을 영화화한 것은 춘원春園, 이광수의 『개척자』를 위시하여 수개 작품이 있으나, 어느 것이나 큰 성공을 거두지 못했다. 대체 어떤 작품을 영화화하는 데 매일 신문독자에게 감질나고 재미나는 대중소설을 그냥 삽화적으로, 단지 영화로만 만들어 스토리를 스크린 이미지에 옮겨놓는 것보다는, 순문예작품을 각색자가 소설 원작자와 동등 내지 일보一步 앞선 인생관, 사회관으로써 그 작품의 모티프에서 취재하여 새로운 창의로써 된 시나리오를 영화화한 뒤에 성공이 있는 것이니, 그냥 순문예작품을 영화화한다면 문예작품상 소설로는 성공이나 영화로서는 실패로 돌아갈 것이다.

왜 그러냐 하면 문예작품을 그냥 영화화하는 것이 영화적 성공이 아니라 문예작품에서 무엇을 취재할 것인가에 영화의 성불성成不成이 있는 것이다. 소설 원작자의 인생관 내지 세계관을 완전히 이해하고, 그 작품이 무엇을 말하는가에 원작자가 힘쓴 그것을 꼭 집어내는 각색자만이 순문예작품을 영화화할 수 있는 것이다. 영화가 어째서 순문학작품에 손을 대게 되었느냐 하면, 결국은 영화가 내용을 찾는 까닭에서 온 것이다. 영화가 단지 화면의 움직이는 매력으로는 금일의 예술로 가치가 없는 까닭이다. 1회 10.29

그러면 영화가 내용을 구하는 방법으로 대개 두가지가 있다고 할 수 있는데, 하나는 영화제작을 머리에 두고 쓴 오리지널 시나리오에 의해 구하는 것과, 또 하나는 순문예작품을 영화화한 데서 구하는 것이니, 최근 조선영화의 예를 본다면 〈도생록〉〈어화漁火〉는 전자에 속하고 〈무정〉은 후자에 가깝다고 볼 수 있다.

그런데 여기에 중요한 것은 물론 문예작품을 영화화하는 데 각색자의 문예적·영화적·사회적 교양 여하에 달린 것은 두말할 것도 없지만, 만일 조선에도 프로듀서라는 것이 있다면 그 사람의 지적 교양과 영화적 두량頭量에 의해 그 작품이 두가지로 만들어질 수 있으니, 하나는 아주 원작에 충실한 것(〈진실일로眞實一路〉[13] 〈젊은 사람若い人〉)과, 또 하나는 원작을 경도시켜서 원작을 찌를 만한 새로운 창조가 있는 것(〈벌거숭이 거리裸の町〉〈창맹蒼氓〉) 등인데, 물론 시나리오 라이터가 밟아야 할 길과 또한 노리고 있는 점은 새로운 창조를 바라는 것이다.

또 한가지의 부류는 세계적 천재 감독만이 할 수 있는 원작·각색·감독을 하는 사람이 있는데, 오늘날 세계적 명감독 뒤비비에Julien Duvivier도 샤를 스파크Charles Spaak와 같은 명名 시나리오 라이터와 손을 잡지 않았더라면 세계의 실패한 감독 열에 끼었을 것이며, 오늘날 일본 제일의 내전토몽內田

---

11 우찌다 토무(內田吐夢) 감독의 1937년 작.
12 소설가이자 극작가인 야마모또 유우조오(山本有三, 1887-1974)의 원작을 닛까쯔(日活)에서 제작하고 1938년에 개봉한 영화. 같은 해 『키네마준보오』 베스트 텐에서 2위를 차지했고, 교육부 추천 영화 제1호로 지정되기도 했다.
13 야마모또 유우조오 원작, 타사까 토모따까(田坂具隆) 감독의 1937년 작.

吐夢, 우찌다 토무 감독은 소림정小林正, 코바야시 마사시, 팔목보태랑八木保太郎, 야기 야스따로오 2인의 시나리오 작가의 덕이며, 구구건이溝口健二, 미조구찌 겐지 감독도 시나리오 작가 의전무현依田茂賢, 키누따 시게시마의 덕이 크며, 근년 그래도 도진보차랑島津保次郎, 시마즈 야스지로오이 감독한 것이 볼만해진 것도 지전충웅池田忠雄, 이께다 타다오의 시나리오 덕이다.

그러면 조선영화의 최대의 급무는 물론 거대한 자본의 영화적 설비에 있겠으나 그것은 누구나 통감하는 바니 여기 새삼스레 말할 필요가 없고, 시나리오 라이터와 우수한 감독이 없는 데 기인된다고 볼 수밖에 없다. 프로듀서라는 것은 아직 조선에는 없다 해도 과언이 아니니, 여기서는 금년에 오리지널 시나리오로 영화화된 것을 살펴보기로 한다. 오리지널 시나리오는 문예작품도 아니며 문학도 아니다. 다만 영화촬영을 위해 처음부터 끝까지 쓴 영화각본이다. 그런데 우리는 박기채 씨의「시나리오와 촬영대본」이라는 글 속에서 아래와 같은 말을 읽었다.

"한 장면을 묘사하는 데 시나리오의 예상에 의해 콘티뉴이티는 영화의 각 부분적 요소, 즉 회화적繪畵的 요소, 무도적舞蹈的 요소, 음악적 요소, 문학적 요소, 율동미적 요소에 대한 결정권을 가지고 있다" 하고, "밤 대동강변을 월화가 묵상을 하면서 걷는다. 월화는 과연 무엇을 묵상했는가? 그 묵상하는 사건을 영화적 몽따주로 발현을 시켜야 할 것인가, 그렇지 않으면 연상에 의한 몽따주를 사용해야 할 것인가를 잘 고려해 결정하는 것이 콘티뉴이티의 문학적 요소에 관한 결정권이다."(방점은 서徐)

시나리오는 물론 문학은 아니다. 동경에서 시나리오 문학 운운한 것은 오리지널 시나리오로 가는 데 한개의 과도기적 편법으로 쓰인 말이지, 결코 시나리오가 오늘날 문학으로 성공을 하지는 못했다. 시나리오가 다만

원고지 위에 써졌다고 그것이 문학적 요소를 가졌다면 그것은 문학을 모독함이 심하다. 더구나 영화감독이 촬영할 때 쓰는 콘티뉴이티에 문학적 요소에 결정권이 있다면, 그것은 문학이 되고 마는 것이지 결코 영화는 되지 못하는 것이다.

시나리오는 문학이 아니고 시나리오라는 소이所以[14]는 그것이 영화적 이미지[15]를 솟아내는 것을 갖고 있는가, 안 갖고 있는가에 있는 것이니, 영화적 이미지도 지금까지의 문학이 회유懷有하고 있기는 했으나 그러나[16] 그것은 맹아이며, 시나리오와 같이 솟아내는 것의 전부가 스크린 이미지로 될 수는 없다. 그러므로 토키 시나리오가 다이얼로그에 문학적 요소는 가질 수 있다 하더라도, 하물며[17] 콘티뉴이티가 문학적 요소의 결정권을 가졌다는 것은 시나리오의 인식 부족이다. 영화는 움직이는 사진에서 출발했고 문학은 말과 문자에서 출발한 것이다. 장래 영화가 어떻게 발전하든, 공간을 대상으로 하는 근본 원칙에 변함은 없을 것이다. 시나리오가 문학이 된다면 영화의 패배이며, 문학이 시나리오에 가까워진다면 문학의 패배이다.

순문예작가 보고 소설을 쓰는 데 언제나 영화를 생각하고 쓰라고 하는 감독이 있다면 그것은 영화도 모르고 문학도 모르는 사람이다. 시나리오가 문학이 아닌 예를 아주 작은 데서 든다면, 어떤 사건으로 전개해나가다가 "가정의 단란함 적당히 있고家庭團欒[18]宜敷くあつて" 또는 "봄날의 들 풍경 몇 컷 있고春の野の風景數[19]カツトあつて"(시나리오『전원교향악田園交響樂』에서) 등이 있고 다음 씬으로 가버린다. 2회 10.30

---

14 까닭.
15 원문은 "이메".
16 원문은 "然이나".
17 원문은 "황차(況且)".
18 원문은 "단락(團樂)"이나 오식이다.
19 원문은 "부(敷)"이나 오식으로 보인다.

그러면 감독은 이것을 보고 가정 단란을 그리는 데 주인공의 젊은 부부는 점심을 먹으며 신문을 보고 옆에서는 아이들이 장난감을 가지고 노는 것을 박아도 좋고, 다른 방식으로 가정의 단란한 것을 보여도 좋은 것이다. 봄날의 들 풍경도 그렇다. 만일 문학에, 즉 소설에 "가정은 더없이 단란해서"라는 문구가 있다면 그런 불손한 문구는 없을 것이며, 그런 심리묘사와 사건 전개의 방법은 없을 것이다. 그러나 시나리오에는 이 이상의 것도 있을 수 있다.

영화는 시각적이므로, 좋은 문장이나 미문이 좋은 영화가 안 되는 것은 유치진 씨의 오리지널 시나리오『도생록』에서 우리가 찾아볼 수 있다. 이하는 유 씨의『도생록』에서,

"강姜은 조수潮水에 밀린 나무토막 같다. 등겨[20] 같은 가랑비가 안개같이 언덕을 축이고 있다. 먹물을 뿌린 듯이 흐린 하늘엔 어느새 조그만 틈이 생겼다. 그 사이로 새파란 창공이 얼굴을 내민다. 은빛 햇살이 퍼진다. 천상天上에선 시원한 음조까지 들리는 것 같다. 나뭇잎은 물을 희롱하며 밉살스럽게도 자유롭게 두둥실 떠간다. 태연할 손 산색山色이요, 들리나니 물소리다."

이것은 시나 시조라면 잘됐다고 할지 모르나 이런 시나리오, 더구나 오리지널 시나리오가 세상에 어디 있는가? 또 어느 때는 이런 문구도 있다.

"비스듬한 일각문까지 더 쓰러져 보임은 웬일일고?"라는 의문부호까지 붙인 문구가 있으니, 시나리오가 건축의 설계도와 같다면 의문부호 붙은 설계도로 어떻게 건축기사들이 집을 짓는단 말인가? 시나리오?『도생록』의 스토리의 비현실성을 일일이 적발할 필요와 시간이 없다. 그것은 너무나 영화를 모르고, 시나리오를 모르고, 현실을 모르고 쓴 까닭이다.

그러면 〈도생록〉과 같이 서병각徐丙珏 씨의 오리지널 시나리오에 의한

〈어화〉는 어쨌던가. 이 영화를 내가 보기 전에 동경 영화잡지에서, 〈어화〉는 15년 전의 일본영화라는 비판문을 두어군데서 읽었다. 나는 〈어화〉 시사를 보고 난 뒤에 그 비판문을 전적으로 긍정하지 않을 수 없었다. 그리고 나는 실망을 했다. 조선영화가 일본 내지의 새로운 영화시장을 얻으려는 이때 너무나 연속적인 조선영화의 태작은 장차 조선영화에 재미없는 현상을 갖다주는 것인 까닭이다. 여기서 〈어화〉를 평하려면 영화 수법의 ABC부터 이야기해야 한다. 그러나 여기에는 시간과 지면이 없다.

감독 자신이 원작을 한 것은 아니요, 문학작품을 각색한 것도 아닌, 순수히 영화촬영을 위한 오리지널 시나리오가 이렇다면 우리가 크게 한번 생각해볼 문제가 아닌가? 〈어화〉의 스토리는 여기 말하고 싶지 않다. 그것은 테마가 서지 않은 까닭이다. 영화 수법에 있어 너무나 눈에 거슬리는 것은, 화면 연락과 시간적 관계를 영 모른다. 시나리오 라이터가 작중의 인물을 소개시킬 줄을 몰라, 모두 길에서 우연히 만나 "아, 얼마만이요" "아, 누가 아니요" 하는 식이며, 영화의 중요한 서스펜스는 찾을 수 없으며, 그 전 컷에 시골에서 곧 올라온 농촌 처녀가 그 다음 컷에는 오버랩이나 와이프[21] 하나도 없이 그냥 컷으로, 방에 있던 여자가 백화점을 걸어가는데 머리는 틀어얹고 구두를 사 신었다. 그 전 컷에 정조를 유린당한 여자가 그 영화에서는 불과 시간적으로 수십분밖에 지나지 않았는데 그 여자의 동무가 그 여자를 찾고, 그 여자를 유린한 남자의 친구는 벌써 수십일 전에 그 여자가 기생 된 것을 알고 있다. 정조를 유린당한 시골 처녀가 서울에서 기생이 되기까지 시일의 경과가 얼마나 걸리는지 작자는 아는지? 현실적으로 알면서 영화 수법으로 표현을 못했다는 것이 선의의 해석일 것이다.

20   벗겨놓은 벼의 껍질.
21   와이프(wipe). 영화나 텔레비전에서, 한 장면이 화면 한쪽으로 사라지면서 뒤이어 다음 장면이 나타나는 기법.

농촌 장면에는 그런 것이 더 많았으나, 송죽松竹, 쇼오찌꾸의 도진보차랑島津保次郎, 시마즈 야스지로오 감독이 영화의 스토리에는 관계없는 농촌 풍경의 수數 컷을 여기저기 이어놓아[22] 좀 덜 어색하게 보였으나, 경성 장면에는 시간관계에 집어넣을 컷이 없어서 그냥 내버려둔 모양이다. 확실히 15년 전의 영화 수법을 여기저기서 많이 볼 수가 있었다.

영화가 건전하게 살아나가려면 오리지널 시나리오에 의하지 않으면 안된다. 그러나 세계적으로 오리지널 시나리오의 성공은 조선에서는 바랄 수 없으니, 아직도 전 세계의 영화계는 영화의 내용을 찾기 위해 순문학에서 원작을 구하고 있다. 오리지널 시나리오『도생록』과『어화』의 완전한 실패는 조선영화계에 새로운 커다란 시사가 있을 줄 안다.

그러면 문예작품을 영화화한다는 〈무정〉은, 윤색·각색까지 했다는『삼천리三千里』에 발표된 시나리오『무정』을 보면 소설『무정』의 어댑테이션 adaptation, 각색에 불과하지, 훌륭한 시너라이즈scenarize는 되지 못했다. 그것은 『무정』은 벌써 옛 시대에 속하는 것이며, 거기서 우리가 취재할 것이 없는 작품을 영화화하는 데서 실패가 오지 않을까 생각한다. 3회 11.01

일활日活, 닛까쓰의 〈노방의 돌路傍の石〉의 성공은 두말할 것 없이 원작에 있었다. 일본문화중앙연맹日本文化中央聯盟 후원으로 제작된 임방웅林房雄[23] 원작의 〈목장물어牧場物語〉키무라 쇼또지木村莊十二 감독, 1938는 국부적으로는 좋은 데가 있다 하더라도 그것은 전체적에 대한 아무것도 아니요, 전체로 목장 쟁탈의 서부극에 그쳤다. 영화에서 국부적으로 사람을 움직일 수 있는 좋은 점은 생활의 리얼한 단면을 보여주는 것인데, 그런 부분도 전체적인 거짓 때문에 전부 무너져버리고 만다. 〈어화〉가 전체적인 거짓 때문에 국부적인 리얼한 단면이 여지없이 되고, 〈도생록〉은 말할 것도 없고, 〈무정〉이 만일 창의적인 취재가 없이 콘티뉴이티가 되었다면 같은 길을 밟을 것이다.

작품에는 생활이 있어야 한다. 생활의 근본이라는 것이 무엇인가를 잊어버리고 피상적 관찰로, 어느 때는 그저 술집·요리점·중국요리점 등으로 먹는 것만 보이고, 또 어느 때는 속상한다고 그저 무턱대고 술만 마신다. 이런 것이 조선영화의 태반이다. 현실생활과 예술생활과의 차이를 알아야 한다. 현실생활 가운데는 영화작품 속에 집어넣어도 좋은 것이 있고 집어넣어서 언짢은 것이 있다. 극단의 예를 들면 사람이 죽었는데 죽은 사람을 묶고, 수의를 입히고, 관에 집어넣고 못 치는 것까지 영화로 내놓는다면 누가 그것을 보고 앉았겠는가? 영화는 될 수 있는 대로 불유쾌한 것을 집어넣지 말아야 한다.

원작이 고전적인 때는 일종의 약속이 있는 법이다. 이 약속을 빼버리면 관중은 실망하며 그 영화를 보지 않는다. 예를 들면 『충신장忠臣藏』『금색야차金色夜叉』『불여귀不如歸』 같은 것은 고전적 존재가 되어서 부분적으로는 다소 변경이 있다할지라도 전체적 의도는 조금도 틀리는 바 없다. 촌산지의村山知義, 무라야마 토모요시의 〈춘향전〉[24]이 이 고전적인 약속을 관중에게 줄 수 있을까? 그것은 절대로 안 될 말이다.

그러면 조선영화의 원작은 어디서 구할 것인가? 오리지널 시나리오는 아직 조선에서는 전도요원前途遙遠이다. 오히려 영화감독의 자작 시나리오만도 못하다. 그러나 영화감독의 자작 시나리오는 자기가 자기의 묘혈墓穴

---

22 쇼오찌꾸 영화사와 합작으로 만들어진 〈어화〉의 프린트에는 시마즈 야스지로오 감독이 감수를 맡고 일본인 기사들이 편집·현상·녹음·음악 등의 작업을 담당한 것으로 나온다.

23 하야시 후사오(林房雄, 1903-75). 소설가, 문학평론가. 프롤레타리아 문학활동을 했고 코바야시 히데오(小林秀雄) 등과 함께 『분가꾸까이(文學界)』를 창간했다. 후에 낭만주의적 민족주의로 전향했고 「대동아전쟁 긍정론(大東亞戰爭肯定論)」(1963)을 발표했다.

24 1938년 조선영화주식회사에서 무라야마 토모요시(村山知義) 감독으로 〈춘향전〉 제작을 시도했던 사실을 말한다. 이 제작은 결국 무산되었으나 그 과정에서 많은 논란을 낳았다.

을 파고 들어가는 위험성이 많다. 그러면 우리는 순문예작품에서 영화의 원작을 구하는 수밖에 없다. 이 순문예작품을 영화의 원작으로 구하는 데 각색자나 감독의 지적 교양은 여기 새삼스레(위에 말했으니) 할 필요가 없고, 다만 훌륭한 성격의 소유자만이 작품의 훌륭한 성격을 찾아낼 수는 있는 것도 더 말할 필요가 없다.

순문예작품이 영화의 원작으로 쓰이는 것은 두말할 것 없이 오리지널 시나리오를 쓸 만한 시나리오 라이터가 없는 까닭이며, 혹은 쓰는 사람이 있다 하더라도 그것이 문예작품을 능가할 만한 에센스를 갖지 못한 까닭이다. 오늘의 영화가 스펙터클보다 내용을 찾는다면 순문예작품에 의뢰하는 수밖에 없다.

〈노방의 돌〉의 성공은 원작에 있다. 생활을 이론과 개념의 주형鑄型 속에 집어넣어 연설적으로 구성시킨 것도 아니요, 또한 머릿속으로 날조해 만든 관념적인 생활의 이미지도 아니며, 생활을 망원렌즈로 바라보고 시니컬한 묘사도 아니며, 또한 단지 생활 속에서 그것을 객관적으로 표현해 리얼한 강박성으로 사람을 누르는 것이 아니며, 그저 생활의 가장 섬세한 국부적인 데까지 관철되고, 더구나 어디까지든지 심각한 사랑하는 마음에 충만해 있는 통찰과 생활 속에 성盛히 활동하고 있는 정신에 대한 혼魂으로부터의 공감이다. 그리고 더구나 현실에 한없는 애착을 갖고 있으면서, 그러나 그것을 넘어 생활의 전도前途에 대해 회유懷有하는 강대한 희망 ── 이 가장 새로운 이상을 가진 걸작을 잊어서는 안 된다고, 〈노방의 돌〉을 영화평가映畵評家들은 격찬을 했다. 확실히 〈노방의 돌〉은 일본영화를 일보 더 수준을 올린 영화다. 그것은 원작의 위력이 컸다. 물론 감독의 가장 양심적이요, 원작에 대한 외경의 염念에 충만한 퓨리턴적인 제작 태도에 있었겠지만, 문부성文部省과 협력작품이라 여러가지로 제한받은 것이 많았는데도 불구하고 〈노방의 돌〉의 성공은 원작·감독·배우의 완전한 트리오에 있다고 볼 수밖에 없다.

영화는 성격묘사가 완전하지 못하면 소설의 심리묘사가 부족한 것보다 수배 이상 실패를 한다. 조선 순문예작가의 작품은 오늘의 조선영화의 소위 오리지널 시나리오보다도 아주 멀찍이 앞서 있다. 동경만 보더라도 한 회사에 수십명의 시나리오 라이터가 있는데도, 소학교 생도 풍전정자豊田正子, 토요따 마사꼬의 「작문교실作文敎室」을 원작으로 써서 크게 성공했다.25 오늘의 조선영화가 조선 소학생의 작문만도 못한 내용이 아니라는 것을 누가 보증하랴! 동보東寶, 토오호오의 수십명의 일본 우수의 시나리오 라이터가 소학교 생도의 「작문교실」을 원작으로 썼다면, 그들은 오늘의 영화는 무엇을 만들어내야 하는지 안 것이며, 그것을 끄집어낸 프로듀서는 확실히 명석한 두뇌의 소유자일 것이다.

영화의 개개의 기술문제에 있어서는 본고에는 쓰지 않으려고 하며, 다만 조선영화의 앞으로의 질적 향상은 모방적이 아닌 절대의 유니크한 창조에 있는 것이다. 현실생활을 한층 충실히 잡고 있고, 생활과 순진純眞에 공명하고, 그 생활 속에 장래의 자기를 건설해나가려고 하는 가장 솔직하고 대담한 표현이 없이는 조선영화는 향상하지 못한다. 시나리오 라이터나 감독이 되기 전에 자기의 인생관과 세계관을 갖고, 가장 진실한 태도로 영화를 사랑하고 영화를 연구하는 데서 좋은 작품이 자연히 나온다.

실력의 앞에는 거짓이 없다. 조선영화계에는 너무나 이미테이션이 많다. 이 이미테이션이 조선영화에서 없어지는 날 〈젊은 사람〉〈태양의 아들〉〈노방의 돌〉 등의 작품이 나올 것이다. 좋은 순문예작품이 조선영화에도 훌륭한 프로듀서와 훌륭한 감독 밑에서 한시라도 속히 제작되어 나오기를 바란다. −끝− 4회 11.06

25 　야마모또 카지로오(山本嘉次郞) 감독의 1938년도 영화 〈글짓기교실(綴方敎室)〉을 말함.

3 　문학과 영화의 교류:
이태준·박기채 양씨 대담

『동아일보』 / 1938.12.13~14

우수영화를 제작하려면 문학과의 제휴가 필요

영화제작업자는 원작자를 우대해야 한다

★ 요즘 영화의 선진국인 외국에서는 물론 일본 내지에서는 문예작품의 영화화
　가 대성행을 보고 있는데, 특히 주목되는 것은 그런 문예작품의 영화화가 대
　부분 우수작품이거나 그렇지 않더라도 문제작품이 되는 것이다.

★ 한편 문예부문에서는 영화의 탄생에 자극을 받아 그 표현방식에 큰 변동을
　일으켰는데, 소위 '르뽀르따주'란 것은 문학이 기록영화의 뒤를 따라가고 있
　는 한 현상이라고도 할 수 있다.

★ 이 같은 문학과 영화의 교류에 박차를 가하고 있는 것은 문예작가가 점차 영
　화에 이해를 가져 영화를 위해 작품(시나리오를 포함함)을 쓰게 된 것이다.

★ 이상과 같은 관점에서 조선의 영화계를 보면 아직 큰 흐름으로는 문학과 영
　화의 교류가 나타나지 않았는지 몰라도, 최근에 이르러 차차 그 흐름이 눈에
　띌 만큼 되어간다고 보겠는데, 이런 의미에서 영화 〈오몽녀五夢女〉의 원작자
　요, 〈무정〉의 대사를 집필한 우리 문학의 중견 이태준 씨와 영화 〈무정〉의 감
　독자인 박기채의 대담은 영화계와 문학자와의 상휴相携에 많은 시사를 줄 것
　이라 믿어 8일 양씨兩氏를 본사 누상樓上에 초청했었다.

문예영화란?

　기자(이하 기) 와 주십사 하고서도 화제에 대한 아무 준비도 없어서 죄송합
니다만, 두 선생님 모두 이야기를 많이 가졌을 테니까 서로 화제를 꺼내가

이태준(왼쪽)과 박기채(오른쪽)
(『동아일보』, 1938.12.13)

시면서 말씀해주셨으면 고맙겠습니다. 그럼 문학과 영화의 교류에 직접 관계를 가진 문예에 대해서부터 시작해주셨으면……

이태준(이하 이) 문예영화에는 둘이 있다고 보는데, 작가(문학작가)가 그린 세계를 영화제작자가 영화로써 한 객관적 현실로 재현한 것과, 단지 작가의 작품에서 소재만을 취해 재창조한 것과.

영화가 문예작품을 취급하게 되기는 영화가 처음에 흥미나 오락 본위여서 활극을 취급하다가, 점점 발달해져 좀더 고급인 것을 만들려고 해서 작가의 것을 취급하는 데까지 이르렀다고 볼 수 있습니다. 그러나 문예영화란 현재 대부분이 소설의 삽화처럼 되어 문학에 예속되고 있지만, 영화는 문학을 떠나서도 당당히 존재할 수 있는 것이니까 영화를 위한 '시나리오의 필요론'이 나오게까지 됩니다. 특히 순수영화에 있어서는 문예작품은 필요 없게 되겠지요.

박기채(이하 박) 현재 영화가 문예작품에서 많이 취재하는 것은 현재의 문학이 가진 진실성이 영화인의 그것보다 한보步 나가 있기 때문이라고 생각합니다.

이 그러나 일본 내지의 예를 보면 대체로 신문소설이 가장 많이 영화화되는데, 이것은 대신문大新聞에 실린 소설이므로 선전에 편리하고 또 선전비가 적게 드는 관계로, 문예작품을 영화화하게 되지 않습니까.

박 신문소설은 통속소설이므로 소위 문예영화라고는 못하겠지요. 영업상으로 봐서는 조선영화도 장차 순수문학작품을 영화화할 건지? 통속소설을 영화화할 건지? 망설이게 될 겁니다.

영화 발달 위해서는 통속영화가 필요

이 저는 조선영화의 발달을 위해서는, 문학에 있어서도 그렇지만, '좋은 통속작품'이 많이 나와야만 한다고 생각합니다. 대중은 통속 편이니까요. 조선영화는 처음부터 고급이어서는 관객이 적으므로 경제적으로 채산이 안 되겠지요. 그러니까 '좋은 통속영화'로 팬을 길러 가면서 차츰 고급에로 끌어 올려야 할 겁니다. 영화사업이란, 조선에서는 상당히 거대한 자본이 드는 문화 사업이 아닙니까? 그러니까 먼저 경제적 문제를 생각해야지요.

기 '좋은 통속영화'란 어떤 정도의 것일까요? 예를 들면 최근의 몇몇 좋은 문예영화는 통속작품이라고 보시는지요?

이 거의 전부가 통속영화라 봅니다. 쉬날Pierre Chenal의 〈죄와 벌〉Crime et châtiment, 1935은 아주 좋은 영화인데 지식층에서나 좋다고 했지 일반은 재미없어하지 않았습니까.

박 영화업자도 인텔리를 대상으로 할 건가? 대중을 대상으로 할 건가? 망설입니다.

이 영화회사로서는 '통속' '고급'의 2부를 두어서, 그 어느 편에 맞는 감독인가를 구별해갖고 각기 담당시키는 것이 좋지요. 저희가 만나는 사람은 대부분이 문학 방면 사람인 탓인지 고급한 것을 요구합니다. 문학은 단 한 사람의 독자를 위해서 작품을 쓸 수 있지만, 영화는 대중을 위해서 영화를 제작해야 하지 않습니까.

고급과 통속의 구별

기 이 선생, '고급영화'의 실례를 몇개만 말씀해주셨으면 좋겠는데…….

이 제가 본 것 중에는 〈죄와 벌〉밖에는 모두 통속입니다. 〈밤주막〉*Les bas-fonds*, 장 르누아르Jean Renoir 감독, 1936도 '좋은 통속'에 듭니다. 불국佛國 전위前衛 영화 〈항구에서〉*En rade*, 아우·베르뚜 까바우·깐찌Alberto Cavalcanti 감독, 1927를 봤는데, 저는 퍽 훌륭하다 생각했으나 일부 식자와 일본 내지 평가平家들도 급평急 評을 했습니다. 이것은 근 10년 전 이야기지만 아직 눈이 그리 높아졌다고 보기 힘들지 않아요? 물론 순수영화나 고급영화가 나오기를 바라기는 합니 다만, 조선에서는 여러가지 조건 때문에 힘들지 않을까요.

고급, 통속으로 나누는 데 대해서 영화업자가 고민합니다. 〈노방의 돌〉 같은 것도 실제에 있어서는 지상紙上으로 호평 받는 것을 보고 갔다가 무엇 이 좋은지를 몰라 얼떨떨했다는 사람도 많다니까요.

사상성·심리성과 이야깃거리

이 조선에서는 문예영화를 만드는 데 제한이 많습니다. 제1로 사상성을 표현하기 힘듭니다. 예를 들면 〈죄와 벌〉에서 라스꼴리니꼬프가 전당포의 노파를 죽이는 것 같이 "이런 노파가 돈을 가지고 있는 것은 사장死藏26이 다. 그러므로 죽이는 편이 좋다"라고 하는 내용을 조선에서는 촬영할 수 없 지 않습니까. 그러므로 남아 있는 것은 심리묘사의 중요한 일면인데, 문학 에서는 세밀하게 쓰기가 곤란하나(즉 독자들은 영화 보는 습관으로 그런 곳을 넘 기고 결과만 알려고 듭니다) 영화에서는 할 수 있습니다. 대개 고급영화란 모두

26   활용하지 않고 쓸모없이 묵혀둠.

심리묘사를 주로 한 것이라고도 볼 수 있습니다.

박 영화로서의 심리묘사는 힘들지만 영화제작자의 수완 여하로 됩니다.

이 그리고는 '이야깃거리'가 남아 있는 부문입니다. 심리묘사는 대중성이 없으나 이야깃거리는 반대입니다. 그러나 조선에는 과연 좋은 이야깃거리가 있느냐? 하면 이를 중요시하는 작가가 몇분이 있지만 수가 적습니다. 영화제작자는 어디서 이야깃거리를 찾습니까.

박 적다는 전제에서 말씀하시니까 대답이 어렵습니다. 영화인들은 그렇기 때문에 현재의 문인에게서 그것을 얻어보려고 하는 것입니다. 일반의 수준을 높이는 것이 영화제작자의 의무이므로 문인에게서 그 원료를 얻고자 접근하고 있다고 생각합니다.

문예작품의 영화화

이 문단 측으로 보아도 문인의 작품이 영화화되는 것은 기쁜 일인데, 불만이 있습니다. 어째서 정식포멀formal으로 이야깃거리를 작자에게 구하지 않는가 말입니다. "영화화할 만한 원작 없으셔요?" 하고 묻는 사람은 있습니다만, 이때까지의 작품은 모두 영화화될 것을 생각 안 하고 쓴 것이니까 새로 쓸 수밖에 없습니다. 저의 예로 보더라도 『황진이黃眞伊』를 그저 각색해달라는 사람이 있습니다. 그렇게 하려면 영화공부도 좀 해야 하고, 또 딴 직업 때문에 시간이 없으니 어떻게 합니까. 그러니까 정식으로 영화화할 작품을 요구하게 되면 저도 쓰겠지만, 다른 작가들도 모두 응할 겁니다.

박 그렇지만 거기 약의畧議가 있습니다. 영화화될 것을 의식하면 쓰시는 작품이 달라지겠지요. 그것은 시나리오 라이터의 덕분德分입니다.[27] 상 12.13

현現문인이 가장 영화 각색자 될 소질 많다.
역사 고증에는 서로 일고(一考)할 필요가 있다

각색가와 작가

이 그건 이 편을 너무 올려서 하시는 말씀이고. 아직 조선에는 시나리오 라이터가 없으니까 작가가 가장 시나리오 라이터가 될 수 있는 편입니다. 이 점은 현상소설 응모자의 문장으로 보아 알 수 있습니다. 아직 조선에는 인생을 표현할 힘을 가진 사람이 적습니다. '작가는 표현하는 기술자'라고 볼 수 있는데, 이런 점에서 작가는 시나리오 라이터로 나갈 소질이 많습니다. 또 조선에서는 소설로 밥 먹기는 힘드는데(1년에 장편 1개 이상 쓸 수 없지 않습니까?) 이 때문에 통속소설도 본격적으로 발달하지 못합니다. 그러나 시나리오 작자는 출판업자에게서보다도 영화제작자에게서 좀더 '돈'을 바랄 수 있습니다. 영화제작업자는 한 작품을 제작하는 데 수만원을 들이는 데, 그 1할쯤을 원작자나 시나리오 라이터에게 주는 것이 당연합니다. 원료가 좋아야 좋은 요리를 만들 수 있지 않습니까. 몇천원을 주어 1년에 한개쯤 시나리오를 쓰라고 하면, 아무리 우둔한 작가라도 꽤 좋은 것을 쓸 수 있을 겁니다. 이 점은 영화제작업자가 반성해야 됩니다.

박 옳은 말씀입니다만 판로販路가 좁으니까……

이 아닙니다. 조선에서 한 작품을 만드는 데 드는 돈은 일본 내지 것보다도 도리어 비싸다고도 할 수 있는데, 원료인 원작을 아무거나 택하니까 판로도 늘지 못합니다. 예를 들면 〈춘향전〉을 촌산村山 씨에게 맡겼지만, 수천원을 시나리오 라이터에게 준다면 아무라도 촌산 씨만큼, 아니 그 이상 쓸 수 있다고 생각합니다.

박 저도 그 점 동감인데, 제작업자에게 말해보지요. 『무정』을 제가 택하고도 원작료 때문에 퍽 회사에 대해서 애썼습니다. 아마 회사도 차차 원작의 중요성을 인식하겠지요.

27 '그것(그렇게 쓴다는 것)은 시나리오 라이터이기 때문입니다'의 의미로 생각됨.

〈오몽녀〉(1937)의 한 장면
이태준의 등단작인 「오몽녀」(1925)를
영화화한 것으로 나운규가 연출을 맡은
마지막 작품이다.

영화화에의 불만

기 이 선생의 경험으로 작품이 영화화된 데 대해서 어떻게 느꼈습니까.

이 저의 「오몽녀」가 영화화되었는데, 고인故人인 나운규 씨에게는 미안한 말이지만, 감독이란 머리가 작가보다도 치밀해야 하겠더군요. 또 애욕愛慾묘사 장면도 감독이 작가와 동등한 교양이 없는 때는 너무도 추하게 표현되는 것을 보았습니다.

소위 조선적인 것

기 조선영화의 특이성은 나오는 모든 것이 조선적이어야 할 텐데, 그 '조선적'이라는 것을 그릇 인식한 것이 종래 많지 않았을까요?

이 많습니다. 신협新協, 신쿄오의 〈춘향전〉(연극)²⁸에서도 집 밖에서 방자가 붓는 술병이나 연회 때의 술병이 모두 토속학적(?) 것뿐이고 주전자는 없었는데, 이런 법이 어디 있습니까. 바가지나 담뱃대, 가래침 뱉는 것이라든가, 길옆에 있어야 할 장승을 산꼭대기에 세우는 등 말이 아닙니다. 소위 조선 정서니 정조니 하는 것을 백화점의 '미야게'²⁹같이 해석하는 사람이 너무도 많습니다.

영화적인 것과 문학적인 것

기 영화적인 문학이니 문학적인 영화니 하는 말이 있지 않습니까. 그것을 어떻게 해석할 수 있을까요.

박 시나리오 외에는 영화적인 문학이란 없지 않을까요?

이 그렇지는 않겠지요. 소설(산문)은 영화의 출현 때문에 당황하고 있다고 할 수 있는데, 그것은 영화의 간결하고 템포가 빠른 것으로 소설은 따를 수가 없습니다. 현대의 독자란 얼만한 서술에는 무관無關합니다. 그래서 소설에서는 영화적 수법을 빼오지요. 특히 급박한 장면 묘사 같은 데는 영화수법을 많이 쓰는 것 같습니다. 예를 들면 "나뭇잎, 나뭇잎…… 비, 나뭇잎 떨어진다……" 이같이 쓰면 바람 부는 효과가 나지 않습니까.

각본의 문학성

박 시나리오 문학이 될 수 있을까 하는 말이 요즘 돌고 있지만 저는 확실히 문학이 된다고 봅니다.

이 그렇지요. 극(희곡)이 문학에 들듯, 시나리오는 희곡을 대신하여 문학권 내에 들어오고 있습니다. 영화의 르뽀르따주 성행이 문학에도 르뽀르따주 쓰는 것을 자극한 것을 보면 영화의 힘은 참으로 큽니다.

기 반대로 영화에 있어서 문학적이라는 것은?

이 아까도 말씀했지만 사상성이 빠져나간다면 심리묘사가 가장 문학적인 점이 되겠지요. 환경묘사 같은 것도.

---

28 일본 신꾜오계끼단(新協劇団)의 〈춘향전〉으로, 장혁주가 발표한 희곡을 토대로 무라야마 토모요시(村山知義)가 대본·연출을 맡았다. 1938년 3월 토오꾜오에서 초연 후, 같은 해 10월 25-27일 최승일의 초청으로 경성 부민관에서 공연하기도 했다. 카부끼와 신극이 결합된 형태로 알려져 있으며 같은 시기 조선 지식인들 사이에서도 많은 화제가 되었다.

29 みやげ(土産), 토산품.

역사영화와 고증

이 요즘 조선에서는 역사영화 —〈춘향전〉〈황진이〉〈홍길동전〉〈심청전〉〈장화홍련전〉 등을 찍고 또 찍으려는데, 그 역사적 고증은 어떻게 합니까. 박 선생?

박 이때까지는 대개 영화감독이 아는 한도에서 되는 대로(?) 했지요.

이 절대적 고증이란 할 수 없겠지만 의상이라든가 용어는 참말 큰 문제입니다. 문단에서 가장 고증이 확실하다는 『임거정전林巨正傳』 같은 것도 400년 전이라 하면 『용비어천가龍飛御天歌』와 거의 동시대일 텐데, 그때 말이 『용비어천가』와 같다면 그때의 말을 그대로 쓸 수 없지 않습니까. 그러게 어떤 노인께서 홍洪 선생30은 고증이 틀렸다고 한다구요.

박 그 점 〈무정〉도 문제였습니다. 이 선생님이 잘 써주셨지만.

이 『황진이』를 쓸 때도 무척 애썼습니다. 이전梨專, 이화여전에서는 가사과家事科가 있으면서도 서양인에게 보여줄 옛 풍습의 것이 없어서, 화백 김용준金瑢俊 씨에게 개인 비장祕藏의 고대 풍속도를 그리게 한 것이 50점 있습니다. 이런 점에 영화·연극 단체는 유의해야 할 겁니다. 고대古代 인형을 사둔다거나.

기자 그러면 이만하겠습니다. 고마웠습니다. 하 12.14

4 영화와 문학에 관한 프라그멘트　　　오영진

『조선일보』 / 1939.03.02-11

사상 — 서술, 구성

문학이 시간적이고 청각적인 데 반해 영화는 보다 더 공간적이고 시각적이라고 할 수 있다. 문학은 내향적이요 영화는 외향적이다. 시·소설·희곡 등이 예술형태로서 등장하기 이전, 그 원시적 형태에 있어서 이미 청각적이었고 그 후도 그렇고 지금도 또한 그러함에는 변함이 없다.

과학이 발달하지 못한 옛날, 문학자는 자기네들의 시, 소설을 사적·공적 집회에서 낭독함으로 겨우 작품을 발표하고 전달했다. 인쇄술이 발달된 오늘에도 우리들은 문학작품에 대해 시각적이 아니고 청각적이다. 즉 봄으로써 그 작품을 감상하는 것이 아니고 들음으로써(읽음으로써) 감상·향수한다는 것은 심리학자의 설명을 기다리지 않고도 명백한 사실이다.

모두冒頭[31]에서 나는 영화는 시각적이고 공간적이라고 말했으나 혹은 여기에 대해 반대하는 이가 있을지도 모르겠다. 더구나 토키 이후 영화가 시간성과 청각(물리학적으로 보면 공기의 진동)을 본질로 하는 음의 세계를 극복한지라 그들의 반대에도 일리 없는 바 아니나, 그러나 영화가 소음, 중음衆音, 대사, 기타 미묘한 자연계의 모든 음을 획득한다 쳐도, 그 본질이 일정한 공간에 영사되는 고차원적인 공간을 보는 데 존재한다는 데는 변함이 없다. 만일 영화예술을 청각으로 향수하고자 하는 이가 있다면, 그야말로 문학을 읽지 않고(귀로 듣지 않고) 눈으로 보는 것으로 이해하고자 하는 자의 우매함과 다름없다고 할 수 있다.

문학이 시간적이고 영화가 좀더 공간적이라는, 너무나 잘들 아는 양자의 특성을 여기에 새삼스레 늘어놓는 이유는, 양자의 차이를 숙지하고 있음에도 불구하고 영화에 대해 문학적 서술 내지 묘사를 강요하고, 그것만이 영화를 향상케 하는 듯이 오인하는 이가 간혹 보이기 때문이다. 양자의 특성을 공식적 테제로 하고 그것을 출발점으로 해가지고 영역을 달리하는 양

---

30   『임거정전』의 저자 홍명희(洪命熹, 1888-1968)를 말함.
31   말이나 문장의 첫머리.

예술의 표현, 묘사 수법의 차이를 논하기로 한다. 이하의 글은 영화와 문학 간의 차이를 논함이지 결코 우열론이 아님을 미리 말해둔다.

문학은 언어를 매개로 하는 예술이다. 말語이 문학의 원자적 요소인 것과 같이 카메라로 촬영된 필름 1척齣의 양화陽畵는 영화의 원자적 요소라고 할 수 있다. 물론 말語이 문학의 단위가 아닌 것같이 1척의 양화도 영화의 단위는 아니나, 논술論述의 편의를 위해 단위를 다시 분석하여 그 구성요소인 말語과 필름 1척을 비교해보자.

'집'이라는 말이 있다. 우리들은 이 말로 여러 종류의 집을 연상할 수 있다. 기와집, 초가집, 북구식北歐式, 남구식南歐式 할 것 없이 우리가 보고 들은 집이란 집은 전부 다 이 개념 안에 포함되는 것이다. 그러나 같은 집이라도 이것이 한번 필름 위에 정착될 때는 그 집은 절대적이고 그 이외의 연상은 무의미한 것이 되고 만다.

'쓰러져가는 초가' 집이라는 수식으로 문학에서도 어느정도의 구체성은 가질 수 있으나, 영화에 비할 때는 그 구체성은 너무도 희박하고 추상적이다. 즉 문학은 관념적이요 영화는 구체적이라고 할 수 있으나, 그러면 영화는 구체적이고 따라서 대중적이기 때문에 문학보다 열등한 예술인가? 여기에 대한 결론은 잠시 보류하고 나의 논술을 계속하자.

영화가 구체적이고 직접적이기 때문에, 환언하면 문학이 추상적이고 관념적인 데 반해 영화는 좀더 감각적이기 때문에, 그 가운데 문학에서 보는 듯한 고원高遠한 추상적인 사상을 내포할 수 없다고 생각하는 이가 있다. 복영무언福永武彦, 후꾸나가 타께이꼬이라는 영화비평가는 본래 사상이 없는 영화는 문학작품을 영화화함으로써 겨우 사상을 가질 수 있다는 의미의 변론을 토했고, 이태준 씨는 영화예술의 한계성을 결정하여 가로대 심리묘사를 주로 한 작품만이 고급영화라 했다(이태준·박기채 양씨 대담). 씨는 문예영화는 조선서는 제한이 많으므로 사상성을 표현하기가 곤란하다고 하나, 이 또한 심히 애매모호한 말이다. 제한이란 사회적 제한을 의미함이겠지만 그러면 반反질서적인 역작용을 하는 것만이 사상이란 말인가. 1회 03.02

영화에 사상이 없다는 것은 일소一笑[32]의 가치도 없는 우설愚說이지만, 사상을 서술하는 데 있어서는 영화는 문학에 비해 혹은 불편할지는 모른다. 문학에서는 필요한 경우에는, 소설적 구성을 파괴하지 않는 한, 그중에는 도스또옙스끼와 같은 소설의 구성상의 균형을 파괴하면서까지 장장 수십매에 걸쳐 아무 데서나 작자의 사상을 서술할 수 있다. 문학에서는 작자의 사상이 전면에 그대로 표출해도 눈에 거슬리지 않는다. 이런 서술은 영화에 비해 관념적인 상징예술 문학에서나 가능한 일이다. 구체적인 형상예술인 영화에서는 이와 같은 설명형식에 의한 사상 표현은 불가능한 일이다. 설사 가능하다 치더라도 영화예술의 독자성을 위해 피해야 한다.

그러면 시각적인 영화는 결국 불가시적인 사상을 내포할 수 없는가. 영화는 사상과는 절연하고, 자못 고도한 복잡한 심리현상을 묘사하는 데만 주력해야 할 것인가. 만일 영화는 사상을 내포할 수 없는 열등한 예술이라고 오인하고 경멸하는 이가 있다면, 그의 예술에 대한 인식 정도야말로 불쌍하고 가련하다고 하지 않을 수 없다.

문학과는 표현양식이 다를 따름이지 영화에도 사상이 있다. 문학에서는 인물의 모놀로그 혹은 설명의 형식으로 표현하나, 영화에서는 설명하고 서술하는 대신에 구성한다. 문학에서와 같이 전면에 적나라한 모양으로 노출하는 것이 아니고, 항상 인물의 동작화면의 후방에 잠재하고 있다. 에이젠쉬쩨인의 소위 영화의 제4차원이라는 것은 화면의 배후에 잠재하는 관념계를 가리켜 하는 말이다. 빅또르 뚜린[33]의 '시적 영화언어'도 수數 컷이 모

---

32   한번 웃음, 혹은 업신여기거나 깔보아 웃음.

여 어떤 의미내용을 가진 시퀀스를 형성하고, 시퀀스가 모여 한개의 릴이 되는 발전의 역동성, 분석에서 종합으로, 상극相剋에서 통일로, 통일된 것은 또다시 상극의 요소로 이같이 항상 유전불상流轉不常하는 경로를 밟는 중에 구성되는 '영화의 사상'을 의미하는 것이라고 볼 수 있다. 뿌돕낀, 도브젠꼬 Aleksandr Dovzhenko 등 몽따주 논자가 편집을 스토리의 전후관계를 위한 기계적인 필름의 연계로 보지 않고, 사상과 동등의 위치에 있어서만 존재할 수 있는 시각적 통일, 즉 사상 구성의 최후적 조작으로서 가장 중대시하는 것도 이런 이유에서라고 할 수 있다.

이와 같은 구성으로써 사상을 표현하는 수법은 물론 영화에만 한한 것이 아니고 문학에서도 같은 수법을 발견할 수 있으나, 어느 예술에서보다도 영화에서 가장 특징적이고 가장 효과적인 것은 엄연한 사실이다.

심리 — 주체적, 객체적

영화와 문학의 묘사 수법의 차이를 심리묘사의 예를 들어 좀더 구체적으로 논술하자. 문학, 영화를 막론하고 심리묘사에는 두가지의 방법이 있다고 할 수 있다. 즉 불가시적인 심리현상을 그대로 묘사하는 것과, 잠재적인 심리를 시각적인 대상, 예를 들면 당자當者의 구체적 표출 또는 풍경·소도구 등 가시적 객체에 환치함으로써 현재화하는 묘사방법이다. 전자를 편의상 주체적 심리묘사, 후자를 객체적 심리묘사라고 부르자.

먼저 주체적＝내면성 심리묘사. 이것에 한해 볼 때 문학을 따르는 예술이 없다. 공간적인 조형미술은 공간적 제약 때문에 부단히 추이推移하는 심리의 뉘앙스를 표현하기가 곤란하고, 같은 시간예술인 음악에서도 세밀한 심리묘사는 거의 불가능에 가깝다. 연극에서도 그렇다. 만일 세밀한 심리묘사를 위해 배우에게 긴 내면적 모놀로그를 강제한다면, 그로 말미암아 인물의 심리는 묘사할 수 있을지 모르나, 그 때문에 극 전체의 균형이 파괴될

〈무도회의 수첩〉의 장면들

염려가 있다. 이와 같은 주체적＝내면성 심리묘사는 언어를 매개로 하는 시간예술인 문학에 한해 가장 적당하고 우위적인 수법이라고 할 수 있다.

그러면 영화에서는 이런 묘사는 절대 불가능한가? 문학에서와 같이 치밀한 묘사는 할 수 없을지 모르나, 그래도 영화 독특의 기교를 응용하여 어느정도까지는 효과적으로 묘사할 수 있다. 더구나 토키 이후 음의 세계를 정복하고, 따라서 청각이 영화감상에 적극적으로 참가하게 된 오늘, 이러한 심리묘사의 수법도 그 범위를 넓혔다고 할 수 있다.

가장 단순하고 순간적인 예를 들면 〈태풍 속의 처녀嵐の中の處女〉시마즈 야스지로오島津保次郎 감독, 1932라는 일본영화 가운데 다음과 같은 장면('콘티뉴이티'는 재료가 없으므로 영화 그대로를 게재하지 못했다)이 있다.

★ 능자綾子, 아야꼬(히로인), 춘남春男, 하루오의 아파트의 방문을 연다.

★ 자기의 눈을 의심하는 듯 멍해진 능자의 얼굴.

33 빅또르 알렉산드로비치 뚜린(Victor A. Turin, 1895-1945). 쏘비에뜨 감독. 다큐멘터리 〈뚜르끄십〉(*Turksib*, 1929)으로 일본과 조선에 큰 영향을 미쳤다.

★ 두 눈에서는 눈물이 흐른다.

★ 춘남(능자의 연인)의 방 내부. (포커스) 댄서와 서로 침대 위에서 포옹하고 있던 춘남, 당황히 일어난다. 2회 03.03

★ 춘남(C·U[34]), 눈을 감는다. 구슬 같은 눈물.

★ 이슬 내린 신선한 장미꽃 위를 기는 송충이.

이 영화에서의 포커스 부분은 눈물에 어린 여주인공의 눈으로 본 세계다. 카메라의 렌즈는 여주인공의 눈이 되고 포커스는, 즉 여주인공의 정서를 표출한 것이라고 볼 수 있다. 〈상선商船 테나시티〉*Le paquebot Tenacity*, 1934에서도 남녀 주인공 두 사람이 교외로 산책하는 장면을 포커스로 촬영했으나, 여기서의 포커스는 그대로 두 사람의 화기和氣로운 심리상태를 표출하고 있다.

〈무도회의 수첩〉*Un carnet de bal*, 쥘리앵 뒤비비에 감독, 1937 중 의사(블랑샤Pierre Blanchar 분扮)의 집을 예각적인 카메라 앵글로 촬영했으나, 이것은 병적인 주인공의 신경과민, 이상심리 상태를 표출하기 위한 구도라고 볼 수 있다.

그러나 좀더 복잡한 심리의 갈등, 혼돈한 의식내용을 표현해야 할 경우에 이르러서는 영화는 문학에 지고 만다. 영화에서는 복잡한 심리의 주체적 묘사수단으로 보통 더블 익스포저(이중소부二重燒付)[35]를 사용하나, 예를 들면 오소평지조五所平之助, 고쇼 헤이노스께의 〈살아 있는 모든 것生きとし生けるもの〉1934 중에 다음과 같은 장면이 있다.

고원부사랑高原富士郎, 타까하라 후지로『토키 기교 개론』[36] 소재

★ 주인공. 자동전화 박스에 들어가 보너스 주머니를 여니, 누구의 실수인지 백원이 더 들어 있다.

★ 주인공의 바스트. 주인공의 환영이 화면에 나타나면서 환영의 소리, "너는 그걸 돌려보낼 작정이냐…… 그 백원을 돌리면 대체 얼마나 남느냐"

★ '오십원'이라고 쓰인 종이의 클로즈 업. 환영의 소리, "그걸로…… 생활 해나갈 수 있느냐"

나루세 미끼오

★ 주인공. 생각하며 위를 향하니, 자기 의 환영은 없어지고 사장社長의 환 영이 대신 나타나며 "그러는 동안에 이제 좋은 일도 생기지"(전번에 사장 이 주인공을 향해 하던 말)

★ 사장의 환영 소멸. 주인공, 안심하고 보너스 주머니를 포켓에 넣는다.

이런 것은 너무 많은 예다. 뒤비비에의 〈홍발紅髮〉*Poil de carotte*, 1932에서도 주인공이 제2의 자기인 환영(D·E[37])과 대화함으로써 혼탁한 의식내용, 복 잡한 심리현상을 묘사했다. 이와 같은 묘사 수법은 토키 이후 성행한 것이 나, 이것은 영화적이라기보다도 문학적 묘사 수법에 가까운 것을 알 수가 있다. 성뢰사희남成瀨巳喜男[38]의 〈설붕雪崩〉1937에서는 렌즈 앞에 흑사장黑紗 帳을 내리고 주인공의 긴 내면적 모놀로그, 당자의 심리의 갈등을 묘사했으 나, 이야말로 문학적 서술 설명을 따른, 영화작가의 치욕이라고 해도 과언이 아니다.

카메라의 테크닉 혹은 더블 익스포저, 오버랩으로 영화도 주체적=내면

---

34 클로즈업.

35 이중노출(double exposure).

36 高原富士郎 『トオキイ技巧槪論 : 映畵の文章法』(喜林絢天洞 1935).

37 이중노출(double exposure)을 말하는 듯하다.

38 나루세 미끼오(成瀨巳喜男, 1905-69). 미조구찌 겐지(溝口健二), 오즈 야스지로오(小津安 二郎)와 함께 일본의 대표적인 1세대 영화감독으로 꼽힌다.

성 심리묘사를 어느정도까지 할 수는 있으되, 심리현상이 복잡화하면 할수록 영화의 독자적 성능을 떠나 점점 문학적 서술 설명에 따르는 것은 상술한 바에 의해 명백하다. 즉 주체적 심리묘사에 한해 볼 때 다른 장르의 예술과 마찬가지로 문학에게 우위를 양도하지 않으면 안 된다. 이것은 문학이 관념적이고 영화가 구상적이라는 각자의 특이성을 생각해볼 때, 그 우열은 불가피하다고 할 수 있다. 문학은 주체적 심리묘사에서 그 본령을 여지없이 발휘한다. 그러면 영화의 본령은 어디 있는가. 영화는 객체적 묘사에서 그 본령을 발휘할 수 있다. 문학적인 주체적 심리묘사를 객체적으로, 잠재潛在를 현재顯在로, 불가시不可視를 가시可視로 환치하는 곳에 영화의 본령이 있다. 영화에서는 문학이 따를 수 없는 독특한 수법으로, 문학보다 못하지 않은 정도의 고도한 심리묘사를 할 수 있는 것이다.

영화가 가장 영화적인 점, 객체적＝외면성 심리묘사에 관해 한마디 하자. 문학에서도 선술先述한 바와 같이 물론 잠재적인 것을 현재화할 수가 있다. 제임스 조이스James Augustine Joyce의 『율리시즈』는 어떤 의미로 말하면 심리적 콘티뉴이티라고 할 수 있다. 가시적이 아니면 안 된다는 것이 콘티뉴이티의 절대적 철칙이다. 『율리시즈』는 특이한 예지만, 하여튼 문학에서도 잠재적 심리를 객체적으로 환치함으로써 표현한다. 그러나 이런 묘사 수법, 객체적＝외면성 심리묘사를 한번 영화의 그것과 비교해볼 때, 그 우월성이 어느 편에 있는가 쉽사리 판단할 수 있을 것이다.

주체적 심리묘사라는 점으로 볼 때 영화는 문학에게 그 우위를 빼앗겼으나, 심리의 시각화에 있어서는 공간예술인 동시에 시간예술인 영화는, 그 자체가 가지고 있는 특성, 기교로 넉넉히 문학의 기교, 수법을 능가하고 있는 것을 볼 수 있다. 문학이 제아무리 세밀한 구체적 묘사를 꾀한다할지라도 언어예술로서의 문학은 언어의 제약을 면할 수 없다. 문학에서도 심리작용의 반영이요 표출인 표정을 세밀히 그려낼 수 있으나, 그러나 영화에서와 같이 약동하는 근육을, 이상히 빛나는 안광眼光을 구체적으로, 직접적으로 향수자享受者에게 전달할 수는 없는 일이다. 이와 같은 직접적, 시각적 면이 문학에 비해 농후하다고 하여 그것만으로 곧 영화가 문학보다 뛰어난 것이라고 속단할 수는 없으나, 한 구절의 문구와 그 문구의 내용을 표현하는 화면과를 비교해볼 때 그것에서 얻는 효과 감명은 후자에서 더욱 직접적인 것만은 넉넉히 이해할 수 있다.

신체적 표출에 의한 객체적 심리묘사는 지극히 단순한 경우지만, 심리에는 연기라든가 카메라 테크닉만으로는 표현할 수 없는 복잡한 것도 많이 있다. 그런 복잡한 심리는 어떻게 묘사해야 할 것인가. 3회 03.05

뿌돕낀V. I. Pudovkin은 『영화기교』 『영화감독과 각본론』 등 일련의 논문 가운데 몽따주론을 제창하고 몽따주를 '상징적 몽따주' '암시적 몽따주' '연상적 몽따주' '인상수단으로서의 몽따주' 등으로 분류했으나(영화평론사 映畫評論社 판 『영화창작론映畫創作論』 참조), 이런 몽따주는 영화적 비유라는 의미를 포함한다. 영화적 직유直喩, 암유暗喩로 해석할 수 있다. 즉 어떤 의미와 심리를 그것을 상징하는 것, 암시하는 것, 연상시키는 것으로 대치함으로써 강조·보족補足[39]하고 표현하는 영화적 기교라고 할 수 있다. (물론 몽따주의 사명은 전술한 바와 같이 심리묘사에 그치는 것이 아니다.)

대치代置란 무엇인가. 대치란, 즉 객체적=외면성 묘사를 위한 방편이라고 할 수 있다. 영화는 시각적이고, 또 자연계의 물상物象을 자유로이 선택·채용할 수 있으므로 또한 가장 영화적인 수법이므로, 문학에서는 보통 주체적 묘사의 수법을 사용하는 때도 영화에서는 객체적 수법에 의하는 수가 많다. 〈산송장〉[40]에서는 황량한 쭤쟈Fyodor, 표도르의 심적 상태를 처량한 강

39   보태서 넉넉하게 함.

기슭의 풍경으로 환치換置했다. 풍경 이외에도 작자=주인공=관객의 감정이입의 매개물로 혹은 삼위三位의 감정적 일체화를 위한 소도구의 사용도 객체적 심리묘사의 중요한 수법의 하나라고 할 수 있다. 더구나 최근 토키가 발명되자 이런 수법은 널리 음音의 세계에까지 적용되게 되었다. 영화작가는 풍경, 소도구 등 물상物象의 세계에서와 같이 음의 세계에서도 필요하고 적절한 음을 선택·채용할 수 있는 자유를 얻었다.

★ 어머니가 아들의 시체를 주시하고 있다.(소랭이[41]에 떨어지는 수적水滴[42] 소리)

★ 무거운 침묵에 잠긴 사람의 얼굴(포즈[43] 혹은 물소리)

★ 타는 촛불(흐느끼는 울음소리)

_뿌돕낀『영화창작론』

음과 화면을 대위시켜가지고 인물의 심리현상을 청각적으로 환치할 수도 있고, 일정한 멜로디 음악을 반복함으로써 작품을 일관한 심리적 기조를 표현할 수도 있고, 또는 음악 반주를 라이트모티프[44]로 사용함으로써 심리를 암시·상징할 수도 있는 것이다.

토키 이후 영화는 무성시대의 시각의 제약을 벗어나 청각적 요소를 그 성능 가운데 첨가함으로써 심리묘사의 가능성이 훨씬 확대되었으나 사일런트, 토키를 불문하고 그 묘사가 결코 문학적 묘사·설명·서술이 아님에는 변함이 없다. 이상의 인례引例로도 명백하겠지만(나의 인례에 불만 있는 이는 여기서는 지면상 할애한 뿌돕낀의 영화창작론, 몽따주론에 인용된 예를 일독하여주기를 바란다) 문학과는 달리 영화에서는 분석하고, 종합하고, 구성하고, 건축하는 것으로 심리를 묘사하는 것이다. 영화작가는 자기의 목적 여하로 변경할 수 있는 재료를 먼저 부분 부분으로 분석하고, 동시에 부분 부분을 종합함으로써 좀더 큰 단위를 형성하는 것이다. 분석은 종합을 규정하고 종합은 분석을 규정한다. 부분의 분석으로부터 효과의 종합에 이르는 영화적 구성은 다만 심리묘사에 한한 것이 아니고 영화 전반에 일관한 특징적 성격이라 할 수 있다.

이상으로 문학과 영화의 불가시성, 가시성을 들어 그것과 필연적 관련을 가지고 있는 표현형식, 묘사수법의 차이를 약론했으나, 이것을 다시 요약하면 문학에서는 설명과 묘사가 서로 보족해가며 완전한 표현에 이르는 데 반해, 영화에서는 철두철미 묘사 ——그 수단으로서의 분석, 구성——만으로 비로소 영화적인 관념성을 획득할 수 있다는 일언―를에 그친다고 할 수 있다. 이 점에 한해 볼 때 영화는 어디까지든지 형식주의 예술이요, 영화작가는 형식주의자라고 할 수 있다고 생각한다.

교섭 —— 문예영화

문학과 영화 두 예술은 밀접한 관계가 있을 듯하면서도 이상하게도 이렇다 할 내면적 교섭이 없다. 양자 간에는 결코 희곡과 연극 같은 발생적인 긴밀한 관계가 없다. 더구나 시나리오의 문학으로서의 독립 여부조차 즉결할 수 없는 오늘에 있어서 양자 간의 필연적인 유기적 관계를 지적할 수도 없는 일이다.

혹 어떤 이는 영화의 신속한 장면전환을 문학이 영화에서 배운 수법이라고 생각하고 있으나 이것조차 매우 의심스럽다. 왜 그러냐하면 올더스 헉슬리의 『포인트 카운터 포인트』*Point Counter Point*, 1928 혹은 H.R. 르노르망

---

40   〈산송장〉(*Zhivoy trup*, 표도르 오쩨프Fyodor Otsep 감독, 1929).
41   대야.
42   물방울.
43   소리의 정지(pause). 원문은 "파우제".
44   leitmotif. 음악작품에서 특정 인물·물건·사상과 관련된 반복되는 곡조.

Lenormand의 희곡 『낙오자의 무리』에서 우리들은 쉽사리 시나리오적 수법을 발견할 수 있기 때문이다. 더구나 마르셀 프루스뜨의 『스완가의 사람들』 제1권의 최초의 부분, 조이스의 『율리시즈』는 영화적이요, 콘티뉴이티적이지만 이 작품은 영화적 기법이 아직 발견되지 않거나 보편화되기 전의 작품이 아닌가. 이렇게 연대적으로 볼 때 우리들은 문학에서의 영화적 기법이 결코 영화에서 배운 것이 아니라는 것을 알 수 있다. 문학 가운데 본년래本年來부터 있던 것이 그 자신 일반화하지 못하고 영화의 발달과 더불어, 정확히 말하면 1910년 이후 그리피스D.W. Griffith의 영화창작활동 이후 비로소 보편화하기 시작했다고 나는 생각한다. 즉 문학이 영화에서 역수입했다고 할 수 있다. 4회 03.07

어떤 이는 문학에서 급박한 장면을 묘사하는 데 영화적 수법을 쓴다고 하나(예를 들면 "나뭇잎 나뭇잎…… 비, 나뭇잎 떨어진다"), 이와 같은 서술은, 즉 간결한 문구로 역동적 효과를 내는 묘사법은 영화가, 따라서 시나리오가 세상에 나오기 훨씬 전 옛날부터 시인들이 상용하는 수법이 아닌가. 대전大戰 후 여러 유파의 시인의 작품 가운데 더욱 현저한 예를 볼 수 있다. 이렇게 보아오니 신생 예술인 영화는 그 선배 격인 문학에 대해 하등의 적극적 영향을 주지 못했다고 할 수밖에는 없다.

그러면 영화에서의 문학적 요소는 무엇인가를 생각해보자. 그것은 두말할 것 없이 시나리오다. 영화가 전前 세기 종말 처음 세상에 나왔을 때는 단지 과학상의 한 발명품에 지나지 못했으나, 대중은 발명품으로서의 움직이는 사진에 만족치 않고 움직임의 사건성, 즉 스토리를 요구했다. 시나리오는 여기에 이르러 비로소 탄생했다. 시나리오의 어머니는 영화가 아니고 대중이라고 할 수 있다. 따라서 시나리오에는 무엇보다 대중적인 통속성이 있었고 있어야만 했다. 대중의 특성이요 또한 영화 자체의 원시적 특성이다.

영화의 신기함에 점점 대중이 익숙해지자 그들은 점점 영화의 내용, 즉 질을 문제로 하게 되었다. 1903년 불란서에서 탄생된 '필름 다르'사[45]는 많은 문예영화를 제작, 발표했고 뒤이어 이태리에서도 〈봐디스〉[46]를 위시하여 많은 역사영화를 제작했다. 문예작품의 영화화는 간헐적이나마 금일에까지 연속되고, 또 일면 그로 말미암아 영화의 질도 향상되었다고 할 수 있다.

지금까지 많은 문예작품을 영화화하고 그것으로 어느정도 영화를 질적으로 향상시키기는 했으나, 한편 그것 때문에 일부 지식인의 오해를 초래하게 되었다. 어떤 사람은 전술한 바와 같이 문학이 영화의 유일한 사상적 영양물이고, 문학의 힘을 얻은 후에야 비로소 영화도 사상을 획득할 수 있고, 문예영화만이 고도한 내용을 가질 수 있다는 편견을 가지고 있다. 혹은 영화의 심리묘사를 가장 비非영화적인 문학적 심리묘사와 혼동하고, 심리묘사만이 영화에 있어서 가장 문학적이라는 오류를 범하는 이도 있는 모양이다.

그러면 영화에 있어서 가장 문학적인 것은 무엇인가 하면, 아까도 말한 바와 같이 문학적 표현형식을 취하고 있는 시나리오라고 할 수 있다. 그러나 이것을 한번 내용적으로 볼 때는 영화창작 과정상 한개의 소재로서의 '스토리성' '이데올로기성'이라고 할 수 있다. 근래 문제시되어 있는 문예영화를 들어 생각해볼 때, 가장 우수한 문예영화란 문학의 지배에서 벗어난 것임을 알 수 있다. 뒤비비에가 〈몽빠르나스의 밤〉[47] 〈대지의 끝을 가다〉[48] 등 심농Georges Simenon의 탐정소설 『남자의 머리』, 마꼬를랑Pierre Mac

---

45 필름 다르(Film d'Art). 1908년 설립된 회사로, 이름에서 암시되듯 작가·연출자·연기자·작곡가·미술가 등 엘리트를 끌어들여 예술적인 취향의 영화를 만들었다. 첫번째 작품이 〈기즈 공작의 암살〉(*L'Assassinat du duc de Guise*, 1908)로, 클래식 작곡가인 까미유 쎙상스의 영화음악을 사용했다.

46 〈쿠오 바디스〉(*Quo Vadis?*, 1913)로 생각된다.

47 〈남자의 머리〉(*La tête d'un homme*, 1933). 개봉명은 〈몽파르나쓰의 밤〉.

48 〈라 방데라〉(*La Bandera*, 1935).

Orlan의 『라 방데라』에서 차용한 것은 무엇인가. 결코 사상[49]이 아니다. 즉 문학작품은 영화작가에 대해, 마치 자연에 대한 화가와 같이 그 작가적 정열을 연소시키고 창작심을 자극시키는 소재에 지나지 않는다. 문학에게 최후까지 지배를 받지 않고 문학을 자기의 예술창조를 위해 이용하는 곳에 비로소 순정한 문예영화가 출현하는 것이다. 여기 관해서는 졸고 「조선영화의 시상時相」(『조광』2월호)을 참조해주기를 바란다.

문학작품을 대하는 영화작가의 태도가 초월적인 한, 문학작품의 영화화는 결코 영화의 치욕도 아니고 사도邪道라고도 할 수 없다. 오리지널 시나리오가 문학작품과 비견할 수 있는 정도의 순수한 예술성을 획득한 후라도, 새로운 제재와 시야의 확대를 위해 문예작품의 영화화는 계속할 것이요(불란서의 유능한 영화작가의 현상) 또한 해야 할 것이다. 문학과 영화의 대차貸借[50]관계는 일방적일지라도 결코 영화의 치욕이 아님을 강조하고 졸고를 끝맺는다. (2월 13일) 5회 03.11

5 문학과 영화: 백철
문예작품을 영화화하는 문제

『문장』 제1권 2호 / 1939.03 / 일부

2.

문학과 영화 문제에 대해 그 관계는 어디서 찾아보아야 할까? 불란서의 문예비평가 알베르 띠보데Albert Thibaudet, 1874-1936는 영화가 토키로 된 이후에 그 대사에 있어 문학성을 갖게 되었다는 것을 지적한 것이 있는 듯한데, 이것은 하나의 속단이라고 내게는 보여진다. 현대의 산문학은 낭독하는 문학이나 귀로 듣는 문학이 아니요, 눈으로 보고 묵독默讀하는 문학이다. 그 한에서 토키영화라고 해서 갑자기 문학 요소를 찾을 조건은 없다고 본다. 토키가 된 이후 대사의 역할은 내용을 표현하는 영화적 표현수단이요, 그것은 문학적 요소는 아닐 것이다. 만일 그런 의미에서 문학을 시나리오에서 찾는다면 그것은 별문제다. 특수한 의미에서 시나리오는 장래 하나의 문학적 영역을 차지할는지 모른다. 무엇보다도 시나리오는 우선 읽을 수 있는 것, 문자 서술과 대화와 합부合符로 되어 있는 데서, 그 소재가 문학인 것을 버릴 수 없다. 일전 서광제 군은 예의 논論 중에서 시나리오의 문학을 부인한 의견을 표한 듯이 기억되는데, 혹시 그것도 하나의 속단이 아닌가 생각한다. 서 군은 주로 같은 문자의 표현에 있어 그 표현법이 서로 다르다는 점에 두가지를 구별하는 근거를 둔 듯하나, 문자의 표현형식이라는 것이 근대적인 데 멏으라는 법도 없고, 또 시나리오의 표현이 더 세련되어서 새로운 문학적 표현을 보일지도 모를 일이다. 무엇보다도 비근한 예로 여기서 근대의 연극과 희곡문학의 관계를 볼 때, 연극 자체가 문학이 될 수는 없었으나 희곡문학이라는 것이 특수한 발달을 한 예를 간과하지 않으면, 시나리오 문학의 특수한 문학 영역을 부인하기 어려울 것 같다.

그러나 문제는 문학과 시나리오의 관계가 아니라, 직접 영화화되는 과정에서 그 원작인 문예작품에서 무엇을 가져다가 영화에 중요한 요소를 삼는가 하는 문제다. 여기서 그것은 역시 먼저 말한 바의 문예작품의 내용사상적인 것을 가져다가 영화작품의 미닝[51]을 정하는 것밖에 직접 관계는 없다. 그리고 이때 전자에게서 사상과 의미를 찾는다는 것은 그 작품의 일반적인 내용보다 그 중심 테마 또는 사상의 초점을 적출해서 자기 위에 옮겨놓는 것, 적어도 그 사상, 그 테마가 전형적으로 대변된 부분을 가져다가 자기의

49   원문은 "사성(思性)".
50   꾸어주거나 꾸어옴.
51   원문은 "민잉"으로, '의미'(meaning)를 뜻하는 듯하다.

작품의 중심을 삼고 또 장면을 배치해가는 것이다. 문예작품을 영화화하는 데서 감독은 무엇보다도 먼저 원작에 충실해야 한다고 하는 의미는, 감독이 일일이 원작 내용대로 추종해서 표현하는 의미는 아니요, 그 작품을 원작자의 진실한 의도의 소재所在에서 파악하는 것을 의미한다.

그러기에 작자(감독)가 한번 원작의 의미를 자기 낭중囊中[52]에 넣은 뒤에는, 그것은 어떻게든지 자유스럽게 활용해가도 관계치 않은 것이다. 영화화한 작품의 내용은 외관상으론 일견 원작과 아무 관계가 없어 보여도 관계치 않다. 작자는 원작에서 얻은 테마를 자기가 취급하는 데 한층 적당하고 편의便宜한 장면사건으로 대치할 수도 있고, 또는 그 원작의 사상을 반대로 역용逆用하여 하나의 반대의 결과에서 효과를 내는 경우도 허락되어야 할 줄 안다. 말하자면 원작에서 취할 수 있는 한도까지는 남기지 않고 취하는 것이 원작에 충실한 의미요, 결코 그 이상의 구속을 받을 것은 아니다. 우선 원작과 영화작품의 관계에서 원작에 충실한다는 것, 원작에 대해서 신세리티를 보인다는 뜻을 이상과 같은 의미에서 이해해야 할 줄 안다. 그리고 원작과 영화작품의 양안兩岸을 연결하는 교량은, 주로 그 사상인 모멘트에서 찾아야 할 것은 명백한 일이다.

그 사상적인 것, 테마적인 의미 등을 제외하면 문예 원작과 영화작품 두 가지를 형성하는 소재나 수법이나 형식 어느 것으로 봐도 양자 사이는 공통적인 것이 아니요, 모두가 대질적인 것이다. 문학작품의 재료가 종이와 문자라면 영화작품은 필름과 움직이는 영상으로 된 것이며, 전자에선 단어의 집합, 숙어의 연락으로 성문成文을 한다면, 후자는 컷의 중첩과 이동하는 씬의 교체로 구성되는 것이다.

그러나 문학과 영화가 예술의 딴 양식으로 갈리는 곳은 그런 재료보다도 그 이후, 즉 재료와 수단을 사용하는 역량에서나 성질로나 방향이 모두가 다를 것이나, 그것을 합쳐서 한마디로 양자의 표현법을 구별해 말하면,

문학은 주관적인데 영화는 객관적이라는 것이다. 문학에선 객관이나 주체나 자연이나 사건이나 인물임을 막론하고 또는 그것을 서술할 때나 묘사해갈 때를 막론하고 언제나 그 표현이 주관적인 데 반해, 영화의 표현법은 언제나 객관적이라는 것이다. 자연을 표현할 때나 인물의 성격과 심리를 표현할 때나, 객관적인 것은 영화적 표현법의 철칙이다. 그 과학적인 객관적인 것을 갖고 오늘의 영화는 근대의 사실적인 문예작품은 물론 현대의 심리적인 작품에까지도 임하고 있는 것이다. 서광제 군의 논례論例를 자주 대상으로 들어서 송구스러우나, 군이 문학은 심리를 묘사하는 대신 영화는 성격을 표현하는 것이라는 의미의 말을 한 기억을 하는데, 그 말도 물론 지금까지 영화가 주력해온 한 진실은 지적한 말이겠지만, 이제부터는 영화도 심리적인 세계 또는 환상의 세계를 표현하는 것이 새로운 경지인 것 같고, 또 요즘 우수한 영화작가(감독)들이 대담히 실험을 하여 비교적 성공을 거두는 곳도 그 심리적인 장면인 듯하다. 예를 들면 〈바람 속의 아이들風の中の子洪〉시미즈 히로시清水宏 감독, 1937 중 아버지는 옥중에 들어가고 동생 삼평三平, 삼베이은 시골 숙부집으로 간 뒤에 선태善太, 젠다 혼자서 전에 놀던 습관으로 숨바꼭질을 하면서 삼평을 부르는 장면인데, 그때 선태의 찾는 소리에 "이제 됐어もういいよ ―"하고 대답하는 소리가 들려오는 것은, 물론 실제로 삼평이 대답하는 소리가 아니라 선태가 주관적으로 심리적으로 환상화하여 생각하는 의식의 영화적 표현이다. 최근의 수작인 〈노방의 돌〉 중에서 오일吾一, 오이찌 소년이 그 봉건적인 상점에서 너무 "고스께五助! 고스께五助!"하고 학대를 받았기 때문에 평상시에도 화면을 통해 "고스께ゴスケ!"라는 소리가 들리는 것은, 오일 소년의 심리적인 데서 오는 환각을 영화적으로 표현한 곳이다. 그리고 또 하나는 같은 〈노방의 돌〉에서 오일 소년이

52   주머니 속.

철교에 매달리는 장면인데, 그 철교 앞에 멎은 기차와 함께 그 위를 매진하는 기차를 영화적으로 보인 것은 오일 소년의 심리적인 것을 그린 장면이다. 이런 예들을 합해 금촌태평今村太平[53] 씨 등이 지적한 〈갑옷 없는 기사騎士〉*Knight without Armour*, 1937 중 정신이상이 생긴 역장이 기차가 왔다는 전령傳令과 들려오는 기관차 소리의 객관적 표현 등의 예를 일일이 들면 수다한 것에 달할 줄 안다. 다만 영화에서는 같은 심리라도 그 표현법이 객관적이라는 점에서 문학작품의 심리장면을 접하는 감상과 다를 뿐이다. 또한 그 의미에서 문학과 영화가 대상으로 하는 세계에는, 영화적 표현능력의 장래를 전제하면 질적인 차별을 설정할 것이 없다. 장래에는 현대의 자의식의 문학세계까지 영화의 세계로 될 것을 누구나 자담하고 부인할 수는 없는 줄 안다.

3.

이와 같이 작품의 테마나 그 세계보다도 주로 표현법, 표현력이 다르다는 곳에 문학과 영화의 구별이 있다면, 작자(감독)가 영화적으로 성공하는 비결은 그 객관적인 표현력을 최선으로 활용하는 데 있을 것이다. 그러기에 문예작품을 영화화하는 데 작자는, 첫째로, 원작에 충실하는 동시에, 둘째로는, 자기에 충실하고, 다시 셋째로는, 영화조건에 충실한다는 것, 그 삼위일체를 기期하지 않고는 성과를 거둘 수 없을 것이다. 최근의 평판작인 〈노방의 돌〉의 성공은 전판구륭田坂具隆, 타사까 토모따까의 수완보다도 원작의 진실성에서 온 것이 많았다는데, 그 한에선 전판구륭은 아직 문예작품을 영화화하는 데 성공한 작가는 못된다. 원작에도 충실하거니와 다음은 거기에 자기의 개성이 들어 박히고 다시 영화적으로 통일이 못 되면, 그것은 성공한 작품이 아니다. 그 점에선 내외內外를 합쳐 현대에서 문예작품을 영화화하는 충분한 자격을 가진 작가는 뒤비비에밖에 없다고 할 것이다. 섬세한 감각을 갖고 원작에 경도傾倒하고, 그것을 저작咀嚼[54]하고 소화하는 동시에, 완전히 그 원작의 내용을 자기 것으로 만든 뒤에는 언제나 뚜렷한 자기 성격을 작품 속에 전형화하는 작가이기 때문이다.

4.

이상과 같이 볼 때, 잘못 생각하는 분은 영화작자가 원작에 충실하고 다시 영화에 성실한다는 의미를 제齊와 초楚를 동시에 섬기는 모순된 사실로 보기 쉬울 것이다. 그러나 먼저 말한 바와 같이 원작에 충실한다는 것이 내용적인 것과 사상적인 모멘트인 한, 영화 조건에 충실하는 것이 전자와 모순된 사실은 되지 않을 것이다. 영화적인 조건은 주로 재료나 수법이나 표현문제에 있기 때문이다.

도대체 문학과 영화는 양자가 충돌이 되고 모순되려고 해도 그리되지 못할 관계에 있다. 비록 같은 테마와 의미를 표현하는 데 있어도 처음부터 아예 그 향하는 길이 다르기 때문이다. 나는 먼저 양자의 표현문제에 대해 하나는 주관적이요 하나는 객관적이라는 말은 했으나, 이것은 다시 나아가 양자가 근본적으로 방향을 달리하는 예술적 운명이기도 하다. 문학에서는 근대문학이나 현대문학을 막론하고 언제나 사회에 대한 개인의 문제를 전형화하는 데 있다고 볼 수가 있는데, 영화에서는 그것과 반대로 개인을 무시하는 것, 개인에 대한 사회의 승리, 적어도 그 사회적인 것의 우월을 객관화하는 것이다. 현대의 모든 우수한 영화가 흔히 특수한 주인공을 정하지 않고 군중을 그려가는 것 또는 사회 앞에 개인의 패배를 결론으로 한 것은 간과할 수 없는 엄연한 사실이다.

---

53 이마무라 타이헤이(今村太平, 1911-86). 일본의 영화평론가.
54 음식을 입에 넣고 씹음.

문예작품을 영화화하는 데서 작자는 이상과 같은 의미의 양자의 특성을 명백히 인식한 데서, 영화의 수단을 독자적으로 활용해가는 데 있을 것이다.

6 문학작품의 영화화 문제   채만식

『동아일보』/ 1939.04.06

1.

춘원春園의 원작『무정』을 영화〈무정〉으로 보고서 문득 생각이 난 소감이다. 물론 나는 영화 그것에 대한 이론에 있어서는 전연 문외한이다. 그러므로 이번의 영화〈무정〉이 영화로서 얼마만큼 성공을 했느냐, 또는 어떤 정도로 실패를 했느냐, 더욱이 가부간可否間 그 세부적 테크닉 같은 것에 대해서는 오히려 말하기를 피함만 같지 못한 줄로 생각한다. 그리고 다만 한 사람 문학인의 방장方場으로서, 영화가 문학과 접촉되는 부면部面, 그중에서도 이번의〈무정〉을 보고 나서 영화가 문학작품, 즉 소설을 영화화하는 태도, 그것에 대해 문득 느낀 바를 간단히 토로하는 데 그치려고 한다.

지금[55] 우리네 조선사람에게 가장 사랑을 받고 그리고 가장 많이 읽히는 소설로, 고전에서는『춘향전』이 으뜸이라고 한다면 신문학에서는 춘원의『무정』이 그럴 것이다.『춘향전』은 우리가 그 스토리는 물론 어떤 대목은 문구까지도 구송口誦할 수 있도록 잘 알고 있다. 그러나 그러면서도『춘향전』을 다시 읽고 싶은 때가 있고 그래서 읽을라치면 여전히 즐겁고 싫증날[56] 줄을 모른다. 또 그것을 우리는 오래전부터 '협률사'라든가 요새 같으면 창극이라든가 또는 신극의 형식을 통해 몇번이고 보아왔지만 그러나 어느 때 다시 그것을 보아도 전과 다름없이 반갑고 역시 싫증날 줄을 모른다.

그것은 마치 셰익스피어의 『햄릿』
등 그의 여러 작품들이 전 세계 여러
사람들에게 두고두고 꾸준히 사랑을
받고, 그리하되 조금도 그 인기(라고 하
면 속俗스런 형용이겠지만)가 축지지 않
는 것이나, 또 위고의 『레미제라블』이
불란서 자국 내에서만 거듭 일곱번째
나 영화화가 되어도 여전히 반갑게 환
영을 받는 것과 일반인 것이다. 그리
고 그것은 『춘향전』이 『햄릿』이나 『레

채만식

미제라블』이 그렇듯이 스스로 영원한 예술적 향기와 생명을 가진 때문임은
물론이다.

이런 의미에서 춘원의 『무정』도 그렇다. 물론 『무정』의 가치와 인기를
『춘향전』이나 더욱이 셰익스피어의 『햄릿』 같은 것과 동일선상에 올려놓고
서, 그의 독자층의 넓이나 수효라든가 그들에게 사랑받는 심도라든가를 비
교한다면 오히려 『무정』 자신이 억울한 씨름이라고 불평일 것이다. 그러므
로 『무정』의 장자長者적인 지위는 조선에 그리고 신문학에 국한이 되는 것
이고, 그런 한 과거 30년간 많이 생겨난 여러 신문학작품 가운데서는 『무
정』의 지위를 덮은 자 없을 것이다. 아무튼 그리하여 『무정』은 우리네에게
아직껏 싫증남이 없이 즐거운 문학이요, 그런 만큼 그가 영화로서 우리네
앞에 나타날 때는 한 새로운 즐거움이 솟아나지 않을 수 없는 것이다. 소설
『무정』을, 영채英彩나 형식亨植이를, 이번에는 종이에 찍힌 활자가 아니라

55   원문은 "시방".
56   원문은 "실혀날".

움직이고 말을 하고 하는 그림으로 스크린에서 만날 수가 있다는 것, 그것은 분명히 즐거움이 아닐 수 없다.

이것만으로도 『무정』은 한번 영화가 됨직한 조건을 넉넉히 지니고 있다고 할 수가 있는 것이다. 그러나 영화 〈무정〉이 소설 『무정』의 사상과(광의의 사상을 가리킴이요, 이하도 그렇다) 표정을 어떻게 닮아가지고 나왔느냐? 즉 서두에서 말한 것대로 영화 〈무정〉은 어떤 태도로 소설 『무정』을 영화화했느냐? 하는 것이 내가 이야기하고자 하는 문제의 초점이다.

2.

미흡한 견해일지 모르겠으나 한 영화작가, 즉 연출자인 감독이 어떤 소설을 영화화하는 태도는 우선 두가지로 나누어볼 수가 있다고 생각한다. 즉 그 "소설을 그대로 스크린에다가 번역하는 것"과 "단지 그 소설의 사상만을 차용하는 것"의 두가지다.

어떤 영화작가는 경우에 따라 그 소설이 가진 세계를, 소설이 문자로 기록했던 그대로를 갖다가 화면과 음향 및 언어로 스크린 위에다가 재생을 시켜 그 소설의 사상이 스스로 살도록 한다. 이런 경우에 영화작가는 한 사람의 충실한 번역자에 불과하고, 따라서 그 영화는 순전히 그 소설의 영화적 수단에 의한 번역품인 데서 더 나아가지를 않는다. 소극적이나 무난하다고 하겠는데, 만일 우리 문학인의 입장에서 본다면 무엇보다도 안심스러운 노릇이다. 불안이 없고, 그 대신 작자 자신이 일찍 머릿속에서 창조하여 활자로 기록했던 세계와 인물이 실제의 영상과 음향 및 언어를 가지고 직접 시각과 청각적인 것으로 재현되어 보다 더 효과적으로 관중에게 어필할 수 있다는 것은, 아무려나 반갑지 않을 수 없는 것이다.

이와 같은 태도는 그러나 드물고 오히려 과거 무성영화 시절에 흥왕興旺했던 듯싶다. 그리고 토키 이후는 전기前記 중 그 후자의 태도가 단연 우세하여(가령 『죄와 벌』 같은 것만 하더라도) 영화작자는 원작인 소설의 사상만을 빌려다가 그 소설이 가지지 않았던 세계와 인물을 도입도 하고 또는 스토리를 개변도 하여 그러하되 그 사상을 잘 살려놓는다. 이것이 토키의 새로운 예술로서의 중요한 성격의 하나라고 하는데, 문학인의 입장에서 볼 때는 욕심이 미흡하지 않은 것은 아니나, 원작의 스토리며 디테일이며 사건의 개변첨삭이 있다고 치더라도 사상만이 완전히 살았다고 하면 그다지 큰 불만은 없을 것이다.

　그러나 문제는 거기에서 그치지를 않고 더 나아가서 곤란스런 이례異例가 생겨, 그 소설을 통해 작자가 보인바 사상이 아니고 어떤 다른 사상이 그 소설로부터 추출이용抽出利用, 혹은 전연 몰각이 되는 경우가 없지 않은 것이다. 이런 경우가 소설의 원작자에게는 가장 의외로운 경우겠는데, 가령 이번의 영화 〈무정〉은 아무래도 그런 것이 아닌가 싶다. 우리가 생각할 때 춘원의 소설 『무정』은 인정세사의 한 무정한 단면, 즉 하나의 생활을 통해 1910년대의 젊은 제너레이션의 시대적 동향을 보인 것이 아닌가 생각한다. 그리고 거기에 『무정』의 생명이 있는 것이라고 할 수가 있을 것이다. 그런데 영화 〈무정〉은 무엇보다도 시대가 그대로 현대로 바뀌어졌다. 그리하여 춘원이 『무정』에서 의도한바 사상은 전연 보여짐이 없고, 다만 인정세사의 어떤 무정한 단면만이 전면에서 흐르고 있다. 물론 그것 한가지만으로도 영화적으로는 소설 『무정』의 이름 밑에서 성공이라고 할는지 모르겠다. 또 현대의 특수한 객관적 조건이 영화 〈무정〉으로 하여금 그렇듯 소설 『무정』의 사상을 '오미트'[57] 시켰을는지도 모른다.

　그렇다면 상관없거니와,[58] 그러므로 이번의 〈무정〉은 가령 그런 제약 하

57　omit. 빠뜨리다, 누락하다.
58　원문은 "한무내하(恨無奈何)어니와".

에서 생겨진 예외라 하기로 하더라도, 앞으로 소위 문예영화라는 것이 상당히 득세를 할 기세가 보이는 이때에, 일반으로 영화작자의 대對 문학작품의 태도는 매우 책임 있는 과제가 아닌가 생각한다.

예술과 상품 사이의 거리:

영화산업의 기업화 문제

영화는 예술적 의지를 표현하는 수단이기에 앞서 국가와 민족, 문화의 경계를 넘나들며 관객들에게 소비되는 문화상품으로 존재해왔다. 영화에 대한 높은 관심에도 오랜 기간 동안 조선인들이 창작의 영역에서 배제될 수밖에 없었던 근본적인 이유는 기술과 자본이 집약된 영화라는 상품을 제작할 수 있는 산업적 기반이 부재했기 때문이었다. 복제 미디어로서 영화는 "기업적으로 상품화"된 이후에는 "그 시장을 한 도시나 한 국가에 국한하는 것이 아니고 전 세계를 상대"[1]로 하기에, 영화를 제작하기 위해서는 첨단의 기술력을 지향하는 시장의 요구를 충족시켜야만 했다. 발성영화의 등장과 함께 무성영화가 '낡은 것'이 된 이유는 무성영화의 내적인 표현양식이 고갈되어서라기보다 침묵하는 영화가 관객들에게 더 이상 새로운 종류의 감각적 쾌락을 제공할 수 없었기 때문이다. 스크린에서 흘러나오는 사운드를 경험한 관객들에게 무성영화의 침묵(혹은 변사의 소란스러움)은 귀에 거슬리는 이물異物로 인식되기 시작했으며, 그 결과 영화는 스스로 말하는 것talkie이 되어야만 했다.

조선에서도 "토키가 아니고서는" 영화가 "영화로서의 생명을 갖지

못"[2]하는 시대가 도래하자, 영화인들은 무성영화시대의 짧은 황금기를 뒤로하고 발성영화 제작에 사활을 걸 수밖에 없게 되었다. 그러나 문제는 발성영화에 대한 기술력을 확보하는 것보다 이를 상품화하고 안정적으로 재생산할 수 있는 산업적 기반을 구축하는 것이었다. 발성영화를 원활하게 제작하기 위해서는 무성영화의 수배에 달하는 제작비뿐만 아니라 촬영소 및 현상소 같은 설비시설에 투자할 막대한 자본이 필요했다. 따라서 발성영화의 안정적인 재생산 구조를 확립하기 위해서는 제작에서부터 배급, 상영에 이르는 전 과정을 통할統轄할 수 있는 산업적 체계가 갖춰져야만 했다.

영화산업의 기업화 문제가 담론장에서 활발히 제기된 것은 이러한 시대적 흐름 속에서였다. 물론 기업화에 대한 영화계의 요구는 간헐적이나마 줄곧 있어왔다. 하지만 발성영화로 전환한 이후에는 조선영화의 존폐와 직

---

1   윤봉춘 「영화발전책: 자본, 예술, 배우」, 『조광』 제5권 1호(1939.01), 109면.
2   서광제 「조선영화와 '신쎄리티': 일년간 조선영화계 총결산」, 『조광』 제4권 12호(1938.12), 68면.

결된 현안으로 급부상했다고 할 수 있다. 담론적 실천이 실질적으로 영화
산업의 기업화에 얼마만큼 영향을 미쳤는지는 규명할 수 없으나, 새롭게
재편된 담론 환경 속에서 영화의 존재방식을 이해하는 새로운 틀이 설득력
을 확보하고, 그것이 조선영화란 어떠해야 하는지를 되묻는 물음과 교차하
는 장면은 조선영화계가 기업적인 시스템으로 변모해가는 과정을 이해하
는 데 중요한 단서를 제공한다.

폐일언蔽一言 하고 조선영화가 영화예술로서의 본질을 탐구하고 대중의 품속에
안기게 되어서 조선영화인도 한때를 보게 되려면 한시라도 바삐 좋은 기업가가
나오지 않고는 도저히 불가능한 일인가 한다. 어느 한편의 영화가 기술자의 손에
서 빚어 나올 때까지 예술의 형틀을 쓰고 나와서는 대중의 품속에 들어갈 때에 일
종의 상품으로 취급이 되어 기업가의 손을 거쳐야 할 것이고 기업가의 손으로는
다시 그것의 운용으로 또다시 제작비가 기술자에게 들어와야 할 것이다.3

이규환은 "영화가 기술자의 손"에 있을 때까지는 "예술의 형틀을 쓰고"
있지만, 영화가 관객들에게 상영이 될 때는 "일종의 상품으로 취급"되어야
함을 주장한다. 이는 조선영화계의 제작 관행을 극복하고 "제작비가 기술
자에게 들어"갈 수 있는 시스템을 구축할 필요성을 전제한 주장이었다. 그
리고 조선영화계에서 그런 역할을 담당한 주체는 "기업가"로 명명되는 새
로운 제작 주체였다. "영화제작을 하는 데 자본을 제공하는 자본주"는 자신
이 영화의 주연을 맡는 것을 목적으로 했고, "제작자는 이에 응하여 비양심
적 괴태怪態를 연출하였던"4 것이 조선영화의 제작 관행이었다면, "기업가"
는 분명 "자본주", 이른바 '전주錢主'와는 다른 방식으로 호명된 제작 주체
였다. 기존의 조선영화계가 시장관계를 초월한 문화예술 혹은 투기자본에
의한 단발성 흥행물로 영화를 이해하는 데 그쳐온 반면, 발성영화로 전환

하면서 담론장에서는 산업적 기반 위에서 조선영화의 존재방식을 고민하는 시도가 진지하게 제기되었던 것이다.

조선의 영화산업이 영화라는 상품을 안정적으로 재생산할 수 있는 구조로 전환해야 한다는 담론을 주도해간 것은 일본의 제작 시스템을 경험하고 돌아온 영화인들이었다. 그러나 이들은 조선 내외의 시장에서 영화가 배급되고 상영되는 현실적 상황에 대한 이해가 부족했다. 영화산업의 기업화가 제조과정의 표준화와 분업화, 전문화를 지향하는 포디즘Fordism을 영화 생태계 전반에 도입하는 것이었다고 한다면, 이들 영화인에게 조선영화계가 처한 식민지적 조건이 세밀하게 고려되지는 못했던 듯하다.

이 장에서 소개하는 최장의 글은 조선영화의 기업화에 관한 담론상 변화를 가장 명확하게 보여주는 글로서 실증적인 자료를 토대로 기업화 문제를 전면적으로 다루고 있다. 광산사업가 최남주가 '조선영화의 제2단계'를 주창하며 조선영화주식회사의 창립을 준비하던 시기에 발간한 기관지『조선영화』(1936)에 「조선영화 기업론」이라는 제목으로도 게재된 이 글은, 조선영화계가 나아가야 할 실천적 방향성을 제시함과 동시에 새로 출범하는 영화기업의 산업적 비전을 구체적으로 보여준다. 최장의 진단에 따르면, 영화는 이데올로기를 구현하는 예술이기에 앞서 막대한 자본이 투자되어 이익을 실현하는 고도의 산업화된 영역에 속한 상품이었다. 글로벌한 자본의 유통 속에서 영화산업은 그 규모가 점차 커지고 있고, 미국 같은 고도의 산업화된 국가에서는 이를 성장시키기 위해 "고도의 자본주의적 독점형태"를 갖춰왔다는 것이다. 특히 발성영화로 전환하며 영화산업은 전기·축음기 산업 같은 인접 산업 영역과의 트러스트를 통해 규모를 확대해온 만큼, 그

---

3   이규환 「영화구성과 기업가」, 『동아일보』(1937.08.19). 강조 및 밑줄은 인용자.
4   박기채 「조선영화 제작상의 현실적 문제를 말함」, 『조광』 제2권 8호(1936.08).

에 대한 자본투자액은 더욱 증가할 수밖에 없었다. 고정자본의 비율이 증대되는 방향으로 영화의 산업구조가 재편됨으로써 영화는 더 이상 "예술문화적 방면"만을 고집할 수 없게 된 것이다. 변화한 시대적 조건 아래 조선영화계의 기업화는 이제 선택의 문제가 아니라 존속을 위해 반드시 성취해야 하는 과제였다.

이 글에서 내용적 측면과 함께 주목할 것은 영화시장의 규모를 추산하는 데 검열 통계자료를 인용하고 있는 점이다. 이는 영화산업 자체가 행정 당국의 영화정책과 긴밀하게 연동되어 있음을 보여주는데, 역설적이게도 조선영화의 기업화에 대한 현실적인 비전 또한 식민 정부인 조선총독부의 영화 통제 정책 없이는 상상되기 어려운 것이었다. 즉,「영화기업의 장래」를 통해 제시된 영화기업의 낙관적 전망은 '외국산 영화'의 상영을 통제하는 시행세칙이 포함된 '활동사진영화취체규칙'(1934)이라는 '영화 국책'이 실효를 거두는 시대적 조건 아래서 가능한 것이었다. 이 장의 '스크랩'에는 총독부 도서과장으로 재직하면서 이 규칙을 입안했던 시미즈 시게오清水重夫가 일본 귀국 후 남긴 글을 수록했다. 시미즈에 따르면, '활동사진영화취체규칙'은 조선에서 서양 영화, 특히 미국영화의 영향력을 약화시키고 '국산國産 영화 산업'을 활성화하려는 목적에서 실시된 것이다.[5] 1935년 한해 동안 조선에서 상영된 영화 중 "일본 내지 제작영화가 6할 9분"을 차지했던 것은 당국의 영화정책이 반영된 결과라고 할 수 있다. 조선영화의 기업화를 낙관한 많은 이들은 이렇게 국산 영화의 비중이 높아지는 과정에서 '조선영화'의 성장도 기대할 수 있다고 보았다. 그 '국산'의 범주에 조선산朝鮮産도 포함될 것이기 때문이다. 식민지의 영화가 식민정부가 실시하는 '영화 국책'의 수혜를 입을 수도 있을 것이라는 기대가 조선영화의 기업화에 대한 열망을 더욱 달아오르게 했다.

또한 최장이 조선 영화기업의 장래를 낙관할 수 있었던 것은 발성영화가

환기시키는 '민족(어)의 경계'가 조선영화에는 오히려 유리하게 작용할 것이라고 보았기 때문이다. 최장은 최승희를 내세워 일본인들의 '조선 취미'를 공략했던 〈반도의 무회半島の舞姬〉(신꼬오키네마, 1936)의 실패를 '조선영화는 조선인에 의해 만들어질 수밖에 없다'는 그 특이성을 입증한 사례로 읽었다. 그래서 영화산업은 일본 자본에 의해 황폐화되는 여타의 산업과는 다른 특이성을 지니고 있다고 주장했다. 이제, 조선영화의 기업화 문제는 실현 가능성의 문제가 아니라 시기상의 문제로 전환된다. 물론 이 같은 낙관적 전망은 민족어의 경계를 넘어서는 여러가지 번역 장치와 영화의 생산과 소비를 둘러싼 다양한 사회적 힘을 간과했다는 점에서 분명한 한계가 있었다.

관념적인 수준에 머물던 영화산업의 기업화 담론은 발성영화를 실질적으로 제작하는 단계에 이르러 구체적인 내용을 확보할 수 있게 된다. 특히 중일전쟁 발발을 전후로 일본에서 중국대륙과 조선에 대한 관심이 높아진 것은 제국 시장에서 조선영화의 상품성을 가늠할 수 있는 계기가 되었다. 성봉영화원의 〈나그네〉(이규환 감독, 1937)가 일본 내지 시장에서 그 나름의 성공을 거둠으로써 해외로의 판로 확대를 현실화하려는 움직임은 가속화되었다(〈나그네〉의 일본 진출에 대해서는 이 책의 9장을 참조할 것). 전시체제가 열어놓은 '내지 시장으로의 진출 가능성'은 조선영화계의 현실적 문제를 타개할 기회로 이해되었고, 그 한 방법으로 일본 영화사와의 합작이 적극적으로 거론되기 시작했다. 성봉영화원은 신꼬오키네마와 제휴한 〈나그네〉의 성공을 토오호오東寶와의 합작으로 이어가려고 했다. 그러나 결과적으로 이러한 시도는 실패로 돌아갔다.

---

5   이화진 「두 제국 사이 필름 전쟁의 전야(前夜): 일본의 '영화제국' 기획과 식민지 조선의 스크린쿼터제」, 연구모임 시네마바벨 『조선영화와 할리우드』(소명출판 2014), 185-226면 참조.

고려영화협회와 만주영화협회의 합작으로
제작된 영화 〈복지만리〉의 한 장면

이 장에 실린 서광제의 글은 조선영화계에 유행처럼 번진 합작의 문제점을 비판하는 글이다. 서광제 자신이 성봉영화원과 토오호오의 합작인 〈군용열차〉(1938)의 연출자로서 조선-일본 간 합작이 안고 있는 난제를 경험적으로 분석했다는 점에서 주목할 필요가 있겠다. 또한 외국 영화 수입금지 조치로 내지와 조선 영화계 모두 영화의 질적 저하를 피할 수 없는 상태가 되었다는 그의 진단은 매우 이례적이다. 이는 서양 영화 특히 미국영화에 대한 적대적인 태도를 견지해온 그의 비평 이력에서만이 아니라 외국영화 수입금지 덕분에 조선영화의 제작이 활발해지리라 기대한 당대의 전망과도 결을 달리하는 것이다. 출자자와 계약자, 조합원 간의 의견 충돌로 비화된 성봉영화원 분규 사건('스크랩'의「성봉영화원을 놓고 '조영'과 '동보' 암투: 송죽계의 책동? 귀결 주목」을 참조할 것)의 당사자이기도 했던 서광제의 개인적 경험이 반영된 이 글은 조선과 일본 간 제휴합작의 한계와 조선영화계의 식민지적 현실을 관통하며 1930년대 후반, 조선영화 기업화 담론의 지형을 잘 보여준다.

한편, 1930년대 후반에 이르러 조선영화계에는 새로운 영화사들이 출현했다. 그 가운데 대표적인 것으로 조선영화주식회사와 고려영화협회를 들 수 있다. 1936년부터 영화사 설립 준비에 들어간 조선영화주식회사는 1937년에 자본금 50만원의 회사로 출발해 의정부 스튜디오를 설립하고, 그러한 자본과 기술적 토대를 바탕으로 〈무정〉(박기채 감독, 1939) 〈새출발〉(이규환 감독, 1939) 〈수선화〉(김유영 감독, 1940)를 제작했다. 카메라맨 출신 배급업자 이창용이 주도한 고려영화협회는 안정적인 배급방과 공격적인 기획을 앞세워 짧은 시간 동안 대표적인 조선영화 기업으로 우뚝 섰다.[6] 만주영

6   이창용과 고려영화협회에 대해서는 한국영상자료원 엮음『고려영화협회와 영화신체제』
    (한국영상자료원 2007) 참조.

화협회와의 합작인 〈복지만리〉(전창근 감독, 1941), 토오와상사를 통해 일본에 배급된 〈수업료〉(최인규·방한준 감독, 1940)와 〈집 없는 천사〉(최인규 감독, 1941) 등 고려영화협회의 영화들은 조선 내외의 시장에서 많은 관심을 모았다. 조선·일본·만주를 오가는 제작자 이창용의 거침없는 행보는 조선영화계가 갈망해온 영화기업가이자 역량 있는 프로듀서의 모습에 가장 근접한 것이었다. 이 장에 실린 이태우의 글에서 이창용과 고려영화협회에 대한 당대의 기대를 엿볼 수 있다.

한편, 박기채의 글은 영화산업의 기업화 담론이 전환되는 방향성을 보여준다는 점에서 의의를 찾을 수 있다. 일찍부터 영화제작을 직능별 조직과 운영의 문제로 바라보며 프로듀서의 역할을 강조해온 박기채는 정작 프로듀서에 대한 관심이 고조되는 시기에 이르러서는 '프로듀서'와 '감독' 사이의 기능적 분화를 강조하는 방향으로 논점을 옮긴다. 이러한 담론 전략은 산업의 논리로 환원되지 않는 영화의 예술성을 강조하기 위한 것으로, 식민지/제국 체제 아래서 조선영화의 자리를 확보하기 위한 당대의 담론적 실천과 맞닿아 있다. 즉, 조선영화가 내지의 산업자본에 의해 제작되었어도 그 영화가 조선영화일 수 있는 이유는 그것이 '조선적인 것'을 구현해낸 예술작품이기 때문이었다. 그리고 조선영화의 예술성은 조선인 감독에 의해서만 구현될 수 있는 것이기에, 감독의 존재는 내지의 영화산업에 종속될 위기에 놓인 조선영화의 존재 이유를 지탱하는 근거로서 호명되었던 것이다. 조선영화가 존립하기 위해 영화는 '조선적인 것'을 구현할 수 있는 조선 감독의 작품이 되어야 했고, 박기채의 글은 이러한 위기의식을 반영한 글이라 할 수 있다. (유승진)

──── **함께 읽으면 좋은 글**

1. 심훈 「조선영화계의 현재와 장래」, 『조선일보』(1928.01.01-06).

2. 박송 「조선영화의 당면한 제 문제에 대한 일고찰」, 『조선일보』(1929.09.15-10.01).

3. 박철민(박완식) 「진솔한 기술가의 출현과 각자의 역량의 총집결: 조선연극의 향상 정화, 조선영화의 재건방책」, 『조선일보』(1934.06.19-20).

4. 박기채 「기업으로서의 영화사업과 구체안: 조직, 촬영소, 배급망, 직영관, 기타」, 『조선일보』(1935.07.06).

5. 이규환 「예원동의: 영화구성과 기업가」, 『동아일보』(1937.08.19).

6. 서광제 「영화의 1년, 영화적 기업의 실험기」, 『조광』 제3권 12호(1937.12).

7. 이규환 「예원동의: 영화구성과 기업가」, 『동아일보』(1937.08.19).

8. 박기채 「조선영화의 이상론」, 『영화보』 제1집(1937.11).

9. 나웅 「대자본의 진출과 조선영화계」, 『청색지』 제1집(1938.03).

10. 이재명 「대자본의 진출과 조선영화」, 『사해공론』 제4권 7호(1938.07).

11. 가금량 「촌산지의(村山知義)와 춘향전: 영화계에 대한 소고」, 『청색지』 제2집(1938.08).

12. 서광제 「조선영화와 '신쎄리티': 1년간 조선영화 총결산」, 『조광』 제4권 12호(1938.12).

13. 윤봉춘 외 「영화발전책: 자본, 예술, 배우」, 『조광』 제5권 1호(1939.01).

14. 「여명기의 조선영화」, 『동아일보』(1939.01.22).

15. 「영화제작이면 공개좌담회」, 『조광』 제5권 5호(1939.05).

16. 이창용 「조선영화계의 금후」, 『조광』 제5권 7호(1939.07).

17. 김태진 「조선영화의 비약: 그 기업화 문제에 대한 기초 인식」, 『동아일보』(1940.03.13-28).

18. 김정혁 「기업의 합리화를 수립하라: 영화계 상반기 총결산」, 『조광』 제6권 8호(1940.08).

1   영화기업의 장래   최장

『조선일보』 / 1936.06.14-26

활동사진은 근대문화가 낳은 새로운 인더스트리의 하나다. 에디슨의 발명 이래 아직 40여년을 경과한 데 불과하나 이 짧은 세월 동안에 가속도적으로, 그리고 전 세계에 걸쳐 현저한 진보발전을 한 것은 다른 사업에서는 그다지 그런 예를 볼 수 없다.

이런 문구를 그 서문으로 석권양부石卷良夫 씨의『영화경제사映畵經濟史』[1]는 시작되었다. 활동사진의 발명자에 대해서는 에디슨 이외에 구구한 설이 있으나, 대체로 보아 이 글은 적확한 사실을 말하고 있다.

현대 영화에 관해서는 예술문화적 방면과 산업적 방면이 있다. 환언하면, 한편 미국과 같은 곳에서는 영화가 고도의 자본주의적 기업의 대상이 되어 있고, 그 제작품이 상업으로서 세계를 정복하고 있으며, 더욱 소련에서는 이데올로기와 예술이 영화를 통해 완전히 융합해 있고 원래 영화가 갖춘 실질상의 가치로 세계를 압도하고 있다.

영화에 관한 예술론은 조선에서도 오래전부터 이 방면의 전공가들 사이에 충분히 토론되었다.

"영화가 예술인가 아닌가하는 것은 오랫동안 의논되고 또 문제되었으나, 이 영화야말로 현대예술의 왕좌에 올라야 한다는 것이 사실로 증명되었다. 그것은 영화가 전연 기계적 생산예술이며 기계 시대의 인류예술로서의 제 요건을 전부 구비하고 있기 때문이다."(실복고신室伏高信, 무로후세 코오신 씨『현대문명 엔사이클로피디어』)

그리고 "회화, 조각과 같은 공간 예술이며 연극과 같은 시간예술"이라고 찬양을 하고 있으며, 근일에는 문학, 음악, 회화, 조각, 건축, 연예, 무용의 다음에 온 제8 예술이라는 칭명稱名을 예술에 붙이며, 다음 최근의 발성영화는 일칭 제9 예술이라고도 한다.

문화적 방면에서의 영화의 가치도 이미 판단된 사회적 정론이며, 불국佛國의 루이 포레스뜨[2]는 다음과 같은 말을 했다.

만약 세계에 인쇄술이 발명되기 전에 활동사진의 편이 먼저 발명되었다고 가정한다면, 아마 우리들은 인쇄술의 필요를 느끼지 않았을 것이다. 그것은 활동사진과 같이 세계 공통의 언어는 없기 때문이다.

그러나 내가 여기에 쓰려는 요점은 이런 영화의 예술문화적 방면보다 주로 영화에 대한 기업적 방면에 있으며, 그것도 이론보다 실제의 숫자적 연구로써 조선인의 영화기업의 이해利害와 그 장래에 대해 간단한 고찰을 할까 한다. 그런데 이 방면의 통계숫자는 전부 정리된 것이 없을 뿐더러 최근의 것이 희소하며, 더욱 각 숫자에 대해서도 각인각자의 것이 되어 있어, 그 진부眞否 여하를 판정할 수 없는 경우가 많았다. 이리하여 이하에 인용한 숫자는 내가 적당히 참작해 취사한 것이 적지 않다.

---

1   원문에는 이시마끼 요시오(石卷良夫)의 『영화경제사』라고 되어 있으나, 이 책의 정확한 제
     목은 『활동사진 경제론(活動寫眞經濟論)』(1923)이다. 『활동사진 경제론』은 세계 각국의
     영화산업사와 일본의 영화산업에 대한 개괄적인 소개 외에도 영화의 생산·배급·흥행 등
     에 대해서도 비교적 상세하게 설명하고 있다. 이 책은 김태현 옮김 『영화 경제론』(책사랑
     2012)으로 번역되어 있다.
2   루이 포레스뜨(Louis Forest, 1872-1933). 프랑스의 정치인, 언론인, 소설가.

1. 세계 및 일본 내지(內地)의 영화기업의 현상

비단 영화기업에서뿐만 아니라 소위 흥행사업은 초기에 기업으로서 불안전한 요소가 적지 않았으며 따라서 그 발전 도정에서 다대한 수난기를 경과해왔다. 과거 그 대부분은 극히 영쇄零瑣3한 자기 자본으로 경영되었고, 일반 투자가들은 흥행의 기업적 가치를 극히 위험시했다. 그러나 근래 오락에 대한 대중적 지지와 기업조직의 발달에 의해 흥행사업은 물론 특히 영화의 기업화도 획기적 발달을 했다.

미국의 영화기업은 세계적으로 유명하며 이 산업에 투하된 총자본액은 1929년에 30억불에 달해 미국 전 산업의 제3위를 점하고 있으며, 1928년부터 1929년 간에 발성영화에 새로 투자된 액수만 5억불을 초과했다. 그리고 동국同國의 필름의 제작고製作高는 그 전성기에 1년간 1억 8천만불에 달했으며, 국무성 산업조사국의 발표에 의하면 작년도의 스튜디오 수는 39, 그 제작비 총계 97,748,377불, 영화 종업원의 총수입은 15,460,091불(생산비의 약 1할 5분)이다. 1회 06.14

또 그 영화 수출고는 대전大戰 전인 1912년에 3천3백만척에 불과했으나, 1925년에는 2억 2천3백만척에 달했고, 선적 가격의 863만불에 대해 무역외 수취 감정貿易外受取勘定4으로 계상된 영화의 해외 사용료 수입은 7천5백만 불로 계산된다.

미국의 이런 영화기업의 발달은 최근의 단계에 이르러 기업의 집중화 운동을 초래했고, 새로운 발성영화의 발생은 설비·기술 등의 관계로 전기·축음기와 같은 다른 산업과의 트러스트를 형성했다. 이리하여 1934년 11월 가주加州, 캘리포니아 지사 선거 때 업턴 싱클레어5가 "할리우드의 폭격. 월가를 때려 부셔라. 우리들의 손에 영화를 탈환하여라"라는 정치적 슬로건을 내세울 만큼, 이 영화기업은 고도의 자본주의적 독점형태를 취하고 있다.

*(누락된 내용 추가)

영, 독, 불 등 여러 국가의 영화기업은 미국의 그것에 비할 수는 없으나 각각 상당히 발전해 있고, 토키의 발생 이후 미국 제작품에 비해 훨씬 우수한 자국 작품을 생산하고 있다. 독일의 과학영화, 불국의 문예영화, 그리고 특히 소련의 영화작품은 영화의 실질상의 가치로 보아 세계적 명성을 획득하고 있다. 주요 여러 국가의 1년간 영화제작 본本 수를 기록하면, 독일 약 200본, 불국 약 150본, 소련 예술영화 32본, 학술과학영화 100본(1934년), 중국 100본(소화昭和 10년 1935) 등이다. 그리고 영국의 영화잡지『자·시네마』 *The Cinema*가 발표한 통계에 의하면 1주간의 영화관객의 수효는 다음과 같다.(표 1)

	미국	영국	독일
상설관 수 (개)	15,000	5,800	3,600
인구 (천명)	106,000	44,000	63,000
매주의 관객 수 (천명)	47,000	14,000	6,000
그 인구에 대한 비율	45%	33.3%	10.5%
1년간 관객의 연인원 (천명)	2,920,000	456,250	547,500

〈표 1〉

그리고 또다른 통계에 의하면 세계의 상설관 수는 미국 2만, 소련 1만, 영국 4천, 독일 4천, 불국 3천, 서반아西班牙, 스페인 2천, 이태리 2천, 일본 1천

3 자질구레하고 보잘것없음. 원문 한자는 "영쇄(零鎖)"로 되어 있으나 오식으로 보인다.
4 상품수출입에 따른 수지(收支) 외의 모든 무역수지가 무역외 수지라면, 여기서 무역외 수치 감정은 수입과 지출의 합산 결과 얻은 수익의 총합을 계산한 값을 의미한다.
5 업턴 싱클레어(Upton Beall Sinclair, 1878-1968). 미국의 사회비평가이자 작가, 사회운동가. 1906년 시카고 육가공 공장 지대의 비인간적 상황을 그린 소설『정글』(*The Jungle*)을 통해 작가로서의 명성을 얻었다. 1940년대부터 20세기 서구 정치사를 다룬『래니 버드』(*Lanny Budd*) 시리즈를 출간하였으며 1942년에는 퓰리처상을 수상했다.

1백으로 되어 있다(암기창岩崎昶 씨 저『영화와 자본주의』6).7

그러나 이상의 숫자는 지금부터 10년 전인 1925년도의 조사이며, 현재 새로운 통계에 의하면 세계 각국의 상설관 총수는 약 6만 5천관에 달했을 것이라고 한다. 그리고 관객 수도 훨씬 증가됐으며, 미국의 예로만 보더라도 그동안 1년 총인원이 100억명을 돌파했고, 이 흥행수입이 7억불 내지 10억불로 추산된다. 따라서 구미 일등국의 인구 한 사람 평균 영화 관람 횟수는 1년간 40회 내지 50회가량이다.

다음에 일본 내지內地의 영화기업 상태는, 상공성商工省 조사에 의하면, 소화 6년1931 현재의 흥행회사는 644회사, 그 자본금 또는 출자금은 1억 1천9백3십4만 6천원이며, 그중 주식회사는 544회사, 그 자본금은 1억 1천6백3십4만 1천원이다. 그러나 아부현지조阿部賢之助, 아베 켄노스께 씨의 저서에 의하면 투자총액을 1억 6천만원 정도로 예산했고 자본금 5만원 이상의 영화제작소를 19개소 지적했으며, 또다른 통계에 의하면(개조사改造社 판『경제학사전經濟學辭典』) 개인 경영을 포함해 2억 5천만원으로 계산하고 있다. 이와 같이 숫자상 다소의 차오差誤8는 있으나, 영화기업에 대한 투자액이 해마다 증가하고 있다는 점과 이 산업의 장래성을 낙관하고 있는 점만은 여러 설說이 합치되어 있다.

그리고 일본 내지의 영화제작 수는 미국의 다음 세계 제2위를 점하여, 소화 9년1934도 합계 본 수는 440본이며 그중 60본이 발성영화다. 소화 9년도 일본영화 검열 상황을 보면 건수件數 17,469, 권卷 수 80,126, 미터 수 18,223,000이다.9

이 일본 내지의 국산 영화 외에 외국의 수입 영화도 상당한 수효에 달해 있고 1935년에 봉절된 외국 영화는 331본, 소화 8년1933도 현재 활동사진용 필름의 수입액은 3,744,520원, 현상 필름의 수입금액은 약 70만원이 된다. 그리고 미국으로부터 수입된 영화만이 8백5십만척이다.

최근 5년간의 일본 내지의 영화관과 영화 관람자 총수는 내무성 경보국의 조사에 의하면 다음과 같다.

소화 3년1928	소화 4년	소화 5년	소화 6년	소화 7년
1,269	1,273	1,392	1,458	1,609

〈표 2〉 일본 내지 영화관 수

	상설관	상설관 이외	총계
소화 3년1928	140,263	41,016	181,279
소화 4년	152,439	40,055	192,494
소화 5년	158,368	39,807	198,175
소화 6년	164,717	42,277	206,994
소화 7년	177,344	43,370	220,714

〈표 3〉 일본 내지 영화 관람자 총수 (단위: 천명)

최근의 이에 관한 숫자는 알 수 없으나 경제정세사經濟情勢社 발행 소화 9년1934 하반기 『주식연감株式年鑑』에 의하면, 소화 8년의 상설관 입장 인원은 178,245,000명이며 상설관 수는 1,498관, 발성장치 576관으로 되어 있다.

---

6 이와사끼 아끼라(岩崎昶, 1903-81) 『映畫と資本主義』(東京: 往來社 1931). 이와사끼 아끼라는 일본의 사회주의 영화비평가이자 영화사가, 프로듀서이다. 토오꾜오대학 재학 시절 영화에 관심을 갖기 시작해, 독일 표현주의 영화를 일본에 소개했다. 이후 맑스주의에 몰두하게 되었고, 영화이론가이자 영화제작자로서 일본의 프롤레타리아영화동맹(Prokino) 핵심 구성원으로 활동하였다. 사회주의 영화운동이 현실적으로 불가능해진 이후에도 비평활동을 지속해오다 결국 1940년 구속된다.

7 2회(1936.06.16)에 누락된 내용이 3회(06.17)에 추가되어 있으나 『조선영화』(1936.10)에 실린 글과 비교하여 내용을 바로잡았다.

8 틀리거나 잘못됨.

9 검열은 영화 한편을 '건' 단위로 계산한다. 뉴스릴 같은 실사영화의 경우 한편당 1-2권, 장편 극영화의 경우 한편당 평균 5-7권 분량의 필름이 사용되었다. 따라서 검열 1건당 여러 '권'의 필름을 검열하게 되는 것이다. '미터'는 롤필름에 감겨 있는 필름의 전체 길이를 의미한다.

그리고 소화 8년도의 동경 시내 영화상설관은 241관(소화 원년 80관)이며, 그 입장 인원은 38,525,643명(소화 원년 14,695,192명[10])이고, 『시사연감時事年鑑』에 기재된 일본 6대 도시의 연극, 영화, 연예에 관한 통계 숫자를 조사해보면, 극장 수효에 있어 영화가 연극·연예의 합계에 필적하며, 그 입장 인원에 있어서는 도리어 1배 반 이상에 달해 있다. 2회 06.16

이런 숫자로 보아, 현재 일본 내지의 영화기업의 발전적 추세와 영화에 대한 대중적 지지가 얼마나 가속도적으로 촉진되고 있는가를 규지窺知[11]할 수 있다.

이리하여 일본 내지의 영화기업은 대정大正 원년1912 대일본활동사진주식회사日活, 닛까쯔가 설립된 이후 누년 급속한 발전을 해왔고, 대정 8,9년도의 일활의 배당은 3할 내지 4할의 고율高率에 달했었다. 근년에 이르러 재계 일반의 불황과 함께, 특히 토키 발생에 의한 제작 및 상영 설비 등에 대한 신新자본의 투하投下와 고정자본의 증가로 인해 수익금이 다소 감소하고 있으나, 신설비의 완성과 경영조직의 정돈으로 영화기업은 새로운 발전의 단계에 서 있다. 앞의 『주식연감』에 의하면 일본 내지의 흥행주가 종합 평균지수는 소화 6년1931 10월을 기준으로 소화 7년 8월의 71.9를 최저로 하고, 점차 회복하여 소화 9년 6월에는 144.1의 호조를 보이고 있으며, 최근 소화 9년 9월 현재는 128.0이 되어 있다. 이리하여 각사 간에 격렬한 경쟁이 계속되고 있음에도 불구하고, 1개년에 2억 2천만명의 관객과 7천만원의 입장료를 지반으로 서 있는 일본 내지의 영화기업은, 이상에 인용한 각 숫자의 누년 증가하는 경향을 따라 더욱 왕성히 발전하리라는 것은 의심할 수 없는 사실이다.

현재 조선영화기업은 다른 어떤 산업 부문의 상태와 같이, 아니 그에 비할 수 없도록 빈약한 상태에 있다. 조선의 영화사업은 생산적 방면은 거의 전무라 할 수 있고, 다만 소비적 방면만이 다소의 활동이 지속되고 있다.

조선의 영화제작기구는 2,3년 전까지 개인이나 회사를 물론하고 고정적 기초에 선 것이 하나도 없었다고 해도 과언이 아니며, 금년에 이르러 조선 내 각지에 2,3개의 영화제작소가 창설되었다는 소문이 있었으나 대외적으로 나타난 그 활동은 극히 미약하며, 아직 계속 영화를 제작하도록 완전한 설비를 가진 것을 보지 못하는 현상이다.

과거의 조선 영화사업은 일부 진보적 분자들의 소위 이데올로기 영화제작을 제외하고는 방탕한 부호 자제들의 무의미한 유흥에 불과했다. 따라서 이 사업에는 매양 제작비에 곤란하도록 자본이 결핍했고, 영화의 기업적 발전이란 전연 생각 밖의 일이었다. 이리하여 이 사업에 종사하는 분자들의 인간적 타락이 사회 비난에 올랐고, 기술적 진보도 이로 인해 대단히 저지되었다고 할 수 있다. 현재 조선에서 영화사업에 대한 사회적 평가가 극히 과소하며 도리어 경박輕薄시하고 있는 상태도, 과거 이런 선입관념이 아직 많이 잠재해 있기 때문이 아닌가 한다. 유감천만이나 과거 조선 영화사업에는 사실상 다른 어느 나라에서도 볼 수 없는 최악의 상태가 퍽도 많았다는 것을 솔직히 고백 안 할 수 없다. 그리고 또 이 영화사업이 현재 세계 어느 나라에 비해 최저의 단계에 방황하고 있는 것도 부인할 수 없는 사실이다. 3회 06.17

그러나 나는 여기에 과거 영화사업에 대한 어떤 비관적 상태가 있었음을 불고不顧하고, 현재 조선의 주위 사정에 비추어 영화산업이 필연적으로 발전할 것이며, 가까운 장래에 위대한 비약을 하리라고 예단하고 싶다.

위에서 말한 바와 같이 조선의 영화제작 사업은 극히 빈약한 상태다. 그러나 영화의 배급·흥행 등의 소극적 방면에 있어서는 상당히 활약을 하고

---

10   원문에는 114,695,192명으로 되어 있으나 오식으로 보인다.
11   엿보아 알다.

있으며, 숫자상에 표시된 그동안의 발전 형적은 해마다 현저한 것이 있다. 이러한 숫자를 미국은 막론하고 일본 내지의 현상에 비교하면 말할 수 없이 유치하고 근소하나, 그 발전 증가하는 비율을 참조하면 도리어 조선 영화사업의 장래성을 예약하고 있는 감이 있다.

	일본영화	외국 영화	극 이외 영화	총계	소화 8년1933 총계
건 수	1,358	658	718	2,734	2,340
권 수	8,928	3,671	1,181	13,877	3,026
미터 수	1,973,024	869,890	243,155	3,087,069	2,802,592

〈표 4〉 조선총독부 영화검열 상황 (소화 9년1934)

최근의 이에 관한 숫자는 조선총독부 유생柳生, 야규우[12] 도서과장 담談의 형식으로 발표된 『소화 10년1935 중의 영화검열 상황』이라는 프린트에 기재되어 있는데, 이에 의하면 소화 10년도에도 역시 누진적으로 증가했고 권 수 14,668, 미터 수 3,334,895이며, 이를 소화 8년에 비교하면 권 수와 미터 수에 있어 모두 약 2할가량 증가하고 있다. 그리고 이런 숫자에서 가장 주목되는 것은 검열 영화 제작국 별이니, 소화 10년도에 국산 영화는 10,289권, 2,257,041미터로 총수의 6할 7분을 점해 있고, 외국 영화는 4379권, 1,077,854미터로 총수의 3할 3분에 불과하며, 전자가 누년 증가하는 반대로 후자는 점차 감소하고 있다. 이것은 아래 제시한 영화취체부령에 의한 당국의 국산품 장려의 반영이다.

다음으로 주목되는 현상은 무성영화에 비해 발성영화의 격증이다. 여기에 번잡한 숫자의 인용은 하지 않으나, 소화 8년1933 중에 검열한 발성영화 수량은 무성영화의 2할 1분여이며, 소화 9년의 그 비례는 4할여에 불과하였으나, 소화 10년도에는 일약 8할 5분여로 약진했다. 이것은 현재 각국의 영화제작이 발성영화에 그 주력을 집중하고 있는 사실을 말하는 것이며,

이 발성영화의 발달은 이하에 상론한 바와 같이 조선인 영화기업에 중대한 관계를 가지고 있다.

조선의 영화상영 상황을 보건대, 소화 10년1935 중에 조선 내 96여의 흥행장과 기타 가설의 흥행장에서 상영된 영화의 수는 244,993권, 55,985,886미터(12월분은 개수概數13 계상)의 다수에 달했으며, 이를 제작국 별로 보면 일본 내지 제작영화가 6할 9분, 외국 제작영화가 2할 7분이며, 그 대부분을 일본 영화가 점하고 있다. 조선 제작영화는 그중 나머지 4분의 근소한 숫자에 불과한 것은 주목해야 할 사실이다. 그런데 이를 소화 7년도의 국산 영화 4할, 외국 제작영화 6할의 상영률에 대비해보면, 여기에도 역시 당국의 영화정책이 영향하고 있는 것을 능히 알 수 있다.

현재 조선 내의 흥행장은 상기한 바와 같이 가설을 제외하고 96여개소가 되며, 소화 10년1935판 『조선연감』에 의하면 조선 내 영화관이 39개소(현재는 44-45관으로 추산된다)라고 발표되어 있다. 영화극장 수를 인구로 나눠본다면, 구미歐美는 5천−1만명에 이르고 일본 내지는 2만−3만명에 각 1관을 소지한 비율인데, 조선에서는 50만명에 겨우 1관의 차례이며, 더욱 현재 40여관 중 일본 내지인 관객을 전문으로 한 영화관도 적지 않을 것이니, 조선인의 영화시설이란 말할 수 없이 빈약하다.

최후로 조선 내의 영화관람자 수를 보면, 소화 9년1934 중 750만명(소화 10년판 『조선연감』)에 불과하며, 일본 내지의 2억 2천만명에 비해 너무도 근소한 숫자다. 이런 숫자는 극장 수용 인원 규정, 흥업세 등의 관계로 흥행업자들의 신고에 다소의 감하減下가 있을 것이나, 이 숫자로 1년간 매 1인 영화 관람 횟수를 계산해보면 겨우 1/3회에 불과하고, 이를 구미의 40회−

---

12   야규우 시게오(柳生繁雄, 생몰년 미상). 전남 경찰부장으로 근무하다 1935년 1월 24일 경무국 도서과장으로 임명되었으며, 재임 기간은 1년 9개월 정도였다.

13   어림하여 잡는 수.

50회에는 비할 수도 없으며, 일본 내지의 3회-4회에 비해 너무도 비참한 상태다. 영화 관람 횟수의 많고 적음은 그 나라의 일반적 경제상태, 민족의 오락취미, 대중의 생활양식 여하에 많은 관계를 가지고 있을 것이나, 영화작품이 갖추고 있는 가치 내용의 우열이 또한 이를 좌우하는 큰 요소가 될 것이니, 금후 조선영화의 제작에는 특히 이런 점을 고려할 필요가 있을 것이다. 4회 06.19

2. 조선영화기업과 영화취체부령(映畵取締府令)

영화가 가진 문화적 사명과 교화선전적 가치의 평가는 자연히 영화를 국가의 중요한 정책의 하나로 편입했고, 다른 산업, 다른 예술에 비해 훨씬 엄중한 국가조직에 통제하려는 동향이 세계적으로 유행하고 있다. 소련에서 국가기관의 일부로 '중앙사진영화산업국'을 설치해 영화제작을 지도하고 있는 것은 이미 주지의 사실이나, 이태리 정부는 파시즘 정책의 수립과 함께 '루체'L.U.C.E.라는 국립영화협회를 조직했으며, 독일에서는 히틀러가 정권을 획득한 이후 영화 선전에 대해 특별한 고려를 하고 나치스 영화정책을 토의·제정하는 '영화회의'를 선전성宣傳省 직할하에 두고 더욱 영화계를 금융적으로 지배하기 위해 세계 최초의 '영화은행'을 창립했다. 중국에서는 작년 하기夏期부터 남경南京 현무玄武 호반에 국민당 직할의 국립촬영소 설립을 기획하여 8백만원元의 거비로 동양 제일의 '중앙전영촬영장中央電影撮影場'을 건설하고 있으며, 일본 내지에서도 정부의 영화에 대한 통제정책이 종종 신문지상에 보도되고 있고 당국자와 영화제작회사 관계자들이 영화의 국책적 견지에서 '대일본영화협회'라는 단체를 조직한 지 이미 오래며, 국지관菊池寬[14], 구미정웅久米正雄[15] 씨 등이 그 기관지로『일본영화日本映畵』를 편집·발간하고 있다.

이 조선에서는 다음에 소개한 바와 같은 영화취체부령이 발포되었고, 영화에 관한 당국의 의견은 일본 내지에 비해 또다른 특수성을 가지고 있다. 즉 일본 내지의 영화정책은 주로 일본정신에 관한 문제, 환언하면 국민정신, 과학, 문화영화 등에 대한 국가적 통제가 가장 중요한 목표로 되어 있으나, 조선에서는 이런 이데올로기 문제 이외에 국산품 장려라는 경제적 의미가 다분히 포함되어 있다.

조선의 영화취체령은 소화 9년1934 8월 7일부로 공포된 조선총독부령 제82호 '활동사진영화취체규칙'이라는 것인데, 이 취체령은 전문 13조항으로 성문成文[16]상은 대정 15년1926 7월 총독부령 제59호 '활동사진필름검열규칙'의 불비不備를 확장·개정한 이외에 별다른 의미가 없는 것같이 보이나, 소화 10년판 경일·매신[17] 편찬의 『조선연감』에 의하면 이 규칙은 일본 내지에 솔선하여 조선에 처음 실시된 영화의 국책적 통제이며, 더욱 그 중요점이라 하여 아래와 같은 주석을 열기하고 있다.

1. 현재 조선에 있어 외국 영화의 상영은 총체의 6할 2분여, 일본 내지에서는 평균 2할여를 점하고 있으나, 조선민중에 일본 내지문화를 이해시키기 위하여 국산 영화를 혼합 상영시킨다.

2. 사회교화의 우량영화에 대하여는 특수한 편의적 취급을 하고, 혹은 강제로 상영시킨다.

14 키꾸찌 칸(菊池寬, 1888-1948). 소설가, 극작가. 아꾸따가와 류우노스께(芥川龍之介), 쿠메 마사오(久米正雄)와 교류하며 제3-4차 신시조 동인으로 활동했고, 이후 「무명작가의 일기(無名作家の日記)」를 『추우오오꼬오론(中央公論)』에 발표하면서 신진 작가의 위치를 확립했다.

15 쿠메 마사오(久米正雄, 1891-1952). 소설가, 극작가, 평론가, 번역가. 제일고교(第一高教, 지금의 토오꾜오대학)에 입학하여 아꾸따가와 류노스께, 키꾸찌 칸과 교류했으며, 졸업 후에는 나쯔메 소오세끼의 문하생이 되었다.

16 문장이나 문서.

17 『경성일보』와 『매일신보』를 일컫는 말로, 두 신문을 발행한 경성일보사를 지칭하는 듯하다.

3. 수이출輸移出 영화의 허가를 설치하여 조선 문화가 조선 외에 오전誤傳[18]되는 것을 방지한다.

4. 보호위생상의 견지에서 관객의 연령제한을 한다.

그리고 그 세칙적 사항은 8월 15일 총독부로부터 각 도지사에 통첩했는데, 그 요점인 외국 영화의 상영은 3/4 이내(1개월을 통하여 1흥행 이내)에 제한되고 나머지 1/4은 조선산 또는 일본 내지산 영화를 상영하지 않으면 안 되도록 되었다. 그리고 11년 중에는 국산 영화를 1/3 상영, 12년 이후는 1/2 이상 상영으로 제정되었다.

이상에 인용한 '조선영화취체부령'은 조선의 영화제작기업에 확실한 장래성을 보장하고 있으며 금후 진전될 조선영화기업의 성황을 명백히 지시하고 있다. 이 취체령에 의해 금년부터 각 영화상설관은 1/3 이상의 조선 또는 일본산 영화를 상영하도록 되었는데, 현재 조선인 상대의 각 극장에서는 조선영화의 공급이 근소하므로 그 대개를 일본 내지영화로 충당하고 있다. 5회 06.20

현재 조선에 있는 40여관의 영화극장의 일선인日鮮人 관객별 숫자는 알 수 없으나, 그 대부분이 조선인 상대로 경영되고 있는 것은 용이하게 추측할 수 있으며, 이런 극장에서 상영되는 일본 내지영화가 조선인 관객에게 얼마나 많은 흥미를 주고 있는가는, 일반 관중들이 잘 알고 있을 것이다. 일본 내지영화에 대한 조선인 관객의 취미는 과거 조선인 상대 극장에서 전부 구미 영화만을 상영하고 있었던 사실에 미루어서도 그 호오好惡를 판단할 수 있다.

여기에 있어 현재 조선영화는 조선인 관중에게 절대적으로 요구되고 있고,[19] 그 제작사업은 필연적으로 발달할 단계에 서 있다. 그리고 이 조선영화는 금후 대중의 취미를 자극하며 특히 영화에 대한 관심을 촉진시킬 것이니, 일반 경제의 발전과 함께 조선영화의 수요는 더욱 증가해갈 것이다. 우선 명년도에는 상기한 취체령에 의해 일약 1/2 이상의 국산 영화 상영규정이 실시될 것이니, 조선영화의 공급은 막대한 부족을 고할 것이며, 이에 따라 그 제작기업에 급속한 박차를 가하게 될 것이다.

다음에 조선총독부 사회사업 중 활동사진에 의한 교화시설을 보면(소화 11년1936판 조선총독부 발행 『조선사정朝鮮事情』), 총독부 당국에서는 가장 평이하게 그리고 다수인에게 조선사정을 이해시키는 데는 활동사진의 이용이 첩경捷徑이라 하여, 대정 9년도1920부터 본부에 활동사진반을 설치했고, 과거의 사정으로 보아 영화가 교화 방면에 가장 유효한 시설이므로 금후에도 더욱 이 방면을 이용하도록 노력하겠다고 한다. 그리고 현재 총독부의 영화교화 사업비는 십수만원의 예산을 계상해 있고, 민간기술자를 용입傭入해 사회교화극을 촬영하거나 혹은 사업 취지에 해당하는 기성 영화를 구입해 순회 영사필름의 대출 등을 하고 있다.

총독부의 이 사업은 최근 일본 내지에 있어 문부성의 교육영화 제작이나 전기前記 대일본영화협회의 과학영화 제작·기획 등과 함께 금후 영화사업의 지위와 역할, 그리고 영화정책상 중대한 의미를 가지고 있는 것으로 생각된다. 그러나 이런 종류의 영화제작은 설비와 기술상 도저히 당국이 직접 착수할 수는 없을 것이며, 일방 국내 영화사업의 진흥책으로서도 당연히 민간 기업회사에 위임 또는 감독 제작하도록 방침을 취해야 할 것이니, 금후 민간 영화관계업자들이 당국의 보조하에 이런 종류의 영화제작에 참가할 수 있을 것으로 생각된다. 6회 06.21

18   사실과 다르게 전함. 와전.
19   원문에는 "조선인 관중에 절대로 요구되어 있고"로 되어 있다.

3. 영화기업과 토키

현재 조선의 수이입輸移入영화에 있어 무성영화에 비해 발성영화가 급속도로 증가하고 있는 상황은 상기한 바와 같거니와, 이 발성영화의 융창隆昌은 다른 방면에서 조선영화기업의 발전을 촉진하고 있다.

과거 무성영화가 전성하던 시대에는 영화가 만국 공통의 감각으로 볼 수 있는 국제적 예술이라고 평론되어왔으나, 근래 발성영화가 발생하여 일국의 언어·음악 등이 영화의 중요한 부분을 점하게 되면서부터 이 영화가 가진 중대한 요소였던 국제성은 완전히 포기되고 말았다. 그리고 "영화의 국제성의 상실은 그 자신보다 도리어 그로써 유기誘起[20]되는 국제시장의 상실로 영화기업에 중대한 관계를 갖는다."(전게前揭『영화와 자본주의』)

영화의 국제성의 상실과 국민성의 표현은 다음에 인용한 어느 영화평론가(『개조改造』, 금년 3월호)의 말에서도 능히 추측할 수 있다.

이 세상에 영화처럼 가장 노골적이도록 한눈에 벌써 그것을 생산한 나라의 마크를 사람에게 감지케 하는 예술은 없는 것이다. 예를 들면 독일의 촬영소에서 빠리를 배경으로 한 영화를 제작하면 기묘한 것밖에 되지 않고 캘리포니아의 스튜디오에서 만든 일본의 형태는 우리들로 하여금 고소苦笑케 한다.

발성영화에서의 이 민족어의 문제는 선진 영화제작자들에게 상당한 곤란을 주고 있으며, 그에 대한 방책을 여러가지로 강고講考하고 있으나 아직까지 별로 성공한 예가 없으며, 이 문제에 한해서는 그네들의 어떤 기술로도 영구히 해결되지 못할 것이다. 현재 우리들이 경험하고 있는 예로 소위 일본어판이라는 외국 영화[21]가 있다. 이런 작품의 성과는 내가 여기에 여러가지 번잡한 설명을 할 것도 없이 다음의 평론이 그 완전한 실패를 갈파喝破하고 있다.

관객은 말을 모르는 외국 토키를 보지 않는다. 일본어판에 반대하는 것은 일부의 비판가다. 이후의 외국 영화는 모두 일본어판화하지 않으면 안 된다. 이러한 당사자의 확신에도 불구하고 대중은 일본어판을 지지하지 않았다. 일본어판을 상영하는 관의 대부분은 최저의 기록을 냈다.(제일서방第一書房 발행, 1936년『영화연감映畵年鑑』)

이리하여 지금은 이런 일본어판 외국 영화는 체감遞減[22]했으나, 이 대신에 직접 그 나라의 배우를 고용하여 그 나라의 풍경을 배경으로 영화를 제작하려는 노력이 생겼다. 그러나 이런 기도도 제작비용만 과다해지고 실제상의 효과는 대개 실패한 듯하다. 가까운 실례로 최승희[23] 부인의 〈반도의 무희〉[24]에 대한 일본 내지의 영화평론가들의 비판과 직접 관상觀賞한 조선인들의 인상을 종합해본다면, 이런 수단 역시 많은 기대를 가질 수 없다.

이리하여 금후 제작되는 조선영화에는 조선의 자연을 그 배경으로 해야할 것은 물론이거니와, 조선인의 감독이 절대로 필요하며, 주연자부터 엑

---

20   불러일으킴, 야기.
21   라울 월시(Roul Walsh) 감독의 〈재생의 항〉(The Man Who Come Back, 일본 개봉명 '再生の港', 1931)은 일본어판(더빙)으로 제작되었다. 당시 관객들은 재닛 게이너(Janet Gayner)와 찰스 패럴(Charles Ferrell)의 대사가 예상했던 것과 달리 일본인의 목소리로 전달되자 당혹감을 느꼈다고 한다. 이화진 「식민지 조선의 극장과 '소리'의 문화정치」(연세대학교 박사학위논문 2011), 58면.
22   등수를 따라 차례차례 덜어감.
23   최승희(崔承喜, 1911-69). 강원도 홍천에서 태어나 경성부에서 성장했다. 숙명여자고등보통학교를 졸업하고, 1926년 일본으로 건너가 일본 현대무용의 선구자로 알려진 이시이 바꾸(石井漠)의 문하생으로 3년간 수학했다. 1934년 제1회 무용발표회에서 호평을 받은 후 활발한 활동을 이어갔다. 1937년 미국 뉴욕 브로드웨이에서 첫 해외 공연을 가졌으며, 1938년 유럽에서도 공연 기회를 얻었다. 해방 후 월북한 이력 때문에 그간 주목받지 못했으나, 한국 현대무용의 기틀을 형성한 인물로 재평가되고 있다.
24   〈半島の舞姫〉. 유아사 카쯔에(湯淺克衛) 원작, 콘 히데미(今日出海) 감독의 1936년 작.

〈홍길동전 후편〉(1936)
동시녹음 촬영 현장

스트라까지 그 전부가 조선인이 아니면 안 된다는 것이, 이 방면의 평론가·
기술자들의 합치된 이론이다. 이런 조선영화 제작의 특수성은 조선에서 영
화기업에 외지 자본의 투하를 불가능하게 하며, 조선인 독자의 기업으로서
장래의 발전을 촉망囑望할 수 있다. 7회 06.23

　최근의 발성영화 제작의 발흥이 초래한 이 민족어의 문제와 함께 민족의
문화문제가 또한 제기된다. 그러나 내가 여기에서 말하는 민족성은 요새
제창되고 있는 국가주의나 파시즘과 같은 견지에서가 아니고, 단순히 영화
기업에서의 민족문화의 관계에 그친다.

　그리고 여기에는 두가지의 의미가 있으니 그 하나는 대웅신행大熊信行[25]
씨가 다음에 말한 바와 같은 것이다.

　　소비 및 소비자를 예상하지 않는 노동 생산물이 있을 수 없는 것같이 소비자를 예
　　상하지 않는 예술생산이란 것은 사회적으로 있을 수가 없다. (『영화연감』)

　즉 조선에서의 영화제작은 조선인의 소비를 예상해야 할 것이며, 조선인
이 또한 조선영화의 소비자가 되어야 할 것이다. 환언하면 조선 영화예술

의 형식이 소비자인 조선인 본위가 아니면 안 된다. 그리고 조선영화의 소비는 조선인이 가진 풍속·습관·언어 등의 공통적이고 전통적인 사회의식 내용에서 비롯된다. 민족의 객관적 특징의 하나인 문화형태는 고전보마高田保馬[26] 씨의 말과 같이 "기술·과학·경제와 같은 이지적 문화 방면보다도 취미·예술·인생관 등과 같은 정의情意적 방면의 공통이 특별한 의미를 가지고 있다."(『민족의 문제民族の問題』東京: 日本評論社 1935) 이런 민족적 문화와 정의를 모체로 하여 조선영화는 필연적으로 탄생할 것이며, 여기에는 일반 대중의 열렬한 지지가 있을 것이다.

또 하나는 조선영화 제작에서 조선이 가진 풍부한 문학적 내지 문화적 유산과 조선 작가들의 오리지널 스토리의 재생산 문제다. 근래 조선에 이 수입되는 영화 중에는 너무나 부도덕적이며 무책임한 작품이 많다. 앞의 유생柳生 도서과장 담談에 의하면, 작년 중 조선 내에 상영된 영화 내용은 음악영화와 소위 깽영화가 대중의 환영을 받고 있으며, 소화 10년1935 중에 검열한 오락극 종별 표에는 그 대부분을 활극, 인정극, 연애극의 순위로 점하고 있다. 8회 06.24

그러나 구미에서는 깽, 〈G맨〉[27] 등의 활극영화나 비속한[28] 자극적 레뷰영화[29]는 사회적으로 제창된 영화 정화운동으로 거의 일소되었고, 최근에는 민족문화와 순문예작품이 영화제작의 제재가 되고 있다.

---

25 오오꾸마 노부유끼(大熊信行, 1893-1977). 경제학자, 평론가, 시인. 1차대전 이후 일본의 '타이쇼오 데모크라시'의 이론적 지도자였던 후꾸다 토꾸조오(福田德三) 문하에서 수학했다. 문부성 재외연구원(在外研究員)으로 영국·독일·미국 유학을 경험한 후 일본으로 돌아와 해군성 관료로 재직했다. 전후에는 대학교수로 활동했다.

26 타까따 야스마(高田保馬, 1883-1971). 경제학자, 사회학자, 시인, 쿄오또대학, 오오사까대학 명예교수. 사회학자로서 게오르크 짐멜(G. Simmel)의 형식사회학을 연구했으며, 경제학자로서는 쿄오또제국대학 경제학부에서 강의를 담당했다.

27 'G'Men(윌리엄 케일리William Keighley 감독, 1935).

28 원문은 "비우(卑隅)한"이나 오식으로 보인다.

이런 점에서 조선영화는 새로운 조선문화 예술의 창설자의 임무를 자부할 수 있으며, 조레스Hean Jaurès의 "가장 민족적인 것은 가장 국제적이다"라는 말과 같이, 조선의 역사적 유산이 가까운 장래에 세계에 소개될 날이 있으리라고 믿는다.

4. 조선의 뉴스영화 제작 문제

현재 영화론에 관한 저술은 상당한 수에 달하고 있으나, 다음에 소개하는 곡천철삼谷川徹三30 씨의 「세개의 저널리즘」(『일본평론日本評論』, 금년 4월호 기재)이라는 논문은 영화문화에 관한 새로운 문제를 제출한 것이며, 매우 흥미 있는 고찰로 생각된다. 씨는 활자 저널리즘과 라디오 저널리즘을 평론한 후, 영화 저널리즘에 관해 다음과 같은 의견을 발표했다.

영화도 또한 물론 지금에는 주로 오락기관으로 보고 있다. 뉴스영화는 더욱 대大 발전성을 표시하고는 있으나 지금까지는 아직 특히 일본에서는 그다지 큰 의미를 가지고 있지 않다. 교화나 교육의 기관으로서도 가령 우파UFA의 과학영화와 같은 우수한 과학영화는 갖지 못했다. 그러나 세계 전반으로 말하여 이런 과학영화나 최근의 〈아시아 대륙횡단〉과 같은 실사實寫영화, 상당히 트릭은 사용하고 있으나 여하간 아프리카의 내지를 배경으로 한 맹수영화 등은 신문이나 라디오로는 할 수 없는 영화의 기능을 표시하고 있다. 이런 영화의 모든 버라이어티31를 다 한다면 여기에도 활자 저널리즘이나 라디오 저널리즘에 필적할 광대한 저널리즘의 세계가 출현한다.

그리고 곡천谷川 씨는 "영화 저널리즘은 감각적 국소성局所性을 그 특장으로 한다"고 하며 뉴스영화는 "시각적 직접성"과 함께 근일 발성장치의 탄생으로 "청각적 직접성"까지 첨부되어 있다는 것을 지적하며, 이 3종의 저널리즘의 상호관계를 논술해 이와 같은 결론을 하였다.

······여하간 라디오와 영화가 각각 활자 저널리즘에 대립한 새로운 저널리즘이라는 점, 그것은 지금에는 아직 저널리즘으로서의 성격을 충분히 나타내고 있지 않으나 이후 서서히, 더욱 강대히 그 성격을 나타내리라고 하는 것은 단언하기 어렵지 않다. 9회 06.25

이 영화 저널리즘, 특히 뉴스영화에 관한 이론은 구미에서는 이미 수년 전부터 많이 신문 잡지에 기재되었고 벌써 한 여론을 형성하고 있으니, 금후 조선에서도 이 문제가 저널리즘론에서, 특히 영화론에서 당연 제기될 중요한 의견의 하나인 줄로 생각[32]한다. 이 뉴스영화에 관한 실제 지식은 이동공웅伊東恭雄, 이또오 야스오 씨의 「뉴스영화의 세계망」(『개조改造』, 3월호 기재)이라는 논문에서 더욱 자세한 것을 얻을 수 있다. 씨가 조사·발표한 바에 의하면 현재 세계의 뉴스영화 종류는 발행사별로 미국에 6종, 영국에 5종이 있고 불국에는 세계 최초의 뉴스영화(1895년 창시 발행) 〈빠떼 주르날〉Pathé-Journal을 위시하여 3종의 순 불국산과 2종의 미국계 제품이 있다. 그 외에 소련, 이태리, 독일 등에서는 각자 국책상 국가가 직접 뉴스영화를 통제하고 있으나, 소련에는 〈뉴스 끼노 주르날〉이 있고, 이태리의 루체L.U.C.E(국립영화협회)와 독일의 우파UFA는 각각 자국의 뉴스영화를 제작하고 있다.

29   레뷰(revue)는 보통 노래·춤·모놀로그 등 오락거리를 다양하게 구성한 연극형태를 일컫는다. 여기서 레뷰 영화는 선정적인 춤과 노래를 주된 볼거리로 제공하는 영화를 의미한다.
30   타니까와 테쯔조오(谷川徹三, 1895-1989). 평화를 목표로 하는 '세계 정부'라는 개념을 발전시킨 일본의 철학자로 호오세이대학(法政大學) 총장을 역임했다.
31   원문은 "바라에티-".
32   원문에는 "主覽"으로 되어 있으나, '생각(生覺)'의 오식이다.

1930년대 뉴스릴 장면들
힌덴부르크 비행선의 폭발 등의 사회적 뉴스를 다루기도 했지만,
우량아 선발 대회나 수영복을 입은 여성들을 등장시키는 등
관객의 흥미를 노리는 내용도 포함되어 있었다.

다음에 일본을 보건대, 금년 정월부터 그 발행을 중지한 〈송죽松竹, 쇼오찌꾸 발성뉴스〉를 제외하고 〈조일朝日, 아사히 세계뉴스〉와 〈동일대매東日大每, 토오니찌다이마이 국제뉴스〉의 2종이 있으며, 타국에 비교하여 2대 신문사가 직접 뉴스영화를 제작·상영하는 것이 주목할 바다.

위에서 쓴 바와 같이 뉴스의 영화화에는 우리들이 직접 눈으로 보고 귀로 들을 수 있는, 활자나 라디오 저널리즘에서 구할 수 없는 독특한 매력을 가지고 있으며, 우리들의 감각을 통해 오는 모든 사건과 장면은 가장 신뢰할 수 있는 정확한 것으로 인식된다. 이리하여 영英·미米·불佛과 같은 나라에서는 뉴스영화에 대한 일반 대중의 요구가 대단히 커지고, 따라서 이 뉴스영화 전문의 상설관도 최근에는 점점 증가하는 경향에 있다.

역시 위의 이동伊東 씨의 기사에 의하면, 빠리에는 15관 이상의 뉴스영화 극장이 있고 그 외에 기차 정거장에 뉴스 상영의 설비가 있는 곳이 적지 않으며, 이에 대등하여 영국·미국에도 상당한 수효의 전문관이 있다. 그리고 일본에서도 이 추세에 따라 구랍舊臘33부터 동경에 있는 일본극장의 지계地階34에 뉴스 단편영화를 전문으로 하는 제일지하극장第一地下劇場이라는 것이 생겼다.

이제 이런 뉴스영화 극장의 프로그램을 일별하면, 그 상영하는 영화의 목차 내용은 각국 각지의 시사뉴스 이외에 만화, 음악영화, 여행영화, 과학영화 등이다. 이것을 볼 때 조선에서 과학영화와 만화는 현재 기술·설비·비용 등의 관계로 아직 제작할 수 없는 지경이라 할지라도, 그 외의 뉴스, 음악, 여행 등의 영화작품은 충분히 제작할 수 있을 줄로 믿는다.

조선의 현하 문화 등 기타의 발전 동향은 대외적으로 보도할 만한 뉴스

33　지난해의 섣달.
34　고층건물의 지하층.

재료가 많고, 더욱이 조선의 고전음악과 무용, 풍광명미風光明媚[35]한 각 지방의 자연 경물景物[36]과 조선 특유의 풍속 습관, 그리고 미술공예 등 과거의 장구한 역사적 유물 등등은 이를 세계적으로 선전·소개할 가치가 허다하다.

조선의 영화제작기업에 있어 오락영화 또는 문예·교육·과학영화 등의 제작으로부터 오는 위험성과 곤란성은, 이상에서 말한 조선 특수의 뉴스, 음악영화, 여행영화 등의 제작으로 충분히 타개할 수 있을 것이다. 그리고 이것은 단지 그 제작기술의 난이, 생산비의 다과多寡에 관한 문제만이 아니며, 그 판로와 수요성에 있어 전자는 간혹 국내적 또는 민족적으로 제한될 염려가 없지 않으나, 후자는 훨씬 대외적·국제적으로 진출할 가능성이 있으며, 따라서 장래 조선영화 작품으로 수이출하는 데 가장 적당하고 용이한 상품이 되리라고 생각하며, 조선의 영화기업으로 보아 이 방면의 영화제작에 특히 연구하고 착목할 점이 있으리라고 믿는다.

5. 결론

이상에 말한 조선영화의 기업화는 현재 조선의 객관적 조건으로 보아 확실히 유망한 사업의 하나다. 다른 산업에서 조선인 자본이 점차 추축追逐되는 현상에서 이 영화사업만은 그 제작기술상 조선적 특수성을 가지고 있으니, 조선인의 기업으로서 다시없는 유리한 방면인 줄로 믿는다. 그리고 일본 내지에서 각 영화회사 간의 격렬한 경쟁이 어지러워 일반적으로 등한시하고 있는 이 방면에 솔선해 사업의 개척에 착수한다면, 현재 경쟁인 조선영화시장에 독점적 지반을 건설하기 어렵지 않을 것이다.

구미는 제외하고 일본 내지의 그것에 비해 조선의 영화사업 상황의 숫자는 위에서 본 바와 같이 극히 미개함을 표시하고 있으나, 이런 숫자가 해마다 급속한 증가를 하고 있는 것과 총독부 당국의 조선영화정책의 발포發布에 의해 이 사업은 장래 다대한 진보발전을 하리라는 것을 여기에 예단할 수 있다. 그리고 일반적으로 영화에 대한 이해와 취미의 향상과 함께 그동안 영화기술에 관한 방면은 상당히 발달해왔고, 감독·배우 등의 인재도 적지 않은 상태니, 현재의 조선영화기업에는 다만 안정된 제작소와 완전한 설비만을 요하게 되었다. 작년도에 상영된 조선영화는 총수의 4분分에 불과했으나 일반 관중은 그 작품의 내용에 대한 음미, 제작기술의 우열을 불문하고 먼저 관상하기를 갈망했으며, 대체로 보아 그 상영 흥행성적은 대단히 양호했다고 한다. 10회 06.26

2   조선 프로듀서에 대한 희망   박기채

『사해공론』 제4권 7호/ 1938.07

아직 영화사업이라는 것이 다른 나라와 같이 기업화되지 못하고, 따라서 모든 부문이 정리, 전문화하지 못한 조선영화에 있어 프로듀서에 대한 희망을 말하는 것이 본래부터 무리한 주문이라고 나는 생각한다. 가령 내가 현재의 조선 프로듀서에 대해 이러이러한 불평과 불만을 가지고 있다고 하더라도, 그것은 결국 조선영화의 미발달과 미성숙에서 오는 것인즉, 프로듀서 되는 당자들을 나무랄 수도 없는 일이다. 그런 의미에서 나도 진정한 프로듀서는 아직 조선에 있을 수도 없고, 또 같은 이유로 조선에서 프로듀서론은 그 현실적 의의가 극히 희박하다고 보거니와, 그렇다고 해서 언제까지나 프로듀서의 금일 같은 상태를 두고 있을 수도 없는 것이다. 그런 사실에서 나는 프로듀서에 대한 간단한 의미를 생각코자 한다.

35   산수의 경치가 맑고 아름다움.
36   계절에 따라 달라지는 경치.

박기채

본래 프로듀서의 사명이라는 것을 생각할 때, 그가 하는 일은 기획에 관한 것이요 또 기획에 한한 것이다. 즉 구체적으로 말하면 영화 대본(책)을 감독의 손에 내놓을 때까지가 그가 관계하는 영역이요, 일단 감독의 손에 넘어가면 다음부터 진행에 대해서는 일절 간섭을 하지 않는다. 프로듀서가 '책대본'을 준비할 때까지 모든 기획을 세우는 데 대본 같은 것을 취택하는 등에서는, 프로듀서에 따라서 주로 영업적인 입장, 즉 마켓을 염두에 두고 그것을 결정하는 사람도 있고, 그와 반대로 예술적인 가치를 중하게 봐서 결정하는 사람도 있거니와, 그것은 어느 편이나 일장일단이 있어 한마디로 그 하나를 취할 수 없다. 다만 이때 가장 영리한[37] 프로듀서는 한편으로 영업적인 입장도 무시하지 않고, 또 한편으로 예술적인 것도 보지保持[38]하는 중용의 도를 취하는 예가 많으나, 그런 경우에 대개의 품品은 무난한, 안전한 것은 보장되는 대신 큰 성공의 작품이 나오는 예가 드물다고 생각된다.

역시 결정적인 한쪽에 서는 편이 대작품을 내는 프로듀서라고 보인다. 그러기에 이 프로듀서는 사실 작품의 성공, 비성공에 일정한 책임을 가지고 있는 사람이거니와, 세상에서는 대개 영업적인 데서 프로듀서를 평가한다. 저 프로듀서는 손해를 보는 프로듀서, 누구는 이득을 내는 프로듀서다! 등의 말을 흔히 하는 것이 그 의미에서다. 하여튼 원칙적으로 프로듀서가 하는 영역 그 한계만은 이상에 말한 기획의 일, 책을 감독부에 넘길 때까지 하는 것만은 여기 재차 분명하게 지적코자 한다. 그런데 불행히 조선서는 프로듀서의 일이 무한히 확장되어 있다. 그는 모든 기획을 세우는 것은 물론 시나리오를 택하는 데 그치지[39] 않고, 다시 영화진행까지를 마쳐보려고 한다.

내가 조선 프로듀서에게 불평과 불만을 품고 있는 것은 그 때문이다. '책'이 준비된 후에는 그 작품이 성공을 하든 실패를 하든 간에 감독에게 맡겼으면 좋을 텐데, 그 뒤에까지 모든 것을 간섭하는 것은 결코 프로듀서의 정상적인 행위가 아니기 때문이다. 물론 이때 나는 조선의 영화계의 현재 상태로 봐서 프로듀서가 그러지 않을 수 없다는 이유는 대부분 이해하거니와, 그렇다고 해서 나와 같이 감독의 입장에서 그들에게 불평을 말함이 불가할 리는 없다. 그런 이유에서 내가 조선 프로듀서에게 무슨 희망을 이야기한다면, 첫째가 불만不滿에서 오는 것이 될 것이다. 즉 프로듀서로서 계획에 대한 자기 한계를 지켜달라는 것이다. 그것은 한계 밖에 나와서 너무 간섭을 하는 것이, 그가 일을 많이 하려는 의도와는 반대로 이따금 일에 지장을 일으킬 때가 많기 때문이다. 결국 각각 자기의 한계를 잘 이해하고 거기 충실하는 것이, 서로 일을 해가는 데 의기意氣가 상합相合[40]하고 진행도 순조롭기 때문이다.

다음은 프로듀서로서 일을 부탁하고 시킬 때 일하는 사람을 이해해달라는 것이다. 일하는 사람은 동東으로 생각하는데 프로듀서는 서西를 말해서 강요하는 경우가 있을 때는, 자연히 이쪽으로선 기분이 좋을 리가 없다. 그리고 그 때문에 일이 또한 여의치 못한 때가 많은 것이다. 나중으로 또 하나는 프로듀서와 자본 측과의 관계에서, 과거에는 대개 상대의 비위를 맞추는 데 일관해왔으나, 지금은 결코 그런 시대가 아니라는 것이다. 물론 요즘은 투자하는 분들도 영화를 많이 이해하게 되고 해서 프로듀서와의 관계도 이해로 일관되었으나, 아직 과거의 경향이 다분히 남은 경우에 당착할 때

37   원문에는 "흡리(恰悧)"로 되어 있으나 '영리(怜悧)'의 오식으로 보인다.
38   간직하고 있음.
39   원문은 "버서지지"이나 문맥상 '그치지'로 표기했다.
40   서로 잘 맞음.

가 많다. 이상의 의미에서 생각나는 것을 몇마디 이야기하여 조선 프로듀서에게 보내는 바다.

3 조선영화의 장래: 서광제
동경영화계의 근황을 보고,
조선영화의 시장문제

『조광』 제4권 8호 / 1938.08

외국 영화의 수입금지 문제

외국 영화 수입금지 문제에 대해 제일 먼저 말하게 되는 것은, 지나사변支那事變[41]을 계기로 일체의 외국 영화를 당분간 수입 금지시키겠다는 정책의 뒤를 따라, 내지영화계도 일본영화의 향상을 기대하고 있었으나 그 성과는 얻은 것이 없었고, 조선영화계도 국산 영화와 외국 영화를 반반씩 상영시켜오던 터에 그나마 외국 영화가 전연 두절[42]된다는 바람에 이곳저곳의 영화제작 그룹에서 금년 안으로 제작 발표하겠다는 본本 수만도 기신양행紀新洋行, 조영朝映, 성봉聖峰, 조선예흥朝鮮藝興[43] 등의 각년各年 6본 제작의 24본과 기타를 합하면 30여본인데, 금년의 상반기가 넘도록 작년에 제작한 반도영화제작소의 〈한강〉이 봉절封切됐을 뿐 현재 제작 완료 혹은 제작 도중에 있는 것이라야 전부 4본(〈도생록〉〈군용열차〉〈어화〉〈무정〉)이니, 하반기에 조선영화가 더 나온댔자 3,4본에 불과할 것이다.

이 무궤도적無軌道的 영화제작 발표와 영화 그룹의 족생簇生[44]은 무엇을 말하는 것일까? 두말할 것 없이 영화예술의 대국적大局的 인식의 부족에서 기인된 것이라고 볼 수밖에 없다. 예술의 형태의 변화와 발전이라는 것은, 일조일석의 조그마한 정치적 이유로써, 무질서한 영화계가 아무런 인적 요

〈대지〉(1937)의 촬영 현장

1930년대 중국을 배경으로 한 펄 벅(Pearl S. Buck)의 소설 『대지』를
MGM에서 영화화한 것으로, 시드니 프랭클린이 연출을 맡았다.
중국 대륙을 배경으로 왕 룽이라는 농민의 삶을 그린 할리우드 영화의 출현은
당시 해외 판로를 개척하려던 일본의 영화제작사에 많은 자극을 주었고,
'대륙영화' 제작 붐을 낳는 계기가 되었다.

소와 기술 내지 경제적 준비가 없이 변화와 발전을 바랄 수 있을 것인가?
자기가 노력하지 않는 곳에는 자기가 바라는 기술과 예술은 얻을 수 없는
것이다. 나는 새삼스러이 이 말을 조선영화인에게 자꾸 외워주고 싶다.

  외국 영화가 금수禁輸되고 국산 영화를 반수 이상 상영 내지 전부 국산
영화를 상영시킨다 하더라도, 현재의 우리들의 예술적·경제적 집단으로 그
것을 소화해낼 수 있을까? 내지영화의 완적完的 진출이라는 그것밖에 아
무 이유도 없다. 그렇다고 내지영화가 발전되는 것은 아니다. 영화라는 모

---

41   중일전쟁.
42   원문은 일본어 한자인 "途絶(とぜつ)"로 되어 있음.
43   원문은 "조선흥예(朝鮮興藝)"로 되어 있으나 오식이다.
44   뭉쳐서 남. 혹은 "뭉쳐나기"(식물)와 같은 말.

체가 생긴 곳이 미국이며, 그것을 성장시킨 곳도 구미歐米이며, 현재도 일본영화가 그들의 영화에서 모든 것을 배우고 있는 처지에서는, 아무리 생각해도 외국 영화의 수입금지는 일본영화에 대해 질적 향상은 절대로 주지 못하는 것이며, 오히려 태작駄作 범람시대가 오리라는 것을 두려워했다. 아닌 게 아니라 최근의 내지영화계에서는 외국 영화의 수입금지와 제국의 북지北支, 화베이대륙 진출과 메트로사社 작품 〈대지〉*The Good Earth*, 시드니 프랭클린 Sydney Franklin 감독, 1937의 획기적 흥행성적을 봐가지고 한동안 '대륙열'에 떠가지고 어느 영화회사를 막론[45]하고 '대륙영화' 제작을 어나운스[46]하지 않은 곳이 없었다.

그러나 요즘 와서는 언제 그런 제작 플랜을 발표했냐는 듯이 〈양자강〉 〈자식들〉 〈모대륙母大陸의 홍虹〉 등 한차례의 필름도 돌리기도 전에 벌써 그림자를 없애버렸다. 이것만 보더라도 내지의 영화업자의 제작방침이 무정견無定見[47]하다는 것을 가히 알 것이니, 하물며 조선의 군소 영화제작 그룹이 외국 영화 금수禁輸를 제일 구실로 과자봉투 붙여내듯이 조선영화를 자꾸 만들어내질 줄 알았으나 요는 무엇을 만들어내겠느냐는 그 문제다. 어떻게 조선영화를 만들어대겠느냐라는 그 근본적인 문제를 조선의 영화인은 잊고 있었던 까닭이다.

돌아오는 7월부터는 외국 영화의 수입이 완화되어, 이 비상시국에 미국의 국가적 4대 산업의 하나인 영화권업映畵勸業에다 금수禁輸라는 신통神統의 자극을 미국 정부 지국에 주는 것은 재미롭지 못한 점이라는 대장성大藏省의 견해로, 연말까지 약 200편의 미국영화가 수입되게 되었다. 경쟁의 상대와 문화의 접촉이 없이는 예술과 상품성을 함께 갖고 있는 영화는 도저히 발전할 수 없다는 것을 내지의 영화제작책들은 새삼스러이 깨달은 듯이, 이제야 자기 자신의 슬럼프를 어떻게 구해낼까에 초조해하고 있다.

슬럼프에 떨어진 내지영화

제국의 전면적 북지대륙 진출과 외국 영화 금수 때문에, 송죽松竹, 쇼오찌꾸 블록과 동보東寶, 토오호오계와 서로 인기배우 끌어들이기를 일삼던 내지영화업자는 방향을 같이 돌려 대륙에로, 대륙에로 눈을 돌렸다. 이것은 두말할 것도 없이 수년래數年來로 발전을 보이지 못하고 슬럼프에 떨어진 내지영화를, 대륙이라는 크고도 새로운 공기를 내지영화에다 호흡시켜 놓으려다가, 동화상사東和商事, 토오와쇼오지48에서 대륙영화라고 제일 먼저 제작한 〈동양평화의 길東洋平和の道〉스즈끼 시게요시 감독, 1938이 예상외로 너무나, 너무나 실패를 했던 까닭에, 대륙영화라는 소리는 쑥 들어가고 말았다. 물론 동보에서 아무것도 없는 조선의 성봉영화원과 제휴를 하여 작품을 만든다는 것도, 슬럼프에 떨어진 동보 자신이 대륙에 진출하는 첫발로서 조선에다 발을 들여놓은 것이다. 손해 없는 조그만 시험이다.

현재의 내지영화계는 순전한 미국식으로 프로듀서 조직 밑에 분담적으로 일해나가는 동보가 있고, 여태까지의 일본영화를 쌓아놓은 완고頑固 실리實利 대중大衆49과 그 주의를 따르며 가족주의를 쓰고 있는 소위 송죽 블록(송죽, 일활日活, 닛까쯔, 신흥新興, 신꼬오, 대도大都, 다이또)이었다. 이 두 블록이 전 일본의 영화계를 지배하고 있는데, 같은 블록이면서도 송죽과 일활은 걷는 길이 다르다. 동보는 전 일본의 우수한 감독과 인기배우를 모아다 놓고도 금일까지 일본영화계에 우수한 작품 한개도 못 내놓은 회사이며, 송죽은 가장 완고한 조직과 형식으로 예술이니 문화니 찾는 것이다. 대다수의 일

---

45   원문은 "진론(眞論)"으로 되어 있으나 오식으로 보인다.
46   announce. 발표하다. 원문에는 "아나운스"로 표기되어 있다.
47   일정한 의견이 없음.
48   원문에는 "동사상사(東私商事)"로 표기되어 있으나 오식이다.
49   원문에 "大象"이라 되어 있으나 오식으로 보인다.

서광제

반 대중 팬을 상대로 눈물을 흘리게 하고 웃기게 하고 돈을 버는 회사이며, 일활은 가끔가다 외국 영화를 누를 만한, 우수한 작품을 내놓는 회사이다.

예술적·문화적으로 우수한 작품을 가끔 내놓는 일활이 내용에 있어서 수백만원의 부채를 지고 사장의 의자가 자주 바뀐다. 이것이 내지영화계의 오늘날의 현상이다. 〈창맹蒼氓〉쿠마가이 히사또라熊谷久虎 감독, 1937[50] 〈벌거숭이 거리〉 〈한없는 전진限りなき前進〉우찌다 토무內田吐夢 감독, 1937 등 금일의 일본영화로서의 최고 수준에 올려놓고 전 일본영화계를 질적 향상을 시켜놓은 일본 최고의 프로듀서 격인 일활 사장 근안根岸, 네기시[51] 씨는, 일활 중역들에게 부채만 늘고 돈은 벌지 못했다고 내쫓김을 당했다. 예술이고 문화고를 생각하는 이보다 돈 적게 들이고 돈 많이 벌자는 것이 금일의 일본영화 제작자들이니, 그나마 외국 영화가 금수되었더라면 일본영화의 앞길은 슬프기 한량없을 것이다. 문부성, 내무성에서도 이 점을 각 영화회사에 주의를 주고는 있으나, 오랫동안 뿌리박힌 그들의 영업태도가 급작스럽게 변경될 리가 없다. 오히려 일활 전前 사장 근안 씨의 만영滿映[52] 입사가 '대륙영화'의 참된 길을 열어줄 것이라고 믿는다.

신흥, 기타의 작은 영화회사는 도저히 현대의 지식인으로서는 볼 수 없는 영화가 그래도 자꾸 나온다. 그러나 아무리 송죽이나 동보가 재래의 형태를 벗어나지 못하고 돈 버는 영화만 만들어내더라도, 일반 대중은 새로운 시대의 새로운 호흡을 하고 있으므로 일본인으로서 일본영화를 경원敬遠하게 되며, 이 비상시국임에도 불구하고 일반 영화 팬은 양화관으로만 달음질친다. 그것을 막으려야 현재의 일본영화의 수준으로 도저히 막을 수 없다. 그리하여 최근에는 일본영화의 좀더 진보적인 작품을 제작해가지고, 당분간은 이해문제를 떠나 일본영화의 질적 향상과 일반 저급 팬의 감식안의 인상기上과 고급 양화 팬의 일본영화에로 흡수책을 쓰지 않으면, 오늘의 슬럼프에 떨어진 일본영화는 도저히 구해내지 못할 것이다.

시대극이면 으레 검극, 의협, 하룻밤 잠자리와 미녀가 붙고, 현대극이면 값싼 눈물과 연애밖에 없다. 이것이 오늘날까지의 판에 박은 듯한 일본영화였는데, 최근에 와서 재래와는 아주 형식이 다른 〈전국군도戰國群盜傳〉과 같은 시대극도 나오고, 〈한없는 전진〉 같은 현대물도 나오게 되었다. 그러나 오랫동안 구습이 머리에 젖은 영화업자들은 이런 영화를 제작하기에 여간한 모험심을 갖는 것이 아니다. 일전에 봉절된 동경발성東京發聲, 토오꾜 오핫세이의 〈태양의 아들太陽の子〉아베 유따까阿部裕 감독, 1938 같은 것도, 재래의 일본영화의 형식과는 다른 것이기 때문에 흥행이 잘 안 될 줄 알고 동보에서는 그리 돈을 들이지 않고 선전도 잘 하지 않았다. 그러나 수천원씩 선전비를 들인 다른 영화보다 〈태양의 아들〉은 지금껏 수개월의 장기흥행을 하고 있지 않은가? 작일의 관객과 금일의 관객을 모르는 영화업자가 어떻게 일본영화를 질적으로 향상시켜놓을 것인가? (이 문제는 조선영화와 내지 영화업자의 제휴문제가 요새 심하게 나므로, 말이 긴 것 같으나 구체적으로 들어 조선영화계의 한개의 논제로 남기려고 한다.)

대륙영화로 진출해보려던 내지의 영화업자들은 위에도 말한 바와 같이 〈동양평화의 길〉의 실패로 쑥 들어가버리고, 천재적인 프로듀서가 출현하여(이것도 너무나 자본주의의 기업 밑에는 나오기 어려운 것이지만) 일본영화를 새로운 방향으로 돌리면 몰라도, 아직까지의 내지영화계는 무거운 슬럼프

---

50 원문은 "창민(蒼珉)"으로 되어 있으나 오식이다.
51 네기시 칸이찌(根岸寬一, 1894-1962). 일본 영화 프로듀서.
52 만주영화협회. 만주국의 국책영화사로 1937년 설립됨.

에서 헤매고 있어, 일반 관객의 호기심과 염증을 조금 풀어보려고 '어트랙션'[53]이라는 것을 내세웠다. 동경, 대판大阪, 오오사까은 물론 대도시의 극장치고 어트랙션을 안 하는 데가 없고, 연극과 영화를 반씩 하는 데도 많다. 이것은 두말할 것 없이 영화상설관이 영화만으로 손님을 만족시킬 수 없는 데서 나온 것은 여기 긴말이 필요 없으며, 근본적인 일본영화의 제작 방침을 고치지 않는 한 영화제작업자도 기형, 상설관측도 기형, 일반 관중도 기형의 눈으로 보고야 말 것이니, 현대의 가장 첨단의 예술이요 새로운 센스의 소유자라는 영화가 이런 길을 밟고서야 훌륭한 예술이 나올 수는 절대 없다. 영화제작의 슬럼프에 떨어지거나 딜레마에 서 있을 것 같으면, 새로운 시대의 영화제작 방침으로 그것을 타파하고 나가지 않으면, 내지영화계는 언제나 시대에 뒤떨어진 장난감만 만들어내어 식자의 한숨을 자아낼 것이며, 금일의 영화 팬은 이 비상시국이면서도 양화를 요구하며 양화가 안 들어오면 상설관에 안 갈지언정 값싼 국산영화는 안 보러 갈 것이다.

이런 고뇌를 어떻게 뚫고 나가야 외국 영화를 물리치고 훌륭한 국산 영화를 제작해낼 것인가? 내지의 여러 영화업자들은 여기에 머리를 썩이고 있고, 그래야만 일본영화가 살아나갈 수 있다는 것은 잘 안다. 이런 내지의 영화업자들이 조선영화를 머리에 넣고 생각한다면 얼마만큼이나 생각할 시간을 가지고 있을 것인가?

조선영화의 내지 시장 문제

조선영화가 살아나갈 길은 내지에 시장을 얻는 것과, 제국의 북지대륙 진출과 아울러 그 지방에서의 안정에 뒤이어,[54] 조선영화도 내지영화와 함께 북지에서 외국 영화의 등을 밀고 진출하지 않으면 벌써 금일의 조선영화의 생명은 없어질 것이다. 그러면 우리가 어떻게 해야 내지에 영화시장을 얻을 수 있을까?

요사이 조선의 영화인들이 언뜻 생각하기에는, 내지의 큰 영화회사와 제휴를 하여 영화를 제작하면 내지의 시장은 물론 조선영화로서 큰 이익을 이룰 줄 아나, 이것은 몽상이다. 나는 그전에도 늘 말해왔거니와, 금일 조선의 문화계통이라는 것이 전부 내지에서 흘러들어오는 것이므로, 문화적 견지로 보아서도 기술적 제휴를 하여 재래의 조선영화보다는 일보 내지 수보 질이 나은 것을 만들기를 바랐다. 그러나 우리가 한번 냉정히 생각해보자. 소학교도 졸업 못한 사람이, 남은 상당한 학교를 졸업하고 사회에 출세하여 훌륭한 요직에 있는데, 그 사람과 한자리에 앉혀놓으면 자기 욕심엔 자기도 그만한 일을 할 수 있다고 생각하는 거나 마찬가지다. 막말로 말하면 경마장에서 돈 한푼 안 가지고 남의 경마하는 것 구경하고 있는 신세다.

보라! 조선영화계에 무엇이 있나? 카메라 하나 똑똑한 것 없고, 라이트 하나 변변한 것 없고, 토키 시스템 하나 방비 못해놓은 조선영화계라는 것이, 내지의 우수한 영화회사와 제휴를 한들 무엇을 가지고 무엇을 배우겠단 말인가? 내지의 어떤 영화회사가 조선의 어떤 영화 그들과 제휴를 했다면, 조선영화계라는 것이 어찌된 것인지 모르고 처음에 했을 것이요, 두번째 알고도 제휴를 한다면 대륙영화 진출의 조그마한 시험으로 할 것이며, 영화제작의 슬럼프에 빠진 자기 자신의 머리를 다른 데 돌리는 또 작은 시험일 것이다.

스튜디오 하나도 없고 토키 시스템이 없는 조선영화에, 일본영화를 어떻게 하면 현재 고뇌에서 구할 수 있을까에 머리를 앓고 있는 내지의 영화업자들이, 어느 겨를에 아직 시명始名도 없는 조선영화에다 손을 펴고 머리를 썩힐 새가 있는가? 그리고 수만원 내지 수십만원의 거액을 조선에 투자

---

53   attraction. 극장의 관객을 끌어모으기 위한 구경거리나 유흥. 이 시기에는 레뷰, 스타 변사, 레코드 가수의 노래, 경음악단의 연주·촌극·마임·마술 등 다양한 어트랙션이 유행했다.

54   원문은 "그 지방에 안정(安定)의 뒤를 따라"로 표기되어 있음.

〈군용열차〉(1938)
일본의 토오호오영화사와 조선의
성봉영화원의 합작 영화.
일본영화계의 대륙영화 제작 열기에
편승해 제작되었으며, 일제의
군국주의 이념을 선전하고 있다는
점에서 최초의 '친일영화'로 명명된다.
당시 제작된 조선영화들과 비교해볼 때
미학적 실험이 돋보이는 영화이기도 하다.

하여 촬영소를 짓고, 토키 시스템을 만들어가지고, 어느 정도까지의 손해를
봐가며 거액을 들여 조선영화를 현재의 수준에서 훨씬 기술적 향상을 시
켜, 조선영화로서 내지 시장에 내놓더라도 부끄럽지 않게, 예술적으로 자신
이 붙게까지 이곳 영화인의 일터를 줄 리는 만무하다. 그러면 현재와 같은
조선영화가 내지의 어떤 영화회사와 제휴를 한다고 하더라도, 제일 먼저
그쪽에서 이곳을 기술적으로 믿지 않을 것이다. 원작이나 감독, 배우, 모든
문제에서 내지 영화회사의 이니셔티브에 맡기는 수밖에 없다. 그러면 종속
관계와 같이 된 그 제휴 밑에서 훌륭한 영화를 바란다는 것은, 연못에 들어
가 고래를 잡으려는 격이다.

우선 동보와 성봉의 제휴에 있어, 필자가 직접 촬영에 관계가 있었으니
누구보다도 그 분위기를 잘 알았을 것이니, 현 사회조직에 있어서 기술적
으로 상대방보다 훨씬 우수하든지(이것은 영화가 메커니즘인 한 오늘의 문화계
통으로는 도저히 절망이다) 경제적으로 넉넉하다면 몰라도, 기술 경제를(기타
시장배급의 약점 등) 내지 회사에서 10분의 4,5만 갖는다 하더라도 벌써 조선
의 영화 그들은 일개의 사용인에 불과해버린다. 현상, 녹음, 모든 것을 그
곳 회사에 가서 하게 되니, 가난한 집 놈이 큰집 대문을 드나드는 것과 마

찬가지다. 여기에 조선의 영화인은 크게 깨달아야 할 바가 있으니, 걸핏하면 동경에 건너가서 자기가 조선영화의 사절使節이며 예술가며 프로듀서? 연然해가지고 있는 말 없는 말, 얼음을 얼굴 옆에 놓지 않으면 화끈거려 현대인으로 들을 수 없는 거짓말과 추태를 부리지 말고, 조선영화가 살아나갈 길은 다른 데 있다는 것을 알아야 한다. 한 개인의 사리사욕을 위해 온갖 거짓말과 추태를 부려가며 사복私腹[55]을 채우는 것은 조선영화계의 앞날의 적이며, 우리들 문화인으로서 조선영화를 사랑한다면 그러한 분자는 그냥 둘 수 없는 것이다. 그러면 조선영화는 어떻게 해야 살아나갈 것인가?

조선영화계가 바라는 길

두말할 것도 없이 조선영화는 지금 작품을 제작해내는 것이 문제나 수확은 아니다. 요는 조선영화계도 기술적으로 어떤 품을 갖지 않으면 안 된다. 어느정도의 영화제작에 있어서 모든 기술적 설비와 준비가 있어야 한다는 말이다. 조선영화 제작에 있어 아직까지 적으나마도 실합實合한 일터를 갖지 못했다. 촬영소도 없고 카메라도, 렌즈도, 라이트도, 녹음기도, 현상인도, 기타 영화제작에 필요한 모든 기계를 하나도 갖지 못하고 완전히 구비해놓지 못했다. 35미리 렌즈 하나 가지고 8,9권 영화를 전부 박고, 광선이 가끔 새어 들어오는 구식 카메라에 모터는 가끔 뒤틀려 돌아 전발성全發聲 영화를 제작하는 데 손으로 전부 돌려 박으니, 이 비과학적인 영화제작으로, 아무것도 없는 빈털터리로 어찌 내지의 영화회사와 무엇을 가지고 제휴를 하잔 말인가?

조선영화가 그의 생명선을 찾기 위해 내지의 영화시장을 얻으려면, 무엇

---

55 개인의 사사로운 이익이나 욕심.

보다도 우리들 자신이 토키에 필요한 모든 기술적 설비를 해놓고, 조선영화를 어느정도까지 질적 향상을 시켜놓으면 내지의 배급시장 같은 것은 문제가 아니며, 동보, 송죽, 일활 할 것 없이 그들이 쫓아와서 어느정도까지 우리들 유리한 조건을 말해가면서, 혹은 기술적, 혹은 경제적 제휴라는 것이 있을 것이다. 제휴라는 것은 기술이나 기타가 서로 대기對氣의 지위에서 되는 것이지, 결코 종속적 관계에서는 제휴라는 이름을 아무리 내세우더라도 기술적 향상이나 경제적 이익이 없다. 그저 심부름꾼에 지나지 않는다.

그러므로 우리들은 너나 할 것 없이 내지 영화회사와 제휴나 해볼까 꿈꾸고, 그렇지 않으면 조선영화라는 것을 만들어가지고 내지시장에 가지고 가면 금방 돈을 벌 수 있을 줄 아나, 그것은 조선영화의 자신을 모르는 사람들이다. 거짓말을 하든 무슨 짓을 하든, 어떤 조건으로 내지의 영화회사와 제휴를 했다고 하자. 제일 문제되는 것은 원작인데, 그 원작이 내지 영화회사의 기획과企劃課의 머리에 맞아야 한다. 그들의 머리에 맞아야 하는 것이니 순전한 조선영화가 못될 것은 사실이 아닌가? 그리고 조선영화를 만들려면 로컬을 찾는다. 그들이 찾는 로컬이라는 것은, 벌써 우리들의 시대에서는 잊혀지고 있는 것을 궁극스럽게 찾아내가지고 영화에다 집어넣으려 한다. 예를 들면 가마 타고 시집가는 것(공회당이나 부민관 같은 데서 훌륭한 신식 결혼식을 우리들의 현실에서 가장 많이 보는데도 불구하고, 그들은 본 체도 안 한다), 갓쓰고 자전거 타고 가는 것, 찌그러져가는 초가, 장죽, 색주가 등등 우리들이 보면 얼굴이 붉어지는 것을 그들은 로컬이라고 집어넣으려고 한다. 조선에도 모던 걸이 있고(소위 양장한 여자), 자전거가 있고, 전차가 있고, 빌딩이 있느냐고 묻는 그들이 현재 내지 영화업자의 태반이니, 조선영화라는 것을 박으려고 할 적에 무엇을 만들려고 생각할 것인가?

내지의 우수한 영화평론가 암기창岩崎昶, 이와사끼 아끼라 씨와 반도정飯島正[56], 괄견항부筈見恒夫[57], 좌좌목능활남佐佐木能活男[58], 마상의태랑馬上義太

郎, 마가미 기따로오, 일본영화작가협회의 전전지재前田知哉, 마에다 토모야, 동화상사 영업부장 복부정칠랑服部鋲七朗[59], 기타 일본 영화업자와 양화배급업자를 샅샅이 찾아다녀 조선영화의 내지시장 문제에 대해서 그 결정적 답안을 나는 얻었다. 즉 그들의 말을 종합하면, 내지의 영화업자 자신이 일본영화가 슬럼프에 빠져 있는 것을 구해내기에 여력이 없다. 설사 조선영화에 호기심을 두고 대륙영화 진출의 첫걸음으로 조선의 어느 영화 그들과 제휴를 한다고 하더라도, 자기들이 핸디캡을 가지고 나갈 것이니 조선영화 발전에 이익될 점이 없다. 조선은 일본의 식민지이니, 영화업자나 일반 영화 팬이 미국이나 불란서는 문화가 진보된 데라 그곳 영화는 어쨌든 재미있게 보나, 문화가[60] 아주 떨어진 줄 아는 조선에서 만든 영화를 일반 팬들은 즐겨 안 본다. 보러 가는 사람은 대학생과 인텔리 계급이 호기심 혹은 동정적 견지에서 보는 것에 불과하다. 그러므로 조선영화는 조선영화인 자신의 손으로(물론 기술, 경제 전부) 훌륭한 영화를 만들어가지고 오기 전에는, 조선영화는 내지의 시장을 영구적으로 얻을 수 없다.

체코슬로바키아의 알려지지 않은[61] 작은 영화회사의 작품을 내지에서 상영도 하고 조선서도 상영하지 않았는가? 터도 기둥도 없는 조선영화계에

---

56   이이지마 타다시(飯島正, 1902-96). 일본의 영화평론가이자 시인. 1922년 토오쿄오제국대학 불문과에 입학했고, 1928년 영화평론집『시네마 ABC』를 간행하며 이후 영화평론 분야에서 활발히 활동했다. 전후 와세다대학 문학부 연극학과 교수로 재직했다.

57   하즈미 츠네오(筈見恒夫, 1908-58). 일본의 영화평론가. 1931년 영화잡지『신영화(新映画)』를 창간했다. 이후 동화상사 선전부장에 취임하여 평론활동과 함께 유럽 영화 홍보에 전력했다.

58   사사끼 노리오(佐佐木能活男, 1902-72). 일본의 영화평론가. 토오쿄오제국대학 법학부를 졸업하고, 1929년『에이가효오론(映画評論)』편집부에 입사하여 영화평론가로 활동했다.

59   핫또리 조오시찌로오(服部鋲七朗, 생몰년 미상). 원문에는 이름 중간에 쉼표가 있으나 이는 오식으로 보인다.

60   원문에는 "文가"로 되어 있으나, 맥락상 '문화가'의 의미로 보인다.

61   원문에는 "가지 못하는"으로 되어 있으나, '可知(알 만함) 못하는'의 뜻으로 보인다.

서 대궐 같은 남의 집에 종노릇 들어가는 것이 수가 아니니, 작은 집이라도 제 집을 단단히 짓고, 조선에는 토키 촬영소가 있다는 것을 그들에게 알려주고, 조선영화도 이만하니 너희들이 가져가려면 가져가거라! 할 만한 의기와 실력으로 싸워나가지 않으면 조선영화라는 것은 없어지고 말 줄로 믿는다. 금일의 조선영화계의 승리자며 선각자며 문화적으로 은인은 조선영화 수십개를 제작해내는 사람이 아니라, 작으나마 가장 충실된 토키 촬영소를 지어놓는 사람이다. 그래야만 조선에도 훌륭한 시나리오 라이터, 감독, 배우, 믹서[62], 카메라맨 기타 등등이 나올 것이며, 조선영화도 영화 본궤도에 오를 것이며 악종惡種의 영화 브로커들이 없어질 것이다. 자기가 노력하지 않는 곳에 자기가 바라는 기술과 예술은 얻을 수 없다. 수많은 조선영화의 프로세션[63]이 결코 조선영화의 프로스페리티[64]는 될 수 없다.

4 만선(鮮滿)영화의   이태우
   첫 악수로 제작된
   〈복지만리〉 수(遂)완성

『조광』 제6권 5호 / 1940.05

제작비 7만원과 약 2년간의 세월을 요한 고려영화사와 만영滿映[65] 제휴의 거작巨作 〈복지만리福地萬里〉는, 이번 3월 20일에 만영 스튜디오에서 최후의 가공을 마치고 전10권물로 완성되었다.

제작비 7만원이라고 하면, 아직도 영화금융자본의 후광이 빈약한 조선영화계에서는 경이적 거비巨費라고 하지 않을 수 없다. 물론 1본本 평균 30만불의 제작비를 들여 호화 현란의 극치를 이루어 모든 제작상의 야심을 가능하게 할 수 있던 미국영화에 비교하면 이 7만원의 제작비는 근소한 것에 불과하나, 그러나 1대의 카메라와 한 사람의 정열적인 영화인의 존재가 즉시 하나의 프로덕션의 설립을 의미하고, 또는 한 작품의 탄생을 약속하던 것과 같은 원시적 과정을 밟던 수년 전까지의 조선영화계와 관련해 생각할 때, 이 제작비 7만원의 투자액은 숫자적인 의의에 그치지 않고 조선영화 사업의 본격적 기업화로서의 역사적 의미를 갖는 것이라고 말할 수 있다. 여기에 〈복지만리〉가 좋든 그르든 간에 조선영화사에 커다란 에포크[66]를 긋는 것이라 할 것이다. 제작비뿐만 아니라 불휴不休[67] 2년간이란 미증유의 장기 제작기간은 눈에 보이지 않는 커다란 예술적 정열이 포함되어 있다는 것을 의미한다.

이 완성까지는 실로 연인원 3천인이 동원되어 많은 고난과 싸워왔던 것

62　mixer. 음향기사를 의미함. 원문에는 "믹써"로 표기됨.

63　원문에는 "프로셋숀"(프로세션, procession)으로 표기되어 있는데, 맥락상 '수많은 조선영화를 늘어놓는다고 해서' 정도의 의미로 해석된다.

64　prosperity. 번영.

65　'만영(滿映)'은 주식회사 만주영화협회(滿洲映畫協會)의 준말이다. 만주영화협회는 1937년 8월 '주식회사 만주영회협회법'에 따라 설립되었다. 남만주철도회사와 만주국 정부가 공동 출자했고, 영화의 제작과 배급, 수출입 등에서 만주국 내 독점이 보장된, 다시 말해 만주국의 정치력과 자본이 집중된 국책영화회사다. 만영은 중일전쟁 이후 만주인들의 반일감정을 완화시키기 위해 '일만친선(日滿親善)' '오족협화(五族共和)' '왕도낙토(王道楽土)' 등 만주국의 이상을 선전하는 영화들을 제작·배급하는 데 주력했는데, 초기에는 뉴스영화와 문화영화 중심의 제작이 이루어지다가 닛까쓰 토오꾜오촬영소의 네기시 칸이찌(根岸貫一), 마끼노 미쯔오(マキノ光雄) 등 일본영화인들을 적극적으로 영입해 극영화도 활발히 제작해갔다. 조선영화계에도 상당한 영향을 미쳤던 영화감독 스즈끼 시게요시(鈴木重吉), 영화평론가 이와사끼 아끼라(岩崎旭) 등도 만영에서 일했다. 그러나 만영의 영화들은 '일본영화의 만주어판'에 불과하다는 비판을 받으며 만주인들에게 외면당했다. 1939년 11월 제2대 사장으로 부임한 아마까스 마사히꼬(甘粕正彦)는 이러한 만영을 개혁해 만주국 문화의 중심으로 세우겠다는 구상을 가지고, 극영화 담당의 '오민(娛民)영화부'와 기록영화 담당의 '계민(啓民)영화부'를 설치하고, 만주인 중심의 제작 방식으로 전환했다. 1938년 첫 작품을 생산한 이래 1945년 만주국 붕괴 전까지 만영이 제작한 영화는 약 600여편에 이른다.

66　epoch. 한 시대, 혹은 세대를 의미함.

67　조금도 쉬지 아니함.

이다. 내지·조선·만주 등지의 광대한 지구地區에 걸친 장기 로케이션에 비장秘藏된 그들의 고난은 눈물겨운 바가 있다. 더욱 추운 북선北鮮 무산茂山에서는 동상자까지 나오고, 무리만책無理萬策의 결과로 만든 수제手製의 원시적 크레인을 사용하다가 카메라맨 이명우와 주역 진훈秦薰[68]은 중경상을 당하는 등 이루 헤아릴 수 없는 수많은 고충이 있었던 것이다.

그들의 예술적 정태情態를 말하는 사실로서 일례를 들면, 녹음기록표가 보여주는 능률이다. NG가 놀랄 정도로 적었던 점과 1일(오전 11시부터 오후 12시까지) 35롤을 녹음한 점에, 만영녹음소원일 일동은 다만 경탄할 뿐이다. 어쨌든 겨우 2일간(실제 녹음에 요한 시간은 약 27시간)에 10권물(70롤)을 녹음한 성적은 내지영화에 비교하더라도 나으면 나았지 결코 떨어지지 않는 것이며 만영 스튜디오에서는 두말할 것도 없이 최고기록이다. 목야牧野, 마끼노[69] 만영 제작부장을 비롯하여, 판권坂卷, 사까마끼 만영 촬영과장은 이 기록표를 보고, "이건 참 훌륭한 성적인데 —"라고 감탄을 연발했다. 나도 이 녹음 당시에 녹음현장에서 목도한 바인데, 배우 자신이 의음擬音[70] 기사를 보조하여 녹음 진행을 용이, 신속히 진행하게 해주는 진지한 열성에는 깊이 생각되는 바가 있었다. 긴장한 녹음실로부터 전옥全玉이라는 여우女優가 엎드려 우는 것을 보고, 처음 나는 우는 장면의 연습인 게다 생각했었는데, 나중에서야 그것이 자기 한 사람의 잘못으로 말미암아 NG를 낸 책임감 때문에 울고 있다는 말을 듣고, 한층 더 감격했던 것이다.

그리고 이 작품의 스토리가 갖는 스케일의 방대성, 깊은 인간탐구, 숭고한 흥아정신興亞精神은 무리가 없는 국책영화로서도 찬연한 예술적 광채를 방사해줄 것을 확신하려 하거니와, 이 작품을 프로듀스한 고영高映의 청년사장 이창용李創用 씨야말로 조선영화계의 유일한 프로듀서이며 금일의 조선영화의 '탁크트'[71]를 잡은 인물이다. 그는 스마트한 영화 비즈니스맨으로서 신의와 스피드를 사업 모토로 삼고, 민완敏腕[72]을 뽐내고 있다. 그는 최근 조선에서도 영화법이 시행되자 경성을 중심으로 하고 남쪽은 동경東京, 북쪽은 신경新京, 신징73까지 비행기로 빈번이 왕복하면서 사업 지반을 공고히 하면서 조선영화 건설에 준마駿馬와 같이 맥진驀進하고 있다. 조선은 물론 내지·만주영화계에서 씨의 이름을 모르는 사람이 없을 정도로, 씨는 조선영화를 대표한 존재로서 클로즈업되어 있다. 금년에 겨우 36세의 청년으로서 그만한 귀재鬼才를 발휘하면서 분투하는 것으로 미루어 생각할 때, 확실히 40대 이내에 조선영화의 독재자로서 군림하게 될 것을 지금부터 예상케 한다. 그는 삼영사三映社, 산에이샤와 만영 작품의 조선 배급권을 가지고 있으며 또한 조선영화를 만주 및 내지 방면에 배급하고 있었는데, 소화昭和 13년1938 봄, 동향인同鄕人으로서 어렸을 적부터 친했던 상해 영화계의 호프 전창근全昌根 감독이 귀선歸鮮한 것을 기회로 하여 제작에까지 손을 내밀어가지고 대륙영화大陸映畫를 기획한 결과, 이 작품을 만들어내게 된 것이다.

만영과의 제휴상 이 작품 제작에 커다란 힘을 도와준 주요한 사람은 영화평론가 암기창岩崎昶, 이와사끼 아끼라 씨와 근안根岸, 네기시 만영 상무이사, 목야마끼노 만영 제작부장, 산리山梨, 야마나시74 만영 참여參與75(당시 만영 참

---

68   배우 강홍식(姜弘植, 1907-71)의 다른 이름.

69   마끼노 미쯔오(マキノ光雄, 1909-57). 일본의 영화프로듀서이며, 일본영화의 아버지로 불리는 마끼노 쇼오조오(牧野省三)의 차남으로서 닛까쯔 쿄오또촬영소 제작부차장, 만주영화협회 오락영화부장을 맡았다. 본명은 어머니의 성을 따라 타다 미쯔지로오(多田光次浪)이다.

70   실제가 아닌 다른 음원에 의해 표현된 음으로서, 도구를 이용하여 상황에 걸맞은 소리를 만드는 음향효과를 의미한다.

71   요령, 재치, 능숙한 솜씨를 뜻하는 'tact'가 아닐까 한다.

72   일을 재치 있고 빠르게 처리하는 솜씨.

73   만주국의 수도. 지금의 지린(吉林)성 창춘(長春). 주식회사 만주영화협회가 위치한 도시다.

74   야마나시 미노루(山梨稔). 만주영화협회의 간판 스타였던 배우 이향란을 발굴한 인물이다. 아마까스가 만영의 제2대 이사장으로 부임했을 당시 만영의 총무부를 맡고 있었다.

여) 등으로, 그중에서도 암기창 씨는 이 작품의 시나리오에 좋은 이니셔티브를 많이 제공하고, 전창근 감독과 상해에서 친교가 있던 관계상 적극적으로 산파역을 했으며, 근안관일根岸寬一, 네기시 칸이찌 씨에게 책임지고 보증을 서주었던 것이다. 이와 함께 이창용, 전창근 양씨의 동향 친우로서 수십만원의 재목상을 경영하고 있는 함북 회령의 배응룡裴應龍 씨가 제작 착수 기부금으로 현금 2만원을 단번에 내놓았으므로 이 대규모의 제작은 동 13년 9월 2일부터 전창근 감독의 메가폰 밑에 크랭크를 돌리기 시작하였다. 배응룡 씨의 태도야말로 존경할 만하다. 듣는 바에 의하면, 그는 사업야심을 위한 것도 아니고 다만 가난한 조선영화계에 도움이 되기를 바라는 나머지 그 같은 사회적으로 봉사를 한 것이라 한다.

또한 전창근 감독은 무창대학武昌大學에서 중국문학을 연구하고 전창근錢昌根이라는 이름으로 대중화백합大中華白合, 천일天一, 연화聯華, 신화新華 등의 영화회사에서 시나리오 라이터로서 혹은 배우로서 나중에는 감독으로서 종횡으로 활약을 계속하고, 상해영화계에서 13년의 경력을 가진 우수한 영화감독이다. 명여우名女優 완령옥阮瑛玉[76] 양과 공연共演한 〈부인심婦人心〉과 전 씨가 감독한 〈양자강楊子江〉은 그가 터치한 십수편의 영화작품 중 가장 대표적인 것이다. 그는 금년 33세의 젊은이로서 지나어支那語, 중국어가 능통한 점으로는 웬만한 지나인이나 만주인이나 만주인에 비할 것이 아니다. 북경관어北京官語를 비롯하여 상해 사투리, 광동 사투리, 만주어 등을 부자유함이 없이 유창하게 이야기하는 것은 보통이 아니다. 뿐만 아니라 그의 똑바른 세계관, 인생관은 흥아興亞영화 감독으로서 내지·조선·만주·지나 등 어디다가 내놓든지 손색이 없을 만한 훌륭한 감독이라고 생각한다. 그는 영화인이기 전에 훌륭한 인간이며, 묵언실행인으로 항상 전체를 중심으로 하여 세심히 보살피는 예술안眼을 가지고 있으며, 박력과 바바리즘을 가지고 있는 만큼, 그의 솜씨로 빚어지는 〈복지만리〉는 크게 기대된다.

그리고 이 〈복지만리〉의 성공 불성공은 금후의 만선영화 제휴 활동상에 다대한 영향을 갖는 것으로서 모뉴멘탈한 것이다. (완, 3월 25일)

75 일본어로 "参与(さんよ, 학식·경험이 있는 사람을 행정사무 등에 참여시키기 위한 직위; 고
    문; 상담역)"를 의미하는 듯하다.
76 롼 링위(阮英玉, 1910-35). 〈신녀(神女)〉(우 용강吳永剛 감독, 1934) 〈신여성(新女性)〉(차
    이 추성蔡楚生 감독, 1935) 등에 출연한 중국의 대표적인 무성영화 배우.

조선에서의 영화 국책에 대하여(朝鮮に於ける映畵國策に就いて)

시미즈 시게오[1] / 『警察研究』 제6권 5호 / 1935

목차

시작하며

조선에서는 쇼오와 9년1934 9월 1일부터 영화의 국책적 통제를 실시했다. 그것은 필자가 조선총독부 재임 중 주관과장으로서 실시 책임을 맡았던 것인데, 당시 내무성에 있었던 마스다 카네시찌增田甲子七[2] 군 등의 지도에 빚진 바가 적지 않았다. 특히 마쓰다 군 등이 고심한 결과 편집한 경보국 간행 경찰연구자료 「각국에서 영화 국책의 개황各國に於ける映畵國策の槪況」은 유일한 참고자료로서 상당한 도움이 되었다. 조선은 객관적으로 내지內地에 비해 영화통제의 필요가 한층 큰 상황에 놓여 있다. 내무성에서 선배 동료가 연구한 결실이 먼저 조선에서 실시를 보게 된 것은 필자가 특히 흔쾌하게 느끼는 결과이다.

1. 조선에서 영화의 보급 상황

조선에서는 연극이나 무용, 음악 혹은 그 외 민중오락 등은 그 발달이 극히 유치하다. 그것은 필경 한국시대의 악정惡政의 결과일 수밖에 없다. 민중에게 그 오락을 구할 여유가 없었기 때문이다. 따라서 그것들이 지닌 문화적 가치라고 할 만한 것은 전혀 인식되지 않았다. 그러나 일한병합 이래 서서히 통치의 혜택이 보급되고, 외래의 문화가 거침없이 밀려 들어와서, 반도인에게 다시 인간적 감정이 되살아났다. 최근 미술, 예술 등에 대하여 서서히 관심을 가지기에 이르러 오락 방면에서도 점차 고상한 것으로 기호嗜好가 바뀌어 가고 있는 것은 그 사이의 소식을 말하는 것이다. 그중 활동사진에 대한 욕구가 대단한 기세로 발흥했던 것도 이 때문이다. 현재 조선의 민도로는 아직 내지와 같은 고상한 문화적 오락을 보급하기가 곤란하다. 영화와 같은 대중적 오락이 가장 적당하다. 여기에 조선에서 영화의 장래의 보급이 기대되는 것이다.

조선에서 영화의 보급 발달은 내지에 비하여 아직 요원하다. 특히 조선 내에서 영사되는 영화는 주로 외국산 및 내지산 영화로, 조선 내에서 조선민족에 의해 제작된 소위 조선물朝鮮物은 극히 적다. 조선 내에서도 내지인에 의해서 몇개의 영화제작 사업이 기획되었는데, 대부분 모두가 폐멸 혹은 중단되고, 겨우 흔적을 남긴 것이 2,3개에 지나지 않는다. 작년 영화통제의 실시를 기하여 점차 신흥新興의 기운이 움트고 있다고는 하더라도, 주로 자본 관계, 판매 관계 등 때문에 많은 기대를 가질 수 없다. 조선 내에서 영화상설관의 수는 현재 96개다. 내지인 경영 79개, 조선인 경영 15개, 내선인 공동 경영 2개이다. 이들 영화관에서 상영되는 영화의 총수는 1년에 175,828권, 필름 길이 120,980,906m에 달하고, 그 관객 수는 6백만명에 이르고 있다 (쇼오와 8년1933 총독부 경무국 조사). 이외 임시흥행장에서 영사되거나 사회교화, 선전 기타 공익의 목적을 위해 관공서, 공공단체, 학교, 신문사 등에 의해 영사되어 일반 관람에 제공되는 것도 적지 않다. 그 관객은 1년에 약 1백만명으로 추정된다. 시험 삼아, 쇼오와 9년1934 1월부터 6월 말까지 6개월간 사회교화용으로 제공된 공익영화 혹은 공익의 목적을 위해 사용된 영화로서 검열 수수료를 면제받은 영화의 통계를 보면, 수수료를 면제받았던 것은 건 수로 총 검열 필름의 33%, 권 수로 13%, 미터(m) 수로는 10%에 달하고 있다. 이들 공익적 영화는 조선 내 방방곡곡에서 무료로 공개되어 많은 관객을 모으고 있다.

이미 서술했듯이, 조선에는 조선산 영화가 극히 적다. 그러면 조선인은 어떠한 영화에 많은 관심을 가지고 있는 것일까. 조선에 96개의 영화상설관이 있다는 것은 전술한 바와 같은데, 이들 영화관은 종래 내지산 영화만을 상영하는 것, 외국산 영화만을 상영하는 것, 외국산 영화 및 조선산 영화를 혼합 상영하는 것 등으로 나뉘어져 있다. 내지산만을 상영하는 것은 내지인 관객을 목표로 하고,

외국산 혹은 외국산 및 조선산을 혼합 상영하는 것은 주로 조선인 관객을 목표로 하고 있었다. 일반 조선인은 내지산 영화를 보는 것을 좋아하지 않는다. 따라서 종래에는 내지산 영화가 조선인의 기호에 맞지 않았기 때문이라고 생각했다. 그러나 이것은 내지산 영화가 조선인의 기호에 적합하지 않기 때문은 결코 아니다. 내지산 영화는 내용에서도 기술에서도 반드시 외국산 영화에 뒤지는 것은 아니다. 뿐만 아니라, 동문동종同文同種의 조선인에게 내지산 영화가 외국산 영화보다 기호에는 더 적합할 터이다. 여기에 델리케이트한 민족적 감정이 있는 것이다. 정치적 입장이 다른 민족적 감정이 존재하는 것이다. 모든 조선인이라고는 할 수 없지만, 그중 지식계급인 많은 청소년들이 일본의 통치 그 자체에 대해서조차도 왕왕 냉담하다. 그 태도가 일본의 모든 것에 대하여 자주 나타나는 소극적 태도이다. 이러한 경향은 만주사변 이래 서서히 사라져가고 있으며, 총독부의 시정施政이 좋은 반응을 얻고 있는 결과 가까운 장래에는 반드시 소실되리라 확신하지만, 내지산 영화에 대한 무관심은 모두 이 민족적 감정에 원인이 있다. 쇼오와 7년1932 검열 통계에 의하면, 외국산 영화는 미터 수에서 전체 검열영화의 62%에 달한다. 이를 내지에서 국산 영화가 검열 총수 중 64% 이상에 달하는 상황과 비교하면, 실로 하늘과 땅 차이가 있는 것이 아닌가(增田甲子七 「映畵國策に就て」, 본지 제4권 10호 참조). 영화의 사회 인심이 미치는 영향이 얼마나 큰가를 생각하고, 영화의 문화적 가치를 고찰하면, 조선인의 영화에 대한 이러한 관심 경향과 외국산 영화가 범람하는 상황이란 조선통치 상 가볍게 간과할 수 없는 것이다.

2. 영화의 사회적 영향과 국책적 통제의 필요

영화를 감상하는 사람은 연인원 1년간 내지에서는 2억, 조선에서는 6백만에 달한다. 해마다 많은 수가 영화를 감상하기에 영화가 사회에 미치는 영향을 고찰하면, 영화를 도저히 종래와 같이 검열이라는, 단순한 경찰적 견지에 의한 취체取締에만 일임해둘 수는 없다. 그러기에 먼저 영화의 사회적 영향을 고구하여 보고 싶다. 영화의 사회적 영향은 뒤집어보면, 영화가 가진 오락적 가치 또는 문화적 가치이다. 영화는 어떠한 이유로 민중오락으로서 압도적으로 보급되었는가. 혹은 영화가 어떻게 교화·선전 등을 위해 이처럼 많이 이용되기에

이르렀던 것인가. 연극, 음악 등은 영화보다 뛰어난 많은 미점美點을 가지고
있음에도 불구하고 영화를 뒤따라갈 수조차 없는 것은 어떠한 이유에서일까.

영화는 오늘날 적어도 문명국에서 민중생활의 빠뜨릴 수 없는 구성
요소라고까지 말해진다. 영화가 오늘날과 같이 발달된 원인은 영화 그 자체가
가진 대중성에 있고, 염가로 간단히 그러나 단시간 내에 대량적으로 대중의 오락적
욕구를 만족시킬 수 있다는 점에 있다. 그러나 영화는 다른 연극 기타 오락에
비해 내용이 극히 풍부할 뿐 아니라, 변화가 많고 장면이 시원하게 전개된다. 또
영화기술의 진보에 의해 모든 현실 혹은 상상할 수 있는 장면을 그려낼 수 있을 뿐
아니라 예술적으로도 현저히 진보해왔다. 따라서 남녀노소, 계급여하를 불문하고,
인간적 호기심을 만족시키고 예술적 감정도 어느 정도까지 만족시킬 수 있다. 영화
관람자 수가 우리나라 내지에서조차 총인구의 3배에 달하는 것을 보아도, 얼마나
민중오락으로서 근대인의 욕구에 적합한가를 알 수 있다. 또한 동시에 현재에는
빠뜨려서는 안 될 민중생활의 구성요소가 되는 데 이르렀다는 것을 긍정할 수
있다. 영화에는 흥행상 극히 유리한 특장이 있다. 영화의 영사가 극히 간단히
이루어지는 것이 그것으로, 그 특장이 영화가 가진 특성을 한층 유리하게 한다.
영화가 사회교화선전 등을 위해 보급되고 이용되기에 이르렀던 것은 그 대중성에
의해 감화력이 큰 것과 함께 그 특장이 큰 도움이 되었기 때문이다.

영화가 가진 대중성은 그 사회적 영향이 위대함을 말하는 것으로, 영화의
문화적 사명도 역시 거기에서 인식되는 것이다. 영화가 민중생활에 미치는
영향이 얼마나 큰가는 이제 새삼 상술할 필요가 없을 것이다. 어쩌면 어떠한
다른 방법이라고 해도 혹은 위대한 종교라고 해도 단기간에 영화만큼 위대한
감화를 민중에게 줄 수 없을 것이다. 영화의 영향은 그것을 매체로 생활 감정을
자연스럽게 섭취하고 감득感得하게끔 한다. 그것은 물론 영화의 내용에서 오는
것인데, 영화의 내용에서 연상될 수 있는 것보다도 훨씬 큰 힘을 갖는다. 영화는
대개 대중의 생활에서 제재를 취한다. 그렇기는 하지만 그것이 한번 영사되어
관중의 눈에 비치면 거꾸로 관중에게 일종의 반작용적 영향을 미친다. 따라서
영화는 부지불식 간에 대중의 인생관도 지도하고, 생활상의 실행력도 지배하기에
이른다. 따라서 그 이용 방법이 좋다면 영화에 의해 국민정신을 지도하고 국민성을
배양하는 것도 용이하다.

과연 그렇다면 위정자는 영화에 대하여 어떠한 태도로 임해야 하는 것일까. 영화의 제작 흥업을 영화제작업자나 흥행자에게 일임하고 겨우 경찰적 취체로 치안풍속을 해하는 것을 없애는 정도로 만족해야 하는가. 그렇지만 이와 같은 영화의 사회적 영향을 간과하고 문화적 가치를 소홀히 하는 것은 아닐까. 영화가 민중생활에 미치는 현실의 세상世相을 간과하는 것이 아닐까. 오늘날 영화의 대부분은 영리를 목적으로 제작된다. 영리 목적으로 제작되기 때문에, 일반 대중의 비위를 맞추어 청소년의 호기심을 만족시키고 환심을 사는 데에만 급급하다. 가령 치안풍속을 해하지 않더라도 사회적 건전성을 결여하거나 국가의 지도정신에 반하는 것이 적지 않다. 특히 외국산 영화와 같은 것은 자칫하면 우리 국민성에 반하고 일본적 정신과 맞지 않는 것이 적지 않다. 영국의 교육가, 사회사업가 등이 수년 전 미국영화로 인해 국민교육이 파괴되어 저급 야비한 풍습이 영국 사회에 침윤되고 고래古來의 신사도를 훼손시키는 것을 한탄했던 것도 이러한 까닭이다. 외국산 영화가 범람하는 것, 조선의 경우 조선의 풍습, 민족정신 등은 부지불식간에 훼손되고 제국의 통치는 조선민족 사이에 철저하기가 쉽지 않을 것이다. 조선만 그런 것이 아니다. 내지에서도 영화의 사회적 영향이 얼마나 큰지 생각하면 외국산 영화에 대하여 상당한 취사선택을 행할 필요가 있다. 적어도 우리나라 고유의 문화와 민족성에 수반하여, 지도정신에 반하거나 사회적 건전성을 해할 만한 영화는 엄격히 배제되어야 한다. 다만 그 일은 외국산 영화뿐 아니라 국내의 영화에 대해서도 마찬가지이다.

구주歐洲 여러 나라에서는 이미 수년 전부터 영화 국책을 실시해 우량한 영화의 보호 장려, 외국 영화의 제한 등을 감행하기에 이르렀다(전게 「各國に於ける映畵國策の槪況」). 우리나라에서도 2,3년 전부터 관민, 유식자 사이에서 그 필요가 크게 인식되어, 영화 국책 확립의 기운이 서서히 움트고 있는 것은 경하할 일이다.

3. 조선에서 영화 국책의 실시

조선에서는 아직 민도가 낮아서 영화의 보급은 내지에 비할 바가 아니지만, 민도가 낮은 만큼 영화의 감화력은 크다고도 말할 수 있다. 이미 서술했듯이 종래 조선에서 영화의 6할 이상은 외국산 영화였다. 그리고 일반 조선인은 감정적으로 내지산 영화를 좋아하지 않는 경향이 있다. 그 경향은 내지산 영화에 대한 인식의 결여에도 원인이 있지만, 정치적 입장이 서로 다른 데서 오는 민족적 편견에 더 큰 원인이 있다. 영화의 사회적 영향의 심대함을 생각하면 도저히 이와 같은 경향을 방임할 수가 없다. 이들의 폐풍弊風을 타파하고 영화에 의한 좋지 않은 영향을 배제하고, 우량한 영화를 장려하여 참으로 조선민족의 문화적 향상에 이바지함으로써 조선 통치가 철저함을 보이지 않으면 안 된다. 또 내지산 영화를 장려하고 일본민족을 참되게 이해시키도록 힘쓰는 것도 내선융화를 촉진하는 데 필요하다. 더 나아가 조선에서 영화산업의 발흥을 촉진하고, 조선통치의 대大정신 상에 조선민족 독자의 우량한 영화의 산출도 기하지 않으면 안 된다. 이리하여 조선총독부에서는 쇼오와 9년1934 8월 부령 활동사진영화취체규칙을 발포하고 동년 9월 1일부터 이것을 실시하여, 영화에 대해 국책적 견지에 기반해 각종 통제가 있는 취체를 가함과 동시에, 우량영화의 조장 발달을 촉진하고, 영화의 문화적 사명을 다하게 만듦으로써 조선통치의 운행에 기여하도록 한 것이다.

활동사진영화취체규칙은 총독부령으로 발포되었다. 사안의 성질상 법률을 대신할 만한 제령制令으로 발포하는 것이 보다 타당하였을지 모르나, 실행을 서둘렀기 때문에 제령의 번거로움을 피하고 부령으로 발포된 것이다. 따라서 그 내용은 부령으로 규정될 수 있는 범위 내로만 그치고 있다. 부령으로 규정할 수 없는 부분은 행정상 조치에 의해서 피취체자 측의 이해와 자발적 협력을 구해 그 목적을 달성하고자 한 것이다. 본 규칙은 영화를 영사하여 다중의 관람에 제공하는 자에게는, 흥행자인가 아닌가를 불문하고 각종 의무를 명하고 있다. 규칙을 기초할 때에는 영화배급업자에게 대해서도 일정한 의무를 부담시키고자 했지만, 조선 내에서 배급업자의 수가 비교적 소수일 뿐 아니라, 그것을 제외하고도 소기의 목적을 달성할 수 있음이 분명했었기 때문에 배급업자를 제외하게 되었다. 이들 업자에 대해서는 영화흥행자, 영화제작업자 등과 함께 조합을 만들도록 하여 통제의 목적을 위해 협력시키기로 되었다. 이 조합은 마침 필자가 내지로 전근을 명받았을 때에 성립하여 성대한 발회식을 열기에 이르렀다.

본 규칙의 내용은 대개 다음과 같다.

(1) 영화흥행자의 업을 개시 폐지 기타 신고 의무를 정하는 것(제3조).

(2) 영화흥행자는 1개월간 영사한 영화의 제목, 제작국, 제작자, 권 수 및 미터 수를 다음 달 10일까지 신고할 것(제4조).

(3) 흥행자가 아닌 자로서, 영화를 영사하여 다중에 관람을 제공하는 자는 영화의 제목, 제작국, 제작자, 권 수, 미터 수 및 영사시간을 미리 신고할 것(제8조 제1항).

(4) 1흥행 또는 1개월을 통해서 흥행자가 영사하는 영화의 종류, 수량, 영사 시간 등을 제한할 수 있는 것(제5조), 흥행자가 아닌 자의 영사에 대해서도 그때그때 마찬가지의 제한을 할 수 있는 것(제8조 제2항).

(5) 사회교화, 시사, 풍경, 학술, 산업 등에 관한 영화를 인정하는 제도를 정하고, 이들 영화에 대하여 (4)의 제한을 가할 수 없는 것(제6조).

(6) 특수한 영화에 대해서 강제상영을 명할 수 있는 것(제7조).

(7) 조선 내에서 촬영된 영화(아직 현상되지 않은 영화를 포함)의 수출 혹은 이출은 허가를 요하는 것(제7조 제1항).

4. 영화의 상영제한

영화의 상영제한이란 영사하여 다중에게 관람을 제공하는 영화의 종류, 수량, 영사시간 등을 제한하는 것이다. 도지사는 필요하다고 판단할 때에는, 흥행자에 대해서는 1개월을 통해서 혹은 1흥행마다, 흥행자가 아니고 영화를 영사하여 다중의 관람을 제공하는 자에게는 그때마다, 영사하는 영화의 종류, 수량, 영사시간 등을 제한할 수 있다(규칙 제5조, 제8조 제2항).

영화 종류의 제한은 영화의 내용이 미치는 사회적 영향에 따라 그 종류를 제한하는 것이다. 따라서 그 제한의 범위는 다종다양하여 대단히 융통성이 풍부하다고 말하지 않으면 안 된다. 그렇기는 하지만 입법 목표는 오로지 외국 영화의 제한에 있었던 것이다. 최초의 입법은 총독에게 총괄적으로 외국제 영화를 제한할 수 있는 권한을 부여하려던 것인데, 입법상의 사정에 따라 도지사에게 종류의 제한을 할 수 있는 권한을 부여하기에 이르렀다. 영화의 종류의 제한은 현재는 외국제 영화를 제한하는 것 외에 특별한 제한을 하고 있지 않다. 장래라 하더라도 당분간은 그러할 것이다. 외국제 영화의 제한은 전 조선을 통해서 다음과 같이 정해졌다(활동사진영화취체규칙 시행에 관한 건. 쇼오와 9년1934 8월 7일

경무국장 통첩).

　　1개월을 통해서 1흥행장에서 상영하는 외국제 영화의 제한은 다음과 같은
비율에 의하는데, 단지 시의에 따라 다소의 증감을 할 수 있음.
　　쇼오와 10년 말까지 상영영화의 총 미터 수의 3/4 이내.
　　쇼오와 11년 중 상영영화의 총 미터 수의 2/3 이내.
　　쇼오와 12년 이후 상영영화의 총 미터 수의 1/2 이내.

　　즉 쇼오와 10년1935 말까지는 어떠한 영화관에서도 1개월 동안 상영되는 총
미터 수 중 1/4은 국산 영화를 상영해야 한다. 또한 쇼오와 12년 이후는 어떠한
영화관에서도 1개월 동안 상영되는 총 미터 수 중 1/2 이상을 외국제 영화로
영사할 수 없다. 그렇지만 후술하는 바와 같이 조선총독에 의해 공익영화로 인정을
받은 영화는 여기에서 제외되므로, 인정을 받은 영화에 한하여 외국제 영화라고
해도 그 제한에서 제외되는 것이 있다. 이상의 제한은 어느 것이나 1개월을
통한 제한이며, 1흥행마다의 제한은 아니다. 영화상설관이 없이 영화흥행을
순업하는 자에 대해서는 이상의 제한이 1흥행마다 행해진다(朝圖秘 제1551호
경무국장 통첩). 흥행자가 아닌데 영화를 상영하여 일반의 관람을 제공하는 자,
예를 들면 신문사 공공단체 등에 대해서는 원칙적으로 당분간 이상의 제한을
하지 않는다(전게 규칙시행에 관한 건). 단지 외국제 영화만을 영사하는 경우는
적당히 내국제 영화를 더할 수 있다. 또한 외국인이 주최하여 주로 외국인 관객을
대상으로 한 경우는 당분간 원칙적으로 제한을 가하지 않기로 했다. 이 외국인에
대하여 제한을 가하지 않는 것은 입법 정신에서 보아 당장은 필요를 인정하지
않기 때문이다. 마지막으로 외국제 영화란 어떠한 것을 말하는지, 규칙은 하등의
정의도 들지 않는다. 규칙 제4조가 제작국, 제작자의 신고를 명하고 있는 것을
보면 이 양자에 의하여 결정해야 하지만 말이다. 이 정의는 최초의 법안에서는
거론되었으나, 입법 기술의 관계상 삭제되었던 것이다.[3]
　　외국제 영화에 대한 제한은 실시 이전부터 관민의 논의에서 중심이 되었는데,
실시의 결과는 오히려 일반 영화관에서 환영받기에 이르렀다. 그 이유는 국산
영화의 기술적 발달에도 있다. 외국제 영화에 비하여 국산 영화는 훨씬 경제적이고

입장료도 저렴한 반면, 많은 조선인 관객을 모을 수 있기에 이르렀기 때문이다. 또한 이 때문에 내지영화의 조선 진출을 촉진하는 동시에 조선에서의 영화산업의 발흥도 촉진했다. 실시 후 아직 극히 짧은 시일이지만, 통계에 나타난 바에 의하면 실시 후 외국제 영화의 상영 수는 조선 전체를 통해서 6할 남짓에서 2할 5분 내외로 격감하기에 이르렀다.

수량 및 시간의 제한은 주로 보건상 견지에 의한 것이다. 최초의 법안에는 관람자의 제한도 규정하고 미성년자, 학생, 생도 등에 대하여 관람제한을 행하고자 했는데, 이들의 제한은 다른 법령에 의할 수 있음이 분명해져서 삭제된 것이다. 상영 영화의 수량의 제한은 상술한 외국제 영화의 수량을 제한하는 것 외에 현재는 모두 방임하고 있다. 상영시간의 제한은 지방경찰령으로써 제한시키기로 하며, 흥행장에서는 오후 10시 반을 한도로 하고, 지방의 상황 혹은 필요에 따라 오후 11시까지 연장할 수도 있으며, 1일 여러 차례 흥행을 하는 경우에는 각 흥행마다 적당한 휴게시간을 두고, 그 사이에 장내 청소, 환기 기타 정리를 실시하도록 하였다. 흥행장 외의 영사도 마찬가지이다.

5. 영화의 강제상영

강제상영이란 전술한 상영제한과는 별개의 특종 영화의 상영을 영화 흥행자에게 명하는 것이다. 규칙 제7조는 "조선총독이 필요하다고 인정할 때에는 흥행자에 대해 제5조의 제한에 구애받지 않고 필요한 영화의 영사를 명할 수 있다"라고 규정하고 있다.

강제상영은 적극적으로 특정한 영화를 이용하고 사회를 교화하고 통치의 목적을 달성하는 데 있는 것은 물론인데, 강제상영을 명할 수 있는 영화는 매우 우량한 영화여야만 한다. 각 영화관에 대해서 일정 기간 사이에 특정한 영화의 상영을 강제하기 때문에, 흥행자의 이익을 해하지 않는 한도에서 이루어져야 하는 것은 당연하다. 우량한 영화이자 더 나아가 사회교화에 이바지하는 영화, 또는 국책 수행을 위해 부득이 필요한 영화에 한해야 할 것이다. 총독부에서는 활동사진영화심사회[4]를 설치하고 이러한 중대 사항을 심의하게 되어 있다(쇼오와 9년1934 9월 11일 내훈 제15호 활동사진영화심사회 규정). 실시 후 아직 1회도 강제상영을 행한 것은 없는데, 강제상영을 명할 만한 가치가 있는 우량한 영화가

없기 때문이다. 앞으로도 희박할 것이라 생각되지만, 입법자의 의사는 사회교화의
목적이 아니라 오히려 조선통치의 근본책 또는 제국의 국책의 수행 선전을 위하는
데 있던 것이다.

6. 영화의 수출 및 이출 허가

조선 내에서 촬영된 영화(아직 현상되지 않은 영화도 포함)를 수출 혹은
이출하려는 자는 조선총독의 허가를 요한다(규칙 제9조 제1항). 또 이와 같은
영화는 필요하다고 인정하면 검열을 행한다(동 제9조 제2항). 입법의 취지는 조선의
문화, 통치 상황 등이 국외에 잘못 전해지는 것을 방지하는 데 있지만, 혹은 군사
국방상의 견지에서 보아도 필요하다고 사유된 것이다.

수출영화에 대해서는 많은 나라들에서 검열을 행하고 있다. 국가의 중대한
이익을 해하는 것 혹은 국욕적 영화의 수출을 금지하려는 데 있는 것이다. 이러한
점에서 가장 참고할 만한 것은 이태리의 검열표준이다. 이태리에서는 "이태리의
경제적이나 정치적 이익, 국가의 위신, 국가의 시설 혹은 관청, 육해군 등에
불이익이나 악영향을 미칠 만한 필름, 혹은 외국인으로 하여금 이태리 국민에
대하여 오해나 악감정을 갖게 하고, 또는 국제우호관계를 저해할 만한 필름"의
수출을 금지하고 있다(「各國に於ける映畵國策の槪況」 참조).

조선에서는 수출 및 이출을 제한하고 있다. 이출의 허가를 받도록 한 것은,
내지를 통해서 국외에 수출되는 것도 시찰권視察圈 내에 포함시키도록 하려는
동시에 내선융화를 방해할 만한 영화의 이출도 제한하려는 것이었다. 문제가 되는
것은 여행자 기타가 오락의 목적을 위해 조선 내에서 촬영하는 영화, 대부분 소형
필름 같은 것들이다. 이러한 영화의 대부분은 단지 오락용으로 일반 공중이 관람할
성질이 아니기 때문에 반드시 엄격히 규칙을 적용해야 할 필요는 없으나, 오늘날과
같이 국제관계가 복잡한 경우에는 이러한 종류의 소형 필름이라고 해도 군사상
국방상 혹은 외교상 등에서 등한히 할 수 없다. 여기에서 이러한 소형 필름의
수이출에 대해서는 다음과 같이 방침을 채용하고 있다(朝圖秘 제1551호 경무국장
통첩).

여행자가 조선 내에서 촬영한 필름의 수이출에 관해서도 규칙 제9조가
적용되어야 한다는 데 이론異論이 없다고 해도, 조선 내의 풍광을 단순히 개인의

오락을 위해 촬영한 데 그치는 것에 대해서 전부 이를 적용하는 것은 입법의 정신에서 보아도 지나치게 가혹하므로, 오락용으로 제공하는 것이 분명한 것에 대해서는 반드시 제9조의 수속을 이행할 필요는 없다. 그러나 촬영의 장소, 촬영자의 여하 등에 따라서는 필요에 응하여 본 규칙을 적용해야 한다. 예컨대, 조선 내에서 여행자 등이 촬영하는 소형 필름에 대해서도, 그 현상 여부를 불문하고 원칙적으로는 조선 바깥으로 수이출하는 허가를 필요로 하지만, 법의 정신에서 보아 단순히 개인의 오락을 위해 촬영하고 오락용으로 제공하는 데 불과한 것이 분명한 영화에 대해서는 굳이 허가 제도를 적용할 필요가 없다는 말이다.

수이출은 허가제도가 되었지만, 그 검열은 언제나 반드시 행할 필요는 없다. 조선총독이 허가하기에 검열이 필요하다고 인정된 경우에 한하여 검열하게 되었다. 수이출의 허가를 얻은 것에는 필름에 소정의 승인 도장認印을 찍고, 수이출 허가증을 교부하여, 수이출 때 세관에 제출하도록 되어 있다.

7. 우량영화의 보호 장려

우량영화를 보호 장려하는 것은 영화 국책의 중요한 사명이다. 영화가 보급된 오늘날 그 감화성의 위대함에 생각이 미친다면, 단순히 경찰적 표준에 의해 치안풍속을 해하는 것만을 제거하는 종래의 대책은, 실로 영화의 문화적 가치를 보지 못하고 방책에 서툰 것이라고 말해야 한다. 영화의 국책적 견지에 기반한 통제의 필요에 대하여 이미 서술했듯이, 단순히 경찰적 표준에 따라 치안풍속을 해하는 것을 제거하는 데 그치지 않고, 사회적 건전성을 결여한 것을 배제하고, 국민성에 반하여 민족의 지도정신을 해할 것 같은 것을 제거하고, 능동적으로 영화를 이용하여 국민을 교양하고, 국민정신을 배양하며, 국책의 수행을 용이하게 하는 등의 사회교화에 힘쓰는 것이 현하의 급무이다. 즉 천박하고 받아들이기 탐탁지 않은 영화의 배제에 힘쓰는 한편으로, 다른 한편에서는 우량한 사회교화 영화를 보호 장려하고, 영화의 문화적 가치를 국책적 견지에 기반하여 발휘시켜야 하는 것이다. 영화에 의한 사회교화의 목적은 주로 우량한 국산 영화에 의해 달성되어야 한다. 우리나라와 같이 구미 제국과 국정國情, 민족성 등을 달리 하는 곳에서 특히 그러하다고 생각한다. 국산 영화 장려의 필요도 오로지 일국의 산업상 필요에만 기인하는 것이 아니라, 이러한 의미에서 극히 중요한 것이다.

사회교화 영화의 보호 장려는 여러 방법에 의해 이루어진다. 탐탁지 않은 외국 영화의 수입을 제한하거나 우량영화의 수입 관세를 철폐하는 것, 혹은 사회교화 영화에 대한 국내의 세금을 면제하거나 영화관에 대하여 상영제한을 하는 것, 혹은 정부가 영화제작에 대해 직간접으로 감독지도 혹은 후원 등을 하는 것이다. 조선에서는 영화의 제작사업이 극히 유치하기 때문에 사회교화영화의 보호 장려에 대해서도 특필할 만한 것은 적다. 총독부 당국은 우량영화의 제작을 장려하고, 영화의 추천을 행하며, 관람의 후원을 하고, 혹은 영화흥행자, 배급업자 등의 자각을 촉진하기 위해 조합을 조직하도록 하는 등 외에, 이하 서술하는 것과 같은 방법을 채용하고 있다.

(1) 강제상영: 강제상영에 대해서는 이미 서술한 대로, 현재까지 한번도 이것을 명한 것은 없지만, 우량한 사회교화영화는 언제라도 강제상영을 명할 수 있는 것이다.

(2) 사회교화영화의 인정: 조선총독부에서는 쇼오와 9년1934 9월 활동사진영화심사회를 설치했다. 심사회는 학무국장을 회장으로 하고, 문서과장, 도서과장, 사회과장, 학무과장 및 사무관 혹은 이사관 2인 이내의 자로 조직하며, 필요에 따라 학식경험이 있는 자의 의견을 구하여, 총독의 자문에 응해 주로 사회교화영화의 인정을 하는 것이다(활동사진영화심사회 규정). 사회교육 영화로서 인정을 받은 것은 상영제한의 적용을 받지 않는다(5. 영화의 상영제한 참조). 취체규칙은 사회교화의 목적으로 제작된 영화 또는 시사, 풍경, 학술, 산업 등에 관한 영화로 조선총독의 인정을 받은 것에 대해서는 영화의 종류, 수량, 영사시간 등의 제한을 하지 않도록 정하고 있다(제6조 제1항).

(3) 검열수수료의 면제: 사회교화영화에 대한 검열수수료의 면제는 다음의 표준에 의하여 이루어진다(쇼오와 8년1933 12월 22일 朝圖秘 제3289호 경무국장 통첩).

① 갑종: 필름의 내용이 공익적으로 관람자에 대하여 교화, 선전, 혹은 지도 계발 등 유익한 효과를 주는 것은 신청자가 누구인가를 불문하고 그 수수료를 면제할 것.

② 을종: 갑종 수수료 면제 필름과 같은 내용의 필름이 아니어도 관공서, 학교, 공익법인 혹은 이에 준하는 단체 등이 공익을 위해 사용하는 것은 수수료를 면제할 것.

③ 병종: 신문사, 통신사 등이 공익을 위해 무료로 다중의 관람에 제공하고자 하는 필름은, 그 내용이 갑종 수수료 면제 필름과 같은 정도의 것이 아닌 경우에도 수수료를 면제할 것.

을종, 병종의 경우 그 필름이 외국산일 때에는 그 필름을 사용하지 않으면 공익의 목적을 달할 수 없는 경우에 한한다.

성봉영화원을 놓고 '조영'과 '동보' 암투 송죽계의 책동? 귀결주목

『조선일보』/ 1938.07.19

외국 영화의 수입금지에 따라 동경 자본이 조선에 흘러들어 오는 동시에 기술과 자본의 완전한 혜택을 입게 된 조선영화계는, 한동안 활발한 기업형태로서의 발전을 보게 된 요즘, 가장 유리한 조건 밑에 놓여 있는 영화제작소 하나를 가운데 놓고, 조선영화계의 큰 집단 조선영화주식회사와 동경의 거대한 영화자본 동보東寶와의 사이에 싸움이 벌어졌다.

암투의 시초는 지금으로부터 한달 전 6월 중순에, 동보와 타협하여 그것의 조선 프로덕션으로서 역할을 하고 있는 성봉영화원聖峯映畵園에, 동대문서東大門署 고등계에 근무하던 백형권白瀅權 씨가 동서同署를 사직하고 그의 친족들의 출자라 하여 성봉영화원에 3만원을 출자하는 동시에, 사장으로 취임하여 영화제작소로서 완전한 조직을 꾸미고 있었다.

성봉영화원은 〈나그네〉를 제작하여 히트한 이래 동보와 타협하여 〈군용열차〉를 시장에 내어놓고, 의정부에 완전한 '토키 시스템'을 만들어두었으며, 조선 일류 연기자를 망라하여 전속으로 하고 있으나, 자립할 만한 제작비가 없어서 애쓰던 중이라 위에 말한 백 씨의 출자를 용납하는 동시에, 동인제로 있던 것을 법인 조직으로 변태시킬 준비를 하고 있어서 동보 측과의 양해도 성립될 즈음, 최근에 이르러서는 그것이 백 씨의 개인 자본이 아니고 조선영화주식회사 최남주 씨의 조종으로 백형권[5] 씨가 성봉영화원으로 하여금 조영朝映, 조선영화주식회사과의 합동공작을 전제로 한, 일종 정치공작인 것이 판명되자, 위의 동인들은 새삼스레 놀래어 동보와 함께 성봉으로 하여금 매신되지 않게 하려고 분규가 표면화되었으니, 조영의 비밀공작의 배후에는 조영 단독으로서의 공작보다도 동경의 송죽계松竹系의 손이 움직이고 있지나 않나 하여 영화계의 물의를 일으키는 동시에 그 귀결이 주목된다.

---

1   시미즈 시게오(清水重夫)는 1931년 11월부터 1935년 1월까지 조선총독부 경무국 도서과장으로 재임했다. 대부분의 총독부 도서과장들이 지방 경찰부장을 역임하다가 도서과장으로 부임하고, 이후 핵심 부처 과장이나 도지사로 승진한 '조선' 전문가들이었던 것과 달리, 시미즈는 일본 내무성 경보국의 경찰강습소 교수로 있다가 조선총독부 도서과장으로 부임했고, 다시 내무성 경보국 경찰강습소 교수(내무서기관)으로 임명되어 일본으로 돌아간 예외적인 인물이다. 도서과장 재임 중 인쇄출판 검열뿐 아니라 레코드와 영화 취체에 대해서도 상당한 추진력을 과시했다. 이 글은 1935년 일본에 돌아간 후에 발표한 것이다. 이하 시미즈 시게오의 주석은 〈원주〉로 표시했다.

2   마스다 카네시찌(増田甲子七, 1898-1985). 일본 쇼오와기 정치가. 저서로『世界平和と日本の安全保障』(国際善隣倶楽部 1969)『増田甲子七回想録: 吉田時代と私』(毎日新聞社 1984) 등이 있음.

3   〈원주〉 국산 영화의 정의는 제(諸) 외국의 법규에서 들고 있는 것이 적지 않다. 참고를 위해 그 2,3의 예를 다음과 같이 든다(「各國に於ける映畵國策の槪況」참조).
    (가) 1927년 영국활동사진법은 국산 영화를 다음과 같은 조건을 구비한 것으로 지정하고 있다. (1) 영국인 또는 영국의 회사가 제작한 것. (2) 세트 장면에서는 영국 내에 있는 촬영소에서 촬영한 것일 것. (3) 영화각본 작자는 영국인일 것. (4) 영화제작을 위한 노무에 대한 봉급, 임금, 기타 모든 지불(판권료, 외국인인 남녀배우, 영화제작자에 대한 봉급 또는 지불을 제외)의 75% 이상이 영국인 또는 영국 거주자에게 지불된 것.
    (나) 독일에서는 다음과 같은 영화는 국산 영화로 간주되지 않는다. (1) 독일인 또는 독일인 경영의 회사에 의해 제작되지 않은 영화. (2) 세트 장면 또는 로케이션이 독일 국내에 있지 않은 영화. (단 옥외촬영이 독일을 주제로 하는 영화에 사용된 경우는 제외) (3) 영화각본의 집필, 음악의 작곡이 독일인에 의하여 이루어지지 않은 영화. (4) 그 영화의 제작자가 외국인인 경우. (5) 영화제작자의 대다수가 외국인인 경우. 단, 내무대신은 교화적 혹은 미술적인 영화에 대해서는 엄밀히 전기 제4호 혹은 제5호에 합치하지 않는 필름이라고 해도 독일 영화로 간주할 수 있다.
    (다) 프랑스에서는 국산 영화를 제1류와 제2류로 나누고, 제1류의 국산 영화라고 인정되는 영화는 다음과 같은 조건들에 적합하도록 요구된다. (1) 스토리 작자가 프랑스인일 것. (2)

감독, 영화각본 작자, 조수, 촬영기수, 조작기수가 프랑스인일 것. (3) 세트촬영이 프랑스 내에서 이루어지고, 그에 사용된 모든 재료들이 프랑스제일 것. (4) 촬영에 종사하는 배우의 75%가 프랑스인일 것. 제2류의 국산 영화이기 위해서는 (1) (2) (3)의 조건을 구비하면, 프랑스 영화배우는 50%까지로 된다.

4   〈원주〉 활동사진영화심사회는 상영제한의 적용을 제외시켜야 할 사회교화영화의 인정 및 규칙 시행상 필요한 사항을 심의하기 위해 설치되었다. 입안자의 의사는 사회교화영화의 인정 및 강제상영의 자문에 있었다. 상세한 것은 다시 후술한다.

5   원문에는 "백형곤"이나 백형권을 가리키는 듯하다. 그러나 조선영화주식회사에는 영업부장을 맡은 백형곤이라는 인물도 있었다.

조선영화령과 영화신체제

1930년대 후반 조선영화계를 휩싸고 돌았던 활기는 '최초의 문화입법文化立法'이라고 불렸던 조선영화령(1940)의 공포와 함께 새로운 국면을 맞게 된다. 조선영화령은 앞서 공포된 일본영화법(1939)을 준거로 하되, 제19조의 영화위원회 설치 규정을 제외하고, '주무대신'을 조선총독으로 하며, '조선의 특수 사정'을 반영해 몇가지 시행 세칙을 변경한 것이었다. 이 법령은 영화의 제작업과 배급업에 대한 허가제, 영화인 등록제, 제작 신고제, 외국 영화 배급과 흥행 제한, 사전검열, 국책영화 의무상영, 제작과 상영에 대한 포괄적 제한 등을 실시하도록 규정함으로써, 식민 권력이 조선에서 이루어지는 영화의 제작, 배급, 상영 전반에 대하여 강력하게 통제할 수 있도록 했다.

당시로서는 생경했을 '문화입법'이라는 표현은 영화와 국가의 관계성에 대한 관념이 급진적으로 변화했음을 보여준다. 일본영화법과 조선영화령의 제1조에서 밝힌 바에 따르면, 이 법령은 "국민문화의 진전에 이바지하기 위하여 영화의 질적 향상을 촉진하고 영화사업의 건전한 발달을 도모"하려는 목적으로 제정되었다. 영화는 오락이자 예술이며 상품이지만, 그 무엇보

다도 국민문화라는 관념이 우선해야 한다는 것이 조선영화령의 근간을 이루었다고 할 수 있다. 영화를 '국민문화의 진전에 이바지하는 것'으로 재정의함으로써, 조선영화령은 영화를 둘러싼 다양한 관념들을 국가주의적으로 정향시켰다. 이제 영화는 '대중의 오락물'이거나 '예술적 창작품'이거나 '영리적인 상품'이 아니라, 국민문화가 진전하도록 돕는 '국가의 문화재'라는 것이다. 왜 영화는 '국가의 문화재'여야 하는가? 식민지의 영화는 어떻게 '국민적 영화'가 될 수 있는가? 영화령을 전후로 펼쳐진 조선영화 담론은 이러한 근원적인 질문을 괄호 안에 묶어둔 채 앵무새처럼 비슷한 말을 되풀이한 듯 보인다. 그러나 다른 한편으로, 이 시기의 수많은 글들은 '조선영화(인)'라는 자리에서 '최초의 문화입법'이라는 낯선 선언을 해석하고 그 대응을 모색해간 과정으로도 읽을 수 있다.

이 장에 수록된 여러 글에서 누누이 강조하듯이, 영화가 그 어떤 분야보다도 가장 먼저 '국가의 문화재'로 '등록'된 데에는 '영화의 감화력'에 대한 절대적인 믿음과 영화를 국가산업의 일부로 접근하려는 관점이 자리한다. 이것은 물론 제국 일본만의 특이성도 이 시기만의 관념도 아니다. 그러나

진주만 공습을 위해 항공모함을 이륙하는 일본군 전투기

이 시기에 이런 관념이 더욱 전면화된 것은 중일전쟁에서 태평양전쟁으로 이어지는 전시체제의 여러 중층적인 맥락이 작용하고 있었기 때문이다. 가장 감화력이 탁월한 미디어로 주목받은 영화는 국가 간 전쟁에서 국내외적으로 강력한 힘을 발휘할 무기였다. 영화는 '문화전文化戰의 무기', 즉 '포탄'이었다.

제국 일본에서 영화를 국책의 관점에서 접근해야 한다는 주장이 부상한 것은 조금 더 거슬러 올라간다. 만주사변(1931) 이후 국제사회의 비난 여론에 휩싸인 일본은 자국의 대외적인 이미지를 통제하는 차원에서라도 필름 내용에 대한 검열을 넘어서는 영화정책의 필요성을 절감했다. 1933년 2월 제국의회에 '영화 국책 수립에 관한 건의안'이 제출된 것을 계기로, 일본은 국가 차원의 영화통제를 위한 작업에 착수했다. 그 흐름에 맞추어 식민지 조선에 설치된 것이 '활동사진영화취체규칙'(1934)이었다. 이 취체규칙은 조선영화가 일본영화와 함께 국산 영화로서 상영을 보장받도록 함으로써, 조선영화의 기업화에 대한 열망이 국가를 향해 구부러지게끔 유도했다 (11장 시미즈 시게오의 글을 참조). 중일전쟁 이후 전 사회가 전시체제로 재편되어가자 식민 권력이 영화에 적극적으로 개입하는 데 대해 비판할 수 있는 공간은 더욱 협소해졌다.

1930년대 중반 토키의 토착화 이후 '국산 영화'라는 범주 안에서 영화기업의 장래를 모색하던 조선영화계가 영화에 '국민문화' 혹은 '국가의 문화재'의 지위를 부여하는 조선영화령을 대하는 태도는 일본영화계와 다를 수밖에 없었을 것이다. 영화산업의 구조 개혁과 영화통제를 연동시키는 영화령은 조선에서는 일부 조선영화인들이 영화통제에 자발적으로 협력하도록 작용하는 측면이 강했다. 그 저변에는 후진적이고 열악한, 조선영화 산업구조에 대한 인식이 자리했다.

조선영화인들이 조선영화령 이후의 영화신체제에 순응하고 자발적으로 협력하는 맥락에 토키 이후 조선영화의 화두인 기업화론이 자리하고 있음은 이 장에 수록된 글들을 통해 쉽게 파악할 수 있다. 특히 김정혁의 조선영화령에 대한 해석과 전망은 영화산업에 대한 개입을 통해 영화통제의 효율성을 높이려 했던 영화령의 취지에 가장 부합하는 인식일 것이다. 그는 "국가가 영화를 국민문화로 인정"했다는 데 의미를 부여하고, 그때까지 자신이 열망해온 '영화기업의 합리화'가 조선영화령에 따라 곧 실현될 것으로 낙관한다. 조선영화령의 영화기업 허가제가 방랑적인 제작과 무의미한 경쟁을 심화시키는 자유기업의 폐해를 근절함으로써, 조선영화산업의 불합리한 구조를 개선하는 데 도움이 되리라고 전망하고 있는 것이다. 흥행 자본이 다시 제작 자본으로 투자되지 않는 조선영화의 고질적인 병폐를 개선하고, 영화산업이 자본과 기술, 인적 자원 면에서 합리적이고 조직적인 체계를 갖추어야 한다고 주장했던 영화기업화론은, 전시체제와 연동해 영화산업의 구조를 개혁하려 했던 당국의 영화정책과 조응했다. 그러나 영화령이 명시한 영화의 제작업과 배급업의 허가라는 것이 과연 조선의 산업 상황을 개선할 수 있었을까? 오히려 조선의 영화산업을 위축시키지는 않았을까? 실제로 김태진은 조선영화령 공포로부터 얼마 지나지 않아 발표한 글에서, 그동안 "기업적인 면에 있어서는 불우하고 예술적 면에 있어선 행복한 것이 조선영화인"[1]이었다고 하며, 조선영화가 프랑스식의 소규모 프로

---

1   김태진 「조선영화의 비약(2)」, 『동아일보』(1940.03.14).

〈집 없는 천사〉(1941)
향린원의 부랑아 구제 사업을 영화화한 〈집 없는 천사〉는 조선영화 최초로 문부성 추천을 받았으나,
일본 개봉 직전 재검열을 받고 불명확한 이유로 추천이 취소되었다.
이 사건은 식민지 말기 조선영화의 존재론에 대한 문제성을 더욱 환기시켰다.
사진은 검열에서 삭제된 것으로 보이는, 방목사와 향린원 아이들의 기도 장면이다.
영화의 기독교적 색채 역시 추천 취소의 구실이 될 수 있었을 것이다.

덕션 모델을 추구해야 한다고 보고 있다. 이런 시각은 토키 이후 조선영화
의 방향에 관한 논의에서 여러번 언급되었으나, 조선영화령의 공포를 즈음
해서는 소수 의견으로 한정되었다.

조선영화령이 일정한 유예 기간을 거쳐 실시되기까지, 그리고 더 정확히
는 단 하나의 영화기업 '사단법인 조선영화주식회사'라는 통제회사가 등장
하기까지 '조선영화령 이후의 조선영화'에 대한 담론은 국가의 영화산업
개입이 가져올 효과를 선전하고, 조선영화인의 자발적인 협력을 제안하는
데 집중했다.

주영섭의 글은 조선영화가 인적·물적 기구의 정비시대로 접어들었다고
진단한다. 제작업 허가제를 통해 제작소를 완비하고, 기술자들을 적재적소
에 배치하여 과학적 체제를 바탕으로 한 조선영화가 생산될 수 있으리라

〈반도의 봄〉(1941)

영화 〈춘향전〉을 제작하는 조선영화인들의 열정을 그린 〈반도의 봄〉은 영화기업화론이
어떻게 영화신체제에 협력하는 담론으로 귀착하는지를 흥미롭게 보여준다.
"영화는 예술적 양심과 정열만으로 이뤄질 수 있는 것이 아니"라는
처절한 자각과 함께 중단되었던 영화제작은, 대자본 영화회사 설립을 통해 재개된다.
이때 새로운 회사 사장의 일본어 연설이 의미심장하다. "내선일체의 깃발 아래서
황국신민의 책임을 다하는 진정한 문화재로서 훌륭한 영화를 만들어내는 것이야말로
우리들이 잠시 잊어서는 안 될 중대한 책임일 것입니다. ……여러분의 지원으로 일치 협력하여
국민문화의 진전에 공헌할 수 있는 영화를 만들어 그 사명을 다하고 싶습니다."

기대하면서, 주영섭이 가장 공들여 설명하는 부분은 '인적 기구'의 정비에
관한 것이다. 그는 이 '문화입법'이 영화인에게 "'최저의 생활과 최대의 명
예'를 약속하는 국가제도"라고 의미화하며, 영화인 등록제를 통해 "확고한
신념과 재능을 가진 영화인만이 남"는 "인간적 정돈"이 이루어질 것이라고
주장했다. 영화인의 교양과 인격, 기술적 전문성 여부가 중요하게 부상하는
이 시기, 해외에서 활동하던 조선영화인들이 조선영화계에 진출하고, 기성
영화계는 신진을 적극적으로 등용하여 "신구인이 함께…… 신체제 예술운
동에 적합하고 협력하는, 진실하고 건전한 국민영화의 탄생을 위해 노력해
야"한다고 강조했다. 이 글은 주영섭 자신이 일본의 토오호오東寶에서 조

감독 생활을 한 '내지의 조선영화인'이기도 했던 이력, 그리고 동경학생예술좌 사건 이후 전향자로서 자기를 증명해야 했던 상황 등과 겹쳐 읽을 수도 있겠다.

영화가 "현대 사상전의 위대한 무기"라면, 영화계의 종사자는 "진실한 전사로서 봉공의 신념을 굳게 가져야" 한다는 것으로 시작하는 서광제의 글은 영화제작업 허가제와 영화인 등록제 실시를 계기로 조선영화의 주체와 영화인의 자격에 대해 논한다. 이 글에서 직접적으로 언급하지는 않지만, 서광제는 일본 쪽에서 제기된 '조선영화 해소론'을 의식하면서 조선영화(계)의 유효성을 입증하기 위한 실천 방향을 모색한 것으로 생각된다. 다른 글에서 "문화에 어그러진 통제는 오히려 그 나라 그 민족의 문화를 왜축矮縮시킬 뿐"[2]이라고 했던 그는 조선총독부가 조선영화령을 제정했다는 사실 자체가 "조선영화의 절대적 필요"를 느꼈기 때문이라고 못 박는다. 그리고 이제 더 이상 "과거의 무교양하고 무능력한 제작자"가 조선영화의 주체가 되어서는 안 되기에 예술가적 천품과 교양·지식·기술 등을 갖춘 신인이 등장해야 한다고 주장했다. 서광제의 글은 영화인도 '영화 정신부대挺身部隊'가 되어야 한다고 외치는 안석영의 글과 나란히 두고 읽어도 좋겠다.

조선영화령에 명시된 허가 기준에 부합하기 위해 영화사들 간의 '합동 문제'가 물밑에서 복잡하게 전개되고, 영화인 기능심사가 영화인들을 불안으로 몰고 가던 와중에 결국 어떤 영화회사가 만들어질지 예상하기는 쉽지 않았을 것이다. '임전체제하의 조선영화'는 그야말로 암중모색의 시기를 지나고 있었다. 주영섭, 서광제, 임화 등은 그때그때 변화하는 상황 속에서 영화회사의 앞날을 예측했다. 주영섭은 일본과 같이 통폐합을 거쳐 몇 개의 블록으로 구성될 것이라 내다보았고, 서광제는 조선에서는 그런 통합이 불가능하므로 극영화, 문화영화, 뉴스영화로 삼분할 것을 제안했다. 그러나 1942년으로 접어들면서, 조선영화의 침체가 심화되는 가운데 식민 당국은 영화회사 합동문제를 민간의 영역에서 완전히 거두어간다.

　이러한 상황을 목도하며 임화는 조선영화에 가해지는 외부 충격이 조선영화의 전환을 촉진하고 있다고 본다. 그는 조선영화의 예술성과 기업성의 모순이 단적으로 표출된 것으로 〈집 없는 천사〉(최인규 감독, 1941)의 일본 문부성 추천 최소 사건과 조선군 보도부의 〈그대와 나君と僕〉(히나쯔 에이따로오日夏英太郎 감독, 1941) 제작을 든다. 고려영화협회가 제작한 〈집 없는 천사〉는 조선영화 최초로 문부성의 추천을 받아 일본에 배급되었는데, 상영을 앞두고 석연치 않은 사유로 재검열을 받아 추천이 취소되었다. 조선어 대사나 기독교적인 장면들이 문제가 되었다거나, 영화가 식민지의 어두운 면을 보여주고 있기 때문이라거나 하는 등의 설이 분분했는데, 당시 영화계에서는 영화신체제하에서 조선영화의 존재론과 관련해 심각한 문제를 제기한 사건으로 받아들여졌다. 한편 조선군 보도부가 제작한 〈그대와 나〉는 '내선일체' 선전영화를 표방하며 일본어로 제작되었고, 조선군·관청·민간의 적극적인 협력으로 완성되었다(〈그대와 나〉의 제작 취지에 관해서는 '스크랩'에 실은 좌담회를 찾아 읽어도 좋겠다). 임화는 "〈그대와 나〉의 발표를 통해 학득學得한 많은 교훈"에 대해 구체적으로 설명하지는 않았는데, 이 영화의 개봉 역시 조선영화의 예술성과 기업성의 모순이 야기한 조선영화의 부진 및 침체와 연결된다는 점에 주의해야 할 것이다. 조선영화의 침체가 계속되고 영화사의 합동문제도 조선의 민간 영화제작자들 손을 거의 떠난 상황에서, 조선영화는 어디로 갈 것인가. 임화는 이 전환기를 훌륭하게 통과해야만 그동안의 조선영화를 "진실로 가치 있게 만드는 것"이 되리라고 당부하면서, '국민적 영화'라는 것이 "이미 만들어진 범주"가 아니라 "만들어나간 세계" 가운데 있음을, 그렇기에 "특수한 국민적 예술로서의 우수한 조선

2　　서광제 「연예와 취미」, 『동아일보』(1940.01.01).

영화"라는 문제를 고구해야 함을 강조하며 글을 맺는다.

한편 영화신체제론의 골자 가운데 하나가 영화를 '국민문화'로 재위치시키는 것이라고 할 때, 산업구조 개편과 인적 쇄신 작업 이외에도, 영화의 보급과 수용이 그 어느 때보다 주의 깊게 논의되었다는 점도 중요하다. '국민문화로서의 영화'란 명확하게 규정되는 게 아니라 영화신체제하에서 기존의 관념을 부정하고 새로운 것을 구성해가는 과정을 통해 형성되어야 했다. 이 장에는 그 대표적인 사례로 안석영과 오영진의 글을 수록했다.

'할리우드'로 대표되는 서양 영화의 비속성과 퇴폐를 근절하고, 고도 국방국가 건설에 필요한 생산성을 높이기 위해 '건전오락'으로서 영화를 적극 활용해야 한다는 주장은, 특히 태평양전쟁 개전을 즈음해 한층 강조되었다. 농산어촌과 공장, 광산 등 생산지대에 있는 '근로대중'의 노동력을 효과적으로 동원하려면, 이들의 시국 인식을 철저하게 하고, 이들을 국책에 적극적으로 협력하게끔 하면서, 그 생산력을 증진시킬 수 있는 '건전한 오락'을 '공여供與'해야 한다는 것이다. 식민 당국과 각 문화단체 관계자들은 조선의 80퍼센트 이상 인구가 교육 혜택을 전혀 받지 못했고, 영화나 연극, 라디오 등 근대 미디어 테크놀로지에서도 소외되어 있다는 점에 주목했다. 그리고 이전부터 교화와 선전에 이용되어온 영화를 연극과 야담, 만담, 종이연극紙芝居 등과 함께 적극적으로 선전에 활용하는 방법을 구상한다. 그동안 영화가 도시의 극장에서 영리를 목적으로만 상영되었다면, 이제 농촌으로, 광산으로, 또 공장으로 '이동'하고 '확산'되어야 한다는 것이다. 이 장의 본문과 '스크랩'에 수록된 오영진의 글은 문화영화 제작과 이동영사의 중요성을 강조하는데, 당시 '국민문화로서의 영화'라는 관념을 조선의 실제적인 차원에서 구상하고 있다는 데 방점을 두고 읽을 필요가 있겠다. (이화진)

──── **함께 읽으면 좋은 글**

1. 김정혁「영화계 일년 회고와 전망」,『동아일보』(1939.11.30-12.05).

2. 김태진「조선영화의 비약: 그 기업화 문제에 대한 기초 인식」,『동아일보』(1940.03.13-28).

3. 「사변 3주년과 반도문화의 여명」,『매일신보』(1940.07.08).

4. 서광제「영화연출론: 조선영화계 현상 타개책」,『조광』제6권 9호(1940.09).

5. 안종화「신체제에 순응하는 조선영화의 장래」,『매일신보』(1940.09.13-18).

6. 서광제「건설성과 추진력: 조선영화의 존재성」,『매일신보』(1940.10.03-05).

7. 김정혁「조선영화 진흥의 목표, 진실한 영화정신의 수립을 위하야」,『삼천리』제13권 1호
   (1941.01).

8. 안석영「조선영화의 갈 길: 영화와 신체제」,『조광』제7권 1호(1941.01).

9. 「좌담회 문화익찬의 반도체제: 금후 문화부 활동을 중심하여」,『매일신보』(1941.02.12-21).

10. 안석영「조선영화 발전의 원동력」,『삼천리』제13권 3호(1941.03).

11. 안석영「시평: 영화가의 퇴폐풍경 내중의 비속한 취미를 배격」,『매일신보』(1941.03.06).

12. 안석영「시평: 영화에서 온 모방 맹목적 흑취(惑醉)는 금물」,『매일신보』(1941.03.08).

13. 안종화「전환 쇄신의 시(時), 영화의 국가사명」,『매일신보』(1941.10.27-29).

14. 香山光郎(이광수)「〈君と僕〉와는 하나다. 일억 국민이 개람(皆覽)할 영화」,『매일신보』
    (1941.11.22).

15. 白山靑樹(김동환)「과감한 군국정신이 전면에 흘러 있다」,『매일신보』(1941.11.22).

16. 박기채「건전오락의 국민영화, 반도영화계에 좋은 영향」,『매일신보』(1941.11.22).

17. 안석영「내선 문화교류의 예술, 영화인 열의와 협조에 감사」,『매일신보』(1941.11.22).

18. 주영섭「조선 문화영화의 장래」,『삼천리』제13권 6호(1941.06).

19. 서광제「영화계의 총결산, 영화인의 국가이념 파악」,『매일신보』(1941.12.16-17).

20. 서광제「영화시감, 영화의 사명」,『매일신보』(1942.02.05).

21. 吳泳鎭「朝鮮映畵の一般的課題」,『新時代』(1942.06); 오영진「조선영화의 일반적 과
    제」, 이경훈 편역『한국 근대 일본어 평론·좌담회 선집』(역락 2009).

22. 오영진「조선영화와 기획」,『매일신보』(1942.11.27-12.01).

23. 高島金次『朝鮮映畵統制史』(朝鮮映畵文化硏究所 1943); 다카시마 긴지 지음, 김태
    현 옮김『조선영화통제사』(인문사 2012).

1 영화령의 실시와 조선영화계의 장래   김정혁

『조광』 제6권 9호 / 1940.09

영화령의 정신

'새로운 시대의 권력자?' 영화인들은 어느 의미로든지 영화를 위해 이렇게 축배를 들어야 할 계절의 도래다. 국가가 영화를 국민문화로서 인정했고, 최초의 문화입법으로 제정되었으므로 ─ .

74의회[1] 역사적인 영화법 상정일에 당시의 목호木戶, 키도[2] 내상內相은 이 법안의 제출 이유로서,

> 아국我國에 영화가 비로소 수입된 지 40년의 시일을 경과하여 있지만 그 사이 영화의 보급 발달이란 진실로 컸다. 국민오락으로서 가장 중요한 지위를 점함에 있는 것을 비롯하여 최근에 있어서는 선전 보도 등의 방면에까지 현저한 기능을 발휘하며 다시 나아가서는 예술로서 새로운 분야를 개척하려고 하는 기운機運에 있는 것으로, 영화가 가진 국가적 임무는 점차 중대해진 것이다.

라고 영화의 법령 제정의 의의를 설명했다.

여하간 영화와 현대생활의 관계는 새삼스럽게 췌언贅言[3]을 요할 바가 아니겠지만, 비상非常한 감격을 주는 우수한 작품이라고 하면, 오인吾人의 일생을 통해 능히 아름다운 기억으로 남을 수 있지 않은가?

또한 근대적으로는 영화의 방대한 설득력이 지나사변[4]의 신질서 사상을 국민에게 분배한 역할이란, 출판물과 라디오와 한가지로 벌써 국책을 건설하는 데 가장 필요한 도구로서 등장했던 것. 여기에서 비로소 목호木戶 내상의 연설과 한가지로 영화의 국가적 의의가 발견되었을 것이며, 영화법

제정의 필요가 있었을 것이다.

이런 기본 정신을 가진 영화법은 조선에서도 지난 8월부터 조선영화령이라 하여 실시된 것이다. 이 영화령은 내지內地에 공포·실시된 영화법과 대동소이한 것으로, 내지나 조선을 통한 최초의 문화입법文化立法이며, 그만큼 명확히 의도된 문화정책 제1보로 극히 주목되는 일이었다. 따라서 영화인 전반이 기억하지 않으면 안 될 각항의 세칙을 비롯하여, 지금 여기에 명제된 조선영화계의 장래에 있어서도 혹은 신체제적인 흥미 있는 전개를 볼 것도 같다.

그러나 영화가 가진 근대 사회생활의 영향만을 생각하고, 그것을 바로 통제 혹은 입법화할 수 있는가? 영화는 예술로서의 새로운 분야를 개척하는 것이므로 더욱 그리하다.

여기에서 잠시 영화통제의 기초적 의의를 생각해보기로 하자. 한 국가로서 예술 그 자체의 질에 관여하여 지도할 이유라든가 능력 혹은 방법은 없을 것이다. 금일 어떤 국가가 이것을 기도企圖한다고 하면, 이것은 그 나라의 예술을 타락에 인도하는 것이라고 생각해야 한다. 그러나 근대 이후의 자유방임의 사회에서 예술은 그 자유방임 때문에 그 표준을 저하시켜버렸다는 것은 또한 씻을 수 없는 사실이다. 그러므로 예술에 대한 국가 정책의 국한성局限性에 대하여 엄격관대嚴格寬大한 것을 요한다. 이 국한의 한계라는 근본 원리는 두말할 것도 없이 국가의 예술정책은 국민적 예술 그것의 질에 간여하는 것보다, 예술의 향상에 자資할 것, 또한 적어도 그 저하를 재래齋來5치 않을 제도의 수립에 있을 것이다.

---

1   일본의 제74회 제국의회.
2   키도 코오이찌(木戸幸一, 1889-1977). 일본의 관료, 정치가. 제74회 제국의회 당시 내무대신.
3   쓸데없는 군더더기 말.
4   중일전쟁.

여기에서 비로소 독일이나 이태리, 혹은 만주국 등이 각자 특수한 정치 조직을 채용하여 예술통제의 법령적 방법을 시행하고 있음을 예로 볼 수 있다. 그리하여 그들의 실적을 통해 어떤 국가든 그 문화 혹은 국책을 국민에게 손쉽게 선포하기 위해서는 영화정책을 통한 방법을 계획적으로 응용해야 할 것은 단지 시간문제로 된 것이다. 그러므로 금일의 시대의 경향으로서는 이 원칙에 있어서는 사실 소극적 태도에 그치느니보다 적극적 태도에 나갈 것, 광범하고 통일 있는 전반적인 문화정책을 확립하여 그 위에 국가와 예술의 비약과 발전을 조응시켜 조그마한 간극도 없는 철저한 영화정책 수립이 하루라도 속히 완성될 필요가 있었다고 할 것이다.

대체 이와 같은 기초적인 문제를 충분히 고려하고 이 법령은 공포·실시될 줄 짐작되거니와, 실제로 오인吾人은 법령 제1조에 명기된 "본 법은 국민문화의 진전에 자資키 위하여 영화의 질적 향상을 촉促하며 영화사업의 건전한 발달을 도모하는 것을 목적함"이라는 기본 정신에 절대의 신뢰와 지지를 가져야 할 것이다.

경제적인 통제의 필연성

그러면 영화령 실시 금후의 조선영화계는 어떤 방향으로 진전하여 갈 것인가? 법령 세칙에 규정된 대로 아직 1개년의 유예기간을 경과하지 않으면 완전한 법령적 발동을 보지 않겠거니와, 여하간 그 1개년의 사이에 조선영화계의 변동이란 능히 10년의 행정行程6을 거치리라는 것은 명약관화한 사실이다.

가령, 이 급격한 행정은 진전을 의미하는 것일까, 혹은 진전하는 쇠약을 내포하는 것일까!

어쨌든 조선영화계 전반에 조선영화령이 가져온 권력(?)이란 여간 큰 것이 아니었다. 지금도 오히려 거의 피로증을 느끼지 않을 수 없는 뒤숭숭스러운 회화會話들, 그중에서도 통제회사 창립 운운의 풍설은 가장 실현성이 확실한 것같이 작금의 조선영화계를 흥분·혼미에 떨어뜨렸던 대표적인 영화령적 소산이었다. 그러나 어느 의미로든지 이 통제회사 설립의 소망은 지금 조선영화계에 그 기업적 향상과, 나아가서는 영화문화의 진실한 발전을 위하여 절실히 필요한 것이라 하겠다.

영화법은 두말할 것도 없이 영화 국책을 법률로 강제하는 것이다. 위에도 말했지만 무엇보다도 예술은 자유로운 경지에 있어서만 발달하는 것이다. 시끄러운 간섭이라든가 일률一律의 통제는 예술을 위축시킨다는 통념7이었다. 그렇다고 하면 종래 조선의 분산적인 자유방임의 영화기업기구 속에 과연 영화예술의 자유가 향수되었느냐 하면 도저히 그렇지 못하다. 크게 말하자면 상업주의의 자유경쟁으로부터 오는, 대중에의 본의 아닌 영합이라든가, 그밖에 자본적인 기업화의 안전성을 장악하지 못한 것에 그와 같은 소치가 있었다. 그러므로 행정적인 문화통제가 실현되는 바엔 경제적인 문화통제까지 부수附隨되어서 비로소 진정한 예술의 자유가 허락될 것이라고 믿는다.

다시 말하자면 기업의 경제적 통제는 조선영화기업을 합리화하며, 예술가에게 공연스러운 걱정을 덜게 할 것이며, 활동에 있어서의 경비에 충분한 윤택을 베풀 수 있는 것이다. 극히 개념적인 의견이지만 통제회사의 설립설은 전혀 이와 같은 견지에서 소망되었을 것이며, 또한 이 범위에서 가능한 것이라고 본다. 조선영화계는 30년 이래의 행정行程 속에서 오직 기업이 불합리한 가운데서 성장했다. 영화령의 실시와 함께 이 불합리한 기업의 모순을 청산하지 못한다고 하면, 조선영화의 장래는 여러가지로 걱정되지 않을

5   어떤 원인에 따른 결과를 가져옴.
6   일이 진행되어가는 과정.
7   원문에는 "염통(念通)".

수 없다.

무엇보다도 이 경제적인 체계의 건립을 위해 영화령 중에는 그 제작부문에 대하여 수많은 규정이 있지만, 제일 눈에 띄는 것은 영화제작업[8]의 허가제도이다. 이 허가제도라는 것은 두말할 것도 없이 지금까지의 제작업이 자유기업이었던 데 비해, 금후엔 방랑적인 영화제작업의 남립濫立[9]과 따라서 무익한 경쟁의 격화 등이 방지되며, 나아가서는 영화사업의 건전한 발달을 촉진시키며 영화의 질적 향상과 기존 제작자에게 어느정도의 조정을 내릴 것이라고 하겠다. 그러므로 이 허가제도는 영화령의 근본적인 중대안[10]으로서 조선영화의 장래에 적지 않은 전기轉機를 가져올 것이라고 생각한다.

요컨대 영화령의 실시는 조선영화의 기업적 통제를 동시에 가져오지 않을까? 또한 그러한 전기에서 비로소 영화령의 의의가 있으리라고 생각하는 것이며, 조선영화계의 장래에 활황活況을 기대할 수 있는 바이다. (7월 22일)

2 조선영화계 전망 주영섭

『춘추』 제1호 / 1941.02

전망

조선영화령 실시, 조선영화인협회[11] 결성, 그 첫 사업으로 영화문화강습회를 성황리에 마친 15년도1940의 조선영화계는 신체제 문화운동에 적응하려는 전면적 동향 속에서 한해를 넘기게 되었다. 언제나 오늘은 내일을 위한 준비요, 내일은 또한 모레를 위한 준비가 되겠지마는, 특별히 15년도는 조선영화계에 있어서는 16년도1941의 영화기구 정비시대를 위한 준비기였다.

이제 16년도를 전망해볼 때 16년은 확실히 조선영화의 기초가 닦아지는 해 — 영화기구 정비시대라 말할 수 있다. 2월에는 지금까지 조선에서 영화작품을 만든 영화인 중에서 그 기술부문에 따라 연출, 연기, 촬영자로 등록될 것이고, 7월에는 현재 조선에 있는 11개소 제작소 가운데서 그 업적에 따라 몇군데가 정식으로 인가될 것이다. 영화인 등록은 내지內地에서는 벌써부터 실시된 것으로, 조선에서는 그동안 준비를 마치고 이제 실시를 보게 되었는데, 이것은 영화인의 사회적 지위를 향상시키고 영화인이 직업인으로서의 자각과 의무를 촉진하기에 좋은 기회다. 이것도 또한 '최저의 생활과 최대의 명예'를 약속하는 국가제도일 것이다.

현재 조선에 있는 영화제작소 중에 빈약하나마 제작기구를 가지고 있는 곳은 조영朝映, 고영高映, 조선문화영화협회朝鮮文化映畫協會 세군데뿐이다. 오늘의 예상으로는 조선의 영화제작회사는 만주영화협회와 같이 단일한 국가기관의 형식으로 있을 것이 아니요, 내지와 같이 몇개의 블록으로 형성되어지리라고 본다. 7월에 인정받을 각기 회사는 물론 동보東寶, 토오호오나 송죽松竹, 쇼오찌꾸과 견줄 만한 자본은 가질 수 없다손 치더라도, 최소한도나마 정비된 영화기구를 가지게 되리라고 믿는다. 거기 따라 영화기술자는 각기 부문에 의해서 각 제작소에 소속되리라고 본다. 제작소가 완비되고 기술자가 배치되면, 여기서 비로소 수공업적이 아닌 과학적 체재體裁를 갖춘 조선영화가 출산할 수 있을 것이다. '그림엽서'에서 떠나 '흘러가는 그림'이 될 수 있을 것이다.

---

8   원문은 "영화제대업(映畫製代業)".
9   난립. 질서 없이 여기저기 나섬.
10   원문에는 "중대(重大)한"으로 되어 있으나, 문맥상 '중대안'으로 보인다.
11   영화신체제를 앞두고 1939년 8월에 결성된 조직이다. 회장은 안종화이다. 조선영화령 공포 후 영화인 기능심사위원회를 설치해 식민 당국의 영화인 통제에 협력하고, 1942년 10월에 해산했다. '영협(映協)'으로 줄여 부르기도 한다.

〈집 없는 천사〉의 장면들

지금 예상되는 것으로 16년도에 봉절될 작품은, 우선 기성 작가의 것으로는 〈국경〉〈수업료〉의 작자 최인규崔寅奎 씨의 〈집 없는 천사〉(고영)와 〈심청〉의 작자 안석영安夕影 씨의 〈지원병〉(조영 작품으로 이미 어떤 지방에서는 공개되었다)[12]과 그밖에 제작은 되고도 공개를 못 보던 몇 작품이 있을 것이고, 새로운 기획 밑에 제작될 각 사의 작품은 아직 발표된 바가 없다. 신인의 작품으로는 우선 상해에서 오랫동안 영화 행동을 가진 전창근全昌根 씨의 〈복지만리〉(고영)가 있고, 일본대학 예술과 출신으로 남왕南旺 영화사에 있던 김영화金永華 씨의 〈아내의 윤리〉(조선예흥사)와, 일활日活, 닛까쯔 다마천多摩川, 타마가와 촬영소에서 오랫동안 영화를 연구하던 이병일李炳逸 씨의 〈반도의 봄〉이 있다.

그밖에 새로 진출할 신인으로는 성대城大[13] 문학부 출신으로 동경발성東京發聲, 토오꾜오핫세이에서 영화를 공부하고 돌아온 오영진吳泳鎭 씨와, 일찍부터 조선영화계에서 시나리오 제작과 조연출의 일을 맡아보던 이익李翼 씨와, 일본대학 출신으로 예술藝術, 게이쥬쯔영화사에서 영화를 공부하고 돌아온 전동민全東民 씨 등이 있고 필자 역시 여기에 참가해보려 한다. 조선영화의 정비기에 이르러 이 같은 신인들이 머리를 갖추어 출마하게 된 것은 반가운 일이다. 이밖에 후비대後備隊로 남아 있어서 연구를 계속하고 있는 사람으로는 동발東發, 토오꾜오핫세이에 있던 반도 출신의 춘산春山 씨[14]와, 현재 동보토오호오 동경촬영소에 있는 안진상安鎭相, 임용균林庸均 씨 등이다.

2월에 실시될 등록제를 계기로 확고한 신념과 재능을 가진 영화인만이 남을 것이고, 여기에 신인의 진출 등으로 우선 조선의 영화계는 인간적 정

12 영화 〈지원병〉의 제작사는 동아흥업 영화부이다.
13 '경성제국대학'의 줄임말.
14 하루야마 준(春山閏). 해방 후 〈마음의 고향〉(1949)을 연출한 윤용규(尹龍奎, 1913-?)의 일본 이름이다.

돈을 볼 것이요, 7월에 시행될 영화제작소의 정식 인가에 따라 몇군데 제작소는 해소 혹은 병합될 것으로, 조선의 영화계는 기구의 정비를 보게 될 것이다. 여기서 인적·물적 기구가 정비된 조선영화계는 신체제 문화운동에 합류하여 새로운 출발을 하지 않으면 안 될 것이다.

제의

이상에서 나는 16년도1941를 조선영화기구 정비시대라 했다. 따라서 16년은 조선영화의 재출발기가 되지 않아서는 안 될 것이다. 물론 조선영화가 출발한 지는 이미 30년이 넘었고, 그동안 〈아리랑〉〈임자 없는 나룻배〉〈수업료〉 등으로 조그만 이정표를 세워놓고 오늘에 이르렀다. 조선영화가 이제부터 기업적·예술적으로 성공하려면 내지와 만주의 시장을 획득하고, 나아가서는 동아공영권東亞共榮圈을 우리의 시장으로 만들고, 한걸음 더 나아가서는 세계를 상대로 하는 작품을 제작해야 할 것이다. 이것을 위해서는 먼저 만영滿映 작품과 대비할 만한 작품, 내지영화와 병행할 만한 작품, 나아가서는 세계 작품과 우열을 다툴 작품을 제작해야만 할 것이다. 이것은 우리들의 이상이요, 언제고 실현될 즐거운 꿈이다.

그러기 위해서 우리는 최저最低의 기구와 빈약한 기술과 성실한 예술의 협동으로 영화의 상식에서부터 출발해야 할 것이다. '잘 보이고, 잘 들리고, 이야기를 알 수 있는 것'이 영화의 초보요, 상식이다. 지금까지 조선영화는 이런 상식도 갖추지 못한 것이 많았다. 예술적 천재의 비약도 눈부신 일이지만 그것을 낳기 위해서는 영화 상식이 보편화해야 할 것이다.

조선영화의 재출발기에 임해서 또 한번 문제 삼고 싶은 것은 영화인과 교양문제다. 16년 2월에 이르러 조선의 영화인은 그 기술부문에 따라 등록을 하게 되었다. 따라서 영화인의 사회적 지위는 보장되고 책임도 커지게 되었다. 그러나 등록이란 형식문제요, 실질에 있어서 영화인은 건전한 사회인인 동시에 우수한 기술자요, 성실한 예술가가 되지 않아서는 안 될 것이다.

영화인의 공동 단체인 조선영화인협회가 능성能成된 이상, 영화인의 교양·친목·협동을 위해 협회는 전력을 다해야 할 것이다. 조선은 내지와 같이 각 기술부문의 별개 단체가 없고 또 그것을 필요로 하지 않는 이상, 협회 내부에 각 기술부문의 연구회를 가지고 시기를 정하여 종합적 연구와 발표가 있어야 할 것이다. 영화인의 생활은 스테이지 안에만 있는 것이 아니요, 일상생활이 더 중요하다.

그 다음 문제 삼고 싶은 것은 기술부문의 분화다. 지금까지 조선영화계의 모든 기술부문이 빈약하니만큼, 한 사람의 기술자가 여러가지 부문을 담당하여 초인간적 활동을 한 것은, 그 열정은 가상하겠지만 일의 진행이나 성과로 보아 결코 좋다고는 할 수 없다. 채플린과 같은 1인 3역의 천재는, 그만한 영화의 역사와 환경을 가진 뒤에, 그만큼 개성이 강한 예술가만이 시험할 노릇이다. 조선같이 각 부문에 전문가를 요하는 곳에서는 전문가를 양성하는 의미에서라도 기술부문이 확연히 구별되어야 하겠다. 더욱이 이번에 등록하는 것은 연출, 연기, 촬영, 세 부문에 한한 것인 만큼, 그밖에 시나리오, 녹음, 조명, 장치, 음악, 의상 등에 관한 전문가를 영협映協은 포용하고 지도해야 할 것이다.

한편으로 촬영소가 정비되는 데 따라, 외지의 영화계에서 일하고 있는 조선영화인들을 적당한 자리에 불러와야 할 것은 당연한 노릇이다. 현재 내지영화계에 있는 영화인으로 전술한 연출부문을 제외하면, 신흥新興, 신꼬오 동경촬영소의 카메라맨으로 있는 김학성金學成 씨(씨는 벌써 조선에서 〈성황당〉〈집 없는 천사〉를 촬영했다), 예술영화사의 카메라맨으로 있는 반도 출신의 정상황井上荒, 이노우에 칸[15] 씨(호평을 받은 문화영화 〈설국雪國〉의 촬영자)가 있고, 조명에도 신흥新興 동경에 한 사람이 있다고 한다. 그밖에도 연기자 몇명과 시나리오 연구생 몇 사람이 있다.

이외에 중국영화계, 구주歐洲 혹은 할리우드에 있는 우수한 조선영화인들까지 맞아들여야 할 것이다. 이것은 조선영화계가 가질 당연한 예의禮儀요, 따라서 영화예술가의 빈곤을 느끼고 있는 조선영화계 타개책의 하나가 될 것이다. 이것과 병행하여 동경에 있는 우수한 영화인을 초빙하여 지도를 받고, 한편으로는 직접 내지 영화회사로 양성생養成生을 보내야 할 것이다.

또 한가지 이 시기에 문제 삼고 싶은 것은 기성인과 신인의 문제다. 이런 시기에 신인들이 고향에 돌아와 영화계로 나서게 된 것은, 조선영화 전체를 위해서 경하할 만한 일이다. 신인군新人群의 진출에 대해 기우杞憂와 노파심을 가지고, 혹은 기성층과 신인군을 대립시키는 경향 같은 것은 질기叱棄해야 할 경향이다. 이때 기성인은 좀더 자중하여 신인을 북돋아주고, 신인은 기성인의 노력과 전통을 존중하고 그들과 협력해야 할 것이다. 영화계에 처음 나온 것이 신인이 아니요, 영화계의 연로年老가 기성인이 아니다. 예술계의 신구新舊는 연륜이 정하지 않는다. 시詩에 연령이 빛나지 않는 것처럼 영화의 연한이 대가大家를 규정하는 것은 아니다. 일생을 건 정열과 노고와 정진만이 선배를 만들고 스승을 낳는 것이다.

조감독 10년에 처음 감독된 사람이 스승의 아류에 지나지 않을 때, 그것은 한개의 영화회사 사용인使用人에 지나지 않을 것이요, 기성인이 구각舊殼을 탈출하고 새로운 경지를 개척할 때 그것은 빛나는 신인이라 할 수 있을 것이다. 신체제 문화운동의 제2년을 맞이하는 16년에는 기성인, 신인의 구별 같은 것에 시간을 낭비하지 말고, 신구인이 함께 영협映協에 합류하여 신체제 예술운동에 적합하고 협력하는, 진실하고 건전한 국민영화의 탄생을 위해 노력해야 할 것이다.

이제 마지막으로 문제되는 것은 영화인의 지도기관이다. 이것은 영화인의 교양문제에 호응하는 중요한 문제다. 아직까지 내외에 인적 자원이 부족한 조선영화계에서는 영화계 내부에서만은 지도기관을 얻기 곤란할 것이다. 이것을 해결하기 위해서는 조선의 여러 문화단체와의 전면적 제휴가 요구된다. 우선 조선문인협회, 장차 생길 조선연극인협회, 혹은 국민총력연맹 문화부 간의 연락, 또는 내지의 우수한 영화이론가의 초빙 같은 것이 생각된다. 영협 내부에서는 전술한 바와 같이 각 기술부문의 연구회와 기술강좌 설치, 또는 전체를 통한 종합적 연구발표 등 ― 이것을 위해서는 정기 간행물도 필요하다.

조선영화는 벌써 한 감독의 취미를 만족시키기 위한 수단도 아니요, 한 스타의 얼굴을 팔아먹기 위한 방법도 아니다. 오늘에 있어서 한편의 영화 기획은 조선영화 전체의 향상과 진보를 위하는 것이 되지 않아서는 안 될 것이다. (완)

3 최근의 조선영화계[16] 　　　서광제

『매일신보』 / 1941.10.07-09

영화계의 임전체제

현대 국가조직에 있어서 신문과 라디오의 사명이라는 것이 얼마나 큰 것이라는 것은 국민이 누구나 아는 한개의 상식이 되어버렸으며, 영화 역시 그 중요성이나 현대 사상전思想戰의 위대한 무기의 하나요, 긴장된 비상 시 국민의 둘도 없는 위안물인 것도 여기에 부언할 필요가 없을 것이다. 항 전抗戰 5년 오지奧地로, 오지로 쫓겨 가는 중경重慶. 충칭 정권에도 신문과 라

15　원문에는 "정상황(井上荒)"으로 되어 있으나, 정상황(井上莞), 즉 이노우에 칸이라는 이름으로 활동했던 조선인 촬영감독 이병우(1912-99)를 가리킨다.

16　연재 첫회에는 제목이 "영화계의 임전체제"로 되어 있으나, 2회부터 "최근의 조선영화계"로 되어 있어 바로잡았다.

디오는 붙어 다니고, 항일 뉴스와 영화는 대동아공영권 내 불인佛印[17]과 태국에서 의연히 공개되고 있다. 전쟁에서 한개의 탄환이나 한대의 비행기나 군함이 더 필요하고 한개의 훌륭한 영화를 더 생산시키는 것도 필요하다면, 영화계에 업을 둔 자는 진실한 전사戰士로서 봉공의 신념을 굳게 가져야 할 것이다.

조선영화계를 돌아보건대 작년 8월 이후 '조선영화령'이 시행된 후에는 이렇다 할 제작기구의 변혁이 없고, 금년에 들어서서 영화제작이라고는 고려의 〈풍년가〉방한준 감독 하나밖에 없다. 1년을 내리 끄는 소위 10사의 합동 문제라는 것도 아직껏 결말을 짓지 못했다.

영화는 국가의 최대의 문화재의 하나다. 이 최대의 문화재를 운영하는 영화인 역시 가장 훌륭한 문화인이어야 한다. 그러나 현재의 조선영화계를 살펴볼 때 독단적 자기 표준성밖에 눈에 띄는 것은 없다. 조선영화가 필요하냐 필요치 않으냐 하는 문제는 지금 새삼스러이 논할 필요가 없다. 조선영화의 절대의 필요를 느꼈으므로 총독부 당국에서는 '조선영화령'을 공포시킨 것이다. 그러면 지금 조선영화계에 중대한 문제는 조선영화를 어떻게 만들 것인가가 큰 문제인 동시에 누가 만들까가 더 큰 문제다.

이 누가 만들까의 문제에 있어서는 제작자와 예술가를 합쳐 말한 것은 물론인데, 제작자에 대해서 먼저 말해보자. 조선에 영화제작자가 누구냐 하면 한 사람도 없다. 그런데도 불구하고 영화제작소라는 것은 10개나 된다. 물론 대부분이 간판만인 것도 사실이다.

아주 초보적인 말이지만 영화제작소라는 것은 영화를 제작해내는 곳일 것이다. 엔사이클로피디아[18]를 뒤져보더라도 이 말은 틀리지 않을 것이다. 그러면 아주 적게 잡고 1년에 한 제작소에서 한개의 작품밖에 못 제작해낸다 하더라도 10사면 10개의 작품은 세상에 나와야 한다. 그런데 금년에 들어서서 금년도의 작품으로는 한개의 작품도 제작, 봉절된 것이 없다. 그래도 영화제작소라는 것은 10개나 있다. 식당에 음식물이 없는 식당은 있을 수 없다. 식당 간판만 붙여놓고 손이 올 적마다 밥이 없소, 국수가 없소 한다면 이것은 시장한[19] 사람에게 죄를 끼치는 것이다. 영화가 국가의 위대한 문화재의 하나라면, 영화제작소의 간판만 갖고 영화를 제작해내지 않는다면, 이는 곧 국가에 대해서 '■■수형手形[20]'을 떼는 것과 마찬가지다. 이 불량 진출인振出人[21]은 국가의 문화재를 좀먹게 하는 것은 물론이다.

더구나 근대 전쟁의 선구가 되는 것이 두말할 것 없이 문화전戰이라면, 차대次代 전쟁의 처리도 역시 문화공작에 있는 것이다. 독일이 불란서와 영국을 이간시킬 적에 불란서의 수호신인 잔 다르끄를 영화화해 보냈고, 낙위諾威[22] 전격전電擊戰을 앞두고 〈폴란드 18일 전쟁〉의 뉴스영화를 낙위에 보냈고, 독소獨蘇 전쟁에 앞서 〈승리의 역사〉를 소련에 보내어 전율을 시켰다.

근대 전쟁이라는 것이 문화전에서 시작하여 문화공작으로 처리가 된다면, 영화의 중대성에 새삼스러이 놀라지 않을 수 없다. 조선영화가 근대 문화전에 끼어 대동아공영권 건설에 어깨를 디밀지 못하고 있는 것은 사실이지만(이 점에서는 내지영화도 그렇다), 총후 국민의 건전오락으로 가장 지도적 입장에서 활발히 활동해야 할 조선영화가 오늘과 같이 위축현상에 있는 것은, 두말할 것 없이 제작자들의, 영화의 시대적 인식의 결여에 있다고밖에 볼 수 없다. 1회 10.07

---

17 프랑스령 인도차이나.
18 encyclopedia. 백과사전.
19 원문은 "凘腸 한".
20 어음.
21 어음이나 환(換) 등을 발행하는 사람.
22 노르웨이.

10사의 합동문제

과거의 조선영화계에 이렇다 할 공적도 없고, 현재의 영화제작소의 기구로서도 간판만의 영화사도 장래에 있어서도 활동 능력(인격, 경제력)이 없는 대부분의 제작소가 합동한다는 문제에 있어서, 오인吾人은 그전부터 문제로 삼지 않았다. 또한 요즈음 와서도 여기에 10개의 영화제작소라는 것의 대부분이 구舊 체제의 것으로서, 한개의 영화를 제작하는 데 이름을 내붙인 개인 프로덕션에 불과한 제작소가 합동을 해서 그 결과가 어떻게 될 것인가는 구안具眼의 사士[23]면 누구나 명확한 규정을 내릴 수 있을 것이다.

가령 지금 200만원의 회사를 만든다 하고, 제1차로 한 제작소에서 10만원씩 불입하여 100만원의 자금을 만든다 하더라도, 현금 10만원을 일시에 불입할 제작소는 한두군데밖에 되지 않을 것을 여기에 단언할 수 있다. 그들의 대부분은 영화제작에도 부적당하지만 경제력으로도 무능력하다. 그들의 눈에 보이는 야심은, 합동회사가 되면 무슨 이권利權이나 돌아오고 하다못해 간판 값이라도 받을 줄 알지만, 이것은 천만의 말이다. 한시라도 빨리 자기의 무능력을 깨닫고, 자기의 손으로 간판을 떼고 영화계에서 사라지지 않는 한, 그네들 오명은 더 커질 뿐이다.

조선영화계는 과거의 소위 영화제작자라는 사람을 단연 필요치 않는다. 임전체제하의 조선영화는 과거의 무교양하고 무능력한 제작자라는 사람의 손에서 제작되지 않는다. 다윈Charles Darwin의 말을 빌지 않더라도 인간의 특장은 '머리'에 있다. 머리가 없는 인간처럼 비참한 인간은 없을 것이다. 조선의 소위 영화제작자는 '머리'가 없었다. 따라서 좋은 영화는 나오지도 못했고 만들려고 생각지도 않았을 것이다. 이러한 그들에게 앞으로 조선영화가 살아나갈 수 있다면 그것은 거짓말이다.

내가 총독부 당국에 바라는 바는, 조선영화계는 합동이 문제가 아니라 '조선영화령'을 준열히 시행하여 통제해나가는 데 있다고[24] 본다. 유명무실의 간판만의 것은 전부 해산시켜버리고, 과거와 현재의 업적과 장래성을 참조한 다음 건전한 회사에 한해 한군데고 두군데고 인정해주는 데 있다고 본다. 그와 동시에 당국에서는 배급통제회사를 빨리 설립시켜야 할 것이다.

필름 배급 때문에 꼭 한 회사를 만들어놔야 한다면, 최소한도의 필름 배당량을 당국자로서 업자에게 보증을 해주어야 할 것이며, 사실에 있어 양이 적고 많고 간에 극영화와 문화영화와 뉴스영화가 구분되어 제작되고 있었으니, 우선 제1차 통제로 극영화를 제작하던 사람들은 극영화 제작 전문만의 회사를 만들게 하고 문화영화, 뉴스영화 역시 그렇게 하는 것이 제일 타당하다고 생각한다. 아무것도 없이 뿔뿔이 헤졌던 것을 한 회사 손에 집어넣는 것보다(이것은 절대로 불가능하다), 우선 가능한 범위 안에서 통제를 하여 3자를 분립시키는 것이 영화제작의 능률상으로나 질적 향상으로나 제일 좋은 방책이라고 할 수 있다. 조선통치에 있어 언제나 말하는 '조선의 특수성'은 내지의 기구 완비한 영화회사와의 합병과 같이 생각해서는 안 된다. 조선영화계에 있어서도 조선의 특수성을 잘 참조해서, 과거 10여년 동안 조선영화계에서 활동한 대부분의 영화인들의 의견으로 보아서도 합동회사의 출산은 절망이니, 극, 문화, 뉴스 3자 병립의 인정認定회사를 해주기를 간절히 바란다.

현대의 영화 생산은 당국의 절대의 지도성이 있어야 하며, 이 지도성을 받아가지고 창조적 머리에서 고매한 영화예술을 만들어내는 정말 '제작자'를 조선영화계에서 찾아내는 것은, 이러한 제도 아래서 영화가 생산되는 데 따라 출현할 것을 확신하는 바이다. 국민 개로皆勞25에 총동원인 이때에, 한시바삐 조선영화계를 통제·안정시켜 업자나 예술가나 일로一路 국책 전

23 　안목과 식견을 갖춘 선비(具眼之士).
24 　원문에는 첫 글자가 지워져 있으나, 문맥상 '있다고'로 생각된다.
25 　한 사람도 빠짐없이 다 일함.

사로서 임전체제하의 영화가 힘 있는 출발을 하기에, 당국자는 최선최대의 노력을 하기를 거듭 바란다. 이러함으로써 '조선영화령' 시행 1년간 유예기간의 진의眞意가 있다고 볼 수 있다. 2회 10.08

영화와 예술가

조선영화계에서 누구나 말하는 것은 제작자가 없었다, 결국 조선영화가 좋고 나쁘고 간에 영화예술가 자신이 만들어왔다고 한다. 돈을 구해 와도 예술가 자신이 구해 오고, 영화를 만들고 그것을 파는 데도 예술가 자신이 했다. 사실 그러하다. 그러하므로 오늘의 조선영화계는 빈약한 것이다. 그러면 우리가 과거는 그냥 뒤집어두고 앞으로 조선영화계라는 것을 생각해보자.

지금부터 조선영화를 제작해나가는 데 오늘까지의 영화예술가가 전부 필요하냐, 안 하냐 하는 문제를 우리들 자신이 생각해볼 필요가 있다. 앞으로 통제회사가 1개가 될지, 인정認定회사가 2,3개가 될지, 그것은 지금 예측할 수 없지만, 하여튼 필름의 배당량이 적고 조선영화도 새로운 출발을 해야 할 것이므로 오늘까지의 영화예술가 전부가 일할 수 있다고는 생각할 수 없다. 영화예술가들 자신의 말과 같이 제작비를 구하고, 제작하고, 선전하고, 배급·판매까지 하였다면, 순전히 영화 제작하는 데 과연 현재 영화예술가 전부가 적소적재適所適材라고는 생각할 수 없다. 감독은 연출에 전심해야 하고 배우, 카메라맨 역시 자기가 맡은 예술적 분야에 전력하는 것이 매, 다른 데 그 사람이 장점이 있을 때 그 길로 가는 것이 좋다고 생각한다.

당국자의 말이, 필름이 적어지고 회사가 된다 해도 몇 사람의 종업원밖에 수용할 수 없으니, 이때에 전업轉業하는 것이 좋을 것이라는 의향으로 말을 했는데, 그렇지 않다 하더라도 조선영화인 전부가 오늘날 한번 자기 자신을 살펴볼[26] 필요가 있다고 본다. 자기를 아는 것은 누구보다도 자기 자신일 것이다. 따라서 자기 자신의 교양이나 지식이나 기술 정도는 자기 자신이 한번 거울에 비춰봐야 한다. 10여년 동안 영화에 발을 들여놓았다가 별안간 다른 데로 발을 옮겨놓을 수도 없겠지만, 때가 때니만큼 숨김없이 자기 자신을 반성할 시기라고 본다. 등록된 영화인 전부가 어느 회사고 간에 전부 취직이 될 줄 알아서는 망상이다. 신설되는 회사나 기성 회사고 간에 자선사업단체가 아닌 이상, 전부의 등록된 영화인의 취직을 보장할 수는 없는 것이다. 영화인의 독단적 자기표준성을 버릴 때가 왔다.

그러는 한편 나는 조선영화계에 신인의 등장을 갈망해 마지않는다. 물론 등록된 영화인[27] 중에도 신인이 많으나, 앞으로도 조선영화계를 두 어깨에 지고 나갈 신인들이 자꾸 나오지 않으면 조선영화의 구각舊殼[28]은 벗어질 수 없다. 오늘부터의 조선영화는 신인이고 기성이고 간에 하여튼 '훌륭한 예술가'가 정말 나오지 않으면 안 된다.

영화인 자신은 누구보다는 영화를 잘 안다고 생각하겠지만, 영화가 돼서 세상에 나온 후에 국가적·사회적으로 유익하고, 또는 일반 대중이 보고나서 유익하고 그 예술을 이해할 수 있고 재미있게 보지 않는다면, 영화이론이나 메커니즘은 더 알지 몰라도, 직접 영화를 보는 사람은 대중이니까 그 영화인은 '영화를 보는 대중'을 볼 줄 몰랐다고 할 수 있다. 조선작품은 이런 것이 많았다. 그러므로 조선영화인은 다시 한번 자기를 살펴볼 필요가 있다는 것이다.

앞으로 영화가 아무 제한 없이 풍성풍성하게 제작될 수 있을 날이 있다면 별문제이지만, 현재는 필름 한척이 전지戰地의 탄환 한개보다 더 중요하니, 조선영화의 근본문제는 조선영화인의 예술가적 천품과 교양·지식·기

---

26 원문은 "살려볼"이나 맥락상 '살펴볼'의 오식으로 생각된다.
27 원문은 "영화".
28 낡은 껍질이라는 뜻으로, 시대에 맞지 않는 옛 제도나 관습 따위를 이르는 말.

술 등, 독단적인 자기표준성을 버리고 여태까지 대부분의 영화인이 대중심리학에 무학無學한 점을 깨닫고, 조선영화가 시장에서 봉절될 때 그 영화를 제작한 영화인보다 그것을 보고 있는 대중 가운데 더 영화를 잘 아는 사람이 너무나 많았다는 것을 깊이 깨달아야 한다. 이러한 정신과 새로운 출발점을 갖지 않고는 조선영화는 만들어도 소용이 없을 것이다. 3회 10.09 [29]

4 　대동아전과 영화인의 임무　　안석영[30]

「매일신보」 / 1941.12.18-20

12월 8일[31]. 우리가 영원히 잊을 수 없는 이날, 황군의 미영米英과의 개전開戰은 제국이 동아의 해방을 위함이니, 대對 미영 서전緖戰[32]의 찬연한 전과戰果는 이미 필승의 신념을 굳게 한 바이나, 여기에는 이 결전체제하에 있어서 국민으로서 마땅히[33] 거듭 깨달음이 있어야 할 것이다. 이곳에 더욱이 문화인들의 사명이 생각되고, 이 문화인들의 굳센 결의가 있지 않으면 안 되리라 생각한다.

그것은 더욱이 외래 문화에 젖어온 사람들로서 과거에 일반의 생활에 적으나 크나 그릇된 영향을 주었다고 볼 수 있음에, 여기에 문화인들의 큰 반성이 있어야만 한다고 생각한다. 더구나 영화에 있어서 저 양키 영화가 풍미했을 때 일반의 일상생활, 더 나아가서는 그 정신생활에 얼마나한 해독이 있었는가 생각하지 않으면 안 되겠고, 이것이 곧 양키의 침략수단의 하나라는 것을 깨달았어야 할 것이다. 과거 반도영화가 그 수효는 적다 하더라도 이 양키이즘의 감염이 무시할 수 없는 바 많았고, 이 결과는 대중의 생활을 교란시킨 바가 적지 않았다고 본다. 여기서 영화인들의 과오를 깊이 깨닫지 않으면 안 되리라고 생각한다.

오늘날의 예술의 정화淨化라는 것은 자의自義(대의大意의)로 돌아오는 데 있다. 이 예술뿐 아니라 반도인 전체가 자의를 깨닫지 못했던 때가 있었던 것이다. 이 자의라는 것은 곧 황국신민이 되는 것이요, 이 황국신민이 되는 때는 일본정신으로 돌아가는 데 있다. 자기들은 이미 일본국민이면서 일본국민이 가져서는 안 될 외래 문화에 침윤되었던 것이다.

문화라는 것은 스스로 생기는 것이요, 이식移植할 수는 없는 것임에 우리는 그만큼 아까운 세월을 허비했다는 말이다. 더구나 이 대동아전을 계기로 하여 반도의 2천4백만 민중과 더 한층 황국신민답게 되고, 이러는 데는 나私를 버리고 폐하34의 적자赤子35로서 조국을 위하여 생명까지 바치기를 우러러 맹세하였다.

그러면 여기서 우리 영화인들도 거듭 생각지 않으면 안 될 일이 있다. 영화인들도 영화 정신부대挺身部隊가 되자는 말이다. 이것이 오늘의 영화인의 나아갈 길이요, 여기서 이 시국에 처한 영화인의 임무라 생각한다. 그것은 금일의 전쟁에서 영화의 사명이 큰 까닭이요, 영화는 다른 예술보다도 더욱더 정치를 떠날 수 없는 것이기 때문이다.

포탄만 무기가 아니다. 선전宣傳 역시 무기라 하면, 글과 말보다도 영화의 진실성 또는 그 박력은 정확한 보도報道와 민중을 지도하는 데 큰 추진력이 될 수 있는 것이다. 이것은 오늘의 영화에서 확실히 인식된 바로, 여기

---

29 원문에는 '4회'라고 되어 있으나 오식이다.
30 이 글은 안석영의 창씨명인 야스다 사까에(安田榮)라는 이름으로 발표되었다. 원문에 '조선영화인협회 상임이사'로 소개되고 있다.
31 일본이 진주만과 필리핀·말레이반도를 공격한 날짜.
32 전쟁의 발단이 되는 전투.
33 원문에는 "맛국히"로 되어 있으나, 문맥상 '마땅히'의 오식으로 보인다.
34 일본 천황.
35 임금이 '갓난아이(赤子)'처럼 여겨 사랑한다는 의미에서, '백성'을 이름.

에 영화의 사명이 크다.

그러나 이 영화를 가지고 대동아공영권과 세계 신질서를 위한 성전聖戰의 큰 무기가 될 수 있게 하려면, 먼저 그 영화에 종사하는 자의 정신이, 그 육체가 전시국가의 이념하에서 출발해야 한다. 우리는 아세아亞細亞의 해방을 위해서, 황인종의 미래의 안녕을 위해서 싸운다는 이념도 있어야 하지만, 이 이념 위에는 국민을 사랑하옵시고 인류를 사랑하옵시는 폐하의 대어심大御心이 계심에, 이 대어심 밑에서 자기의 맘과 몸을 모두 바치는 그 정신이다. 그래서 우리가 이번 성전에 영화 정신부대가 되어야 할 것이다. 상 12.18

특히 반도영화의 임무는 반도민民으로 하여금 황국신민으로서의 계몽에도 있으려니와, 이 결전체제에 있어서 반도민으로서 이 사명을 다할 수 있게 하는 데 그 존재의 의의가 있으리라 생각한다. 여기서 영화에 부여된 역할이 큰 것이니, 이 영화가 그들에게 지도적인 힘도 될 수 있는 것이므로, 각성한 2천4백만의 새로운 황국신민들로 하여금 이 성전의 전선前線으로 돌진시켜야 될 줄로 안다. 이래 2천4백만이 모두가 충성된 국민으로 대동아건설에 이바지함이 커야 할 것이다.

우선 경성에서의 서전緖戰 대전첩大戰捷36 축하기旗 행렬에, 적설積雪이 내리는 데도 수십만 군중이 장사진이 돼서 환호하는 이 광경이 벌써 우리의 손으로 영화화되어 내지와 반도의 방방곡곡이 그 감격할 날에 촬영한 영화를 가져야만 할 것이었고, 헌금하는 사람들, 임전보국단臨戰報國團의 '타도打倒 인류의 적 미영米英' 연설로 사자후獅子吼37하는 역사적인 광경, 반도 문인들이 궐기하여 서재에서 연단演壇으로 뛰어올라 애국문학운동을 고취하는 광경, 조선신궁에 참배하여 대승전大勝戰을 기원하는 거룩한 광경이, 애국심의 발현이 영화화되어 내지와 반도, 도시와 촌락으로 상응상호

相應相呼하여 애국심의 앙양을 더욱 드높게도 할 수 있는 것이라 생각한다.

이것은 오늘부터라도 늦지 않다고 생각한다. 그러나 이런 국가적인 대사가 영화화될 때, 과거의 영화를 제작할 때와 같은 그 영리적인 두뇌를 떠나야만 될 것이니 —다른 일에도 그렇겠지만— 다만 국가에 봉사하는 것이라는 신념만이 필요한 것이요, 거기에 이 시대에서 영화를 통하여 오는 그 촉감이 빨라야 할 것이므로, 그것이 민중을 지도할 능력을 가질 수 있는 것이다.

여기에 국가에서 영화의 필요를 느낄 것이라 생각한다. 더구나 전시戰時에 있어서랴. 영화계 인사들은 이제까지의 그 낡은 생각, 그 소심小心을 버리고 영화인 전체를 들어 이 비상시非常時 국가를 위해 총동원하도록 하지 않으면 안 되리라 생각한다. 이러는 데는 그들의 손에 촬영기를 들려주고, 그들의 손에 촬영대본을 들려주어야 할 것이다.

지난 12일 기旗행렬에서 우리들이 회관으로 돌아왔을 때, 촬영기사 모 군이 옷과 모자의 백설白雪을 털려고도 않고 눈 내리는 창밖을 우두커니 서서 내다보고 한 말이 있다.

이런 날, 이런 날, 아이모(소형수제촬영기)[38]라도 내 손에 들려주었더면······

그가 획 돌아섰을 때 이미 그의 눈에는 (오늘의 감격과 자기가 임무를 다하지 못하는 데서 나온 것일 게다) 눈물이 서려 있음을 보았다. 이미[39] 그 촬영기사의

---

36   대전승(大戰勝). 전쟁에서 크게 승리함.
37   크게 부르짖어 열변을 토함.
38   Eymo. 미국의 벨앤하웰(Bell & Howell)사가 제조한 35mm 필름용 카메라. 1925년에 발매되어 1955년 전후까지 뉴스영화 촬영용으로 많이 활용되었다.
39   원문에는 "일이"이나 오기로 보인다.

혼은 지금 이 성전의 병사의 혼을 가졌던 것이다 느꼈다. 항상 침묵하던 이 한 사람의 촬영기사가 지금 그 행렬에서 열광하고 돌아와서 다만 한마디의 애국심에서 일어난 그 독백을 여기에 전달하는 것은, 이 촬영기사를 통해 영화인의 자각을 말하려 함이다. 이 촬영기사의 오늘의 시야는 한껏 넓어졌을 것이다. 그의 카메라의 의욕은 아세아의 넓은 광야와 태평양의 넓은 바다를 달음질했을는지 모른다.

영화인이 일어날 때는 이때다. 제국의 정의를 위한 이 성전의 영원한 승리를 위해서 다함께 일어나야만 될 것이다. 그리고 다만 돌진이 있을 뿐이라 생각한다. 영화는 지금 더욱 필요하다. 이번의 전쟁은 사상전思想戰이랄 수도 있으므로 국내의 사상통일에도 필요하다. 영화인의 임무는 더욱 크다.

(완) 하 12.20

5   조선영화론   임화

『매일신보』 / 1942.06.28-30

조선영화는 어떻게 되는 것인가? 하는 물음은 조선영화는 어디로 가느냐 하는 물음보다도 한층 더 복잡한 사태로부터 생겨나는 것이다. 어디로 가느냐 하는 것은 동태의 문제다. 그러나 어떻게 되느냐 하는 것은 존재의 문제다.

당연히 존재의 문제라는 것은 동태의 문제에 선행한다. 동태라는 것은 존재의 방법이기 때문이다. 따라서 어디로 가느냐 하는 물음은 어떻게 되느냐 하는 문제가 이미 자명自明[40]의 사실로 전제되고 성립하는 것이다. 그러므로 어떻게 되느냐 하는 물음은 곧 존재의 확실성 여부에 관한 물음이다. 다시 돌이켜서 조선영화는 어떻게 되느냐 하는 물음에 해답을 생각해보는 데서 먼저 필요한 일이 있다. 그것은 이 물음이 유래하는 곳에 대한 일 고一考다. 우리가 먼저 극히 추상으로 생각한 것처럼 조선영화는 어떻게 되 느냐 하는 물음이, 조선영화의 존재 그 자체에 대한 어떤 상념에서 출발한 것이 아님은 미리 알아둘 필요가 있다. 조선영화는 어떻게 되느냐 하는 물 음은 하나의 독립한 명제로서보다도, 오히려 작금昨今의 조선영화를 싸고 도는 분위기의 반영이라고 봄이 솔직하기 때문이다. 이 분위기라는 것은 물론 꽤 장시일에 걸친 침체 가운데서 발효된[41] 것이다. 공기의 유통이 나 빴던 때문이다. 어째 공기의 유통이 나빴느냐? 그것은 물론 작년 이래 제작 이 극히 불활발했던 데 대부분의 원인이 있다. 그러나 이런 침체기는 초기 는 물론[42] 토키화한 이후에도 2,3차는 있었다. 그 당시에도 사람들의 머리 에 어떻게 되느냐 하는 생각이 떠오르지는 않았던 듯싶다. 하면 어째 작년 이후 불과 년여年餘에 지나지 못하는 침체 가운데서 이런 물음이 떠오를 분 위기가 만들어졌는가? 여기에 작금년간昨今年間의 침체가 거니고 있는 독 특한 무엇이 예상되는 것이다.

　나는 거년去年[43]에 어느 영화를 이야기하는 문장[44] 결미에 이런 말을 했 던 일이 있다. 즉 조선영화의 장래라는 것은 우선 예술적 신新경지의 개척 과, 다음으로는 기업화에의 길을 아울러 잘 뚫고 나가느냐 못 나가느냐 하 는 데 걸려 있다고 ─. 이것은 물론 지극히 평범한 관찰이어서 조금도 묘방 이 아님은, 종래 조선영화의 침체가 늘 이 두가지 요인에 있었던 것으로 봐 도 명백하다. 그러나 내가 그 문장에서 이야기하고자 한 것은 결코 과거의

40　원문에는 "백명(白明)"으로 되어 있으나 오식으로 보인다.
41　원문에는 "효(酵)된".
42　원문에는 "못지 아니한다 하드래도".
43　지난해.
44　「조선영화발달소사」(1941). 이 책의 14장에 수록되어 있다.

침체의 해명이 아니고, 이로부터 다시 침체기가 온다면 역시 이 두가지 요인의 미해결과 상호 모순에 있을 것이라는 의미로 말한 것이요, 또 중요한 것은 그 문장을 이런 성질의 침체가 어느정도로 벌써 도래하고 있음을 예감하면서 초草했었다. 그 문장은 최인규 씨의 〈집 없는 천사〉와 전창근 씨의 〈복지만리〉의 봉절을 본 직후에 초한 것이었다. 이미 상당한 시기를 경과한 때요, 그 뒤에 제반 정세는 놀라울 만큼 변했다.

그럼에도 불구하고 조선영화 현하의 침체는 그때 오인吾人이 예기하던 그것의 도래 같고, 또한 그 내용은 의연히 상기上記한 두가지 요인이 의연히 근본적인 것같이 생각된다. 그러나 현하의 침체의 문제는 단순히 종래의 침체기가 주기적으로 재도再到한 데 있지 않고, 그것이 실로 극한대로 확대재생산된 곳에 있는 것이다. 상 06.28

듣는 이는 누구나 이런 관찰이 심히 피상적이요, 국외자局外者가 만들어낸 탁상관卓上觀이라고 생각할 수 있다. 그것은 당연한 일이라고 나는 생각한다. 왜 그러냐 하면 주지하듯 작금간에 조선영화의 부진이라는 것은, 이런 추상적인 원인 때문이라기보다 더 구체적인 여러가지 이유에 의하는 것이기 때문이다.

첫째, 자재資材의 입수난入手難이 모든 제약 중의 최대의 것이다. 좋은 작품을 만들려는 적지 않은 계획, 더구나 시국하의 긴박한 요구에 즉좌卽座하려는 국민적 영화의 제작 계획 자리가, 여러차례 어쩔 수 없는 자재난 때문에 유산된 것을 나는 안다. 예술자 측으로 생각한다면 또 회사의 무력無力, 혹은 프로듀서들의 활동이 만족할 정도에 이르지 못했다는 데 또 책임을 돌릴 수도 있는 것이요, 보다 더 중요한 것은 영화계의 대합동大合同문제다. 연내로 소규모 분산分散의 불편과 불리를 통감한 데서 일어난 합동운동이, 아연我然45 작하昨夏 동경東京에서 발표되어 즉시 실행에 옮긴 영화신체제

운동에 충격을 받고 조선에 있어 신체제에 의한 영화계 재편성운동으로 재출발한 것이, 그간 약 1년을 소비하여 영화계나 상하上下를 총거總擧하여 열중했던 합동문제다. 주지하듯 이 문제는 최초 10개 민간 영화회사의 자발적 운동에서 출발하여, 그 뒤 당국의 방침에 따라 불원간 실현의 경지에 이르렀으니 여기에 다시 더 언급할 필요가 없으나, 이것조차 작금간의 조선영화가 침체된 근본원인이라고도 생각할 수 없는 것이다.

물론 이 운동은 국가의 근본적인 문화정책에 즉응하여 일으킨 것이요, 당국의 영화 국책을 실천하는 구체적인 형태를 만들어내는 일이기 때문에, 제작자는 물론 영화인협회 그 타他의 예술가들도 실천적으로 또는 심리적으로 이 진보에 세력을 기울여 여념이 없었던 것은 사실이다. 또한 제작자나 예술가를 물론하고 거의 대부분이 모든 계획이나 안案을 일절 신회사가 되는 날로 미루어온 데, 표면적인 부진과 침체가 나타난 것도 그 일면의 틀림없는 사실이다.

그러나 문제는 먼저도 이야기한 것처럼 〈집 없는 천사〉와 〈복지만리〉가 봉절되던 전부터 신체제 합동운동이 일어나기 전까지도 벌써 조선영화계는 명백히 어떤 용이하지 않은 불활발기에 들어선 것이 사실이요, 또 전기前記한 자재와 합동문제가 일어나지 않았다 하더라도, 종래대로 조선영화는 제작되어서 안 되고 또 되기도 어려웠던 내부의 원인이 잠복해 있었다.

그것은 먼저도 여러차례 말한 두가지 조건의 극한대의 확대재생산인데, 이것을 고쳐 말하자면 이번의 침체란 것은 종래의 침체가 자꾸만 두가지 모순이 주기적으로 표현된 데 불과한 대신, 이번엔 근본적으로 이것을 해결하지 않고는 도저히 부진상태는 개선될 가능이 없는 그러한[46] 사태다. 그

45   급작스러운 모양.
46   원문에는 "그러나"로 되어 있으나 오식으로 보인다.

것을 단적으로 표현하는 사실은 〈집 없는 천사〉의 내용과 그것이 동경 봉절을 통해 환기한 여러가지 물의요, 조선군이 제작한 〈그대와 나君と僕〉[47]의 문제다. 〈집 없는 천사〉에 대한 동경 방면의 물의 속에는, 이로부터의 조선영화가 예술적으로 발전해나가는 데 해결해야 할 과제의 거의 전부라고 해도 좋을 만큼 제시되어 있었고, 〈그대와 나〉의 발표는 군軍이 영화에 대해 품고 있는 견해가 간단히 표현되어 있으며, 동시에 〈집 없는 천사〉를 중심으로 한 물의 가운데서 문제된 몇가지 점에 대한 현대적인 해결 방법이 선명히 나타나 있었다. 분명히 이 두가지 사실은 신중히 강구할 문제였고 그 경험을 통해 시국하에 있어 조선영화의 예술적 성격이라는 것, 바꿔 말하면 현하 조선에 있어[48] 제작될 국민적 영화라는 데 대한 윤곽을 그려볼 수가 있었을 것이다.

내부적인 문제가 가장 '래디컬'하게 제기되고, 거기에 대한 성실한 고려가 요구될 때 합동문제가 타오른 것이다. 이것은 우연한 시기의 일치가 아니라, 조선영화의 예술적 재출발의 문제라는 것이 뜻밖에 기업화의 문제와 결부되어 있음을 의미하는 것인 동시에, 기업화의 문제라는 것이 또한 단순한 자본의 문제가 아니라[49] 조선영화의 예술적 진로의 문제와 불가분의 일체인 것을 증명하는 사실이다. 다른 예술은 모르거니와 국민적인 영화라는 것은 이런 형태로밖에는 생산될 수 없다는 사실이, 개별적으로 일어난 여러가지의 사건을 통해 복잡한 형태로 표현된 것이다. 고쳐 말하면 영화제작에 필요한 모든 조건이 갱신되어야만 할 환경 가운데서 조선영화는 요람기를 맞이한 것이다. 그러한 의미에서 작금간에 조선영화를 둘러싸고 이런 외부적인 충격은 조선영화의 전환을 촉진하는 힘이었던 것이다.

눈을 돌이켜 내지영화계의 신체제로의 재편성을 보면, 거기에도 물론 세세한 여러가지 곡절이 있었으나, 정부의 안이 발표되고 그 안을 가지고 업자와 예술가 측이 아울러 토의하고 다시 의견을 상신上申[50]하고 또 절충되고 하여, 불과 7,8개월에 전혀 새로운 질서 가운데 모든 일이 정연히 운행되고 있다. 거기에는 우리 조선영화에서 모든 그것으로 말미암아 온다는 부진과 침체는 있지 않았다. 이것은 내지영화가 스스로 이 과도기를 타개해 나아간 경우의 좋은 표본이

〈그대와 나〉의 한 장면
'내선일체'의 이미지를 강조하기 위해
조선인 여배우 김소영(왼쪽)과 일본인 여배우 아사기리
쿄오꼬(오른쪽)의 이미지를 대칭적으로 배치했다.

다. 거기에선 모든 것이 미리 예상되고, 또 박두한 일은 숙고하여 처리되고, 종래의 예나 외국의 경험이 잘 살아서[51] 소용이 되었다. 이리하여 제작 자체의 지장을 가져오지 않고 이 대전환은 수행된 것이다.

그러나 조선영화의 경우에는, 유감이나마 이런 방법으로 이 전환기를 넘어설 여러가지 준비 중 얼마만큼도 갖추어지지 않은 채 간두竿頭[52]에 나온 것이다. 〈집 없는 천사〉를 중심으로 한 물의나 〈그대와 나〉의 발표를 통해 학득學得한 많은 교훈도 살아오는 것 같지 않았고, 내지영화계나 혹은 조선의 다른 산업 방면 혹은 가까운 흥행 방면의 경험도 제작자 가운데서 섭취되어 살아지는 것 같지 않았다.

---

47 원문에는 "〈君と僕〉"로 되어 있으나, 한국영상자료원에 등록된 제목인 '〈그대와 나〉'로 옮겼다.
48 원문에는 "업섯"으로 되어 있으나 오식으로 보인다.
49 원문에는 "아니다"로 되어 있으나 오식으로 보인다.
50 윗사람이나 관청 등에 일에 대한 의견이나 사정 따위를 말이나 글로 보고함.
51 원문은 "시아서".
52 몹시 어렵고 위태로운 지경.

그러나 이런 여러가지의 경험이 하나도 섭취되고 있지 않다고 생각하지는 또한 않는다. 사실 어느정도까지 이 새로운 경험을 토대로 하여 조선영화의 재출발을 꾀해나가는, 제법 생기 있는 태동 그 가운데는 있었기 때문이기도 하거니와, 문제는 이런 경험에 섭취되어 살아날 방법이 분명치 않았다는 데 있다. 섭취된 교훈을 살리기에는 조선영화란 솔직히 말해 너무 무력했다. 그것을 살릴 역량이 일었다면 이 중대한 의미를 갖는 전환기에 부진과 침체로 일삼을 리는 만무한 것이다. 중 06.29

그렇다고 이런 책임이 어느 한 사람이나 두 사람에게 돌아갈 성질의 것도 아니요, 어느 특수한 방면의 인사人士가 전담해야 할 것도 아니다. 책임이 있다면 누구에게나 있고 없다면 아무에게도 없는 게 이 책임이다. 이 사태란 조선영화와 영화계의 존재 그대로의 솔직한 반영이요, 여태까지의 영화사의 자연스런 결과이기 때문이다.

결국 여러가지 억지와 무리 가운데서 근근이 생명을 보전해온 양으로, 또한 모든 빈약과 무력을 가지고 어느덧 전환기에 들어서버린 것이다. 과거의 억지와 무리, 현금의 고허古虛와 무력, 이런 것이 내지영화계와 같이 질서 정연히 재편성을 완료하지 못하고 조선영화계를 부진과 침체 가운데서 허덕이게 만든 것이다. 그러나 먼저도 말한 것처럼 이것은 조금도 비난의 대상이 되지는 않는다. 왜 그러냐 하면 건장한 사람의 살아가는 생리가 있듯 병약한 사람의 살아가는 생리가 또한 스스로 고유하기 때문이다. 뿐만 아니라 왕왕 병약한 사람은 건장한 사람도 살 수 없는 조건 가운데서 배겨나는 예가 있다. 건장한 사람일 것 같으면 유동식이流動食餌에 소화제를 얹어 먹고는 배겨나는 재주가 없으나, 병인에게 있어 그것은 지극히 적당한 생활방법이 되어 있는 것은 흥미 있는 일이다.

요컨대 조선영화가 건장한 사람도 배겨내기 어려운 몸으로 오늘날에 이

르렀다는 것은 장하다 할 수 있다. 그러나 이런 말 가운데는 다분히 자위自
慰의 의미가 들어 있음을 부정할 수가 없다.[53] 왜 그러냐 하면 병약한 사람
이란 건장하게 됨으로써, 비로소 병약한 중의 생활이란 현실적으로 가치일
수 있기 때문이다. 불완전한 생활이란 이런 완전화의 과정을 통과함으로써
비로소 자기를 단련시킨 시련의 과정으로서의 의미를 갖기 때문이다. 여설
餘說이 길어진 것 같으나, 결국은 조선영화가 어떻게 되느냐 하는 문제는
이 전환기를 훌륭히 지나감으로써 여태까지의 조선영화사를 진실로 가치
있게 만드는 것이다. 그러기 위하여 전환기를 넘는 데 자기 스스로가 해결
해야 할 문제의 소재所在와 그 문제의 성질을 명백히 인식함으로써 비로소
가능한 것이다.

그러기 위해 내가 말하고자 하는 바는, 현하의 부진과 침체에 관한 여러
가지의 구체적인 이유인 듯하면서도 그 실은 비속한 견해로부터 떠나야 한
다는 일점一點이다. 예를 들면 지금이라도 자재資材만 있으면 즉시라도 조
선영화가 흥왕할 것같이 생각하는 견해 같은 것이 그 좋은 예다. 이런 견해
가운데는 조선영화가 어떤 것인가 하는 문제에 대해 잠시도 숙고해보지 않
은 데서 나온 견해다. 사실 자재만 있으면 조선영화가 즉시 흥왕한다고 가
정하더라도, 현재 자재의 융통이라는 것은 기업화의 문제, 즉 신新회사의
문제가 완전히 귀결되지 않으면 곤란한 상태라는 것은 누구나 아는 사실이
요, 또 신회사의 문제라는 것은 조선영화의 예술적 성격의 문제와 불가분
의 문제라는 것은 쉽사리 알 수 있는 것이다. 요컨대 먼저 예술적 재출발의
문제와 기업적인 비약의 문제를 이야기할 때 잠시 언급한 것처럼, 모든 문
제가 하나의 중심을 가운데로 부절히 순환하고 있는 게 현금의 조선영화
의 문제다. 오직 여기에 신회사의 문제가 이 모든 문제의 원심圓心처럼 보

53   원문에는 "있다"로 되어 있으나, 오식으로 보인다.

이는 것은, 예술과 기업이라는 두가지 과제 중 기업화의 문제가 선도先到한 때문이요, 또 현하의 전환의 사실상의 중심이 기업조직의 탄생을 둘러싸고 운행되고 있기 때문이다. 요컨대 신회사의 문제라는 것은 재래류의 대자본의 투하라든가 회사 합동이 아니라, 예술과 기업을 통합한, 말하자면 기업적·예술적인 핵심의 문제로서의 성질을 띠고 있음을 생각할 필요가 있다.

그러므로 신회사의 탄생에서 지금까지의 부진과 침체의 공기는 우선 일소一掃되고, 조선영화는 어떻게 되느냐 하는 물음에 대한 해답뿐만 아니라 조선영화는 어디로 가느냐 하는 동태에 관한 암시조차도 나타나리라고 믿을 수 있다. 이 신회사에 관해서는 필자는 국외자의 일인一人이요, 또 불원간 그 성립과 아울러 상세한 경위가 발표될 것이므로 다언多言을 허비치 않거니와, 조선영화의 예술적 성격의 문제에 관하여는 약간의 용의用意가 필요하리라고 믿는다.

왜 그러냐 하면 신회사의 탄생과 더불어 얻을 것은 이미 정부나 당국의 방침에 명백하고, 또 벌써 여러 예술부문이 그 방향을 걸어온 국민적 예술의 길이란 극히 일반적인 방향이리라고 생각되기 때문이다. 국민적 영화라는 것은 다른 예술이 그러하듯이 이미 만들어진 범주가 아니라 이로부터 만들어나간 세계 가운데서 더욱 생소한 영역일 뿐만 아니라, 특히 특수한 국민적 예술로서의 우수한 조선영화의 문제라는 것은 일층 신중한 문제이기 때문이다. 이것을 고구考究[54]하는 데서만 이 전환은 가치 있는 것이며, 그 책무는 여태까지 조선영화를 위해 심혈을 기울인 모든 사람들의 어깨 위에 있는 것이다. 하 06.30

6　어느 영화인에게 보내는 편지　오영진

(ある映畵人への手紙)

『신시대(新時代)』 제2권 8호 / 1942.08

A씨.

이제까지의 내지內地 (현대) 극영화를 되돌아보니, 대부분 도회를 배경으로 하고 도회인을 등장인물로 하고 있는 점이 발견되어서 새삼 놀라고 있습니다. 물론 그중에는 농촌을 무대로 백성들을 주인공으로 하는 영화도 없지 않지만, 조용히 눈을 감을 때 머리에 떠오르는 그들의 모습은 아무래도 백성은 아닙니다. 아무리 정성 들여 메이크업을 했다고 해도, 배우들이 발하는 체취는 도회인의 그것입니다.

내가 왜 도회를 배경으로 한 영화가 많다는 데 새삼 놀라는가 하면, 실은 최근 저 영화령이 실시된 이래 어쩐지 영화를 보는 사람의 일을 생각하게 되었기 때문입니다. 이제까지 영화를 밥보다 좋아한 나는, 영화를 보는 저 한 사람의 즐거움에만 빠져서, 다른 관객에 대해서는 생각할 틈조차 거의 없었습니다. 친절한 벗이 저 영화는 재미없다고 일부러 충고해주어도, 나는 부지런히 50전을 지불해가며 매주 네다섯번 영화관에 다녔던 것입니다.

이제 이런 사치는 허용되지 않습니다. 연간 수백만 달러의 나랏돈國貨을 등쳐서 가져온 250편의 아메리카 영화는 전부 그림자를 감추었습니다. 예술적인 가치를 세계에 과시했던 구주歐洲 영화도 가문 하늘에 구름을 기다리는 듯한 모양새가 되었습니다. 물론 이러한 상황을 슬퍼하는 것은 아닙니다만.

게다가 제작 편수 상에서 세계 제2위를 점하고 있는 방영화[55]도 각 회사

54　자세히 살펴 연구함.

의 편성 변화와 함께 극영화 연간 72편, 거기에 조선영화의 연간 6편을 더해도 80편, 전에 비하여 6분의 1에 달하지 못하는 꼴입니다.

월간 배급되는 6편의 영화가, 이제 또 배급제의 일원화에 따라 영화문화의 보급을 목적으로 만들어진 사단법인 영화배급사映画配給社[56]의 합리적인 기획에 기반하여, 홍백紅白의 2계통에 의해서 우리의 눈을 즐겁게 해주고 재미를 줍니다. 따라서 아무리 영화를 좋아하는 나 같은 사람이라도 일주일간 최대 두번밖에 영화를 감상할 수 없습니다.

영화를 감상하는 관객인 나에게도 이미 이렇게 한가로운 여유가 생긴 이상, 당연히 그것을 업業으로 하는 귀형貴兄 등은 지금까지는 꿈도 꾸어보지 못한 아주 여유로운 준비기간을 갖게 되었다고 생각합니다. 왜냐하면 지금까지는 9월 첫째 주에 봉절해야 하는 영화의 시나리오를, 다른 일에 쫓겨서 8월 말에야 손을 댄 예가 얼마든지 있었지만(이것은 내지의 예입니다만), 이제부터는 이렇게 무리하는 법은 전연 없겠지요. 프로듀서의 생각 하나로 시나리오 라이터는 1년 전부터라도 시간을 들여 생각을 다듬을 수 있기 때문입니다.

이제, 영화의 관객으로서 지극히 한가해진 나는 생각했습니다. 도대체 영화를 보는 자는 어떤 사람들일까. 그렇게 생각한 순간 눈앞에 떠오르는 것은 명치좌明治座와 성보城寶, 약초극장若草劇場 등의 대극장 주변에서 전찻길까지 십중 이십중으로까지 끊이지 않고 늘어서 있는 기묘한 도회의 '타찐보立ちん坊'[57]의 무리, 하하하, 이것이로구나 생각했습니다. 어쩐지 이제까지 극영화에서 도회를 무대로 한 것이 대부분인 그 비밀의 일단을 파악한 듯한 기분이 듭니다. 그 비밀이란 별게 아닙니다. 우선, 내가 한가한 틈에 조사한 것을 잠깐 살펴봅시다.

쇼오와 16년도1941 말 내무성의 통계에 의하면, 반도의 전 인구에 비하여 영화상설관은 겨우 162관, 즉 14만명당 1관의 비율입니다. 영화 선진국은 말할 것도 없이, 가까이 내지의 그것에 비해서도, 이것은 아무래도 너무한 숫자는 아닙니까. 내지의 영화상설관의 수는 2,451관, 즉 3만명당 1관의 비율이 됩니다.

다시 이것을 동원된 관객의 수에서 보면, 조선의 1개년간 총 입장 연인원은 3천5백만, 즉 연간 1명이 1.5회를 볼까 말까 하는 데 비해, 내지에서는 적어도 연간 1인당 7회는 봅니다. 게다가 조선의 영화관객 중 2할 이상이, 경성이라는 한 도시의 시민에 의해 점유되고 있습니다. 이 숫자는, 그렇다고 해서 경성 시민만이 극도로 영화를 좋아하고, 그 외의 도나 도회 사람들이 영화에 대해 사실은 지극히 냉담하다는 증거는 아닙니다. 경성은 조선 제일의 도시이고, 거기에는 1천명 이상도 수용하는 영화관이 몇개 있으며, 밤낮을 불문하고 끊임없이 영사하고 있기 때문입니다.

경성에만 영화상설관이 17개나 있고, 3회 내지 4회 흥행을 하고 있는데, 충청북도에는 그 도청소재지인 청주에 6백명밖에 수용하지 못하는 소극장이 겨우 한개뿐이라는 사실. 토오꾜오의 시민이 평균 1년에 14회의 영화감상을 하고 있는데, 오끼나와沖繩에 가면 1명이 1년에 기껏해야 1회라고 하는 사실. 이 거짓말 같은 사실에 나는 대단히 흥미를 느꼈습니다. 토오꾜오 인간의 이야기가 오끼나와 인간에게 통하지 않는 것은 반드시 방언 때문만이 아닙니다.

이것으로 점점 범람하는 도회영화의 비밀이 풀릴 것 같습니다. 지금까지의 영리 본위의 영화회사는 자신들의 고객인, 전 인구의 2할을 점한 도시

---

55   국산 영화.

56   원문에는 "사단법인 영화배급회사(映画配給會社)"로 되어 있으나, 정식 명칭은 사단법인 영화배급사이다. 줄여서 영배, 에이하이(映配)라고 부른다. 일본 영화산업의 전시통제에 따라 1942년 2월에 설립된 배급사이다.

57   '타찐보(立ちん坊, たちんぼ)'는 길가에 서 있는 날품팔이꾼을 가리키는 말이지만, 여기서는 문맥상 마냥 길가에 늘어서 순서를 기다리고 있는 사람을 가리킨다.

주민을 위해서만 영화라는 상품을 만들면 되었던 것입니다. 또한 흥행사가 인구 조밀한 도시에 주목하는 것은 다시 말할 필요도 없을 만큼 분명합니다. 왜 영화사업이 도시에 편중하게 되는가 하는 점에 대해서는, 이제까지의 훌륭한 선배에 의한 경제학적, 사회학적인 귀중한 노작이 명쾌하게 답해오고 있습니다.

그 중요한 고객인 전 인구의 2할을 위하여(조선의 도시 인구는 전 반도 인구의 1할입니다) 만들어졌다고 하는 도회영화는 대체 어떤 것이었을까요.

도회란 우리가 중학교의 지리에서 배웠던 대강의 지식으로도, 정치·문화·교통·상업 등등의 중심지라고 되어 있습니다만, 이제까지 소위 도회영화라는 많은 작품 중에서 도회의 성격이라고 했던 것을 파악하고, 이것을 적확하게 표현한 작품이 하나라도 있었습니까. 거기에서 생동하는 인간의 모습을 생생하게 묘출한 작품이 얼마나 있었습니까. 아니, 이러한 어려운 논의는 차치하고, 8할의 인구를 무시하고 만든 수많은 도회영화가 도회 사람들에게 진정 건전한 오락을 제공한 것일까, 유익하기보다 오히려 유해했던 것은 아닐까, 우리는 한번 침착하게 반성해보아야 합니다.

도회의 문명에 직접 접촉하며 생활하고 있지 않은 농촌 청년에게 지금까지 도회영화는 자기도 모르는 사이에 많은 죄를 범해왔다고 생각합니다. 생산지대 청소년의 풍기風氣, 이향離鄕 등의 사회적인 문제와도 크게 관계가 있다고 생각합니다. 도회라는 편리한 땅 위에 펼쳐지는 예쁜 청춘남녀의 휘황한 모습, 대중소설적인 허구의 파란만장, 퇴폐적인 성의 갈등. 그것들을 1년에 14회나 보고 있는 우리 도회인의 마비된 눈에는 어떠한 흥분도 자극도 야기하지 않습니다. 클로즈업된 얼굴이 익숙해서, 단지 그 이유만으로는 별로 추악하게 느끼지 않는 미남 역의 배우와 이 역시 본래 별로 아름답지 않은 미인 여배우가 변함없이 돌지 않는 혀로 대사를 어색하게 읽어갈 뿐. 언제라도 "멍 ―" 하고 있는 영화회사의 공들인 선전 때문에 언제나 얼굴에 근육 하나 움직이지 않고 "멍 — " 하고 있을 수밖에 없게 된 성격배우의 얼빠진 얼굴, 동작을 우리 도회인은 어떠한 자극도 해로움도 입지 않고 흘려보낼 수 있습니다. 그러나 영화를 1년에 한번 볼까 말까 하는 산촌 사람들에게는 그렇지 않습니다.

나는 여기에서 얼토당토않은 도회영화의 해악에 대해 구체적인 예를 드는 것을 피하겠습니다. 왜냐하면 현재는 한개의 영화가 가지는 도덕적인 혹은 사회적인 해가 이렇다 저렇다 하는 시기를 훨씬 넘어가고 있는 것 같기 때문입니다. 영화는 비로소 이러한 소극적인 문제를 넘어서 더욱더 적극적으로 작용해야만 하게 되었습니다.

영화와 정치가 오늘날과 같이 밀접하게 결부된 시기를, 과거 50년의 영화사 속에서는 발견할 수 없습니다. 영화는 태어났을 때에는 매우 획기적인 과학적 신기였습니다만, 이윽고 다른 연예와 마찬가지로 급속히 오락으로서의 가치를 지니게 되었고, 예술로서의 자기를 주장하게 되고, 오늘에 이르러서는 그 위대한 정치성이 논의되고 있습니다. 많은 나라의 정부는 영화보다 뛰어난 무기는 없다고 갈파喝破하고 있습니다. 어느 계산 좋아하는 경구가警句家는 "영화는 1초간 24연발의 포탄이다"라고 말하고 있습니다.

우리나라에서도 영화신체제 이후 국민영화가 치열하게 논의되어왔습니다. 이제 와서, 왜 국민영화를 말한다는 것인가. 도대체 국민영화란 무엇일까. 한마디로 말하면, 국민영화란 국민의, 국가의 의지를 대표하는 것이라고 말할 수 있겠지요. 그렇습니다. 이제까지의 영화는 국가의 의지를 대표하는가, 국민의 문화재가 될 것인가 등을 생각하기보다도 상업자본의 의지를 대표하고 이윤 추구에 급급했습니다. 그런데 이것은 이미 지난날의 일입니다.

A씨.

여기에서 나는 다시 영화를 별로 접할 기회가 없는 국민의 8할을 문제 삼아보자고 생각합니다. 왜냐하면, 국가의 의지를 대표하고 국민의 문화재가 되어야만 하는 영화는, 그 자신 모든 국민에게 보이기를 요구하기 때문입니다. 하나의 영화를 2천만명이 보기보다는 1억명의 인간이 보는 쪽이 훨씬 더 많이 영화 자체의 가치를 높이기 때문입니다.

영화는 물론 대외적인 선전의 역할도 담당해야만 합니다. 미국영화 등은 만인 공통의 사카린적 요소이고 실로 두려운 것이며, 해마다 10억 달러의 외화를 세계 각국에서 획득하면서도 아메리카는 살기 좋은 나라, 자유주의 국가, 불경기를 모르는 나라 등등이라고 어떻게나 거짓이 심한 자기선전을 해왔는지를 다시 생각해봅시다. 영화는 대외적인 선전과 병행하여 국민의 계몽도 소홀히 해서는 안 됩니다. 특히 조선처럼 새로운 문화면에서 아직 어리고, 또한 그 보급이 골고루 미치지 않는 곳에서는 더욱더 그렇습니다. 경성 100만의 시민이 영화 때문에 저처럼 소란을 피우지만, 경성에서 1리[58]도 멀지 않은 곳에서는 영화라는 것의 존재에 대해서조차 무지한 것입니다. 이러한 이상한 현상을 어떻게 설명해야 할까요. 이것은 이것, 즉 이상한 현상으로 방치해둘 성질의 것일까요. 더 이상 에둘러 말하는 것은 그만둡시다. 나의 의견이라기보다도 일반의 의견인데, 실제로 실현되어가는 그 훌륭한 기획으로, 순회영화반을 다시금 강조하고 싶습니다.

상설관이 없는 산촌의 사람들에게 어떠한 방법으로 영화를 보여줄 것인가에 대해서는 이미 당국에서도 연구되어 구체화되기 시작했지만, 이것은 하루라도 빨리 실현해야만 할 긴급한 일입니다. 그리고 '어떠한 방법으로'를 연구하는 것과 동시에 '어떠한 것을' 보여주어야 할 것인지에 대해서도.

조선영화는 이제까지 만들어진 백수십편의 작품 중, 농촌 혹은 어촌을 배경으로 한 것이 퍼센티지로 보면 상당합니다. 또한 일반용의 통속영화도 없었다고 말할 수 없습니다만, 그러나 이제 조용히 생각해볼 때, 약간 극단적인 말일 수도 있으나, 그중 하나라도 서슴없이 농민 대중을 위한 영화라고 내세울 만한 게 있었을까. 영화작가는 전 반도의 9할을 점하고 있는 산촌 사람들보다, 예술가로서의 자기 한 사람의 입장을 고집한 듯한 느낌이 듭니다. 게다가 그 예술적 입장이라는 것도, 다른 문화인들로부터 빈축을 살 정도로 낮습니다. 통속영화의 작가도 2천4백만을 위한 건전오락을 생각하기보다, 오히려 그 제작비가 하루라도 빨리 회수되어야 하는 것을 염려하고 영화를 만든 듯한 느낌입니다. 흥행성적을 위해서는 아무리 그 작품이 저속하게 추락해도 상관없다는 꼴이었습니다. 오히려 조선의 영화계(모든 점에서 불비한)에서는 어쩔 수 없는 것인지도 모르겠지만요. 조선영화만 생각하면 초조해져서 그만 무심코 불평불만만 늘어놓게 되었습니다. 용서해 주십시오. 이야기를 다시 원래대로 돌리겠습니다.

순회영화반에 대해서는 내지에서도 이미 기획이 있었습니다. 정보국이 적극적으로 밀어붙이고 있다고 합니다만, 내지 사람의 말에 따르면 아직 큰 수확을 거둔 것은 아닌 모양입니다. 그러나 내지에서 상설관에 오는 영화관람자(이것은 도회의 주민을 말하는 것입니다만)의 수, 1년 4억 5천만에 대하여 천막극장テント張り이나 상설극장에 오는 관람자(따라서 거의 산촌 주민)의 수는 실로 그 9분의 1인, 5천만명에 지나지 않는 것입니다. 산촌의 사람들이 내지의 전 인구의 8할을 점하고 있는 것은 이미 말한 바와 같습니다.

조선은 물론, 내지에 비할 바가 아닙니다. 조선의 농민이나 어민은 많은 경우 언문에 대해서조차 무지합니다. 그들 대부분은 지금도 여전히 우리나라가 어디의 나라와 무엇을 위하여 싸우고 있는지조차 모르는 현상에 처해 있습니다. 그 때문에 중앙에서 지령을 전달하고 그들을 지도하는 당국자와

<hr>

58   일본어에서 1리(里)는 3.927km로, 한국의 10리에 해당한다.

이러한 무지한 일부 사람들과의 사이에는 자칫 의사의 어긋남이 생기고, 여러 불편을 참아야만 하는 경우도 많겠지요. 바쁜 당국자나 지도원이 한 사람 한 사람 농민의 손을 붙들고 지도할 여유는 도저히 바랄 수 없습니다.

물론 강습회라든가 라디오 혹은 보다 효과적인 연극 등에 의한 수단도 생각해볼 수 있습니다. 실제로, 연극협회에 의한 이동극단의 노력과 그 거둔 성과는 놀랄 만한 것이 있습니다. 지난 봄, 부민관에서의 그 보고報告 공연에서 나는 통감痛感한 것이 있습니다. 연극에 의한 문화 보급·계몽도 필요하지만, 그보다도 더 효과적이고 능률적인 것은 영화입니다. 순회영화반입니다.

영화가 다른 모든 예술 수단에 의한 계몽보다도 얼마나 직접적인지, 또 그 전파력이 문학이나 연극 등보다도 몇배나 더 강한지는 주지의 사실입니다. 이 주지의 사실에 대하여 이마무라 타이헤이今村太平59 씨가 언젠가 『에이가효론映畵評論』 지상에서 숫자적으로 논증하였습니다. 조금 전에 서술했듯이 조선에서도 도시 편중의 폐해가 심함에도 불구하고, 영화흥행이 다른 모든 흥행을 제치고 7할 6분이라는 압도적인 숫자를 보여줍니다. 입장인원으로 보아도 연극이 겨우 3백만 관객을 동원한 1개년 동안, 영화는 그 7배인 2천1백만의 관객을 흡수했습니다. (『조선연감』17년도1942판에 의한 것으로 쇼오와 16년1941도 2월 말 현재의 숫자인데, 내무성의 16년 말의 통계, 3천5백만과는 큰 차이가 있다.)

관객 대부분이 도회의 주민이고, 영화제작의 근본방침이 도회 중심인 현재조차 이와 같은 상태입니다. 일단 어떤 수단으로 영화가 농촌에, 어촌에, 산촌에 진출해 획득할 법한 숫자를 상상할 때, 우리는 생각을 새롭게 해야만 합니다. 영화를 별로 접하지 않은 이들 지역의 사람들이 영화에 의해 교육받고 계몽되는 것의 중대성, 긴급성을 생각할 때 우리는 대규모의, 그리고 이상적인(조금은 애매한 말이지만) 순회영화반이 하루라도 빨리 태어나기를 바랍니다.

내일의 영화문화의 보급의 출발은 실로 오늘인 것입니다. 최근 신문에서 조선영화배급사에 의해 곧 실현된다는 뉴스를 읽었습니다만, 이미 이와 같은 바람직한 기획이 서 있는 만큼 이 이상 연구가 지체되어 하루라도 늦추어져서는 안 됩니다.

그것을 하루 빨리 실현시키기 위해서 귀형貴兄의 노력을 기대합니다. 예술가라서 그런 것은 잘 모른다고는 말하지 맙시다. 영화예술이 정치와 연결되는 동시에 영화인도 어떠한 형태로든 정치와 연결되는 것입니다. 영화가 정치와 연결됨으로써 자기 주변을 확장시키는 것처럼, 영화예술가도 이제까지와 같이 예술가로서 고고하기보다 오히려 적극적으로 정치에 참가함으로써 스스로 변모할 시기라고 생각합니다. 구태여, 변질이라고는 말하지 않겠습니다.

나는 마지막으로, 순회영화반이 이미 실현되었다고 가정한다면, 어떠한 영화를 산촌 사람들에게 보여주어야 하는가, 어떠한 영화가 정말로 그들을 계몽하고, 즐겁게 할 것인가를 말하는 것은 필연적으로 어떠한 영화를 만들어야 하는가를 말하는 것과 관련되는데, 이에 대해서 간략하게 우견愚見을 말하고 이 지루한 편지를 끝맺고자 합니다. 물론, 본지의 6월호에 극히 개념적으로 써둔 바가 있습니다만.[60]

59   이마무라 타이헤이(今村太平, 1911-86). 일본의 영화평론가. 만화영화·기록영화에 대한 선구적인 논의를 펼쳤으며, 영화예술에 대한 많은 이론적 저작을 남겼다. 저서로 『映画芸術の形式』(1938) 『映画芸術の性格』(1939) 『記録映画論』(1940) 『映画と文化』(1940) 『日本藝術と映画』(1941) 『漫画映画論』(1941) 『戦争と映畵』(1942) 『日本映画の本質』(1943) 『映画論』(1946) 등이 있다.

60   『新時代』1942년 6월호에 게재된 「朝鮮映畵の一般的課題」를 가리킨다. 이 글은 이경훈 편역 『한국 근대 일본어 평론·좌담회 선집』(역락 2009)에 「조선영화의 일반적 과제」라는 제목으로 번역·수록되어 있다.

A씨.

본제本題에 들어가기 전에 잠시 에둘러 갈 수 있게 해주십시오. 내지의 영화회사가 3개로 결합되고, 각각 국민의 귀중한 문화재가 될 것을 목표로 만들어진 작품이 5월 이래 조선영화배급사에 의해 속속 봉절되었습니다. 신체제하 일본영화가 어떠한 방향으로 나아갈 것인가에 대해서는 아주 간략하게 본지 6월호에 썼습니다만, 5월 이래 봉절된 영화를 보니 완전히 나의 예상을 뒷받침해주는 것입니다.

지금까지의 번잡한 토오꾜오를 대신해, 카메라는 산촌(〈산의 참배길山参道〉61) 혹은 멀리 남양(〈남해의 꽃다발南海の花束〉62)으로 운반되어 갑니다. 경박한 도회 젊은이들의 연애를 대신해, 아버지와 아들, 어머니와 아들의 깊은 애정의 세계를 제재로 구하고 있습니다(〈아버지가 있었다父ありき〉63 〈모자초母子草〉64). 단순한 활극을 대신해 방첩이라는 국민적 자각을 담은 두개의 방첩영화(〈간첩은 아직 죽지 않았다間諜未だ死せず〉65 〈제5열의 공포第五列の恐怖〉66)도 만들어졌습니다. 흥미 본위의 시대극에서 한걸음 벗어나려는 노력이 〈유신의 곡維新の曲〉67에서 어렴풋이 보입니다.

내지 영화계는 올바른 방향으로 나아가고 있습니다만, 그러나 그 반면 뭐랄까 활동사진적인 재미를 잃기 시작하고 있는 것도 확실합니다. 가령, 〈아버지가 있었다〉도 〈모자초〉도 오즈小津 씨, 타사까田坂 씨가 부모 자식의 애정의 순수함을 추구하고 어느정도의 높이에 도달하고 있는데도 불구하고, 그것을 보는 나의 감동이 비교적 희박한 것은 무엇 때문일까. 뒤비비에의 〈망향〉Pépé le Moko, 쥘리앙 뒤비비에 감독, 1937이라는 영화는 극악인極惡人 뻬뻬가 우연히 처음 만난 한 여성을 통해 느낀 강렬한 노스텔지어를 그린 것이지만, 〈아버지가 있었다〉에서 아버지, 〈모자초〉의 어머니의 애정의 순수성과 강렬함은 결코 뻬뻬의 그것에 비해 약하지 않을 터인데, 보는 나에게 주는 감동은 보다 희박합니다. 그 이유는 다른 것이 아닙니다. 주인공의 시추에이션이나 극적인 대위對位 등이 〈망향〉에서는 용의주도하기 때문입니다. 뻬뻬의 순수함을 더욱 확실히 부각시키기 위하여, 그에게는 극악인이라는 시추에이션이 준비되어 있고, 가장 불순 혼탁한 땅 카스파가 무대로 되어 있습니다. 불순과 순결, 악과 선, 미와 추, 악한을 이겨낸 청년, 이것은 옛날부터 지금까지 변치 않는 시네마트루기cinematurgie입니다. 〈아버지가 있었다〉〈모자초〉는 투명하기까지 한 청정한 공기가 있으나, 그 환경 속에는 더러움이라고는 한점도 없었습니다. 이것이 오히려 그 감격을 적게 하는 원인이 아닐까.

그렇다고 해서, 〈남쪽에서 돌아온 사람南から帰つた人〉〈고원의 달高原の月〉의 포즈뿐인 안이함을 높이 사는 것은 아닙니다. 말이 좀 심합니다만, 이 두 작품은 영화신체제에 잘 편승한 제물際物[68]에 지나지 않습니다. 제물적이라는 점에서 보면, 한때 신문의 제3면적인 기사를 재빨리 소재로 한, 경멸해 마땅할 저 많은 토픽영화, 즉 제물영화와 하등의 다를 바가 없습니다. 〈기다리고 있던 남자待っていた男〉[69]의 아메리카 영화적인 천박함(이 영화의 주인공으로 나오는, 에도江戸의 하급 포리捕吏 부부는 〈그림자 없는 남자〉[70]의 윌리엄 파월과 머나 로이의 가장 졸악拙惡한 아류epigonen에 지나지 않습니다)과 함께, 나는

---

61 〈山参道〉(시마 코오지島耕二 감독, 大映, 1942).

62 〈南海の花束〉(아베 유따까阿部豊 감독, 東宝, 1942).

63 〈父ありき〉(오즈 야스지로오小津安二郎 감독, 松竹, 1942).

64 〈母子草〉(타사까 토모따까田坂具隆 감독, 松竹, 1942).

65 〈間諜未だ死せず〉(요시무라 코오자부로오吉村公三郎 감독, 松竹, 1942).

66 〈第五列の恐怖〉(야마모또 히로유끼山本弘之 감독, 日活, 1942).

67 〈維新の曲〉(우시하라 키요히꼬牛原虚彦 감독, 大映, 1942).

68 철에 따라 팔리는 물건, 일시적인 유행을 노린 상품·작품.

69 〈待って居た男〉(1942). 하세가와 카즈오(長谷川一夫)가 출연하고 마끼노 마사히로(マキノ正博) 감독이 연출한 미스터리 영화.

70 *The Thin Man*(W.S. 반 다이크Van Dyke 감독, 1934).

경멸합니다. 이러한 영화를 국민에게 보여봤자, 도대체 어떤 가치가 있을 것인지.

조선의 영화회사도 금후 활발하게 움직여나가고, 적어도 한해에 6편의 극영화를 만들 것인데, 이 점을 대단히 신경 써야 합니다. 이제부터의 조선영화는 최소한 2천4백만의 조선민중에게 보여주지 않으면 안 됩니다. 지금까지는 그 1할인 도회인에게만 감상이 한정되었지만, 이제부터는 그 이외의 9할의 사람들도 계산에 넣지 않으면 안 되는 것입니다. 조선영화의 새로운 출발의 의의는 실로 여기에 있습니다. 대중이, 그리고 국가가 진실로 바라고 있는 것은 아무래도 재미있을 듯한 〈기다리고 있던 남자〉와 같은 사이비 오락영화라기보다도 비록 흙냄새가 있고, 넋을 놓을 만한 화려함이 없어도 의지意志로 차고 넘친 작품입니다.

나는 진작부터 어촌, 농촌 기타 생산지대의 양상을 주제로 하는 영화를 주장하고 있습니다만, 이것은 영화관 대중 이외의 사람들을 흡수하기 위한 가장 좋은 방법이고, 또한 처음으로 영화에 접하는 사람들에게 무엇인가 도움이 되리라고 생각하기 때문입니다. 그렇다고 하나, 농어촌에서 제재를 구한다고 해서, 지금까지와 같이 당장의 새로움을 추구하기 위해서라는 안이한 사고방식에서는 아닙니다. 그들을 가장 잘 교육하고 즐겁게 해주기 위해서는, 무엇보다도 우선 그들의 생활 속으로 들어가는 것이 중요합니다. 현실과 동떨어진 꿈 이야기를 그들에게 펼쳐 보인들, 그것이 그들에게 무슨 오락이 되겠습니까. 어떤 계몽이 될 오락이란, 결코 가공적인 자위自慰를 의미하는 것이 아니기 때문입니다. 생활에 가장 즉則하는 것이야말로 진실한 오락이겠지요.

그 때문에, 우리는 그들이 가장 가까운 세계, 쉽게 그들의 공감을 얻어내는 세계, 가령 가정 속에서 부모자식·형제의 관계 속에서, 생산지대에서 일하는 동료의 관계에서, 그 제재를 구해야 합니다. 그것을 위해 영화작가도 서재나 스튜디오에 갇혀 있기보다, 진실을 찾기 위해 반년이라도 1년이라도 현실의 생활 속으로 들어가 그들과 생활을 함께하지 않으면 안 될 것입니다. 농민의 생활을 모르는 시나리오 라이터에게, 한 구절이라도 생생한 농민의 다이얼로그를 기대할 수는 없습니다. 연출자에게도 마찬가지입니다. 농촌을 알지 못하고 무슨 농촌영화겠습니까. 이기영 씨의 『고향』, 김기진 씨의 『해조음』의 비비드한 농촌이나 어촌의 묘사는 결코 서재 속에서 공상한 결과가 아닙니다. 영화작가를 현지(농어촌)로 파견하여 연구·조사하게 하는 것, 그것은 영화에서는 그 구상성을 위해서도 더욱 절실하고 중요한 일이라고 생각합니다.

귀형은 기획에 참가하는 지위에 있기 때문에, 이것은 반드시 실현시켜 주십시오. 영화작가들은 정신挺身하고 현실 속으로 들어감으로써, 더욱 많은 것을 배울 것입니다. 이러한 배움으로 그들은 보다 새롭고 높은 것을 창조할 수 있는 것입니다. 그들에 의해서, 주어진 재료에 의해서 그들을 비로소 참으로 즐겁게 해주고, 계몽하는 것이 가능합니다. 참된 국민영화도 이러한 노력에 의해서야말로 태어나는 것입니다. 국민영화는 하나의 정의定義나 공리公理에 억지로 끼워 맞춰서 만들어지는 것이 아닙니다. 영화작가 각자가 문화전사가 되어 생활의 현실 속으로 들어가, 각자의 부문에서의 좋은 의지를 대언代言함으로써 형성되어 가는 것입니다.

조선영화를 2천4백만을 위한 조선영화, 나아가 1억의 민民, 대동아민족을 위한 조선영화가 되게 해주십시오. 조선영화와 함께 생사를 함께 한 귀형 및 동료 모든 분들의, 너무나도 보답받지 못했던 이제까지의 노력도, 조선영화가 많은 사람들의 문화를 위해 새롭게 발족함으로써 비로소 꽃핀다고 말하는 바입니다. 금후의 분투를 기대합니다. (종)

지원병 영화 〈그대와 나(君と僕)〉를 말하는 좌담회

『삼천리』 제13권 9호 / 1941.09 / 일부

출석자:

조선군보도부 고정방언高井邦彦, 타까이 쿠니히꼬

경도京都 신흥키네마新興キネマ 일하영태랑日夏英太郎, 히나쯔 에이따로오[1],

정상천모井上淺茅, 이노우에 아사지

고려영화사 김영수金永壽

본사 측 박계주朴啓周

일시: 7월 26일 오후 6시

장소: 경성 반도호텔

　박 한창 촬영 진행 중이어서 매우 분망하실 텐데 이처럼 시간을 내셔서
참석해주시니 감사합니다. 그런데 금번 제작 중인 영화 〈그대와 나〉는 조선군의
제작인 만큼, 그 제작 의도에 대해서 책임지휘자로 계신 고정高井 씨가 먼저
말씀해주시면 고맙겠습니다.

　고정高井 사실은 기획에 있어서 일하日夏 씨가 담당했기 때문에 일하 씨가
말씀하시는 것이 좋으리라고 생각하는데, 우리 군軍의 의도는, 사변[2] 이후 총후
반도 민중이 여러 방면으로 진충보국盡忠報國함이 내지인에 못지않게 커서,
이 놀라운 적성赤誠[3]의 한 면이라도 내지인에게 알려서 내선內鮮 양兩 민중이
손을 잡고 보조를 더욱 같이함으로 명실공히 일체를 이루려는 의욕에서, 우선
지원병으로서의 적성 장면을 영화화하려 한 것이외다.

　일하日夏 고정高井 씨의 말씀과 같이, 반도 민중도 훌륭한 일본인이라는 것을
생활을 통해서 나타내고 있는 부면部面을, 아직 조선을 인식치 못한 내지 동포에게
알리려 함에 있습니다. 지금 국가는 미증유의 난국에 처하여 국민의 총력발휘로
고도 국방국가 건설에 당해야 할 것을 요구하는 이때에, 반도인의 애국열과 황민화
운동 등 조선의 실정을 전함으로써 내지 일반 대중의 조선에 대한 인식을 시정
향상시키고, 따라서 반도 청년층에 군인정신을 더욱 앙양하여 국가 추진력의

확충을 꾀하려 함에 있습니다. 이렇게 함에는 무엇보다 국민과 가장 접촉면이 많고, 명랑한 오락성으로 소화시킬 수 있는 영화예술을 통해서 시사示唆시킴이 첩경이라 생각합니다.

　김　그런데 처음 어떤 동기로 이번 이 영화를 기획하게 되었습니까.

　일하日夏　저는 조선서 중학을 마치고는, 곧 동경東京에 건너가서 2년간 학교에 다니다가, 영화계에 발을 들여놓은 지 16년 만인 금년 2월에 처음으로 조선에 나오게 됐지요. 이렇게 조선을 오래 떠나 있었던 관계로 조선에 대한 지식이 백지다시피 되어, 조선을 알려는 욕망에서 지난 2월 기원절紀元節[4] 날 성대城大 총장 조전條田 씨를 찾아갔더니, "조선을 알려면 지원병 훈련소에 가보라" 하시며 당시 학무국장 염원塩原 씨의 알선과 조선군의 호의로 훈련소에 가서 지원병들과 함께 공동숙식을 10일간 하는 동안 감격과 함께 깨달음이 커서 이를 영화화하려고 기획했으며, 반도정飯島正[5] 씨와 같이 『그대와 나君と僕』라는 시나리오를 완성해서 『영화평론映畫評論』지에 발표하고 곧 제작에 착수했습니다.

　중략

　박　〈그대와 나〉라는 영화제명은 어떤 의미에서 채택했어요?

　일하日夏　'きみ', 즉 '그대'라는 것은 일반 내지인의 총칭이요, 'ぼく', 즉 '나'는 일반 조선인의 총칭으로서, 그대와 나는 굳게 손을 잡고 대동아공영권의 초석이 되자는 것을 의미한 것입니다.

문화영화의 정신

오영진 / 『조광』 제7권 4호 / 1941.04

오늘날 문화영화는 영화의 새로운 방향을 뚜렷이 금 긋고 있고, 새로운
중요한 장르의 하나가 되어 있다. 내지內地에서도 일지사변日支事變6 이후 널리
일반에 알려졌으나, 그렇다고 하여 문화영화는 그 어떤 외부적 세력에 의존하는
것도 아니고, 영화사적으로 볼 때 그 어떤 정定한 시기에 돌연히 나타난 특수한
제작방법도 아니다. 그리고 또 어떤 특정한 작품에 돌연히 구현된 새로운 영화
개념도 아니다.

문화영화의 역사는 영화의 발생과 더불어 시작되는 것이다. 그것이 장해가
되는 여러가지 원인(후술) 때문에 정당한 발전을 하지 못하고, 따라서 오늘에
이르기까지 널리 일반이 인식치 못했을 뿐이다.

1920년에 이르러 세계 최초의 문화영화의 걸작인 〈나누크〉Nanook of the North,
1922(로버트 플래허티Robert J. Flaherty의 작품. 〈극북極北의 괴이怪異〉라는 제명으로
조선에서도 상영되었다)가 나오기까지의 많은 문화영화 작가들의 숨은 노력을
우리는 잊어서는 안 된다. 그리고 기술적으로는 전차前次 대전大戰 직후에 일어난
아방가르드 운동을 간과할 수 없는 것이다. 아방가르디스트들은 극영화 작가가
감히 꾀하지 못한 기술적 실험을 쌓아왔다. 고속도高速度 촬영, 완속도緩速度
촬영, 혹은 만곡彎曲 렌즈의 사용 같은 것을 보더라도, 극영화 작가는 그저 희극적
효과를 위해 이러한 기교를 썼으나, 문화영화에서는 이와 달리 단지 기교를 위한
기교에 빠지지 않고 한걸음 나아가 새로운 기교 가운데서 새로운 의미를 찾으려고
했다.

문화영화의 오늘의 융성은 서상敍上7과 같은 작가의 주체적 노력의 결과라고 할
수 있으나, 널리 객관적으로 보면 실로 기록적記錄的이고 유물적唯物的인 20세기
예술사조의 결실이요, 구현이라고 하지 않을 수 없다. 폴 로사Paul Rotha8는 졸라E.
Zola가 그 자연주의 소설 가운데서 주력한 풍물의 형상에 대한 면밀한 관찰과
기록의 사실성寫實性 가운데, 벌써 현대의 기록주의의 정신이 배태되었다고
말한다. 기록의 정신은 최근의 문학작품 가운데서(예를 들면 삐에르 앙쁘Pierre
Hamp, 쥘 로맹Jules Romains 등 위나니미스트9의 소설) 더욱 현저하다고 할 수 있다.

물론 문학에 한한 것이 아니고, 음악에서도 전前 세기의 장엄한 해조諧調10 대신에
가장 우리들의 귀에 익고 친근한 일상생활적인 음音으로써 기록하고 구성하려는
노력이 뚜렷이 보인다. 회화繪畵에서도 점점 문학적 내용을 떠나, 사건을 형성하는
대신에 순수한 현상을 형성하고자 하는 경향이 현대 화단에 주류가 되어 있다.
어떤 사람은 인상파의 화가가 빛光의 순간적인 변화를 포착하고자 하는 그 과학적
관찰·분석 가운데 벌써 기록주의적인 의도가 존재하고 있다고까지 말한다.

　전前 세기말에 영화는 무엇보다 먼저 기록형식으로 탄생했다. 그것이 영화를
예술로 질적으로 향상시키고자 하는 노력(그 결과로 보면 문학·연극에의 의존
이외의 아무것도 아니나 ── 예를 들면 필름 다르Film d'Art 운동11, 문화영화운동
등등 ── 전에 발표한 일이 있으므로 자세한 것은 생략한다)이라든가, 또는 스튜디오
설립을 위한 대자본의 투자와, 필연적으로 그와 동시에 생기生起하는 상업주의 등
내면적·외면적 원인으로 지금까지 스토리 형식의 영화, 즉 스튜디오에서 제작되는
극영화만이 발전하고 수로 비교해보아도 엄청나게 많았다. 그 때문에 영화를
보는 일반 관객도 픽션영화만이 영화인 줄 그릇 인식하고, 영화의 다른 중요한 한
측면인 문화영화, 즉 기록영화에 대해서는 최근에 이르기까지 너무도 냉담하고
무관심했다.

　──

　제아무리 문화영화가 가장 근대적인 예술관을 토양으로 하고, 다소 문화영화
작가의 진지한 노력이 있다 쳐도, 단지 그것만으로는 오늘까지 이렇듯 불우한 길을
걷던 문화영화가 급격히 융성해질 이치가 없다. 우리는 좀더 직접적인 요인을
외부적인 세력에서 찾지 않을 수 없다.

　영국, 소련의 예를 들 것도 없이 가까이 내지內地를 돌이켜볼 때, 그 외부적
세력이란 무엇인가 묻지 않아도 스스로 명백할 것이다. 공적 기관, 정치단체 혹은
상업단체가 문화영화의 효용성을 인식하고 선전 혹은 계몽을 위한 유력한 무기로
영화라는 수단을 채택하기 시작했다. 영국의 문화영화가 오늘의 확고한 지위를
차지하게 된 것은 영세한 2,3 영화작가의 분산적인 노력의 결과가 아니고, 실로
영 제국 통상국 영화부, 혹은 중앙우편국 영화부의 적극적인 영화제작의 결과다.

그들은 조국의 제상諸相을 숨김없이 실상 그대로 국민에게 보이고, 동시에 국민과 전 세계에 자기 나라의 부원富源[12]을 증거하고 선전하기 위해 많은 문화영화를 제작한다. 소련 정부는 몽매한 국민 대중을 국가 이데올로기에 좇아 재再교화하기 위해 많은 문화영화를 제작했다. 내지에서도 사변 이래 영화에 대한 정부의 관심이 깊어짐에 따라, 문화영화도 하루하루 융성의 길을 걸어오고 있다. 외국에서와 같은 적극성은 없으나 내지에서도 신문사 혹은 반관반민의 단체의 손으로, 사변을 혹은 총후銃後 국민생활을 테마로 한 많은 작품(선전적인 것, 계몽적인 것, 보도적인 작품)이 제작되고 있다. 문화영화의 정치성과 시대적 요구가 오늘같이 합치한 일이 일찍이 없었다. 외부적 세력이 오늘과 같이 적극적으로 영화사업에 관여하고 지지한 일도 지금껏 없었다.

　문화영화의 발전이 외부적 세력에 의거한 데서 말미암은 것은 숨길 수 없는 사실이다. 그렇다고 하면 문화영화는 항상 이러한 외부적 세력에만 의존할 것인가. 극영화의 발전은 상업주의의 철저화 때문이다. 그러나 참된 의미의 발전을 저해한 것도 또한 상업주의 그것이 아니었던가. 극영화의 역사는 문화영화 작가에 의미 깊은 시사를 주고 있다.

　문화영화는 선전수단으로서 가장 강력한 것일지도 모른다. 또 대중적이라는 점으로 보아 가장 계몽력이 세고 전파력이 강할지도 모른다. 그러나 잊어서는 안 될 점은 이러한 계몽성, 선전성, 즉 넓은 의미의 정치성이 결코 문화영화의 본질이 아니라는 것이다. 최근에 와서 문화영화가 사실 그대로의 기록이고 또 그 전달 방법이 다른 기관, 라디오라든가 신문에 비하여 훨씬 효과적이라는 점에서 그 교재적 가치를 과중시過重視하는 경향이 일반 사회인 가운데 농후하나, 문화영화가 결코 단순한 선전기관이 아닌 것 같이 단순한 교과서의 시각화, 청각화도 아니다. 물론 우리들은 영화를 통해 '비행기는 어떻게 나는가' '누에가 어떻게 고치를 만드는가'를 배우는 것도 좋다. 우리들은 그 교재적 가치를 부인할 수는 없으나, 어디까지든지 이것은 그 파생적인 효용에 지나지 않는다. 문화영화는 초보적인 물리화학, 혹은 박물학적인 지식 보급에 만족해서는 안 된다. 기록의 정신은 이러한 비속卑俗한 경지에만 머물러 있을 것이 아니다.

문화영화는 적나라한 실생활의 예술이다. 실생활의 그대로가 절취된 현실의 단편 단편이 그대로 예술이 되기에는, 극영화와는 자연 다른 시네마투르기를 가져야 한다. 극영화에서와 같은 스토리라든가 모든 인공적 소재 혹은 예비적인 환경을 떠나 성립하는 것이다. 자연은 장치된 것이 아니고 그 가운데서 생활하는 인간은 연출된 바가 아니다. 자연 가운데 일어나는 사상事象의 한조각 한조각, 어떤 기구 속에 존재하고 있는 왜곡되지 않은 사실 그대로의 인간의 자태, 그 가운데서 우리는 의미를 찾아내야 한다. 따라서 현실의 거짓 없는 사실이 유일한 재료이면서도 사실의 수집·나열에 그쳐서는 안 된다. 완성된 작품은 사실을 기초로 하고, 그 위에 계획적으로 건축되고 구성된 일관한 관념의 흐름을 가진 '드라마'라야 하는 것이다. 벨라 발라스Béla Balázs는 이것을 "창작을 동반하지 않는 시작詩作"이라고 부른다. 폴 로사의 소위 "현실의 창조적 극화"라고 하는 것도 같은 의미에서 한 말이다.

그러므로 한 작가가 단지 사실의 보도자, 수집가의 경지를 벗어나 한걸음 더 나아가 예술가가 되려면, 소여所與13의 제재, 즉 작가가 직면하는 현실에 대한 예술적 감수성과 아울러 예리한 통찰력과 정당한 비판력을 갖추지 않아서는 안 될 것이다. 예술적 감각은 물론이지만, 문명에 대한 정당한 비판력과 사회기구에 대한 분석적인, 과학적인 정신이 요청되는 것이다.

여행영화를 들어보자. 그 작품이 그림엽서를 주워 모은 듯한 저속한 풍광風光영화가 되고 마는 경우도 있고, 그렇지 않고 같은 소재를 취급하면서도 고도高度한 예술작품이 될 수도 있다. 이것은 전연 제재를 대하는 작가의 정신 태도 여하로 결정되는 것이다.

작가는 도회든지 농촌이든지 불문하고 소여의 제재를 수박 겉 핥기로 표면적으로만 허수히 보아버릴 것이 아니고, 아름다운 농촌 풍경 가운데 숨어 있는 진실을, 복잡한 도시 풍경 뒤에 있는 의미를 파악하지 않으면 안 될 것이다. 현실(제재─도시, 농촌)에 대한 시적詩的 인상 혹은 이그조틱exotic한 감동과 동시에, 그 가운데서 생활하고 있는 인간과의 관련을 묘사해야 한다. 사람이 살지 않는 도회는 무의미하다. 농부가 없는 농촌을 생각할 수 없는 일이다.

〈창〉〈Chang: A Drama of the Wilderness〉의 한 장면

팡크Arnold Fanck 박사[14]의 산악山岳 영화는 전인미답前人未踏 의 히말라야 준령을 우리들 눈앞에 역력히 보여주었다는 점에 큰 가치가 있는 것을 몰각할 수 없는 바이나, 그러나 보다 더 큰 감동은 생명을 내놓고 준령을 정복하려는 등반자의 정신, 다시 말하면 자연력에 도전하는 숭고한 인간 정신에서 보다 더 큰 감명을 받는 것이다. 메리언 쿠퍼Merian C. Cooper는 근래에 와서 할리우드의 상업주의에 물들어 〈킹콩〉[15]과 같은 허망한 오락영화를 제작했지만, 그가 무성영화시대에 제작한 맹수영화(예컨대 〈창〉[16])는 털끝만 한 허구도 없이 만지蠻地에 서식하는 야생군의 생태를 실견實見 그대로 기록했다. 그뿐만 아니라 거짓 없는 야생군의 생서生棲상태를 통해 그 어떤 인간적 진실, 인생적인 암유暗喩를 보여주었고, 야만한 자연력에 대항하는 인간의 투쟁을 그려냈다. 그의 한때의 맹수영화가 범백凡百[17]의 동同 종류의 오락적이고 스펙터클한 영화와 달리 예술적으로 고도한 것은, 이와 같이 자연현상을 자연현상만으로 기록하지 않고 인간적인 의미에서 파악했다는 점에 있다. 로버트 플래허티의 작품 〈아란〉[18]의 가치는 아란도島에 관한 인문지리적인 지식에 있는 것이 아니고, 그보다 먼저 우리는 자연력에 대한 아란 도민島民의 불굴의 의지와 지력知力과 투쟁의 정신에서 굳센 감명을 받는 것이다.

一

　문화영화의 가치는 전술한 바와 같이 현실의 단편 단편을 수집·나열하는 곳에 있는 것이 아니고, 일상생활적인 현실을 창조적으로 극화하는 데 있다. 목격자로서의 현재, 환언하면 시간적으로 공간적으로 호모毫毛[19]의 허구도 없는 '현존現存'과, 그 가운데 생활하고 있는 '인간', 이 두 면의 상호 관련 가운데 새로운 '로망', 문화영화의 '로망'이 있는 것이다.

　전항前項에서 나는 문화영화와 극영화는 그 시네마투르기를 달리한다고 말했으나, 그것은 취급하는 소재와 방법이 서로 다른 만큼 인간 묘사와 규정의 방법도 자연 달라지기 때문이다. 지금까지의 극영화가 인간에 너무 집착한 데 반해, 금일의 문화영화는 인간을 너무나 등한시하고 존중하지 않는다고 할 수 있다. 사회 현상, 자연 현상을 제재로 취급할 때도 작가는 인간과의 관련이라는 점을 잊어서는 안 될 것이다. 학술의 보급이라든가 상품의 선전을 목적으로 한 영화도 작가의 태도 여하로 뜻하지 않은 가치를 가지게 되는 것이다. 니콜라스 카우프만Nicholas Kaufmann 박사의 학술영화 〈생존투쟁〉은 동물의 생활을 그리면서도 신랄한 인생적 풍유諷諭가 있고, 동계열의 작품인 〈지중池中의 경이驚異〉도 생물학적 세계를 멀리 떠나 초현실적인 환상의 세계로 관중을 끌어넣는다. 발터 루트만Walter Ruttmann의 〈약藥의 문화〉라는 작품은 한 제약회사의 선전영화이나, 한갓 상품의 선전에 그치지 않고 약품을 인간과의 관련 아래서 그려냈다. 기교로 보아도 다이내믹한 구성과, 시인적 감각으로 캐치한 모든 글라스 제기製器[20]의 형태型態의 미美는, 보는 이에게 깊은 인상을 준다. 그것은 하여튼 대상이 되는 자연 혹은 사회가 극영화에서와 같이 단순한 배경이요 무대가 아니고, 그 자신 '살아 있는 것'으로서 등장하는 것이다.

　인물에 관해서도, 극영화가 그 인물이 어떤 경력을 가지고 어떤 일을 지나 어떤 결과에 도달했는가(즉 개인을 중심으로 한 문학적 스토리와 픽션과 필연성) 위에 극적 현실을 창조하는 것과 반대로, 문화영화에서는 사회기구 혹은 생산기구 안에 인간이 어떤 방식으로 존재하고 있는가를 규정해야 할 것이다. 극영화는 개인을 통해 세계를 전개하고자 한다. 그러므로 극적인 현실을 창조하기 위해 가장 적합한 환경과 스토리와 픽션이 예비되는 것이다. 문화영화에서는 극영화와

같은 문학적인, 내면적인 인간 탐구의 방법 대신에, 즉 인간 자체를 추구하는
대신에, 소여의 현실(제재) 가운데 발견되는 인간의 모양을, 다시 말하면 현실
가운데 놓여 있는 인간의 위치와 존재를 과학적으로 오려내고 규정해야만 한다.
그러므로 인간의 진실은 그가 존재하고 있는 현실의 진실을 파악할 때 비로소 찾을
수 있겠고, 현실은 인간적인 진실을 통해 인간과의 관련 아래 구명될 때 비로소 그
진상과 의미를 나타내는 것이다. 현실과 인간에 관한 이러한 기록적이고 과학적인
통찰과 분석은 지금까지의 스토리 형식의 극영화와는 아주 다른 새로운 '로망'을
낳는 것이다. 전항前項에서 나는 문화영화 작가는 예술적인 동시에 문명비평가가
되고 사회비평가가 되어야 한다고 주장했으나, 그것은 서상敍上한 점에서 한
말이다.

　　문화영화의 길은 오늘에 있어서 각 부문으로 통하고 여러 방향으로 열려
있다. 한 영업회사의 제품을 선전하는 작품이든 일상생활의 뉴스를 보도하는
뉴스영화든 간에, 사실을 사실로서 보도하는 것에 그치지 않고 사실 뒤에 숨어
있는 인간적 진실을 파악하지 않으면 안 된다. 인간적 진실을 통해 기록되고
보도되는 사실이 귀한 것이다.

　　문화영화의 선전성이라든가 교재적 가치도 물론 귀중한 것이나, 그러나
문화영화의 정신은 결코 이러한 '프래그머틱'한 효용성에 있는 것은 아니다.

　허나쯔 에이따로오(日夏英太郎, 1908-52). 조선명 허영(許泳). 함흥의 상업학교를 졸업한
　후 토오꾜오로 건너갔다. 1927년경 마끼노프로덕션에 들어가, 타이틀·현상·촬영·연기까지
　여러 분야를 두루 배웠고, 마키노영화사의 시나리오 작업에도 참여한 바 있다. 영화 일을 시
　작하면서 '히나쯔 에이따로오'라는 일본 이름으로 활동하며 1930년부터는 일본 영화잡지
　에도 다수의 평문을 발표했다. 마끼노프로덕션이 해산한 후 쇼오찌꾸영화사로 옮긴 그는
　조연출과 각본을 맡으며 서서히 인정받기 시작했는데, 촬영장 폭발 사고의 조사 과정에서
　우연히 조선인이라는 사실이 드러났다. 그 때문인지 모르겠으나 쇼오찌꾸에서는 감독 데뷔
　기회를 얻을 수 없었다. 이후 신꼬오키네마의 쿄오또촬영소로 옮긴 후에도 여러편의 원작
　과 각본을 쓰면서 각본가로 인정받았으나 연출 기회는 없었다. 그러다 조선인 지원병제도
　를 취재한 시나리오가 조선군 사령부 보도부의 인정을 받으며, 일본으로 건너간 지 16년 만
　에 감독으로 데뷔할 수 있었다. 데뷔작 〈그대와 나〉는 일본·조선·만주의 스타를 망라한 초
　호화 캐스팅과 민관군의 전폭적인 지원으로 화제가 되었으나, 실제 흥행성적은 저조했다고
　한다. 이후 일본군 소속으로 인도네시아 자카르타로 건너가 〈콜링 오스트레일리아〉(1943)

를 연출했다. 태평양전쟁 종전 후 그는 한국으로도 일본으로도 돌아가지 않고 인도네시아에 정착해 기록영화 활동을 했다. 인도네시아 독립 후에는 닥터 후융(Dr. Huyung)이라는 이름으로 〈프리에다: 하늘과 땅 사이〉(1951) 〈레스토랑의 꽃〉(1951) 〈시의 추억〉(1952) 등을 연출했다. 1952년 45세의 나이로 자카르타에서 사망했다.

2 중일전쟁.

3 마음에서 우러나오는 참된 정성.

4 일본 초대 천황의 즉위 일자에 정한 공휴일. 2월 11일이다.

5 이이지마 타다시(飯島正, 1902-96). 일본의 영화평론가.

6 중일전쟁.

7 상술(上述). 윗부분이나 앞부분에서 말하거나 적음.

8 폴 로사(Paul Rotha, 1907-84). 영국의 다큐멘터리 감독이자 영화평론가, 영화사가.

9 위나니미즘(unanimisme, 一體主義)의 주창자들. 위나니미즘은 20세기 초 프랑스에서 쥘 로맹 등이 제창한 문학운동으로 '일체주의'라고도 한다. 위나니미스트들은 인간 집단은 개인을 초월해 어떤 독립적인 혼(魂)이 있다는 관점에서, 문학은 개인의 의지나 감정을 초월해 집단이나 사회 전체의 일체적 의지나 감정을 표현해야 한다고 주장했다.

10 잘 조화(調和)됨. 혹은 즐거운 가락.

11 문학과 연극을 소재나 주제로 하여 영화의 예술적 향상을 도모하려는 프랑스의 영화운동. 그 명칭은 1908년 세워진 프랑스 영화사 '필름 다르'(Film d'Art)에서 유래했다. 필름 다르는 당대의 예술가들을 영화제작에 참여시키고, 역사·연극·소설로부터 소재를 끌어와 연극과 같은 인공적인 세트에서 카메라 움직임을 배제한 고정 카메라로 연출했다.

12 많은 재물이 생기는 근원.

13 주어진 것.

14 아르놀트 팡크(Arnold Fanck, 1889-1974). 독일의 감독. 독일과 일본의 합작 영화 〈사무라이의 딸〉(新しき土, 1937)을 이따미 만사꾸(伊丹万作)와 함께 감독했다.

15 〈킹콩〉(King Kong, 메리안 C. 쿠퍼Merian C. Cooper·어니스트 B. 쇼드색Ernest B. Schoedsack 감독, 1933).

16 〈창〉(Chang: A Drama of the Wilderness, 메리안 C. 쿠퍼·어니스트 B. 쇼드색 감독, 1927).

17 온갖 것 혹은 상례(常例)를 벗어나지 않는 보통의 언행.

18 〈아란 사람〉(Man of Aran, 로버트 플래허티 감독, 1934).

19 가는 털 혹은 아주 작은 것.

20 기구나 그릇을 만듦.

13

사단법인 조선영화주식회사의 영화들

　영화를 '문화전文化戰의 탄환'으로 삼겠다는 식민 당국의 의지가 '조선
영화령'으로 공포된 후 2년여는 그야말로 한치 앞도 내다볼 수 없는 '암중
모색'의 시간이었다. 이 '암중모색'이라는 표현은 민간 제작사나 영화인뿐
아니라, '조선영화령'을 공포한 조선총독부에도 해당되는 말이었다. 타까
시마 킨지高島金次의 『조선영화통제사』(1943)에 따르면, 총독부는 식민본국
인 일본의 영화통제에 호응하되 조선의 독자적인 통제기구를 설치하고자
했고, 이 점이 일본 내지의 당국자들과 갈등을 빚었다. 일본 측은 조선에 지
사를 설립해서 필름을 배급하겠다는 입장이었으나, 조선총독부는 '조선의
특수 사정'을 내세워 독자적인 기구의 필요성을 강력하게 주장했다. 조선
은 내지와 비교해 예술과 문화, 경제 각 부분에서 다른 점이 많고, 민중 일
반의 지식도 현저한 차이가 있으며, 언어와 풍속, 종교 등이 달라 '내지영
화'를 조선에 그대로 적용해서는 안 된다는 것이었다. 앞으로 조선이 안정
적으로 필름을 공급받을 수 없게 될지도 모른다는 일본 측의 협박에도 불
구하고, 조선총독부는 독자적인 기구의 설치를 강력하게 주장했고, 결과적
으로 이를 관철시켰다.

　　조선총독부의 의지대로 제도와 기구의 정비가 완료된 것은 1942년 말이
었다. 1942년 5월 1일 사단법인 조선영화배급사, 이어서 9월 29일 사단법인
조선영화제작주식회사(이하 '법인 조영')가 각각 설립되었으며, 조선상공회
의소의 부회장 타나까 사부로오田中三郎가 법인 조선영화배급사와 법인 조
영의 대표를 겸했다. 법인 조영은 조선의 유일한 영화제작사로, 총독부 산
하 황도문화협회 안에 설치된 영화기획심의회(1942년 10월 설립)의 지도를
받도록 되어 있었다. 영화기획심의회가 기획과 시나리오 집필 단계에 적
극적으로 관여함으로써, '국가'는 영화의 모든 제작 단계에 편재했다. 이제
'조선영화'는 식민 권력이 영화의 생산을 완벽하게 통제하는, 즉 생산이 곧
통제가 되는 역설적인 제작 환경에 놓였다.

　　이듬해인 1943년, 법인 조영은 이전에 고려영화협회가 토오호오와 제
휴해 제작하던 〈망루의 결사대望樓の決死隊〉, 조선영화주식회사가 제작하
던 〈우러르라 창공仰げ大空〉을 이어받아 공개한 외에 두편의 극영화를 발
표했다. 1944년부터 조선에서 실시되는 징병제를 기념하는 〈젊은 자태若き
姿〉[1]와 〈조선해협朝鮮海峽〉이 바로 그것이다. 두 영화는 '징병제 실시 기념'

이라는 같은 취지를 내걸고 있으면서도, 겨냥하는 바가 사뭇 달랐다.

우선, 〈젊은 자태〉는 법인 조영의 존재 의의를 알리는 창립작으로서, 일본의 토요다 시로오豊田四郎(감독), 핫따 나오유끼八田尙之(각본), 미우라 미쯔오三浦光雄(촬영) 등을 섭외해 제작했다. 이렇게 화려한 제작진용을 갖춘데는 두가지 이유가 있었다. 첫째, 법인 조영의 창립작이 이전에 조선군 보도부가 제작한 선전영화 〈그대와 나君と僕〉를 뛰어넘는 화제작이어야 한다는 목표가 있었고, 둘째, 조선인 징병령의 의의를 조선 관객들에게 알리는 것 못지않게, 그러한 조선의 상황을 일본 관객들에게 알리는 것이 중요했기 때문이다. 말하자면, 〈젊은 자태〉는 식민지 조선인들을 향해 징병령이 '내선일체內鮮一體 실현의 증거'이자 '진짜 일본인'이 될 수 있는 기회라고 선전할 뿐 아니라, 식민 본국인 일본에 대하여 조선총독부, 조선군, 신생영화사인 법인 조영의 의미를 인식시키는 것을 또한 중요한 목표로 삼은 영화였던 것이다.

영화는 총독부가 육성한 조선 청년들이 이미 본국의 일본인과 다름없이 일본식 이름을 쓰고, 일본어로 말하며, 과거의 조선인들처럼 나태하지도 무책임하지도 않다는 것을 보여주는 한편, 기꺼이 '천황의 방패'가 되겠다는 조선 청년들이 '훌륭한 병사'가 되어 입대하기를 기다리는 조선군의 위용도 함께 담아내려고 했다. 이 영화 속에서 징병제 실시로 말미암아 '드디어' 일본의 군인이 되는 '선택된 조선의 아들들'을 헌신적으로 가르치고 지도하는 교사와 군인들은, 실상 조선총독부와 조선군이 구체화된 인물들이라고 해도 과언이 아니다.

같은 달 1943년 7월 일본의 『에이가준보오』에는, 징병령 실시를 앞두고 조선 및 조선영화의 특수성을 주제로 한 좌담회가 공개되었다.[2] 좌담회에는 그동안 조선에 독자적인 영화기구가 필요한가에 대하여 회의적이었던 일본영화계에 대한, 조선총독부와 조선군, 법인 조영의 입장이 잘 드러나 있다. 일본이 '대동아공영권'을 주창하면서 일본영화계의 관심이 '대동아 공영권'에서의 '대동아영화'로 옮겨간 이때, 조선영화에 대한 일본의 관심은 이전보다도 희미해진 상황이었다. 좌담회의 참석자들은 법인 조영의 위치나 역할에 대해 미묘하게 엇갈린 입장을 보였다. 과거와 같이 로컬 컬러에 집착하는 조선영화를 양산하지 말아야 한다는 점에 대체로 동의하면서, 궁극적으로 조선영화는 '자기를 해소하기 위해 존재'해야 한다는 의견이 우세했다. 그런데 이를 법인 조영의 존속이 과연 바람직한가라는 문제로 받아들이고 거북해진 조선군 보도부 측의 타까이 쿠니히꼬高井邦彦는 다음과 같이 말한다.

영화는 결국 대중의 것이고, 대중의 가슴에 심금을 울리는 영화가 아니면 그 영화는 의미가 없습니다. 조선인들의 심금을 울리는 영화는, 다른 데서 가지고 와서 형태만 갖춘다고 만들어지는 것이 아닙니다. 결국 조선에서 기획되고 조선에서 일하는 사람이 만들어야 비로소 그런 영화가 탄생한다고 생각합니다.3

"조선에서 기획되고 조선에서 일하는 사람이 만들어야" 비로소 "조선인들의 심금을 울리는 영화"를 만들 수 있다는 타까이의 말은, 아이러니컬하게도 그렇기 때문에 "조선인들의 심금을 울리는 영화"가 더욱 불가능해진 1943년의 상황을 환기시킨다. 또한 식민 본국에 대하여 조선 독자의 선전기구의 필요성을 역설할 수밖에 없는 조선총독부와 조선군 관계자들의 사

---

1   일본어로 제작된 이 영화의 제목은 〈와까끼 스가따(若き姿)〉로 조선어 제목은 없다. 조선어로 발행된 『매일신보』에서는 제목을 "젊은 자태"로 적고 있어서, 여기서는 당시의 표기대로 옮겼다. 현재 한국영상자료원의 KMDB에는 〈젊은 모습〉으로 등록되어 있다.

2   座談會「朝鮮映畵の特殊性」, 『映畵旬報』 87(1943.07.11), 10-15면. 이 좌담회는 한국영상자료원이 펴낸 『일본어 잡지로 본 조선영화』 4(한국영상자료원 2013)에 수록되어 있다.

3   위의 글 14면.

정도 위의 언급에서 짐작된다. 징병제 실시를 앞둔 시점에서, 법인 조영은 조선총독부와 조선군이 식민지 주민들과의 관계 및 식민 본국과의 관계를 조정할 수 있는 장치로서 존재해야 했던 것이다.

〈젊은 자태〉는 제작 중에도 신문과 잡지의 여러 지면을 통해 각계의 관심을 유도했고, '국민이 모두 보아야 할 영화'라는 홍보와 함께 공개되었다. 이 장에 실린 『매일신보』 연재 좌담회도 그러한 미디어 이벤트 가운데 하나다. 좌담회에 참여한 제작진과 연기자들은 자신들이 얼마나 진지한 태도로 국가의 사업에 임하고 있는지를 보여주는 '자기 증명'을 통해, 선전의 또다른 파급효과를 낳고 있었다.[4]

법인 조영의 창립작이라는 타이틀을 달고 제작되었지만, 〈젊은 자태〉는 그 이후 제작에 들어간 〈조선해협〉(박기채 감독)보다도 늦게 공개되었다. 창립작으로서 많은 공을 들이고 공개에 신중을 기한 점도 있겠지만, 공교롭게도 여러 사정이 겹쳐 제작이 지연되었던 탓이 크다. 흥미로운 점은, 이렇게 법인 조영이 일본 내지의 영화제작인들을 불러들이고, 조선군과 조선총독부가 적극적으로 협력하여 제작한 〈젊은 자태〉보다 상대적으로 적은 제작비와 짧은 제작기간, 그리고 무엇보다 조선인 제작진이 주도적으로 참여한 영화 〈조선해협〉의 흥행성적이 더 우세했다는 것이다.

〈조선해협〉 역시 조선에서의 징병제 실시에 대하여 "감사결의感謝決議 선양宣揚"이라는 취지를 내세우고 있었지만, 〈젊은 자태〉와는 달리 '순오락영화'로 기획되었다. 문예봉, 김신재, 김소영 등 조선영화계를 대표하는 여배우들이 총출연한 이 영화는 "청춘의 감격에 둘러싸인 아름다운 여성영화" "조선의 〈아이젠까쯔라愛染かつら〉[5]"라고 할 정도로 여성 관객의 취향을 고려한 멜로드라마였다. 선전영화로서 전례 없는 흥행성적을 거두었음에도 "속된 눈물"[6]을 주는 "신파비극에서 한발자국도 벗어나지 못한"[7] 영화라는 비난이 높았던 것은, 이 영화의 멜로드라마적 모드가 선전영화의

진정성을 훼손한다고 보았기 때문일 것이다. 멜로드라마와 선전영화가 과연 그렇게 어긋날 수밖에 없는 관계인가는 차치하고라도, 이 영화가 '선전영화'라는 기표로부터 미끄러지는 듯한 어떤 지점들을 끌어안고 있었으며, 그 점이 당대의 평자들에게는 영화의 성패와 완성도를 가르는 결점으로 지적되었다고 할 수 있다.

여기에 수록한 이춘인의 글 역시 〈조선해협〉이 "도무지 부끄러워 내지에도 보일 수 없"을 뿐 아니라 조선에서도 '저속층'에게나 보일 만한 영화라고 냉정하게 잘라 말한다. 영화의 시나리오, 연출, 연기 어느 것 하나 그를 만족시킨 부분은 없는 듯하다. 이춘인의 평가가 합당한가 아닌가는 관객이 평가할 몫이겠으나, 문예봉이 연기한 금숙錦淑, 킨슈꾸의 죽음과 그 주변의 이야기가 부자연스럽다고 지적하는 부분은 특히 주의해 읽어야 할 것이다.

이춘인은 이 영화에서 마침내 성기成基, 세이끼가 군인이 됨으로써 가족 간의 갈등이 해소되었다면, 즉 아들 성기의 입영이 금숙을 며느리로 인정하게 하는 계기가 되었다면, 왜 구태여 금숙을 죽여야 하는가라고 따져 묻는다. 이 대목에서 오늘의 관객은 고개를 갸우뚱할 수밖에 없다. 왜냐하면, 현재 한국영상자료원이 소장하고 있는 필름에서 금숙의 죽음을 확인시키는 장면은 등장하지 않기 때문이다. 시나리오에는 금숙이 죽는 것으로 설정되어 있는 터라, 이춘인의 지적이 그 혼자만의 오해라고 단정하기도 어렵다.

---

4   법인 조영의 창립작 〈젊은 자태〉의 제작에 대한 더 상세한 내용은 이화진 「1943년 시점의 '조선영화'」, 『한국극예술연구』 제26집(한국극예술학회 2007) 참조.

5   1937년부터 1938년까지 『후진꾸라부(婦人倶楽部)』에 연재된 카와구찌 마쓰따로오(川口松太郎)의 소설을 원작으로 노무라 히로마사(野村浩將)가 감독한 영화. 간호사는 독신이어야 한다는 병원 규정 때문에 아이가 있다는 사실을 숨기고 일하던 카쯔에와 병원장의 아들이자 의사인 츠무라의 사랑을 그린 멜로드라마로, 전쟁 중 일본 여성 관객들에게 크게 인기를 얻은 흥행작이다.

6   김기진 「〈조선해협〉을 중심으로 1」, 『매일신보』(1943.08.08).

7   須志田正夫 「朝鮮映畫の現狀」, 『國民文學』 제3권 9호(1943.09).

이러한 차이가 왜 그리고 어떻게 발생하지를 설명할 만한 단서는 충분치 않다. 그러나 이춘인이 본 버전 이외에 또다른 편집본이 있을 가능성도 완전히 배제할 수는 없다.

〈조선해협〉의 흥행 성공은 이후 조선영화의 제작 방향에도 상당한 영향을 미친 것으로 보인다. 1944년에 제작된 방한준 감독의 〈병정님兵隊さん〉(조선군 보도부 제작)과 〈거경전巨鯨傳〉, 최인규 감독의 〈태양의 아이들太陽の子供達〉은 조선인들의 주도로 제작되었다. 『에이가준보오』 좌담회에서 "조선에서 기획되고 조선에서 일하는 사람이 만들어야" 비로소 "조선인들의 심금을 울리는 영화"를 만들 수 있다는 타까이의 말은, 〈조선해협〉 같은 영화를 통해 증명되었던 셈이다.

한편, 조선군 보도부가 제작한 〈병정님〉 역시 시나리오 작가 니시끼 모또사다西龜元貞를 제외하고는 법인 조영의 조선인들이 주요 제작진과 출연진으로 참여한 영화다. 조선군 보도부가 〈그대와 나〉(1941)에 이어 두번째로 제작한 극영화인 〈병정님〉은 육군지원병훈련소의 생활을 세미다큐멘터리와 같은 스타일로 묘사하고 있다. 지원병제도 초기에 제작된 안석영 감독의 〈지원병〉(1941), 그리고 징병령 실시를 목전에 두고 제작된 〈젊은 자태〉나 〈조선해협〉 등과 비교해보면, 이 영화의 지향점은 더욱 뚜렷하다. 조선인 징병령이 시행된 1944년 시점에, 징집을 앞둔 조선 청년들과 그 가족에게 '군대'라는 미지의 세계에 대한 불안과 공포를 불식시키는 것이 바로 목표한 바였다.

법인 조영은 1944년 4월 7일 법인 조선영화배급사로 흡수되어 '사단법인 조선영화사'로 재탄생했다. 이후 태평양전쟁의 종전까지 조선총독부와 조선군의 영화 선전은 '사단법인 조선영화사'의 이름으로 이루어졌다. 과거에 고려영화협회의 간판 감독으로 〈수업료〉와 〈집 없는 천사〉를 통해 식민지 아동의 문제를 다루었던 최인규는, '사단법인 조선영화사'에서 다시

조선의 소년들에게 눈길을 보내 '해군특별지원병' 선전영화 〈태양의 아이들〉과 〈사랑과 맹세愛と誓ひ〉를 연출했다. 〈사랑과 맹세〉는 최인규와 토오호오의 이마이 타다시今井正가 공동으로 연출한 영화로 기록되고 있다. 이전에 〈망루의 결사대〉(1943)에서 함께 작업했던 두 사람은 오랜만의 일본-조선 합작이라고 할 수 있을 〈사랑과 맹세〉에서 다시 만났는데, 이전에 비해 최인규의 연출자로서의 위상과 비중이 훨씬 커졌으며, 실질적으로는 주도적이었던 것으로 보인다. 해방 후 최인규는 "〈태양의 아이들〉은 일본에 보냈던 기술자를 등용함이 목적이었고, 제2작 〈사랑과 맹세〉는 그들의 권세를 역용逆用하여 촬영소를 만들고 일본 최대의 동보영화東寶映畫에서 일류 기술자와 저명한 배우를 불러다가 우리나라 영화인이 내일의 조성造成에 도움을 얻기 바라고 나섰던 것"이라고 했다.[8] 식민지 소년들에게 제국주의 전쟁에 참전하여 피를 흘리라고 부추기는 영화를 만들고도, 조선영화의 장래를 도모하기 위함이었다고 변명한 것이다. 해방 후 조선영화계에는 법인 조영의 그림자가 망령처럼 드리워져 있었다. 식민지 말기 법인 조영을 경험했던 영화인들은 전쟁 협력에 대한 철저한 반성도 없이 '국영 영화론'을 주창하는 데 목소리를 높였다. 해방을 맞은 조선에서 민족영화에 대한 열망이 '국영 영화론'과 만나는 지점에는 아이러니컬하게도 식민지 말기 국가 주도 영화제작 시스템의 효과가 결부된 것이다.

　조선총독부 및 조선군과 긴밀한 관계 속에서 제작되었던 법인 조영의 영화들은 도시의 극장뿐 아니라 농산어촌·광산·공장지대 등에서 이동영사대를 통해서도 상영되었지만, 이에 대한 상세한 정보가 체계적으로 정리되지는 못했다. 특히 법인 조영의 중요한 제작 축인 문화영화의 경우 현재로서는 구체적인 정보를 확인하기 어려운 점이 많다. 일본의 전황戰況 악화에

8　　최인규「십여년의 나의 영화 자서(自敍)」,『(복간)삼천리』제5호(1948.09).

따라 물자가 원활하게 공급되지 못하면서, 법인 조영이 기획했던 영화와 실제 제작을 완료하고 공개된 영화 사이에는 상당한 차이가 있었던 것으로 추정된다. 앞으로 꾸준한 실증 작업을 통해 수정 및 보완되어야 하겠지만, 부족하나마 법인 조영 시대의 영화 목록을 다음 면에 정리했다. (이화진)

───── 함께 읽으면 좋은 글

1. 김정혁 「바다와 영화: 작품 〈조선해협〉기」, 『매일신보』(1943.07.10-11).

2. 「座談會 映畵 〈若き姿〉を語る」, 『國民文學』 제3권 6호(1943.06); 「영화 〈젊은 모습〉을 말한다」, 문경연 외 옮김 『좌담회로 읽는 국민문학』(소명출판 2010).

3. 高井邦彦 「영화 〈조선해협〉 랏슈 시사를 보고서」, 『매일신보』(1943.07.23-24).

4. 安田榮 「징병제와 영화」, 『신시대』 제3권 8호(1943.08).

5. 김기진 「〈조선해협〉을 중심으로」, 『매일신보』(1943.08.08-09).

6. 須志田正夫 「朝鮮映畵の現象」, 『國民文學』 제3권 9호(1943.09).

7. 「거경(巨鯨)을 쫓아서 〈거경전〉 로케를 보고서」, 『매일신보』(1943.10.29-11.02).

8. 「半島の新映畵: 〈巨鯨傳〉」, 『文化朝鮮』(1943.12).

9. 김정혁 「신년도 조선영화의 전망」, 『신시대』 제4권 2호(1944.02).

10. 김태진 「신영화평: 〈거경전〉」, 『매일신보』(1944.02.27-29).

11. 「座談會 軍と映畵: 〈兵隊さん〉を中心に」, 『國民文學』 제4권 6호(1944.06); 「군과 영화」, 문경연 외 옮김, 『좌담회로 읽는 국민문학』(소명출판 2010).

12. 안석영 「영화수감」, 『매일신보』(1945.05.28-06.01).

13. 김정혁 「영화시감」, 『매일신보』(1945.06.08-10).

사단법인 조선영화주식회사(사단법인 조선영화사)의 영화들

제작	제목	분류	제작연도	감독	비고
사단법인 조선영화제작 주식회사	타나까 총감의 연설 (田中總監の演說)	문화영화	1942		조선총독부 정보과 위촉
	코이소 총독 운산광산 시찰 (小磯總督雲山鑛山)	문화영화	1942		일본광업주식회사 위촉
	우리는 이제 간다 (我等今ぞ征く)	문화영화	1942	박기채	국민총력조선연맹 위촉
	망루의 결사대 (望楼の決死隊)	극영화	1943	이마이 타다시 (今井正) 최인규	고영(高映)·토오호오(東寶) 합작 중 법인 조영으로 인계
	우러르라 창공 (仰げ大空)	문화영화	1943	김영화	조영(朝映)에서 제작 중이던 영화가 법인 조영으로 인계
	조선해협(朝鮮海峽)	극영화	1943	박기채	징병제 기념영화
	젊은 자태(젊은 모습) (若き姿)	극영화	1943	토요다 시로오 (豊田四郎)	징병제 기념영화
	쇼오와 19년 (昭和十九年)	문화영화	1943	모리나가 켄지로오 (森永健次郎)	조선군 후원 조선징병제 보급 선전
	조선에 온 포로 (朝鮮に來た俘虜)	문화영화	1943	안석영	조선군 후원 조선에 수용된 영국군 포로수용소
	반도의 처녀들 (半島の乙女達)	문화영화	1943	이병일	반도의 젊은 총후 여성들을 그린 음악영화
	영광의 날(榮光の日)	문화영화	1943		해군특별지원병제도 선전
	소생하는 흙(蘇る土)	문화영화	1943	카사이 이쯔오 (河濟逸男)	천수답 가뭄 피해 개량 식량증산운동 선전
	우리들 군함깃발과 함께 (われ等軍艦旗と共に)	문화영화	1943	오오노 신이찌 (大野眞一)	해군특별지원병제도 선전
	빛나는 승리(輝く勝利)	문화영화	1943		구리회수운동 선전
	거경전(巨鯨傳)	극영화	1944	방한준	증산보국 및 해양사상 보급
조선군 보도부	병정님(兵隊さん)	극영화	1944	방한준	조선군 보도부 제작
사단법인 조선영화사	열어라 대륙 (拓け大陸)	문화영화	1944	오오노 신이찌 (大野眞一)	만주개척 선전
	태양의 아이들 (太陽の子供達)	극영화	1944	최인규	해군특별지원병 선전
	국토방위를 위하여 (國土防衛のために)	문화영화	1944	박기채	조선군 보도부 지휘 전시영화제작정신대 제1작
	승리 (勝利)	문화영화	1944	박기채	조선군 보도부 지휘 전시영화제작정신대 제2작
	영광 (榮光)	문화영화	1945		조선군 보도부 지휘 전시영화제작정신대 제3작
	사랑과 맹세 (愛と誓ひ)	극영화	1945	이마이 타다시 (今井正) 최인규	토오호오(東寶) 후원 해군특별지원병 선전. '신풍의 아이들(神風の子供たち)'이라는 제목으로 기획되었다가 개제
	우리들의 전장 (我等の戰場)	극영화	1945	신경균	근로보국 선전영화 '피와 땀(血と汗)'이라는 제목으로 기획되었다가, '근로전선'으로 게재, 제작 완료 시점에는 '우리들의 전장'으로 다시 개제. 미개봉.

1 징병영화 〈젊은 자태〉 좌담회

『매일신보』 / 1943.07.01-08

조선군과 총독부의 후원으로 조선영화주식회사에서 제작 중인 징병영화 〈젊은 자태〉는 토요다豊田 감독 이하 출연배우 제씨의 열연으로 방금 촬영을 급속히 진행시키고 있거니와, 본사에서는 지난 6월 23일 개성에서 촬영 중인 것을 기회로 후원 측, 회사 측을 위시하여 감독 이하 주연배우를 망라한 로케 현지 좌담회를 개최하였다.

출석자:

타나까田中 조선영화회사장, 시미즈淸水 도서과 통역관, 타까이高井 조선군 촉탁, 토요다 시로오豊田四郎(감독), 미우라 미쯔오三浦光雄(촬영), 마루야마 사다오丸山定夫[1](출연자), 황철黃澈(출연자), 복혜숙(출연자), 김령金玲(출연자), 김정혁(조영朝映 선전과장), 사또오 쿠니오佐藤邦夫(조선악극단)[2]

본사 측: 조趙 학예부장

시일: 6월 23일 오후 7시
장소: 개성 인삼장人蔘莊

징병 의의(意義)의 철저 ── 국민이 모두 보아야 할 영화

본사 측 지금부터 좌담회를 시작하겠습니다. 우선 조선영화사장 타나까田中 선생께서 이 영화를 제작하시게 된 동기라고 할까, 기도企圖에 대해서 말씀하여주십시오.

타나까田中 아시는 바와 같이 명년부터 반도에 징병제가 실시됩니다. 실로 반도 동포에게 있어서 이보다 더 큰 영광이 없습니다. 반도 동포는 이 영광의 징병제의 의의를 깊이 인식하고, 하루바삐 진정한 황국신민의 자질을 연성鍊成[3]하지 않으면 안 됩니다. 이 영화는 첫째 목적이 반도 동포에게 징병제의 의의를 철저시키는 데 있습니다. 그러므로 이 영화는 조선영화회사라는 일一 회사의 영화가 아니라 반도 전체가 만드는 작품이라고 생각합니다. 그러므로 우리 회사로서는 전력을 기울여 이에 당當하고 있습니다. 다행히 군에서도 절대의 후원을 주시고 또 사회 각 방면에서도 여러가지로 원조를 아끼시지 않아서 감격하여 마지않습니다. 보시는 바와 같이 오늘도 토요다豊田 감독 이하 여러분이 열심히 촬영에 종사하고 있어서 마음 든든히 생각하고 있습니다. 어떻게 해서든지 이 의의 깊은 숭고한 의의를 가진 영화를 훌륭히 완성하고 싶습니다. 그리고 다음으로 이 영화를 제작하는 제2의 목적은 내지 측에 향하여, 반도 징병제의 씩씩한 행진, 징병제 실시를 본 반도 청년의 용장하고 활발하고 건실한 ▨▨을 보여 내지 동포에게도 반도의 징병제의 의의를 인식시키는 데 있습니다. 요컨대 반도 동포에게 징병제의 의의를 철저히 인식시키고 겸하여, 내지 동포에게도 반도 징병제를 인식시키는 것이 이 영화 제작의 동기이고 기도입니다.

본사 측 잘 알았습니다. 그러면 다음으로 이 영화제작의 지도적 입장에 계신 본부 도서과 시미즈淸水 통역관께서 이 영화의 의의에 대해서 말하여 주십시오.

시미즈淸水 이 영화는 조선영화회사의 처녀작품이라고 볼 수 있습니다. 그리고 이 영화는 징병제도를 인식시키는 국가적 사명을 가진 영화이고 건

---

1   원문에는 "丸山政夫"로 기재되어 있으나, 〈젊은 자태〉에 출연한 배우 마루야마 사다오(丸山定夫)의 오식으로 보인다.
2   좌담회 첫회 연재의 출석자 명단에는 '사또오 쿠니오(佐藤邦夫)'의 이름이 없으나, 추후 연재분에서 그 이름이 추가되었다. 사또오의 발언은 7회 연재분의 말미에 있다.
3   몸과 마음을 닦아서 일을 이룸.

폐하의 방패가 되어
나아가는 이 몸은……

〈젊은 자태〉의 한 장면
일본어로 제작된 이 영화에는 자막이 없다.
한국어 자막은 한국영상자료원의 VOD에서 서비스되고 있는 것이다.

전오락으로서 교화·계발·보도에 국민교육의 역할을 가지고 있습니다. 본부와 조선군의 후원으로 되어 있고, 말하자면 국민이 죄다 한번 보아야 할, 국민 필견必見의 영화입니다.

이 영화의 기획 심의는 군을 위시하여 관계 각 방면이 수차數次나 참집參集[4]하여 각본을 사계斯界의 권위인 핫따 나오유끼八田尙之 씨에게 위촉하고 검토를 거듭하였습니다. 연출은 토오꾜오의 토요다 시로오豊田四郎 씨, 촬영은 미우라 미쯔오三浦光雄 씨가 담당하고, 출연배우 여러분도 사계의 일류이므로 반드시 완성될 때에는 우수한 작품이 될 것이라고 믿고 있습니다. 최근 조선 내에서 촬영되어 상영된 영화에는 〈그대와 나〉〈망루의 결사대〉 등이 있는데, 이 〈젊은 자태〉도 이것들과 비교해서 우수할지언정 결코 손색이 없는 좋은 영화가 되리라고 믿습니다. 아시는 바와 같이 소화 19년도1944부터 조선에 징병제가 실시되게 되어 있습니다. 조선 동포가 모두 진정한 황국신민이 되는 동시에 내선일체內鮮一體의 이념이 구현되는 것입니다. 더구나 대동아전쟁 결전 아래에 있는 오늘날 스스로 깨달아서 충성으로써 군국君國에 보報하는 것은 극히 당연한 일입니다. 이 당연한 자태가 극히 자연스럽게 〈젊은 자태〉로 되어 영화에 약동되리라고 믿습니다. 이 정황이 마음을 움직이게 하고 반가움과 믿음성을 느끼게 될 것입니다. 이 영화가 만인에게 환영되고 재미있게 관상觀賞될 날이 머지않은 것을 믿는 바입니다.

국가 총력전 아래 영화도 역시 싸우고 있습니다. 적敵 미영米英을 때려 부수기 위하여 영화도 힘차게 싸우지 않으면 안 됩니다. 1회 07.01

출연자, 로케 등이 모두 내선일체(內鮮一體)의 구현

본사 측 다음으로 후원 측이신 조선군의 입장으로 타까이高井 촉탁께서 이 영화에 대한 기대라든지 주문에 대해서 말씀하여주십시오.

타까이高井 교문校門은 영문營門5에 통한다는 말이 있는데, 물론 교문만이 영문에 통하는 것이 아니겠지만 나이로 보아서 중등학교 이상의 청년 학도는 조만간 제국 군인이 되어야 할 광영을 가지고 있습니다. 뿐만 아니라 청년 학도는 장래에 국가의 중견으로 국가의 운명을 짊어지게 되었습니다. 이 영화의 테마가 청년 학도에 있는 것은 이런 점에서 대단히 좋다 생각합니다.

내년부터 조선에 징병제도가 실시되게 되었는데, 이는 우악優渥6하옵신 성려聖慮7에 의한 것으로, 이 성은聖恩에 봉답하기 위하여서는 군인을 내는 가정에서는 이를 일가의 명예로 알아서 큰 자랑으로 자질子姪8을 군문에 들

---

4 참가하기 위해 모임. 참석.
5 병영(兵營)의 문.
6 은혜가 매우 넓고 두터움.
7 임금의 염려. 여기서는 일본 천황의 염려를 가리킴.
8 ① 자여질(子與姪, 아들과 조카를 통틀어 이르는 말), ② 자손(자식과 손자를 아울러 이르는 말).

〈젊은 자태〉의 개성 로케 촬영(『매일신보』, 1943.07.02)

여보내고, 군문에 들어가는 장정 자신도 역시 무상의 광영으로 알고 흔연히 영문에 들어가야 합니다. 이 영화의 중요성이랄까 사명은 이런 기운을 팽배하게 미만彌漫[9]시키는 데 있다고 생각합니다. 우리가 이 영화를 중대시하고 전면적으로 지지와 원조를 아끼지 않는 까닭은 여기 있습니다.

본사 측 그 이외에 이 영화가 가진 특성은 없습니까.

타까이高# 이 영화의 특성으로 잊을 수 없는 것은, 이 영화가 정치와 밀접한 관계를 가진 것입니다. 다소 근본문제에 들어갑니다마는, 나는 정치와의 관련이 없는 영화는 국가적으로 보아 아무런 의미가 없다고 생각합니다. 그것은 다만 영화에 한정된 문제가 아니라 일반 문화가 죄다 그렇습니다. 불란서의 문화가 그만큼 고도로 발달되었음에 불구하고, 국가의 존립에 아무런 공헌이 없이 도리어 국민을 타락시키고, 결국은 망국亡國의 원인이 되게 한 실례가 있습니다. 언뜻 생각하면 정치가 문화와 관련되는 것이 정치의 타락인 것처럼 보이고 또 문화가 정치와 연결된 것이 문화의 사도인 것 같이 생각되지만, 정치의 원활한 운용은 문화를 매개로 하여야 비로소 가능하고, 문화로서도 국민정신을 내포하고 국가의식을 반영하여야 하는 이상 정치와 통하는 것은 당연한 일입니다. 나는 문화의 근본 사명은 정치와 연결을 가지고 국가의 흥륭에 공헌하고 황운皇運을 부익扶翼[10]하여 받드는 곳에 있다고 생각합니다. 〈젊은 자태〉는 이 같은 문화의 일익一翼으로서의 영화의 사명을 진 것이라고 할 수 있습니다.

그리고 이 영화제작의 형태나 인사의 교류나 내선 각지의 로케 같은 것이 완전히 내선일체의 실을 거하였는데 이것도 이 영화의 한 특성으로 생각할 수 있습니다. 2회 07.02

---

9   원문에는 "미만(彌慢)"으로 되어 있으나 '미만(彌漫)'의 오식으로 보인다. '널리 가득 차 그들먹함'의 의미.

10   남을 거들어서 도와줌.

영화도 국책에 협력 — 감독도 새 결의로 담당하였다

본사 측 영화각본에 대해서 군에서 주문하신 것이 없습니까.

타까이高井 처음 이 영화의 각본 심의가 있을 때에 군에서 여러분이 출석하셨는데 그때에 원안이 셋이 있습니다. 그때에 나도 한 안을 제출하였는데, 결국 이 다섯 안을 골자로 해서 야쓰다八田[11] 씨가 각본을 제작한 것입니다. 그중 백마악白馬嶽 스키 장면은 나의 안을 채용한 것입니다. 이 각본 작성에 당해서 야쓰다 씨는 큰 정성으로 노력하였습니다. 아침마다 밝기도 전에 조선신궁에 참배해서 각본이 훌륭히 완성되기를 기원하였다는 눈물 나는 이야기도 있습니다. 우리로서는 특별한 주문이 없었고 다만 군인정신이라든가 병영 생활이라든가에 틀리는 것이 없도록 조연하였을 뿐입니다.

본사 측 이 영화에 대해서 군에서 여러가지로 적극적인 원조를 주신 모양인데, 거기 대해서 말씀할 것이 없습니까.

타까이高井 군으로서는 전면적으로 강력한 원조를 하고 있습니다. 여기에 참석하신[12] 토요다豊田 씨도 우리가 회사에 말해서 연출을 담당하게 한 것입니다. 큰 것으로는 백마 로케 때에 ○○[13]과 ○○부대에서 스키 부대를 출동하여 받고, 또 ○○○대에서 정찰기偵察機의 편대를 출동하여 받았으며, 조선 로케에서도 ○○○의 정예가 많이 참가하였습니다. 군 자체가 만든 〈그대와 나〉에 지지 않는 병력을 출동시켰습니다. 그밖에 영내 촬영 요원의 내선 왕래에 편의를 주었고, 자재의 알선도 될 수 있는 대로 많이 해주었습니다.

본사 측 다음으로 이 영화의 감독이신 토요다 씨께서 이 영화의 연출을 맡으신 심경에 대해서 말씀하여 주십시오.

토요다豊田 내가 처음 이 영화의 감독을 교섭받은 것이 지난 1월이었었습니다. 그때 나는 조선의 향토색을 내는 데는 내가 부적당하므로 일단 사퇴하였습니다. 그러나 다시 생각하면 이 영화의 주지, 즉 테마가 대단히 좋고 특히 내지와 조선을 일체로 한 포용성이 큰 영화를 만드는 것을 대단히 뜻

있는 일이라고 생각하게 되었습니다. 이 영화가 목적하는 주제는 지금 국가가 필요로 하는 중요한 일이므로, 국민이 당연히 하여야 할 것입니다. 오늘날 우리 영화인들은 좁은 시야를 벗어나서 국가의 요구에 협력하지 않으면 안 된다고 나는 생각합니다. 이런 의미에서 영화는 지금 커다란 전환기에 직면하였다고 생각합니다. 우리는 좀더 넓은 방향으로 큰 포용성을 가지고 나아가지 않으면 안 됩니다. 추상적으로 말이 되었습니다마는, 대체로 이런 생각을 가지고 나는 이 영화의 연출을 담당하기로 승낙하였습니다.

본사 측 이것은 실례의 이야기가 될는지 모르지만, 토요다 씨께서는 머리를 바싹 깎으셨는데 조선 오셔서 이 영화를 시작하신 뒤에 깎으셨습니까.

토요다豊田 (소笑) 아니올시다. 머리는 여기 오기 전에 내지에서 깎고 왔습니다. 어쨌든 나는 종래와 다른 새로운 결심으로 이 영화의 제작에 당하게 된 것입니다. 3회 07.03

응소(應召)[14]의 심경으로 배우들도 출연하고 있다

본사 측 그러면 출연자 측으로 마루야마 씨께서 이 영화에 출연하실 때에 결의랄까 심경을 들려주십시오.

마루야마丸山 부끄러운 이야기입니다만, 내가 이 영화에 출연하도록 교섭이 있을 때에 토요다 씨의 감독 작품이라는 것으로 무조건하고 승낙하였습니다. 물론 배우라는 것은 영화에 출연할 때에 그 작품의 제작 의도를 안 뒤에 결정하는 것이 당연한 순서이겠지만, 이번에는 토요다 씨에게 아주 일임

11　시나리오 작가 핫따 나오유끼를 가리킨다. 『매일신보』 좌담회에서는 그의 이름이 '야쓰다'로 불리고 있어서, 원문 그대로 옮겨둔다.

12　원문은 "결석하신"이나 오식으로 보인다.

13　○○은 익명으로 처리된 것으로, 원문 그대로 표기했다. 이하의 ○○도 원문 그대로.

14　소집(召集)에 응함.

한 셈입니다. 처음에는 보통 영화에 출연하는 셈으로 별 생각 없이 출연했었는데, 정작 일을 시작해놓고 보니 책임이 여간 큰 것이 아니었습니다. 이 영화의 중대성에 감격도 하였고 내가 맡은 임무가 어떻게 큰 것을 알았습니다. 아까 어느 분이 영화가 정치와 결합하지 않으면 안 된다는 말씀을 한 분이 있는데, 우리들도 결국 그곳까지 가지 않으면 안 된다고 생각합니다.

본사 측 군에서 선서宣誓한 것은 언젭니까.

마루야마丸山 아마 5월 12일께였다고 생각합니다.

본사 측 지금까지 영화를 촬영하는 데 선서식이 있었습니까.

마루야마丸山 나는 처음입니다.

본사 측 그때의 감상은 어때했습니까.

마루야마丸山 선서문을 내가 읽게 된 데는 다소 얼떨떨했습니다마는, 이제야말로 배우로서 당연히 할 일에 가까워졌다고 생각했습니다. 그전에도 이런 종류의 영화에 출연했습니다마는, 이번에 처음으로 국가적 의의가 있는 일에 참가하게 되는구나 하고 생각하였습니다. 나는 나이와 체질 관계로 군인으로 응소할 수 없습니다마는, 이번에는 응소에 가까운 느낌을 가지게 되었습니다. 4회 07.04

좋은 작품이 되도록 촬영에 더욱 전력

타까이髙井 선서문을 낭독할 때에 마루야마 씨의 음성이 떨립니다.

본사 측 다음 황철 씨가 역시 이 영화에 출연하신 심경을 말씀해주십시오.

황철 나는 무대가 본직이어서 영화에는 별로 경험이 없었습니다. 내가 맡은 역이 마쯔다의 역인데 이런 큰 역을 맡을 줄은 의외였습니다. 내가 일을 보는 극단이 내가 빠지면 곤란하지만, 이런 뜻깊은 일에 참가하는 것은 국민의 의무이므로 즐겁게 참가하였습니다. 감독도 촬영도 일본 제일이므로 훌륭한 영화가 될 줄 믿고 있습니다. 여러분한테 열심히 배우고, 내가 국어15

발음이 부족하므로 이 점은 여러분한테 주의를 받으면서 열심으로 일하고 있습니다. 나는 이 영화가 끝날 때까지 술을 끊을 작정입니다.

본사 측 토요다 씨, 이번에 배역은 선생이 하셨습니까.

토요다豊田 대체로 조선영화회사에서 정해 왔습니다. 처음에는 유명한 배우들만 죽 늘어놓았으므로, 이런 영화에 반드시 인기 있는 배우만 쓸 필요가 없어서 다소 배역을 변경하였습니다. 나는 조선 배우들을 잘 모르므로 어떤 분이 어떤 역에 맞을지 확실한 성산이 없었지만, 황철 씨 같은 좋은 분이 계셔서 내가 무리로 출연하기를 간청하였습니다.

본사 측 이 영화에는 황철 씨가 맡으신 마쯔다라는 중학교 선생이 이 영화에 중심이 되는 사상내용을 가지고 있습니까.

토요다豊田 이 영화에 나오는 중심층을 지도하는 힘은 역시 마쯔다 선생에게 있습니다. 그만치 이 역은 중대합니다.

본사 측 마쯔다 선생은 어떤 지위에 있습니까. 조선사회로 보아서나 가정적으로 보아서 말입니다.

황철 지금 조선의 현상은 할아버지와 아버지와 아들의 삼층이 있습니다. 할아버지는 국어를 전연 모르고 아버지는 다소 국어를 알지만 국어를 상용하는 아들만은 못합니다. 내가 하는 역은 아들도 아버지도 아닌 어중간된 역이어서 대단히 어려웠습니다. 그래서 실제로 선생 역을 배우려고 중학교에 가보았지만, 역시 우리보다 나이가 많은 분들이었습니다.

본사 측 그러면 이야기를 제작 편으로 돌리겠는데, 촬영을 담당하신 미우라 씨는 이번에 처음 조선에 오셨습니까.

미우라三浦 조선을 박이는 것은 이번이 처음입니다.

본사 측 조선의 풍물에 대한 인상은 어떻습니까.

15   일본어.

『매일신보』좌담회 지면에 공개된 〈젊은 자태〉의 장면들

미우라三浦 처음이므로 열심으로 연구해서 좋은 사진을 만들고자 합니다. 결과를 보지 않으면 알 수 없지만, 빈틈없는 작품을 만들려고 정신 분투 중입니다.

본사 측 이쪽의 공기는 내지에 비해서 퍽 맑은데 어떻습니까.

미우라三浦 기상氣象적으로는 대차가 없습니다. 기습[16] 관계로 습도를 주의하지만 그것도 큰 차도가 없습니다. 5회 07.05

내지 장교의 중매로 반도 남녀가 결혼

본사 측 여자 측 출연자인 복혜숙 씨, 감상이 없습니까.

복 나는 이번에 강습회에 나오는 부인의 역을 맡았습니다. 토요다 선생 감독 아래에 출연하게 된 것은 큰 영광입니다. 내가 영화에 처음 나온 것이 20년 전인데, 그때는 참 별별 고생을 다했습니다. 지금 이런 좋은 회사가 될 줄 알았다면 그냥 전문으로 배우 노릇을 할 것을 잘못했습니다. 이번에는 한번 열심으로 해보려고 나섰는데, 유감인 것은 나오는 장면이 짧은 것입니다.

타까이高# 복 선생이 안 나오면 조선영화는 되지 않더군요. 이를테면 복 선생은 조선영화의 산 역사 같습니다그려.

복 오늘 맡은 역은 실상 힘듭니다. 토요다 선생께도 말씀했지만, 입을 헤벌리고 어리둥절하게 서 있는 역은 더 어렵습니다.

본사 측 김령 씨는 무슨 역을 맡으셨습니까. 벌써 많이 찍으셨습니까.

김령 아직 한번도 안 찍었습니다.

토요다豊田 경성 가서 찍을 작정입니다.

본사 측 김령 씨는 지금까지 어떤 영화에 나오셨습니까.

김령 문화영화 같은 짧은 것에 나왔습니다. 개성의 인삼을 선전하는 〈쓰

---

16   "습기"의 오식으로 보인다.

지니미노루地に實る〉라는 영화와 〈명랑한 포도鋪道〉 같은 것입니다.

본사 측 토요다 선생은 어떻게 김령 씨 역을 취급하실 작정이십니까.

토요다豊田 지금 조선에 얼마나 많은지 모르지만 새로운 의미의 훌륭한 처녀를 보여주려고 생각합니다. 처음 이 각본에는 아주 평범한 처녀로 되어 있었는데, 나는 이것을 다소 고쳐서 적극적인 새로운 훌륭한 처녀를 만들려고 합니다. 이것이 어떠한 정도로 성공이 될는지 모르지만 하여튼 나는 이런 생각으로 취급하고 있습니다.

본사 측 마루야마 선생은 마쯔다 선생과 김령 씨 역인 요시무라 에이꼬와를 결혼시키는데 그 감상은 어떻습니까. 6회 07.06

내지(內地)뿐만 아니라 동아(東亞) 전역에 선전

마루야마丸山 나는 기타무라 소위로 나와서 마쯔다라는 훌륭한 선생과 반도의 새로운 훌륭한 처녀인 에이꼬와를 결혼시킬 때에, 거기에는 훌륭한 군인정신을 가지고 젊은이들을 지도한다는 숭고한 정신이 있어야 할 것입니다. 불같이 엄격한 성격과 그 동시에 아주 인정에 넘치는 아름다움이 겸비된 그런 정신을 가져야 합니다. 이 정신을 어떠한 정도로 나타낼 수 있을지 의문입니다. 내지인의 배속장교配屬將校가 조선의 젊은이들을 지도하여 결혼시킨다는 것은 실로 아름다운 일입니다.

본사 측 백마악의 로케에서는 사실로 조난하셨다는데, 황철 씨 그때 이야기를 해주십시오.

황 백마의 산에서 내려와서 촬영할 때입니다. 날이 수상하고 바람이 몹시 불어왔습니다. 그렇지만 또 컷을 찍어야 하므로 장소를 바꾸어서 다시 아래로 내려갔습니다. 그런데 바람은 자꾸 붑니다. 나는 만주에서 몹쓸 바람을 겪어보았지만, 그때 것은 문제도 안 되는 것이었습니다.

황 바람이 심할 때면 몸이 두서너간씩 날아갔습니다. 손발이 얼어서 자유로 움직일 수 없습니다. 도저히 촬영을 할 수 없습니다. 옆을 보니까 중학생 역을 하던 젊은이가 엎어져 있겠지요. 이렇게 가다가는 나도 위험하겠길래, 위에 있는 타카다 스키 부대한테 구원을 청하려고 죽을힘을 다해서 올라갔습니다. 그러나 두서너간 가다가는 숨이 막혀서 어떻게 할 수가 없습니다. 천신만고로 겨우 군대 여러분의 구원을 얻게 되었습니다. 이런 경우에 다시는 큰일입니다. 그래서 모두들 뺨을 얻어맞았습니다. 뺨을 맞으면 정신이 번쩍 들고 또다시 졸음이 온답니다. 그때 만일 군대 여러분의 구조가 없었으면 열 사람쯤은 큰일 날 뻔하였습니다. 위는 얼고 속은 부드러운 눈이므로 한번 빠지면 못 나옵니다. 나도 한때는 죽지나 않나 하였습니다.

본사 측 토요다 선생, 이렇게 내선의 여러분을 동원시켜서 제작에 답하시는 감상이 어떻습니까. 전에도 조선사람과 교제가 계셨습니까.

토요다豊田 내가 전에 있던 동경발성東京發聲, 토오꾜오핫세이에는 이곳에서 연출부와 촬영부로 많이 들어왔으므로 꽤 많이 알고 있습니다. 그 뒤 동경발성이 해산되고 동보東寶, 토오호오에 합병되었으므로 그때 모두들 그만두고 돌아왔지만, 연출에 있어서는 조영朝映의 하루야마春山 군이 퍽 우수한 편입니다. 그밖에 시나리오를 쓰던 오영진吳泳鎭 군, 카메라에 한韓[17]이라는 사람을 기억하고 있습니다. 그때 나하고 같이 있던 야기八木 군이 조선사람을 많이 알선해주었으므로, 그런 관계로 나도 조선사람을 많이 알게 되었습니다. 그 뒤 〈오꾸무라 이오꼬奧村五百子〉[18]를 찍을 때 오고 또 이번에 오게 되었는데, 이번에는 조선의 인상이 퍽 좋습니다. 전번보다는 여러 가지 점으로 퍽 좋아서 아주 기분 좋게 일을 하고 있습니다.

17 한형모(韓瀅模, 1917-99)를 가리킨다. 한형모는 일본 토오호오에서 촬영을 배우고 돌아와 최인규 감독의 〈태양의 아이들(太陽の子供達)〉(1944)과 〈사랑과 맹세(愛と誓ひ)〉(1945)의 촬영을 맡았다. 해방 후에도 최인규와의 협업을 이어가던 한형모는 〈성벽을 뚫고〉(1949)로 감독 데뷔를 했다.

본사 측 이 영화가 조선은 물론이지만 내지에도 널리 상영되어 내선일체內鮮一體의 근본정신을 보급시키는 데 크게 도움이 되어야겠는데, 이 내지 측의 선전에 대해서 사또오佐藤 씨 말씀하여 주십시오.

사또오佐藤 나는 지금까지 동화상사東和商事, 토오와상사[19]에 있으면서 조선 영화의 선전에 종사하였었는데, 지금까지 훌륭한 영화가 많았지만 조선적 인 지방적地方的 영화였으므로 성적이 그리 좋지 못했습니다. 조선영화로 서 획기적 작품인 〈그대와 나〉는 이전과 달리 넓은 의미로 정치와 문화의 관계를 가진 좋은 영화였으므로 성적이 퍽 좋았습니다. 이번의 〈젊은 자태〉 도 내지 흥행에 퍽 큰 기대와 흥미를 가지고 있습니다. 오늘날 조선이 어떠 한 자태를 가지고 있나 하는 것은, 대동아공영권의 민중이 다 같이 흥미를 가지고 보고 있습니다. 이때에 〈젊은 자태〉가 내지에 상영되어 내지인들에 게 조선의 인식을 깊이 하고, 동시에 대륙과 남방에 진출하여 조선의 현상 을 보이게 되어 그 임무와 역할이 매우 크게 되었습니다. 더구나 이 영화는 토요다 씨, 미우라 씨, 마루야마 씨 같은 일본영화계의 제1류 여러분이 모 여서 찍으신 점으로 더욱 의의가 큽니다. 영화는 사상전思想戰의 탄환彈丸 입니다. 이 탄환이 훌륭히 만들어지며 훌륭히 쏘아지기를 바랍니다.

본사 측 그러면 대체로 이만 그칩니다. 오랫동안 여러분 감사합니다. (종)

7회 07.08

2 각본·연출·연기: 이춘인
   〈조선해협〉을 보고

『조광』 제9권 9호 / 1943.09

대체 비평이란 대상을 어디다 두어야 하는 건지 이에 따라 각도가 달라지는 거겠지만, 조선에 있어서 영화만큼 비평이 없는 예술도 드물 것이다. 왜 그런가. 먼저 영화가 적었고, 적은 중에도 너무 지졸遲拙하여 문제가 못 되었던 것인가. 그렇지 않으면 어린 조선영화를 위해 가혹한 평을 삼가 그랬던 것인지, 하여간 조선에서도 영화에 순수한 비평이 있어야만 할 것은 조선영화를 위해 무엇보다도 긴요한 문제라 하겠다.

가까운 예를 들어 최근에 봉절된 조영朝映의 〈조선해협〉을 보면, 이 작품은 조영이 완전한 영화기업에 입각한 최초의 작품이며 따라 조선징병제를 기념한 작품이기도 한데, 보고 난 감상은 너무도 미안未安하다.

조선이 징병제를 기념하여 반도 동포의 감격을 기울인 기획엔 만강滿腔20의 경의를 표하는 바이나, 생각하면, 더욱 좀 가만히 생각하면, 조선영화는 아직 미숙기에 있다고는 하나 이 작품으로선 도무지 부끄러워 내지內地에도 보일 수 없고, 조선에서도 저속층에게 브로마이드 밸류 외엔 효과가 없을 것 같다.

---

18   오꾸무라 이오꼬(奧村五百子, 1845-1907)의 생애를 소재로 야기 야스따로오(八木保太郎)가 각본을 쓰고 토요다 시로오(豊田四郎)가 연출한 영화. 토오꾜오핫세이에서 제작한 이 영화의 조선 로케이션은 1939년 8월 말과 9월 초 경주·대구·밀양 등지에서 진행되었다. 영화는 일본에서 1940년, 조선에서 1941년 공개되었다. 오꾸무라 이오꼬는 일본 정부와 교단 본부인 히가시혼간지(東本願寺)의 명을 받아 조선의 부산분원에 파견된 오꾸무라 엔신(奧村圓心)의 여동생으로, 1896년 조선에 건너와서 1898년 전라남도 광주 본원사(本願寺) 부지에 오꾸무라실업학교를 설립하고, 1901년 일본군 위문과 구호활동 등을 위한 애국부인회(愛国婦人会)를 창설한 인물이다.

19   원문에는 "동아상사"로 되어 있으나, 사또오 쿠니오는 영화배급사 토오와상사(東和商社)에서 조선영화의 선전 업무에 종사하다가 조선과 인연을 맺었다. 조선군 보도부의 내선일체 선전영화 〈그대와 나〉(1941)의 캐스팅 디렉터로도 활동한 것으로 알려진 그는, 경성의 쇼오찌꾸 계열 상영관이었던 명치좌의 실연 프로그램 조사 일을 하다가 조선악극단과 관계를 맺었다. 좌담회 당시 그의 소속이 '조선악극단'으로 표시된 것은, 악극단 대표 이철의 제안으로 조선악극단의 기획을 맡고 있었기 때문이다. 상세한 내용은 다테노 아키라 엮음, 오정환·이정환 옮김 『그때 그 일본인들』(한길사 2006), 448-49면.

20   마음속에 가득함. 원문 한자는 "萬腔"이나 오식으로 보인다.

영화 〈조선해협〉의 제작진과 출연배우들
징병제 실시 기념영화라는 타이틀을
달고 있지만, 〈젊은 자태〉와 달리
'순오락용'으로 기획된 〈조선해협〉에는
법인 조영에 소속된 조선인들이
주도적으로 제작에 참여했다.

　그러면 그 책임은 어디 있나. 전엔 먼저 기업자의 몰이해를 첫손에 꼽았으나, 이제 와선 정면으론 그 이유가 성립되지 않을 거고 이면으론 기술적이나 또는 재정적인 면 이외의 기획에서 호흡이 불일치하여 실패하는 경우도 상상되는 거고, 이 작품에 있어서도 이 점이 원인도 될 수 있고 또 중대한 근인近因이라고도 할 수 있으나, 그보다도 이 영화를 만들어낸 연출자, 이야기를 꾸며낸 원작자, 영화를 끌어가는 연기자가 먼저 책임져야 할 것 아닌가.

　그러면 먼저 시나리오의 구성을 검토해보기로 하자. 불행히 이 시나리오는 활자화되지 않아 일독一讀할 기회가 없어 자연 연출 부면에까지 언급되는 것이나, 첫째, 이 작품의 테마는 어디 있는 것인가. 방탕한 청년이 지원병이 되어 갱생하는 거라면 어찌 그리 사사로운(실례失禮이나 싱거운) 사건이 주제를 밀쳐놓는가. 차라리 이 작품은 조선의 가족제도의 일면을 그린 작품에 가깝겠으나, 원작자는 이 작품의 대중성에 급急하여 그런 분위기를 그릴 여유가 없이 달음질친 것 같다.

　주제는 성기成基[21]의 입영으로 인해, 금숙錦淑을 용인하지 않던 부모가 자부子婦[22]로 허락하는 데 있는데, 멜로드라마도 될 수 없으면서 왜 금숙은 죽고 마는 것인지. 이 작품이 징병제를 기념하지 않았다 하더라도 금숙의

〈조선해협〉의 신문 광고
오른편에 주인공 금숙(錦淑, 킨슈구) 역을 맡은 문예봉의 얼굴이 자리하고, 상단에는 이 영화에 출연한,
조선영화계를 대표해온 배우들과 법인 조영의 신예들의 얼굴이 나열되어 있다.
"비련의 상처와 생활의 괴로움! 그리고 가혹한 운명과 싸우면서도
오직 진실 일로로 사랑하는 사람을 기다리는 여인의 거룩한 심정!"이라는 문구에서,
이 영화가 조선 관객에게 호소력 있는 멜로드라마로 기획되었음을 짐작할 수 있다.

병사病死와 그 부근 이야기는 부자연한데, 이 작품을 징병제 기념으로 선전
을 했으면 왜 그런 쑥스런 이야기를 만들었을까. 결국은 대단원에 가서는
해피엔드인데, 구태여 주인공을 죽일 것은 무엇인지. 죽지 않고는 완고한
부모가 허락을 하지 않고 남편도 갱생하여 제국 군인으로서 굳세게 지원하
지 않을 그런 기연機緣이 있었다면 또 그럴싸한데, 이건 해결을 다 해놓고
나서 그만 쓸쓸히 죽고 만다.

주제에 너무 간섭할 게 아니라 원작자에게 일보一步 접어놓고, 그러면
그 이야기를 움직일 수 없는 것이라고 한다면 너무도 설명이 부족하다. 대
체 이 작품엔 문예봉이니, 남승민이니, 춘징기椿澄技, 츠바끼 스미에니 하는 배
우는 볼 수 있으나 성격을 갖춘 인물은 통 찾을 길 없다. 성격묘사에 있어서
원작자는 전연 모른 체하신 것 같다. 오늘 영화가 예술의 한 자리를 짧은 시

21 일본어로 제작된 이 영화에서 조선인들의 이름은 일본식으로 발음된다. '성기(成基)'는 "세
      이끼", '금숙(錦淑)'은 "킨슈구"로 불린다. 원문에는 이름이 한자로만 표기되어 있다.
22 며느리.

간에 제법 뚜렷이 차지한 것은 영화가 성격묘사에 성공하면서부터가 아닐까. 그런데 불행히 이 작품에선 인물들의 성격으로써 양출釀出[23]하는 영화의 분위기는 찾을 길이 없다.

더구나 이 작품을 모호하게 만든 데는 복선이 너무도 무시되어 있는 점이 같이 지적되어야 할 것이다. 일일이 예를 들 경황은 없으나, 금숙이 병사하는 기인起因을 과로로만 돌린 경솔엔 누구나 고개를 갸웃거릴 게다. 공장에서 졸도하는 건 과로에 틀림없겠으나, 그로 인하여 죽게까지 된다면, 그전에 그가 병약하다든지 또 병후 경과에 있어서 악화했다든지 관중에게 믿음직한 복선을 왜 준비하지 않았는지. 또 의문은 계속된다. 성기가 입영 전에 금숙을 아파트로 찾도록 동생 청자淸子, 키요꼬는 계획적으로 주선했는데도 불구하고 아무 복선도 없이 길가에서 어긋나게 하여 일부러 갈등을 샀으며, 또 입영의 시간도 잘 알고 있을 청자와 금숙이가 자동차를 달리기까지 하면서 왜 시간을 놓치는 건가. 영화에서 갈등이 필요한 것은 영화학映畵學 초문初門[24]이겠지만, 복선이 없는 갈등같이 부자연한 것은 없다.

이상 모두 시나리오 라이터만이 미칠[25] 수는 없는 게고, 연출자는 왜 좀더 깊이 생각을 못 미쳐[26] 이런 미숙한 이야기를 그냥 웃음거리로 만들어버렸나. 책임은 아무래도 연출자에 그중 저울대가 무거울 거 같다.

첫째, 이 영화엔 시간의 경과가 너무도 무시된 것 같다. 대체 언제 이야기가 시작되어 언제 끝난 건지, 꽃이 핀 봄 컷이 몇개 있을 뿐 그 후에는 통 의복에건 회화會話에건 계절의 변화가 없다. 그런데 어린애는 상당히 성장한 것 같다. 어린애 이야기가 났으니 말이지, 출생의 장면에서 그 다음 장면—벌써 상당히 큰 애기로 나오는 장면—사이엔 상당한 시일이 경과되어 있음에도 불구하고, 연출자는 페이드의 수법도 안 썼기 때문에 관중으로 하여 실소失笑케 하고, 더욱이 금숙의 환상幻想 컷에도 영리한 관객 아니곤 슬쩍 한번 속고 마는데, 속여봤자 별 스릴도 없는 데는 실망치 않을 수 없다.

또 여기 나오는 성기의 본집은 집으로 보아 부호富豪엔 틀림없는데, 무얼 하는 사람인지 한시간 반 이상이나 이야기를 들으면서도 통 알 길이 없고, 금숙을 용인 않는 그 가정이 상당히 조선 고래古來의 완고한 가정 같은데, 엄연한 가풍이라든지 재래의 어려운 예의 풍절의 표시가 전연 나타나지 않은 건 너무도 이야기를 돕는 힘을 박약케 하지 않았을까.

성기의 생활은 본 가정에서 돌봄 없이 숙부에게 무심無心을 입어가며 어렵게 지나온 것같이 생각되는데도 불구하고, 성기의 주택은 너무도 호화롭고, 또 그 집이 셋집이었다는 사실이 나중 "집세 받으러 왔어요" 하는 데서 알려졌을 땐, 연출자의 상식조차 의심스러워진 것은 비단 필자뿐일까. 종래의 조선영화가 향토색을 강조하기 위해 빈한한 농촌의 궁상만을 노려 크게 불유쾌하더니, 연출자는 너무 비약하여 숙부에게 겨우 용돈을 뜯어 쓰면서 살아가는 동서同棲[27] 생활에 아파트나 자그마한 집을 사용치 않고, 아무리해도 셋집으로도 안 보이고 셋집이라면 적어도 3,4백원 이상의 호화로운 생활을 시키는 건 성기 군에게 너무 무리한 부담[28]이 아닐까. 이상을 다 승인하기로 하자. 연출자는 왜 한마디의 회화나 한 컷으로서라도 이 점을 수긍시키지 않았는지.

이런 것보다 더 중요한 문제는 이 작품의 박력迫力이다. 관객을 흥분시킬 무엇이 아무 데도 없이 그냥 이야기만 급급히 또는 용용冗冗히[29] 벌어진다. 대체 이 작품은 어디가 클라이맥스인지 초점을 흐린 채 이야기는 그치는

23   어떤 사건이나 현상을 빚어냄.
24   '입문'이라는 의미.
25   원문에는 "밋질".
26   원문에는 "생각을 미처"이나 문맥상 부정적인 의미로 보인다.
27   법적인 부부가 아닌 남녀가 한집에서 함께 살면서 부부관계를 유지함.
28   원문에는 "부탄(負坦)"이나 오기로 보인다.
29   번거롭게. 복잡하게.

것이다. 성기의 입영 생활에서도 씩씩한 군인의 자랑이라든가 기품은 고조高調되어 있지 않고, 불건강한 부부의 사모思慕만이 갈팡질팡한다. 성기의 동생 청자는 그간 호의로 형兄 부부를 동정하고 있었음에도 불구하고, 이 사모하는 부부는 재경在京 시에 상면도 못하고 문통文通30도 없이 거처도 모른 채 있다가, 임종 때 비로소 전화로 해후를 한다.

장치에 있어서도 연출자는 안정安靜이 없다. 이 씨네 집 안방만 하더라도 짧은 그동안에 아랫목 병풍이 세번씩 바뀐다. 조선에서 이런 가정을 상상하긴 곤란치 않을까.

성격묘사가 모호하다는 건 시나리오에서 지적했으나 연출자의 흠이 크고, 전쟁 장면에서도 그런 어색한 컷 대신에, 일본영화나 외국 영화에서 필름을 끊어 넣는 편이 차라리 효과적이었으리라.

아무 관련도 없는 컷이긴 하나, 꽃핀 담 아래서 어린애들이 줄 넘는 장면은 아름다웠고, 기관총 소리와 전기재봉틀 소리의 오버랩은 재주로웠으나, 똑같은 수법을 두번 되푸는 데는 증오를 느끼지 않을 수 없었다. 세밀한 것 같으나 금숙의 전신前身에 관하여도 아무 설명이 없고, 내지 요양소의 묘사에서도 그게 내지라는 인상은 전연 없다. 더구나 이 근방에서 〈조선해협〉의 제목이 뚜렷이 알려지는 것이니, 내지인의 위문객이 오는 그런 컷쯤으로 넉넉히 이 효과를 나타낼 수 있었으리라 생각되고, 지원병 행진 때 군중 속에서 금숙이 달려가기 좋게 한간 통 길을 비켜놓은 건 너무 편리만을 취하지 않았을까. 또 금숙의 입원만 하더라도, 조금만 냉착冷着31했으면 여직공으로 그렇게 상등 입원실은 사용하지 않았겠다.

영화가 주제로 달음질칠 때 다소의 비약이야 용납되겠지만, 그렇다고 인간성이 무시되어선 인형극보다 나을 게 없다. 금숙이 성기와 전화를 할 때 그처럼 똑똑히 이야기를 나눌 의식을 가지고서, 그 전에 자기 아들이 안겨왔을 때 모성애의 한 표정도 없는 것을 우리는 묵과할 수 있을까.

카메라는 선명하여 명랑한 감을 주었으나, 연출자는 좀더 앵글에 변화를 주었더라면 지루한 감을 덜지 않았을까.

그러면 이 작품은 순전히 연출만의 실패였는가. 나는 이 기회에 조선배우 제군諸君의 연기에 언급해둘까 한다. 시나리오가 연출자의 손(해석)에서 좌우되듯이 연기도 연출자에게 의존되는 점이 많다고 하겠으나, 조선에서 우수한 연기자가 안 나온다는 건, 조선에 우수한 연출자가 없어 그렇다는 결론만 같지 않을 게다. 이 작품에서도 문예봉이니 남승민南承民이니 김신재金信哉니, 우리가 노상路上에서 흔히 만날 수 있는 그대로의 인물이었고, 〈조선해협〉의 배역을 완전히 소화한 이들은 아니었다. 연기에 변화가 없어 어느 영화에서나 같은 인상을 벗어나지 못하는 건, 연기자로서 일가를 이루었다고 하기 곤란할 게고, 필자는 더욱이 조선 여女 연기 층에서 이 불안을 크게 느낀다.

이 영화 첫 장면에서부터 관중은 무안하다. 안방에 돌아온 부부의 어색함, 무료함. 성기가 지극히 우울했다고는 하나 그건 자기 집에 돌아온 게 아니라 인연 끊은 아버지 앞에 무릎 꿇은 장면이라면 알맞겠고, 아내의 동작과 회화 뒤에 꼭 감독이 숨어 있어 "자 — 이제는 몸을 앞으로 웃음을 짓고, 작은 소리로 '네 여보세요' 부르라"고 지시를 하는 광경이 선하다. 연기자는 카메라 앞에서 굳어진다. 통 움직일 줄을 모른다.

조선영화가 지루하다는 원인의 하나는 여기에서도 지적될 게고, 아까 성격묘사에서도 논급했거니와 필요한 대사 이외엔 일절 입을 열지 않는다는 건 분위기 양성에 큰 지장이 된다. 대체 조선영화는 (시나리오도 그렇지만) 같은 권 수로 내지영화나 외국 영화의 오분지일1/5 정도의 회화가 있을까 말

30   문서나 서신을 주고받음.
31   냉정.

까. 이래서야 충분한 연기를 요망하는 것도 무리일까.

이야기가 지리하다면 연기가 관중을 끌고 가야 하는 건데, 이도 바랄 수 없다면 김빠진 맥주다. 이 작품에선 독은기[32]와 김일해, 최운봉, 서월영 등 남자 진陣은 무난했으나, 남승민은 윤달潤達한 기력을 엿보기 어려워 미스 캐스트인 듯하고, 송죽松竹, 쇼오쩌꾸에서 온 춘징기는 확실히 움직여 능란한 연기였다.

용어를 전부 국어國語로 한 것은 당연한 일이었으나, 국어 지도에 있어서 좀더 신중한 고려가 필요치 않았을까. 발음의 무리라든지 회화의 어색함은 하루아침에 어쩔 수 없고, 도리어 조선색을 내는 데 효과적일 것도 같으나, 어색한 속에서 내지 여자의 흉내를 빌어 "네에 여보ねえあなた"[33] 등의 교성嬌聲[34]을 발하는 건 어떨까 싶지마는[35] 대단 거북해, 차라리 내지에서 내지 배우들의 녹음을 빌린 것이 결과적으론 현명치 않았을까.

32   원문에는 "독고린"이나 '독은기(獨銀麒)'의 오식이다.
33   영화 속에서 성기(成基, 세이끼)의 모친인 조선의 중년 여성이 하인에게 건네는 대사다. "ね えあなた"는 여성적인 뉘앙스를 갖는 표현으로, 조선 배우의 어색한 일본어 연기와 흉내 내 기를 지적하는 대목이다.
34   여자의 간드러지는 소리.
35   원문은 "갇기만은".

◇14◇

조선영화에 대한 역사적 기록들

역사는 현실의 요구를 미래에 대한 전망으로 번역하고, 이를 과거에 투사함으로써 재구성해낸 집단적 기억이다. 충족되지 못한 현실의 다양한 요구들은 미래를 기약하고 과거를 성찰하는 근거로서 역사라는 이야기를 이끌어가는 지배적인 계기가 된다. 현실의 결여 혹은 공백이 과거와 미래를 선형적으로 조직하는 준거가 된다는 점에서 역사를 지배하는 시간성은 과거가 아니라 현재라 할 수 있다. 물론, 이때의 현재란 균질적이고 공허한 시간이 아니라 역사적 조건 아래서 개인과 집단이 경험하는 구체적인 사건들로 채워진 시간이다.

이렇게 볼 때, 식민지라는 현실 아래서 '조선영화사'를 기술하려 했던 이들이 보여준 것은 과거 사실에 대한 단순한 집적이 아니라 역사적 시간성으로서의 현재이자 식민지/제국 체제의 구조적 모순이 지층화된 역사의 단면이었다. 산업자본의 논리와 문화권력의 위계적 역학관계, 그리고 식민 당국의 정책적 개입 속에서 스스로의 존재방식을 모색해온 조선영화(계)에 대한 기억 투쟁은 식민지적 권력관계를 떠나서는 온전히 독해될 수 없는 것이다. 특히 중일전쟁 이후 급변하는 정세 속에서 '조선'이라는 민족적/

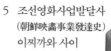

4 조선영화론〔1941〕
임화

5 조선영화사업발달사
(朝鮮映畵事業發達史)
이찌까와 사이

종족적 기표가 전면적으로 문제시될 때, 전시 담론을 전유하며 제국의 영화권 내에 '조선영화'의 자리를 확보하기 위한 담론적 전략과 실천들은 그 자체로 조선영화의 존립과 직결된 문제였다. 조선영화에 대한 주목할 만한 역사적 기록들이 식민지 말기에 집중적으로 생산되었다는 것은 역사 서술이 갖는 의미가 무엇인지를 생각해보게끔 한다.

조선영화에 대한 역사적 기록이 본격적으로 제출되기 이전, 조선영화의 역사에 대한 개관을 처음으로 마련한 것은 이구영이었다. 이 장에 소개된 이구영의 글은 조선영화가 갓 제작되기 시작한 무렵에 발표된 것으로, 한 편의 영화조차 온전히 제작할 수 없는 조선영화계의 "폐허" 같은 상황을 구조적 차원에서 진단하는 글이다. 산업적 종속관계 아래 제작 기반을 형성하지 못했던 조선영화계가 처한 현실의 문제를 보여주는 이 글은 다음과 같이 시작한다.

우리에게는 영화사가 없다. 적어도 우리의 손으로 작품을 발표해보기도 2년 전이요, 작품으로도 10여편이 못 된다. 그러면 내가 쓰려는 조선영화계의 과거사도 불과 2년 전이요, 2년 후인 현재다. 사실 말하면 우리 영화계는 폐허다. 아니 처녀지다.

서양에서 발명된 영화가 조선에 도래한 지 20여년이 지난 뒤 쓰인 이 글에서 이구영은 "우리에게는 영화사가 없다"고 단언한다. 그에게 영화사란 곧 영화 '제작'의 역사로 간주되었기 때문이다. 그럼에도 그는 외화 수용의 맥락을 되짚으며 조선영화계의 과거를 역사적으로 고찰하고자 하는데, 이는 영화를 소비하는 상영의 영역과 생산하는 제작의 영역이 결코 분리될 수 없다는 문제의식 아래서 제출된 것이었다. 실질적으로 그가 강조하고 있는 바는 일본의 산업자본에 의해 몰락한 조선의 흥행산업과 그로 말미암아 고착화되는 조선영화계의 구조적 모순이었다. 이구영의 진단에 따르면, 대규모 극장 체인을 소유한 일본의 메이저 영화회사가 외국 영화에 대한 배급권을 독점함으로써 조선의 극장가는 불리한 경쟁에 내몰릴 수밖에 없었다. 관객 유치를 위해 우수한 외화를 수급하려는 극장들 간의 경쟁은 자본력이 약한 조선인 극장의 몰락으로 이어졌고, 그 결과 조선영화계는 영화를 제작하더라도 "제작비용의 회수의 가망이 없"는 모순적인 구조 아래 놓이게 된 것이다. 따라서 그가 "우리에게는 영화사가 없"음에도 조선영화사를 기술하고자 한 것은, "폐허"상태에 놓인 조선영화계의 현실을 드러내고 탈피하기 위한 문제의식에서였다.

이구영의 글에서 주목할 또다른 지점은 외국 영화가 조선에서 수용되는 양상을 상세히 기록하고 있다는 것이다. 유럽의 탐정활극이 유행했던 초창기를 지나 연속영화serial film가 관객들을 장악하기 시작하면서 조선의 극장가는 미국영화의 영향력 아래 놓이게 된다. 미국영화의 인기를 언급한 글은 많으나 당대 상영된 영화가 구체적으로 어떤 것이었고, 관객이 그 영화들을 어떻게 수용했는지 알려주는 자료는 흔치 않다. 당시 관객들은 무차별적으로 외화를 수용한 것이 아니라, 유니버설, 파라마운트, 폭스 등과 같이 제작회사별로 유형화/장르화하여 일정한 기대와 전망을 가지고 영화를 관람했는데, 이 글은 그와 같은 정황을 구체적으로 기록함으로써, 당시 조선인들이 향유했던 영화문화의 일면을 재구할 수 있는 실증적인 자료로서도 중요한 의미를 지닌다. 영화계에 깊이 몸담고 있던 사람의 눈으로 기록한 당대의 극장가 풍경을 통해, '제작' 중심의 영화사 서술이 놓치고 있는 장면들을 살펴볼 수 있는 것이다.

1930년대 들어서는 유물론적 역사관에 근거한 조선영화사가 제출되기 시작했다. 사회주의 영화비평의 자장 아래 쓰인 임화의 「조선영화의 제 경향에 대하여(朝鮮映画の諸傾向に就いて)」(『新興映画』, 1930.03)와 서광제의 「조선영화예술사」(『중외일보』, 1930.06.23-07.08)는 그 대표적인 경우다. 이들은 아메리카니즘에 경도된 조선영화계의 현재와 과거를 비판적으로 점검하면서, 계급의식에 기반한 역사성을 획득하는 데서 조선영화의 존재 이유를 찾는다. 조선영화계가 나아가야 할 방향성에 대해서는 관점의 차이를 보이나, 이들 서술이 공통적으로 지적하는 것 또한 조선영화계가 처한 식민지적 상황과 구조적 모순이었다. 빈곤한 물적 토대와 식민지 검열제도는 조선영화가 민중을 위한 예술로 생장하지 못하는 근본적인 장애요인이었기에, 조선영화의 미래를 위해서라도 이는 반드시 극복되어야 할 문제로서 쟁점화된다.

이구영의 글이나 사회주의자들의 영화사 서술과 달리, 현실에 대한 비판적 진단 수준을 넘어 제작사製作史에 대한 통시적인 접근이 이루어진 시기는 조선영화의 생산이 어느정도 축적된 이후였다. 여기 소개하는 안종화의 글은 빈곤한 물적 토대 위에서 영화제작을 위해 "고투"를 벌였던 영화인들의 흔적을, 예술적 성취와 역사적 발전이라는 관점에서 정식화하고 있는 대표적인 글이다. 물론, 개인적인 차원에서 조선영화계가 걸어온 힘겨운 시간을 회고하는 글은 그 전에도 종종 제출되었다. 그러나 안종화의 글은, 그간 제작된 작품들을 수집하고 발굴하여 대중에게 축제의 형식으로 공개했던 '조선일보사 영화제'(1938)를 기념해 발표된 글이라는 점에서 특별한 의미를 지닌다. 조선 최초의 영화제였던 '조선일보사 영화제'는 나운규와 그의 〈아리랑〉(1926)을 중심으로 조선영화의 '고전'을 발견하고 이를 정전화함으로써, 조선영화에 대한 공통의 기억을 생산하고 기억의 공동체를 형성하는 기획이었다. 초창기부터 영화계에 몸담았던 인물로서 안종화는 조선영화계를 대표해 조선영화의 역사를 서술한 것이다.

그러나 여기서 주목할 점은 이구영, 안종화와 같이 조선영화 제작 초기부터 현장에 몸담아온 영화인이라 하더라도, 개인적인 기억에 의존하여 영화사를 구성하는 데는 분명한 한계가 있다는 사실이다. 더욱이 비非문자적인 문화 생산물을 보존하고 분류하는 공공 시스템이 부재한 시대적 조건 아래에서라면, 영화사란 서로 어긋나는 개인적 기억들이 쌓여만 가는 기억 더미가 될 가능성이 높았다. 실질적으로 조선영화계를 대표하여 영화사를 집필한 것임에도 안종화의 글에는 형극의 길을 걸어왔던 영화인들에 대한 개인적인 소회가 짙게 배어 있고, 역사적 사실과 맞지 않는 부분도 적지 않다. 그럼에도 안종화의 글이 조선영화에 대한 사적私的인 회고록에 머물지 않고 집단적 기억으로 자리 잡은 데는 조선영화계의 역량을 결집하여 자료를 발굴·수집·정리한 '영화제'라는 공식적인 행사가 결정적 영향을 미친 것이다. 단발성 흥행물로 제작되었던 조선영화가 점차 예술성을 확보해나가는 과정으로서 조선영화사를 상상하는 방식은 나운규를 상징적 기점으로 삼는 해방 후 한국영화사의 문법이기도 한데, 안종화의 글은 "고투의 형극로"로 표상되는 이 역사적 상상력의 기원을 엿볼 수 있는 텍스트라 할 수 있다.

식민지 시대에 처음이자 마지막으로 열린 '조선일보사 영화제'가 기획

했던 기억의 공공화 작업은 임화의 「조선영화발달소사」에도 그대로 반영된다. 이 글은 1940년 5월 『삼천리』의 '조선문화 급(及) 산업 박람회' 특집에 「시국편」 「지원병편」 「문화편」 등과 더불어 무기명으로 실린 「영화편: 조선영화발달사」를 약간 수정한 채 임화의 이름으로 발표된 것이다. 또한 이 글은 이찌까와 사이市川彩의 『아시아 영화의 창조와 건설アジア映画の創造及建設』(國際映画通信社出版部 1941.11)에 실린 「조선영화산업발달사」의 제작사 부분에 차용되기도 한다. 임화의 글이 출간된 1941년은 '조선영화령'(1940)의 시행으로 조선영화에 대한 전면적인 통제와 함께 조선영화의 존재 가치에 대한 물음이 전면적으로 제기된 시기였다. 전시 동원 체제하에서 조선영화에 대한 정보는 낱낱이 가시화되어야 했고, 영화계의 인적·물적 자원은 관리의 대상으로 등록되어야 했으며, 조선영화는 전쟁 수행을 위한 프로파간다로서 그 효용성을 검증받아야 했다.

이 시기에 임화는 고려영화협회의 이창용이 설립한 '조선영화문화연구소'에 소속되어 있었는데, 이를 감안하면 이 글은 조선총독부의 위촉에 의해 집필되었을 가능성이 매우 높다. '조선영화문화연구소'에 대해서 구체적으로 밝혀진 바는 없지만, 1939년경부터 이 연구소를 구상했던 설립자 이창용이 조선총독부와의 밀착관계 속에서 사업을 확장해나갔다는 사실과 실무자로서 조선의 영화산업 전반에 대해 해박했다는 사실 등을 토대로 볼 때, 이 연구소가 조선 영화산업의 실태와 사료史料 정리 작업을 진행했음을 추론해볼 수 있다. 따라서 임화의 이름으로 발표된 「조선영화발달소사」는 임화 개인의 관점만을 반영한 저작이 아니라, '조선일보사 영화제'를 통해 수집·발굴되었던 자료, 조선총독부가 통치 기간 동안 집적한 각종 데이터, 그리고 '조선영화문화연구소'에서 생산한 자료들을 바탕으로 생산된 최초의 '공식적인' 영화사라 할 수 있다. 이 '공식적인' 조선영화사는 전쟁기 조선민중을 통제하기 위해 조선영화의 영향력을 활용하고자 했던 식민지 정

조선일보사 영화제
1938년 11월 26일부터 28일까지 3일간 열린 제1회 조선일보사 영화제는
그간 제작된 조선영화 중 우수한 작품들을 관객 투표로 뽑아 재상영한 이벤트였다.
영화제 기간 중 무성영화와 발성영화 부문에서 '베스트 10'을 선정했는데,
무성영화 부문에서는 〈아리랑〉(1926) 〈임자 없는 나룻배〉(1932) 〈인생항로(1937)가,
발성영화 부문에서는 〈심청전〉(1937) 〈오몽녀〉(1937) 〈나그네〉(1937)가
각각 1, 2, 3위로 선정되었다.

부의 정책과, 그 정책을 전유하며 조선영화의 자리를 박탈당하지 않으려 했던 조선영화인들의 노력, 그리고 조선의 특수성을 표현하는 매체로서 조선영화의 문화적 중요성에 주목했던 임화의 개입이 불균형한 상태로나마 창출해낸 기록인 셈이다.

임화의 영화사 서술이 지속적으로 제기하는 문제의식은 영화가 영화로서 기능하고 존재하기 위해서는 예술성이 반드시 전제되어야 하고, 조선영화의 예술성을 담보하는 '조선적인 것'은 제국 일본의 지방성으로 환원될 수 없다는 것이었다. 「조선영화발달소사」의 서술 전략을 좀더 명확히 드러내는 「조선영화론」(1941)에서 임화는 조선영화가 처음부터 근대문화의 일종으로서, 문학 등 여타 부문과 마찬가지로 예술로서 형성되었음을 규명한다.

「조선영화발달소사」는 아시아의 영화 전반을 집대성한 이찌까와 사이의 『아시아 영화의 창조와 건설』에 수록되어 일본 제국의 전시戰時 광역권론 속에서 조선영화의 좌표를 마련한다. 일본에서 중국 등 아시아 국가의 영화에 대한 정보가 거의 존재하지 않던 시절에 최초로 아시아 각국의 영화 현황을 기록한 이찌까와 사이의 책은, 일본의 식민지 경영을 위해 대대적으로 아시아의 영화산업, 제도, 그리고 역사를 조사하는 맥락에서 기획되었다.

해방 후 민족주의의 관점에서 대표적인 한국영화사를 집필한 이영일(『한국영화전사』, 1969)과 유현목(『한국영화발달사』, 1980)은 식민지 시대 조선영화를 기술하는 부분에서 이찌까와 사이의 책을 인용하고 있다. 이들이 공통적으로 "역사의 암흑기"라 부르는 식민지 말기 제국주의적 리저널리즘regionalism의 관점이 명확하게 드러나는 『아시아 영화의 창조와 건설』을 참고한다는 것은 아이러니컬한데,[1] 아마도 이찌까와 사이의 책이 '아시아'라는 리저널리즘의 상상력과 앤솔로지anthology라는 편제 속에서 여타 아시아 국가/민족들과 '동등하게' 조선영화의 자리를 마련해놓고 있어서일 것이다. 『아시아 영화의 창조와 건설』은 일본영화의 현황을 개괄한 후 각 식민지의 영화 사업을 민족/국가별로 소개하고 있다. '아시아'라는 추상적인 상위 범주, 즉 보편성은 그 아래에 각자의 몫을 차지하는 하위 범주의 하나로서 조선영화에 특수성을 부여하고, 앤솔로지의 형식은 이 보편성과 특수성의 '역사적 공범성'을 투명하고 객관적인 과학적 체계로 보이게끔 하는 데 기여했을 것이다.[2] (유승진)

---

1   「조선영화사업발달사」의 구성은 조선에 영화가 수입된 초기부터 1941년 당시까지의 역사와, '조선 주요영화 제작람표' '영화제작부문의 구성' '조선 영화제작소 일람' '조선영화인협회 규약' '반도영화국책의 전진' 등 공식화된 데이터와 규약으로 이루어져 있는데, 이영일과 유현목이 인용하는 부분은 주로 이러한 데이터 및 조선영화의 전사(前史) 즉 영화 수입 초기의 사정이라고 하는 '사료'에 해당하는 내용이다.

2   '조선일보사 영화제'의 의미 및 안종화, 임화의 조선영화사 서술과 이찌까와 사이의 '아시아 영화' 구상, 그리고 해방 후 조선영화사 구상 사이의 관계에 대해서는 백문임 『임화의 영화』(소명출판 2015) 2장에 기대어 작성했다.

─────── **함께 읽으면 좋은 글**

1. 「동트는 조선영화계」, 『매일신보』(1927.10.20).

2. 심훈 「조선영화총관: 최초 수입당시부터 최근에 제작된 작품까지의 총결산」, 『조선일보』
   (1929.01.01-04).

3. 임화 「조선영화의 제 경향에 대하여(朝鮮映画の諸傾向に就いて)」, 『新興映画』 제2권
   3호(1930.03).

4. 서광제 「조선영화예술사」, 『중외일보』(1930.06.23-07.08).

5. YY생 「여우(女優) 언파레이드 영화편: 영화 10년의 회고」, 『동아일보』(1931.07.22-08.02).

6. 윤백남 「조선영화사 만화」, 『신흥예술』 창간호(1932.05).

7. 손위빈 「조선영화사: 10년간의 변천」, 『조선일보』(1933.05.28).

8. 「현대 조선 원조이야기: 그것은 누가 시작하였던가?」, 『매일신보』(1936.01.07).

9. 백야생 「조선영화 15년」, 『조선일보』(1936.02.21-03.01).

10. 「우리들의 혈한 개척자들」, 『조선일보』(1938.01.03).

11. 안종화 「탄생된 지 불과 50년, 지금은 오락의 왕좌」, 『매일신보』(1938.05.05).

12. 김성균 「조선영화 소고」, 『조선』 제285호(1939.02).

13. 오영진 「조선영화의 시상: 조선영화론초」, 『조광』 제5권 2호(1939.02).

14. 안종화 「조선문화 20년: (12)영화편」, 『동아일보』(1940.04.21-25).

15. 임화(추정) 「조선문화 급 산업박람회: 영화편」, 『삼천리』 제12권 5호(1940.05).

16. 朝鮮映画文化研究所 「朝鮮映画三十年史」, 『映画旬報』 제87호(1943).

17. 高島金次 『朝鮮映画統制史』(朝鮮映畵文化研究所 1943); 다카시마 긴지 지음, 김태
    현 옮김 『조선영화통제사』(인문사 2012).

1 조선영화계의 과거-현재-장래   이구영

『조선일보』 / 1925.11.23-12.15

우리에게는 영화사映畵史가 없다. 적어도 우리의 손으로 작품을 발표해 보기도 2년 전이요, 작품으로도 10여편이 못 된다. 그러면 내가 쓰려는 조선영화계의 과거사도 불과 2년 전이요, 2년 후인 현재다. 사실 말하면 우리 영화계는 폐허다. 아니 처녀지다. 영화를 제작하는 곳도 지금은 없다 해도 과언이 아닌가 한다. 조선키네마가 해산되었고 백남프로덕션도 지금은 없다. 〈개척자〉이경손 감독, 1925를 완성했다는 고려키네마는 있었다 할지, 없었다 할지, 마치 아침이슬같이 반짝이다가 스러지고 말았다. 내가 관계했던 고려영화제작소가 홀로[1] 적막한 조선영화계에 남아 있어 차회次回 작품 제작 준비를 급히 하고 있을 뿐이다.

조선키네마가 최근 동양東洋 무엇무엇 하고 떠들더니 지금은 소식조차 끊어지고, 계림영화니 하는 곳도 아직 준비 중으로 이삭二朔[2]을 바라본다. 선활사鮮活社가 요새 새로 생겨, 〈현대인의 비애〉라는 작품 일천기백척 촬영을 최후로 주식회사 이론理論을 목적하고 중지 운운하는 풍설도 전하나, 장래를 믿을[3] 수는 없는 것이다. 외外에 다른 무엇이 있으랴! 우리 영화계의 과거는 없다. 현재도 없다. 이 속에 무슨 그리 큰 사실이 있으랴. 영화예술에 뜻을 둔 우리네들은 불과 몇 사람이[4] 못 된다. 각색가도 없다. 감독자도 없다. 오직 자기의 연약한 힘들을 주워 모아 폐허 같은 우리 조선영화 예술계를 우리는 터를 닦자, 우리는 명예보다도 성공보다도 없는 것을 만들자, 잘되든 못되든 성공과 명예는 우리들의 뒤에 오는 그들의 것임을 각오하자, 우리는 힘껏 터를 닦아보자 함이 아마 영화계에 몸을 두고 영화계에 뜻을 둔 이들의 마음인 줄 안다. 생각하면 슬프다. 우리는 왜 남과 같은 재산이 없었던가. 아니 왜 우리 조선은 남에게 뒤진 민족이 되었던가? 하는 울음 나오는 신세타령이 있을 뿐이다. 우리 영화계의 과거사가 그랬고 우리 영화계의 현재 상태가 이렇다. 모를 것이다. 우리 영화계의 장래는 어떠하랴?! 먼저 우리 조선영화가 탄생되기 전, 말하자면 외국 영화의 조선 발전사는 어떠했던가? 이것을 먼저 나는 회고해본 후, 최후로 짧으나마 파란중첩波瀾重疊한 조선영화계의 과거를 같이 회고하고 싶다. 그리하여 나는 조선영화계에 나선 사람 중의 한 사람으로서, 영화계의 현상을 들어 장래 조선영화 발전에 대해 사견을 피력해볼까 한다. 독자여 ──. 1회 11.23

1. 외국 영화 조선 발전의 과거

에디슨이 시카고 만국박람회에 키네마토스컵[5]을 출품하여 세인의 이목을 놀라게 하기는 불과 20여년 전이니 1894년이었다.[6] 그 뒤로 활동사진은 그 효용 범위의 광범함에 따라 날로 진보하기 시작하여, 최초에는 산수 같은 풍경실사를 박고, 조금 진보하여 희극 등속等屬을 제작하게 됨으로부터는, 불국佛國은 빠떼Pathé 회사, 영국은 고몽 회사Gaumont-British Picture Corporation, 이태리伊太利는 이딸라Itala, 치네스Cines 같은 제작회사가 일어났고, 불국 빠떼사는 이미 그 판매를 세계적으로 확장하게 되어, 남양南洋 방면에 동양 총지사總支社를 세우고 일본·중국·조선을 중심으로 성盛히 자사 작품 단편영화를 발매하게 되었으니, 그때가 약 20여년 전이요, 조선

---

1   원문에는 "독(獨)히"로 표기. 이하 동일하게 고쳤다.
2   2개월.
3   원문에는 "가신(可信)할".
4   원문에는 "기인(幾人)이".
5   키네토스코프(Kinetoscope)의 오기인 듯하다.
6   키네토스코프는 원래 시카고 박람회에서 선보일 예정이었으나, 1893년 브루클린 예술과학
     연구소에서 처음 공개되었다.

영미연초회사

에 활동사진이 유입된 시초다. 우리가 지금까지라도 종종 연속영화 중 빠떼 작품을 볼 수 있을 것이요, 옛날 금계金鷄[7] 상표 영화를 연상하는 이도 많을 것이다. 동대문 안에서 골불완Henry Collbran, 헨리 콜브란이라는 외국인이 활동사진을 구경시킨 것이 수입된 최초라고 말하는 사람이 있으되, 이는 한낱 연초회사 나부랭이 상업상 한 선전에 불과한 것이니, 적어도 조선영화사의 첫 페이지[8]로는 원각사와 고등연예관高等演藝館 시대라고밖에는 볼 수 없다.

그 당시 물론 작품으로도 실사, 소극 등속으로 팬도 여기에 만족하였었으니 회사별로는 빠떼 교환사[9], 미국 바이오니아사社[10], 폭스Fox, 영英 고몽, 이伊 이딸라사 등 회사 작품이 1권 영화 8편 내지 12편까지 상장했었으니 누구든지 그때 작품 중에 적색영화[11]를 보고 눈을 많이 상한 이도 있었다. 얼마 후에 원각사는 폐지가 되고, 영화상영관으로는 홀로 고등연예관이 남았다가 그 역시 폐지가 되고, 일본인 측 영화극장에 중심이 되어 있던 대정관大正館 직영으로 제2 대정관이 서게 되었으며, 관철동에는 새로이 순純영화상영관이 시전柴田, 시바따이라는 일본인 경영으로 서게 되었으니, 그것이 즉 현재의 우미관優美館이었다. 그러자 구주전쟁[12]으로 말미암아 차차 구주 영화는 쇠퇴해가고 신예기新銳氣로 뻗어 나아가는 미국영화 전성시대가 되고 만 것이다.

당시 상장작품 중 단편영화 〈위기일발〉이라는 미국영화가 상장되던 때는 차차 우리 팬들도 제법 극적 흥미로써 영화를 감상하게 되었고, 일본신파비극이니 구파비극이니 하는 영화가 상장되었으나, 이윽고 일본영화는 조선인 측 극장에서는 영업상 어쩔 수 없이 중지가 되고 말았다.

우리 영화계에서 당시에 센세이션을 일으킨 작품이 있었다. 그는 이태리 치네스사 작품으로 5권 영화 〈200만원 재산〉이라는 작품이 있었고, 불국 작품으로 천연색영화 〈니구완데 탐정〉[13], 미국 작품 〈월세계 구경〉[14], 독일 영화 〈뿌라온 탐정극〉[15] 등 혹은 〈사아록크 홀무스〉[16] 〈푸로데아〉[17] 등이었 으니 그때만 해도 우리 영화계는 제법한 고정 관객이 생겨 1주 1회 교환일 을 손꼽아 기다리게 되었다. 때는 1911년 내지 1915년까지다. 2회 11.24

미국영화가 차차 우리 눈에 익어가고 구주 영화가 조선에서 차차 그 형 체가 사라져갈 때, 미국 각 회사는 불국 빠떼와 같이 먼저 동양 방면에 손 을 내밀어, 최초로 미국에서 대大[18]회사인 유니버설 회사가 역시 상해上海

---

7   빠떼의 로고인 수탉을 말한다.
8   원문에는 "첫페지"로 기록되어 있음.
9   빠떼 익스체인지(Pathé Exchange). 미국에 설립된 빠떼의 지사.
10   바이오그래프(Biograph)를 말하는 것으로 보인다.
11   적색영화는 색채를 구현하기 위한 키네마컬러 방식으로 제작된 영화를 일반 영사기에서 상 영함으로써 화면 톤이 붉은색으로 나타난 영화를 의미하는 듯하다. 1908년 이래 실험된 키 네마컬러 방식은 렌즈 앞에 회전하는 적색 필터와 녹색 필터를 장착한 상태에서 피사체를 두배의 속도로 촬영함으로써 필름에는 프레임마다 적색과 녹색이 교차되어 찍히는 방식이 다. 이를 영사기에 두배의 속도로 상영하면 잔상효과 때문에 색채가 구현되고 있다는 인상 을 주게 된다. 그러나 이는 실용성이 없어 확산되지 못했다. 추측컨대 조선에서 상영된 키네 마컬러 방식의 영화는 필름을 두배로 영사할 장치가 없어 색채가 적색으로 구현된 듯하다.
12   1차 세계대전.
13   *Nick Winter et les vols de Primrose*(1911).
14   맥락상 조르주 멜리어스의 〈달나라 여행〉(*Le voyage dans la lune*, 1902)이 아니라 미국 단편 영화 〈달나라 여행〉(*A Trip to the Moon*, 1914)으로 생각된다.
15   해리 필(Harry Piel)의 켈리 브라운(Kelly Brown) 탐정 시리즈.
16   〈셜록 홈즈〉(*Sherlock Holmes*).
17   *Protea*. 조제뜨 안드리오(Josette Andriot)가 여자 탐정으로 나오는 군사 탐정 시리즈.

를 중심으로 일본에 지사를 두고 일본과 조선에 휘일▉천輝日▉天의 세勢로 판매를 확장하여, 이윽고 동사同社 영화는 일시에 전 동양 영화계 중심이 되었다. 당시 유사유니버설Universal 영화사로 말할 것 같으면 16사社를 병합하여 블루버드Bluebird Photoplays, 버터플라이Butterfly Photoplays, 레드 페더Red Feather Photoplays의 세 제작사가 5권 내지 6,7권의 작품을, 바이슨Bison, 골드실Universal Gold Seal 등은 2권 활극을, 엘코L Ko, 조커Joker 사社는 1,2권 희극 영화를, 유사 본사에서는 주보사週報社 연속영화 등을 제작하게 되었으니, 이는 자사 작품으로 각 흥행관에 대해 매주 환당換當한 프로그램으로 흥행자 측의 편익을 주어 독점주의로 자사의 만전萬全한 토대를 세우려는 영업 정책이었던 것이다. 사실로 재래 각 상설관으로 말하면 매주 교환되는 신新영화 필름을 구하기에 비상한 고심이 있었다. 유니버설 회사가 16개사 프로덕션에서 제작되는 풍부한 작품으로 일본영화 시장에 나서매, 각 상설관은 앞을 다투어 특약을 신청하여 매주 1회씩 5권 영화 2편, 2권 영화 2편 내지 3편씩 정기 프로그램의 제공을 받게 되었다. 그리하여 삽시간 일본영화계는 거의 미국영화, 아니 유니버설 회사의 세력권에 들고 말았다. 물론 여기에는 여러가지 다른 이유도 있다. 당시 활동사진은 점차 향상·발달되어 그 진가는 다만 오락계에서 유리한 지위를 얻게 된 것뿐만 아니라 일반 팬들은 여기에 만족치 않고 영화극劇으로서 활동사진을 평가하려 하는 때였다. 당시 유사社의 청조극青鳥劇[19], 호접극蝴蝶劇[20] 같은 예술미가 풍부한 작품은 영화로도 처음이요, 내용으로도 상당히 로맨틱한 맛이 많았다.

좌우간 유니버설 사는 동양에서 그 완전한 판로를 개척하게 되었다. 그 결과인지 한군데밖에 없는 우미관도 —— 1916년인 듯 기억한다 —— 유니버설 작품이 시적時的 상영하게 되어, 제1회 봉절로 청조극 〈유큐니〉[21]라는 5권 인정극, 엘코 희극, 바이슨 활극 등이었다. 계속하여 유사社 청조극은 청년학생 간에 비상한 인기를 얻게 되니, 그때는 제법한 키네마 팬도 있어 청조영화 취미열은 날로 날로 우리 조선 청년들 사이에 높아갔다. 그렇다고 불국영화나 이태리영화가 오지 않는 것은 아니었다. 제2 대정관은 성盛히 구주영화가 상영되니, 그중에는 불국 천연색영화도 있어 구주전란을 배경으로 볼만한 영화도 있었다. 유사社 영화가 한번 경성에 오게 된 뒤, 일본인 측 유락관有樂舘(희락관)22과 조선인 측 우미관은 경성 영화상설관 중 가장 우수한 성적으로 타 관을 박두迫頭하게 되었다. 그리하여 서양 영화, 아니 미국영화는 오늘날까지 우리 조선영화계를 지배하고 있다. 3회 11.25

한가지 특기할 것은, 비록 영화극장이 1개소였을 망정 유니버설 회사는 일방으로 청조극, 조우극鳥羽劇23, 호접극 같은 예술미가 있는 작품을 제작하는 동시에 통속흥미 본위의 연속극을 제작하여 관객을 이끌게 되니, 처음으로 유사社 필생의 역작품 〈명금名金〉The Broken Coin, 1915이 조선에 왔고, 이 작품으로 말미암아 영화를 즐기는 고정 관객은 격증했으며, 연속영화에 대한 이해와 환영은 문예취미 이상으로 팬들 사이에 원만했었다. 이 〈명금〉들이야말로 조선영화계에 심대한 영향을 주게 되었으니, 이 한편의 연속극이 비록 내용상으로 보잘 것은 없었으되 지금까지의 팬들의 영화감상에 대한 태도를 일변케 한 것이었다. 재래 스토리 본위로부터 스타 시스템, 즉 배우 중심주의에 그 작품의 내용보다도 출연하는 배우들과 사숙24하게 되어,

18   원문은 '육(六)'으로 보임.
19   '블루버드 포토플레이'의 작품을 부르는 표현.
20   '버터플라이 포토플레이'의 작품을 부르는 표현
21   1916년 12월 14-19일 우미관에서 개봉한 〈야키〉가 아닐까 한다. The Yaqui(로이드 B. 칼튼 Lloyd B. Carleton 감독, 1916).
22   원문에 "有樂舘(喜樂舘)"으로 되어 있다. 유락관은 1919년에 희락관으로 개칭했다.
23   'Red Feather Photoplays'의 작품을 의미하는 적우극(赤羽劇)의 오기인 듯함.
24   사숙(私淑). 직접 가르침을 받지는 않았으나 마음속으로 그 사람을 본받아서 도나 학문을 닦음. 원문은 "사숙(私熟)"으로 되어 있으나 오식인 듯하다.

각자의 경애하는 배우의 출연작품이라면 맹목적으로 찬상讚賞하게 되었으니, 이런 팬들은 역시 인기를 끌기 쉬운 연속이나 활극, 희극을 즐기는 이 가운데 많았다. 그리하여 에디 폴로Eddie Polo, 그레이스 커나드Grace Cunard, 프랜시스 포드Francis Ford 등 여러 배우는 그중 가장 우리 조선 활극 팬들 가운데 인기가 높았다. 뿐만 아니었다. 〈명금〉 상연 이후 연속영화 열熱은 날로 높아갔다. 그리하여 일시는 일본인 측과 한가지 연속영화의 대유행을 보게 되었으니 〈쾌한快漢 로로〉Liberty, 1916 〈자紫의 복면〉The Purple Mask, 1916 〈흑상黑箱〉The Black Box, 1915 〈전화電話의 성聲〉The Voice on the Wire, 1917 등 유사社 연속은 계속 상연되었고, 기타 미국 월드World사 작품 〈하트의 3〉The Trey O'Hearts, 1914, 빠떼 미국 지사(빠떼는 전란 발발 후 미국에 지사와 같은 명목으로 전부 빠사社의 근거를 미국에 옮기고 성盛히 영화를 제작하게 되었다) 작품 〈권골拳骨〉The New Exploits of Elaine, 1915 〈철철鐵의 조爪〉The Iron Clan, 1916 같은 장편연속 등도 상연을 하게 되었다.

구주 영화는 완전히 조선에서 자취를 볼 수 없게 되었다. 따라서 구주의 탐정활극의 명성도 점차 하화下火25가 되고 말았다. 불국의 〈팡또마〉Fantômas, 1913, 영국의 〈올다스〉Ultas, 1915 연속영화도 완결을 보지 못하고 말았다.

이와 같이 조선영화계는 미국영화계의 전성을 보게 된 후 유사社의 연속영화로 말미암아 더 한층 미국영화가, 미국영화 중 유사社 작품이 성가聲價가 높아갔으며, 청조영화로 말미암아 영화극의 진가를 알게 되었으나, 일반 팬들은 다수가 연속영화당黨이었던 것은 사실이다. 눈물보다도 웃는 것이, 통쾌한 활극이 더욱 좋게 생각되었다. 채플린, 콘클린Chester Conklin 등 희극영화도 유사社 작품 중에 많이 조선에 왔었다.

1918년 가을에 새로이 조선인 측에는 영화전문 상영관이 신설되었으니 지금 수은동에 있는 단성사團成社였다. 단성사는 즉시 일본 대정활영大正活映, 타이쇼오까쯔에이주식회사26에서 영화배급을 받게 되어 조선키네마 팬 사이에 확호불발確乎不拔27의 인기를 잡고 있는 유니버설 영화와 대립하게 되었으니, 대정활영은 국활國活, 코꾸까쯔, 일활日活, 닛까쯔 회사와 같이 일본영화계에서 정립鼎立28의 세勢로 다투는 때였고, 유니버설 회사에 대항하여 메트로Metro, 월드, 워너브라더스Warner Brothers, 폭스, 트라이앵글Triangle, 키스톤Keystone, 바이타그래프Vitagraph, 래스키Lasky 파라마운트Paramount, 아메리칸29, 맥 세넷30 등 유수한 미국 제작회사는 실력으로 유사社를 대항키어려웠으나, 각사 특작特作영화는 일본 영화배급회사인 대정, 국활, 일활의 손을 거쳐서 일본 영화시장에 나타나게 되어 유사社 영화는 꽤 그 지반에 동요가 생기기 시작했으나, 그때까지 조선의 영화계에서는 전혀 유사社 영화의 독점지대가 되어 있었던 때이다. 4회 11.26

국활계國活系의 배급을 받게 된 단성사는 최초 〈사死의 모험〉 〈대비밀〉 등 미국 메트로, 아메리카 사社 작품을 상장하게 되었다. 계속하여 단성사에는 외국 잡종영화가 상장되었으니 영英, 독獨, 불佛, 이伊의 구주 영화도 간간 왔었으며, 메트로, 퍼스트내셔널31, 트라이앵글, 파라마운트, 골드윈Goldwyn, 로버트슨콜Robertson-Cole, 와나형제워너브러더스 사의 특작영화가 상장된 후로부터는, 경성의 팬들은 예술 취미 있는 사진을 보려면 단성사로 갔고, 통속활극을 보려면 우미관으로 모이게 되며 자연스럽게 2파派로

25 한고비 지남. 기운이 꺾임.
26 단성사는 대정활영(타이쇼오까쯔에이)이 아니라 국제활영(国際活映, 코꾸사이까쯔에이)의 배급을 받았다. 잘못된 정보는 7회(12월 1일) 기사에서 정정된다.
27 든든하고 굳세어 흔들림이 없음.
28 세 사람이 솥발과 같이 서로 벌여 섬. 세 세력이 서로 대립함.
29 아메리칸 뮤토스코프 & 바이오그래프 컴퍼니(American Mutoscope and Biograph Company)를 지칭하는 듯하다.
30 맥 세넷(Mack Sennett), 미국 슬랩스틱 코미디 배우로 키스톤(Keystone) 스튜디오를 세웠다.
31 퍼스트내셔널 픽처스(First National Pictures). 원문에는 "내추낼"로 표기되었다.

나누어지고 말았다. 유사社는 차차 청조영화가 쇠퇴해지며 적우극赤羽劇 같은 문제극, 사회극 같은 7,8권 영화가 대두해왔으니 미국이나 일본 영화계의 당시 정세의 여파가 조선까지 미치게 된 것이다. 그러나 연속영화 팬들은 날로 늘었다. 해리 케어리Harry Carey, S. 하트James S. Hart, 엘모 링컨Elmo Lincoln 등의 배우들의 서부활극이 계속하여 상장된 후 유사社는 서부활극과 연속영화로 생명을 부지하게 되었다. 그동안 국제활영國活, 코꾸까쯔은 사내社內 분열이 되고, 대정활영주식회사가 가장 우세로 외국 영화 수입과 배급을 전문으로 하게 되었고, 그리하여 대활계大活系 특약관은 미국 아메리칸, 메트로, 퍼스트 내셔널, 유나이티드, 코즈모폴리턴Cosmopolitan 등 회사의 영화를 배급하게 되었을 때, 단성사는 국활에서 대정활영으로 1920년 봄春에 특약이 성립되어 우수한 영화들 봉절封切하게 되었다. 이와 전후로 경성에는 파라마운트 조선대리점이 생기게 되었으니 유니버설 회사 경성지점과 같이 조선영화계에서 영화배급사로서 효시가 되었다. 파사社[32]는 그 후 경성을 주심主心하고, 조선 각지에 산재한 소극장들과 취인取人을 개시하는 동시, 상당히 볼만한 작품들을 봉절하였다.

1920년 경성에는 새로 영화봉절장이 생겼으니 파라마운트 영화봉절장이던 조선극장이었다.[33] 본래 파라마운트는 비상한 예기銳氣[34]로 코즈모폴리턴, 래스키 프로덕션으로부터 작품을 냈으니(동사同社 영화는 부르주아 계급[35] 사이에 세력을 뿌리내렸다. 그리고 작품의 특색으로는 고상한 것, 화려한 것, 때로는 사회문제극을 발표하는 것 등이었다) 비로소 유사社 영화와 파사社 영화 간에 경쟁이 일어났다. 그러나 유사社 영화로는 활극연속 이외에는 인기를 끌지 못했기에, 파사社의 고상우미高尙優美한 작품에 대항하기는 매우 어려웠다.

차차 조선에는 외국 영화 쟁패전이 연출되기 시작했다. 일본에 있는 배급회사 간에도 배급상 갈등이 심하게 되었으니, 양극洋劇전문 봉절장과 일본영화와 혼동적으로 봉절하는 특약관 사이의 영화전映畵戰이었다. 일본영화계는 비상한 노력을 가지고 일본영화 발전책을 강구하는 동시에 외국 영화는 세력을 꺾으려 하였으니, 송죽松竹, 쇼오찌꾸 합명회사合名會社는 새로 영화계에 손을 내밀고 송죽키네마주식회사를 일으키고 극계의 인기배우를 모아 소위 일본순영화극을 제작·발표했으니, 송죽작품이 한번 사계斯界에 발표되자 일본영화계에는 비상한 센세이션이 일어나고 말았다. 이윽고 동사同社 작품은 일본영화계에 확호불발의 세력을 뿌리내리고 말았다. 송죽은 또한 외국 영화를 수입하여 외국 영화로써 타 배급회사와 대항했다. 이윽고 그 파문은 조선에까지 미치고 말았다. 어떤 형식으로 조선영화계에 센세이션을 일으키려 했던가? 5회 11.28[36]

이미 경성에는 조선인 전문 상설관이 세곳이나 서게 되었다. 인구비례로 볼 것 같으면 다른 오락기관도 없는 경성에는 너무도 적은 수다. 그러나 기존의 흥행자 측으로 볼 것 같으면 오히려 다행한 편이라 할는지도 알 수 없었다. 조선극장이 서기 전까지 상설관은 비록 2개 처에 불과했으나 상장되는 작품이나 양에 대해서는 상당한 편이었다.

외국 영화 배급사인 송죽 회사가 조선에 처음으로 손을 대게 되기는 1921년 봄부터였으니, 대정활영주식회사 배급을 해약하고 즉시 송죽키네마의 배급 계약을 한 때부터였다. 이윽고 송죽 회사는 경성 안에서 일본인

---

32   파라마운트 영화사.

33   조선극장은 1922년 11월에 준공되었으며, 상설영화관으로 개관하였다. 건축 허가는 영화관으로 받았으나, 건축 도중 연극과 공연물 상연이 가능하도록 구조를 변경하여 토월회, 민중극단, 극예술연구회 등과 같은 극단 및 단체의 공연도 상연되었다. 조선극장은 1936년 화재로 소실되었다. 잘못된 정보는 7회(12월 1일) 기사에서 정정된다.

34   날카롭고 굳세며 적극적인 기세.

35   원문은 "뿌루계급"으로 표기되어 있음.

36   4회로 되어 있으나 순서상 5회로 보임.

측 2관, 조선인 측 2관, 합 4개 처에 특약관을 갖게 되었으니 우미관, 희락관, 대정관을 제외하고 전부였다. 일본의 유수有數한 배급회사가 된 송죽은 일본 국내와 조선, 만주에까지 세력이 뿌리내린 이윽고 대정활영화를 합병한 후부터는 외국 영화 배급회사로 첫 자리를 점령하게 되었다. 대정을 합병한 이후 메트로, 골드윈, 퍼스트내셔널, 폭스, 워너브라더스, 푸레페드, 아메리칸, 파라마운트, 유나이티드 구주 영화 기타 미국 유수한 영화회사 작품을 수입하여 전全 일본 흥행권을 장악하게 되자 경성 송죽계 특약관은 상당한 각 회사 영화가 봉절되었다. 그런 까닭인지는 모르되 같은 특약관 사이에는 가장 큰 갈등이 일어났으니, 영화 프로그램 배급의 불공평한 처치處置로 중앙관, 단성사가 (같은 프로그램을 사용했던 터라) 송죽 본사에 항의를 제출하면 다음에는 조선극장, 황금관이 항의를 제출하여 상호간 좋은 영화를 얻기에 노력하는 가운데 배급료는 자연히 올라가고 말았다. 이리하여 조선영화 흥행사 이래 대혼란을 연출했다. 더욱이 양극洋劇 전문인 조선인 측은 그런 폐해가 더욱 컸다. 이윽고 조선극장은 몇번인가 주인이 갈리었다. 때로는 반년 이상이나 문을 닫고 있었다. 이런 가운데 조선영화 흥행계는 상당한 발전을 보게 되었다. 이는 양이 아니요, 질이었다. 관객의 감상안은 꽤 향상을 볼 수 있었다. 이미 미국영화는 조선에서 9퍼센트를, 구주 영화는 겨우 1퍼센트의 비례로 수입이 되었다.[37]

작년 중 유사社계의 우미관은 화재로 인해 폐관이 되고 조극朝劇[38]도 임자 없이 문을 닫고 있다가 여름에 다시 임자를 맞으니, 조선에서 20여년 흥행사로 있던 일인日人의 것이 되고 말았다. 우미관은 겨우 다시 소생되어 조선인의 경영이 되었다가 다시 일인日人의 손에 넘어가고, 단지 단성사만이 조선사람의 경영으로 대구의 만경관萬鏡館과 평양의 제일관第一館과 같이 남아 있을 뿐이다. 말이 딴 길로 들어갔다. 송죽은 이와 같은 편중주의로써 조선에, 조선에도 영화계 중심인 경성 흥행계를 흔들어놓았다. 이미[39]

키네마 팬은 상당한 감상안으로 영화를 평가했다. 6회 11.30

　그리하여 활극당은 점차 소년들로 바뀌고 그전 활극 팬들도 비극을, 비극 중에도 연애비극에 취미를 두게 되었으니, 이 이태리영화 마리아 야꼬비니Maria Jacobini 양 주연 〈아 ── 청춘〉[40], 파라마운트사 작作 도로시 돌턴[41] 양 주연 〈풀스 파라다이스〉Fool's Paradise, 세실 B. 데밀 감독, 1921 같은 영화는 아직까지도 청년남녀 간에 화제가 되어 있다. 좌우간 조선영화 팬들의 일반 경향이 연애극, 비극을 환영하게 되기는 3-4년 전부터 날을 따라 그런 경향이 농후해졌다. 배급회사가 임의로 보내는 사진을 가지고 경향을 말하기는 좀 어려운 일이다. 그러나 사실로 이러했던 것이다.

　송죽계 사진이 나온 후부터는 최초 폭스 작품이 대부분이었다. 그리하여 폭스사 작품은 차차 팬들 눈에 익게 되었다. 그러나 폭스사가 송죽과 해방 후 직접 일본에다가 폭스 극동지사를 두고 유니버설과 같이 배급을 시작한 이후로는 최근 우미관에 봉절을 보았으나 중단되고 수입을 볼 수 없다.

　다음으로 퍼스트내셔널사의 작품이니 메트로 작품과 같이 상당한 수입을 보게 되었고 골드윈, 워너브라더스 순으로 차차 적었다. 유니버설은 작품이 흉하니 언짢으니 하나 오늘날까지 그 세력은 보지保持하고 있다. 우리 조선영화계에 작품 수입 능률能率로는 제3위에 있으면서 어느 때든지 상당한 인기를 보지하고 있는 회사는 연합영화예술가협회, 즉 유나이티드 아티스츠United Artists사다. 〈동도東道〉Way Down East의 인기는 아직도 사라지

37　수입된 외화의 비중을 논하는 맥락을 고려해봤을 때, 미국영화는 90퍼센트(9할)로, 유럽영화는 10퍼센트(1할)로 이해하는 것이 옳다.

38　조선극장.

39　원문은 "이이"이나 오식으로 보인다.

40　*Addio giovine zza!*(1918)로 추측된다.

41　도로시 돌턴(Dorothy Dalton, 1893-1972). 원문에는 "폴시 달돈"이라 되어 있으나 오식이다.

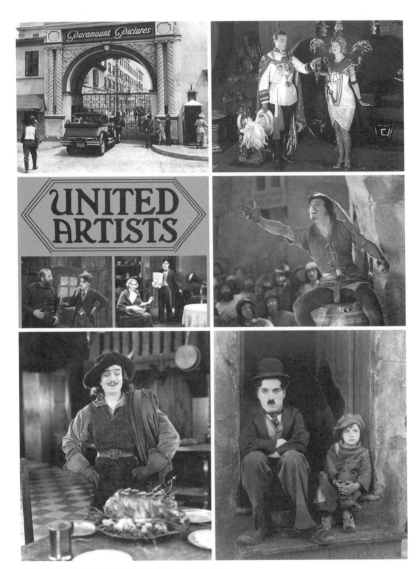

맨 위는 파라마운트 영화사와 〈어리석은 자의 낙원〉(1921)
가운데는 유나이티드 아티스츠 영화사와 〈로빈 후드〉(1922)
그 아래는 〈삼총사〉와 〈키드〉(1921)

지 않았을 것이다. 〈삼총사〉*The Three Musketeers*, 프레드 니블로Fred Niblo 감독, 1921는 어떠했던가? 〈애愛의 화花〉*The Love Flower*, D.W. 그리피스 감독, 1920는, 〈남嵐의 고아〉*Orphans of the Storm*, D.W. 그리피스 감독, 1920는? 〈로빈 후드〉*Robin Hood*, 앨런 드완 Allan Dwan 감독, 1922 〈키드〉*The Kid*, 찰리 채플린 감독, 1921는?

송죽키네마는 차차 조선에서 쇠퇴의 조짐이 보이게 되기는 작년 겨울부터였으니, 미국 영화회사들은 직접으로 일본에 지사를 설치하고 흥행자들과 취인取引을 시작하게 되기 때문이다. 이윽고 일본영화계는 일활 회사의 개혁과 목야牧野, 마끼노키네마 대두, 동아東亞, 토오아키네마 창설, 개인 프로덕션의 종출從出, 미국영화 보이콧 등으로 인해 그 발흥을 보게 되고 또 다시 구주 영화 대두의 기풍을 주었다. 송죽 회사의 교활한 영업정책은 이윽고 경성에서 특약관을 잃게 되었으니, 단성사와 황금관 외에는 중앙관은 동아·목야키네마계로, 조선극장은 자유계약관으로 되었다. 송죽의 지반은 동요되었다. 양극洋劇 전문인 단성사는 배급영화 부족으로 유니버설 작품을 상장하다가, 송죽 외국 영화 불저拂底[42]로 드디어 금년 4월에 유니버설 작품 봉절장이 되고 겨우 대정관 한곳에 공영관共營館이 있을 뿐이다. 이리하여 완전히 송죽은 조선인 측 영화계에서 자취가 사라지고 말았다.

지금 조선영화계는 미국영화 중심으로, 양으로 유니버설이, 질로 파라마운트, 메트로골드윈, FBO 등 여러 회사 영화가 가장 많이 수입된다.

* 정정 – 26일 본론 중 "대정"은 "국활"의 착오이며 28일 본론 중 1920년에 조극朝劇 개관 운운한 기사는 1922년의 착오이므로 이에 정정함(필자) 7회 12.01

---

42   '부족하다'는 의미. 원문은 "비저(沸底)"이나 이는 오식이다.

2. 조선영화계의 현재

최근에 이르러 조선영화계를 살피건대 외국 영화 자유배급으로 인해 흥행자 측은 말할 수 없는 곤경에 빠지고 말았다. 완전한 프로그램을 제공하는 회사는 유니버설, 폭스, 파라마운트이니, 그중에서 유니버설이 제일 완전한 배급을 할 수 있으며, 1개월 배급 특약료는 1,500원이니 7-8년 전 동사同社의 300원에 비하면 50할의 증가된 셈이요, 파라마운트는 1,500원 내지 2,000원, 폭스 2,000원 이상이니, 파사파라마운트 작품은 대개가 특작품으로 보통 정기배급은 작품의 부족으로 지난한 모양이며, 폭스는 배급상 부족은 없으되 역시 특작품이 많으므로 최저가 2,000원이다. 유나이티드는 특작품 대부貸付에 불과하고 일주일에 〈바그다드의 도적〉*The Thief of Bagdad*, 라울 월쉬Raul Walsh 감독, 1924 같은 작품은 대판大阪, 오오사까 송죽좌松竹座, 쇼오찌꾸자 봉절 시 1만원이었으며, 경성에서 일선인日鮮人 측 공동으로 1,500원 이상이었다. 유사유니버설의 〈노틀담의 꼽사둥이〉*The Hunchback of Notre Dame*, 월레스 워슬리Wallace Worsley 감독, 1923는 1주간 2,000원의 상장료를 요구하였으므로 흥행자 측과 공영共營을 한 일도 있다.

이같이 사진요금이 등귀騰貴한 중에도 작품의 불저拂底로 말미암아 경성의 흥행계는 자못 곤경에 빠져 있다. 작품이 풍부한 유니버설도 때로는 특선료를 내지 않고는 좋은 사진을 상장할 수 없고, 특선영화가 아니고는 도저히 자기 극장의 인기를 지지할 수 없는 것이 최근 영화 흥행계의 현상이다. 이런 경향은 날로 날로 심해지는 모양 같으며, 최근에 퍼스트내셔널 회사도 동경에다 지사를 설치하고 직접 영업을 시작하였으며, 일미日米 영화 배급사 스타필름 회사 등이 신호神戶, 코오베와 동경東京, 토오꾜오에 쓰게 된 이후 일본의 송죽, 동아, 목야, 제국 같은 대회사는 전연 외국 영화 수입을 정지했다 할 만큼 그 수입영화가 적으며, 송죽은 푸레페드, 워너브라더스[43], 아메리칸 기타 소小회사 작품과 구주 영화 소수의 수입이 있을 뿐이요, 일활도 역시 빠떼 연속, 로이드 작품 등뿐으로, 일본의 유수한 제작과 배급을 겸했던 회사들은 최근에 이르러는 전혀 일본영화 제작[44]에 전력을 경제傾製하고, 자사계 봉절장 중 양극洋劇 전문관은 역시 전기前記한 자유계약주의로 수시로 각 지사로부터 대용貸用을 하게 되었다. 이와 같은 현상은 제작, 흥행, 배급의 완전한 독립을 보게 되었다. 생각건대 조선인 측 상설관은 순전한 양극洋劇 본위이므로 그 여흥餘興 선찬選撰에 금후 비상한 난관이 있을 것이다. 더욱이 최근 관람객들은 여간한 진기한 명화나 자극이 강렬한 내용의 작품이 아니면 보지 않는 형편이다.

금후의 조선영화계는 어찌 되겠는가? 묘연杳然한 추측으로 판단할 수는 없는 일이다. 그러나 영화극장의 증가가 없는 현상대로 나아간다 하면, 결국은 조선영화계는 이름뿐으로 몇몇 흥행극장의 존속을 볼 뿐이요, 그 발전은 가망可望[45]할 수 없을 것이다. 8회 12.03

3. 조선영화 제작계의 최근의 정세

조선영화 제작계! 말만 들어도 적막하다. 몇해 전에 소위 재래극단들이 신파연쇄극을 제작하던 때부터 최근에 이르기까지, 연수年數로 4,5년을 불출不出했으되 영화제작 단체들의 부침이 심했음은 일반 주지의 사실이다. 생각건대 조선영화 제작의 출현을 보기는 김도산 일행의 〈국경〉이었다. 첫 작품으로 완전한 실패라고 전하나 유감이나마 필자는 보지 못했다.

1925년 여름에 일본인이 경영하는 동아문화협회에서 〈춘향전〉을 제작했고[46] 박승필 씨 발기로 단성촬영부를 설립하는 동시 〈장화홍련전〉을 촬

---

43   원문은 "나와뿌려더"이나 오식으로 보인다.
44   원문은 "倒作"으로 되어 있느라. 맥락상 '제작'이 맞는 듯하다.
45   가능성 있는 희망.
46   〈춘향전〉이 제작된 해는 1923년이다.

영하였으니, 1924년 9월 초순 동사同社에서 봉절되었으며, 이미 부산에 조선키네마가 서고, 고좌관장高佐貫長, 타까사 칸쪼오 씨가 왕필렬王必烈이라는 가명으로 작업을 발표했으니, 즉 〈해海의 비곡秘曲〉이었다.

〈해의 비곡〉이 발표되자 계속하여 또한 작품이 발표되었으니 동아문화협회 제2회 작품으로 〈비련곡〉이었다. 그리하여 1924년의 조선영화 제작은 불과 3편이었다. 본년1925 중에는 몇개의 작품이 있었던가, 백남프로덕션의 〈심청전〉과, 동아문화협회 제3회 작품 〈흥부놀부전〉, 조선키네마 제2회 작품 〈운영전〉, 제3회 작품 〈도살자〉 개제(검열 불허가로 말미암아 개작을 했다) 〈신神의 장粧〉47, 백남프로덕션 착수 중이던 〈개척자〉는 도중에 정지로 말미암아 고려키네마를 세우고 〈개척자〉의 완성을 본 후 고려영화제작소의 출현과 같이 제1회 작품으로 〈쌍옥루〉를 발표하게 되었다. 작년에 비교하면 합 6편으로 배의 증가가 된 셈이다.

2개년간에 6개 제작자가 출현된 것으로 볼 때 조선영화계는 꽤 행운기를 맞이하였다48 할는지 모르되 직접 제작계의 현상으로서는 그다지 다행한 편이 못된다. 9회 12.06

발표된 10편의 영화는 제작 능률상으로 제작계의 빈약함이 얼마나 심한가를 명언明言하는 것이다. 그만큼 제작계의 재원은 빈약한 것이다. 거대한 자본을 옹호치 않으면 도저히 발달하기 어려운 영화사업에 대해, 근소한 자금으로 일확천금을 연상戀想할 수 없는 노릇이니, 현재 조선영화 제작계를 돌아볼 것 같으면, 누구나 다 같이 연구치 않으면 안 될 큰 문제가 있다. 첫째로, 자금난이요, 둘째로는, 완전한 영화사업가의 없음이다. 몇곳의 영화 상영관을 대상으로 몇만원씩 들여 작품을 제작한다는 것은 도저히 못될 일이니, 제작비용의 회수의 가망이 없을 것이다.

현재 제작된 조선영화가 완전한 수익이 있었느냐 하면, 제작자의 안목으로는 도저히 이익이 있었다고는 말하지 못할 것이다. 현재 시내 세 극장 중 정원 많기로 조선극장, 단성사, 우미관의 순서인데, 3관 전부 만원滿員으로 3,500여 인이니, 각 극장에서 전부 만원滿員으로 오늘날까지 850원 이상을 돌파해본 적이 없었으며, 더욱이 최근에 이르러는 재계의 타격으로 인해 특별흥행 이외에는 1일 평균 150원 내지 200원 내외이며 적을 때는 70원 이하의 수입이니, 적어도 한 극장을 경영하려면 1일 평균 150원 이상의 비용이 아니고는 경영할 수 없는 처지로서 그 곤란함이 어떤가를 가히 엿보겠다.[49] 이를 미루어 제작자 된 처지로서는 이런 흥행계의 현재 정세를 돌아보지 않고는 경솔하게[50] 과다過多의 제작비용을 들일 수 없게 되므로, 자연 규모가 작고 불완전한 작품이 되고 만다. 물론 영화극이 반드시 거액의 자본만으로 완전한 작품이 되는 것은 아니로되, 무엇보다도 항상 재정적으로 부자유를 느끼는 지금의 조선영화 사업자 일반은, 슬픈 일이나 먼저 이것을 염두에 놓지 않을 수 없다.

지금까지 제작된 10편 영화 중 작품의 우열은 여하튼 영업상으로는 수삼 편을 제외하고 완전한 실패를 하고 말았다. 불완전한 작품으로 일본에 판로를 구하기는 지난한 일이며, 몇곳의 영화극장을 대상으로 제작사업을 확장할 수는 더욱이 문제 밖이 될 것이니, 외국같이 제작자가 앉아서 영화배급으로 능히 영업을 할 수 있는 처지가 아니다. 하릴없이 흥행대를 조직하여 방방곡곡 다니면서 노천露天[51]흥행을 하는 수밖에는 다른 도리가 없다. 그리하여 흥행·배급·제작을 제작자 자신이 겸행치 않으면 도저히 영화사

---

47   원문에는 "〈신(神)의 식(飾)〉"으로 되어 있으나 오식이다.
48   원문에는 "당하였다"로 표기.
49   원문은 "가규(可窺)하겠다."
50   원문은 "경경(輕輕)히".
51   지붕 등으로 가리지 않은 한데 혹은 바깥.

업에 착수는 어려울 것이니, 조선키네마가 실패된 주요 원인이 여기에 있지 않았던가 생각한다. 10회 12.07

현재 의존했던 영화제작자로 볼 것 같으면 순전한 연구적 태도로 영화사업에 발을 들여놓는[52] 이가 많은 것 같다. 이리하여 그 사업은 작품뿐만 아니라 영업적으로 완전한 손실을 당하고 말았다. 제2의 문제인 기술자에 대해서도 물론 지금 현상으로는 없다. 전혀 없다. 각색자도 없으며 감독자도 없고 배우도 없다. 지금 우리 영화계에서는 기사技師보다도 무엇보다도 완전한 수완을 가진 영업자와 감독이 더 필요를 느낀다. 기사는 다만 촬영을 한다는 그 의미 아래, 직접으로 작품의 생명을 좌우하는 감독이 더욱 필요를 느낀다는 말이다. 각색가에 대해서도 감독과 같은 필요를 느낀다. 사실 현재 영화극 각본 창작가로 그 사람의 실력은 좌우간 2,3인밖에 없다. 그리하여 발표한 각본이 그다지 완전한 것은 못된다. 필자 역시 장래 감독술術 이상으로 각본에 대해 완전한 연구를 쌓고자 하나, 지금까지 해본 가운데 발표된 작품으로 1편에 불과하되 스스로 적면赤面함[53]을 금할 수 없는 불완전한 것이었다.

배우. 영화배우. 조선에 배우가, 완전한 배우가 있는 것은 아니다. 초기에 있는 지금의 영화계다. 그것은 일반이 용사容赦[54]할 줄 믿는다.

전혀 기사, 감독, 각본작가, 배우, 영업자가 없는 우리의 영화사업은 경제상으로 적빈赤貧[55]에 입장을 둔, 말하자면 다만 신통치 않은 하소연이 나올 뿐이다. 그러면 우리는 현상대로 어떻게 하면 우리 영화사업의 장래 있는 발전을 기대할 만한 방침이 있겠는가? 이 문제에 대해 간단히 생각해보자.

지방적地方的으로 아직도 활동사진이 민중오락으로서 발전이 없기 때문에, 작품상으로는 재래에 유명하던 고대소설을 영화화한 작품밖에 일반의 환영이 없는 모양이다. 현대영화가 수삼편 발표되었으되 흥행성적으로도 실패였으며, 일반의 취미경향상으로 현대영화보다도 고대영화의 성적이 훨씬 나았다. 작품의 우열은 둘째 문제였던 것이다. 그러면 적어도 영화 제작이 예술사업으로서 경제문제가 첨부해 있는 이상, 일반적으로 환영하는 시대영화 제작이 물론 나을 것이다. 그러나 문제가 있다. 장차 일어날 문제요, 지금 일어나 있는 문제가 있다. 몇몇 시대작품이 일반의 환영을 받기도 처음이기 때문에 진기해서 봐줬던 것이요, 재래로 소설로 읽고 듣던 것을 실지로 본다는 데 흥미를 이끌었던 것이며, 결코 그 작품이 완전[56]해서 봐주었던 것은 아니다. 그러므로 지금부터 제작되는 영화는 적어도 일반이 어느 점으로 보든지 수긍할 만한, 말하자면 고대인의 풍속습관에 상위相違[57]는 없어야 하겠다. 그러나 우리에게는 분명한 풍속사나 복장사服裝史가 없다. 11회 12.10

선조의 생활양식이 어떤 것인지도 모른다. 망령되이 경솔하게 시대영화를 남작濫作[58]할 수는 없다. 그렇다고 안 만들어서도 안 될 일이다. 이 문제에 대해서는 여러 방면에 물론物論[59]이 많은 모양 같다. 지정된 지면 관계로 다른 날로 미뤄두거니와, 제일 쉬운 것은 현대극 제작이 될 것이다. 이러고 보면 할 일 없이 제작자의 처지로는 경성을 목표로, 즉 경성의 관객을 대상으로 작품을 제작하는 수밖에 없을 것이요, 경성에 영업상으로는 수지 성

---

52   원문은 "투족(投足)하는".
53   부끄럽거나 성이 나서 얼굴을 붉힘.
54   용서하여 놓아줌.
55   몹시 가난함.
56   원문은 "완지(完至)"이나 오식으로 보인다.
57   서로 달라서 어긋남.
58   글이나 시 따위를 함부로 많이 지어냄.
59   어떤 사람 또는 단체의 처사에 대하여 많은 사람이 이러쿵저러쿵 논평하는 상태. 물의(物議).

산成算60이 있어야 하겠다.

다만 이 한 길이 있을 뿐이다. 조선영화 제작계의 장래는 모른다. 누구든지 좋으니 영구한 계속 잇기를 희망한다. 이것이 유일한 광명의 길이다. 우리는 기술이나 모든 것이 다 남에게 뒤졌다. 일본 수출 같은 것은 제작계의 천재가 나기를 기다릴 수밖에 없다. 그때까지는 우리는 몇몇 도시에서 영화를 발표해보는 수밖에 없다. 그러므로 지금의 우리 영화제작 사업은 극히 작은 규모로 경영해야 한다. 개인 사업에 가까운.

계림영화, 고려영화제작소, 선활사, 지금 준비 중이라는 이필우 군 일파의 새로운 제작소, 조선영화제작소가 지금 기존 프로덕션들이다. 다 같이 그 완전한 발육이 있기를 희망한다.

무엇으로 보든지 활동사진 사업은 극히 유망하다. 연극보다는 훨씬 발달될 가능성이 많이 있다. 요컨대 수완 있는 영업자와 자본가, 제작감독의 필요다. 지금 힘 있는 자본가의 후원만 있다 하면, 위에 기록한 범위 이내에서 제작자들은 완전한 발육을 볼 수 있을 것이다. 과대한 제작비용을 들였다든가, 극장 없는 조선에서 배급만을 유일한 영업책으로 하던 제작소는 어느 때든지 미구未久에 파산을 하고만 것이 사실이었다.

문제는 극히 간단하다. 영화사업의 관계자들의 생활보장이 없어 가지고는 안 될 것이니, 어느 편으로 보든지 자본가의 후원만 있다면 매년 3,4편씩 제작·발표할 수 있을 것이요, 관계자에게 대해서도 이상의 문제 해결은 용이할 줄 믿는다. 음으로 양으로 조선영화계 진출을 희망하는 송죽, 일활, 동아, 제국 등 일본 제작회사는 아직까지는 그 마수魔手를 우리 제작계에까지는 내밀지 않고 동정을 관망 중에 있다. 힘 있는 자본가여, 나서라. 제작계는 다 같이 그대의 출현을 기다리게 되었다. (완) 12회 12.15

2 영화제 전기(前記) 안종화
20년 고투의 형극로:
조선영화 발달의 소고

『조선일보』 / 1938.11.20–27 / 29, 30 지면 삭제됨(완성 여부 불명)

오늘까지에 조선영화의 걸어온 길은 그야말로 형로고투荊路苦鬪의 20년
이었다. 짧지 않은 연력年歷이다 하나, 거두어줌이 부족했던 곳에서 제 스스
로 성장해오는 힘과 결실이란 매우 빈약한 터였다. 그것은 발육함에 근본
문제가 되는 경제적 영양토대를 먼저 닦아놓지 못한 채 오로지 인위적 열熱
로만 씨를 뿌려왔던 탓에, 돌돌치 못한 열매만을 가지고 20년의 개간사開墾
史를 지어왔던 까닭이라 하겠다. 그러나 과거 조선의 영화계가 불우했다든
가 또는 건강치 못한 결실들이었다 하더라도, 오늘에 우리가 회고해볼 것
같으면 여기엔 비장한 눈물로 역사를 짰을 뿐 아니라[61] 선진先進한 영화인
들이 여명기에 분투한 족적이 뚜렷함을 볼 수 있는 터이다.

이런 선구자들의 개척한 노勞를 새삼스러우나마 감사히 생각지 않을 수
가 없으니, 그것은 선조가 없는 곳에 자손이 있을 까닭이 없으며 씨를 뿌리
지 않았던 곳에 열매가 달릴 수 없는 거와 마찬가지로, 선진한 이들의 노勞
와 공이 없었다 할 것 같으면 오늘의 우리가 20년의 회고를 가질 만한 역사
가 있었을 리 없다. 더욱 그들은 영화의 길을 걷는 동안 자기들의 생활을 잊
어왔으니, 가족을 돌보지 못하고 혹은 자신의 건강을 불고하면서까지 오직
영화와 더불어 10년, 20년의 긴 동안을 살아왔다. 더욱 이번 영화제를 맞이
함에 있어 과거의 고투사를 획집獲集해가며 살피니, 이것이 지난날 우리 영

---

60   일이 이루어질 가능성.
61   원문은 "짜어있을 뿐외라"로 표기.

화인들이 심혈을 다했던 영화계의 모든 표정들이었구나 한즉, 흉격이 막힐 만큼 감격되는 터이다.

혹자는 필자의 이 같은 감정을 냉소할지 모르겠으되 나만은, 나홀로만은 여러 영화인들의 악전고투해온 그 열熱에 그윽이 머리를 숙이며 감개무량한 눈물을 머금는 터이다. 더구나 조선영화 개간의 뜻을 세우고 장도壯途에 올랐다가 불행히 세상을 먼저 떠난 고우故友들도 적지 않은 터이니, 이번 영화제에 함께 즐거움을 갖지 못함을 슬프게 생각하는 터이다. 허나 이미 그들의 장지壯志는 이 기회에 모름지기 빛날 것인 줄 알며, 따라서 조선영화 20년사에 영원히 기록되는 영관榮冠이 갈 것이매, 고인들의 그윽한 미소가 있길 바랄 뿐이다.

하면 이번 영화계의 성전盛典[62]이랄 영화제를 앞두고 다시 한번 그들의 걸어온 발자국을, 조선영화의 걸어온 길을 회고접사回顧接寫하여 보련다. 그러면 우선 편의상 영화 이전, 즉 활동사진 수입 초를 더듬어서, 영화에까지 이른 그 발생 초의 변천을 잠깐 설명키로 하겠다.

이곳에 비로소 처음으로 활동사진이 수입되어가지고 일반에게 공개되기는 지금으로부터 35년 전, 명치明治, 메이지 35년1902경이었다. 그때 외국인의 손을 거쳐 동경에 있는 길택상회吉澤商會, 요시자와상회로부터 가져다가 영미연초회사英米煙草會社의 선전으로 공개했었다. 그것은 50척 내지 1-2백 척의 필름으로 풍경과 화차火車(그 당시 기차를 일컬음) 등의 실사實寫였으니, 상영 장소는 구리개(현 황금정 1정목 4거리) 못미처 전前 한성은행 자리에 있던 영미연초회사 창고만이 있고, 관람인에게는 빈 궐련갑을 20매씩 받았던 터이다. 이것이 조선에서 활동사진의 공개로서는 처음이었고 그때 일반 관람자들로서는 감탄함을 마지않았으니, 혹자는 영사되는 포막布幕을 들쳐보곤 하기까지 했다 한다. 그러던 것이 그 후 여섯해를 지나서 명치 41년1908 가을이 되자 동대문 안 전기회사(그때 영국인 콜브란Henry Collbran의 경영) 차고

곁에 있는 광무대光武臺에서 활동사진의 흥행을 했었다. 역시 그때도 단척
短呎이었던 관계로 난쟁이 지전紙錢[63] 태우는 요술과 창극 사이를 이용해서
올렸으니, 필름은 거의 전부가 불국佛國 빠떼 회사가 제작한 것이었다. 이
리하여 또 수년을 지나 대정大正, 타이쇼오 원년1912이 되자 이때는 본격적으
로 활동사진의 흥업상설관이 생기기 비롯했다. 먼저 황금정 2정목 전前 도
지부度支部 곁에 고등연예관高等演藝館이 되었고, 다음은 1년을 격해서 초전
골 현現 앵정정櫻井町에 대정관大正館이 세워졌다. 그러자 이내 황금연예관
黃金演藝館과 우미관優美館 등이 차례로 생기며 서울 안에 활동사진의 인기
는 나날이 높아가고 있었다.

여기에 잠깐 말해두거니와 그 당시 설명자로서 광무대에는 우정식禹正植
이 있었고, 다음 고등연예관에는 이미 고인이 된 김덕경金悳經과 서상호徐相
昊였으니, 이분들은 활동사진 해설계의 원로들인 터이다. 이리하여 경성에
서의 활동사진 흥행은 한때 융성을 보여가고 있었으며 상영물은 불란서와
미국 제작의 작품들이었으니, 국산으론 동경서 제작한 신파물의 활동사진
극 등도 있었다. 대략 이상이 활동사진 수입 초의 지나온 변천이다. 1회 11.20

그러면 우리의 손으로 활동사진이 촬영·제작되기는 어느 때부터였던가.
여기에 먼저 잠깐 말해두지 않아선 안 될 것은 대정 7,8년도1918,19에 각 연
극단들이 소위 연쇄극連鎖劇이라는 형식으로 촬영을 시험한 적이 있는 것이
다. 한 극본에 1,000척가량을, 무대에서는 도저히 실연할 수 없는 야외 활극
活劇 장면을 박아서 극과 연접시킨 것이니, 이것이 신극좌新劇座, 혁신단革
新團, 문예단文藝團 등의 손으로 시작되었던 일이다. 물론 촬영기술자는 동

---

62   성대한 의식.
63   돈 모양으로 오린 종이.

경東京에서 불러온 사람들이었고 제화비製畫費는 매척에 1원 이상을 들여서 착수했던 것이다. 그런데 여기에 특기될 만한 분으로선, 현재 녹음기술의 권위인 이필우李弼雨 씨가 문예단을 위시하여 각좌의 촬영을 맡아보았으며 이분은 조선인 촬영기술자로서 최초에 출발한 이다. 그리고 다음은 취성좌聚星座64의 등장으로 위생 선전 활동사진극이 약간 제작된 적도 있어왔지만, 이상은 순純영화제작품 시대가 아니었으매 여기엔 생략하기로 하겠다.

그 후 대정 10년도1921 봄이 되자 처음으로 영화다운 작품 하나가 탄생되었으니, 체신국 저금장려의 영화 〈월하月下의 맹서〉인 것이다.65 이것은 윤백남尹白南 씨의 감독으로 쇄신한 민중극단民衆劇團 단원들의 출연으로 되었고, 벌써 이때부터는 활동사진이 아니고 일반이 영화라 불러준 시대다. 그러자 이듬해 대정 11년1922 이른 봄이 되어 조천早川, 하야까와66이라는 분이 황금관黃金館과 조선극장朝鮮劇場을 경영하는 한편, 동아문화협회東亞文化協會를 창립해가지고 〈춘향전〉을 제작했는데,67 이몽룡은 해설계의 화형花形인 김조성金肇盛이었고, 방자엔 동경 천승일좌天勝一座, 텐까쓰이찌자에서 돌아온 최명진崔明進이었다. 그래서 그해 가을에 봉절되어 막대한 수입을 보게 되자, 이듬해 대정 12년1923 봄에는 부산에서 조선키네마주식회사가 창립되었던 것이다. 동同 회사는 실업가와 ■사師 혹은 ■가家를 중심하여 공칭자금 20만원의 1회 불입拂入으로 조직되었으니, 그때 영화회사의 설비로선 처음이었고 또 하나인 촬영소의 면목을 갖추어 있었다.

하면 동 회사가 탄생되기 전후의 경우를 잠간 말해두겠다. 그때 경성에서 극문학에 정진하던 청년들이 모여 구태의연한 신파극계를 쇄신코자 신극운동의 봉화를 들었으니, 여기에 무대예술연구회가 탄생되었던 것이다. 여기의 모인 동인들은 예술협회, 만파회萬破會, 예술학원, 민중극단 출신들의 합류로써 진실한 신극운동의 출발을 시켜논 젊은 학도들이었다. 중앙에서 1회 시험을 마치고 부산서 반년여를 두고 막대한 공연비를 들여 국제관 무대에서 2회 시연의 막을 열었다. 그때 상연물은 똘스또이의 〈부활〉과 체홉의 〈곰〉, 위고Victor Hugo의 〈희무정噫無情〉Les Misérables 등이었으니, 그때 가장 새로운 무대면을 보게 되는 조선키네마 회사 간부들은 예술의 동인 일동을 맞을 것을 전제로 하고 회사가 창립되었던 것이다. 하면 동 예연의 자취는 조선의 신극운동과 순영화제작의 출발을 시켜놓은 노勞가 크다 볼 수 있겠다.

이리하여 조선키네마사에서는 제1회작으로 〈해海의 비곡秘曲〉을 완성해서 조선과 동경 일활계日活系에 배급했으니, 흥행상으로 막대한 수익을 거두었던 것이다. 이러할 때 경성에서는 단성사에서 영화제작부를 설設하고 이필우 씨의 촬영으로 〈장화홍련전〉을 완성·공개하자, 여기에 자극된 동아문화협회에서는 또다시 강명화康明花의 실기實記를 〈비련悲戀의 곡曲〉이라는 제명으로 영화제작을 했다. 그래서 익년 3월에 조선극장에서 봉절되자 화류항의 남녀들로 하여금 홍루紅淚를 자아내게 했다.

그러자 부산 조선키네마 회사에서는 제2회작으로 극계에서 교육계로 전신했던 윤백남 씨를 감독으로 맞아들여서 〈운영전〉이라는 안평대군 궁의 비화를 영화화했던 것이다. 그리고 한편 제2반에서는 3회작 현대극 〈신神의 장牂〉을 제작·완성하였다. 그러자 윤백남 씨는 〈운영전〉 1작으로 동 회사와 인연을 끊고 경성에 돌아와 독립제작소를 설립했으니, 제1회로 〈심청전〉을 이경손李慶孫 감독하에 제작·완성했다. 여기에 출연한 사람들은 부산 조선키네마사 연구부에 적을 두고 있던 분들이니, 조선영화 초기에 출연인으로서 각기 거보巨步를 내디뎠던 주인규朱仁奎 씨를 위시해서 나운규

---

64   원문에는 "성성좌(聖星座)"로 되어 있으나 오식이다.
65   〈월하의 맹서〉가 제작된 해는 1923년이다.
66   하야까와 마스따로오(早川增太郎), 하야까와 코슈우(早川孤舟)라는 예명으로 〈춘향전〉(1923)을 만들었다.
67   〈춘향전〉은 〈월하의 맹서〉가 상영된 지 6개월 후인, 1923년 10월에 개봉했다.

羅雲奎, 남궁운南宮雲, 김정숙金靜淑, 정기탁鄭基鐸 제씨였다. 그러나 윤백남 제작소도 1작으로 해산되어버리자, 부산 조선키네마사 역시도 4회작을 최후로 그만 증자增資운동이 좌절되어 비장한 해산식을 행했다.

이때 중앙에서는 이필우 씨가 반도키네마사의 명의로『조선일보』에 만화로 연재되어 갈채를 받았던「멍텅구리」를 극계의 희극왕인 이원규李元奎, 안세민安世民 씨 등의 주연을 빌어서 희극영화를 제작하였고, 한편 고려영화제작소에서도 신소설『쌍옥루雙玉淚』를 영화로 착수하였다. 그리고 동사同社에서는 다음으로 윤백남제작소의 출연부원을 맞아가지고 춘원春園 이광수李光洙 씨의 장편 〈개척자〉를 제작·완성하였으니 감독엔 이경손 씨요 주연은 주인규, 남궁운, 김정숙 제씨였다. 2회 11.22

그 후 조극朝劇, 조선극장 내에 있는 동아문화협회에서는 또다시 3회작으로 〈놀부흥부전〉을 제작·완성해가지고 익년 신춘에 봉절하자 마침 계림鷄林영화협회가 창립되었다. 동 협회의 탄생은 조선영화운동 초기에 또한 특기될 만한 존재였으니, 일찍이 조선 신소설 발생 초의 장편을 내놓아, 한때 낙양洛陽의 지가紙價를 올렸던 고故 일재一齋 조중환趙重桓 씨가 창립해가지고, 자기가 주재하는 동시에 막대한 사재私財를 기울여 조선영화계를 위해 분투했던 것이다. 더구나 그는 일찍이『매일신보』시대에 윤백남 씨와는 동료였던 관계도 있으려니와, 항상 양兩씨는 서로 조선의 연극사업을 함께 도모하려던 투지가 있어왔던 만큼, 백남영화제작소의 비운을 바라보자 이내 그곳 부원을 이끌어가지고 윤 씨의 좌절된 초지初志를 대신 받들었던 셈이다. 그리하여 계림영화협회는 제1회작으로 〈장한몽〉을 제작했고, 다음은 항상 윤백남 씨가 영화화해보려던 〈산채왕山寨王〉(일명 〈황건적〉) 등을 제작했다. 그러나 동 협회도 이내 자금난으로 1년여를 휴식상태에 빠지게 되었다. 그러자 또 한편으로 학생 출신의 영화인들이 나타나기 시작했으니, 그 집단은 김택윤[68]영화사였다. 김 씨는 보전普專[69]을 마치자마자 영화의 뜻을 품고 스스로 제작소를 창립하는 동시에, 1회작으로 〈흑과 백〉을 고故 나운규 씨의 응원 출연을 받아가지고 완성했다.

이때까지 촬영기술자로서 잊어서는 안 될 분이 있으니 그는 서천수양西川秀洋, 니시까와 히데오 씨다. 초기 작품에 있어서 〈심청전〉을 위시하여 거의 그의 손으로 촬영된 작품이 허다했으니, 그는 조선영화와 함께 고단한 길을 걷느라고 김치, 깍두기를 먹어가며 때로는 굶주리기도 많이 한 분이다. 이리하여 조선영화계는 바야흐로 초기의 1단계를 넘어서게 되는 징조를 보였으니, 영화계의 큰 파문을 지어놓았던 〈아리랑〉 작품을 생산하려는 싹을 보인 전야였다.

고 나운규는 그때까지 이경손 작품에 출연해왔던 관계로, 피차 성격상 상위는 있을 망정 영화의 길을 걷는 정신에 있어선 남달리 일맥 통하는 곳이 있었던 것이다. 그러므로 이李는 본시 영화계로 진출하기 전부터 동요와 민요의 조지[70]가 깊었던 관계로 항상 조선민요를 영화화하고 싶음을 하소연하게 되자, 민감한 나 씨는 이 씨의 민요집 노트를 받아들게 되면서부터 어느 기회에나 기어코 자신의 작품으로 실현해볼 것을 결심했던 터이다. 그러자 마침 나 씨와 동기인 이규설李圭卨 씨의 알선으로 유행노래의 영화인 〈농중조籠中鳥〉에 조연을 하게 되자, 그의 연기는 하루아침에 비약되고 말았다. 동 작품의 감독은 진수津守[71]였고[72] 촬영은 가등공평加藤恭平, 카토오 쿄오헤이으로, 그때 출연에 중요한 사람은 토월회 출신으로 백남제작소와 계

---

68   원문은 "김택(金澤)"으로 되어 있으나, '윤(潤)'이 탈락된 것이다.
69   보성전문학교(普成專門學校).
70   '早知/早智(어려서부터 지혜가 있음, 또는 그 지혜)'를 말하는 듯하다.
71   츠모리 슈우이찌(津守秀一). 1926년 설립된 조선키네마프로덕션 대표 요도 토라조오(淀虎藏)의 조카사위로 알려져 있다. 이 회사의 제작을 총괄하는 실무책임자로서 〈아리랑〉 〈금붕어〉 〈뿔 빠진 황소〉 〈풍운아〉 등을 제작했다.

림영화회사를 거친 박제행朴齊行과 복혜숙卜惠淑, 박창혁朴昌赫 씨 등이었다.

이 〈농중조〉 작품의 출소出所는 남산정南山町에 있던 조선키네마사로서 본정 모 실업가의 출자를 받아 조직되었던 것인데, 1회작에 좋은 성적을 거둔 동사同社에서는 나운규 씨의 소망인 조선민요의 영화화, 즉 〈아리랑〉 작품을 착수하게 되었던 것이다. 그해는 대정 15년1926이었다. 나 씨는 1년여를 두고 상상想을 가다듬으며 기회를 엿보던 차에 큰 용기와 정열로 〈아리랑〉을 완성하고 말았다. 여기에 잊어서는 안 될 분이 있으니, 나 씨를 위해 두 팔이 되어준 주인규, 남궁운, 이규설 씨 등의 협력이 〈아리랑〉 생산에 컸음을 말해둔다. 이리하여 소화昭和, 쇼오와 원년1926이 되자 차작次作으로 〈풍운아風雲兒〉를 착수했고, 한편 계림영화협회에서는 1년여의 침묵을 깨트리고 고故 심훈沈熏의 감독으로 〈먼동이 틀 때〉를 제작해서 또한 우수한 작품으로 조선영화계의 큰 충동을 주었던 것이다.

심훈은 일찍이 문학청년으로서 한편 신문기자의 생활까지도 체험했으며, 오직 영화에 타는 정열은 이내 그로 하여금 모든 업을 내동댕이치고 동경으로 영화연구의 길을 떠나게 하고 말았다. 그때는 일활 촬영소에서 단 한 사람의 조선 청년으로서 석정휘남石井輝男이라는 별명으로 연찬研鑽73의 길을 밟고 있던 강홍식姜弘植 씨의 주선으로 잠시 연구부에 머물게 되었으니, 고故 촌전실村田實, 무라따 미노루 작품 〈춘희椿姬〉에도 임시 고용으로 출연까지 했던 터다. 그러자 그해 가을에 심훈은 강 씨와 함께 돌아와서 조일재 씨의 청으로 〈먼동이 틀 때〉를 완성했던 것이다. 3회 11.23

그러자 한편 단성사 제작부에선 김영환金永煥 감독으로 〈낙화유수落花流水〉가 제작되었으니, 여기에 주연은 복혜숙과 이원용李源鎔, 정암鄭岩 제씨였으며, 동작同作의 주제가는 '강남달'이라 불려져서 한동안 유행되었던 터이다. 그리고 또한 백남프로덕션 시대부터 출연을 해왔던 정기탁 씨가 스스로 제작회사를 창립해가지고, 이경손 감독과 신일선申一仙, 정기탁, 이소연李素然 씨 등의 출연으로 〈봉황의 면류관〉을 제작했으니, 가장 새로운 내용을 가졌던 모던풍의 작품이라 해서 영화계의 화제를 샀던 적이 있다.

그러나 여기에 잠깐 순차가 바뀌지만, 조선의 새로운 영화예술운동을 목표하고 그해 봄에 창립되었던 조선영화예술협회가 있었으니, 그들은 1년여를 두고 문인과 또는 신진영화인들의 규합으로 신경향의 기치를 세우고 연구에 몰두해갔었다. 그러나 당시의 빈한했던 조선영화계는 자연생장의 혼류를 거르면서도 희미한 허무주의적 사상과 향토적 색채를 작품마다 한 모퉁이씩 보여가고 있을 때인데, 여기에 출현한 영화예술협회는 신흥영화예술운동의 새로운 단계의 선을 긋고 말았으며, 바야흐로 경향영화의 싹이 보이려 함에 첫 출발의 역할을 감행한 모체라 볼 수 있었던 것이다. 물론 이것은 급격하게 수입된 사상의 조류 때문이었지만도, 그들은 일부의 신흥문학청년들과 진실한 영화학도(기분만이라도)들의 집단으로서, 발랄한 기상을 가지고 새로운 문화선상에 일익一翼을 행하려는 돌격대였음에 전 영화계의 주시를 받으며 급진적 영화의 새로운 궤도를 달리려 했던 것만은 사실이었다.

여기에 주요했던 멤버를 들자면 윤기정, 김영팔, 임화, 서광제, 김유영, 강호 씨 등이니, 그들은 당시 예맹원藝盟員으로서 영화에로 진격을 사양치 않았던 것이다. 이내 이 예협조선영화예술협회은 연구반을 설치하고 1년여의 연구와 훈련을 쌓는 동시에, 1회로 노자勞資관계를 주제로 한 시나리오를 준비했다가 그만 첫 기획이 좌절되고 말았으나, 다음은 〈유랑流浪〉을 내어놓고 말았다. 동 작품은 표현기술상 다소의 유졸幼拙을 면하지 못했으나

---

72 한국영상자료원 기록에 따르면 〈농중조〉의 감독은 이규설이 맡았으며, 츠모리 슈우이찌는 제작자로서 작품을 기획했다.

73 학문 따위를 깊이 연구함.

비교적 리얼한 내용의 작품으로서, 원작은 당시 단편작가로 정진하고 있던 이종명李鐘鳴 씨가 썼고 감독은 김유영 씨였다. 그리고 여기에 제작책임자는 한때 문예평론진에 화려한 논전을 펴고 있던 윤기정 씨이며, 출연엔 임화, 서광제, 추영호 씨 등이었다.

이러한 신흥영화인들의 장렬한 노력은 여러가지 난관에 봉착했으면서도 급기야 〈유랑〉의 완성을 알렸으니, 이듬해 정초 단성사에서 〈암로暗路〉와 동시 봉절하였다. 때는 소화 3년1928이다. 그러면 함께 상영한 〈암로〉는 어디서 제작된 작품이었으며 또한 함께 개봉되는 연분을 가졌던 것인가―. 이 〈암로〉의 감독자인 강호 역시도 영화예술협회 출신이었으매, 그는 귀향하는 즉시 남향南鄕 키네마를 창립해가지고 진주에서 작품을 제작하기에 이르렀으니, 그는 일찍이 동경미술학교를 마치고 영협映協에 적을 두었던 터이다. 그리고 당시 영화 1본本이 영남 한 지방에서 생산되었다는 것은 〈암로〉가 처음이었을 뿐 아니라, 또한 대담하게 크랭크를 잡았던 신인 민우양閔又洋 씨의 기술은 적이 안심을 보였던 터이다.

그러자 한편 조선키네마사에서는 나 씨가 〈아리랑〉과 〈풍운아〉 이후로 호조好調의 제작길을 밟았으니 〈들쥐〉 〈금붕어〉 두 작품을 연달아 발표했으며, 이듬해 봄부터는 프로덕션을 독립해가지고 〈잘 있거라〉 〈옥녀玉女〉 〈사랑을 찾아서〉 등의 제작諸作을 세상에 내놓음으로써 한층 더 지반을 견고히 해갔던 것이다. 4회 11.25

그리고 나 씨의 작품은 거의 다 소년시대에 북만北滿74으로 표랑하던 자신의 체험과 분방한 사상을 항상 드러내가고 있었으니, 그는 일종 이단異端을 걷는 상싫은 귀재鬼才적 존재였다. 여기에 나 씨와 더불어 고난의 길을 함께 했던 영화인들은 〈아리랑〉 시대부터 함께 출발했던 분들이고, 또 새로이 가세한 윤봉춘尹逢春, 이금룡李今龍, 이경선李慶善 씨 등이 있었으니 매우 강력한 제작진이었다. 그러자 나 씨와 더불어 협력하고 있던 이규설 씨가 춘사春史[75]와 연을 끊고 덕영상회德永商會의 출자를 받아 〈불망곡不忘曲〉과 〈홍련비련紅戀悲戀〉을 제작했으니, 여기에 출연한 분은 토월회 출신인 박제행과 서월영徐月影 씨 등이었다. 그러고 하나 특기해둘 만한 진기한 작作이 이때 나타났으니, 여자들로만 등장된 〈낙양洛陽의 길〉이라는 영화였다.

이만큼 때는 조선영화 제작열이 왕성해갔을 시기임에, 교육계 혹은 문학인들 중에서 영화계로 진출하는 분들이 적지 않았다. 일례를 들면 함흥 영생永生중학에서 교편을 잡는 한편 영문학에 연구를 쌓고 있던 황운黃雲 씨가 상경해서 〈낙원을 찾는 무리들〉[76]의 메가폰을 잡았으며, 여기에 가세했던 영화인들은 나羅 씨 제작소에서 분리돼 나온 분들이었고, 이들은 하루바삐 조선영화의 향상을 꾀하려는 야망이 발발한 급진적 양심분자들이었다.

이와 동시에 대구의 영화인들도 중앙으로 모여 〈혈마血魔〉라는 영화를 제작했건만, 이것은 대구 모 부호의 복마전을 폭로시킨 작품이라 해서 이내 봉절치 못하고 해산되어버리자, 이내 한편에선 극동極東키네마사가 창립되어 〈괴인怪人의 정체正體〉를 발표했고, 또 조선영화제작소는 〈운명〉을 제작했다. 그러나 극동이나 조선 양사는 각기 1작으로 제작의 운이 다하고 말았던 터이나, 이때는 우후죽순격으로 연달아 사방에서 일어나는 군소 제작자 부대들의 활약이 대단해갔다.

우선 대륙키네마사에서는 유장안柳長安 씨 감독의 〈지나가支那街의 비밀〉과 천단기수川端基水, 카와바따 모또미즈[77] 씨의 〈나의 친구여〉 등을 발표해갔고, 평양키네마에선 이경손 씨를 감독으로 맞아 〈춘희〉를 제작했다. 여기

74   북만주.
75   나운규의 호.
76   원문에는 "낙원을 찾는 무리"로 되어 있으나 공식적인 제목은 〈낙원을 찾는 무리들〉이다.
77   원문은 "천단기영(川端基永)"으로 표기되어 있으나 이는 오식이다.

에 출연을 관계해왔던 분들은 (사별社別 없이) 나웅, 정기탁, 서월영, 박제행 씨 등이었고, 이때에 각사의 제작태도는 매우 저급해가는 느낌이 있었으니, 자연 영화인들의 빈곤을 막으려 흥행 본위의 궤도를 달리고 말았던 터이다. 그러나 일부에서는 흥행 본위의 영화를 발표해감으로써 제작 능력을 연명하려고 했다. 또한 영화인들의 빈곤까지도 막아볼까 했지만 오히려 반대의 결과를 낳고 말았으니, 1,2의 작作을 최후로 비운에 빠져버릴 뿐이었다.

그러므로 여기에 양심적인 영화인들 간에는 그 궤도에 달리지 않으려고, 그 궤도에 사로잡히지 않으려고 무한 고뇌, 고투했던 터이다. 이것은 본시 수입을 가져오는(그 당시로서) 시장이 협소한데다가 1작作의 자금만으로 출발해왔던 관계상, 자연 제작력이 단명할 도리밖에 없었다. 이것은 아직도 남과 같이 한개의 영화기업으로서 토대를 갖지 못하고, 한갓 영화인 자수自手로 씨를 뿌리게 되는, 자연생장기에 있어서 웃을래야 웃을 수 없는 비극이었던 것이다.

그러나 이런 중에도 조선영화계에 독보獨步하다시피 계속 생산에 꾸준한 노력을 가져온 사람은 춘사뿐이었다. 그의 배후에는 튼튼한 극장, 다시 말하면 이윤을 노리는 소小흥행사들과, 자금 조달을 해가는 나 씨의 지지자가 있었기 때문에, 제작의 컨디션을 잃지 않고 〈사나이〉〈벙어리 삼룡〉 등을 발표해갔다.

다만 그에게 다른 영화인에 비할 만한 고민이 있었다 할 것 같으면, 오로지 자신의 제작태도를 불안히 생각했을 것이니, 한편에서는 신흥영화예술운동이 싹을 보여가며 시대사조는 급격한 변화를 보여갔음에, 나 씨 자신은 무던히 초조해하는 한편, 고故 도향稻香, 나도향의 작作인 〈벙어리 삼룡〉을 제작·발표함으로써 저락低落되어온 태도를 고쳐갔던 것이다. 5회 11.26

그리고 다음은 조선키네마사에서 김태진金兌鎭 씨 감독으로 〈뿔 빠진 황소)를 발표했고, 금강金剛키네마사에서는 김영환 감독과 이원용, 복혜숙 씨 등의 출연으로 〈세 동무〉를 제작하고 나서는 뒤이어 2회로 김상진金尙鎭 씨의 감독인 〈종소리〉를 발표해갔다. 김 씨는 일찍이 약전藥專을 마치고 계림영화협회 시대부터 영화미술에 전력해오던 숨은 연구가였으니, 조선영화마다 자막의 3할 이상은 그 손이 닿지 않는 곳이 없었다 할 만큼, 그가 작품에서 보이는 수완도 어느정도까지 가경佳境78을 보였던 터이다.

그리고 다음으로 이경손프로덕션에서 〈숙영낭자전淑英娘子傳〉을 발표하고 나서는 한동안 조선영화계는 한산해지고 말았으니, 한때의 왕성하던 제작열이 저조를 보여가고 있었다. 여기에 나 씨도 그만 순회극 방면으로 자취를 감춰버리자 이내 그해는 넘어가고 말았다.

여기에 잠깐 순서는 바뀌었지만 한마디 해둘 것은, 소화 3년1928 가을에 문예영화협회가 창설되었던 것이니, 동 협회는 조선영화 제작사업과 또는 신인을 배양할 차로 탄생되었던 기관으로, 말하자면 조선에서는 처음이요 또한 마지막이었던, 본격적 영화학원이었다. 당시 최고학부에 적을 두고 있던 학도들이 30여명 모여 하루에 3시간씩 교수를 받고 있었으니, 여기에 강사 책임자들은 중국문학 강講에 양백화, 근대극에 윤백남과 고故 김운정金雲汀, 조선문학 강에 염상섭廉想涉 등 제씨였으며, 영화부문에는 필자도 한 몫 책임을 졌던 터이다. 또 동 협회의 이사로는 이기세李基世, 김운정 양씨였던 터이며, 이 문영文映은 그 후 아무런 사업 진행과 발전도 보이지 못했을 뿐이나, 신인 배양과 조선영화사업의 향상을 도모하려던 진실한 연구기관이었던 것임을 여기에 말해둘 뿐이다.

소화 4년1929 봄이 되면서부터 영화계는 다시 4-5작품을 생산하게 되었으니, 중앙키네마사의 〈약혼約婚〉을 비롯해서 〈젊은이의 노래〉 〈꽃장사〉

78   한창 재미있는 판이나 고비.

〈회심곡悔心曲〉등이 발표됨으로써 또 한해가 넘으려 할 때, 춘사가 돌연 영화계에 다시 나타나서 〈아리랑 후편〉을 착수했던 것이다. 이리하여 이듬해 소화 5년에 들어서면서부터는 다소 제작열이 재흥再興된 것같이 나 씨가 원방각사圓方角社에서 〈철인도鐵人都〉를 제작했고, 다음은 경성촬영소 직영인 원산만遠山滿프로덕션에 입사하여 〈금강한金剛恨〉에 출연했다. 그리고 이와 동시해서 모보사某報社[79]에서는 사업부의 기획으로 춘원의 원작을 윤백남 감독과 문예영화협회 출신들의 공연共演을 빌어 〈정의는 이긴다〉를 제작했고, 동양영화사에서도 이구영 씨 감독인 〈승방비곡僧房悲曲〉이 제작·발표되었다. 여기에 제작 책임자는 이서구李瑞求, 정인익鄭寅翼 양씨였으며, 출연에는 윤봉춘, 김연실, 함춘하咸春霞, 이경선 제씨인바, 당시 신인으로 시문학에 정진하던 함춘하 씨의 출현이 있어 한때 영화계의 꽃이 핀 적도 있었던 터이다. 그리고 다음은 엑스X키네마사의 제작으로 안석영安夕影 씨의 원작인 〈노래하는 시절〉이 발표되자 뒤이어 대구의 녹성綠星키네마사 제작인 〈바다와 싸우는 사람들〉과 대구영화사의 〈도적놈〉 등의 두 영화가 탄생됨으로써 그해는 마감했으니, 이 두 영화가 나오기까지 배후에서 유일한 노勞를 쌓은 분들은 이운방李雲芳, 유봉렬劉鳳烈 양씨였던 것이다.

그리고 이듬해 소화 6년1931이 되자 대경영화양행大京映畵洋行에서 이구영 씨 감독으로 〈수일과 순애〉를 제작했던바, 이것은 제명題名과 같이 신편〈장한몽〉이었으며 내용도 개작이었을 뿐 아니라 촬영기술이 놀라울 만큼 진취되어서, 여기에 책임자인 이명우 씨의 비약적 수완을 보여줬다. 그리고 이외에도 신흥프로덕션에서 발표한 〈방아타령〉이 있었으니 이 작품은 민요를 영화화한 것으로, 출연한 분은 심영沈影, 김인규金寅圭(일명 김한金漢), 김선영金鮮英 제씨였고, 그해 가을에는 경향영화 제작사인 서울키노가 창립되어가지고 이효석, 서광제, 안석영, 김유영 씨 등의 연작 시나리오『화륜火輪』을 제작했으며, 김유영 씨가 〈유랑〉과 〈혼가〉 이후로 제3회의 메가폰을 잡는 영화였다.

그러나 이내 이 〈화륜〉의 완성을 보지 못한 채 한해는 또 넘어서 소화 7년1932을 맞이했다. 이리하여 봄을 들어서면서부터 유신流新 키네마[80]사의 〈개화당이문開化黨異聞〉과 〈임자 없는 나룻배〉가 제작·발표되어 조선영화계에 적지 않은 충동을 주었으니, 〈개화당이문〉은 나운규 씨의 자작·자연自演이었고, 〈임자 없는 나룻배〉는 오랫동안 경도京都, 쿄오토 신흥촬영소에서 연찬의 길을 밟고 있던 이규환李圭煥 씨가 돌아와서 처음으로 감독했던 작품인데, 조선영화계에서는 오래간만에 우수영화를 대하게 되었던 것이다. 그러나 소화 7년 역시도 섭섭히 이상의 3작을 낳았을 뿐으로 그해는 저물어갔고, 소화 8년1933 신춘이 되자 평양 서선西鮮 키네마사의 〈돌아오는 영혼〉이 경성에서 봉절되어 이 작품의 감독 겸 촬영자인 이창근李昌根 씨의 고심을 알게 되었던 것이다. 그러자 대구에서도 양철梁哲 씨의 작품인 〈종로〉가 제작되었는데, 가끔 순회극 방면으로 생활의 방도를 찾던 나운규 씨가 이 작품에 출연을 하고나서 다시 〈7번통 소사건七番通小事件〉이라는 영화를 만들었다. 그러나 이때까지 나 씨는 가끔 망령된 영화제작의 태도를 보여왔다. 그의 무無양심했음을 논하니보다도 무엇이 나 씨로 하여금 그 같은 길을 걷게 했던가를 생각할진대, 그의 초기의 노勞를 위해서라도 애석한 통분이었던 것이다. 하면 하필 나 씨뿐이리요. 어느 사회인이나 의식衣食이 없이는 생존할 수 없을 것이요, 생존이 없이는 사업도, 노력도, 희망도, 건설도, 아무것도 없을 것이다. 하면 그도 고난의 길인 영화에 일생을 마치려 했고 또는 예술적 문화적 양심도 있었을 것이요, 자신의 장래도 헤아렸을 것인데, 불행히 빈곤을 막기 위해, 생명이 달린 육신을 보전하려고, 할 수 없는

---

79   동아일보사.
80   원문에는 "유신(柳新)키네마"로 되어 있으나 오식이다.

길을 걸었다 할 것 같으면 생각해주고도 남음이 있을 것이겠다. 이만큼 나씨가 불운했던 만큼, 이해는 영화계의 흉년이었으매, 중앙에서는 도무지 제작된 영화가 한개도 없었다.

그리고 이듬해 소화 9년1934 여름에 금강키네마사 제작으로 〈청춘의 십자로〉가 나왔으니 이원용, 박연朴淵, 신일선, 김연실 씨 등의 출연으로 완성된 작품이었다. 그러나 단지 그해에 1본本밖에 나오지 못한 작품이었고, 이원용과 신일선 양씨가 오래간만에 영화에 나타났던 것이므로 다소 흥행상 유리함을 얻었을 뿐이었다.

그리고 익년 정초에 청조靑鳥영화사 제작이었고 이규환 씨의 작품인 〈바다여 말하라〉가 발표되었는데, 시나리오 제공은 안석영 씨였으며 출연에는 심영, 김인규, 독은기獨銀基, 장한張翰 제씨였다. 다음은 금강키네마의 〈은하에 흐르는 정열〉과 경성촬영소의 〈전과자〉〈대도전大盜傳〉〈홍길동전〉 등이 연달아 제작되어 나왔고, 중앙영화사에서는 방한준 씨의 감독으로 〈살수차撒水車〉를 발표했던바 여기에는 오랫동안 경도京都에서 영화생활을 하고 있던 김일해金一海, 김성춘金聖春 양씨가 출연했다. 그리고 다음은 한양漢陽영화사에서도 〈강 건너 마을〉을 제작했는데, 동사同社는 젊은 영화인이었던 고故 차상은車相銀 씨가 사재를 전부 기울여 조그마한 촬영소까지도 세우는 한편, 나운규 씨를 맞아 영화사업에 전력을 기울이던 터이니, 2회로 〈아리랑 3편〉을 완성했던 터이다. 여기에 출연했던 분들은 윤봉춘, 김덕심, 전택이田擇二, 현순영, 신일선 제씨였고, 촬영부 주임에는 촬영과 제화製畵 방면에 많은 공로를 가져왔던 손용진孫勇進 씨였다. 이럴 때 대구에서는 이규환 씨가 다시 〈그 후의 이도령〉과 〈무지개〉 등을 제작해서 작품상으로 진경進境을 보였고, 한편 고려영화사에서는 〈역습逆襲〉을 발표했다. 이런 전후에 그 당시 유일한 월간지 『영화시대』사 제작부에서는 조선영화계에 적지 않은 파문을 일으켜놓았으니, 경도京都 동아東亞키네마 시대부터 감독부 내에서 많은 연구를 쌓고 돌아온 박기채朴基采 씨를 맞아가지고 안석영 씨 시나리오『춘풍春風』을 착수했음에, 모든 제작 규모로 봐서 드문 진행이 었다. 6회 11.27

3   조선영화발달소사   임화

『삼천리』 제13권 6호 / 1941.6

1.

조선의 영화사는 내지內地나 지나支那에서와 마찬가지로 활동사진의 수입으로부터 시작된다. 광무光武 7년경(?)(명치 36년, 서기 1903) 동경 흥행업자 길택상회吉澤商會, 요시자와상회의 손을 거쳐서 수입 공개된 영미연초회사英米煙草會社의 선전 필름이 조선에서 활동사진사상의 효시라고 한다.

그러나 흥행물로서 활동사진이 등장한 것은 광무 8년(?)경 원각사에서 불국佛國 빠떼Pathé제製 단편희극과 실사實寫를 상영함으로부터인데, 뒤이어 연흥사, 장안사, 광무대 등에서 육속陸續[81] 활동사진을 상영하고, 미인米人 골부란Henry Collbran, 헨리 콜브란, 보사덕H.R. Bostwick, 보스트위크 등의 경영하던 한성전기회사에서 전차 선전 겸 메리고라운드merry-go-round와 더불어 활동사진관람소를 현現 동대문 전차회사 차고지에 개설하여 개화 조선의 중요한 신오락물로 활동사진이 등장케 되었다. 물론 본격적으로 상설흥행하게 된 것은 대정大正 초엽 이후에 속하는 일인데, 상영된 사진은 최초엔 전기前記한 빠떼제 단편, 미국 청조제靑鳥製[82] 희극과 실사와 조선풍물을 박

---

81   계속하여 끊이지 않음.
82   유니버설 영화사의 하위 제작사인 블루버드(Bluebird Photoplays)에서 만든 영화.

은 환등류까지였으나 점차 유니버설 장편과 내지의 신파물과 초기 시대극 등이 성행했다. 이런 사정은 아마 내지의 활동사진 수입시대로 동일했던 듯싶다.

이것이 소위 변사와 악대樂隊와 더불어 옛 기억이 새로운 활동사진시대의 면영面影이다. 이 시대는 상설관도 경성에 5,6개소, 지대도시地大都市83에 4,5개소, 그밖에 산재한 몇개의 비非상설관 등을 모두 합쳐서 손꼽을 수 있을 만큼 보급 정도도 얕았었다. 이런 상태가 아마 대정 10년1921 이후까지 계속되었으리라고 믿는데, 이 시기라는 것은 주지하는 바와 같이 아직 영화映畵라고 하는 술어조차 생기지 않은 시대에 필름은 여태까지도 신기한 발견품이요, 활동하는 사진으로서 단순한 오락의 대상에 불과했다. 비단 조선만이 아니라 내지나 활동사진의 원산지인 외국에서 미처 필름이 예술이라고는 생각지 못했었다.

그러나 세계영화사상 활동사진시대라고 부르는 시대를 서양과 내지에서는 다소간이나마 제작하는 것을 통해 체험했지만, 우리 조선서는 그저 구경하면서 지내온 것이다. 그러므로 엄밀한 의미에서 말하면 조선영화사에는 활동사진시대라는 것이 있을 수 없을지 모른다. 구경만 하고 제작하지 않는 역사라는 것은 없는 법이다.

역사란 항상 만드는 것과 되어지는 일을 가리키는 말이요, 더구나 예술의 역사라는 것은 창조의 역사이기 때문이다. 그러므로 엄밀한 의미의 영화사는 당연히 제작의 개시로부터 시작해야 할 것이다. 활동사진시대라는 것은 영화의 전사前史시대일 뿐 아니라, 우리에게 있어선 우리가 일찍이 관객이던 한 시대에 지나지 않는다.

2.

조선에서 영화가 제작되기 시작한 것은 대정 7,8년1918,19경 신파연극의 유행이 한고비 넘고, 한창 연쇄극連鎖劇이 수입되려할 때 극단에서 만든 연쇄극 필름부터이다. 신극좌, 혁신단, 문예단 등이 동경에서 내지인 기사를 데려다가, 역시 내지의 신파연쇄극을 모방하여 몇 장면씩 박아가지고 연극의 장면과 장면 사이에 스크린을 내리고 비추어본 것이 조선의 인상人象 풍물이 스크린에 나타난 시초다. 예전 무성시대의 촬영기사였고, 지금은 녹음기사로 있는 이필우李弼雨 씨 같은 이가 벌써 이 시대의 연쇄극 필름 촬영자였다.

그러나 연쇄극 필름을 우리가 영화라고 부를 수 없는 것은 활동사진을 영화라고 부르지 못하는 것 이상이다. 그것은 활동사진만큼도 독립된 작품이 아니요, 연극의 한 보조수단에 불과했기 때문이다. 결국 영화의 한 태생에 그치는 것이다.

독립한 작품이 만들어지기는 대정 9년1920에 취성좌 김도산金陶山 일생이 경기도청의 위촉으로 제작한 호열자 예방 선전영화와, 대정 10년1921 윤백남尹白南 씨가 체신국의 의뢰로 제작한 저축사상 선전영화〈월하의 맹서〉로 효시를 삼게 된다. 그러나 이 두 작품으로 말하면 연쇄극 필름 정도는 아니더라도 완전히 독립한 영화라고는 말하기 어렵다. 전자가 만일 연극의 부속물이라면 후자는 관청의 광고지와 같은 한 선전수단에 지나지 않기 때문이다. 조선영화사를 말하매 이 두 작품을 최초의 작품으로 매거枚擧[84]하는 것은, 그 제작의 동기, 작품의 내용은 어떻든 간에, 다른 예술의 보조를 받지 않고 자체로서 완결되었기 때문이다.

좀더 완전히 독립한 영화가 되기는 대정 11년1922 당시 황금관과 조선극장을 경영하던 흥행사 조천早川 모某[85]가 동아문화협회의 명의로 제작한

___

83   지방 대도시를 의미하는 듯하다.
84   낱낱이 들어서 말함.
85   하야까와 코슈우(早川孤舟)를 가리킨다.

〈춘향전〉에서다.[86] 이 영화에는 그때의 인기 있는 변사였던 김조성이 출연을 하고, 기생이 출연을 하여 관객의 환영을 받았다. 원작이 유명한 『춘향전』인 관계도 있었고, 또 처음으로 대중적 장소의 스크린에 비치는 조선의 인물과 풍경을 보는 친근미가 대단히 관객을 즐겁게 했던 모양으로, 흥행에는 성공했다 한다.

이것을 계기로 부산에 조선키네마주식회사라고 하는, 공칭자본 20만원의 내지인 기업회사가 생겨, 안종화安鍾和, 이월화李月華 주연, 〈해海의 비곡秘曲〉, 윤백남 감독의 〈운영전〉〈신神의 장粧〉 등의 작품을 만들었으나 회사는 기업적으로 성공하지 못했다. 조선영화는 아직 대규모 기업의 대상이 되기엔 심히 유치했고, 조선의 시장은 아직 미완의 시기에 있었기 때문이다. 요컨대 그들은 연극에선 신파극·연쇄극의 융성과 영화로는 〈춘향전〉의 성공에 안목眼目 휘황하여 시기상조의 오해를 한 것이다. 작품으로 보면 〈운영전〉이 〈춘향전〉과 더불어 고대소설을 영화화한 의미에서 동일한 것이고, 〈해의 비곡〉과 〈신의 장〉은 하나는 연애극이요 또 하나는 교훈극으로, 모두 조선의 인정풍속을 영화로 본다는 이상의 흥미를 자아내는 것이 아니었다. 그러나 이 회사로부터 초창기 조선영화계의 주석柱石이 된 윤백남, 안종화, 이경손李慶孫, 나운규, 남궁운南宮雲, 이월화, 정기탁鄭基鐸, 이규설李圭卨 등의 제諸 인재를 출세시킨 것은 잊지 못할 숨은 공적이라 아니할 수 없다.

그 후 윤백남 씨가 독립 프로덕션을 경성에 창립하여 이경손 감독, 나운규 주연의 〈심청전〉을 제작했다가 해산되었는데, 이 작품으로 조선영화가 좀더 확실한 예술적 노선상에 오르는 감을 주었고, 또 윤백남프로덕션은 그 뒤 오랫동안 조선영화 제작의 지배적 기구였던 소규모 제작 모체母體의 선편先鞭[87]을 친 것으로 의의가 있었다. 〈심청전〉은 같은 고대소설의 영화화라고 하더라도, 〈춘향전〉이나 〈운영전〉에 비해 제작태도가 진지하여 관중으로 하여금 비로소 조선영화를 호기심 이상의 태도로 대하게 했고, 또한 이 작품은 감독으로서의 이경손 씨와 천품 있는 연기자로서 나운규 씨를 세상에 보낸 기념할 만한 작품이었다.

그 후, 이필우 씨가 당시 『조선일보』에 연재 중이던 인기 만화 「멍텅구리」를 영화화했고, 고려영화제작소라는 곳에서 신파소설 『쌍옥루』를 만들었고, 또 전기前記한 동아문화협회에서 기생 강명화康明花의 실기實記 〈비련의 곡曲〉과 〈흥부전〉 등을 만들었으나 모두 유치한 것이어서, 결국 흥행사의 기교주의와 열성 있는 초기 영화인들의 맹목적 시험의 역域을 넘지 않았다. 이경손 씨가 윤백남프로덕션의 주인규朱仁奎, 남궁운, 김정숙金靜淑 씨 등을 데리고 만든 이광수 씨의 소설 『개척자』의 영화화도 역시 실패했다.

계속하여 신소설의 작자로, 또한 내지 신파소설 등의 번안자로서 초창기 조선문단의 공로자였던 조일재 씨가 계림영화협회라는 단체를 일으켜 미기홍엽尾崎紅葉, 오자끼 코오요오의 『금색야차金色夜叉』를 번안한 〈장한몽〉을 만들고, 뒤이어 윤백남 감독으로 내지의 검극조劍戟調 시대극 〈산채왕山寨王〉을 만들었으나 모두 성공하지 못했다. 더구나 〈산채왕〉은 기대와 달리 흥행성적도 불량하여, 이후 타인으로 하여금 검극조 시대극이라는 것을 다시 시험할 욕심을 전연 포기하게 할 만했다. 이 협회가 의의가 있다고 하면, 조선키네마 회사 이후 가장 많은 작품을 만들고, 또 오래 지속되어 부동무쌍浮動無雙했던 초기 조선영화계의 태도의 토대가 되어준 점이 그 하나요, 또한 거의 전부라고 해도 좋으리만큼 그 이후 조선영화계에서 활약한 영화인들을 기른 점 또한 잊기 어려운 점일 것이다.

이 시대는 조선영화사상에서 프로덕션 난립시대라고도 부를 만큼, 실제

---

86 〈춘향전〉이 제작된 해는 1923년이다.
87 ① 남보다 먼저 시작하거나 자리를 잡음. ② 남보다 앞서 공을 세움.

작품을 내기까지 이른 단체는 없어도 경성 시내 웬만한 데면 '××프로덕션' 혹은 '××영화제작소'라는 간판을 볼 수 있을 만한 형편이었다. 좌우간 영화에서 정열이 일반으로 비상히 팽창[88]했던 시대다. 그러나 작품으로 이렇다 할 만한 것이 남지 않았다. 그저 돈 천원만 마련될 듯하면, 누구나 제작, 제작하며 배우가 감독이 되려고 영화를 하는 사람이 많던 시대다. 그러나 이 시대는 이로부터 올 좀더 확고한 기초와 방향을 가진 조선영화의 준비를 위하여, 은연중에 토대가 쌓이고 있는 시대였다. 외국에서는 활동사진시대가 종언하고 예술로서의 영화의 시대가 전개되기 시작하는 시대였고, 조선에서는 소박하고 유치한 초창기의 맹목적 시험으로부터, 점차 어떤 방향과 일정의 수준이 발견되려고 하는 전야前夜였다.

3.

조선영화가 소박하나마 참으로 영화다운 게 되고, 또 조선영화다운 작품을 만들기는 대정 15년1926 나운규 씨의 원작·각색·감독·주연으로 된 〈아리랑〉에서부터다. 이 작품은 본정本町 모某 내지 상인의 출자로 된 조선키네마프로덕션의 제작인데, 〈아리랑〉을 만들기 전 〈농중鳥中鳥〉라는 유행가 영화를 진수津守秀一, 츠모리 슈우이찌라는 내지인 감독, 이규설 주연, 나운규 조연으로 촬영하여 다행히 실패를 보지 않고, 또한 나운규라는 배우의 존재를 세상에 인식시켜 다음 작품을 만들 가능성이 있게 했음은 다행한 일이었다. 이렇게 해서 2회 작품으로 만들어진 〈아리랑〉은 절대한 인기를 얻어, 조선영화로서 흥행성적의 최초기기最初記記를 만들었을 뿐만 아니라, 조선영화사상 무성시대를 대표하는 최초의 걸작이 된 것이다. 이 작품에 소박하나마 조선사람에게 고유한 감정·사상·생활의 진실의 일단一端이 적확히 파악되어 있고, 그 시대를 휩싸고 있던 시대적 기분이 영롱히 표현되어 있었으며, 오랫동안 조선사람의 전통적인 심정의 하나였던 '페이소스'

가 비로소 영화의 근저가 되어 혹은 표면의 색조가 되어 표현되었다. 그러므로 사람들은 이 작품에서 단순한 조선의 인상 풍경, 습속 이상의 것을 맛보는 만족을 얻었다. 이 점은 조선영화가 탄생 이후 당연히 가져야 할 것이지만, 미처 가지지 못했던 것을 사람에게 주었음을 의미한다.

임화

뿐만 아니라, 이 작품의 성공은 그 내용에서만 아니라 형성形成과 기술에서도 재래의 조선영화의 수준을 돌파한 데 연유하였다. 이만하면 단순한 호기심에만 끌려 보아오던 관중은, 안심하고 조선영화를 대하게끔 되었다. 또한 이 작품을 통해 일세一世의 인기 여배우 신일선申一仙을 세상에 내놓아, 여러가지 의미에서 〈아리랑〉은 조선의 무성영화시대를 기념하는 '모뉴멘트'였다.

그 다음 〈풍운아〉 〈야서野鼠〉 〈금붕어〉 등을 계속 발표하여 면면綿綿한 애수와 더불어 경쾌한 웃음, 울발鬱勃한 니힐리즘과 더불어 표표飄飄한 방랑성 등으로 연상되는 나운규조調라는 것을 이야기할 만큼 그의 특징은 명백해졌고, 그의 지위는 어언 조선영화계의 중심에 존재하였다. 그는 〈아리랑〉 이후 제諸 작품에서 볼 수 있듯, 인기배우만이 아니고 좋은 시나리오 작가요, 또한 보다 좋은 연출자였다. 이 몇해 동안은 실로 조선영화사상 나운규시대라고 이름해도 좋은 시대다. 사실 무성시대의 조선영화계에서는 나운규 이상 가는 영화예술가는 나오지 않았다. 간혹 이의를 말할 이가 있을지 모르나, 나는 조선영화의 전全 무성시대를 나운규시대라고 말하고도 싶다.

88 원문에는 "팽창(澎漲)"이라고 되어 있으나, '팽창(膨脹)'의 오식으로 보인다.

〈풍운아〉의 나운규(왼쪽), 〈먼동이 틀 때〉를 만든 심훈(오른쪽)

    그 뒤 영화계는 조선키네마프로덕션의 중지를 전후해 얼마간 부진기에 들어갔다가, 소화 6년[89]에 오랫동안 휴지상태에 있던 계림영화협회가 시인 심훈 씨의 원작·감독으로 〈먼동이 틀 때〉를 강홍식, 신일선을 주연으로 제작하여, 조선영화사상 드물게 보는 양심적 제작태도를 보였다. 그것은 서구의 문예영화를 접하는 듯한 것으로, 〈개척자〉가 만일 실패한 문예영화라면 〈먼동이 틀 때〉는 비교적 성공한 문예영화라 할 수 있었다. 여하간 이 작품은 확실히 〈아리랑〉과 더불어 기억해둘 우수작이다.

    이와 전후하여 이규설 씨가 제작한 〈불망곡不忘曲〉〈홍련비련紅戀悲戀〉, 극동키네마의 〈괴인怪人의 정체〉, 대륙키네마의 〈지나가支那街의 비밀〉, 조선영화제작소의 〈운명〉, 그 외 수종數種이 있으나 모두 언급할 것이 못 된다. 그중 이경손 씨가 평양키네마에서 제작한 〈춘희椿姬〉는 화면이 아름다운 영화였다. 그동안 소화 2년1927경부터 상설관 단성사 영화부에서 인기 있는 변사 김영환 씨가 〈낙화유수〉〈종소리〉〈세 동무〉 등을 제작하여 관객을 끌었으나, 이것들은 아주 속화俗化하고 상업주의화한 작품이었다. 이 시대에 나운규 씨는 조선키네마를 그만두고 독립 개인 프로덕션을 일

으켜, 역시 자기의 원작·감독·주연으로 〈잘 있거라〉〈옥녀玉女〉〈사나이〉
〈사랑을 찾아서〉〈벙어리 삼룡이〉 등을 제작하여 변함없이 인기를 얻고,
자기의 예술적 성격을 유지해왔으나, 그도 차차 고조기를 지나온 감이 있
어 슬럼프가 느껴지고, 당시 영화계의 일부에서는 변하는 시대정세와 더불
어 경향傾向영화에의 관심이 높아지고 주로 신인들이 거기에 접근되어 있
었다.

4.

안종화 씨가 주재하고 이경손, 김영환 씨 등 문단·영화인이 관계하고 있
는 조선영화예술협회의 연소年少한 성원成員과 좌익 문화인들이 합류되어
〈유랑〉, 그 뒤에 서울키노의 〈혼가昏街〉〈화륜火輪〉 등이 만들어졌는데, 이
것은 모두 김유영 씨의 작품이었다. 나운규 씨의 작품이 다분히 '내셔널'한
경향을 가진 것이라면, 전자前者는 어느정도 경향적인 의도를 가진 것이라
하겠다.

이것이 소화 3년1928부터 5,6년경까지 조선영화계의 상황인데, 일종의
내적 심열心裂의 시대여서 신흥영화예술가동맹이라는 단체가 생기고, 시나
리오작가협회라는 것이 생기고 카프KAPF의 영화부가 생기고 하여 새로운
동향이 활발하게 표면화되면서, 조선서 처음으로 영화이론과 비평이라는
것이 생겨 서광제徐光霽 씨 같은 이가 활발히 활동한 것도 이 시기이다.

경향영화운동은 조직과 이론에 앞설 뿐으로, 실제 창작활동이 상반相伴[90]
치 못하면서 소화 8,9년1933,34경에 이르러 사회정세는 변하기 시작하여 이
운동은 퇴조되고, 다른 한편 나운규 씨와 같은 이도 또한 슬럼프에 빠져 여

89   〈먼동이 틀 때〉가 개봉된 것은 1927년, 즉 쇼오와 2년이다.
90   서로 함께함.

러가지 작품을 만들었으나, 전체로 조선영화는 진보하는 형적이 보이지 않았다. 나 씨의 〈7번통 소사건七番通小事件〉〈종로〉 등은 〈아리랑〉 등에 비교도 안 되는, 당시 성행하던 '깽' 영화의 졸악拙惡한 기능에 불과했으며, 그것을 만회코자 시험한 〈아리랑 후편〉〈아리랑 3편〉 등도 모두 이 우수한 예술가의 저조를 구해주지 않았다. 그 뒤 오래 웅도雄圖를 품고 무연無聯한 세월을 보내던 안종화 씨가 메가폰을 들 기회를 얻어 〈꽃장사〉〈은하에 흐르는 정열〉〈청춘의 십자로〉 등을 제작하고, 중앙영화사 방한준 씨가 〈살수차撒水車〉, 이규환 씨가 〈임자 없는 나룻배〉〈바다여 말하라〉, 박기채 씨가 〈춘풍春風〉을 제작했으나, 모두 새로운 시기를 획劃할 정도의 성과를 얻지 못했다.

그러나 이 3,4년간의 침체 후, 소화 9년1934경부터 조선영화는 재건기에 들어가는 감이 있어서, 기술적으로도 아주 새로운 시기를 개척하기 시작했다. 감독도 윤백남, 이경손, 나운규와 같은 조선영화 초창기의 사람들이 점차로 제1선으로부터 퇴장하고, 이규환李圭煥, 방한준方漢駿, 박기채朴基采, 윤봉춘尹逢春 등의 신인이 등장하기 시작했으며, 전술前述한 바와 같이 안종화 씨가 연극으로부터 영화로 진출을 하고 있는 등 매우 다사多事했다. 또 배우에도 심영沈影, 김한金漢, 독은기獨銀麒, 전택이田澤二, 김일해金一海 등 남우男優와 문예봉文藝峰, 김소영金素英, 김신재金信哉, 현순영玄舜英 등의 여우女優에서 보는 바와 같이 새로운 제너레이션이 성장했다.

요컨대 소화 8,9년1933,34간의 조선영화계는 사일런트시대의 말기였고, 토키시대를 맞으려고 속으로 초조하던 시대였다. 당시의 조선영화가 직면한 임무는 하루바삐 사일런트시대로부터의 해탈이었다. 이 시기는 벌써 외국 영화는 물론, 내지영화가 완전히 토키시대로 이행한 때였다. 한 상설관에서 외국과 내지의 영화는 모두 토키인데 유독 조선영화만이 구태의연한 무성無聖에 머물러 있다고 한 것은 기이했을 뿐만 아니라, 관중으로 하여금 이것도 영화인가 하는 의문을 일으킬 만큼 부자연하고 아나크로닉[91]했을 것은 상상하고도 족한 일이다.

5.

　최초의 조선토키는 소화 10년1935 경성촬영소에서 이필우, 이명우李銘雨 씨 형제가 제작한 〈춘향전〉이다. 이 영화를 통해 조선어가 영화사상 처음으로 영화 필름에 녹음되어보았다. 이 작품은 자못 세인世人의 환영을 받았다. 그것은 물론 초기의 조선영화(무성)가 받은 것과 마찬가지로 최초의 조선토키라는 단순한 이유에서였다. 『춘향전』이라는 소설이 무성, 유성을 물론하고, 매양 조선영화의 출발점이 되었다는 것은 기이한 일이다.

　그 후 경성촬영소에서는 홍개명洪開明 씨의 〈아리랑고개〉, 이명우 씨의 〈장화홍련전〉〈홍길동〉, 한양영화사에서는 〈아리랑 3편〉을 토키화했지만, 벌써 사람들은 최초의 토키 〈춘향전〉을 보는 것과 같은 관대한 태도만을 갖고 임하지는 않았다. 단순한 토키가 아니라 어느정도까지 외국이나 내지의 작품 수준에 접근하거나, 혹은 조선토키로서의 고유한 성격을 갖지 않으면 안 되게 되었다.

　이러한 중요 시기에 이규환 씨는 영목중길鈴木重吉, 스즈끼 시게요시 씨와 더불어 대구 성봉영화원에서 〈나그네〉를 발표했다. 이 작품이 어느 정도까지 내지인의 원조를 얻었는지는 별문제로 하고라도, 토키시대에 들어온 조선영화를 비로소 반석의 토대 위에 올려놓은 작품임은 사실이다. 사람들은 〈아리랑〉을 볼 때와 같이 기뻐했다. 이 사실은 기술에서만 아니라 내용에서도 관중의 요구92의 한 부분을 만족시켜준 것을 의미하는 것이다. 또한 여우 문예봉 씨가 비로소 자기의 진심한 가치를 발휘해본 것도 〈나그네〉요,

---

91　anachronic. 시대착오적.
92　원문에는 "요영(要永)"이라 되어 있으나 오식인 듯 보인다.

당대의 여우 문예봉을 세상에 내보낸 것도 〈나그네〉다. 이것은 〈나그네〉가 실로 여러가지 의미에서 조선영화사상에서 〈아리랑〉과 유사한 의의를 갖는 작품임을 의미한다. 이 작품에 대한 비평이 얼마나 구구하고 얼마마한 양의 결함이 지적된다 해도, 토키시대에 들어온 이후 조선영화 중 아직 그 수준을 초월한 작품이 없는 우수작품임은 부동의 사실이다. 사일런트 〈아리랑〉을 성공시킨 것과 같이 〈나그네〉를 성공시킨 것도 '리얼리즘'이라는 사실은 명명銘名될 필요가 있다. 내용의 어느 부분에 가서 아무리 수긍하기 어려운 곳에 봉착하더라도, 작자가 생활의 진실을 추구하는 경우에는 사람들은 감동을 받는 것이다.

이밖에 당시까지 조선에는 토키 외에 아직 사일런트가 제작되어, 안종화 씨의 〈인생항로〉, 신경균 씨의 〈순정해협〉, 홍개명 씨의 〈청춘부대〉 등이 제작되어, 사일런트와 토키의 병용竝用시대인 감이 있었으나, 이 작품들을 최후로 조선영화사상에서 사일런트는 완전히 자취를 감추었다. 이때가 소화 12년1937이었다. 이해에 기록할 만한 작품으로는 화가 안석영 씨가 기신양행에서 제작한 〈심청〉이 있어, 이 작품에서 안 씨는 고대소설을 영화화하는 데 새로운 기축機軸93과 더불어 영화의 회화적인 미를 보여주었다.

그 뒤 본격적인 토키시대가 시작되어 제작도 왕성해져, 방한준 씨의 〈한강〉, 윤봉춘 씨의 〈도생록〉, 평론가 서광제 씨가 처녀 메가폰을 잡은 〈군용열차〉 등이 육속 발표되었다.

이때로부터 조선영화에 있어 부산의 조선키네마 회사 이후로 오래 중절中絶되었던 기업화의 경향이 추진되어, 조선영화회사가 성립되어 제1회 작품으로 박기채 씨가 이광수 씨의 소설 『무정』을 영화화하고, 뒤이어 이규환 씨가 원작·감독으로 〈새출발〉을 제작했고, 극연좌劇硏座 영화부에서 김유영 씨가 〈애련송〉, 안철영 씨 〈어화漁火〉, 동양극장에서 〈사랑에 속고 돈에 울고〉, 방한준 씨가 〈성황당〉, 한양영화사의 〈귀착지〉, 최인규崔寅奎 씨의 〈국경〉 등이 제작되었으나 모두 에포크epoch[94]를 지을 만한 수준에 이르지는 않았다. 그러나 점차 토키화된 조선영화가 일반적으로 기술적 수준이 향상되고 있었던 것만은 움직일 수 없는 사실이며, 그중에서 조선의 감독들이 현저히 기술편중에 빠져 직장職匠화하려는[95] 경향이 눈에 띄었다. 사일런트시대를 어제같이 지나온 조선영화로서 우선 새 기술을 취득하지 않으면 안 되는 사정을 생각할 때 수긍될 수 있는 사실이나, 조선영화의 건전한 발전을 위하여 기술과 더불어 예술을, 혹은 예술로서의 '조선토키'의 수준에 도달하기 위하여 이 한계는 하루바삐 벗어나야 할 것이다. 그것은 마치 완비한 기계설비와 커다란 생산기구를 필요로 하는 토키시대의 조선영화가 이 이상의 발전을 위하여는 기업화의 방향을 가지 않으면 안 되는 사정과 병행되는 것이다.

이러한 점에서 고려영화사가 근간 발표한 최인규 감독의 〈수업료〉〈집 없는 천사〉와 전창근 감독의 〈복지만리福地萬里〉는 모두 작자의 예술적 성격이 서로 다른 데도 불구하고 흥미 있는 비평의 대상이 될 것이다. 주위의 제諸 사정이 어떻든 간에 자기의 예술적 성격의 획득과 기업화의 길은 의연히 조선영화 금후今後의 운명을 결정하는 것이리라.

93　어떤 활동의 중심이 되는 중요한 부분.
94　중요한 시대 혹은 세대.
95　'기술자가 되려는' 정도의 의미.

4   조선영화론   임화

『춘추』 제2권 11호 / 1941.11

1.

극히 평범한 일이나 조선영화를 이야기함에 있어 먼저 한번 생각해봐야 할 사항으로, 조선영화의 생성에 관한 사정이라는 게 있다. 물론 조선영화라는 것은 광범한 의미의 조선 근대문화의 일종이요 그것의 생성生成과 더불어 발생한 것이어서, 그것은 자명한 일이요 재고의 여지가 도무지 없는 사실이다. 그러나 지금 조선영화를 그 생성의 사정에 있어서 다시 한번 돌아볼 필요는, 영화가 좌우간 편견을 가지고 생각되기 쉽기 때문이다. 영화에 대하여 이야기하는 제3자나 또는 영화에 즉卽하여 이야기하는 당사자나, 누구나 영화를 특수화하려는 편견에 매력을 느끼기 쉬운 데는 물론 일정한 이유가 있다.

영화는 분명히 특수한 예술이기 때문이다. 인류의 모든 문화나 예술의 역사가 수천년이라는 전통을 가지고 있음에도 불구하고, 영화의 역사가 반세기도 안 되는 전통을 가지고 있다는 사실은 문화사나 예술사상에서 도저히 생각할 수 없는 일이다. 하나의 고유한 형식과 의미를 갖는 문화나 예술이 반세기 미만에 형성된다는 것은 상상키 어려운 일이다. 그럼에도 불구하고 영화가 금일의 문화이고 예술인 것을 부정할 수는 없는 사실이다. 이 경탄할 사실이 오늘날 영화가 특수한 편견으로 접대되는 이유의 하나라면, 또 영화가 가지고 있는 산업성이라고 할까, 좌우간 영화의 생산과정의 특수성이 역시 영화의 역사를 다른 문화와 예술의 역사로부터 고립화시키려는 편견을 조장하는 다른 한개의 이유인 것 같다. 나는 이런 사정에 대하여 깊이 천착할 준비를 가지고 있지 않으므로 이상 더 자신을 가질 수는 없으나, 그러나 영화가 발명되면서부터 오늘날에 이르기까지 문학과 맺고 있는 관계라든가 회화와 가지고 있던 교섭이라든가 혹은 연극과 음악과 교류하고 있는 여러가지 사실을 일일히 연구해보지 아니한다 하더라도, 조선영화가 조선사람들의 근대생활을 토대로 생성한 문화요, 그 위에서 형성되어온 예술의 하나라는 엄연한 사실을 돌아볼 때, 영화가 편견으로 보여지고 고립적으로 생각될 이유라는 것은 소멸될 줄 안다. 더구나 조선영화의 장래라든가 방향을 독선적으로 생각한다든가 자의적으로 판단한다는 것은 책임 있는 사유방법이라고 볼 수가 없다. 그것이 오락으로 생각될 경우도 있고 아주 오락물일 때가 있을지 모르나, 그것은 조금도 영화만의 특색은 아니다. 문학도 연극도 음악도 경우에 따라서는 오락과 취미의 대상일 수가 있는 것이며, 한걸음 더 나아가 모든 예술은 어느정도 사람을 즐겁게 하는 것이기 때문에, 일부러 영화만을 그렇게 생각하려는 태도는 영화를 애써 비하하려는 것이거나, 그렇지 않으면 일부러 영화를 일반 문화와 예술로부터 분리하려는 온당치 않은 기도라 아니할 수 없다. 이러한 경향은 대부분 영화에 관계하는 기업가에 의해 지지되고, 또는 직접 그들 가운데서 발생하는 경향이나, 진실한 영화문화, 건전한 영화문화의 정신이라는 것은 그런 가운데서도 예술문화의 고유한 원칙을 지키는 것일 것이며, 또한 영화의 생성과정에 있어 그런 조건의 개입이 숙명적인 한, 그런 가운데서야말로 문화와 예술의 진정한 자랑은 자라나야만 할 것이다.

어떤 정도 영화에 있어 문화와 예술의 이런 정신이 살아 있고 자라 있기 때문에 조선영화의 역사라는 것이 오늘날 존재한다고 말할 수가 있으나, 그러나 조선영화가 여러가지 방면에서 근본적인 전환기를 체험하고 있는 오늘날 유감이나마 나의 보는 바에 의하면, 영화의 어느 조건보다도 영화의 생명의 원천이라고 할 조건에의 배려가 그중 부족한 것 같다. 다시 말하면 영화는 상품의 일종인 것도 사실이요, 오락의 대상인 것도 사실이요, 광고나 프로파간다의 수단일 수 있는 것도 사실이나, 영화는 무엇보다 문화요 예술이다. 그것은 영화의 '알파'요 또한 '오메가'일 것이다. 그럼에도 불구하고 사람들이 영화를 상품이나 오락이나 수단으로는 생각하면서, 어째서 문화나 예술로는 생각하는 데 게으른 것일까? 여기서 만일 사람들이 영화에 종사하고 있는 이들의 문화적 예술적 성실에 대해 의심을 품을 수가 있다면, 실로 불행한 일이요 부끄러운 일이 아닐 수가 없다.

　여기서 우리는 여러가지 대답을 예상할 수가 있고 또 들어온 경험도 있다. 영화는 우수한 기계적 설비가 없이는 높은 예술성의 표현을 기期할 수가 없는 것이요, 또한 시대의 새로운 방향에 맞추어서 조선영화는 재출발하지 않으면 안 될 것도 사실이다. 우수한 기계의 설비를 위하여는 상당한 규모의 자본이 필요하고, 재출발을 위하여는 정신적 반성이라는 것이 필요하다. 이런 조건은 현재 조선영화에 있어 치명적인 사실이다. 그러나 이러한 내외內外의 조건 가운데서 영화가 차지해야 할 위치라고 하는 것은, 의연히 문화로서요 예술로서인 것을 망각해서는 안 된다. 영리營利의 수단이라면 영화가 아니고도 족한 것이요, 광고의 방법이라도 역시 영화야만 한다는 이유가 없다. 영화가 제일 유리한 사실이요 영화만이 광고에 제일 효과가 있다고 하는 것은, 영화작가보다도 영화회사의 경리자經理者나 선전원의 역할에 속하는 일이다. 사실 어떤 의미에서든 적지 않은 자본으로 단지 상품으로서의 영화를 생산하려고 하는 기업의 입장에서 볼 때 영화작가라는 것은 우수한 예술가이기를 요망하는 것이요, 광고와 선전의 필요에서 영화의 생산에 관여하는 입장에서 볼 때에도 영화작가는 역시 탁월한 기능의 소유자이기를 희망하는 것이다. 그렇지 않으면 좋은 상품의 생산도 불가능할 것이며, 투철한 효과를 거두는 대중적 영향을 미치는 작품의 생산도 역시 불가능하기 때문이다. 고쳐 말하면 어떠한 조건하에서도 이곳의 영화라는 것은 우수한 문화, 탁월한 예술인 한에서만 장래를 가질 수가 있는 것이다.

그런 의미에서 조선영화를 이야기함에 있어 먼저 그것을 생성의 사정에 있어 한번 생각할 필요가 있다는 말은, 영화도 다른 순정한 근대 문화와 예술과 같이 문화와 예술로서의 존엄과 시대에 대한 결코 천박치 않은 자각을 아울러 가져야 한다는 것을 강조하고자 하는 데 주요한 의미가 있다.

2.

조선영화는 조선의 다른 모든 근대문화와 같이 수입된 외래문화의 일종이라는 것은 주지의 사실이다. 제작의 역사에 앞서 상영만의 역사가 한참 동안 계속했다는 사실도, 영화의 역사를 다른 문화의 역사로부터 구별하는 근본적 조건은 안 된다. 제작의 역사의 시작이라는 것이 문화적 예술적인 자립의 시초라는 것은 물론이다. 즉 조선이 영화가 수입된 지 40년이 가까운데 불구하고 제작의 역사는 20년을 얼마 넘지 않는다는 사실은, 다른 문화나 예술의 역사에서는 보기 어려운 현상이다. 서구 문학은 수입되면서부터 이내 창가나 신소설로 제작의 역사를 시작했고, 음악, 미술, 연극이 모두 수입하면서 동시에 제작하기 시작한 것이다. 바꿔 말하면 제작하지 않고 감상만 하는 오랜 역사를 가진 것은 영화 이외의 다른 영역에서는 보기 어려운 현상이다. 이 사실은 분명히 조선영화사의 한 특수한 현상이나, 그러나 문학이나 연극이나 음악이나 미술의 초기 제작 상황을 내부에 들어가서 본다면 감상만의 영화 시대와 본질적인 차이는 발견할 수 없는 것이다. 영화와 같이 완전히 제작하지 않고 감상만 하지는 않았다 하더라도, 문학과 연극과 미술과 음악이 제작했다는 것은 초창기에 있어서는 일종의 감상에 불과했었기 때문이다. 다시 말하면 그 시대의 제작이라는 것은 창작이라기보다는 이식移植에 불과했다. 즉 그들의 제작은 순연한 외래문화의 모방 행위에 지나지 않았다. 그들은 모방함으로써 이식한 것이다. 그들이 어느정도의 독창으로서의 제작을 자각하기 이전, 몰아沒我[96]적인 기다란 모방의 시대는, 영화에 있어 제작하지 않은 감상만의 시대에 필적한다 할 수 있다.

오직 각개의 문화와 예술의 영역에 있어 그 문화와 예술의 특성에 따라 이식 행위는 역시 서로 다른 형태로 표현되었을 따름이다. 문학이나 음악, 연극, 미술은 제작하면서 그것을 모방함으로써 이식할 수 있었던 대신, 영화는 단지 감상하는 것만으로 활동사진을 이식한 것이다. 요컨대 수동적으로 조선사람이 외래의 근대문화를 받아들이기만 한 태도에 있어 영화와 다른 문화·예술의 역사는 차이점이 없는 것이며, 그 시대가 장차 올 제작의 시작, 독창에의 자각이 준비되고 그 정신이 배태되는 과정이라는 점은 역시 구별될 수 없는 것이다. 이런 것은 조선영화를 생각하는 데 중요한 견지의 하나이거니와, 그 대신 유의할 점은 영화라는 예술이 먼저도 말한 바와 같이 극히 어린 문화라는 점이다.

이런 점이 조선에서도 영화가 다른 외래문화와 동시에 수입되었음에도 불구하고 오랫동안 제작을 하지 않은 감상만의 시대를 만든 원인의 하나인데, 주지와 같이 문학이나 그 타他의 예술이 모방을 통하여 그것의 왕성한 이식운동을 전개하고 있는 동안에 우리는 단순히 활동사진을 보고 있었던 데 지나지 않았다는 것이 영화사의 특색이다. 다시 말하면 활동사진은 존경할 문화와 예술이기보다는 진기한 발명에 지나지 않았다. 그러나 서구 문학이나 음악, 미술, 연극 등은 결코 단순히 진기한 외래문화에 불과한 것은 아니었다. 그것은 분명히 존경할 문화와 경탄의 값어치가 있는 예술이었다.

문학과 그 외의 예술은 수천년의 역사를 가진 찬연한 문화였으나 영화는 아직 활동사진이라는 말에서 볼 수 있듯, 조선에 있어 영화의 수입기는 세계적으로 활동사진의 발명시대에 불과했던 것이다. 그것은 아직 우리 낡은 문화의 전통을 가진 동양인에 있어 모방의 값어치가 있는 문화이지는 않았던 것이다. 일본 내지內地의 영화사에서도 제작의 역사에 앞서 긴 활동사진 감상만의 시대가 선행했다는 것은 역시 이런 데 이유가 있지 않은가 한다.

이와 동시에 영화가 제작을 통하여 수입되지 않은 이유는 또 한가지, 조선에서 당시 활동사진을 제작할, 즉 제작해서 그것의 모방을 통해 이식할 수 있는 여러가지 조건이 결여되어 있었던 데도 원인한다. 여러가지 조건 가운데 그중 추요樞要[97]한 것은, 아까도 조금 언급했던 문화전통의 문제다. 우리는 서구의 문화, 즉 근대문화가 수입되기 전에 이미 상당한 수준에 도달해 있던 문학과 음악과 회화와 혹은 연극의 역사를 가지고 있었다. 따라서 문학이면 소설·시, 음악이면 성악·기악, 미술이면 인물·풍경, 연극이면 산대山臺·꼭두·탈 등에서 볼 수 있듯, 일정한 장르의 전통을 가지고 있었다. 그러므로 소설이면 소설, 시면 시가 서구의 그것과 여러가지의 차이가 있다 하더라도, 근본적으로는 소설로서 시로서 서구의 그것을 이해할 수 있는 공통성을 가지고 있었고, 따라서 외래소설, 서구시의 이식은 자기 전래의 소설과 시의 형태를 개변함으로써 새로운 양식의 수립을 곧 착수할 수가 있었던 것이다. 문학에서 근대 소설과 시의 선구가 된 신소설과 창가는, 낡은 조선의 소설과 시가 근대 소설과 시를 이식함에 있어 근소한 자기개변으로 능히 새 양식의 수립 과정에 들어갈 수 있었다는, 무엇보다도 유력한 증거가 아닐 수가 없다. 그밖에 모든 문화와 예술이 자기 고유의 장르의 전통과 근대 서구문화와 예술의 이런 공통성을 토대 삼아야만 비교적 쉽사리 제작을 통하여, 즉 제작과정에서 일어나는 모방현상을 거쳐서 서구문화의 이식과정을 촉진시킬 수가 있었던 것이다. 그러므로 서구의 근대문화를 어느정도로 받아들여 그것을 소화할 수 있던 지방은, 즉 그것을 통해 자기의 근대문화를 수립해볼 수 있는 지방은 문화의 일정 정도의 역사와 전통

---

96   자기를 잊고 있는 상태.
97   없어서는 안 될 정도로 가장 긴요하고 중요함.

을 가진 지방만이 가능했던 것이다. 아미리가인도인亞米利加印度人, 아메리카 인디언이나 남양토인南洋土人, 남태평양 원주민은 그러므로 자기의 근대문화를 갖는 대신 아주 문화적으로 몰락해버리든가, 그렇지 않으면 근대문화를 수입함으로써 서구화해버리든가 둘 중 하나의 길을 걷지 않을 수 없었던 것이다.[98] 이 사실은 먼저 말한 자기 문화의 일정한 축적 없이는 서구의 근대문화를 이식해 들일 수 없는 사실과 공통하는 것이다. 그러므로 동양의 모든 지방이 서구의 근대문화 앞에 압도되어버리지 않고 능히 그것을 인식할 수 있었다는 것은, 과거 동양이 상당히 높은 문화권이었음을 의미한다. 명치유신明治維新, 메이지유신 이후 일본이 오늘날에 보는 바와 같은 자기화한 근대문화를 수립했다는 것은, 다른 여러가지 원인도 있으나 당사자들의 큰 노력과 더불어 과거에 일정 정도의 고도문화를 가졌었다는 사실에 많이 의존하는 것이다.

그런데 영화는 조선에 들어와 이런 이식과정을 밟을 무슨 공통한 토대라는 것을 조선의 문화와 예술사상에서 찾을 수 없었음은 물론이다. 그것은 발견된 문화요 예술이었기 때문이다. 그러나 당시에 영화라는 것은 또한 활동사진으로서 단순히 진기한 발명에 지나지 않아, 아직 문화와 예술로서 명확한 장르를 형성하지 않았고, 또 그 가능성의 전망도 확연하지 않았다는 사정은 조건을 더 복잡화시킨다. 즉 새로 발명된 진기한 활동하는 사진은 미국에서 볼 수 있듯, 활동사진 그 자체를 구경시키는 외에 상업선전과 연극을 단편적으로 찍어 보이는 데서 출발하지 않을 수 없었다.[99] 요컨대 그 자체으로서의 발전보다도 기존의 다른 문화의 재현으로 영화는 자기의 최초의 활로를 삼은 것이다. 내지에서도 초기 활동사진은 상업선전과 가무기歌舞技, 카부끼 신파극의 단편을 찍는 것으로 출발한 사정도 여기에 원인이 있다.

그러나 상업선전이라든가 연극의 단편을 촬영한다는 것은 상업의 은성

殷盛[100]과 연극의 흥륭을 전제로 하지 않으면 안 된다. 상업의 은성과 연극의 흥륭은 또한 근대문화의 어느정도의 발달을 토대로 하지 않고는 불가능한 것은 주지의 사실이다. 활동사진 수입기의 조선에 이런 토대가 없었던 것도 사실이요, 그것을 토대로 한 근대문화가 어느정도의 발달을 보지 못한 것도 사실이다. 상업의 근대화도 연극도 겨우 활동사진과 시대를 비슷이 하여 수입된 데 불과한 형편이었다. 내지는 이와 달라 강호江戶, 에도[101] 말기의 교역과 외래문화의 수입, 그에 뒤따르는 명치유신으로 이런 조건은 활동사진의 수입에 훨씬 선행했던 것이다. 내지가 조선과 달라 활동사진시대에 제작의 역사를 가져보았다는 것은 순전히 이런 우월성에 기인하는 것이다. 반대로 조선의 활동사진시대가 전혀 감상시대에 끝났다는 것도 이런 열세에 연유하는 것이나, 조선에서 활동사진이 제작될 수가 없었던 이유로 그것을 제작하는 자본의 결여가 또 하나 고유한 사회적 조건이 되나, 그보다도 큰 문화적 조건은 연극적 전통의 빈약에도 있었다. 내지영화의 금일을 지배하는 시대극과 현대극이 그 단초에 있어 가무기歌舞技와 신파新派에 연원을 갖고 있다는 것은 부정할 수 없는 사실인데, 영화가 예술 혹은 문화로서 자기 고유한 장르를 개척하기 전, 즉 주로 오락물로서의 지위를 우선 개척하지 않을 수 없는 시대에 연극에 많이 의거했다는 사실은 불가피한 일이었다. 즉 연극의 존재라는 것은 영화의 제1기를 밑받치는 토대였기 때문에, 조선에서 모든 예술 가운데 연극의 역사가 제일 빈약했다는 사실은, 조선에서 영화의 제작의 역사를 오래도록 시작하지 못하게 한 주요한 문화적 조건의 하나다.

98   원문에는 "아니할 수밖에 없었던 것이다"로 되어 있으나 오식으로 보인다.
99   원문에는 "아니할 수밖에 없었다"로 되어 있으나 오식으로 보인다.
100   번화하고 성함.
101   일본 토오꾜오도(都) 동부의 옛 명칭이나, 글에서는 '에도시대'를 지칭한다.

이런 조건 가운데서 조선의 영화, 구체적으로는 활동사진시대의 영화가 먼저 연극의 무대와 무대 사이를 잇는 연쇄극 필름으로 촬영된 것은 당연한 운명이요, 최초의 독립한 작품이 신파극인에 의해 만들어진 관청의 위생선전 작품이었다는 것은, 자본이 빈약한 지방의 필연적인 사실이라 아니할 수 없다.

3.

그러나 관청의 선전 사업이 앞으로는 몰라도 여태까지 혹은 대정 7,8년 1918,19 당시에 주로 영화에 의한다는 것은 불가능한 일이요, 또한 영화 자체가 관청영화를 주축으로 하여 발달할 수 없다는 것은, 영화가 문화로서 혹은 예술로서의 자각을 꾀하는 데부터 역시 당연한 체결締結이라 아니할 수 없다. 맨 처음102의 조선영화는 그러므로 유력한 자본의 원호 없이 독력으로 자기의 길을 개척하지 않을 수 없었다. 더구나 연쇄극이 쇠미衰微103하고 내지의 활동사진업의 수익에 현혹하여 반半투기적으로 관여했던 내지인의 흥행자본이 손길을 거둔 뒤, 연소年少한 영화작자들은 근소한 자기의 자력資力과 유치한 자기의 지력知力에 의지하는 수밖에 없었다. 이 사업은 분명히 그다지 행복한 상황은 아니었다. 그러나 이들로 하여금 무모에 가까운 용기와 모험에 가까운 행동으로 부른 것은 개개인의 경우에 그 직접의 동기가 자못 구구할 것이나, 근본적으로 다른 모든 문화 영역을 지배하고 있던 문화의 정신이라고 할까, 예술의 의욕이라고 할까, 좌우간 영화를 자기표현의 예술적 수단으로서 형성하려는 정신에 근저를 두고 있는 것만은 사실이다. 조선영화 150본本 가운데 149본까지가 태작이라고 하더라도, 여태까지의 조선영화의 근본 동력이 대범大凡하게는 이곳에 있었다고 봄이 공평한 관찰일 것이다. 이런 사정은 예술에 있어 행복된다고는 못할지라도, 심히 호적好適한 조건이라고 아니할 수 없다. 태작을 만듦으로써 실패를 거듭함으로써 그들은 조선영화의 성장에 참여했던 것이다. 바꿔 말하면 예술가로서 그들은 비록 실패하고 태작한 경우일지라도, 제3자의 율제率制[104]를 받음이 적게 자기의 의도를 표현할 수 있었던 것이다. 그들은 자기의 실패를 후회하지 않을 수 있었던 것이다. 오직 우수한 기계설비가 그들을 도와주지 않은 것이 한恨될 따름이다. 그러나 생각하면 자본의 유력한 원호를 받지 못했다는 것은 비단 영화에 한하는 사실이 아니다. 문학도 연극도 음악도 미술도 그 은혜를 꿈꿀 수는[105] 없었다. 그것은 조선의 모든 근대문화의 공통한 환경임에 지나지 않는 것이다.

그러나 자본의 은혜를 꿈꾸지[106] 못한 대신에, 그 폐해를 받지 않았다는 사실도 역시 망각될 수 없다. 그러므로 조선영화는 어느 나라의 영화와도 달리 자본의 원호를 못 받는 대신, 자기 이외의 다른 인접 문화와의 협동에서 방향을 걸었다. 연쇄극서 주지와 같이 영화는 연극의 원조자로서 등장했었으며, 그 다음에는 자기의 자립을 위해 가장 많이 문학에 원조를 구했다. 전통적인 고소설은 조선영화의 출발에 있어, 무성시대의 개시와 음화音畫로의 재출발에 있어, 한가지로 중요한 토대가 된 것은 의미심장한 일이다. 고소설은 조선영화의 출발과 재출발에 있어 그 고유한 형식을 암시했을 뿐만 아니라, 풍부한 내용을 제공했다. 혹은 무성과 음화의 두 시대를 통해 근대화된 조선소설은 직접으로 그 형식과 내용을 통해 중요한 것을 기여한 외에 간접으로도 이것에게 준 기여라는 것은 높게 평가해야 한다. 그 중요한 예로 우리는 나운규의 예술을 들 수가 있다. 그것은 주지와 같이 조

---

102   원문은 "면첨". '먼저'의 방언.
103   형세가 기울거나 기운이 쇠퇴하여 미약함.
104   맥락상 '강제적 제약' 정도로 해석해야 할 듯하다.
105   원문은 "몽(夢)할 수는".
106   원문은 "몽(夢)하지".

선영화가 최초로 타자의존에서 독립해본 성과이며, 또한 여러가지의 조선영화 중 그중 자립적인 영화정신이 농후한 조선영화라 할 수 있다.

그러나 나운규의 예술을 특징짓는 분위기, 고유한 열정이라는 것은 일반적으로는 그가 시대를 통해 호흡한 것이나, 구체적으로는 문학을 통해 혹은 그밖의 예술과 문화를 통해 형태를 가진 것으로서 받아들였을 것은 의심할 여지가 없다. 더구나 그의 전 작품 계열 가운데 들어 있는 문학작품의 영화화는 말할 것도 없거니와, 그밖에 전 작품 가운데서 그가 구사한 성격은 직접으로 당시의 문학작품과 깊은 관계를 맺고 있는 것이다. 이것은 조선에 있어 영화가 고립해 있지 않았던 증거이며, 근대문화의 중요한 영역의 하나로서 영화가 존재했던 또 중요한 증좌다. 이런 관계는 비단 나운규의 예술에만 고유한 현상이 아니다. 그밖에 작가에 있어, 또는 조선영화의 중요한 시기에 있어 문학은 의뢰할 후원자로서 반성反省된 것이다. 그 반면 조선영화의 다른 타자의존, 즉 외국 영화의 모방도 여기서 한마디 해두지 않으면 안 된다.

어떻게 말하면 조선영화는 조선의 문학이나 그밖의 예술에 의지한 것 이상으로 외국 영화에 의존하고 있었다고 말할 수가 있다. 그것은 주로 기술적 이유에 의한 것으로 당연한 현상이라 아니할 수 없다. 그것은 문학이나 그 외의 문화예술이 서구의 그것을 모방하고 추종한 것과 조금도 사정이 다르지 않다. 그러나 여기서 거듭 주의할 것은, 조선영화의 이런 내부적 동향이라는 것이 전혀 자본의 원조를 받지 못한 대신 그 폐해도 입지 않았다는 사실이다. 이런 자유는 조선영화의 성격을 어느정도로 독자화하여, 가까운 예만 하더라도 일본영화보다 훨씬 이질적인 물건을 만들 것이다. 내지의 어떤 작가는 조선소설을 내지의 그것에 비하면 서구적인 데 가깝다고 한 일이 있거니와, 영화의 영역에서도 이점은 통용될 듯하다. 이것은 물론 그 소박한 데 있어 진실하고, 치졸함에 있어 독자적이나, 이것은 시정해야 할 결함이면서 성육되어야 할 장점이라고 나는 생각한다. 내지영화를 통해 조선의 영화가 배운 것은 물론 막대할 것이나, 그것의 직접의 이미테이트 imitate는 아직 현저하지 않은 것이다. 그것은 마치 문학이 일본문학을 통해 서구 문학을 배운 것처럼, 그것을 통해 서구 영화를 배웠기 때문이다. 이런 점들은 여러가지의 조선영화의 근본성격이라고 할 수 있는 것으로, 음화音畵가 된 뒤 여러가지로 세분할 수 있는 제 경향(나는 다른 기회에 이점에 저촉抵觸해보고자 한다) 가운데서 의연히 보지保持 되어오는 저류로서, 이것은 발전 여하에 따라 장래 조선영화의 가장 독자적인 성격 내지는 가치 있는 요소가 될 수 있는 것이다.

그런데 먼저도 말한 바와 같이 조선영화는 방금 여러가지 이유에 의해 고도의 통일적 기업화의 관문에 들어서기 시작했으며, 또한 하나의 근본적인 전환기를 체험하기 시작한 오늘, 우리의 영화작가들은 커다란 시련 하에 섰다고 보지 않을 수가 없다. 거기서 내가 말하고자 하는 것은 그들이 자기의 선행자들의 업적에 대해 신중해야 할 것이며, 또 스스로의 길에 대해서도 예술가인 외에 다른 도리가 있을 수 없는 점을 강조하고 싶다. 그밖에 일은 각기 그 방면의 적임자가 수행할 것이기 때문이다. 그러므로 조선영화를 문화로서 예술로서 생각할 당사자가 어느 사이인가, 그 외의 것만에 관심이 이산異散하고 있는 듯한 인상을 주는 것은 결코 아름다운 일이 아니다. 그것은 나쁘게 말하면 허영이거나 호사벽 이외의 다른 것이라고는 말하기가 어렵기 때문이다. 기업가도 국가도 사회예술가에게 구하는 것은 항상 성실이라는 것을 잊어서는 안 된다. 성실을 통해서만 기업엔 이윤을, 국가에는 충성을, 국민에겐 쾌락을 그리고 자기는 성과를 각각 주고 차지하는 것이다.

조선문화의 원천과 흥륭(興隆)

조선문화는 예부터 언문문화로서 상당히 발달했지만, 근세에 이르러 각국 세력이 각축을 벌임에 따라 점차 정치적 상태가 악화되고, 문화 또한 저조해지지 않을 수 없었다. 그 결과 구미歐米 여러 나라는 이 점에 착안하고 문화공작에 착수하여, 종교사업·사회사업에 의해 세력을 심는 데 힘을 쏟았다. 특히 일청전쟁[108] 이후 이러한 경향은 한층 현저해진 듯 보인다.

일러전쟁으로 조선은 사실상 일본의 보호령이 되었지만, 일본은〔번역자〕 아직 이런 문화공작에 뜻을 두지 않았다. 이것을 구미인歐米人의 손에 내 맡겼기 때문에, 구미문화가 줄곧 이식되어 조선인 측에서 꽤 인기를 얻었다. 따라서 외국 영화도 백인의 손을 통해서 왕성히 수입되었다. 일러전쟁 때 조선은 양국 충돌의 전장戰場이 되어서 일부는 상당히 황폐해졌지만, 전쟁 인플레의 침윤으로 일반 민중이 오락을 요구하게 되고, 영화열이 발흥했다.

메이지明治 40년1907 6월에 헤이그 만국평화회의에서 조선이 국제문제가 되고, 7월에는 일한신협정이 성립되어, 43년1910 8월 29일에 이르러 일한합방을 맞았다. 그 무렵부터 조선으로 도항渡航하는 일본인이 급격히 증가하고, 이에 따라 점점 영화 방면에도 착목하는 이가 나타나기 시작했다.

영화흥행의 남상(濫觴)[109] 및 소개자

조선에 처음으로 영화가 소개된 것은, 전하는 바에 따르면 메이지 30년 1897 가을, 경성 이현泥峴, 현재의 남산정에서 영화가 공개된 때로, 이현의 중앙에 있는 본정좌本町座가 그 회장會場이 되었다고 하는데, 유감스럽게도 정확한 것은 알 수 없다. 그 후 메이지 31년1898 10월, 경성 서대문 밖의 모某 회사를 경영하는 영국인 아스토 하우스[110]가 남대문통에 있는 한 지나인支 那人, 중국인의 창고를 빌려, 프랑스 빠떼Pathé의 단편영화, 실사영화를 와사 등瓦斯燈[111]으로 영사했고, 입장료는 백동白銅 1개였는데, 새로 발매한 연초 빈 갑 10개를 지참하는 자는 무료로 관람할 수 있었다는 기록이 있다.

그 다음은 서대문 밖 석유회사의 창고 안에서 비슷한 영화를 공개한 것 인데, 이때에도 크게 인기를 얻어 많은 관중이 쇄도했다. 다시 4,5년 후 지 금의 동대문 내 전차회사 터(전 광무대 터)에서 영미연초회사의 출장원으로 조선에 최초로 전차를 부설한 영국인 콜브란Henry Collbran 및 보스트위크 H.R. Bostwick 두 사람이 자기 회사의 궐련초를 선전하고, 또 처음으로 생긴 전차의 승객 흡수책으로, 전차 선전을 겸한 메리고라운드merry-go-round나 영화관람장을 개설하여, 조선 대중을 위해 중요한 신오락물을 제공했던 일 도 있다. 그때에는 이미 영화에 흥미를 가진 소위 팬이 많이 생겨서, 저녁 무렵이 되면 무리를 이루어 그곳으로 모여들었는데, 영화의 내용은 여전히 실사나 희극의 단편물뿐이었다.

그러나 그러한 영화 흥행장은 상설이 아니고, 간헐적으로 때때로 새로 운 필름이 도착하는 데 따라 흥행한 것에 지나지 않는다. 극장에서 임시로 영화흥행을 하기 시작한 것은 메이지 37년1904으로, 원각사를 선구로 했는 데, 연흥사, 장안사, 광무대, 우미관, 단성사 등의 극장에서도 영화를 상영하

---

107   이 글은 市川彩「朝鮮映畵事業發達史」,『アジア映畵の創造及建設』(東京: 國際映畵通信 社出版部, 大陸文化協會本部 1941)를 번역한 것이다.
108   청일전쟁(1894-95). 일본의 입장에서 기술한 글이므로 원문을 살려 일청전쟁으로 적는다. 아래 일러전쟁(러일전쟁), 일한합병(한일합병) 등도 마찬가지로 원문을 살려 적는다.
109   기원.
110   아스토 하우스는 인명(人名)이 아니라 당시 서대문에 있던 호텔의 이름이다.
111   석탄가스를 도관에 흐르게 하여 불을 켜는 등(燈).

게 되었다.

외국 영화의 배급업

배를 타고 이주하는 일본인이 증가하면서, 영화일도 일본인을 겨냥해 이루어지고, 44년1911에는 청부사請負師 모某의 손으로 경성 본정통에 일본인을 겨냥한 세계관世界館112이 세워졌다.

당시 경성에는 이 세계관 외에 단성사, 우미관 2개 영화관이 존재했는데, 공통적으로 외국 영화를 상영했다. 이곳의 외국 영화는 상하이上海, 톈진天津에서 온 것이라 하는데, 일본에서도 빠떼Pathé 영화가 수입되었다.

그 무렵, 주로 외국 영화를 취급한 것은 영락정永樂町에 있던 조지 알렌 George Allen 상회였고, 대표자 조지 알렌은 축음기·미싱 등의 대리점을 경영하며, 아울러 영화의 수입 및 배급에 종사했다. 그 부인은 일본인이었다. 그런데 여기에 호응하여, 경성 일본인 중학 교사를 하고 있던 하야까와 마스따로오早川增太郎, 하야까와 코슈우가 그 직을 사임하고, 새로운 영화문화에 의한 새로운 주민新附島民113의 교화 지도에 착수했다. 그는 그 사업을 시험삼아, 우선 희락관喜樂館을 인수하고 외국 영화 흥행을 시도하며, 나아가 조선극장도 손에 넣었다. 그 후 타이쇼오 3년1914부터는 세계관을 큐우슈우九州의 만활토지흥행회사萬活土地興行會社로 양도하고, 새롭게 생긴 황금정黃金町의 황금좌黃金座 경영에 종사하고, 곤란한 조선흥행계의 개척에 나섰다.114 그러나 하야까와는 하나의 흥행자인 데 만족하지 않고, 따로 기술하겠지만, 동아문화협회東亞文化協會라는 것을 창설해 조선 최초의 영화 〈춘향전〉을 제작하고, 조선영화의 선구자가 되었다. 그는 타이쇼오 15년1926경 불우하게도 사망했다.

또한 타이쇼오 5,6년1916,17에는 경성부 정동가貞洞街에 모리스Morris 상회가 생겼다. 대표자 H.G. 모리스는 전 선교사로, 고아원을 경영했거나 광산업을 경영하다 문화 방면도 개척하고자 상회를 만든 것이며, 외국 영화의 에이전트가 되어, 주로 유니버설, 후에는 파라마운트, 폭스 영화에 의지해 왕성하게 활약했다. G. 테일러Taylor의 테일러 상회도 마찬가지인데, 지금도 여전히 활동하고 있다.

초기의 영화흥행 및 영화관의 보급

이리하여 조선의 영화계는 차츰 활기를 띠어왔다. 타이쇼오 5년1916경 경성영화계는,

닛까쯔日活 계	희락관, 대정관
텐까쯔天活 계	황금관
외국 영화계	단성사, 조선극장, 우미관

이 중 희락관은 타이쇼오 5년에 세계관으로 개칭했는데, 아라끼상회荒木商會 경영으로 지배인은 마쯔다 마사오松田正雄이고, 대정관은 타이쇼오 원년1912에 신축되어, 닛따 코오이찌新田耕市, 닛따 마따헤이新田又平 형제가 경영했다.

---

112 1910년 2월 18일 개관한 조선 최초의 영화상설관인 경성고등연예관을 가리킨다. 경성고등연예관은 1911년 연예관에 흡수되었는데, 1914년에는 운영권이 다시 대정관(大正館)으로 넘어가면서 '제2 대정관'으로 이름이 바뀌었다. 이후 '대정관'과 '우미관' 간의 사업적 협상에 따라 다시 '세계관(世界館)'으로 이름이 바뀌었다.

113 일본에서 조선으로 건너온 재(在)조선 일본인을 가리킨다.

114 희락관(喜樂館)의 본래 명칭은 유락관(有樂館)이다. 하야까와 마스따로오(早川增太郎)는 1917년 3월, 당시 경영난에 허덕이던 유락관을 인수한다. 그는 경영난을 타개하고자 자신이 이끌던 하야까와연예부의 인력을 활용하여 연쇄극을 제작하는 등 많은 노력을 기울였으나 결국 일본영화에 대한 배급 루트가 막히면서 경영을 포기하게 된다. 유락관은 1919년 나가사끼(長崎)에 근거지를 둔 만까쯔(萬活, 만국활동사진주식회사萬國活動写真株式会社의 약칭)에 인수되면서 희락관으로 명칭이 바뀐다. 하야까와연예부와 유락관에 대해서는 한상언 「하야까와연예부의 유락관 경영에 관한 연구」, 『영화연구』 제62호(2014) 참조.

또한 영화흥행은 지방에도 보급되어, 부산에서는 보래관寶來館, 평양에는 평안극장平安劇場, 가무기좌歌舞伎座, 제일관第一館 등 영화관이 개관했다.

또 타이쇼오 10년1921이 되자, 쇼오찌꾸松竹가 진출해 경성의 황금관을 손에 넣고, 이에 대항해 닛까쯔日活계, 테이끼네帝キネ계의 암약이 있었고, 서로 맹렬하게 싸웠다. 당시 경성영화계는 다음과 같은 계통이었다.

쇼오찌꾸松竹 계	황금관 (南鄕公利 경영)
닛까쯔日活 계	희락관 (荒木商會 경영)
테이끼네帝キネ 계	대정관 (福崎濱之助 경영)
마끼노マキノ 계	중앙관 (松本某 경영)

이 중 닛까쯔日活는 타이쇼오 7년1918 경성에 출장소를 설치하고, 코지마 사다시찌小島定七를 주임으로 활약시켰는데, 쇼오찌꾸는 조금 늦은 타이쇼오 10년1921에 지사를 세우고, 타까하시 소오따로오高橋惣太郎를 출장소장으로 했다. 후에 테이끼네도 진출해서, 이들 내지 영화회사의 진출에 따라 조선영화계는 더욱 활기를 띠었고, 대구에서는 금좌錦座, 부산에서는 상생관相生館 등 신관이 출현하여, 일반적으로 영화흥행은 활기찼다.

당시는 아직 조선에서 필름검열이 시행되지 않고 지방경찰서의 인가認可를 따랐기 때문에, 어떠한 영화도 마음대로 이수입移輸入할 수 있었다. 이 때문에 필름의 흥행권을 둘러싼 분쟁이 끊이지 않았다. 따라서 총독부에서는 타이쇼오 15년1926 6월 필름검열규칙을 제정하고, 사무관 코우 야스히꼬高安彦, 검열관 오까 시게마쯔岡稠松 등이 필름검열을 담당하도록 하고, 영화 배급 및 흥행의 취체를 실시했다. 그 결과 배급사업도 안정되고 순조롭게 발달해갔다. 그 후 조선영화 행정의 추이에 대해서는 하단에서 서술하기로 한다.

조선의 영화흥행은 쇼오와昭和 시기에 들어와서부터 더욱 발달하고, 쇼

오와 9년1934 12월 31일에는 오까모또 세이지로오岡本清次郎의 약초극장[115],
11년1936 10월 9일에는 이시바시 료오스께石橋良介의 명치좌가 신축되고,
이듬해 3월에는 타무라 노부꼬田村ノブ子의 황금관[116] 개축이 이루어져 경
성 영화흥행계는 그 면목을 일신했다. 같은 시기에 나란히 조선문화운동의
일각으로, 시종일관 단성사를 근거로 한 박승필, 박정현 형제[117]의 연극·
영화운동을 몰각해서는 안 된다. 이러한 영화문화운동이 다소 좌경화하기
시작했던 것은 당시 사회정세에서 피할 수 없는 일이었겠으나, 이후 그 운
동이 오늘날까지 잘 유지해온 것은 좋은 지도자 덕분일 것이다.

초기의 영화제작

조선에서 영화제작이 시작된 것은 타이쇼오 7,8년1918,19경 신파극의 유
행이 지나고 바야흐로 연쇄극을 이입移入하던 때로, 조선의 극단은 이 추이
에 순응하고자 서로 경쟁하다시피 연쇄극 필름을 제작했다. 즉 신극좌, 혁
신단, 문예단 등의 극단이 토오꾜오에서 내지인 기사를 초빙해 내지의 신
파연쇄극을 흉내 내어 촬영한 여러 장면들이, 극의 장면과 장면 사이 스크
린에 영사되었다. 이것이 아마 조선의 인물이나 풍경이 스크린에 나타난
최초일 것이다. 무성영화시대의 촬영기사로, 이제는 녹음기사가 된 이필우
등도 연쇄극 필름의 촬영을 담당했다. 그러나 연쇄극 필름은 단지 연극의
보조수단이었고, 결국 영화의 한 태생胎生일 수밖에 없었다.

영화로서 독립한 작품은, 타이쇼오 9년1920에 취성좌의 김도산 일행이
경기도청의 위촉을 받아 제작한 콜레라 예방 선전영화와, 타이쇼오 10년
1921 윤백남이 체신국의 의뢰에 따라 제작한 저축사상 선전영화 〈월하의 맹

115 약초극장은 1935년 12월 31일 개관했다.
116 '황금좌'를 가리킨다.
117 이찌까와는 두 사람을 형제로 기술하고 있으나, 두 사람의 인척관계 여부는 불분명하다.

서)[118], 두편일 것이다. 이 두 작품도 연쇄극 필름에서 한발 전진한 정도일 뿐, 완전히 독립한 영화라고는 말하기 어렵다. 이런 의미에서 영화가 완전히 독립된 것은 타이쇼오 11년1922, 일찍이 황금관과 조선극장을 경영하던 흥행가 마스따로오가 동아문화협회의 명의로 제작한 〈춘향전〉부터다.[119]

〈춘향전〉은 당시 설명자로 인기 있던 김조성金肇盛이 출연하며, 그밖에 기생도 출연하기 때문에 관객에 대환영을 받았다. 게다가 원작이 유명하고, 마치 내지에서의 『추우신구라忠臣藏』같이 아이들에게도 폭넓게 알려진 것과, 자신들의 모습이 스크린에서 춤추고 있다는 것 등으로 관객의 흥미를 끌어서, 그 완성도가 어쨌든 일반에게 상당한 반향과 자극을 주었다.

이것이 직접적인 충격이 되어 부산에 조선키네마주식회사라는 공칭자본금 20만원의 내지인 기업회사가 탄생했다. 안종화, 이월화 주연 〈해海의 비곡秘曲〉, 윤백남 감독의 〈운영전〉〈신神의 장粧〉 등 작품을 제작했지만, 회사가 기업적으로는 성공하지 못했다. 이 무렵 조선영화는 아직 대규모 기업의 대상이 되기에는 적당하지 않았으며, 영화 시장 자체도 여전히 미완성의 단계에 놓여 있던 것이다. 작품에 대해 말하자면, 〈운영전〉은 〈춘향전〉처럼 고대소설을 영화화한 것이었으며, 〈해의 비곡〉과 〈신의 장〉은 각각 연애극과 교훈극이라는 점에 차이가 있으나 조선의 인정·풍속을 영화에서 보는 흥미 이상의 것을 여기서 찾을 수는 없었다.

그러나 이 회사에서 이윽고 초창기 조선영화계의 주춧돌이 된 윤백남, 안종화, 이경손, 나운규(〈아리랑〉 영화의 주연), 남궁운, 이월화, 정기탁, 이규설 등 인재를 배출했다는 점은 사라질 수 없는 큰 공적이라 해야겠다.

독립 프로 난립의 발단

그 후 윤백남은 경성에서 독립 프로덕션을 만들었지만, 이경손 감독, 나운규 주연 〈심청전〉을 한편 제작했을 뿐 곧바로 해산해버렸다. 그 작품은 겨우 1편으로 정말로 과감하지 않은 존재였지만, 조선영화가 확실한 예술적 노선을 일보―步 전진했다는 느낌을 주었다. 또한 윤백남프로덕션이 이후 오랫동안 조선영화 제작의 지배적 기구인 소규모 제작 모체의 선구가 되었다는 것도 의미 깊은 바다. 〈심청전〉역시 고대소설을 영화화한 것이지만, 〈춘향전〉이나 〈운영전〉과 비교할 때 그 제작태도가 진지했으며, 관객이 단순한 호기심 이상의 태도를 가지고 조선영화와 대면하게끔 할 수 있었다는 점에서 상당히 높이 평가될 만하다. 또한 이 작품은 천부적인 영화배우 나운규를 처음으로 세상에 소개한 기념할 만한 영화이기도 했다. 〈심청전〉에 이어지는 작품으로는 조선일보 연재 인기만화를 영화화한 〈멍텅구리〉(조선의 고유어), 고려영화제작소의 신파소설 〈쌍옥루〉가 있으며, 또한 앞에서 언급한 동아문화협회의, 기생 강명화[120]의 실기實記 〈비련의 곡〉과 〈흥부전〉을 제작했다. 그러나 이들 작품은 모두 유치하여, 결국 흥행자의 먹잇감[121]이 되거나 초기 영화인들의 맹목적 시험의 영역을 벗어나지 못했다. 이외에도 이경손이 윤백남프로덕션의 주인규[122], 남궁운, 김정숙 등을 끌어와서 이광수(조선 일류의 문학자로 와세다대 출신)의 소설 『개척자』의 영화화를 도모했으나, 이 역시 작품으로서는 완전히 실패였다.

그런데 신소설 영화화의 풍조 속에서, 많은 신소설을 발표한 작자이자 내지소설의 번안자로 조선 문단에 공로가 적지 않은 조일재가, 계림영화협회라는 단체를 조직하여 오자끼 코오요오尾崎紅葉의 『금색야차金色夜叉』를 번안한 〈장한몽〉을 제작하고 이어서 검술조 시대극 〈산채왕山寨王〉을 제작

---

118 원문에는 〈월하의 맹계(盟契)〉.
119 〈춘향전〉이 제작된 해는 1923년이다.
120 원문에는 "강월화(康月花)".
121 원문에는 "喰〈物". '이익을 얻기 위한 수단' 정도의 의미.
122 원문에는 "송인규(宋仁奎)"이나 '주인규(朱仁奎)'의 오식이다.

했으나, 이들 작품도 역시 성공하지 못하고 끝났다. 특히 이 영화는 예상과 달리 흥행성적이 불량했기 때문에, 이후 〈산채왕〉의 전철을 밟을 것이 두려워 누구도 검술극의 시대극을 제작하려고 하지 않았다.

이처럼 이 협회의 작품은 실패로 끝났지만, 협회 자체의 존재는 결코 무의미하지 않았다. 조선키네마 회사 이후 부동浮動상태를 계속한 영화계는 여기에 이르러 하나의 전기轉機를 마련했다. 또한 전부라 해도 과언이 아닐 정도로 이후 조선영화계에서 활약한 영화인을 육성한 것도 이 협회였다. 더 나아가 프로덕션 난립 시대라고 칭해야 할 신단계의 발단을 이루었다. 특히 영화에 대한 정열이 일반으로 고도화하여, 경성 시내의 작은 곳에서도 "××프로덕션"이라든가 "××영화제작소"라든가 하는 간판을 보았던 데에서 알 수 있듯이, 배우나 감독은 대단한 의욕을 가지고 영화제작에 종사했다. 이는 확고한 기초와 방향을 향해 나아가야 할 조선영화를 위해, 그 토대를 만들어내는 하나의 준비가 되기도 했다.

조선영화계의 총아 나운규

조선영화가 소박하면서 진정으로 영화의 형식을 갖추고 또한 조선영화다워진 것은, 타이쇼오 15년1926 나운규의 원작·각색·주연으로 이루어진 〈아리랑〉에서이다. 이 작품은 경성 본정本町의 모 내지인 ×××의 출자와 관계된 조선키네마프로덕션의 제작이었다. 이 회사는 이미 유행가 '농중조籠の鳥'의 영화를 기획했으며, 츠모리 슈우이찌津守秀一라는 내지인 감독, 이규설 주연, 나운규 조연으로 촬영했는데, 다행히 시류를 타고 흥행적으로도 성공했으며, 또한 나운규라는 배우의 인기도 확실히 세상에 인식시켰고, 다음 회 작품 제작의 가능성을 확실히 실증했다. 이리하여 제작·발표된 〈아리랑〉은 절대적인 호평을 받았으며, 조선영화의 흥행성적에 신기록을 보였다. 뿐만 아니라, 이 작품은 조선영화사상 무성영화시대를 대표할 만한 최초의 걸작이 된 것이다.

〈아리랑〉은 조선인들의 고유한 감정·사상·생활의 진실한 일단을 적확하게 파악하고, 그 시대의 분위기나 기구機構를 잘 묘사하며, 조선인이 오래 이어온 정서를 비로소 영화에 담았기 때문에, 단순한 조선의 인물·풍경을 접하는 것 이상의 만족을 줄 수 있었다. 그러나 이 점은 조선영화가 탄생한 이래 당연히 가져야 할 것을, 또는 갖지 않았던 것을 준 것에 불과하다. 그리고 이 작품은 내용뿐만 아니라, 영화로서의 형식 및 기교에서도 재래의 조선영화의 수준을 돌파하며, 단지 호기심만을 가지고 구경하러 온 관객도 그 의외의 사건에 매료되었다. 게다가 이 영화를 통해 새롭게 발견된 인기 여배우 신일선을 세상에 소개한 점도 간과할 수 없다.

이에 이어서 〈풍운아〉 〈들쥐〉 〈금붕어〉 등의 작품이 발표되었다. 이들 작품은 때로는 끊이지 않고 계속되는 애수를 보여주고, 때로는 경쾌한 웃음을 담고, 때로는 울분한 휴머니즘을 구가하며, 때로는 표표한 방랑성을 그리는 등 그 내용이 다양한데, 전체적으로 나운규조羅雲奎調라고 말할 수 있는 특징을 공통적으로 갖고 있다. 그는 드디어 조선영화계에 빠질 수 없는 중심인물이 된 것이다.

생각건대 조선영화계의 총아 나운규는 단지 인기배우일 뿐만 아니라, 유능한 시나리오 작가이자 우수한 연출자이기도 했다. 무성영화시대 조선영화계에서 나운규 이상의 영화예술가는 여태껏 출현하지 않았기 때문에, 당시의 조선영화계를 나운규시대라고 칭해도 결코 과언이 아니다.

그러나 조선키네마프로덕션의 중지를 전후로 조선영화계에 잠시 부진기가 이어지며, 쇼오와 6년1931쯤까지 영화제작도 정체상태에 빠졌다. 그것이 계림영화협회의 설립으로 인해 다시 활기를 띠기 시작했다. 그 협회는 시인 심훈이 원작·감독을 맡은 〈먼동이 틀 때〉를 강홍식, 신일선을 주역으로 제작했는데, 이는 조선영화사상 양심적인 제작태도를 보여준 예술영화였다. 구주歐洲의 문예영화를 접하는 듯한 〈개척자〉를 실패한 예술영화라고 한다면, 이 〈먼동이 틀 때〉는 비교적 성공한 예술영화라고 말할 수 있다. 주연자 강홍식은 우에노上野 음악학교에서 후지와라 요시에藤原義江[123]와 동기생이었다.

이를 전후해 이규설이 제작한 〈불망곡〉〈홍련비련〉, 극동키네마의 〈괴인의 정체〉, 대륙키네마의 〈지나가의 비밀〉, 조선영화제작소의 〈운명〉 등 여러 종류의 작품이 발표되었지만, 모두 여기에서 그 가치를 논의할 정도의 작품이 아니다. 단 이경손이 평양키네마에서 제작한 〈춘희〉만은 그 화면이 대단히 아름다웠던 점이 기억에 남아 있다. 또한 쇼오와 2년1927경부터 경성의 단성사 영화부에서 인기 있는 설명자 김영환이 〈낙화유수〉〈종소리〉〈세 친구〉 등을 제작했으나, 저급한 관객을 목표로 한 속악한 작품이었다.

그 무렵 나운규는 조선키네마를 떠나 독립 프로덕션을 창립하며, 자기의 원작, 감독 및 주연으로 만든 〈잘 있거라〉〈옥녀〉〈사나이〉〈사랑을 찾아서〉〈벙어리 삼룡〉 등을 제작하며 변함없는 인기를 얻었으며 그 예술적 성격을 잘 유지했는데, 그도 역시 차츰 고조기를 지나간 감이 있었다. 당시 영화계 일부에서는 시대의 추이에 따라 경향영화에 많은 관심이 쏠렸고, 서서히 신인이 대두하는 기운이 일었는데, 그것이 좌익적 색채를 띠기 시작했던 것 또한 간과할 수 없는 한 경향이었다.

심적 동요 시대의 미로

당시 안종화의 주재하에 이경손, 김영환 등 문단 및 영화인이 관계한 조선예술영화협회의 소수 멤버와 좌익문화인들이 합류해서 〈유랑〉〈서울키노〉[124]〈혼가〉〈화륜〉 등을 제작했는데, 이들은 모두 김유영의 작품이다. 나운규의 작품이 다분히 민족적 경향을 가진 것이라고 한다면, 이들 작품은 어느정도까지 좌경적인 의도를 가졌다고 할 수 있다.

이것이 쇼오와 3년1928부터 5,6년경까지 조선영화계의 상황이다. 일종의 내부 분열 시대에서부터 신흥영화예술가동맹[125]이라는 단체가 발생하고, 또한 시나리오작가협회나 카프의 영화부 등에 의해 새로운 동향이 활발하게 표면화했으며, 조선에서 비로소 영화 이론과 비평이 나타나 동혁東赫이나 서광제 등이 열심히 활동한 것도 이 시기이다. 그러나 이러한 종류의 경향영화운동은 실제 제작 활동이 그 조직이나 이론을 수반하지 않았다는 것과, 쇼오와 8,9년1933,34경에 이르러 사회정세가 일변했기 때문에 차차 퇴조해가며, 이것 또한 나운규의 경우처럼 슬럼프에 빠져 여러 작품을 제작할 의도가 있었음에도 불구하고 전체적으로는 조선영화에 대해 어떠한 진보의 흔적도 남길 수 없었다.

그리고 나운규는 〈7번통 소사건〉〈종로〉 등을 제작하여 갱 영화의 유행을 따라가려고 했는데, 이 종류의 영화제작에 맞지 않았던 그는 〈아리랑〉 이후의 명성을 잃을 뻔했다. 때문에 이를 회복하고자 〈아리랑 후편〉〈아리랑 3편〉 등을 제작했으나 모두 실패했다. 그 후 오랫동안 큰 계획을 가졌으나 아직 때가 오지 않아 자기의 불우함을 개탄하던 안종화는 재기하여, 〈꽃 장사〉〈은하에 흐르는 정열〉〈청춘의 십자로〉 등을 제작하고, 또 중앙영화사의 방한준은 〈살수차〉, 이규환은 〈임자 없는 나룻배〉〈바다여 말하라〉, 박기채는 〈춘풍〉 등을 각각 제작했으나, 새로운 시대를 구획할 만한 성과를 얻을 수는 없었다.

---

123 후자와라 요시에(藤原義江, 1898-1976). 일본의 오페라 가수. 이딸리아에서 유학하였고, 1934년 후지와라가극단을 창설하여 일본의 오페라 진흥운동에 기여했다.

124 원문 그대로임. 이찌까와는 〈유랑〉〈혼가〉〈화륜〉을 제작한 '서울키노'를 영화 제목으로 오인한 듯하다. 한편 〈화륜〉을 〈대륜(大輪)〉으로 잘못 기재한 것은 바로잡았다.

125 원문에는 "조선영화예술가동맹"으로 되어 있으나 잘못 기재된 것을 바로잡았다.

왼쪽 위부터 시계 방향으로 현순영, 김신재, 김소영, 문예봉

조선어 토키의 탄생

조선영화가 재건시대에 들어서, 기술적으로도 새로운 시기의 개척이 시작된 것은 쇼오와 9년1934경이다. 감독으로서의 윤백남, 이경손, 나운규 등과 같이 조선영화 초창기에 활약한 사람들은 차차 제일선에서 물러서고, 이규환, 방한준, 박기채, 윤봉춘 등 신인이 이를 대신하여 등장하며, 안종화가 연극에서 다시 영화로 복귀하고, 배우도 심영, 김한, 독은기, 전택이, 김일해 등의 남배우 및 문예봉, 김소영, 김신재, 현순영 등 새로운 여배우가 대두했다.

때마침 조선은 사일런트시대의 말기로서, 토키로 전환하던 시기의 초조함이 이어진 시대였다. 따라서 당시 조선영화가 직면한 임무는 하루라도 빨리 사일런트시대에서 탈각하는 일이었다. 더욱이 이때는 이미 외국 영화는 물론, 내지영화도 완전히 토키시대로 이행하며 영화관에서 상영되는 영화는 모두 토키임에도 불구하고, 오로지 조선영화만이 구태의연한 무성영화로서 관객에게 기이한 감을 주면서 영화에 대한 흥미를 잃게 만들기 시작했다.

최초의 조선토키는 쇼오와 10년1935 와께시마 슈우지로오分島周次郎의 경성촬영소에서 이필우, 이명우 형제가 제작한 〈춘향전〉이었으며, 조선어가 처음으로 필름에 녹음되었다. 이것이 공개되었을 때는 상당히 인기를 얻었는데, 초기의 조선영화가 대중에 인기가 있던 것과 마찬가지로 최초의 토키영화라는 단순한 이유에서였다. 〈춘향전〉이라는 소설이 무성, 유성을 막론하고 매번 조선영화의 스타트가 된 것은 기연奇緣이다.

그 후 경성촬영소에서는 홍개명의 〈아리랑고개〉, 이명우의 〈장화홍련전〉〈홍길동〉 등을 제작하고, 한양영화사에서는 〈아리랑 3편〉의 토키화를 도모했으나, 대중은 최초의 토키 〈춘향전〉을 볼 때와 달라져서, 어느정도까지 외국 또는 내지 작품의 수준에 근접하도록 그 고유한 조선적 성격을 갖

지 않으면 인정하지 않았다. 이러한 중요한 시기를 만나 이규환은 스즈끼 시게요시鈴木重吉와 대구 성봉영화원에서 신꼬오키네마新興キネマ 후원 아래 〈여로旅路〉[126]를 제작했다.

〈여로〉는 토키시대에 들어간 조선영화에서 비로소 반석盤石의 토대를 구축한 작품이다. 관객은 〈아리랑〉을 보았을 때와 마찬가지로 환호했으며, 주연 여배우 문예봉이 처음으로 자신이 가진 진가를 발휘했다. 이는 여러 의미에서 조선영화사상 〈아리랑〉에 필적할 만한 의의를 가진 작품일 것이다. 비평은 여러가지 있겠지만 아무리 많은 결함이 지적되어도, 토키시대 이후 오늘날까지도 이 수준을 넘은 작품이 아직 나타나고 있지 않다.

그렇지만 당시는 아직 무성영화가 근근이 이어져 발성영화와 나란히 만들어져서, 안종화의 〈인생항로〉, 신경균의 〈순정해협〉, 홍개명의 〈청춘부대〉 등이 제작되었다. 그렇게 해서 완전히 발성영화시대를 맞은 것은 쇼오와 12년1937 이후의 일이었다.

기술과 예술의 상관 관계

이처럼 본격적인 발성영화시대가 시작하며, 방한준의 〈한강〉, 윤봉춘의 〈도생록〉, 평론가 서광제가 처음으로 나선 〈군용열차〉 등이 끊임없이 발표되었다. 그리고 조선키네마 회사 이후 오래 중단되었던 영화기업화의 경향도 크게 추진되기에 이르며, 조선영화주식회사가 성립하여 박기채는 이광수 소설 작품인 〈무정〉을 제작하며, 그리고 이규환은 자신의 원작·감독으로 〈새출발〉을 제작했다. 또 극연좌 영화부에서는 김유영의 〈애련송〉, 안철영 〈어화〉 등이 제작되었고, 동양극장에서는 〈사랑에 속고 돈에 울고〉, 방한준의 〈성황당〉을 제작하며, 그밖에는 한양영화사의 〈귀착지〉, 최인규의 〈국경〉 등과 같은 작품도 있었다.

토키화한 조선영화는 일반적으로 보아 그 기술의 수준이 향상되기 시작했으나, 이 단계에서는 면할 수 없는 병폐로 기술 편중에 기울어 내용적 방면에 결함이 있는 경향이 눈에 보이기 시작했다. 무성영화시대가 어제까지 체험해온 것과 마찬가지로, 조선영화의 건전한 발전을 위해서는 기술과 함께 예술적 방면에서도 조선토키의 수준을 높이도록 노력해야 한다. 그러나 토키시대의 조선영화를 발전시키는 선결 조건으로는 곧 기업화를 필요로 한다.

이창용의 고려영화사가 최근 발표한 최인규 감독의 〈수업료〉〈집 없는 천사〉, 전창근 감독의 〈복지만리〉 등의 작품은 대체로 제작자의 예술적 성격이 표현되어 있다. 조선군 보도부 제작의 〈그대와 나〉는 타사까 토모따까田阪具隆의 작품인데,[127] 문예봉, 김소영 등이 코스기 이사무小杉勇, 오비나따 덴大日方傳과 함께 출연하며 반도영화계의 내선인사 교류 진흥을 발휘하고 있다.

과거 20년간 조선영화(극영화)의 제작 수는 약 200편인데, 그 가운데 주요한 작품을 다음에 표시하겠다.

조선 주요 영화 제작람표[128]   비고: ×는 발성영화

제목	제작연도	제작자	감독	주연자	비고
춘향전	타이쇼오 11	동아문화협회	하야까와 마스따로오 (早川增太郎)	김조성	
해의 비곡	동 14	조선키네마	안종화	이월화	
운영전	동 14	동	윤백남		
신의 장	타이쇼오 15	동	동		
심청전	동	윤백남프로	이경손	나운규	
쌍옥루	동	고려영화	이필우		

126 조선어 제목은 〈나그네〉. 〈여로(타비지)〉는 일본 개봉 제목이다.
127 〈그대와 나〉의 감독은 히나쯔 에이따로오(日夏英太郎), 한국명 허영(許泳)이다.
128 일부 착오가 있지만 원문 그대로 기재했다.

제목	제작연도	제작자	감독	주연자	비고
비련의 곡	동	동아문화협회	동		
흥부전	동	동	동		
개척자	동	백남프로	이경손	주인규	
장한몽	쇼오와 원년	계림영화협회	조일제		
산채왕	동	동	동		
농중조	쇼오와 2	조선키네마	츠모리 슈우이찌 (津守秀一)	이규설	
아리랑	동	동	나운규	나운규	
멍텅구리	동	고려영화	이필우		
풍운아	동	조선키네마	나운규	나운규	
들쥐	동	동	동	동	
금붕어	동	동	동	동	
먼동이 틀 때	동	계림영화협회	심훈	강홍식 신일선	
춘희	동 3	평양키네마	이경손		
불망곡	동	계림영화	이규설		
홍련비련	동	동	동		
괴인의 정체	동	극동키네마			
지나가의 비밀	동	대륙키네마			
운명	동	조선영화제작소			
낙화유수	동	단성사 영화부			
잘 있거라	동	나운규프로	나운규	나운규	
옥녀	동 4	동	동		
사나이	동	동	동		
사랑을 찾아서	동	동	동		
벙어리 삼룡	동	동	동		
유랑	동	조선영화예술협회	김유영		
혼가	동	동	동		
서울키노129	동	동	동		
화륜	동	동	동		
7번통 소사건	동	나운규프로	나운규	나운규	
종로	동	동	동	동	
아리랑 후편	동	동	동	동	

제목	제작연도	제작자	감독	주연자	비고
동(同) 3편[130]	동	동	동	동	
꽃장사	동	독립 프로	안종화		
은하에 흐르는 정열	동	동	동		
청춘의 십자로	동		동		
살수차	동	중앙영화사	방한준		
임자 없는 나룻배	동	동	이규환		
바다여 말하라	쇼오와 6	동	이규환		
춘풍	동	조선영화	박기채		
춘향전	동 10	경성촬영소	이필우 이명우		×
아리랑고개	동	동	홍개명		×
장화홍련전	동	동	이명우		×
홍길동	동 11	동	동		×
아리랑 3편	동	한양영화			×
나그네(여로)	동	신흥키네마 성봉원	이규환	문예봉	×
인생항로	동	동	안종화		
순정해협	동		신경균		
청춘부대	동		홍개명		
한강	동 12	한양영화	방한준		×
도생록	동		윤봉춘		×
군용열차	동 13	조선·東映[131] 제공	서광제		×
무정	동	조선영화	박기채		×
새출발	동	동	이규환		×
애련송	동	극연좌영화부	김유영		×
어화	동		안철영		×
사랑에 속고 돈에 울고	동	동양극장	박기채		×
성황당	동	동	방한준		×
귀착지	동	한양영화			×
국경	쇼오와 14	동	최인규		×
수업료	동	고려영화	동		×
집 없는 천사	동	동	동		×
복지만리	동 15	동	전창근		×

내지의 영화 부족 때문에 1941년 10월 〈집 없는 천사〉〈성황당〉의 내지 상영이 실현되었는데, 이 경향은 앞으로도 계속될 것이다.

영화제작부문의 구성

조선에서 최초로 극영화가 제작된 것은 타이쇼오 11년1922이었는데, 이후 20년 동안 50개 이상의 제작단체가 생겨났다가 사라지고, 뜨고는 가라앉는 유전流轉 가운데, 어쨌든 200여편의 영화를 세상에 낳았다. 이에 소요된 제작비는 약 70만원으로 추정되어, 관계자의 연인원延人員은 실로 1만명을 돌파한다. 더욱이 초기의 제작자로서 파란波瀾과 신고辛苦를 맛보고, 게다가 보답도 받지 못한 채 이역으로 떠난 윤백남, 또한 독실한 감독으로 촉망되었던 이경손도 지금은 남방 태국에 이주했다고 하며, 또한 흡사 영화계의 기린아를 떠올리게 했던 나운규의 요절이야말로 인물불저拂底[132]의 조선영화계를 위해 아무리 애석해하여도 모자랄 것이다.

조선에 생겨났던 많은 영화제작 단체는, 겨우 한편을 제작하고는 그대로 해산한 것도 있으며, 그 수명은 정말로 짧았다. 주요 단체와 제작고製作高를 써보면——

내지인 경영

오까자끼岡崎 프로덕션(內 1, 鮮 1), 코니시小西 영화제작소(鮮 1), 조선키네마 프로덕션(內 1, 鮮 8), 토꾸나가德永 활동사진상회(內 2), 만선滿鮮 활동사진상회(內 1), 동아문화협회(內 2, 鮮 1), 원산만遠山滿 프로덕션(內 5, 鮮 4), 나까가와中川 프로덕션(內 3), 오호따オホタ영화제작소(內 2, 鮮 2), 반도키네마(內 4, 鮮 2)

조선인 경영

고려영화제작소(5), 나운규프로덕션(6), 금강키네마(2), 계림영화협회(4),

대륙키네마프로덕션(2), 백남프로덕션(2), 단성사영화부(3), 조선영화사(1), 아성亞星키네마사(4), 동양영화사(1), 정기탁프로덕션(1), 극동키네마사(2), 평양키네마사(2), 금강서광합동프로덕션(1), 서선西鮮키네마프로덕션(1), 김택윤프로덕션[133](1), 강정원프로덕션(2), 조선영화예술협회(4), 경성촬영소(4), 한양영화사(2)

그리고 쇼오와 16년1941 상반기 말 현재 조선제작자는 다음 열하나[134]를 더한다.

조선영화제작소 일람 (1941년 3월 현재)

제작소	대표자	소재지
조선영화주식회사(朝鮮映畫株式會社)	최남주	경성부 서린정 128
고려영화협회(高麗映畫協會)	이창용	동 종로정 2정목 7
조선문화영화협회(朝鮮文化映畫協會)	津村勇	동 광희정 1정목 25
한양영화사(漢陽映畫社)	윤봉춘	동 견지정 80
동아영화제작소(東亞映畫製作所)	–	동 종로정 1정목 71
명보영화합자회사(明寶映畫合資會社)	이기유	동 장곡천정 112
조선예흥사(朝鮮藝興社)	서항석	동 봉래정 3정목
경성발성영화사(京城發聲映畫社)	최수일	동 종로 1정목
황국영화지사(皇國映畫支社)	隆旗耕造	동 남미창정
영공상회(映工商會)	蘇本省三	동 주교정

129 서울키노를 영화명으로 기재하고 있으나, 서울키노는 단체명이다.
130 발성영화로 제작된 동명의 영화가 있다. 어떤 영화를 가리키는지 정확히 파악되지 않으나 원문 그대로 옮겼다.
131 동보(東寶, 토오호오)의 오기이다.
132 인물이 없어서 바닥이 보인다는 의미.
133 원문에는 김학택(金涸澤)프로덕션으로 되어 있으나, 〈흑과 백〉(1927)을 제작한 김택윤프로덕션을 잘못 기재한 것으로 보인다.
134 원문에 11개를 더한다고 하였으나, 제작 일람표에 정리된 것은 10개 회사뿐이다.

이 가운데 〈수업료〉〈복지만리〉〈집 없는 천사〉 등 명작을 발표해온 고려영화협회는 그 설비의 완벽을 기함과 함께 규모를 확장시키기 위해, 16년1941 6월 고려영화주식회사로 조직을 변경해 재출발을 하기에 이르렀다. 사장은 오덕섭吳德燮, 상무는 최인규崔寅圭, 지배인은 김진후金振厚이다.

또한 총독부에서는, 내지와 마찬가지로 쇼오와 14년1939 10월에 영화법령을 공포하고, 영화행정의 확립을 기하기로 되었으며,[135] 이를 기회로 이 땅의 영화인을 망라하는 조선영화인협회를 설립하기에 이르렀다. 동同회의 규약은 다음과 같다.

조선영화인협회 규약[136]

제1장   총칙
    제1조   본회는 조선영화인협회라 칭함.
    제2조   본회는 사무소를 경기도 경성부에 둠.

제2장   목적 및 사업
    제3조   본회는 영화의 건전한 발달과 영화인의 자질 향상을 도모하여 문화의 진전에 기여함을 목적으로 하고 따라서 영화를 통해서 내선일체의 실질을 높이려 함.
    제4조   본회는 앞 조의 목적을 달성하기 위하여 아래의 사업을 행함.
        1. 영화에 관한 조사 연구.
        2. 연출자, 연기자, 촬영자, 기타 영화기술자의 양성 및 지도.
        3. 회원의 복리 및 상호 친목에 관한 시설.
        4. 기관지의 발행.

제3장   회원

제5조   본회의 회원을 정회원, 특별회원 및 찬조회원의 3종으로 함.

1. 정회원: 연출자, 연기자, 촬영자, 각본 작자, 녹음, 현상, 음악, 기타
영화기술을 직업으로 하는 자.

2. 특별회원: 본회의 취지에 찬동하고 원조하는 자로서 평의원회에
서 추천한 자.

3. 찬조회원: 본회의 사업에 대하여 특히 공로가 있는 자, 또는 학식
과 경험이 있는 자로서 평의원회에서 추천한 자. (중략)

제4장   임원

제11조   본회에 다음의 임원을 둠.

1. 회장 1명

2. 이사 4명

3. 평의원 약간 명

회장 및 이사는 평의원회에서 선거한 자로서 주무관청의 승인을
얻은 자로서 이에 충당함. 이사 중 1명을 상임이사로서 주무관청
의 승인을 얻어 회장이 이를 지명함. 평의원은 연출, 연기, 촬영 및
기타 부문에서 각 2명을 선거함. (중략)

135   원문 그대로임. 1939년 10월 공포된 영화법령이란 '일본영화법'을 가리키는 것이다. 이후의
다른 부분에서도 이찌까와 사이는 일본영화법이 조선에도 일본과 동시에 적용된 것처럼 서
술하고 있다. 조선영화령은 1940년 1월 공포되었다.
136   조선영화인협회 규약 중 제6조부터 제10조, 제12조부터 제28조까지 생략되어 있다. 그중
일부 내용은 「조선영화인협회 결성 기념, 영화문화와 신체제 특집」, 『삼천리』(1941.06)에 수
록된 것을 참조할 수 있다.

제7장　기타

　　제29조 등록에 관한 기능증명서는 따로 설치하는 기능심사위원회의 논의를 거쳐 이를 발행함.

본 협회의 현재 임원은 다음과 같다.[137]

회장 安田辰雄(안종화), 상무이사 安田榮(안석영), 이사 岩本圭煥(이규환), 동 徐永琯(서월영), 동 瀨戸明(이명우), 상무 평의원 金原廣(김택윤), 평의원 遠城光齊(서광제), 동 星寅奎(최인규), 동 三原世雄(양세웅), 동 星村洋(김한), 동 瀨戸武雄(이필우), 동 影澤淸[138], 동 金正革[139]

　　그리고 영화령 시행 규칙 제8조 제2항 제3호의 규정에 의한 영화인의 기능심사는 본 협회장에서 이를 총독부 경무국 도서과장에 위탁하며, 같은 해 12월에 제1회 심사가 행해졌다. 위 심사위원회는 영화에 관계된 총독부 관리, 연출자, 연기자, 촬영자 및 학식 경험이 있는 자 각 2명, 합계 10명으로 구성되어 있다. 기능 증명을 요하는 것은 연출자, 연기자 및 촬영자의 3종류이며, 증명을 교부받은 자는 영화인으로 등록된다.

　　조선영화제작자협회는 15년1940 10월 결성, 미가맹자에게는 생필름을 배급하지 않는다. 제작회사의 합동계획도 진척되고 있다.

반도영화 국책의 전진

　　조선총독부는 쇼오와 9년1934 8월 7일, 활동사진취체규칙을 공포하여, 같은 해 9월 1일부터 이를 실시했다. 동 규칙은 전문 13조로 구성된 것으로, 영화에 의한 조선민중의 교화敎化를 틀림없도록 하며, 조선에 대하여 외국에 잘못된 인식을 주지 않도록 하며, 그와 더불어 조선 국산 영화의 진흥을 조성함으로써 조선 통치 상에 비익裨益할 바 많도록 하는 데에 있어서, 영화통제에서는 내지보다 한걸음 앞섰다. 다음에 실리는 것은 동 규칙의 전문全文이다.

조선활동사진취체규칙[140]

제1조   활동사진 영화는 '활동사진필름검열규칙'에 의거함은 물론 본령에 의거하지 않으면 이를 영사하여 다중多衆의 관람에 제공할 수 없음.

제2조   본령에서 활동사진 영화 흥행자(이하 단순한 흥행자로 칭함)라 칭하면 활동사진 영화를 영사하여 다중의 관람에 제공하는 일을 업으로 삼는 자를 말한다.

제3조   흥행자가 그 업을 개시하고자 할 때는 그 업의 개시일로부터 10일 전까지 다음에 게재하는 사항을 구비하여 이를 흥행장의 소재지를 관할하는 도지사에게 신고해야 함.

  1. 주소, 성명 및 생년월일(법인의 경우에는 주요 사무소의 소재지, 명칭 및 대표자의 주소, 성명 및 생년월일)

  2. 흥행장의 명칭 및 소재지

  3. 업의 개시 예정 연월일

전항의 제1호 또는 제2호의 사항을 변경했을 때는 흥행자는 10일 내에 이를 흥행장의 소재지를 관할하는 도지사에게 신고해야 함.

---

137   원문에는 김정혁을 제외한 모든 임원명이 창씨명으로 기재되어 있다. 괄호 안의 조선명은 번역자가 덧붙인 것이다.

138   배우 이금룡으로 추정되나 공식적으로 알려진 이금룡의 창씨명은 '香山長春'이다.

139   원문에는 "김정화(金正華)"이나 '김정혁(金正革)'의 오식이다. 김정혁은 조선영화인협회의 서기를 담당했다.

140   '활동사진영화취체규칙'을 가리킨다. 아래 내용 중 일부 잘못 기재된 부분은 바로잡았다.

흥행자가 그 업을 폐지하고자 할 때는 제1항의 규정을 준용함.

제4조　흥행자는 1개월마다 그달 내에 영사한 영화의 제목(외국작품의 경우에는 그 원제와 번역명), 제작국, 제작자, 권 수 및 미터 수를 흥행장별로 다음 달 10일까지 흥행자의 소재지를 관할하는 도지사에게 신고해야 함.

제5조　도지사가 필요하다고 인정할 때는 1회 흥행 또는 1개월 내내 흥행자가 영사하는 영화의 종류, 수량 혹은 영사 시간을 제한할 수 있음.

제6조　사회교화의 목적으로 제작된 영화 또는 시사, 풍경, 학술, 산업 등에 관한 영화로 조선총독의 인정을 받은 것에 대해서는 전조前條 및 제8조 제2항의 규정을 적용하지 않음.
　　　 전항의 인정을 받고자 하는 자는 신청서에 영화의 제목(외국 작품의 경우에는 그 원제 및 번역명), 제작국, 제작자, 권 수 및 미터 수를 기재하고 설명대본 2부를 첨부하여 이를 조선총독에게 제출해야 함.

제7조　조선총독이 필요하다고 인정할 때는 흥행자에 대해 제5조의 제한에 구애하지 않고 필요한 영화의 영사를 명할 수 있음.

제8조　흥행자는 아니지만 영화를 영사하여 다중의 관람에 제공하려는 자는 미리 그 영화 제목(외국작품의 경우에는 그 원제 및 번역명), 제작국, 제작자, 권 수, 미터 수 및 영사 시간을 갖추어 영사지를 관할하는 도지사에게 신고해야 함.
　　　 전항의 경우에 도지사가 필요하다고 인정할 때는 영화 종류, 수량 또는 영사 시간을 제한할 수 있음.

제9조　조선 내에서 촬영한 영화(아직 현상하지 않은 영화를 포함한다)를 수출輸 出 또는 이출移出하고자 하는 자는 신청서에 그 영화 제목, 제작자, 권 수 및 미터 수를 기재하고 설명대본 2부를 첨부하여 조선총독의 허가를 받 아야 함.

전항의 허가를 받은 자는 수출 신고 시 허가서를 세관에 제출해야 함.

제1항의 경우에는 조선총독이 필요하다고 인정할 때는 영화의 검열을 할 수 있음.

제10조　제5조 또는 제7조 규정에 근거하여 발하는 명령을 위반한 자는 3개월 이하의 징역 또는 200원 이하의 벌금, 또는 구류拘留나 과료科料에 처함.

제11조　제9조의 규정에 의한 허가를 받지 않고 영화를 수출하거나 이출한 자는 2개월 이하의 징역 또는 100원 이하의 벌금 또는 구류나 과료에 처함.

제12조　제3조, 제4조 또는 제8조 제1항의 규정을 위반하여 신고를 하지 않거나 허위 신고를 한 자, 또는 제8조 제2항의 규정을 토대로 발한 명령을 위 반한 자는 50원 이하의 벌금 또는 구류나 과료에 처함.

제13조　법인의 대표자, 법인 또는 다른 사람의 대리인, 사용인, 그 밖의 종업 자, 또는 다른 사람의 호주, 가족 또는 동거자가 그 법인 또는 다른 사 람의 업무에 관하여 본령을 위반했을 시, 본령에 정해진 벌칙은 이를 행위자에게 적용함은 물론 그 법인 또는 다른 사람에 대해서도 이를 적 용함.

미성년자 또는 금치산자가 본령을 위반했을 때는 본령이 정하는 벌칙 은 이를 법정대리인에게 적용한다. 단, 그 영업에 관하여 성년자와 동일한 능력을 가진 미성년자에 대해서는 제한을 받지 않음.

부칙

본령은 쇼오와 9년1934 9월 1일부터 이를 시행함.

본령 시행 시 현재 활동사진 영화를 영사하여 다중의 관람에 제공하는 일을 업으로 하는 자는 본령 시행일로부터 20일 내에 제3조 제1항 제1호 및 제2호의 사항을 구비하여 흥행장의 소재지를 관할하는 도지사에게 신고해야 함.

본 규칙은 경찰적 취체 이상으로 현저하게 국책적 색채를 띠며, 내지의 영화법에 앞서서 영화통제에 나선 것은 주목할 만하다. 그리고 본 규칙에 기초한 세칙은 8월 15일 각 도지사에 통첩되었다. 그에 의하면 일본영화, 특히 조선영화 장려에 무게를 두고 있지만, 외국 영화 전성全盛의 시절에 급격히 그 상영을 제한하는 것은 온당하지 않기 때문에, 1흥행장에서의 1개월의 상영 미터 비율을 다음과 같이 결정했다.

	조선 또는 내지 영화	외국 영화
1934년 9월 1일 이후	4분의 1 이상	4분의 3 이하
1936년 중	3분의 1 이상	3분의 2 이하
1937년 이후	2분의 1 이상	2분의 1 이하

이리하여 외국 영화는 점차 조선 시장에서 구축驅逐되기에 이르렀는데, 사태의 추이에 따라 다시 15년1940 8월, 외국 영화의 전면적 배척운동이 일어나, 경기도청 및 경성경찰서 입회 아래 대소동을 벌였다.

그러나 전체적으로 보면 본 부령府令은 흥행취체에 중점을 두고 있다. 종래에는 경기·경남·평남의 각도에서는 도령道令을 만들어 흥행취체를 해왔지만, 그 외의 도에서는 이러한 취체규칙조차 없으며 일반 경찰 취체령을 적용했던 것이라, 전부터 그 개정의 필요가 촉구되었다. 그래서 새로운 법령 제정의 탄생과 동시에 흥행물의 취체는 통제되어, 그 결과 하급법(도령 기타) 중에서 본 부령에 저촉되는 부분에 대해 대大개정을 행한 것이다.

이어서 쇼오와 14년1939 10월, 내지와 거의 동일한 내용의 영화법령을 실시하여[141] 종래의 통제보다 한걸음 더 전진시켰는데, 지나사변[142] 이후의 조선문화 앙양의 입장에서도 역시 신新통제의 기운이 움직이고 있었다.

영화통제에서 내지보다 한걸음 앞선 조선은 사변 발발 이래 대륙정책의 전진기지로 더욱더 그 중요성을 높였으며, 이에 따라 영화통제도 내지와 보조를 맞추고 강화하자고 하는 기운에 있었다. 그러나 쇼오와 16년1941 8월, 내지에서 영화임전체제의 수립이 문제가 되자, 조선총독부도 역시 조선의 특수 사정을 고려하여 재빠르게 신체제 확립에 나섰으며, 10사社가 가맹한 조선영화제작자협회에 대해, 제작기구의 일원화, 1사안一社案을 제시하고, 생필름을 신회사에 할당하며, 1년에 극영화 6편(프린트 각 5편), 문화영화 10편(프린트 각 9편), 조선뉴스(프린트 각 8편)의 제작 허가를 주자는 것이며, 자본금 200만원(반액 불입)의 주식회사 조선영화협회[143]를 설립하고자 경무국의 지도 아래 관계 당국에 설립 인가를 신청했다. 현재 조선에서의 연기 등록자는 감독, 카메라맨 25명, 기술자 49명, 배우 65명이며, 늦어도 신회사는 11월 중에 성립할 모양이다.

---

141 조선영화령은 1940년 1월에 공포되었다.
142 중일전쟁.
143 사단법인 조선영화주식회사를 가리킨다. 법인 조영 설립 전에 집필된 글이므로 원문 그대로 기재했다.

강 호

姜湖
1908-84

경상남도 창원 출생으로 본명은 강윤희(姜潤熙)이다. 영화감독이자 무대미술가, 화가, 극작가 등 다방면에서 활동했다. 1921년 홀로 일본에 건너가 고학으로 일본미술전문학교에서 미술을 공부했다. 귀국 후 1927년 카프에 가입했고, 김복진의 뒤를 이어서 미술부장이 되었다. 1929년 민우양 등과 함께 경남 진주에 남향키네마를 설립하고, 〈암로〉를 제작했다. 처음에는 제목을 〈쫓겨 가는 무리들〉이라고 했지만, 후에 〈암로〉로 제명을 바꾸었다. 서울키노에서 제작한 〈화륜〉에서는 자막을 담당하기도 했다. 임화와 함께 청복키노를 조직하고, 1931년 제1회 작품인 〈지하촌〉의 감독을 맡았다. 1933년에는 김태진(남궁운), 나웅, 민우양, 추적양 등과 함께 영화제작소 동방키노를 조직하고 활동하다가, '영화부대 사건'으로 검거되었다. 사건은 동방키노의 인물들이 일본프롤레타리아 영화동맹과 접촉하며, 『영화 구락부(映畵クラブ)』라는 유인물을 연희전문 학생들에게 배포한 혐의를 받은 것으로, 3년을 복역한 강호는 1930년대 말에 '공산주의자협의회사건'으로 다시 체포되었다가 1942년 석방되었다. 해방 이후, 1946년 박헌영의 문화노선을 반대하는 성명서를 송영, 박세영 등과 함께 발표하고 월북했다. 북한에서 조선연극동맹 서기장, 국립예술극장 총장, 조선화보사 사장, 평양 연극영화대학 및 미술대학 무대미술학부장, 평양대 예술학부 교수 등을 역임한 것으로 알려져 있다. 1951년에는 예술영화 〈또다시 전선으로〉의 시나리오와 무대미술을 맡았다. 이 영화는 카를로비바리국제영화축전에서 '자유를 위한 투쟁상'을 수상했다.

고한승

高漢承
1902-49

호는 포빙(抱氷). 서원(署園), 고마부(高馬夫) 등의 필명도 사용했다. 개성 출신으로 신극운동가이자 아동문학가이다. 보성고보를 졸업하고 연희전문에 입학했으나 졸업은 하지 않고 일본으로 유학을 떠났다. 일본 토오꾜오에서 유학생들이 주축이 된 근대극 연구단체인 극예술협회에 가담했다. 1923년에 재일본 고학생 단체 '형설회'의 기금 마련 공연에서는 자신의 희곡 〈장구한 밤〉을 무대에 올린 바 있다. 귀국 후 문인극을 기획하고 라디오극연구회를 결성하는 등 연극 활동을 이어가는 한편으로, '색동회'에 참여해 잡지 『어린이』에 동화를 발표하고 한국 최초의 창작 동화집 『무지개』(1927)을 발표하며 아동문학가로 활동했다. 해방 후에도 『어린이』를 복간해 편집하는 등 아동문화 운동가로서의 활동에 애착이 많았다. 그러나 식민지 말기에 군수공장을 운영한 행적이 문제가 되어, 해방 후 반민특위에 의해 친일파로 낙인찍혔고, 오랫동안 잊힌 인물이 되었다.

김영환

金永煥
1898-1936

무성영화 시기의 대표적인 변사. 단성사 주임변사로 있으면서 단성사가 제작한 무성영화 〈장화홍련전〉(1924)의 각색과 설명을 맡았다. 이후에도 〈세 동무(삼걸인)〉(1928) 〈약혼〉(김기진 원작, 1929) 〈젊은 이의 노래〉(1930) 등을 각색하고 연출했다. 음악에도 조예가 깊어 〈낙화유수〉(1927)의 주제가 등 무성영화시대의 여러 영화주제가와 대중가요를 작사·작곡했다. 음악 활동을 할 때는 김서정(金曙汀)이라는 예명으로 활동했다. 변사로서 인기가 높았던 김영환은 오랫동안 경성방송국(JODK)의 영화 설명 프로그램에 출연하고, 다수의 영화설명음반과 극음반도 취입했다.

김유영

金幽影
1907-40

본명 김영득. 김철(金哲)이라는 이름도 사용했다. 경북 구미 출생으로 대구공립보통학교에 다니다가 독서회 사건에 연루되어 보성고보로 전학해 학업을 마쳤다. 조선영화예술협회에서 〈유랑〉(1928)의 감독으로 데뷔한 후 〈혼가〉(1929) 〈화륜〉(1931)을 만들었다. 특히 〈화륜〉은 조선시나리오작가협회에서 안석영, 서광제, 이효석과 함께 『중외일보』에 연재했던 시나리오를 바탕으로 서울키노(Ⅱ)에서 제작한 것이다. 1931년에는 프롤레타리아를 위한 연극을 일반대중에게 보여주겠다는 목적으로 이

동식소형극장을 결성하기도 했다. 김유영은 1929년에서 1932년 사이 두차례 일본에 체류하며 영화촬영소를 방문하고, 일본영화인들과도 교류했다. 1933년에 구인회의 발기인으로 참여했지만 곧 탈퇴하고, 1934년에 박완식, 전평, 나웅 등과 함께 조선영화제작연구소를 창립했다. 극단 신건설사 사건으로 검거되었다가 이듬해 집행유예로 풀려났다. 잘 알려져 있지는 않지만, 김유영은 1930년대 초반에는 『시대공론』, 중반에는 영화잡지 『영화시대』와 『영화보』에 관여하며 문화 담론의 확산을 꾀한 인물이기도 하다. 1930년대 후반에 다시 영화제작에 전념해 그는 〈애련송〉(1938)에 이어, 신장염에 시달리며 〈수선화〉(1940)를 연출했다. 유작 〈수선화〉는 김유영의 사후에 완성되어 1940년 8월에 공개되었다.

김정혁

金正赫
1915-?

본명은 김정혁(金貞赫). 함경북도 경성군 주을 출생으로, 일본 니혼(日本)대학 예술과를 수료하고, 조오찌(上智)대학 신문연구실원으로 공부했다. 소설 「이민열차」(1935)로 『동아일보』 현상문예 단편소설 부문의 선외가작으로 등단하며 문화계에 이름을 알리기 시작했다. 영화잡지 『영화보』를 창간했고(1937), 조선영화주식회사에서 영화 〈무정〉(1938)의 윤색과 홍보를 담당했으며, 이후 고려영화협회로 옮겨 최인규 감독의 〈집 없는 천사〉(1940)의 기획을 맡았다. 1930년대 후반 조선영화계를 대표하는 두 영화사에서 기획과 선전 업무에 종사했던 그는 조선영화령 공포(1940) 이후 「조선영화기업론」「제작정신과 조선영화」「영화령의 실시와 조선 영화계의 장래」「조선영화진흥책의 목표」 등의 글을 통해 영화신체제를 적극적으로 지지했다. 1942년 9월에 출범한 사단법인 조선영화제작주식회사에서도 선전 업무를 담당했다. 해방 후에는 좌파 영화인들이 주도적으로 참여한 조선영화건설본부의 서기장을 맡기도 했지만, 이념적으로 선명한 활동을 펼쳤다고 단정하기는 어렵다. 예술통신사, 영화순보사 등을 운영하면서 영화 관련 글을 다수 발표하다가, 한국전쟁 때 납북된 것으로 추정된다.

나운규

羅雲奎
1902-37

호는 춘사(春史)이다. 함경북도 회령 태생으로 구한말 군인 출신인 아버지의 영향으로 자연스레 민족의식을 체화한 것으로 알려졌다. 간도 명동중학 재학 중 3·1 운동에 참가한 일로 경찰의 수배를 받게 되자 시베리아로 도주해 방랑 생활을 했다. 다시 북간도로 돌아와서는 독립군 비밀 단체에서 활동했고, 이로 인해 경찰에 체포되어 2년간 복역한 바 있다. 이때의 경험이 1920년대 후반 나운규 영화에 직간접적으로 영향을 미쳤다고도 할 수 있을 것이다. 출소 후 소인극 단체 예림회에 가입하면서 배우 생활을 시작한 나운규는 부산에 설립된 조선키네마주식회사에 입사하면서 영화계에 입문했다. 윤백남 감독의 〈운영전〉(1925)에서 가마꾼 역으로 데뷔했고, 이경손 감독의 〈심청전〉(1925)에서 심봉사 역을 맡으며 주목받기 시작했다. 물론 나운규의 이름을 조선 전역에 알린 것은 〈아리랑〉(1926)이다. 이 영화에서 나운규는 주연·각본·감독을 맡아 1인 3역을 겸했다. 순종의 인산을 계기로 민족적 울분이 분출했던 1926년, 〈아리랑〉은 전국적으로 큰 성공을 거두었고 나운규는 조선영화계를 상징하는 인물로 급부상했다. 이외에도 〈풍운아〉(1926) 〈들쥐〉(1927) 〈사랑을 찾아서〉(1928) 〈벙어리 삼룡〉(1929) 등으로 무성영화시대의 독보적인 배우이자 감독으로 자리를 굳혔다. 하지만 1930년부터 침체기를 겪기 시작한 그는 유작 〈오몽녀〉(1937)를 내놓기까지 과거의 영광을 되찾지 못했다. 계급적 관점에서 나운규 영화를 비판했던 사회주의 계열의 영화인들뿐 아니라 오랫동안 함께 활동해온 다른 동료들로부터도 신망을 잃었고, 새로 열린 발성영화시대를 선도하지도 못했다. 1937년 8월, 나운규는 36세의 나이에 폐결핵으로 사망했다. 그의 영결식은 영화인들의 추모 속에 〈아리랑〉의 개봉관 단성사에서 열렸다. 이듬해 제1회 조선일보사 영화제에서 〈아리랑〉이 무성영화 부문 1위에, 〈오몽녀〉가 발성영화 부문 2위에 오른 것은 나운규, 그리고 나운규 영화에 대한 애도와 무관치 않을 것이다.

박기채

朴基采
1906-?

영화감독, 각본가, 영화평론가. 전라남도 광주 출신으로 1927년경 일본으로 건너가 도오시샤(同志社)대학에서 수학했으며, 1930년에는 쿄오또에 소재한 토오아키네마(東亞キネマ)에 입사하여 영화촬영을 공부했다. 1934년에 조선으로 돌아와 서광제와 사운드판 영화 제작을 도모하다가, 무성영화로 안석영 원작 〈춘풍〉(1935)을 연출한 것이 조선 데뷔작이 되었다. 차기작으로 발성영화 제작을 타진하던 박기채는 동향 출신 자본가 최남주가 설립한 조선영화주식회사에 참여하며, 회사 창립작 〈무정〉(1939)의 연출을 맡았다. 발성영화 제작 시대가 열리며 새로 부상한 영화인 세대를 대표하는 감독으로서, 박기채는 제작계와 비평계 양측에서 활발히 활동했다. 식민지 말기에는 사단법인 조선영화제작주식회사에서 〈우리는 이제 간다(我等今ぞ征く)〉(1942) 〈조선해협〉(1943) 등 다수의 국책영화를 연출하고, 해방 이후에는 경찰 홍보 영화인 〈밤의 태양〉(1948)을 감독했다. 한국전쟁 중 납북되었다.

박완식

朴完植
1908-?

박철민, 현해(玄海) 등의 필명도 사용했다. 평안북도 의주 출신으로, 신간회 의주 청년동맹의 간부로 활동했다. 극단 신건설사 사건의 공판 기록에 따르면, 박완식은 1928년에 윤기정의 권유로 카프에 가입하고, 1930년부터 영화부원으로서 활동을 이어갔다. 이 무렵 사회주의 논객으로 활약하기 시작한 그는 청복키노가 창립작으로 준비하던 〈늘어가는 무리〉의 시나리오를 집필하기도 했다. 조선영화 제작계 전반의 침체가 심화되던 1933년에는 나웅과 함께 영화동호회를 만들어 〈첫걸음〉이라는 16밀리 영화의 제작을 시도했고, 1934년에는 조선영화제작연구소를 창립했으나 극단 신건설사 사건으로 기소되어 실형을 언도받는다. 1937년 출소 후부터 해방 때까지의 행적에 대해서는 알려져 있지 않다. 해방 후 북조선예술총동맹의 평북 집행위원 및 북조선문학예술총동맹 산하 북조선영화위원회 중앙위원으로 활동했다.

백철

白鐵
1908-85

본명은 백세철(白世哲). 문학평론가이다. 평안북도 의주 출신으로 1927년 신의주고보를 수석으로 졸업 후 일본으로 유학, 1931년에 토오꾜오고등사범학교 영문과를 졸업했다. 유학 중 프롤레타리아 문학에 몰입하여 일본 나프(NAPF) 맹원이 되었고, 『치조오라꾸엔(地上樂園)』 『젠에이시진(前衛詩人)』 등의 동인으로 활동했다. 1931년 귀국한 그는 농민문학론을 펼쳤고, 카프 중앙위원으로 활동하며 해외문학파와의 논쟁에도 참여했다. 극단 신건설사 사건으로 검거되어 1년 반 만에 석방된 후 전향했다. 1930년대 후반 조선영화계의 제작 붐 속에서 문학과 예술의 교섭에 관심을 가졌던 백철은 조선영화주식회사 창립작 〈무정〉(1939)의 일본어판 번역을 담당하기도 했다. 1939년부터는 총독부 기관지인 『매일신보』의 학예부장으로 근무했고, 1942년에 베이징 특파원으로 파견되어 해방 직전까지 중국에 머물렀다. 해방 후 미군정기에는 안철영과 함께 서울영화주식회사에 참여하고, 다수의 영화평론을 발표하기도 했는데, 이후에는 주로 대학 강단에서 뉴크리티시즘을 소개하고 현대문학을 연구하며, 한국 대표로 국제펜클럽대회에 참석하는 등 문학가로서의 활동에 치중했다. 그러는 가운데 국제영화제 출품작 심사위원을 맡는 등 문화계의 중진으로서 영화계와의 관계를 유지했다.

서광제

徐光霽
1906-?

영화평론가, 감독. 조선영화예술협회에서 활동하며 〈유랑〉(1928)에 배우로 출연했고, 신흥영화예술가동맹이 카프 영화부로 해소된 후 시나리오작가협회를 결성하여 김유영, 안석영, 이효석과 함께 시나리오 『화륜』(1931)을 썼다. 『버스걸』 등의 시나리오를 발표하기도 했다. 1932년 김유영과 함께 일본에 다녀왔고, 1938년에는 성봉영화원과 일본 토오호오(東寶)의 합작영화인 〈군용열차〉의 감독을 맡았다. 1942년 설립된 사단법인 조선영화제작주식회사에서는 기획을 담당했다. 해방 후인 1946년 『독립신보』의 창간에 참여하여 편집인으로 근무했으며 조선영화동맹 중앙집행위원을 맡았다. 남북연석회의의 수행기자로 평양을 방문한 후 『북조선 기행』(1948)을 출간했다. 이 무렵 월북하여 『위대한 역사』 등의 시나리오를 썼고, 한국전쟁 직전에 숙청당한 것으로 알려져 있다.

심훈

沈熏
1901-36

본명은 심대섭(沈大燮). 소설가, 시인, 영화인. 경성 제1고등보통학교에 진학했지만, 3·1운동에 참여하여 구속, 실형을 받고 수감되기도 했다. 학교를 퇴학당한 후 중국으로 건너가 지장(之江)대학에 입학했다. 귀국한 이후에는 무대예술을 연구하는 사람들이 모여 극문회(劇文會)를 조직하는데, 여기에는 김영팔, 이경손, 고한승, 안석영 등이 함께 참여했다. 1925년 이경손이 감독한 〈장한몽〉의 주인공 주삼손이 촬영 중에 행방불명되자, 그 대역으로 영화 후반부에 출연하기도 했다. 1927년 강홍식과 함께 일본으로 건너가 닛까쯔(日活) 쿄오또촬영소에서 6개월 동안 영화를 공부했다고 한다. 귀국한 뒤에는 1927년 하반기에 계림영화사에서 자신의 유일한 감독작인 〈먼동이 틀 때〉를 촬영했다. 원래 제목은 〈어둠에서 어둠으로〉였지만, '좋지 못한 암시'를 준다는 이유로 검열 당국의 압력을 받고 제목을 바꿔서 개봉했다. 또한 대본에 '형무소'를 '감옥'으로 썼다는 이유로 필름을 250여자나 삭제당하기까지 했다고 한다. 1930년 이우(이재현)가 중심이 되어 조직한 엑스키네마의 고문을 맡기도 했다. 1936년『동아일보』에 연재한 소설『상록수』를 영화화하려 했으나, 촬영을 앞두고 장티푸스에 걸려 치료 도중 사망했다.

안 석 영

安夕影

1901-50

본명은 안석주(安碩柱), 창씨명은 야스다 사까에(安田榮)이다. 삽화가, 문학가, 영화감독, 각본가. 휘문고보 재학 중 장발(張勃) 등과 함께 고려화회를 조직하고, 고희동으로부터 본격적인 서양화 수업을 받았다. 졸업 후 일본에 건너가 토오꾜오혼고양화연구소(東京本鄕洋畵硏究所)에서 미술 수업을 받다가 귀국, 휘문고보 강사로 재직하면서 나도향의『동아일보』연재소설『환희』의 삽화를 맡으며 삽화가가 되었다. 이무렵 토월회에 가입해 활동했다. 파스큘라(PASKYULA)의 창립 동인으로 활동하다가 다시 일본으로 건너갔으며, 돌아온 후『동아일보』와『시대일보』『조선일보』등 언론사에 몸담으며 사회비판적인 만문만화, 미술평론, 소설 등을 꾸준하게 발표했다. 조선프롤레타리아예술동맹(KAPF)에 적극적으로 관여했던 인물이지만, 1931년 카프 제2차 방향전환 시기에 제명처분을 당했다. 심훈이 감독한〈먼동이 틀 때〉(1927)의 미술감독을 맡으면서 영화계와 인연을 맺었는데, 오랜 기간 영화의 원작자로 혹은 시나리오작가로 영화계에서 활동을 이어갔다.〈노래하는 시절〉(1930)〈바다여 말하라〉(1935)〈춘풍〉(1935) 등이 영화화되었다.〈춘풍〉의 성공 이후 조선일보사를 그만두고 본격적으로 영화계에 투신해 최남주의 조선영화주식회사 창립에 관여했다. 1937년 기신양행에서 제작한〈심청〉을 연출하며 감독으로 데뷔했고, 박영희 원작을 영화화한 선전영화〈지원병〉(1941)을 연출했다.〈지원병〉 이후에도 국책에 부응하는 문화영화〈흙에 산다〉(1942)〈조선에 온 포로(朝鮮に來た俘虜)〉등을 연출하고, 조선임전보국단에 가담하는 등 일제에 협력하는 행보를 보였다. 해방 직후 조선영화건설본부의 내무부 부장, 이후 개편된 조선영화동맹의 중앙집행위원회 부위원장을 맡다가, 1946년에 영화감독구락부를 결성했고, 좌익의 문화단체총연맹에 대항하여 1947년 2월 출범한 우익 문화단체 전국문화단체총연합회에 참여했다. 이후 사단법인 대한영화사 전무이사, 대한영화협의회의 이사장, 문교부 내에 설치된 예술위원회의 영화위원 등을 역임하며, 직접 영화제작에 나서지는 않았으나 남한영화계를 대표하는 인물로 활동했다. 1950년 2월 사망했다.

안종화

安鍾和
1902-66

본명은 안용희(安龍熙), 창씨명은 야스다 타쯔오(安田辰雄)이다. 서울에서 태어나 공성학교를 졸업하고 봉명중학교에서 수학했다. 가학으로 한학을 배우다 신학문을 배우면서 문예 방면에 관심을 갖게 되었다. 1922년 함경남도 함흥의 소인극 단체 예림회(藝林會)에서 문예부장을 맡으면서 공연예술계에 발을 들였는데, 여기서 주인규, 김태진, 나운규 등과 인연을 맺게 된다. 예림회가 자금난으로 해체한 뒤에는 부산으로 내려가 무대예술연구회에서 가입했고, 이 단체가 일본인이 세운 영화사인 조선키네마주식회사로 흡수되면서 영화계로 활동무대를 옮겼다. 1925년 〈해의 비곡〉에 출연한 것을 계기로 영화배우로 활동했다. 1930년대에는 연출가로서 활발히 활동했는데, 〈꽃장사〉(1930) 〈노래하는 시절〉(1930) 〈청춘의 십자로〉(1934) 〈은하에 흐르는 정열〉(1935) 〈역습〉(1936) 〈인생항로〉(1937) 등을 발표함으로써 영화계 중진으로 자리매김했다. 그리고 1938년 조선일보사 영화제를 기하여 조선영화의 역사를 다룬 「20년 고투의 형극로: 조선영화발달의 소고」를 발표한다. 식민지 말기에 어용단체인 조선영화인협회의 회장으로 영화신체제하에서 영화인기능심사위원회의 중심적인 역할을 담당하는 등 일제에 적극적으로 협력하는 행보를 보였다. 해방 후에는 조선영화동맹의 중앙집행위원장을 맡았으며, 건설영화사가 제작한 〈수우〉(1948)의 연출을 맡으며 활동을 이어갔다. 한국전쟁 후에는 공보처 영화과장을 역임하였고, 서라벌예술대학 학장을 지냈다. 식민지 시대 영화계의 비화를 회고한 『한국영화측면비사』(1962)를 남겼다.

안철영

安哲永
1910-?

배재고보 졸업(1929) 후 유학길에 올라 일본 센슈우(專修)대학 예과를 거쳐 독일 베를린공과대학 사진화학과에서 수학했다. 라이만 발성영화연구소, 레니 리펜슈탈의 프로덕션, 우파(UFA)와 에파 촬영소에서 영화를 공부하고, 1936년에 귀국했다. 1938년 서병각, 최영수 등과 함께 극광영화제작소를 설립하고 창립작 〈어화(漁火)〉(1939)를 연출했다. 식민지 말기에는 조선영화계를 떠나 일본 요꼬하마에 있는 독일총영사관에서 통역으로 근무하다가 해방을 맞았다. 해방 후 미군정청 문교부 예술과장으로 재직하면서 조선영화사(1946) 발기인으로 참여하는 등 영화계와 다시 인연을 이어갔다. 1947년에서 1948년 사이 미국을 방문해 하와이에 체류하며 총천연색 문화영화 〈무궁화 동산〉(1948)을 연출했고, 이때의 방문 기록을 『성림기행』(1949)으로 출간했다. 한국전쟁 중에 납북된 것으로 알려져 있다.

오영진

吳泳鎭
1916-74

호는 우천(又川). 영화이론가, 시나리오 작가, 극작가. 평안남도 평양 출생으로 경성제대 조선어문학과 재학시절 「영화예술론」(1937)을 『조선일보』에 발표하며 문화계 활동을 시작했다. 졸업 후 일본으로 건너가 토오쿄오핫세이(東京發聲)영화제작소에 입사했다. 1940년에 귀국해서는 평양의 숭인상업학교에 근무하면서 사단법인 조선영화주식회사의 촉탁으로도 활동했다. 이 시기에 『국민문학』에 시나리오 『배뱅이굿』(1942) 『맹진사댁 경사』(1943)를 발표했다. 해방 이후 평양에서 부친인 오윤선과 조만식이 조선민주당을 창당하는 과정에 참여했다. 1947년에 월남한 이후, 공보처 소속 대한영화사 이사, 전국문화단체총연합회 중앙위원으로 활동했고, 1950년에는 오리온영화사를 창설했다. 한국전쟁 중 국방부 정훈국과 긴밀한 관계를 유지하며 월남 문인들을 중심으로 문학단체를 조직하는가 하면 반공서적을 전문으로 하는 출판사 중앙문화사를 설립해 반공 이데올로그로서 활약했다. 미 국무성의 리더스 그랜트(1953)로 미국을 다녀온 이후에는 미 공보원과 공동으로 반공영화 〈주검의 상자〉를 제작했으며, 월간 『문학예술』을 펴냈다. 1959년에 이영일이 창간한 월간 『영화예술』에 편집위원으로 참여했던 오영진은, 1965년 『영화예술』이 재창간될 때에는 고문으로 참여하기도 했다. 국제극예술협회(ITI) 한국 대표, 아시아영화제 심사위원, 유네스코 한국위원회 집행위원 등 미국 중심의 세계 반공질서 안에서 국제 문화교류 활동에도 적극적인 행보를 보였다.

윤기정

尹基鼎
1903-55

호는 효봉(曉峰). 소설가이자 비평가. 대한제국이 군대를 해산한 후 군인들이 집결한 보인학회가 설립한 사립학교 보인학교에서 공부했다. 일찍이 문학에 뜻을 두고 소설을 습작해 「성탄의 추억」(1921)을 『조선일보』에 발표하며 등단했다. 1922년 9월 결성된 염군사에서 활동했으며 1925년 카프(KAPF)의 서기국장과 중앙위원을 역임했고 1927년 아나키스트와의 논쟁에 참여하며, 소장파가 카프를 장악하는 데 힘을 보탰다. 이즈음 영화평론도 발표하기 시작해, 신흥영화예술가동맹과 카프 영화부의 주도적인 논객으로 활동했다. 극단 신건설사 사건으로 검거되었다가 출소한 후 「자화상」(1936) 「사생아」(1936) 「적멸」(1936) 「거부(車夫)」(1936) 「20원」(1936) 「거울을 꺼리는 사나이」(1937) 「어머니와 아들」(1937) 「공사장」(1937) 「천재(天災)」(1937) 등 왕성한 창작활동을 펼쳤다. 해방 후 송영, 한설야, 이기영 주도의 조선프롤레타리아 예술동맹의 서기장으로 활동하다가 월북해 조소문화협회 서기장을 지냈다.

이구영

李龜永
1901-73

영화감독, 각본가. 초기에는 이홍원이라는 필명을 사용하기도 했다. 한성부 출신으로 배재학당에서 수학했다. 어릴 적부터 영화에 관심이 많았던 이구영은 일본 유학 중에도 영화관을 출입하며 많은 영화를 보고 변사 해설을 필기해 단성사에 보내곤 했다. 1923년 5월 귀국하여 신문에 영화에 관한 다수의 글을 발표했다. 1924년에는 〈장화홍련전〉의 각본을 맡으며 본격적인 영화 활동을 시작했고, 같은 해 11월에는 현철(玄哲)과 함께 조선배우학교를 설립하고 각본작법·연기론·활동사진사 등을 가르쳤다. 1925년 이필우와 함께 고려영화제작소를 설립하고 〈쌍옥루〉를 기획·제작했다. 이후 단성사 선전부장으로 입사하여 〈아리랑〉〈금붕어〉 등 단성사 개봉영화의 홍보를 맡았다. 연출작으로는 〈낙화유수〉(1927) 〈승방비곡〉(1930) 〈아리랑 그 후의 이야기〉(1930) 〈수일과 순애〉(1931) 등이 있다. 해방 후에는 윤봉춘과 함께 계몽문화협회를 설립하고, 식민지 시대의 항일 운동을 소재로 한 〈안중근사기〉(1946, 감독) 〈삼일혁명기〉(1947, 감독) 〈유관순〉(1948, 각본) 등을 만들었다. 1970년에 『영화예술』에 연재했던 「사건으로 본 영화계 이면사」는 안종화의 『한국영화측면비사』와 함께 식민지 시대 영화계를 생생하게 회고한 기록으로 영화사 연구의 자료로 참조되고 있다.

이춘인

李春人
1917-?

본명은 이강수(李康洙)이다. 경상북도 합천 출생으로 시나리오 『흘러가는 수평선』이 1941년 『매일신보』 신춘문예에 제2석으로 당선되면서 문단 활동을 시작했다. 해방 전후로 시·소설·평론·희곡·시나리오 등 다양한 장르를 집필했으나 그 이후의 활동에 대해서는 알려진 바가 없다. 1943년에 시집 『남창집(南窓集)』을 간행한 바 있다.

이태우

李台雨
생몰년 미상

1934년『조선일보』신춘현상문예에「현대문학과 문학유산 문제」가 2등으로 당선되어 등단했다.『조선중앙일보』기자로 일하다가 1937년 경 만주로 건너가『만선일보』기자를 거쳐 만주영화협회 선전과에서 근무했다. 해방 후 귀국하여『경향신문』창간에 참여했고, 경향신문사 사회부장으로 재직하며 여러편의 영화 관련 글을 발표했다.

이태준

李泰俊
1904-?

소설가로 호는 상허(尙虛). 강원도 철원군 출생으로 개화당에 가담했던 아버지를 따라 블라지보스또끄로 갔지만, 부모를 여의고 철원의 친척집에서 자랐다. 1921년 휘문고보에 입학했으나 동맹휴교 주모자로 1924년 퇴학당한 뒤 일본 조오찌(上智)대학으로 유학했다. 후에 나운규에 의해 영화화되기도 한 소설「오몽녀」(1925)로 작품 활동을 시작했다. 1927년 일본유학에서 돌아온 이후 개벽사 기자, 이화여자전문학교 강사, 조선중앙일보사 학예부장 등을 맡았으며, 1933년에는 이효석, 김기림, 정지용, 유치진 등과 함께 구인회를 결성했다. 1939년에는『문장』지의 편집자를 맡기도 했던 그는, 박기채가 연출한〈무정〉(1939)의 대사를 집필하는 등 당시 영화계와도 관련이 깊은 인물이었다. 해방 이후 월북했고, 구인회 활동과 사상성을 이유로 1956년에 숙청당했다.

임 화

林和
1908-53

시인, 평론가, 배우. 본명은 임인식(林仁植). 시집으로는『현해탄』(1938)『찬가(讚歌)』(1947)『회상시집(回想詩集)』(1947)『너 어느 곳에 있느냐』(1951) 등, 평론집으로『문학의 논리』(1940) 등이 있다. 1928년경부터 카프에서 활동하면서「우리 옵바와 화로」「네거리의 순이(順伊)」「우산받은 ‘요꼬하마’의 부두」등의 시를 통해 일약 대표적인 프로시인으로 인정받았고, 일본 ‘무산자’그룹에서 1년여간 활동한 후 귀국하여 카프 서기장이 되었다. 영화〈유랑〉(1928)〈혼가〉(1929)〈지하촌〉(1931) 등에 출연했으며, 일본 프로키노(プロキノ) 산하 잡지인『신꼬오에이가(新興映画)』에「조선영화의 제 경향에 대하여(朝鮮映画の諸傾向に就いて)」(1930)를 발표하기도 했다. 1935년에 카프 해산계를 낸 이후 해방이 될 때까지「조선신문학사」를 집필하고 출판사 학예사와 고려영화협회, 조선영화문화연구소에서 일했다. 해방 후 문학

건설본부를 통해 문인들을 규합했고 월북한 뒤에는 조소문화협회 중앙위 부위원장으로 일했다. 1953년 남로당 중심인물들과 함께 북한정권의 최고재판소 군사재판부에서 '미제간첩' 혐의로 사형을 선고받고 처형당했다.

주 영 섭

朱永涉
1912-?

연극배우, 극작가, 연극연출가, 비평가. 평안남도 평양 출신으로 보성전문학교에 다니면서 연극 활동을 시작했다. 막심 고리끼의 〈밤주막〉을 공연했고, 제2차 카프 검거사건을 불러온 극단 신건설의 〈서부전선 이상 없다〉에 배우로 출연했다. 이후 일본 호오세이(法政)대학 법문학부에서 수학하면서 1934년 마완영, 이진순, 박동근, 김영화 등과 토오꾜오학생예술좌를 창립해 활동했다. 호오세이 대학 졸업 후 토오호오(東寶)의 쿄오또촬영소에서 조감독으로 활동하며, 여러편의 영화 관련 글을 조선과 일본 양측에서 발표했다. 1939년에 귀국했지만 토오꾜오학생예술좌 사건으로 피검되었다. 집행유예로 풀려난 이후 전향하여 유치진의 현대극장에 합류해 현대극장의 중심 연출가로서 〈흑룡강〉〈추석〉〈북진대〉 등 이른바 '국민연극'을 연출했다. 해방 후 월북한 것으로 추정된다.

채 만 식

蔡萬植
1902-50

소설가. 호는 백릉(白菱), 채옹(采翁). 전라북도 옥구군 임피 출생. 중앙고보를 거쳐 일본 와세다(早稻田)대학 예과에 입학했으나 관동대지진으로 학업을 다 마치지 못하고 귀국했다. 1924년 단편 「세 길로」를 『조선문단』에 발표하며 등단했다. 1929년 말부터는 개벽사에서 『별건곤』『혜성』『제일선』 등의 편집을 맡았고, 1936년부터는 전업작가로 활동하며, 『탁류』(1937)『태평천하』(1938) 같은 작품을 발표했다. 1939년 개성독서회 사건으로 구속되었고, 풀려난 후에는 조선문인보국회의 활동에 가담하고 『아름다운 새벽』(1942)『여인전기(女人戰記)』(1944) 같은 이른바 '친일소설'을 썼다. 이후 절필을 결심하고 낙향했다가 해방을 맞았다. 해방 후 다시 상경해 「민족의 죄인」(1947)을 발표했다. 폐결핵이 심해져 다시 낙향한 뒤 1950년 6월 11일 세상을 떠났다.

최승일

崔承一
1901-?

소설가이자 연극인, 방송인. 배재고보를 중퇴하고 일본 니혼대학 미학과에서 수학했다. 일본 유학 중 극예술협회를 창립했고, 1922년 귀국해 극문회를 조직했다. 1923년에 이호, 김홍파, 심훈, 송영 등과 함께 최초의 사회주의 문화단체인 염군사에 참여했다. 꾸준히 소설을 발표하며, 1925년 8월 카프 결성 이후에는 카프 맹원으로서도 활발히 활동했다. 1926년 라디오극연구회를 결성해 경성방송국(JODK) 시험방송 때부터 참여했고, 개국 초부터 방송국에 근무했다. 방송 활동을 빌미로 1930년대 초 카프에서 제명되었으나 방송국 일도 곧 그만두었다. 1930년대 중반부터는 흥행업에 관심을 가졌는데, 누이인 최승희의 무용회가 성공을 거둔 데 고무되어 일본 극단 신쿄오의 〈춘향전〉 조선 순회공연(1938)을 진행했으나 큰 손실을 안았다. 이후 동아흥업사를 설립하고, 과거 카프 시절 동료였던 박영희의 원작과 안석영의 감독으로 영화 〈지원병〉을 제작했다. 해방 후 월북한 것으로 전해진다.

최　장

崔章
1906-?

본명 최일숙(崔逸淑). 전라남도 광주 출생으로 게이오오기주꾸(慶應義塾) 경제학부를 졸업(1930)하고 귀국한 그 이듬해 공산주의자협의회 사건(1931)으로 검거되었다. 당시 임화, 송영, 김기진, 이기영, 박영희 등과 함께 불기소 처리되었다. 이후 『신계단』에 경제정책을 해설하는 글을 게재한 바 있다. 1936년 동향 출신인 광산사업가 최남주가 박기채, 양세웅, 안석영 등을 영입해 조선영화주식회사를 설립할 때 창립 발기인의 한 사람으로 참여하는 한편, '조선영화의 기업화'를 주창하며 창립 준비 과정에서 핵심적인 역할을 담당했으나, 창립이 얼마 남지 않은 시점에 회사를 떠났다. 일본 쇼오찌꾸(松竹) 오오후나(大船)촬영소와 합동해 "기생의 풍류적인 내면생활을 묘사하는 내용"의 영화 〈기녀단〉을 준비(『동아일보』, 1937.06.26)한다는 기사가 있으나 그 이후 영화계에서의 활동은 눈에 띄지 않는다.

최찬식

崔瓚植
1881-1951

호는 해동초인(海東樵人), 동초(東樵). 신소설 작가. 유년 시절 한학을 공부하고, 부친이 경기도 광주에 설립한 시흥학교에 입학, 신학문을 공부했다. 이후 서울로 올라와 관립한성중학교에서 수학했다. 『신문계(新文界)』 『반도시론(半島時論)』 등에서 기자로도 일했고, 신소설 창작에 전념하여 『추월색』(1912) 『안(雁)의 성(聲)』(1914) 『금강문』(1914) 『도화원』(1916) 등 대표작을 남겼다.

한설야

韓雪野
1900-76?

본명은 한병도(韓秉道). 만년설, 한형종, 김덕혜 등의 필명이 있다. 함흥고등보통학교와 일본 니혼대학 사회학과를 졸업했다. 귀국 후 북청사립중학교 강사로 지내다, 1925년 단편소설 「그날 밤」을 발표하면서 작가 활동을 시작했다. 「과도기(過渡期)」(1929) 『황혼』(1936) 등 작품을 남겼다. 1927년 카프에 가담했으며, 1934년 극단 신건설사 사건으로 투옥되었다가 집행유예로 석방되었다. 해방 후 북조선문학예술총동맹을 조직하고, 북한을 대표하는 문학인으로 자리매김했다. 초기 김일성 체제 아래에서는 문화선전상 등의 요직을 거쳤으나, 소련에서의 스딸린 격하 시기에 김일성 반대 세력에 동조하다가 1960년대 초기에 숙청된 것으로 알려져 있다.

이찌까와 사이

市川彩
1896-1946

와세다대학 정경과를 중퇴한 후, 1920년 영화제작자 코바야시 키사부로오(小林喜三郎)의 눈에 들어 코꾸사이까쯔에이(國際活映)의 사무원이 되었으며, 1921년에 국제영화통신사를 설립했다. 1924년에 『국제영화통신(国際映画通信)』을 발행하기 시작했고, 이듬해에는 일본 최초의 영화연감인 『일본영화사업총람(日本映画事業総覧)』을 공편했다(이후 1934년 『국제영화연감』까지 간행). 이어서 1927년부터는 일본 최초의 본격적인 '영화업계 잡지' 『국제영화신문』(1927.07-1940.11)의 발행을 시작으로 영화기자, 출판인으로서 활발하게 활동했다. 만주사변 발발(1931) 후 빠르게 국가주의적 경향을 보인 그는 1933년 2월 제국의회에 제출된 '영화 국책 수립에 관한 건의안'에 서명자로서 이름을 올리기도 했다. 『국제영화신문』을 발행하면서, 『대륙영화 사업 현황 및 장래(大陸映画事業の現状及将来)』(1938) 『'영화법'은 표준을 여기에 둔다(「映画法」は標準を茲に置け)』(1939)를 간행하는 등 일본의 국내외 영화 국책 및 대륙영화 사업의 여론 형성에 많은 역할을 했다. 『국제영화신문』 종간 후에는 『아시아 영화의 창조 및 건설(アジア映画の創造及建設)』을 비롯해 『우리 영화사업론(わが映画事業論)』 『영화신체제론(映画新體制論)』(1942)을 간행했다.

	영화사	작품(*은 외국 영화)	극장	제도	영화회사·단체	영화 저널	역사적 사
1901	버튼 홈스, 조선 왕실에서 영화 상영						
1902							
1903	영미연초회사에서 영화 상영						
1904							
1905							
1906							
1907			단성사 개관				
1908			원각사 개관				
1909							
1910			최초의 영화상설관 경성고등연예관 개관	부산 이사청령 흥행취체규칙			한일강제병
1911							
1912			우미관 개관				
1913							
1914							
1915	〈국가의 탄생〉 (D.W. 그리피스, 미국)						
1916		*〈명금〉 조선 개봉					
1917							
1918	독일 우파(UFA) 설립		단성사, 영화상설관으로 재개관				
1919	미국 유나이티드 아티스츠(UA) 설립	〈의리적 구토〉				최초의 영화잡지 『녹성』(1919.11)	3·1운동
1920	〈칼리가리 박사의 밀실〉 (로베르트 비네, 독일)						
1921							
1922		*〈동도〉 조선 개봉	조선극장 개관	흥행장 및 흥행취체규칙 (변사 면허 제도 실시)			
1923	쎄르게이 에이젠쉬쩨인 「견인의 몽따주」 출판	〈월하의 맹서〉 〈춘향전〉					

	영화사	작품(*은 외국 영화)	극장	제도	영화회사·단체	영화 저널	역사적 사건
924		〈장화홍련전〉	우미관 화재로 전소, 신축 재개관		조선배우학교 설립. 조선키네마 주식회사 설립.		
925	〈파업〉〈전함 뽀쫌낀〉 (쎄르게이 에이젠쉬쩨인, 쏘비에뜨)				백남프로덕션 설립		
926		〈아리랑〉		활동사진필름 검열규칙		『영화』 창간(1926.07)	순종 장례식
927	〈메트로폴리스〉 (프리츠 랑, 독일). 발성영화〈재즈 싱어〉 미국 개봉.	〈먼동이 틀 때〉			나운규 프로덕션 설립. 찬영회 조직. 조선영화 예술협회 조직. 영화동인회 조직. 기신양행 설립.		
928		〈유랑〉				『문예영화』 창간(1928.03)	
929		〈혼가〉 〈암로〉			서울키노 조직. 신흥영화예술가 동맹 조직. 남향키네마 조직.		
930	뿌돕낀『영화감독과 영화각본론』일본어 번역. 조선에서 토키 상영. 〈누가 그 여자를 그렇게 만들었는가〉 (스즈끼 시게요시, 일본).	〈아리랑 후편〉 〈철인도〉 〈회심곡〉 〈꽃장사〉				『대중영화』 창간(1930.04)	
931	일본 최초의 발성영화〈마담과 아내〉 개봉	〈화륜〉 〈지하촌〉 *〈아세아의 람〉 조선 개봉			청복키노 조직. 서울키노(II) 조직.	『영화시대』 창간(1931.03). 『영화가』창간 (1931.06).	9월 18일 만주사변 발발. 카프 1차 검거.
932	베니스 국제영화제 개최	〈임자 없는 나룻배〉				『신흥예술』 창간(1932.05). 『신흥영화』 창간(1932.06).	
933	독일국가영화법 제정	〈아름다운 희생〉 『도화선』 연재				『영화부대』 창간(1933.01)	
934		〈청춘의 십자로〉		활동사진 영화취체규칙	경성촬영소 영화제작 시작		신건설사 사건
935		조선 최초의 토키영화 〈춘향전〉	약초영화극장 개관		한양영화사 설립. 조선내외영화 배급업조합 결성.		카프 해산

	영화사	작품(*은 외국 영화)	극장	제도	영화회사·단체	영화 저널	역사적 사건
1936	스턴버그(Josef von Sternberg) 조선 방문	〈미몽〉	조선극장 화재로 소실. 명치좌 개관.			『영화조선』 창간(1936.09). 『조선영화』 창간(1936.10).	
1937	나운규 사망. 만주영화협회 창립.	〈나그네〉	황금좌 개관		조선영화주식회사, 반도영화제작소, 성봉영화원 설립. 고려영화배급소, 고려영화협회로 재출발.	『영화보』 창간 (1937.11)	7월 7일 중일전쟁 발
1938	조선일보사 영화제 개최. 베니스 국제영화제에서 〈오인의 척후병 (五人の斥候兵)〉 수상.	〈군용열차〉 〈어화〉					2월 26일 육군특별지 령 발포
1939	일본영화법 공포	〈무정〉 *〈망향〉 조선 개봉 *〈무도회의 수첩〉 조선 개봉	단성사, 명치좌 체인 '대륙극장'으로 재개관		조선영화인협회 결성	『영화 연극』 창간(1939.11)	
1940		〈수업료〉	황금좌, 경성보총극장 (성보극장)으로 이름을 바꿈	조선영화령 공포			
1941	일본 문부성, 〈집 없는 천사〉 추천 취소	〈그대와 나〉 〈집 없는 천사〉 〈복지만리〉 〈지원병〉		미국영화 상영 금지			12월 태평양전쟁 발발
1942		〈반도의 봄〉			사단법인 조선영화 주식회사, 사단법인 조선영화 배급사 설립		
1943		〈조선해협〉 〈젊은 자태〉 〈망루의 결사대〉					
1944		〈병정님〉			사단법인 조선영화 주식회사가 사단법인 조선영화 배급사로 흡수 통합, 사단법인 조선영화사 출범		징병제 실시
1945		〈사랑과 맹세〉					8월 15일 해방

사항 찾아보기

인명 찾아보기

작품명 찾아보기

조선영화란 하(何)오
근대 영화비평의 역사

초판 1쇄 발행 / 2016년 6월 30일

편저자 / 백문임·이화진·김상민·유승진
펴낸이 / 강일우
책임편집 / 김유경·권현준
조판 / 박아경
펴낸곳 / (주)창비
등록 / 1986년 8월 5일 제85호
주소 / 10881 경기도 파주시 회동길 184
전화 / 031-955-3333
팩시밀리 / 영업 031-955-3399 편집 031-955-3400
홈페이지 / www.changbi.com
전자우편 / human@changbi.com

ⓒ 백문임·이화진·김상민·유승진 2016
ISBN 978-89-364-7284-9 93680

* 이 책은 2015년 연세대학교 미래선도연구사업의 지원에 의하여 작성된 것임(2015-22-0150).
* 이 책 내용의 전부 또는 일부를 재사용하려면
  반드시 저작권자와 창비 양측의 동의를 받아야 합니다.
* 이 책의 글 일부는 한국저작권위원회의 법정허락 절차를 따라 수록했습니다.
  다음 면의 사진은 한국영상자료원의 제공을 받았습니다. 52, 67, 86, 100(왼쪽), 120, 126(위),
  146, 198, 219, 272, 282, 336, 403, 410, 424, 430(왼쪽), 446, 508, 514, 518, 549, 560, 581, 622, 698, 728면.
  그밖에 원저작권자를 확보하기 위한 노력에도 불구하고 권리자의 허가를 확보하지 못한 글과 사진의 경우,
  저작권자가 확인될 시 창비는 원저작권자와 최선을 다해 협의하겠습니다.
* 책값은 뒤표지에 표시되어 있습니다.